Anna Siemsen – eine demokratisch-sozialistische Reformpädagogin

STUDIEN ZUR BILDUNGSREFORM
Herausgegeben von Wolfgang Keim
Universität Paderborn

BAND 51

PETER LANG
Frankfurt am Main · Berlin · Bern · Bruxelles · New York · Oxford · Wien

Manuela Jungbluth

Anna Siemsen – eine demokratisch- sozialistische Reform- pädagogin

PETER LANG
Internationaler Verlag der Wissenschaften

Bibliografische Information der Deutschen Nationalbibliothek
Die Deutsche Nationalbibliothek verzeichnet diese Publikation
in der Deutschen Nationalbibliografie; detaillierte bibliografische
Daten sind im Internet über http://dnb.d-nb.de abrufbar.

Zugl.: Paderborn, Univ., Diss., 2012

Gedruckt auf alterungsbeständigem,
säurefreiem Papier.

D 466
ISSN 0721-4154
ISBN 978-3-631-62551-4
© Peter Lang GmbH
Internationaler Verlag der Wissenschaften
Frankfurt am Main 2012
Alle Rechte vorbehalten.

Das Werk einschließlich aller seiner Teile ist urheberrechtlich
geschützt. Jede Verwertung außerhalb der engen Grenzen des
Urheberrechtsgesetzes ist ohne Zustimmung des Verlages
unzulässig und strafbar. Das gilt insbesondere für
Vervielfältigungen, Übersetzungen, Mikroverfilmungen und die
Einspeicherung und Verarbeitung in elektronischen Systemen.

www.peterlang.de

Vorwort des Herausgebers

Anna Siemsen gehört zu den von den Nazis aus Deutschland vertriebenen, nach 1945 aus dem Bewusstsein der Erziehungswissenschaft verdrängten Pädagoginnen und Pädagogen, in Westdeutschland aufgrund ihres vom Mainstream Geisteswissenschaftlicher Pädagogik abweichenden sozialistischen Selbstverständnisses, in Ostdeutschland aufgrund ihrer kritischen Distanz zum System des sowjetischen Kommunismus. Ihre zahlreichen Schriften, einschließlich der das Verhältnis von Erziehung und Gesellschaft reflektierenden „Gesellschaftlichen Grundlagen der Erziehung", erfuhren bis heute keine Neuauflagen, eine wissenschaftliche Bearbeitung und Würdigung ihres breit gefächerten Werkes fand, abgesehen von wenigen Aufsätzen, Staats-, Diplom- und Magisterarbeiten bis vor kurzem so gut wie nicht statt, in neueren Darstellungen zur Geschichte der Erziehung (z.b. von Heinz-Elmar Tenorth) bzw. zur Reformpädagogik (z.b. von Jürgen Oelkers) kommt sie nicht über eine bloße Erwähnung hinaus, was im übrigen auch für die „Geschichte der Erziehung" der DDR galt, und zwar bis zu deren letzter Auflage von 1987; immerhin war sie Namenspatronin einiger weniger Schulen, die dafür sorgten, dass sie nicht vollständig vergessen wurde. Die Tatsache, dass derzeit – über 60 (!) Jahre nach Anna Siemsens Tod – nahezu zeitgleich und unabhängig voneinander an verschiedenen Universitäten (Wuppertal, Hamburg, Paderborn) gleich drei erziehungswissenschaftliche Dissertationen mit unterschiedlichen Schwerpunkten zu ihrer Biographie und ihrem Werk entstanden sind, von denen eine die hier vorgelegte Untersuchung ist[*], zeigt, dass sich gegenwärtig an der geringen Wertschätzung dieser Pädagogin etwas zu ändern beginnt.

Im Zentrum der Arbeit von Manuela Jungbluth steht die „demokratisch-sozialistische Reformpädagogin" Anna Siemsen, deren grundlegende Erziehungsvorstellungen sowohl unter dem Aspekt ihrer Genese vor dem Hintergrund gesamtgesellschaftlicher Umbrüche der ersten Hälfte des 20. Jahrhunderts als auch

---

[*] Die in Wuppertal entstandene Dissertation von Christoph Sänger, Anna Siemsen – Bildung und Literatur ist bereits 2011 im Verlag Peter Lang, Frankfurt/M. erschienen, die in Hamburg als Dissertation angenommene Untersuchung von Alexandra Bauer, Das pädagogisch-politische Denken im Leben und Wirken der Sozialistin Anna Siemsen. Eine historisch-systematische Rekonstruktion und Einordnung in erziehungswissenschaftlicher Perspektive wird ebenfalls bei Peter Lang in Frankfurt/M. publiziert.

unter systematischem Aspekt anhand ihrer „Gesellschaftlichen Grundlagen der Erziehung" analysiert werden, wobei die Verfasserin letzteren den Charakter einer Allgemeinen Pädagogik zumisst. Geht es im biographischen Teil um Prägungen, Werdegang, Erfahrungen und Aktivitäten Siemsens im historischen Kontext von Kaiserreich, Erstem Weltkrieg, Weimarer Republik, des Schweizer Exils während der Nazizeit und der frühen Nachkriegsjahre, wird anschließend nach dem Niederschlag dieser biographischen Erfahrungen im Denken Anna Siemsens gefragt, so dass biographische und systematische Perspektive unmittelbar aufeinander bezogen sind. Dabei entwirft die Verfasserin ein differenziertes Bild der Prägungen wie der politischen und pädagogischen Aktivitäten Anna Siemsens, das nicht zuletzt aufgrund der einbezogenen archivalischen Materialien wie der sozialgeschichtlichen Einbettung weit über bisher vorliegende Publikationen, insbesondere die Biographie des Bruders August, hinausgeht. Außerdem erweitert der systematische Teil unsere Kenntnis der Erziehungstheorie Anna Siemsens, die vor dem Hintergrund der zeitgenössischen Anthropologie und Soziologie interpretiert und als Gegenentwurf zu entsprechenden Konzepten geisteswissenschaftlicher Provenienz, z.B. der Allgemeinen Pädagogik Wilhelm Flitners, gewürdigt wird.

Fragt man auf der Grundlage von Manuela Jungbluths Untersuchung nach der Bedeutung Anna Siemsens für die Erziehungswissenschaft, kann man diese *erstens* im exemplarischen Charakter ihrer Biographie, *zweitens* in ihrer spezifisch sozialwissenschaftlich orientierten Erziehungstheorie als Alternative zu Positionen Geisteswissenschaftlicher Pädagogik und *drittens* in ihrer Rolle als Reformpädagogin fernab von kulturkritischen Klischees und Gemeinschaftsvorstellungen sehen, wie sie bis heute das Bild von der Reformpädagogik geprägt haben. Beginnen wir mit der *Biographie*: Manuela Jungbluth zeichnet das Porträt einer Außenseiterin innerhalb der Pädagogenschaft, die durch widersprüchliche Erfahrungen des Kaiserreiches geprägt wurde, wie sie sich etwa aus dem Prozess technisch-ökonomischer Modernisierung bei gleichzeitiger sozialer und gesellschaftspolitischer Stagnation, dem Aufwachsen im Spannungsfeld von bürgerlich-protestantischem Pfarrhaus und dörflich-traditionalem Umfeld oder dem Aufeinanderprallen von anti-preußischen, anti-autoritären und anti-militaristischen Einstellungen in der Familie mit dem preußisch-militaristischen Schuldrill ergaben, und die aus den Erfahrungen des Ersten Weltkrieges eigene Konsequenzen zog, nämlich überzeugte Pazifistin und Sozialistin wurde und aus dieser gesellschaftspolitischen Grundposition heraus ihr Selbstverständnis als Pädagogin und Erziehungswissenschaftlerin entwickelte. *Exemplarisch* genannt werden kann sowohl diese spezifische Prägung und Entwicklung Siemsens, die zweifellos für eine Minderheitenposition innerhalb der damaligen Pädagogenschaft steht, ebenso aber auch ihre Karriere als eine der ersten studierten und promovierten Frauen, die in der verkrusteten, anti-sozialistisch und anti-feministisch orientierten universitären Männergesellschaft eine Professur bekleidete und entsprechende Ausgrenzung und Diffamierung erfuhr. Als *exemplarisch* lässt sich ebenfalls die für viele sozialistische Pädagoginnen und Pädagogen typische Verbindung von pädagogischer Wirksamkeit mit gesellschaftspolitischem Engagement wie auch von theoretischem Bemühen und praktischer pädagogischer Tätigkeit bezeichnen. Nicht zuletzt hat ihr scharfsichtiges Urteil in allen politischen Fragen, verbunden mit der Konsequenz und dem Mut, ihrer Einsicht und ihrem Gewissen gemäß zu handeln, exemplarischen Charakter – eine entsprechende Haltung finden wir bei anderen sozialistischen Pädagoginnen und Pädagogen wie etwa Minna Specht oder Kurt Löwenstein. Bei Anna Siemsen bewährte sich diese Haltung im mutigen Eintreten für den von der rechten Hochschullehrer- und Studentenschaft angefeindeten, seiner Venia legendi beraubten Emil Julius Gumbel, was sie den Verlust der eigenen Professur kostete, später im Schweizer Exil in ihrem nachdrücklichen Bemühen um ein Eingreifen der Westmächte gegen das frankistische Spanien und das nazistische Deutschland, oder auch in der Mitarbeit an Re-education-Programmen lange vor Kriegsende, insbesondere in Form von Lehrerbildungskonzepten zur Demokratisierung der Lehrerschaft. Ein besonders eindrucksvolles Dokument für ihren gelebten, tief in der Persönlichkeit verankerten Humanismus ist ihr aus einer Reise mit dem Schweizerischen Arbeiterhilfswerk durch das von Franco-Truppen und Republikanern umkämpfte Spanien hervorgegangene „Spanische Bilderbuch" mit eindrücklichen Schilderungen der Leiden der Zivilbevölkerung im Krieg, aber auch der elementare Menschenrechte verletzenden kriegerischen Aktionen der deutschen „Legion Condor", die selbst vor der Verfolgung hilfloser Frauen und Kinder nicht zurückschreckte.

Neben der Würdigung als Repräsentantin eines demokratisch wie humanistisch zu nennenden Sozialismus tritt in vorliegender Arbeit Anna Siemsen als sozialistische Erziehungstheoretikerin in den Vordergrund, deren Rang die Verfasserin anhand einer Analyse ihres 1948 publizierten Hauptwerkes „Die gesellschaftlichen Grundlagen der Erziehung" überzeugend herausarbeitet. Dass sie Siemsens Erziehungstheorie als Variante einer Allgemeinen Pädagogik versteht, kann sie allein schon mit deren systematischer Herangehensweise belegen, mit der grundlegende Fragen des Erziehungsprozesses behandelt werden, angefangen bei der Erläuterung der Differenz zwischen Erziehung als „Tat" und Erziehung als „Problem", über die Klärung anthropologischer wie gesellschaftlicher Voraussetzungen bis hin zu der Frage nach „Wesen", „Bedingungen", „Zweck" und „Mitteln" desjenigen Vorgangs, der als Erziehung bezeichnet wird. Die entscheidende Differenz zu entsprechenden Grundlegungen geisteswissenschaftlicher Herkunft, beispielsweise Wilhelm Flitners, sieht sie darin, dass die „eigentlich pädagogische Fragestellung" nicht als philosophische, sondern als gesellschaftliche interpretiert, Erziehung als Form gesellschaftlicher Eingliederung gesehen wird, wobei freilich das Verhältnis von Individuum und Gesellschaft – anders als in funktionalistischen Theorien – nicht als bloße Anpassung des jungen Menschen an sein gesellschaftliches Umfeld, sondern als Prozess ständiger Wirkung und Gegenwirkung erscheint. Ganz im Sinne von Ideen der Aufklärung wie humanistischer Traditionen verbinden sich für Siemsen mit dem Gesellschaftsprozess teleologische Vorstellungen, die in die Richtung eines Ideals von Menschheit im Sinne von höchstmöglicher Universalität wie Differenzierung gehen, doch erscheint bei ihr eine solche Entwicklung keineswegs zwangsläufig, vielmehr wird sie in Abhängigkeit von willentlicher menschlicher Anstrengung wie daraus resultierender grundlegender gesamtgesellschaftlicher Veränderungen gesehen wie vor allem der Überwindung des Privatkapitalismus zugunsten solidarischer Formen menschlichen Zusammenlebens. Die daraus abgeleitete Erziehungsaufgabe, „mit der Aufhellung des Bewußtseins und der planvollen Gestaltung unseres Handelns Ernst zu machen, unsere ganze Erziehung wie die Ordnung unseres Lebens danach zu gestalten, und zu diesem Zwecke die Hindernisse, die heute dem entgegenstehen, in unseren Erziehungseinrichtungen wie in unserem gesellschaftlichen Leben zu beseitigen" – so Siemsen in den „Gesellschaftlichen Grundlagen" – ist heute angesichts von Bankenkrise und Zusammenbruch europäischer Wirtschafts- und damit auch Gesellschaftssysteme aktueller denn je!

Manuela Jungbluth würdigt Anna Siemsen in ihrer Arbeit als Reformpädagogin, was auf den ersten Blick überraschen mag, wenn man mit Reformpädagogik kulturkritische Affekte und rückwärts gewandte Gemeinschaftsvorstellungen verbindet, die ja bei Anna Siemsen gerade nicht anzutreffen sind. Aber bereits ihre Mitgliedschaft im Bund Entschiedener Schulreformer, zu dessen Tagungen und Publikationen sie wichtige Beiträge, z.B. zur Ausgestaltung der Einheitsschule als Produktionsschule, geleistet hat, aber auch ihre, freilich nur kurze Tätigkeit im sozialistisch regierten Thüringen, wo sie in die Neuordnung der Lehrerbildung im Rahmen der thüringischen Schulreform einbezogen war, nicht zuletzt ihre Mitarbeit in der an einem undogmatischen Marxismus orientierten Heimvolkshochschule Tinz, einem der interessantesten reformpädagogischen Modelle damaliger sozialistischer Arbeiterbildung, verdeutlichen ihr theoretisches wie praktisches Engagement in unterschiedlichen schulischen wie außerschulischen Projekten. Wie für andere sozialistische Reformer bleibt dabei für sie charakteristisch ihr Anliegen einer Verbindung von pädagogischer mit gesellschaftspolitischer Reform, so dass sie zu Recht einer Richtung demokratisch-sozialistischer Reformpädagogik zugeordnet wird, wie sie in der erziehungshistorischen Forschung neben dem eher konservativen Mainstream bürgerlicher

Provenienz inzwischen zunehmend Anerkennung findet. Wie die Verfasserin verdeutlicht, schließen sich so ihre Kritik an rückwärtsgewandten Gemeinschaftsvorstellungen beispielsweise der Jugendbewegung einerseits und ihre eigene Vorstellung von Gemeinschaftserziehung als Weg zu menschheitlicher Emanzipation andererseits nicht aus.

Manuela Jungbluth hat mit vorliegender Untersuchung nicht nur eine wichtige Forschungslücke geschlossen und eine zu Unrecht vergessene Pädagogin und Erziehungswissenschaftlerin in das Gedächtnis von Disziplin und Profession zurückgeholt, sondern darüber hinaus wichtige Anstöße für aktuelle erziehungswissenschaftliche und pädagogische Diskurse gegeben. Stellt sich doch nach der Lektüre die Frage, ob Konzepte von Erziehung und Bildung, die in erster Linie nur noch auf Qualifikation und Effizienz zielen, nicht viel zu kurz greifen, damit zwar die Legitimität bestehender wirtschaftlicher und gesellschaftlicher Verhältnisse stabilisieren, die davon betroffenen Menschen aber, vor allem soweit sie zu den Verlierern gehören, allein lassen.

Paderborn, Juni 2012   Wolfgang Keim

Inhaltsverzeichnis

Einleitung 15

Biographischer Teil – Werdegang einer demokratisch-sozialistischen Reformpädagogin

I. Kritische Urteilsfähigkeit statt Untertänigkeit – Aufwachsen Anna Siemsens im Wilhelminischen Obrigkeitsstaat 33
  1. Das Deutsche Kaiserreich – Zwischen Aufbruch und Stagnation 33
  2. Kindheit und Jugend Anna Siemsens im Deutschen Kaiserreich (1882-1901) 41
  3. Abitur, Studienjahre und Anstellungen als Oberlehrerin (1901-1913) 51

II. Von der „gefühlsmäßigen" zur „geschulten, wissenden Sozialistin" – Die Erfahrung des Ersten Weltkriegs als Impuls für Anna Siemsens Kapitalismuskritik 61
  1. Der Erste Weltkrieg – Vom Kaiserreich zur ersten deutschen Demokratie 61
  2. Auf dem Wege zu Pazifismus und Gesellschaftskritik – Anna Siemsens Auseinandersetzung mit dem Ersten Weltkrieg (1914-1918) 71

III. Neuer Mensch und neue Gesellschaft – Anna Siemsens bildungs-, kultur- und gesellschaftspolitisches Engagement in der Weimarer Republik 83
  1. Die Weimarer Republik – eine Demokratie mit Kompromissen 84
  2. Bildungspolitische Erfahrungen in Düsseldorf und Berlin (1919-1923) 90
    a. Der Weg in die linkssozialistische Bildungspolitik 90
    b. Düsseldorfer Stadtverordnete 98
    c. Hilfsarbeiterin im preußischen Kultusministerium 101
    d. Praktische Erfahrungen im Kontext des Kapp-Putsches 105

 e. Leitung des Fach- und Berufsschulwesens in Düsseldorf und
Berlin... 107
3. Oberschulrätin, Schulleiterin und Honorarprofessorin in Thüringen 113
4. Reichstagsmandat und Suche nach einer politischen Heimat............. 127
5. Engagement in sozialistischen Lehrerorganisationen und
-gewerkschaften.. 131
 a. „Verband sozialistischer Lehrer und Lehrerinnen Deutschlands
und Deutsch-Österreichs" (VSL).. 132
 b. „Bund Entschiedener Schulreformer" (BESch)............................ 138
 c. „Bund der Freien Schulgesellschaften" (BFS).............................. 147
6. Engagement in sozialistischen Kulturorganisationen........................ 152
7. „Das Kommen des neuen Reiches" – Die Machtübernahme durch
die Nationalsozialisten 165
8. Anna Siemsens Verhältnis zu Judentum und Antisemitismus........... 169
9. Flucht aus Deutschland 173

IV. Pädagogisch-politische Emigration – Anna Siemsens bildungs-,
kultur- und europapolitisches Engagement im Schweizer Exil.............. 175
1. Die Schweiz – Asylland Europas?... 175
2. Anna Siemsen im Schweizer Exil (1933-1945)................................. 180
 a. Ankunft in der Schweiz und erste Exiljahre.................................. 181
 b. „Mannigfaltigkeit in der Einheit" – die Schweiz als Vorbild
eines europäischen Bundesstaates 186
 c. Engagement in der Friedens- und Europabewegung.................... 189
 d. Tätigkeit in sozialistischen Kulturorganisationen......................... 191
 e. „Verband deutscher Lehreremigranten" (Union).......................... 200

V. Engagement für ein neues, freiheitliches Deutschland und ein
föderalistisches Europa – Anna Siemsens Rückkehr nach 1945 203
1. Rückkehr unerwünscht – die deutschen Nachkriegsverhältnisse
und der Umgang mit Remigrant/innen 203
2. a. „Das Schlimmste ist die allgemeine Verlogenheit" – Anna
Siemsen als Opfer der deutschen Nachkriegsbürokratie (1946-
1951).. 213
 b. Leitung des Hamburger Sonderausbildungskurses für
Volksschullehrer/innen... 223
 c. Engagement für ein föderalistisches Europa 225
 d. Anna Siemsens Tod 232

Systematischer Teil – Anna Siemsens „Gesellschaftliche Grundlagen der Erziehung" als Allgemeine Pädagogik

I. Wissenschaftstheoretische und -methodische Einordnung, Intention und Aufbau der „Gesellschaftlichen Grundlagen der Erziehung" 237

II. Der Mensch als gesellschaftliches Wesen – zum Menschenbild Anna Siemsens 245

III. Die menschliche Gesellschaft als dynamischer Prozess – zum Gesellschaftsbild Anna Siemsens 259
   1. Zur soziologischen Einordnung des Gesellschaftsverständnisses Anna Siemsens 259
   2. Universalität, Persönlichkeit und Rationalität als Grundlagen der menschlichen Gesellschaft 267

IV. Die „werdende Gesellschaft" als Gemeinschaft – zum Gemeinschaftsverständnis Anna Siemsens 281
   1. Vom kapitalistischen Individualmenschen zum Gemeinschaftsmenschen 281
   2. „Bewusste Vereinigung" versus „Bedingungslose Unterordnung" – Die Gemeinschaftsbegriffe Anna Siemsens und Peter Petersens im Vergleich 286

V. Demokratischer Sozialismus als Voraussetzung einer solidarischen Gesellschaft 295

VI. Gemeinschaftszerstörende Systeme, Institutionen und Strukturen 305
   1. Sowjetischer Kommunismus, italienischer Faschismus und deutscher Nationalsozialismus – Beispiele antisolidarischer und antidemokratischer Gesellschaftssysteme 305
   2. Die katholische Kirche – keine Basis für eine aufgeklärte Gemeinschaft 308
   3. Die gesellschaftliche Benachteiligung der Frau 314

VII. Erziehungstheoretische, -organisatorische und -methodische Vorstellungen Anna Siemsens 325
   1. Zur Dialektik von Erziehung und Gesellschaft 326
     a. Einordnung des Erziehungsbegriffes Anna Siemsens 326
     b. Erziehung als Funktion der Gesellschaft 327

    c. Erziehung als Persönlichkeits- und gesellschaftliche Bildung 334
    d. Erziehung zur Arbeit als Vermittlung von Individuum und
       Gesellschaft 340
    e. Erziehung zur werdenden Gesellschaft als Gemeinschaft 345
  2. Zur organisatorischen und methodischen Umsetzung der
    Erziehungsvorstellungen Anna Siemsens 350
    a. Äußere Schulreform – Der Staat als unzureichender Schul- und
       Erziehungsträger 351
    b. Äußere Schulreform – Ein gestuftes Einheitsschulwesen 355
    c. Innere Schulreform – Selbsttätigkeit im Rahmen einer Arbeits-
       und Produktionsschule 357
    d. Reform der Lehrerausbildung – Vom Fachspezialisten und
       Methodiker zum gesellschaftsbewussten Erzieher 362

VIII. Anna Siemsen als demokratisch-sozialistische Reformpädagogin –
     Resümee und Ausblick 369

Quellen und Literatur 379
   Archivalien 379
   Schriften Anna Siemsens 380
   Sekundär- und weitere Literatur 389
   Abkürzungsverzeichnis 405

Anhang 407

Einleitung

Die „Reformpädagogische Bewegung" war vielschichtig und heterogen. Angesichts der gesamtgesellschaftlichen Umbruchserfahrungen des ausgehenden 19. und beginnenden 20. Jahrhunderts entwickelten Vertreter/innen unterschiedlicher sozialer und politischer Provenienz eine Vielzahl pädagogischer Reformmodelle, die sich keinesfalls auf bürgerliche oder gar national-konservative Theorien und Praxen reduzieren lassen. Gleichwohl werden mit „Reformpädagogik" noch immer vorwiegend bürgerliche Konzepte wie die Montessori- und Waldorfschulen, die Lietz'schen Landerziehungsheime oder die Jenaplan-Pädagogik Peter Petersens assoziiert. Zwar ist die historische erziehungswissenschaftliche Forschung dazu übergegangen, diese Ansätze zunehmend kritisch zu untersuchen, indem sie die häufig anti-aufklärerischen und anti-demokratischen Denkmuster ihrer Vertreter/innen und nicht zuletzt deren Schnittmengen mit dem Nationalsozialismus aufarbeitet;[1] den durchaus ebenfalls vorhandenen demokratischen Ansätzen der Reformpädagogik wird jedoch nach wie vor wenig Beachtung geschenkt.[2] Insbesondere die Namen demokratisch-sozialistischer Reformpädagog/innen wie Kurt Löwenstein oder eben auch Anna Siemsen sind noch heute weitgehend unbekannt.[3] Dies bestätigt auch Christa Uhlig, die mit ihrer zwei Teile umfassenden Studie zur Rezeption und Ausgestaltung der Reformpädagogik innerhalb der deutschen Arbeiterbewegung den Versuch unternommen hat, auf der Basis einer umfangreichen Analyse sozialistischer Zeitschriften die Perspektive „der ‚anderen', eher gering wahrgenommenen und vielleicht auch noch immer gering ge-

---

1 Beispielhaft sei hier auf die 2003 von Robert Döpp vorgelegte Untersuchung „Jenaplan-Pädagogik im Nationalsozialismus" verwiesen, in der Döpp die diffusen und irrationalen weltanschaulichen sowie die organizistischen gesellschaftlichen Grundlagen der Pädagogik Peter Petersens aufarbeitet und zeigt, dass die spätere rassistische Radikalisierung Petersens in diesen Grundlagen bereits angelegt war. (Vgl. Döpp, 2003.)

2 Dies stellten auch Heike Neuhäuser und Tobias Rülcker in ihrem Band zur „Demokratischen Reformpädagogik" fest. (Vgl. Neuhäuser/Rülcker, 2000, S. 7.) Rülcker weist darauf hin, dass weder liberal-demokratische noch demokratisch-sozialistische Reformer ausreichende Beachtung finden. (Vgl. Rülcker, 2000, S. 17-21.)

3 Eine der wenigen Ausnahmen stellt der demokratisch-sozialistische Reformpädagoge Fritz Karsen dar, zu dem eine 1973 erschienene und 1999 erweiterte umfangreiche Arbeit von Gerd Radde vorliegt. (Vgl. Radde, 1999.)

schätzten Richtung"⁴ proletarischen Bildungsdenkens aufzuarbeiten. Dabei konnte sie zeigen, dass auch die Arbeiterbewegung Erziehungs- und Bildungsfragen breit diskutierte und in diesem Zusammenhang die vom bürgerlichen Milieu ausgehenden reformpädagogischen Konzepte und Modelle aufgriff, was nicht zuletzt an den zahlreichen Gemeinsamkeiten hinsichtlich Begrifflichkeit, Rhetorik und Symbolik festzumachen ist. Der wesentliche Unterschied, so Uhlig, habe jedoch darin bestanden, dass die Arbeiterbewegung als Vertreterin der sozial benachteiligten Schichten notwendig eine sozialkritische Perspektive einnahm⁵ und Bildungsreformfragen stets in ihrem gesamtgesellschaftlichen Zusammenhang betrachtete. „Eine anspruchsvolle allgemeine und allen Heranwachsenden gleichermaßen zugängliche Bildung wurde von der Arbeiterbewegung des 19. und 20. Jahrhunderts als ein Schlüssel für soziale, politische und geistige Emanzipation angesehen."⁶ Reformen im Bereich des Bildungs- und Erziehungswesens wurden dementsprechend daraufhin geprüft, ob sie dem Aufbau einer gerechteren Gesellschaft dienten und auch den ausgebeuteten Arbeiterschichten Partizipation am gesellschaftlichen, politischen und kulturellen Leben ermöglichten. Diesem Anspruch konnten die bürgerlichen reformpädagogischen Konzepte jedoch größtenteils nicht standhalten: Ein Beispiel hierfür ist ihre romantische Vorstellung einer Erziehung „vom Kinde aus", die das Augenmerk auf die Entfaltung der individuellen Kräfte des einzelnen Kindes legte, ohne dessen gesellschaftliche Eingebundenheit zu berücksichtigen und sich somit als unvereinbar mit der Realität der Arbeiterfamilien erwies, deren soziale Lage ihre Kinder zur Fabrikarbeit nötigte. Auch bürgerliche Schulreformmodelle, wie bspw. die elitären, von der Gesellschaft abgesonderten Landerziehungsheime, waren hinsichtlich ihrer Zielsetzungen nicht auf Emanzipation hin angelegt, konzentrierten sich vielmehr auf Fragen der inneren Schulreform und der Methodik, ignorierten politische und soziale Voraussetzungen wie auch Implikationen ihrer pädagogischen Konzepte und reproduzierten damit den gesellschaftlichen Status quo stets aufs Neue, anstatt zur Demokratisierung der Verhältnisse beizutragen.

Angesichts der politischen Richtungskämpfe innerhalb der Arbeiterbewegung wiesen auch die sozialistischen Erziehungsvorstellungen teilweise enorme Differenzen auf, zeigten jedoch ebenso zentrale Gemeinsamkeiten, durch die sie sich

---

4   Uhlig (2006), S. 28. Der 2006 erschienene Band „Reformpädagogik: Rezeption und Kritik in der Arbeiterbewegung" ist der erste Teil ihrer Studie, der sich auf die Rezeption der Reformpädagogik durch die Arbeiterbewegung zur Zeit des Wilhelminischen Kaiserreiches konzentriert. Die entsprechenden Analysen für die Zeit der Weimarer Republik folgen im zweiten, 2008 veröffentlichten Teil: „Reformpädagogik und Schulreform. Diskurse in der sozialistischen Presse der Weimarer Republik."
5   Vgl. Uhlig (2006), S. 190.
6   Ebd., S. 28.

von den bürgerlichen Konzepten unterschieden. Insbesondere die in demokratisch-sozialistischen Kreisen entstandenen und im Laufe der Weimarer Republik zu eigenständigen Theorien und Modellen weiterentwickelten reformpädagogischen Ansätze zeichneten sich im Gegensatz zu den häufig diffusen, irrationalen und nicht selten an organizistischen und völkischen Gesellschaftsvorstellungen orientierten bürgerlichen Konzepten durch eine aufgeklärte, an Wissenschaft und Rationalität orientierte Erziehung zur Demokratie aus. Im Unterschied zu den bürgerlichen Reformer/innen, deren theoretisches Selbstverständnis von der rein ideengeschichtlich ausgerichteten philosophisch-geisteswissenschaftlichen und somit immanent-hermeneutisch ausgerichteten Betrachtung der Erziehungswirklichkeit geprägt wurde, bezogen demokratisch-sozialistische Reformer empirische, insbesondere soziologische Erkenntnisse in ihre Überlegungen mit ein. Erst diese erlaubten es ihnen, Einsichten in den Zusammenhang von Bildung und Gesellschaft zu gewinnen und damit jene gesellschaftlichen Faktoren und Interessen auszumachen, die Erziehungs- und Bildungsprozesse bestimmen und somit eine Erziehung zu Mündigkeit und Emanzipation ermöglichen bzw. verhindern.

Nicht nur durch die seinerzeit etablierte, vorwiegend Geisteswissenschaftliche Pädagogik wurden solche demokratisch-sozialistischen Ansätze ignoriert und abgelehnt, auch heute noch gehört die Bildungsgeschichte der Arbeiterbewegung, so Uhlig, „zu den unterrepräsentierten Themen in der erziehungshistorischen Forschung, Lehre und Publizistik"[7]. Zu den Gründen hierfür zählt sicherlich auch ein in der westlichen Welt verankerter grundsätzlicher Vorbehalt gegenüber sozialistischen Konzepten, der u.a. darauf zurückzuführen ist, dass „Sozialismus" zumeist mit den totalitären und zu Recht zerfallenen Systemen des sog. „real existierenden Sozialismus" gleichgesetzt wird, auch wenn dieser Vergleich den in der Weimarer Republik auftretenden Vertreter/innen eines demokratischen Sozialismus nicht gerecht wird. Ein anderer wesentlicher Grund ist darin zu sehen, dass in der Literatur „nach wie vor ideengeschichtliche Interpretationen der Reformpädagogik" überwiegen und „Fragen nach gesellschaftspolitischen und sozialen Zusammenhängen reformpädagogischen Denkens eher selten"[8] vorkommen, dabei waren es gerade ihre sozialkritischen Analysen und ihr entschiedenes Eintreten für eine demokratische Gesellschaft, die die demokratisch-sozialistischen (Reform-)Pädagog/innen unempfänglicher für nationalsozialistisches Gedankengut und ihre pädagogischen Auffassungen – um mit den Worten Uhligs zu sprechen – zu einer „Erkenntnisquelle humanistischer Pädagogik"[9] machten.

---

7 Uhlig (2008), S. 101.
8 Uhlig (2006), S. 36.
9 Ebd., S. 27.

Die grundlegende *erste These* vorliegender Arbeit ist, dass die heute weitgehend unbekannte Pädagogin *Anna Siemsen* (1882-1951) als eine zentrale Vertreterin einer solchen sozialkritischen, demokratisch-sozialistischen Reformpädagogik anzusehen ist. Die Vorstellung ihres Lebens und ihres Werkes soll daher einen Beitrag zu der Aufarbeitung dieser vernachlässigten pädagogischen Richtung leisten, die auch für die Bearbeitung aktueller erziehungswissenschaftlicher und pädagogischer Fragestellungen gewinnbringend ist. Den besonderen Reiz des Werkes Anna Siemsens macht nicht nur der progressive Charakter ihrer in hohem Maße humanistischen Ansprüchen genügenden Vorstellungen einer Erziehung zu individueller Freiheit und sozialer Verantwortung, sondern gerade auch der kritisch-analytische Blick aus, mit dem Siemsen ihr gesellschaftliches Umfeld in Wilhelminischem Kaiserreich, Weimarer Republik, „Drittem Reich", Schweizer Exil und Nachkriegsdeutschland sowie die gesellschaftliche Bestimmtheit der Erziehung betrachtet und in dem sie sich, trotz deutlicher Parallelen, grundsätzlich vom zeitgenössischen Mainstream der „Reformpädagogischen Bewegung" unterscheidet. Während ein Großteil der ideengeschichtlich geprägten bürgerlichen Reformpädagog/innen sich weitgehend „blind" gegenüber der wechselseitigen Bedingtheit von Mensch und Gesellschaft sowie der gesellschaftlichen und gesellschaftspolitischen Eingebundenheit von Erziehung erwiesen und teilweise vormodernen Gesellschafts- und Gemeinschaftskonzepten huldigten, entwickelte Anna Siemsen, so die *zweite These* vorliegender Arbeit, mit ihrem um 1934 verfassten und 1948 veröffentlichten Hauptwerk „Die Gesellschaftlichen Grundlagen der Erziehung" (GGE) eine kritisch-emanzipatorisch und historisch-materialistisch angelegte Allgemeine Pädagogik, in der sie die gesellschaftliche Bestimmtheit von Mensch und Erziehung nicht nur berücksichtigt, sondern systematisch aufarbeitet. Von Uhlig wird Siemsen daher zu Recht als „Vordenkerin einer gesellschaftstheoretisch begründeten Pädagogik" bezeichnet, die bereits ab Mitte der 1920er Jahre mit ihren Aufsätzen dazu beitrug, Pädagogik auch in ihrem Verhältnis zur Politik zu betrachten, „in pädagogischen Entwicklungen immer auch konkrete gesellschaftliche Interessen artikuliert und realisiert" zu sehen „und umgekehrt Pädagogik als ein aktives gesellschaftliches Gestaltungs- und Entwicklungsmoment"[10] zu begreifen.

Im Zentrum ihrer Analysen steht dabei ihre Forderung, weder einem gesellschaftsfernen Individualismus zu huldigen, noch den Einzelnen der Gesellschaft unterzuordnen, sondern das Verhältnis von Individuum und Kollektiv, oder anders gewendet von Mensch und Gesellschaft gemeinschaftlich zu gestalten, um somit ein balanciertes Verhältnis von Freiheit und sozialer Verpflichtung zu er-

---

10 Uhlig (2008), S. 59f.

reichen. Mit der Thematisierung dieses „sozialpädagogischen"[11] Problems der Vermittlung von Individuum und Gesellschaft bewegte Siemsen sich ganz im Tenor ihrer Zeit, zumal die im Zuge der Moderne erfolgte Freisetzung des Individuums die Frage aufgeworfen hatte, wie die Erziehung sowohl den Bedürfnissen des Einzelnen als auch den Ansprüchen der Gesellschaft gerecht werden könne. Dass die Antwort darauf „Gemeinschaft" heißen müsse, darin war sich der Großteil der Pädagogenschaft einig; allerdings gab es, wie Joachim Henseler und Jürgen Reyer feststellen, „mindestens so viele Gemeinschaftsbegriffe wie (...) Weltanschauungen"[12], die sich vor allem danach ordnen lassen, ob sie zum einen hinsichtlich der ihnen zugrunde liegenden Gesellschaftsauffassungen restaurativ oder progressiv angelegt sind und ob sie zum anderen dem Individuum seine Freiheit gewähren oder diese zugunsten der Gemeinschaft unterdrücken[13]. Tobias Rülcker, der sich explizit mit den unterschiedlichen politischen Orientierungen und den damit zusammenhängenden Gemeinschaftsbegriffen innerhalb der „Reformpädagogischen Bewegung" beschäftigt hat, unterscheidet daher zwischen einem antidemokratischen Gemeinschaftsverständnis bürgerlich-konservativer und einem demokratischen Gemeinschaftsverständnis moderner Reformpädagog/innen.[14] Im Rahmen der vorliegenden Arbeit soll gezeigt werden, dass Anna Siemsen den Vertretern eines demokratischen Gemeinschaftsbegriffes zuzurechnen ist, indem sie in ihren GGE eine Erziehung zur freiheitlichen Persönlichkeit innerhalb einer sozial gerechten, demokratisch-gemeinschaftlich organisierten Gesellschaft fordert, wobei sie zugleich die Einflüsse gesellschaftlicher Interessens- und Machtstrukturen auf Erziehungsprozesse kritisch hinterfragt. Ihre dabei gewonnenen Erkenntnisse über Erziehungs- und Bildungsprozesse und ihre Kritik am bestehenden Erziehungs- und Bildungssystem sind auch heute noch aufschlussreich und von höchster Aktualität – ihre Vorschläge zur organisatorischen und methodischen Umsetzung ihrer Erziehungsvorstellungen nach wie vor unerreicht.

Aus erziehungswissenschaftlicher Sicht kann das Interesse vorliegender Arbeit sich jedoch nicht darin erschöpfen, das bedeutsame Werk Anna Siemsens

---

11 Der Begriff „Sozialpädagogik" wird hier im Sinne Paul Natorps verwendet, der darunter die Anerkennung der sozialen Bedingtheit von Erziehung verstand. Dieses Verständnis ist abzugrenzen von der in den 1920er Jahren zunehmenden Auffassung von Sozialpädagogik als Sozialarbeit, d.h. als spezifischen pädagogischen Bereich der außerfamiliären und außerschulischen Kinder- und Jugendhilfe. Zur sozialpädagogischen Betrachtung des Verhältnisses von Individuum und Gesellschaft/Gemeinschaft vgl. Henseler/Reyer (2000) und Reyer (2002).
12 Henseler/Reyer (2000), S. 5.
13 Vgl. ebd.
14 Vgl. Rülcker (1998). Weitere Ausführungen zum Gemeinschaftsbegriff folgen im Systematischen Teil, Kap. IV. vorliegender Arbeit.

lediglich vor- und dem Mainstream zeitgenössischer Pädagogik entgegenzustellen; ebenso wichtig ist es der Frage nachzugehen, *wie* ein solches Erziehungs- und Bildungskonzept entstanden ist, welche Faktoren dabei von Bedeutung waren und darüber hinaus zu klären, welchen Widerständen sich die Vertreterin eines solchen Konzeptes ausgesetzt sah, um damit eine weitere Antwort auf die Frage zu finden, *warum* demokratisch-sozialistische Perspektiven auf Pädagogik so wenig Beachtung fanden. Daher ist es das zweite grundlegende Anliegen dieser Arbeit, auch die *Lebensgeschichte* Anna Siemsens aufzuarbeiten, wobei von folgenden theoretischen Ansichten über den Nutzen historischer Biographien im Rahmen erziehungswissenschaftlicher Forschung ausgegangen wird:

Pädagogische Theorien und Konzepte sowie ihnen zugrunde liegende anthropologische Annahmen über Wesen und Bestimmung des Menschen entstehen nicht im luftleeren Raum, sondern bilden sich in spezifischen gesellschaftlichen Kontexten heraus, sind also stets gesellschaftlich vermittelt und erfüllen immer auch eine gesellschaftliche Funktion. Auch die „Reformpädagogische Bewegung" wäre ohne die Entstehung der industrie-kapitalistischen Gesellschaft kaum denkbar gewesen.[15] Pädagogische Theoretiker, die ihre Theorien und Konzepte stets in bewusster und/oder unbewusster Auseinandersetzung mit ihrer gesellschaftlichen Umwelt entwerfen, stellen insofern eine interessante Schnittstelle zwischen Gesellschaft und Pädagogik dar. Indem historisch-biographische erziehungswissenschaftliche Forschung die Herausbildungsprozesse von Erziehungstheorien im Rahmen lebensgeschichtlicher Zusammenhänge und gesellschaftlicher Bedingungsgefüge nachzeichnet und analysiert, ist sie besonders geeignet, den Zusammenhang von Erziehung und Gesellschaft exemplarisch herauszuarbeiten und somit nicht etwa nur rein „antiquarische" Erkenntnisse über spezifische historische Persönlichkeiten zu liefern, sondern Orientierungshilfe, nicht zuletzt im Hinblick auf aktuelle bildungspolitische Diskussionen zu bieten – vorausgesetzt, „Biographik" wird nicht mehr als unreflektiertes Nacherzählen einer individuellen Lebensgeschichte oder gar als Mythisierung einer autonomen „geschlossenen historischen Persönlichkeit"[16] verstanden.

Ein solches Biographie-Verständnis hatte dem Genre lange Zeit den berechtigten Vorwurf eingebracht, eine methodisch unkritische[17] und somit unwissenschaftliche Arbeitsform darzustellen. Dass Biographien heute als wissenschaft-

---

15 Nähere Ausführungen zum dialektischen Verhältnis von Erziehung und Gesellschaft und seiner Abgrenzung gegenüber einer ideengeschichtlichen Erziehungsbetrachtung folgen im Systematischen Teil, Kap. I vorliegender Arbeit.
16 Bödeker (2003), S. 26.
17 Vgl. ebd., S. 12.

lich „rehabilitiert"[18] gelten, hängt nicht zuletzt mit ihrer veränderten theoretischen und methodischen Anlage zusammen. Entsprechend weist insbesondere Hans Erich Bödeker darauf hin, dass die biographierte Person heute nicht mehr als ein „in sich geschlossenes"[19], aus den gesellschaftlichen Strukturen herausgelöstes Selbst aufgefasst, sondern innerhalb seiner sozialen, kulturellen und politischen Zusammenhänge betrachtet wird[20]. Gemäß sozialisationstheoretischer Erkenntnisse[21] stellt das Individuum weder eine autonome Einheit dar, noch ist es einer einseitigen Determination durch die gesellschaftlichen Strukturen unterworfen. Vielmehr verarbeitet es seine gesellschaftliche Umwelt und wirkt zugleich auf diese zurück. Persönlichkeit und gesellschaftliche Struktur werden somit nicht als Gegensatz sondern als in einem „interdependenten Verhältnis"[22] stehend begriffen, das im Rahmen einer Biographie analytisch aufzuarbeiten ist. „Biographisches Arbeiten in der Erziehungswissenschaft", so Thorsten Fuchs, „richtet zum einen den Blick auf die rekonstruierte Darstellung des jeweiligen gelebten Lebens und zum anderen auf die objektiven gesellschaftlichen Strukturen, die diese Lebensentwürfe beeinflussen. Für die erziehungswissenschaftliche Reflexion ist Biographie daher an der Schnittstelle von Subjektivität und gesellschaftlicher Objektivität angesiedelt."[23] Der Biograph steht demzufolge laut Christian Klein vor der zentralen Herausforderung, „der ‚biographischen Trias' gerecht zu werden: Biographierter, Gesellschaft und Werk müssen angemessen repräsentiert, in die Analyse einbezogen und ausgewertet werden."[24]

---

18 Runge (2009), S. 115. Als Beleg für die dauerhafte Etablierung der Biographieforschung in der Erziehungswissenschaft weist Theodor Schulze u.a. darauf hin, dass die sich 1994 in der DGfE konstituierte AG „Erziehungswissenschaftliche Biographieforschung" sich bis heute behaupten konnte und in der Sektion „Allgemeine Erziehungswissenschaft" der DGfE mittlerweile „einen festen Standort gefunden" hat. (Schulze, 2006, S. 36.) Doch auch über die Allgemeine Erziehungswissenschaft hinaus liegt laut Thorsten Fuchs in nahezu allen pädagogischen Teildisziplinen und Themenbereichen eine „facettenreiche Gestalt biographischen Arbeitens" vor, wobei insbesondere „historisch orientierte Arbeiten einen breiten Raum der Veröffentlichungen mit biographischen Erkenntnissen einnehmen". (Fuchs, 2009, S. 389.)
19 Bödeker (2003), S. 19.
20 Vgl. ebd., S. 19-21.
21 Vgl. z.B. Klaus Hurrelmanns Modell der produktiven Realitätsverarbeitung, in: Hurrelmann (2007). Die Weiterentwicklung der Historischen Pädagogik von einem am Historismus und der reinen Ideengeschichte orientierten, hin zu einem sozialisationstheoretischen Selbstverständnis hat bei der Rehabilitierung der erziehungswissenschaftlichen Biographieforschung eine wichtige Rolle gespielt, da sie ein Interesse an der Rekonstruktion „vergangene(r) Sozialisations- und Erziehungswelten" aufkommen ließ. (Krüger, 2006, S. 16; vgl. auch Glaser/Schmid, 2006, S. 365-370.)
22 Bödeker, S. 21.
23 Fuchs (2009), S. 388.
24 Klein (2009b), S. 426.

Die vorliegende Arbeit stellt sich dieser Herausforderung am Beispiel Anna Siemsens, deren Werk, aber eben auch deren Leben – und damit folgt die *dritte These* – in besonderer Weise geeignet sind, vertiefte Einblicke in das dialektische Verhältnis von Erziehung und Gesellschaft zu gewähren. Anhand ihrer *Biographie* lässt sich zum einen nachzeichnen, wie sich ihre demokratisch-sozialistischen Erziehungsvorstellungen in aktiver Auseinandersetzung mit den jeweiligen gesellschaftlichen Kontextbedingungen der Gesellschaftssysteme zwischen 1882 und 1951 herausgebildet haben. Zum anderen zeigt das stete Scheitern nicht nur ihrer beruflichen Laufbahn, sondern auch der praktischen Umsetzung ihrer pädagogischen Ideen an den politischen Rahmenbedingungen, wie eng Pädagogik und Politik bzw. Bildung und Herrschaft miteinander verflochten sind.

Im Sinne der o.g. Thesen besteht das erkenntnisleitende Interesse vorliegender Arbeit somit zum einen darin, das pädagogische Werk Anna Siemsens, insbesondere die GGE, einschließlich der zugrunde liegenden anthropologischen, gesellschaftlichen und politischen Vorstellungen systematisch aufzuarbeiten und als eine kritisch-emanzipatorische und historisch-materialistisch angelegte Allgemeine Pädagogik vorzustellen, die einen wichtigen Beitrag zu der bereits von Wolfgang Klafki formulierten entscheidenden Aufgabe kritischer Erziehungswissenschaft leisten kann, wonach Bedingungen und Möglichkeiten einer Erziehung aufzuzeigen sind, die „Freiheit, Gerechtigkeit (und) Vernunft" intendiert und sich an den Prinzipien der „Emanzipation, Mündigkeit, Selbstbestimmung (und) Demokratisierung"[25] orientiert. Siemsen selbst wird dabei als eine demokratisch-sozialistisch orientierte Reformpädagogin erkennbar, die sich zwar gegenüber der „Reformpädagogischen Bewegung" mit ihren zahlreichen positiven Erneuerungen der pädagogischen Praxis als offen erwies, die übernommenen reformpädagogischen Elemente jedoch mit demokratisch-sozialistischen Intentionen verband.

Zum anderen soll der lebensgeschichtliche Zusammenhang der pädagogischen und gesamtgesellschaftlichen Denkmuster Anna Siemsens geklärt, d.h. der Frage nachgegangen werden, welche prägenden sozialisatorischen Erfahrungen es waren, die eine im konservativen, nationalistischen und militaristischen Wilhelminischen Kaiserreich geborene Tochter bürgerlicher Eltern zu einer überzeugten sozialistischen Pädagogin machten und welche Widerstände die Umsetzung ihrer Vorstellungen verhinderten.

Um weder aus systematischen Gründen die *Genese* ihrer Ideen und Konzepte sowie deren gesellschaftliche Kontextbedingungen zu vernachlässigen, noch die *Systematik* ihrer Ansichten dem chronologischen Nachvollzug ihrer Biographie

---

25 Klafki (1971a), S. 44.

zu opfern, erfolgte eine Zweiteilung vorliegender Arbeit. Im *biographischen Teil* werden in fünf Kapiteln jeweils zunächst die gesamtgesellschaftlichen Kontextbedingungen, d.h. die ökonomischen, sozialen, politischen und kulturellen Verhältnisse und Wertvorstellungen in Kaiserreich (I), Erstem Weltkrieg (II), Weimarer Republik (III), Schweizer Exil (IV) und deutscher Nachkriegszeit (V), sowie der Lebensweg Anna Siemsens innerhalb der jeweiligen gesellschaftlichen Epoche nachgezeichnet und die spezifischen Einflüsse und Erfahrungen dargestellt, die zur Herausbildung ihrer Denk- und Handlungsmuster führten. Der *systematische Teil* widmet sich einer detaillierten Aufarbeitung ihres Werkes und beginnt mit einer wissenschaftstheoretischen und -methodischen Einordnung der „Gesellschaftlichen Grundlagen der Erziehung" (I), bevor anschließend eine systematische Betrachtung des darin sowie in weiteren Schriften deutlich werdenden Menschen- und Gesellschaftsbildes (II-IV), der weltanschaulichen und politischen Vorstellungen (V-VI) und der daraus sich ergebenden erziehungstheoretischen, -methodischen und -or-ganisatorischen Ansichten (VII) Anna Siemsens erfolgt.

Zu Recht können dem Versuch, die in einem ca. 40 Jahre umfassenden Zeitraum veröffentlichten Schriften Anna Siemsens systematisch zu bearbeiten, Bedenken entgegengehalten werden, zumal die im biographischen Teil betrachtete Genese ihrer Denk- und Handlungsmuster sowie eventuelle Wandlungen ihrer Ansichten unter systematischer Perspektive nicht berücksichtigt werden können. Dennoch erweist sich eine solche Herangehensweise im Bezug auf Anna Siemsen als relativ unproblematisch, da ihre erziehungstheoretischen und -praktischen Vorstellungen eine deutliche Kontinuität aufweisen und zumeist lediglich, je nach politischer Lage oder persönlicher beruflicher Position, thematische Akzentsetzungen erfahren haben. Beispielsweise beschäftigte Siemsen sich mit Berufsbildungsfragen vor allem in der Zeit, in der sie die Leitung des Düsseldorfer, später des Berliner Fach- und Berufsschulwesens innehatte. Eine Erziehung zu Internationalität und Pazifismus durchzieht wie ein roter Faden ihr Werk, erfährt jedoch angesichts des Zweiten Weltkrieges eine besondere Akzentuierung. Wo sich tatsächlich deutliche Veränderungsprozesse oder Widersprüchlichkeiten im Denken Anna Siemsens zeigen, bspw. angesichts ihres Frauenbildes,[26] werden diese thematisiert. Insgesamt lässt sich jedoch sagen, dass die meisten ihrer pädagogischen Ansichten und Konzepte sich durch ihr gesamtes Werk ziehen, im Laufe der Zeit allerdings mit immer grundsätzlicher werdenden Fragen in Verbindung gebracht werden, bis ihre Erziehungs- und Bildungstheorie in den „Gesellschaftlichen Grundlagen der Erziehung" letztendlich aus der Beantwortung

---

26 Vgl. dazu Systematischer Teil, Kap. VI. 3. vorliegender Arbeit

grundlegender Fragen nach dem Wesen und der Bestimmung des Menschen und der Gesellschaft abgeleitet werden.

Die vorliegende Arbeit stellt den ersten Versuch dar, Leben und Werk Anna Siemsens umfassend wissenschaftlich aufzuarbeiten, zumal die bisher ausführlichste Schrift zu dieser Thematik noch immer die 1951 von ihrem Bruder August Siemsen veröffentlichte Biographie „Anna Siemsen. Leben und Werk"[27] ist, in der Anna Siemsens Lebensweg und Charakter zwar sehr lebendig und anschaulich beschrieben werden, die jedoch auf Grund ihrer methodischen Anlage und ihrer fehlenden Distanz zur biographierten Person wissenschaftlichen Ansprüchen nicht genügen kann. Nichtsdestotrotz lieferte sie für die vorliegende Arbeit wertvolle Informationen. Als ebenfalls wichtige Quelle dienten die im Rahmen von letztendlich nicht zu Ende geführten Dissertationsvorhaben in den 1980er und 90er Jahren geleisteten Arbeiten und Vorarbeiten von Rudolf Rogler und Ralf Schmölders. Rogler, langjähriger Lehrer an der Anna-Siemsen-Schule in Berlin-Neukölln, stellte nicht nur umfangreiche Recherchen nach Primärquellen, Sekundärliteratur und Archiv-Dokumenten an, sondern führte darüber hinaus Gespräche mit verwandten und bekannten Zeitzeug/innen Anna Siemsens und stand nicht zuletzt in freundschaftlichem Kontakt zu ihrem mittlerweile verstorbenen Neffen, Pieter Siemsen, dem Sohn August Siemsens. Der Verfasserin überließ Herr Rogler den größten Teil des von ihm zusammengetragenen Materials, darunter neben transkribierten autobiographischen Fragmenten und diversen Briefen Anna Siemsens sowie einem unveröffentlichten Typoskript August Siemsens auch zwei Ton-Aufnahmen von Zeitzeug/innen-Gesprächen mit Margo Wolff, einer Freundin und Mitarbeiterin Anna Siemsens in der Schweiz, sowie mit Arnold Henke, einem Teilnehmer des u.a. von Siemsen geleiteten Hamburger Sonderausbildungskurses für Volksschullehrer/innen. Rogler selbst veröffentlichte einen ca. 50-seitigen Aufsatz[28] über Anna Siemsen, in dem er einen biographischen Überblick liefert und in der chronologischen Reihenfolge ihres Erscheinens inhaltliche Anmerkungen zu ausgewählten Schriften Siemsens anführt. Was fehlt, ist eine zielführende und erkenntnisleitende systematische Fragestellung. Das Verdienst Ralf Schmölders stellt zum einen die Erstellung einer vom Archiv der Arbeiterjugendbewegung in Oer-Erkenschwick (AAJB) 1992 herausgegebenen Personalbibliographie (PB Siemsen)[29] dar, in der er die mehr als 40 Bücher und Broschüren sowie weit über 500 Aufsätze Anna Siemsens, ihre unveröffentlichten Manuskripte/Typoskripte und die bisher veröffentlichte und unveröffentlichte Sekundärliteratur zu Anna Siemsen auflistet. Da Schmölders

---

27 Siemsen, August (1951).
28 Rogler (1995).
29 Schmölders (1992).

seine Dissertation nicht beendete, überließ er 1992 sein Material dem Archiv der Arbeiterjugendbewegung, darunter neben zusammengetragenen Archiv-Dokumenten auch die o.g., in der Personalbibliographie aufgeführten Primärquellen, wodurch der Verfasserin eine mühselige Recherchearbeit nach Aufsätzen Anna Siemsens erspart blieb. Schmölders selbst verfasste eine Diplomarbeit[30] und veröffentlichte mehrere Artikel[31], in denen er kurze biographische Überblicke und erste, notwendig vordergründig bleibende Auseinandersetzungen mit den Schulreform- und Erziehungsvorstellungen sowie den politischen und weltanschaulichen Ansichten Anna Siemsens liefert.

Die weitere Sekundärliteratur zu Siemsen beschränkt sich auf einige wenige Staats- und Diplomarbeiten[32], kürzere Artikel, die einen groben Überblick über Leben und Denken Anna Siemsens liefern,[33] Artikel mit deutlichen Schwerpunktsetzungen[34] und Bücher und Artikel, in denen Anna Siemsen nicht ausschließlich behandelt sondern u.a. thematisiert wird[35]. Schließlich bleibt auf drei weitere derzeit in der Entstehung befindliche bzw. kürzlich abgeschlossene Dissertationsprojekte hinzuweisen: Alexandra Bauer (Hamburg) betrachtet das pädagogisch-politische Denken Anna Siemsens.[36] Marleen Elisabeth von Bargen (Hamburg) beschäftigt sich in einer geschichtswissenschaftlichen Arbeit mit den Europa-Konzeptionen Siemsens sowie ihrem politischen Engagement innerhalb der Eu-

---

30 Schmölders (1987).
31 Schmölders (1988), (1989) und (1990).
32 Dagmar Grothe: Anna Siemsen – eine sozialistische Schulreformerin der Weimarer Zeit. Schriftliche Hausarbeit Sekundarstufe II, FB Pädagogik, Universität Paderborn, 1985; Heike Pestrup: Anna Siemsen. Weg einer (fast vergessenen) politischen Pädagogin, unter Berücksichtigung ihres Exils und ihrer Rückkehr nach Deutschland. Diplomarbeit, FB Pädagogik, Universität Paderborn, 1998; Barbara Zitterauer: Anna Siemsen. Leben und Werk einer sozialistischen Berufspädagogin. Hausarbeit FB Erziehungswissenschaften/Wirtschaftspädagogik, Universität Hamburg, 1983. Die genannten Arbeiten sind in der Bibliothek des Archivs der Arbeiterjugendbewegung in Oer-Erkenschwick unter den Signaturen MC 5435, MC 5218 und MC 1608 vorhanden.
33 Juchacz (1955), Mevius (1985), Rothe (1996), Schoppmann (1997), Hansen-Schaberg (1999), Carstens (2001), Köpke (2005) und Mitzenheim (2006).
34 Essig (1951): Schwerpunkt Berufserziehung u. Koedukation, Schmidt (1991): Schwerpunkt Koedukation, Mitzenheim (1991): Schwerpunkt Friedensengagement, Keim (1999): Schwerpunkt Spanisches Bilderbuch u. Engagement im Spanischen Bürgerkrieg, Borst (2000): Schwerpunkt Erziehungstheorie („Die Gesellschaftlichen Grundlagen der Erziehung"), Weiß (2000): Schwerpunkt Gesellschafts- und Gemeinschaftsverständnis, Thielking (2001): Schwerpunkt Exil und Amlacher (2001): Schwerpunkt Thüringer Tätigkeit.
35 Neuner (1980), Oelkers (1981), Wickert (1986), Keim (1987) und Faulstich/ Zeuner (2001).
36 Alexandra Bauers Untersuchung „Das pädagogisch-politische Denken im Leben und Wirken der Sozialistin Anna Siemsen. Eine historisch-systematische Rekonstruktion und Einordnung in erziehungswissenschaftlicher Perspektive" wurde in Hamburg als Dissertation angenommen und wird bei Peter Lang in Frankfurt/M. publiziert.

ropa-Bewegung während des Exils und der deutschen Nachkriegszeit. Christoph Sänger (Wuppertal) untersucht in seiner bereits erschienenen Arbeit, welchen Wert Anna Siemsen Literatur und Dichtung im Rahmen von Bildungsprozessen beimisst.[37]

Wenn in vorliegender Arbeit im Unterschied zur o.g. Forschungslage nun der Versuch unternommen wird, Anna Siemsens Leben und Werk in Form einer wissenschaftlichen historischen Biographie umfassend und systematisch aufzuarbeiten und dabei die o.g. Thesen und erkenntnisleitenden Fragen zu überprüfen, impliziert dies eine spezifische methodische Herangehensweise, auf die ich im Folgenden abschließend eingehen möchte.

Zunächst sei darauf hingewiesen, dass die vorliegende Arbeit keine Vollständigkeit in dem Sinne beansprucht, dass etwa die gesamte verfügbare Primärliteratur Anna Siemsens einbezogen worden oder, im biographischen Teil, eine lückenlose Auflistung jeder einzelnen ihrer Tätigkeiten, Mitgliedschaften in Organisationen o.ä. erfolgt sei. Zwar wurde versucht, zahlreiche autobiographische und biographische Dokumente und möglichst viele ihrer Schriften in die Analyse mit einzubeziehen, um somit ein realistisches Bild von der Spannbreite ihres Engagements und ihrer wissenschaftlichen Tätigkeit zu geben – leitend sollte jedoch letztlich nicht das Bestreben sein, möglichst viele Einzelfakten zusammenhanglos aneinanderzureihen, sondern systematische und aussagekräftige Antworten auf die o.g. erkenntnisleitenden Fragen zu erhalten.

Damit ist jedoch bereits das Problem der Interpretation angesprochen, mit dem eine historische Biographie unweigerlich konfrontiert ist. Da erziehungswissenschaftliche Biographieforschung, trotz des grundsätzlichen Bestrebens, verallgemeinerbare Aussagen zu treffen, zunächst einmal individuelle Einzelfälle in Form zu biographierender Subjekte in den Blick nimmt, stützt sie sich auf qualitative Forschungsmethoden, die, so Marotzki, einem interpretativen Forschungsparadigma folgen,[38] d.h. davon ausgehen, dass Wirklichkeit nicht objektiv vorliegt, sondern von den in ihr handelnden Subjekten konstruiert und interpretiert wird. „Ziel ist es, den einzelnen Menschen in seinen sinnhaft-interpretativ vermittelten Bezügen zur alltäglichen Lebenswelt ebenso zu verstehen wie in seinem biographischen Gewordensein."[39] Erziehungswissenschaftliche Biographieforschung sieht sich somit dem immer wieder geäußerten Vorwurf der Subjektivität ausgesetzt, da sie sich auf subjektabhängige, unzuverlässige Daten stütze. Dieser Vorwurf jedoch ist, wie auch Theodor Schulze anführt, im Grundansatz falsch, da es in der Biographieforschung gerade um dieses subjektive

---

37   Sänger (2011).
38   Vgl. Marotzki (2006), S. 112.
39   Ebd., S. 113.

Moment geht.[40] Ziel ist es, offen zu legen, wie die zu biographierenden Subjekte gesellschaftliche Strukturen und historische Ereignisse verarbeiten und aus ihnen ihre eigenen subjektiven, sinnvollen Wirklichkeiten konstruieren. Im Bezug auf Anna Siemsen bedeutet dies, die Herausbildung ihres Selbstverständnisses als demokratische Sozialistin bzw. demokratisch-sozialistische Reformpädagogin und damit *ihre* Interpretationen des gesellschaftspolitischen und pädagogischen zeitgenössischen Kontextes nachzuvollziehen, ohne diesen Deutungsmustern eine objektive Gültigkeit zuschreiben zu wollen.

Ebenso ist auch die Interpretation dieser Deutungsmuster und Wirklichkeiten durch den Biographen letztlich Konstruktion. So weist bspw. Hans Erich Bödeker darauf hin, „daß der Biograph eine wesentliche Rolle bei der darstellenden Konstruktion des biographisierten historischen Subjekts hat", dass jede Biographie ein „Konstrukt" darstelle, von der Perspektive des Forschers abhängig sei und somit keinen Anspruch auf absolute Wahrheit und Objektivität geltend machen könne, was jedoch Wissenschaftlichkeit nicht ausschließe.[41] Selbstverständlich könne es „konkurrierende Interpretationen der biographisierten historischen Subjekte" geben, da u.a. das Geschichtsverständnis und die eigene Lebensgeschichte des Verfassers in die Biographie mit einfließen.[42] Biographien können somit nicht als allgemeingültig angesehen werden, sondern stellen, um mit den Worten Anita Runges zu sprechen, ein „Diskussions- bzw. Dialogangebot"[43] dar. Dies gilt insbesondere für die hier vorliegende Arbeit, zumal sie den ersten Versuch darstellt, Leben und Werk Anna Siemsens grundsätzlich aufzuarbeiten. Trotz des Bemühens, bei der Darstellung des gesamtgesellschaftlichen und pädagogischen Kontextes der verschiedenen Gesellschaftssysteme, in denen Anna Siemsen gelebt hat, sowie auch bei der Analyse der in den GGE deutlich werdenden anthropologischen, gesellschaftlichen und politischen Vorstellungen, aktuelle Forschungsergebnisse möglichst umfangreich zu berücksichtigen, fließen nicht nur die Forschungsfrage, sondern auch das Geschichts- wie auch das pädagogische Selbstverständnis der Verfasserin in die Biographie Anna Siemsens mit ein.

Damit sei jedoch nicht einer Willkürlichkeit oder Beliebigkeit das Wort geredet. Die Berücksichtigung des konstruktiven Charakters einer Biographie und die Reflexion der eigenen Voreingenommenheiten und Prämissen bilden bereits wesentliche Voraussetzungen für die Erzielung aussagekräftiger Ergebnisse. Um darüber hinaus eine intersubjektive Überprüfbarkeit und damit Wissenschaftlich-

---

40   Vgl. Schulze (2006), S. 52.
41   Bödeker (2003), S. 51f.
42   Ebd., S. 53.
43   Runge (2009), S. 119.

keit zu gewährleisten, ist es notwendig, das methodische Vorgehen der vorliegenden Biographie offen zu legen. Dieses wird zunächst von dem zur Verfügung stehenden „Datenmaterial" bestimmt. Abgesehen von den beiden Zeitzeug/innen-Interviews stellt das geschriebene Wort die ausschließliche Grundlage der vorliegenden Analysen dar, sodass die Datenerhebung nach dem Schema sog. nichtreaktiver Verfahren erfolgte, „bei denen der Forscher nicht zum Zwecke der Materialerhebung Teilhaber an oder Akteur in sozialen Situationen wird, sondern mit Material arbeitet, das er *vorfindet*"[44]. In der vorliegenden Arbeit besteht dies, neben der o.g. Sekundärliteratur und einer großen Auswahl der von Anna Siemsen veröffentlichten Monographien und Artikel, aus ihrer um 1940 verfassten unveröffentlichten Autobiographie „Mein Leben in Deutschland vor und nach dem 30. Januar 1933'"[45], autobiographischen Fragmenten[46] sowie dem im Rahmen von Recherchearbeiten von der Verfasserin zusammengetragenen Archivmaterial, insbesondere Personalakten, aus dem Bundesarchiv in Berlin, dem Archiv der sozialen Demokratie in Bonn (AdsD), dem Stadtarchiv Düsseldorf, dem Staatsarchiv Hamburg, dem Thüringischen Hauptstaatsarchiv Weimar (ThHStAW), dem Nachlass Paul Oestreichs in der Universitätsbibliothek Würzburg sowie dem Schweizerischen Sozialarchiv und dem Archiv für Zeitgeschichte in Zürich.

Da bei nichtreaktiven Verfahren zusätzliche Datenerhebungen durch Interviews, teilnehmende Beobachtungen o.ä. ausscheiden, stellt Quellenkritik, d.h. die Berücksichtigung des spezifischen Entstehungskontextes der biographischen Dokumente und des mit ihnen verbundenen Interesses in diesem Zusammenhang eine wesentliche Aufgabe für den Biographen dar.[47] So galt es z.B. im Hinblick auf die unveröffentlichte Autobiographie Siemsens zu berücksichtigen, dass diese mit dem bewussten Ziel, „alles auf das Kommen des Dritten Reiches zu beziehen"[48] verfasst wurde, um somit die Ursprünge des späteren nazistischen Deutschlands aufzudecken, was durchaus zu einer verzerrten Wahrnehmung geführt haben kann.[49] Ebenso ist zu bedenken, dass autobiographisches Material stets „erinnertes" Material ist und somit eine Wirklichkeit abbildet, die von der biographierten Person möglicherweise erst im Nachhinein konstruiert wurde. Um die dadurch gegebene Relativität der autobiographischen Dokumente möglichst

---

44 Marotzki (2006), S. 119. (Herv. im Orig.)
45 Siemsen (1940). Vgl. dazu auch Biographischer Teil, Kap. I.2, Anm. 34 vorliegender Arbeit.
46 Zu den autobiographischen Fragmenten vgl. Biographischer Teil, Kap. III.2a, Anm. 48 u. 53 vorliegender Arbeit.
47 Vgl. dazu u.a. Glaser/Schmid (2006), S. 364-365.
48 Siemsen (1940), S. II.
49 Vgl. dazu auch Biographischer Teil, Kap. I.3, Anm. 90 vorliegender Arbeit.

gering zu halten, ist es sinnvoll, eine Daten-Triangulation[50] vorzunehmen, d.h. unterschiedliches Datenmaterial zu kombinieren. In der vorliegenden Arbeit wurde daher, wie bereits erwähnt, neben autobiographischen Dokumenten auch auf Archivmaterialien und Zeitzeugenberichte zurückgegriffen; bei der Primärliteratur wurde darauf geachtet, neben dem Hauptwerk, den GGE, auch Monographien und Aufsätze des gesamten Publikationszeitraumes Anna Siemsens einzubeziehen, d.h. Dokumente, die zu unterschiedlichen Zeitpunkten entstanden sind, miteinander in Beziehung zu setzen.

Die Auswertung der autobiographischen und biographischen Dokumente erfolgte auf der Basis eines deskriptiven, hermeneutisch-kritischen Verfahrens, indem im biographischen Teil zunächst die in den einzelnen Gesellschaftssystemen vorherrschenden lebensgeschichtlichen Kontextbedingungen Anna Siemsens beschrieben und hinsichtlich ihres Gehaltes an demokratischen und emanzipatorischen Elementen befragt werden. Auf der Basis der dadurch erhaltenen Interpretationsfolie werden anschließend die in den (auto-)biographischen Dokumenten deutlich werdenden Verarbeitungen des zeitgenössischen gesellschaftlichen Kontextes durch Siemsen, die Entstehung ihres demokratisch-sozialistischen Selbstverständnisses und ihrer pädagogischen Vorstellungen, sowie der Vollzug und, im Hinblick auf ihre berufliche und politische Karriere, das Scheitern ihres Lebensweges interpretiert. Im systematischen Teil werden ihre pädagogischen Vorstellungen nicht lediglich beschrieben, sondern auf die ihnen zugrunde liegenden anthropologischen, gesellschaftspolitischen und weltanschaulichen Ansichten hin untersucht und aus diesen abgeleitet. Die Auswertungen erfolgen unter Einbezug geschichtswissenschaftlicher Standard-, sowie anthropologischer und soziologiehistorischer Werke.

Letztlich verbindet sich mit der vorliegenden Arbeit der Wunsch, ein „Dialogangebot" zu machen, mit dem der Diskurs über Anna Siemsen eröffnet werden kann.

---

50 Zu Verwendung von Triangulationsverfahren in der Erziehungswissenschaft vgl. insbes. Marotzki (2006), S. 125-129 und Schründer-Lenzen (1997).

Biographischer Teil
– Werdegang einer demokratisch-sozialistischen Reformpädagogin

I. Kritische Urteilsfähigkeit statt Untertänigkeit – Aufwachsen Anna Siemsens im Wilhelminischen Obrigkeitsstaat

1. Das deutsche Kaiserreich – Zwischen Aufbruch und Stagnation

Als Anna (Marie Emma Henni) Siemsen am 18. Januar 1882 als zweites Kind einer protestantischen Pastorenfamilie geboren wurde, war ihr der historische Charakter dieses Datums wohl kaum bewusst. Auf den Tag genau, elf Jahre zuvor, am 18. Januar 1871, wurde in einem dynastischen und militärischen Gründungsakt im Spiegelsaal des Schlosses von Versailles das Deutsche Kaiserreich ausgerufen.

Deutschland befand sich damals, mit beinahe hundertjähriger Verspätung gegenüber England, im Stadium fortgeschrittener Industrialisierung. Kurze Zeit später, seit Mitte der 1890er Jahre, erlebte es eine beispiellose Hochkonjunktur, die zu allgemeinem Optimismus, zu Euphorie und Stolz auf die wirtschaftlichen Leistungen führte. Bei Beginn des Ersten Weltkrieges war aus dem Agrarstaat der Reichsgründungszeit ein hochentwickelter Industriestaat geworden, mit bedeutenden Erfolgen in der Eisen- und Stahlindustrie, dem Kohlebergbau und, vor allem, in der chemischen und der Elektroindustrie. Die Maschinisierung und Rationalisierung von Produktions- und Arbeitsmethoden ermöglichte eine enorme Steigerung der Produktivität, da nun große Mengen an Gütern in wesentlich kürzerer Zeit hergestellt werden konnten. Die Entwicklung maschinell betriebener Fahrzeuge und der Ausbau des Verkehrs- und Kommunikationsnetzes ermöglichten einen beschleunigten Transport von Menschen, Gütern und Informationen. Durch die Rationalisierung der Landwirtschaft und durch medizinische Fortschritte wurde das Nahrungsmittelangebot gesteigert und das Gesundheitswesen revolutioniert, was einen deutlichen Rückgang der Sterblichkeitsrate und ein enormes Wachstum der Bevölkerung nach sich zog. „Die deutsche Bevölkerung wuchs zwischen 1890 und 1913 (...) um ein Drittel. Was die Einwohnerzahl betraf, lag das Deutsche Reich (...) vor allen anderen europäischen Großmächten."[1] Da die industrielle Entwicklung die Gesellschaft dynamisierte und die Einwohner der agrarischen Gebiete in die expandierenden industriellen Zentren trieb, setzte eine Bevölkerungsbewegung in ungekanntem Maße und eine

---
1 Ullrich (1999), S. 135.

zunehmende Verstädterung ein, sodass bei Beginn des Ersten Weltkrieges jeder fünfte Deutsche ein Großstädter war. Das Ruhrgebiet, an dessen Rande, ganz in der Nähe von Hamm, auch Anna Siemsen aufwuchs, wurde eines der Hauptziele dieser Wanderungsbewegungen. Kleine Städte, die bei Siemsens Geburt noch nicht einmal 5000 Einwohner zählten, wandelten sich in den folgenden drei Jahrzehnten zu großen Industriestädten mit mehr als 100 000 Menschen.

Zu der enormen ökonomischen Modernisierung und den mit ihr verbundenen Chancen auf die Entwicklung einer freieren und gerechteren Gesellschaft, hätte, so Hans-Ulrich Wehler, „eine Modernisierung der Sozialverhältnisse und Politik gehört (...). Der Industrialisierung (...) hätte eine Entwicklung in Richtung auf eine Gesellschaft freier und politisch verantwortlicher, mündiger Staatsbürger (...) entsprochen (...). Diese notwendige Synchronisierung von sozialökonomischer und politischer Entwicklung ist im Kaiserreich bis zuletzt vereitelt worden."[2] So erfolgte bereits die Reichsgründung nicht auf demokratischem Wege durch das Parlament, sondern „von oben" und besiegelte damit den antidemokratischen Charakter des deutschen Nationalismus. Diese Entwicklung sollte auch für Anna Siemsens Leben und Wirken von nicht unerheblicher Bedeutung bleiben. Mit der deutschen Nation wurde von nun an nicht das Volk, sondern der Obrigkeitsstaat verbunden. Der Reichskanzler Bismarck stärkte innenpolitisch die konservativen Kräfte, grenzte politisch Andersdenkende als Reichsfeinde aus und verbot mit Hilfe des Sozialistengesetzes jegliche sozialistische Agitation. „Das waren Belastungen, die sich verhängnisvoll auf die deutsche Politik auswirken sollten."[3] Der Soziologe Max Weber bilanziert das Vermächtnis Bismarcks: „Er hinterließ eine Nation ohne alle und jede politische Erziehung (...). Und vor allem eine Nation ohne allen und jeden politischen Willen, gewohnt, daß der große Staatsmann an ihrer Spitze für sie die Politik schon besorgen werde."[4] Wilhelm II. hielt nicht nur an diesem politisch konservativen Kurs fest, sondern verband seine autokratischen Neigungen „mit der monarchistischen Ideologie des Gottesgnadentums und eines romantisierten mittelalterlichen Kaisertums" und versuchte somit noch am Übergang zum 20. Jahrhundert „eine spätabsolutistische Hofkultur zu neuem Leben zu erwecken"[5]. Der Reichstag gewann, trotz des vorherrschenden Antiparlamentarismus, zwar an Bedeutung, besaß jedoch auch weiterhin nur einen geringen Einfluss.

Dem politischen Konservatismus entsprach auf sozialer Ebene eine hierarchisch strukturierte Gesellschaft. Zwar hatte mit Beginn der Industrialisierung

---

2   Wehler (1973), S. 17.
3   Ullrich (1999), S. 121.
4   Weber (1958), S. 307f.
5   Ullrich (1999), S. 146.

eine Entwicklung von der früheren Ständegesellschaft zu einer Klassengesellschaft stattgefunden, in der die familiäre Herkunft an Bedeutung verloren und das Bürgertum die formale Rechtsgleichheit erkämpft hatte; sie war jedoch weiterhin durch ein hohes Maß an sozialer Ungleichheit gekennzeichnet, da nun der Besitz an Produktionsmitteln und die berufliche Position die entscheidenden Determinanten der Klassenzugehörigkeit darstellten. Die politischen Privilegien lagen weiterhin in der Hand der vorindustriellen adeligen Oberschicht, die, trotz ihres geringen Anteils an der Gesamtbevölkerung, ihre Herrschaftsposition mit aller Macht verteidigte. Der Historiker Hans-Ulrich Wehler vergleicht den Aufbau der wilhelminischen Gesellschaft mit der Form einer Birne: „Aus einem weit ausgebuckelten riesigen proletarischen Sockel wächst der schlanke Hals der Mittelklassen empor, der mit dem nadeldünnen Schlußstück der Oberklassen endet."[6] Die Möglichkeiten des sozialen Aufstiegs waren weiterhin gering. Wenn überhaupt, zog er sich über mehrere Generationen hin. Auch von einer Gleichberechtigung der Frauen war das Deutsche Kaiserreich noch weit entfernt. Sowohl bürgerliche als auch proletarische Familien waren patriarchalisch-autoritär strukturiert. Das Bürgerliche Gesetzbuch von 1900 räumte dem Ehemann, als Haupt der Familie, weiterhin erhebliche Vorrechte ein, wozu u.a. die Verfügung über das Vermögen der Frau, die Vormundschaft der Kinder, sowie die Entscheidungsgewalt in allen Ehe- und Erziehungsfragen gehörte. Frauen durften bis 1918 nicht wählen und sich bis 1908 nicht in politischen Parteien betätigen, da man ihnen die Fähigkeit des logischen Denkens absprach und die Einbüßung ihrer Weiblichkeit befürchtete. Auch der Zugang zu öffentlichen Bildungseinrichtungen war den Frauen erheblich erschwert. So hoben erst nach der Jahrhundertwende immer mehr Universitäten das Immatrikulationsverbot für Frauen auf und betrug der Anteil der Studentinnen an deutschen Universitäten bei Kriegsausbruch gerade einmal 6,7%.[7] Der Erziehungsstil in bürgerlichen Familien, zu denen auch die Familie Siemsen gehörte, war für gewöhnlich autoritär geprägt. „Den elterlichen Anweisungen widerspruchslos zu gehorchen, die Autorität des Vaters fraglos zu akzeptieren – das lernten die Kinder von klein auf."[8] Allerdings zeichnete sich bereits vor 1914 eine Veränderung der Eltern-Kind-Beziehung ab, hin zu einem lockereren Erziehungsstil und einem intimeren und liebevolleren Verhältnis.[9]

Eine Tochter aus bürgerlichem Hause ging auf die Höhere Töchterschule und wurde dort auf ihre künftige Rolle als Hausfrau vorbereitet. Danach folgte übli-

---

6 Wehler (1995), S. 846.
7 Vgl. Ullrich (1999), S. 315.
8 Ebd., S. 318f.
9 Vgl. ebd.

cherweise die Heirat oder die Betätigung in typisch weiblichen Berufen, z.B. als Krankenpflegerin oder Lehrerin, wobei der Lehrberuf den Nachteil mit sich brachte, dass man unverheiratet bleiben musste. Zwar begann sich in der zweiten Hälfte des 19. Jahrhunderts eine organisierte Frauenbewegung zu formieren, die Vorstellungen von Emanzipation gingen jedoch erheblich auseinander. Während die Anhänger der proletarischen Frauenbewegung die Frage der Emanzipation als Teil der generellen Revolutionierung der Gesellschaftsordnung erkannten, die traditionelle Rollenverteilung der Geschlechter aufzulösen suchten und sich u.a. auch für das Wahlrecht der Frauen einsetzten, waren die Anhänger der bürgerlichen Frauenbewegung eher von der Wesensverschiedenheit der Geschlechter und der Mütterlichkeit als weiblicher Eigenart überzeugt. Die Gesellschaft sollte dem weiblichen Einfluss ebenso geöffnet werden wie dem des Mannes, wobei ihre Strukturen freilich unangetastet blieben.

Die hierarchische Struktur der Klassengesellschaft spiegelte sich auch im Aufbau des Bildungswesens, das streng zwischen Volksschulen und höheren Schulen unterschied, wobei die Volksschule für „etwa neunzig Prozent der schulpflichtigen Kinder (...) das einzige Tor zur Bildung"[10] darstellte. Die Volksschulen, deren Lehrer und Lehrerinnen nicht auf akademischem Wege, sondern in Präparandenanstalten und Lehrerinnenseminaren ausgebildet wurden und teilweise Klassenstärken von bis zu 200 Schülern zu bewältigen hatten, waren auf eine systemkonforme Erziehung zum brauchbaren, gehorsamen Untertan ausgerichtet. Die „Festigung vaterländischer Gesinnung und Treue gegenüber der Dynastie (galten) als höchste Lernziele."[11] Das Gymnasium, von dem Arbeiterkinder bis auf einen verschwindend geringen Prozentsatz ausgeschlossen waren und das mit seiner traditionellen humanistischen Bildung dieser Gesellschaftsschicht auch völlig fremd war, bildete bis zur Jahrhundertwende den einzigen Zugang zur Universität. Daher und auf Grund der enormen Unsicherheit und Kostspieligkeit einer akademischen Laufbahn dominierte an den Universitäten bis 1914 „eindeutig die Selbstrekrutierung aus dem Bildungsbürgertum"[12], weshalb Wehler sie auch als „Bollwerke des Status quo"[13] bezeichnet. Das Bildungswesen trug auch in entscheidendem Maße zur Verbreitung nationalistischer und militaristischer Wertvorstellungen innerhalb der deutschen Gesellschaft bei. Ein ethnisch verengtes Verständnis von „Nation" und die Entstehung zahlreicher nationalistischer Vereine, die sich nicht nur durch antimodernistische und sozialdarwinistische Elemente, sondern auch durch „rassistisch motivierte Expan-

---

10   Ebd., S. 340.
11   Wehler (1973), S. 125.
12   Ullrich (1999), S. 351.
13   Wehler (1973), S. 129.

sionspläne" auszeichneten, lassen laut Volker Ullrich die Schlussfolgerung zu, dass „die ‚Lebensraum'-Ideologie der Nationalsozialisten bereits vorweggenommen" und die Bereitschaft, den Krieg „als ‚Allheilmittel' geradezu herbeizusehnen"[14], enorm angewachsen war. Der ebenfalls stetig anwachsende Militarismus zeigte sich sowohl in den schlagenden studentischen Verbindungen, im Offiziers-Habitus der Lehrer, im Soldatenspiel der Kinder sowie in der Gestaltung gewöhnlicher Alltagsgegenstände, die immer häufiger mit Bildern von Soldaten, Waffen etc. verziert wurden. Das Engagement in Friedensbewegungen wurde geächtet und selbst in der sozialdemokratischen Arbeiterbewegung war eine gewisse militaristische Faszination unverkennbar.[15]

Der ökonomische und technische Fortschritt in Folge der mit rasantem Tempo voranschreitenden Industrialisierung kontrastierte also in verhängnisvoller Weise mit einem politischen, sozialen und kulturellen Konservatismus. Das ökonomisch erstarkte Wirtschaftsbürgertum und die stetig anwachsende Masse der Arbeiterschaft, die zusammen den Großteil der Bevölkerung ausmachten und somit die eigentlichen Träger der Gesellschaft darstellten, verblieben in einer, politisch gesehen, unmündigen Position. Diese politische Stagnation verhinderte einen angemessenen Umgang mit den enormen gesellschaftlichen Umbrüchen, die sich aus den genannten ökonomisch-technischen Entwicklungen ergaben.

„Industrialisierung und Urbanisierung veränderten die natürliche Umwelt und rissen den einzelnen aus seinen gewohnten sozialen und geografischen Bindungen heraus. Die Berufswelt, die Lebensgewohnheiten, die Wohnverhältnisse, die sozialen Kontakte, das Freizeitverhalten, die Ernährungsweisen, die Lebensplanung – alles war diesem Wandel unterworfen, der sich in einem bisher nicht bekannten Tempo vollzog."[16]

An die Stelle überschaubarer persönlicher Beziehungsgefüge, die man vom agrarischen und kleinstädtischen Leben her gewohnt war, traten Ansammlungen von Menschenmassen in den Großstädten, die häufig ein Gefühl von Anonymität, Unpersönlichkeit und Kälte verbreiteten. Prunkvolle Villenviertel kontrastierten mit hässlichen Mietskasernen und ließen die klassenspezifischen Unterschiede deutlicher hervortreten als je zuvor. In den Arbeiterquartieren gehörten Prostitution, Alkoholismus, Kriminalität, schlechte Hygienebedingungen, Seuchengefahr und Krankheiten zum täglichen Leben. Urbanisierung und industrielle Produktion in Großbetrieben und Fabriken belasteten die Umwelt und veränderten die Landschaft nachhaltig. Auch der Mensch selbst blieb nicht verschont. Er musste „sich, das heißt seine Triebe, kontrollieren und disziplinieren, um den Bedingun-

---

14 Ullrich (1999), S. 381.
15 „So kam der fliegende Wechsel der Sozialdemokratie ins Lager der Kriegsbefürworter im August 1914 keineswegs überraschend." (Ebd., S. 404.)
16 Krabbe (2001), S. 25.

gen der wirtschaftlichen und technischen Errungenschaften zu entsprechen (...). Sein Denken mußte sich ‚objektivieren', um praktische Erfolge zu erzielen. (...) Begehren und Widerwillen mußten für eine arbeitsorientierte Lebensweise kontrolliert, Phantasie und Einbildungskraft für eine möglichst zweckrationale Erfassung der Umwelt beherrscht und funktional gerichtet werden"[17]. Die Vernachlässigung der Emotionalität, die Erschütterung traditioneller Normen und Werte, die Pluralität der Weltanschauungen und der Verlust traditioneller Bindungen mündeten häufig in dem bedrohlichen Gefühl der Verunsicherung und Orientierungslosigkeit, ließen das Vertrauen in den technischen, wirtschaftlichen und kulturellen Fortschritt schwinden und begünstigten nicht selten kulturkritische und -pessimistische Denkmuster. Daher war das 19. Jahrhundert, so Wolfgang Krabbe, „auch eine Zeit der *Sozialen Bewegung*, des Protestes gegen Strukturen, die als menschenunwürdig, freiheitseinschränkend oder widernatürlich angesehen wurden"[18].

Sehr deutlich kam dies z.B. in den Verbänden und Vereinen der sog. Lebensreformbewegung um 1900 zum Ausdruck, die auf die Missstände und Schäden infolge der Industrialisierung reagierten und, u.a. in Anknüpfung an Schopenhauer und Nietzsche, den Menschen und seinen Körper wieder ins Zentrum ihrer Aufmerksamkeit rückten. Angesichts der überfüllten, schmutzigen Städte, des um sich greifenden zweckrationalen Profit- und Konkurrenzdenkens, des materialistisch-mechanistischen Weltbildes und der Entfremdung von der Natur strebten sie nach Wahrhaftigkeit, Reinheit, Klarheit, Natürlichkeit, Schönheit, Jugend, Gemeinschaft und naturverbundenem Leben, nach einem harmonischen Verhältnis zwischen Mensch und Natur. Freikörperkultur, Vegetarismus, Kleiderreform, Sexualreform und Naturheilbewegung, sie alle verfolgten das Ziel, einen neuen, von den Fesseln der Zivilisation befreiten Menschen zu schaffen, ihn zur „richtigen", seinen Ursprüngen gemäßen Lebensführung anzuleiten und ihn auf die Suche nach einem höheren Sinn, nach einer besseren Zukunft und nach Wohlbefinden und Glückseligkeit zu schicken.

Was die politische Einordnung der Lebensreformbewegung angeht, weist Arno Klönne darauf hin, dass eine einheitliche Charakterisierung als links- oder rechtsorientiert nicht möglich ist, da die einzelnen Gruppierungen sich, trotz gemeinsamer Grundstimmungen, sowohl durch radikale linke als auch rechtsextreme Tendenzen auszeichneten.[19] Quantitativ gesehen, war die extreme Rechte jedoch deutlich stärker vertreten, was Klönne in ihrer hauptsächlich bildungsbürgerlichen Klientel begründet sieht, die sich sowohl vom Aufschwung des

---

17   Rohkrämer (2001), S. 72.
18   Krabbe (2001), S. 25.
19   Vgl. Klönne (2001), S. 31.

Unternehmertums als auch von der Arbeiterbewegung bedroht sah.[20] Der sozialpolitischen Rückständigkeit des Bürgertums entsprechend, stellte auch die Lebensreformbewegung einen Beleg jener „für das wilhelminische Deutschland typische(n) Diskrepanz von kultureller Vielfalt und politischer Stagnation"[21] dar. Der bürgerliche Großteil der Lebensreformer konzentrierte sich auf einzelne Reformen am individuellen Menschen, hoffte zwar, über die Änderung des Individuums eine bessere Gesellschaft herbeizuführen, erkannte aber nicht das Missverhältnis von moderner Industrie und monarchischem Obrigkeitsstaat, ließ dadurch die gesellschaftliche Struktur unangetastet und konzentrierte sich lediglich auf die Beseitigung der Symptome der Missstände. „So werden die Zumutungen des Industriekapitalismus aus dem Geist eines ‚bürgerlichen Antikapitalismus' als Bedrohung des Lebens oder der Kultur wahrgenommen, zugleich aber der politischen Auseinandersetzung und gesellschaftlichen Analyse entzogen"[22], was eine Anfälligkeit des deutschen Bürgertums für Irrationales bewirkte. Man flüchtete in die Innerlichkeit, sehnte sich nicht selten nach einer vorindustriellen, ständisch-organisierten Gesellschaft, huldigte einer Art Gefühlskult und gab sich einem diffusen Weltschmerz hin. Ebenso diffus blieben die Begrifflichkeiten der Lebensreformbewegung, denn was genau dies Wahrhaftige, Schöne und Höhere war, nach dem man strebte, wurde nicht näher erläutert. Die Erkenntnis des österreichischen Sozialdemokraten Otto Neurath, dass, „wer die Wohnung, die Kleidung, die Feste, die Lektüre, das Liebesleben, die Geselligkeit, den Alltag wie den Feiertag, kurzum, das persönliche Leben ernstlich ändern will, (…auch) die Machtverhältnisse, die gesamte Gesellschaftsordnung ändern"[23] muss, lag dem Gros der deutschen Lebensreformer, vor allem der bürgerlichen, fern.[24]

Die Gemengelage aus größtenteils konservativ, kulturkritisch und irrational geprägtem, teilweise jedoch auch rational begründetem und politisch fortschrittlich formuliertem Protest gegen die enormen gesellschaftlichen Umbrüche, findet sich auch in der sich gegen Ende des 19. Jahrhunderts entwickelnden pädagogischen Reformbewegung wieder, die Armin Bernhard als „widerspruchsreiche Antwort einer neuen Generation auf (die; M.J.) grundlegend veränderten So-

---

20 Vgl. ebd.
21 Bollenbeck (2001), S. 206.
22 Ebd.
23 Neurath (1928), S. 17.
24 An dieser Stelle soll zumindest darauf hingewiesen werden, dass diese allgemeine Unfähigkeit, die im Zuge der industriellen Entwicklung aufgetretenen Missstände auf ihre gesamtgesellschaftlichen Verursachungszusammenhänge zurückzuführen, auch zur Begründung des „modernen politischen Antisemitismus in Deutschland" beitrug. „Wie oft in Zeiten der Krise mußten Juden als Sündenböcke herhalten; diesmal wurden sie für die schmerzhaften Folgen verantwortlich gemacht, die mit dem ökonomischen und gesellschaftlichen Modernisierungsprozess verbunden waren." (Ullrich, 1999, S. 383.)

zialisationsbedingungen"[25] bezeichnet, womit er auf die deutliche Heterogenität der einzelnen reformpädagogischen Ansätze hinweist. Auch sie beklagten, neben der Unzulänglichkeit herkömmlicher Pädagogik und der Ineffektivität traditioneller Unterrichts- und Erziehungsmethoden, den Verlust der Naturbezogenheit, den Mangel an Ästhetik, Kultur und Emotionalität, die fehlende zwischenmenschliche Nähe und den extrem ausgeprägten Individualismus und auch sie differierten, wie die einzelnen Gruppen der Lebensreformbewegung, „in ihren Zivilisationsdiagnosen, Gesellschaftsauffassungen und politischen Positionierungen"[26], weshalb Tobias Rülcker zwischen eher „bürgerlich-konservativen"[27] und eher „modernen Reformpädagogen"[28] unterscheidet. Da auf die Reformpädagogische Bewegung jedoch an späterer Stelle ausführlicher eingegangen wird, soll hier der Hinweis darauf genügen, dass es zwar, grob dargestellt, ihr Verdienst war, der traditionellen, autoritären Erziehung zum gehorsamen Untertan die Forderung nach einer kindgemäßen, natürlichen und ganzheitlichen Erziehung gegenüberzustellen, dass jedoch auch diese, überwiegend vom Bürgertum getragene Bewegung eine Reflexion gesamtgesellschaftlicher Zusammenhänge vermissen ließ, „außerordentliche pädagogische Entdeckungen und Erfindungen mit außerordentlichem Irrationalismus in den Antrieben und daraus erwachsener politischer Blindheit"[29] verband und damit das bereits thematisierte problematische Missverhältnis von Fortschritt und Stagnation eher stabilisierte, anstatt zu seiner Auflösung beizutragen.

Die Gesellschaft, in welche Anna Siemsen hineingeboren wurde, war also gekennzeichnet durch einen eklatanten Widerspruch zwischen der Entwicklung eines dynamischen, ökonomisch-technisch hoch entwickelten, modernen Industriestaates einerseits und einem politischen, sozialen und kulturellen Konservatismus andererseits. Dieser Konservatismus umfasste das Festhalten am Obrigkeitsstaat und an der politischen Unmündigkeit von Bürgertum und Arbeiterschaft, die hierarchisch strukturierte, patriarchalisch-autoritär organisierte Klassengesellschaft und die größtenteils systemkonforme Erziehung zum nationalistisch, militaristisch gesinnten Untertan, der den gesellschaftlichen Umbrüchen seiner Zeit zumeist verängstigt und orientierungslos gegenüberstand und, vor allem in bürgerlichen Kreisen, die wahrgenommenen Missstände nicht einer gesellschaftlichen und politischen Analyse unterzog, sondern durch die Flucht in irrational begründete, häufig reaktionär gerichtete Weltanschauungsentwürfe zu überwinden suchte. Trotz dieser gesamtgesellschaftlichen Sozialisationsbedin-

---

25 Bernhard (2000), S.52.
26 Ebd., S. 58.
27 Rülcker (1998), S.66.
28 Ebd., S.74.
29 Koneffke (1991), S. 12.

gungen gab es im 19. und 20. Jahrhundert auch solche Menschen, die gegen die Unzulänglichkeiten der Gesellschaft und ihre sozialen und politischen Ungerechtigkeiten protestierten, den nationalistischen und militärischen Wertvorstellungen trotzten und zu der Erkenntnis gelangten, „daß es um grundlegende Veränderungen der bürgerlichen Gesellschaft, möglichst auch um deren Überwindung gehen muß. Sie lebten für eine menschlichere Gesellschaft und ersehnten einen ihren Vorstellungen entsprechenden Sozialismus"[30]. Zu dieser Minderheit zählte Anna Siemsen, die Edgar Weiß nicht nur als „Gegnerin des Nationalsozialismus", als „engagierte Vorkämpferin für demokratischen Sozialismus", als „Feministin" und „Pazifistin", sondern auch als „fortschrittliche Pädagogin" und „Sozialtheoretikerin"[31] bezeichnet. Des Weiteren findet man bei Eva Borst die Bezeichnungen „Literaturwissenschaftlerin und leidenschaftliche Politikerin"[32]. All diese Beschreibungen deuten darauf hin, dass Anna Siemsen sich ganz einem Leben für Humanität und Gerechtigkeit verschrieben und diese Prinzipien auch auf den verschiedensten Gebieten vertreten hat. Es stellt sich die Frage, wie ein Mensch geprägt worden sein muss, um sich, gerade angesichts der geschilderten gesamtgesellschaftlichen Konstellation des Kaiserreiches, aus solch tiefer Überzeugung für ein Leben im Dienste der Menschlichkeit zu entschließen. Dieser Frage soll im Folgenden nachgegangen werden.

2. Kindheit und Jugend Anna Siemsens im deutschen Kaiserreich (1882-1901)

Die Persönlichkeitsentwicklung eines Menschen u.a. aus seinen Sozialisationsbedingungen heraus zu erklären, ist ebenso notwendig wie spekulativ und kann stets nur der Versuch sein, *mögliche* Einflussfaktoren auszumachen. In Bezug auf die Prägung Anna Siemsens scheint es von entscheidender Bedeutung gewesen zu sein, dass sie von Kindheit an einer Fülle äußerst heterogener, teilweise widersprüchlicher Einflüsse ausgesetzt war und somit von klein auf lernte, alles aus verschiedenen Blickwinkeln zu betrachten.

Bereits die Lage des kleinen westfälischen Dorfes Mark, in dem sie ihre Kindheit und ihre Jugend verlebte, war hierfür von entscheidender Bedeutung. Als zweitältestes Kind eines protestantischen Pfarrers wuchs sie, wohl behütet und umsorgt, auf einem fünf Morgen großen Pfarrhof auf, welcher, umgeben von Feldern, Bäumen, Gärten, Blumen und Tieren, eine wahrhaft paradiesische Idylle

---

30 Hesselbarth u.a. (2006), S. 10.
31 Weiß (2000), S. 260.
32 Borst (2000), S. 72.

darstellte, in der sie früh eine leidenschaftliche Verbundenheit mit der Natur entwickelte. „Was hätte es auch Schöneres geben können", so Anna Siemsens Bruder August, „als die stolzen Blütenkerzen unserer Kastanie, als den Lindenduft und das Summen der Bienen, als Flieder, Goldregen, Rotdorn und Weißdorn zur Blütezeit, als den Blumengarten mit seinen Rosen und Tulpen, mit Nelken und Kapuzinerkresse (...)."[33] Doch die bescheidenen Häuser der Fabrikarbeiter, welche neben den herrschaftlichen Besitzungen und den Höfen der mittleren Bauern und der wohlhabenden Großbauern das Bild des Dorfes prägten, deuteten darauf hin, dass es, unweit dieser Idylle, ein ganz anderes Leben gab. Mark lag am Rande des Ruhrgebietes, welches gegen Ende des 19. Jahrhunderts immer mehr zum größten industriellen Ballungsraum Deutschlands und zu einem der größten Industriegebiete der Erde wurde. Die ganz in der Nähe gelegene Stadt Hamm, deren Bevölkerung sich zwischen 1870 und 1900 verdoppelt hatte, war Sitz einer alten Eisenindustrie, in der die Kleinbauern und Landlosen des Dorfes zur Arbeit gingen. In ihrer undatierten, aber vermutlich um 1940[34] geschriebenen Autobiographie „Mein Leben in Deutschland vor und nach dem 30. Januar 1933" schreibt Anna Siemsen, dass diese Arbeit zunächst „weder übertrieben schwer, noch schlecht bezahlt (gewesen sei). Man hatte daheim noch ein Stück Garten und Feld, eine Ziege, ein Schwein, Huehner und Kaninchen. (...) Das Geschlecht war gesund und zähe, fleißig und sparsam. Not war selten"[35]. Doch dies änderte sich, als in den 1890er Jahren Kohle gefunden wurde und auf den Eisenwerken die zermürbende und Kräfte aufzehrende Akkordarbeit begann. „Zehn Jahre später war das konservative Bauerndorf eine Industriesiedlung mit roter Mehrheit" geworden. „Das war eine Entwicklung, die fuer das ganze rheinisch-westfälischen (sic!) Industriegebiet typisch ist und es innerhalb zweier Jahrzehnte zum gefährdeten Mittelpunkte der sozialen Unruhe machte."[36] In „Deutschland zwischen Gestern und Morgen" schildert Anna Siemsen 1932 die äußerst heterogene Zusammensetzung der Arbeiterschaft des Ruhrgebiets:

> „Aus allen Gegenden Deutschlands strömen seit 50 Jahren hierher die Arbeiter zusammen. (...) Und mit ihnen ihre Gewohnheiten und Anschauungen (...). Neben dem Revolutionär wohnt der Konservative, neben dem Bauernsohn (...) der Großstädter, neben dem verschüchterten Mann aus den oberschlesischen Elendsgebieten, dem sein neues Leben als Wohlstand

---

33 Siemsen, August (1951), S. 10.
34 Siemsen (1940). Anna Siemsen weist in ihrem Vorwort zu „Mein Leben in Deutschland vor und nach dem 30. Januar 1933" darauf hin, dass ein Preisausschreiben der Widener Library Cambridge, Massachusetts, sie zum Verfassen dieses autobiographischen Textes angeregt habe. Dieses Preisausschreiben, unter dem Titel „My Life in Germany before and after January 30, 1933" wurde im Jahre 1940 von der Harvard Universität ausgeschrieben.
35 Ebd., S. 8f.
36 Ebd., S. 9.

erscheint, der Nordwestdeutsche, der sich im Ruhrgebiet degradiert und verelendet vorkommt. Und zu diesem bunten Durcheinander gesellen sich dann noch die ganz Fremden, die Ausländer (...)."[37]

Viele Arbeiterfamilien des Ruhrgebiets lebten unter dem Existenzminimum und waren auf die Mitarbeit von Kindern und Ehefrauen angewiesen. Auch die in den 1880er Jahren in Kraft getretenen Kranken-, Unfall- und Altersversicherungen konnten ihnen in Notfällen nicht einmal den Lebensunterhalt garantieren. In der zweiten Hälfte des 19. Jahrhunderts kam es wegen der niedrigen Löhne und überlangen Schichtzeiten der Bergarbeiter zu zahlreichen Streiks, die auf Grund der Schlüsselsituation des Ruhrgebiets für das Deutsche Reich durchaus eine politische Dimension besaßen. Nach Aufhebung des Sozialistengesetzes 1890 konnte auch die Sozialdemokratie im Ruhrgebiet immer mehr an Boden gewinnen.

Somit erlebte Anna Siemsen, trotz ihrer Herkunft aus gut situiertem bildungsbürgerlichem Hause, die ökonomischen, gesellschaftlichen und politischen Umwälzungen infolge der Industriellen Revolution in unmittelbarer Nachbarschaft. Doch nicht nur das. Zechenunglücke, bei denen zuweilen mehrere Hundert Arbeiter ums Leben kamen, erfüllten sie mit Entsetzen und zeigten ihr früh, was es bedeutete, ein Leben als Industriearbeiter zu führen. Auch wenn sie die Tragweite dieser Prozesse, sowie ihre Verursachungszusammenhänge zum damaligen Zeitpunkt wohl kaum begreifen konnte, bildeten diese Erfahrungen doch eine erste Grundlage für ihre spätere gesellschaftskritische Perspektive, welche sie 1932, rückblickend, auch auf das Ruhrgebiet anwandte:

„Was die Kapitalherren schufen, das ist das Ruhrgebiet von heute, ein Chaos verrußter Häuser, wüster, vergifteter Erde, sterbenden Waldes; ein Wirrwarr heimatloser, entwurzelter Menschen: ein ausgesogenes Land. Denn sie hatten nur einen Gedanken: Macht und Geld aus dem Land und den Menschen zu pressen. (...) Jeder Versuch, sie zu sozialer Leistung heranzuziehen, ward gestern und wird heute (...) mit äußerstem Widerstand beantwortet. Und weder der Hohenzollernstaat noch die Republik haben Macht oder Willen besessen, das zu ändern."[38]

Doch dieses Aufeinandertreffen ihrer gesicherten, behüteten Existenz auf der einen und des wachsenden Elends der Arbeiterschaft auf der anderen Seite sollte nicht die einzige prägende Widersprüchlichkeit ihrer Jugend bleiben, vielmehr lassen sich deutliche Gegensätze zwischen Anna Siemsens öffentlicher Erziehung einerseits und ihrer familiären Prägung andererseits festmachen. So war sie zum einen von klein auf der bereits geschilderten Erziehung zum nationalistisch und militaristisch gesinnten Untertan, dem preußischen Drill ausgesetzt. In ihrer Autobiographie schreibt sie dazu:

---

37 Siemsen (1932b), S. 146.
38 Ebd., S. 148.

„Ich bin geboren (...) in der Zeit, als ‚der alte Kaiser und der alte Bismarck' den Inbegriff des deutschen Ruhmes verkörperten. Und soweit ich eine öffentliche politische Erziehung erhielt, war es eine Erziehung zur Hohenzollern-Verehrung und kriegerischem Nationalismus", was damals so selbstverständlich war, „wie man täglich fruehstueckt und Toilette macht."[39] Der Geschichtsunterricht der kleinen Dorfschule, die Anna Siemsen besuchte, beschränkte sich größtenteils auf die siegreichen Kriege der Hohenzollern. Bei Schulfeiern zog „die ganze Dorfjugend (...) mit Fahnen, Pfeifen und Trommeln (...) auf eine grosse Wiese" und widmete sich dort „einem Kriegsspiel ‚Deutsche und Franzosen'" bevor sie anschließend „den Eltern eine Anzahl patriotischer Gedichte mit starkem Stimmaufwand vortrug. Da hierbei die lauteste Stimme den höchsten Beifall erntete, war das Geschrei bei diesem Festakte erheblich"[40]. Diese Gedichte, welche die Lesebücher der Dorfschule füllten, wurden, so Siemsen in ihrer Autobiographie, von ihren Mitschülern hingenommen, „ohne sich über die Wirklichkeit dieser von ihnen brav auswendig gelernten und schnelle vergessenen Geschehnisse den Kopf zu zerbrechen"[41]. Doch auch wenn Anna Siemsen sich hierdurch im Nachhinein von ihren Mitschülern distanziert und auch wenn ihre Geschwister berichten, dass Anna Siemsen schon früh eine Abneigung gegen alles Preußische zeigte, wozu vermutlich auch ihr eher schüchternes und sensibles Wesen beitrug, so kann auch sie sich nicht davon freisprechen, dass diese Gedichte sie „bis in meine Träume verfolg(t)en"[42]. Rückblickend charakterisiert sie diese Gedichte, die „von solch' fanatischem Hochmut und solch' rohem Hohn gegen den besiegten Gegner" waren, als „eine Besonderheit der preussischen Volkserziehung. Wir finden in ihr wesentliche Züge des späteren Nationalsozialismus: die Ueberzeugung an (sic!) der eigenen Mission zur Weltherrschaft, die Verächtlichmachung und Beschimpfung des Gegners, die Gleichsetzung des eigenen Volkes mit Gott (...)"[43]. Auch das alltägliche dörfliche Leben war nicht unwesentlich bestimmt von Patriotismus und Militarismus. So schreibt Anna Siemsen, dass mehr als die Hälfte der Dorfbewohner „Wilhelm", „Fritz" oder „Luise" hießen und dass die reichen Bauern mit Stolz erfüllt waren, wenn ihre Söhne den Militärdienst antraten. „Es war (...) ein Fond (sic!) von selbstverständlichem Vertrauen, Stolz auf das Vaterland und Bereitschaft zum Gehorsam"[44] vorhanden. Diese öffentlich preußische Erziehung, vor allem der patriotische Schulunterricht, habe, so Anna Siemsen, „ein phantasievolles und leicht erregtes, dabei verschlossenes Kind (wie sie selbst es war, M.J.) (...) hef-

---

39 Siemsen (1940), S. 1.
40 Ebd., S. 2.
41 Ebd.
42 Ebd.
43 Ebd., S. 5f.
44 Ebd., S. 7.

tig und nicht ungefährlich beeinflusst. Und ich wäre rettungslos in einen ungehemmten Chauvinismus und Franzosenhass getrieben worden, wären nicht andere Einfluesse auf die Dauer wirksamer bei mir geworden"[45]. Welches waren also diese Einflüsse, die möglicherweise eine Basis dafür bildeten, dass Anna Siemsen kein patriotisch gesinnter, gehorsamer Untertan, sondern eine unabhängige, selbstständige, kritisch prüfende, international und pazifistisch gesinnte, stets nach Gerechtigkeit strebende demokratische Sozialistin wurde?

Neben dem bereits geschilderten Einfluss, den das Aufwachsen am Rande des Ruhrgebietes auf sie ausübte, sind hierbei ihre familiären Prägungen von entscheidender Bedeutung. Unterzieht man diese einer systematischen Betrachtung, so lassen sich drei wesentliche Charakteristika ausmachen, die der geschilderten öffentlich preußischen Erziehung entgegenstanden und Anna Siemsen nachhaltig beeinflusst zu haben scheinen: Erstens, eine *antipreußische Gesinnung* der Familie; zweitens, eine *liebevolle, warmherzige, am praktischen Christentum orientierte Erziehung* und drittens, eine *kognitiv anregungsreiche Heranführung an die klassischen Werke internationaler Literatur.*

Die ausgeprägte antipreußische Haltung der Siemsen-Kinder ist zum einen auf Anna Siemsens Großvater mütterlicherseits, Friedrich Lürßen, zurückzuführen, den Anna Siemsen und ihre Geschwister zwar nicht mehr kennen lernten, der jedoch ein inniges Verhältnis zu Anna Siemsens Mutter, Anna Sophie Siemsen, geborene Lürßen, hatte, welche ihn ihren Kindern durch Erzählungen so eindrucksvoll vor Augen führte, dass diese glaubten, ihn sehr gut zu kennen. Friedrich Lürßen, dessen Großmutter eine Französin war, hatte sich seine Bildung selbst erworben, sprach Französisch, Spanisch und Englisch und wurde in jungen Jahren von seinem Vater, einem Korkfabrikanten, nach Frankreich, Spanien und Algerien geschickt, um Korkholz einzukaufen. Von seinen Reisen brachte er die Klassiker der Weltliteratur mit, welche später in den Besitz Anna Siemsens gelangten, bevor sie 1933 von den Nationalsozialisten vernichtet wurden. Vermutlich trugen diese internationalen Erfahrungen dazu bei, dass er „denkbar unpreußisch und unmilitärisch (wurde und) kein Untertan irgendjemandem gegenüber (war), sondern ein ‚citoyen'. Als einziger in Delmenhorst (seinem Wohnort, in der Nähe von Bremen, M.J.) trug er bereits damals weiche Kragen und ungestärkte weiße Wäsche, so schon äußerlich dokumentierend, dass ihm jeder Zwang verhaßt war"[46]. Doch der Großvater Lürßen war nicht der einzige, der die Siemsen-Kinder in dieser Hinsicht zumindest indirekt prägte. Anna Siemsen schreibt später in „Mein Leben in Deutschland": „Ein zu den Welfen gehörender hochkonservativer Onkel Konsistorialrat gewöhnte schon uns Kinder an rueck-

---

45 Ebd., S. 1f.
46 Siemsen, August (1951), S. 105.

sichtslose Kritik gegen Obrigkeit und Behörden."[47] Auch dem Vater bescheinigt August Siemsen, dass er „konservativ, aber nicht neupreußisch" gewesen sei und „eine Abneigung gegen Vorgesetzte" gehabt habe, „so daß der Mangel an Autoritätsgefühl, der uns Kindern allen eigen war, von väterlicher wie von mütterlicher Seite stammt"[48]. Anna Siemsen, die später ihren Bruder August zum Schreiben seines Buches „Preußen – Die Gefahr Europas" animierte, da sie es für wichtig hielt, zu zeigen, wie der preußische Geist Deutschland über den wilhelminischen Imperialismus in den Nationalsozialismus geführt hat, schreibt rückblickend, dass sie angesichts eines amtlichen Schulinspektors, der die Kinder der Dorfschule mit „schnarrender Korporalstimme (…) einem Kreuzfeuer von Kommandofragen" unterwarf, sowie angesichts neuer Lehrertypen, denen „schneidiges Auftreten, stramme Disziplin und ein Zur-Schau-stellen ihrer Leistungen vor immer häufiger inspizierenden Vorgesetzten der Inbegriff der Erziehung war"[49], bereits als Kind in entschiedenen Gegensatz zum preußischen Geist getrieben wurde. Zeit ihres Lebens lehnte sie preußische Tugenden, Militarismus und jede Art von Zwang entschieden ab.

Unterstützt wurde diese Haltung sicherlich durch die, vor allem von der Mutter getragene, liebevolle und warmherzige Erziehung im Hause Siemsen. Anna Siemsen, die den Schilderungen ihrer Geschwister nach ein recht kränkliches, nervöses, migränebelastetes Kind war, welches zudem auch noch unter einem verkürzten Bein litt, sich daher häufig minderwertig fühlte, viel weinte und sich schnell zurückzog, fand bei der Mutter „die Wärme und Zärtlichkeit, deren sie bedurfte, und dazu als kränkliches Kind den besorgten, behütenden und unmerkbar lenkenden Schutz"[50]. Zwar bescheinigt August Siemsen auch seinem Vater, dass er gütig gewesen sei und seine Kinder geliebt habe, doch „als Erzieher musste er in mancher Hinsicht bei seinen zu starren Anschauungen, bei einem absoluten Mangel an Kinderpsychologie versagen, und es war gut, daß er nicht allzu viel in die Erziehung eingriff"[51]. Seine Strenge ist zum einen sicherlich auf seine konservative Haltung zurückzuführen, mag jedoch auch durch seine eigene Erziehung verstärkt worden sein. Seine Mutter, Annas Siemsens Großmutter Pauline Siemsen, die sich nach dem frühen Tod ihres Ehemannes allein um ihre sechs Kinder kümmern musste, wurde im Laufe der Zeit recht streng und herrschsüchtig. Wie wenig auch sie von Annas Siemsens Persönlichkeit verstand, zeigt die folgende Aussage August Siemsens: „Die Großmutter (…) hielt das kränkliche und schüchterne Ännchen für minderbegabt und weissagte ihr be-

---

47 Siemsen (1940), S. 11.
48 Siemsen, August (1951), S. 107.
49 Siemsen (1940), S. 12.
50 Siemsen, August (1951), S. 111.
51 Ebd., S. 108.

dauernd eine sehr bescheidene geistige Entwicklung und Existenz."[52] Anna Siemsens Mutter dagegen, welche als Kind ebenfalls sehr sensibel gewesen war und in ihrer aus einem Stedinger Bauerngeschlecht stammenden Mutter, Annas Siemsens Großmutter Lürßen, ein „liebevolle(s), gütige(s) Herz"[53] gefunden hatte, erzog ihre Kinder in der gleichen Liebe, die auch ihr früher zuteil geworden war. Sie beschäftigte sich intensiv und geduldig mit jedem einzelnen ihrer Kinder und verstand es, besonders in Siemsen, ein starkes Gefühl der Familienverbundenheit zu erzeugen. Festtage, vor allem das Weihnachtsfest, waren in der Familie Siemsen von großer Bedeutung und wurden von den Eltern, hauptsächlich der Mutter, liebevoll, bis ins Detail, gestaltet. Neben einem „Weihnachtsparadies mit Baum, Krippe, Schneelandschaft und Geschenktischen" in der „guten Stube" konnten die Kinder gelegentlich sogar „Goldhaare auf dem Flur"[54] entdecken, welche das Christkind dort verloren hatte.

Mit dieser liebevollen Erziehung verband sich ein christlicher Einfluss, welcher bereits auf den Großvater väterlicherseits, ebenfalls August Siemsen genannt, zurückgeht. Aus einer Hamburger Kaufmannsfamilie stammend wurde dieser, „dem Ruf seines Herzens folgend", Pfarrer in einem Dorf bei Osnabrück, „wo er entgegen der dogmatischen Starre des offiziellen Kirchentums" als Pietist[55] „für das praktische Christentum im Leben eintrat"[56] und unter den Bewohnern mit beeindruckenden Predigten von sich reden machte. Anna Siemsens Vater, August Hermann Siemsen, wurde ebenfalls aus Überzeugung Pfarrer, musste er sich doch, obwohl sein Vater früh starb, auf Grund eines Hamburger Erbes keine Sorgen um seine finanzielle Existenz machen. Auch er war von „einer sehr persönlichen und leicht pietistischen, d.h. asketisch gefärbten Frömmigkeit"[57] und predigte stets „das Streben nach Gerechtigkeit"[58], so Anna Siemsens Schwester Paula. Auf diese pietistisch gefärbte, christliche Frömmigkeit ist es möglicherweise zurückzuführen, dass die Siemsen-Kinder früh lernten, ein ver-

---

52 Ebd., S. 13.
53 Ebd., S.110.
54 Ebd., S. 12.
55 Als Pietismus bezeichnet man eine religiöse Erneuerungsbewegung des Protestantismus des späten 17. und frühen 18. Jahrhunderts, welche sich gegen das Erstarren der lutherischen Kirche in einem mechanischen, dogmatischen, rein formalen und intellektuellen Christentum wandte und stattdessen das gemeinsame Lesen der Bibel und die Erfahrbarkeit, Individualisierung und praktische Umsetzung des Christentums durch tägliches Gebet, ein frommes, teilweise asketisches Leben und vor allem auch durch soziales Engagement in den Mittelpunkt des christlichen Lebens rückte.
56 Ebd., S. 104.
57 Siemsen (1940), S. 12.
58 Vgl. Erinnerungen Paula Eskuchens (geb. Siemsen) an ihre Schwester Anna in: AAJB, PB Siemsen, Anna 40, S. VI (interne Paginierung).

antwortungsbewusstes Leben zu führen. So berichtet August Siemsen, dass die wirklich armen Dorfbewohner ihn und seine Geschwister am meisten interessierten[59] und dass sie am Heiligen Abend stets „Körbe mit weihnachtlichen Lebensmitteln zu den Bedürftigen ins Dorf"[60] brachten.

> „So war die fortdauernde Einwirkung des christlichen Geistes im Elternhause auf die Dauer vorwiegend ethischer Art. Gerechtigkeitssinn, Empörung gegen das Unrecht und tätiges Mitleid gingen von den Eltern auf die Kinder über, bei Anna insbesondere auch die seelsorgerische Neigung und Fähigkeit, zu trösten und zu raten."[61]

Anna Siemsen, so ihr Bruder, sei stets empfänglich für religiöse Eindrücke gewesen, habe die Bibel gründlich gekannt und großes theologisches Interesse gezeigt, sei jedoch gleichzeitig geistig freier als ihr Vater gewesen[62], welcher ein positiv[63] gläubiger Pfarrer „mit strengen, katechismusartigen ethischen Auffassungen"[64] war. Seine asketische Überzeugung ließ ihn weltliche Vergnügungen, wie z.B. das Tanzen, verwerfen und auch in politischer Hinsicht war er so konservativ und von solch starker Abneigung gegen alles Liberale und Sozialdemokratische, dass er, auf Grund ihrer Farbe, nicht einmal Rote Grütze essen mochte. Interessant ist in diesem Zusammenhang, dass Anna Siemsen sich, nach Aussage ihrer Geschwister, bereits im Alter von 13 Jahren in die Schriften von Blaise Pascal[65] vertiefte und von diesen in religiöser Hinsicht geprägt wurde. Vielleicht trugen diese Schriften tatsächlich dazu bei, dass Anna Siemsen, trotz ihrer späteren kritischen Haltung gegenüber Kirche und Religion, stets Verständnis für wahre Religiosität hatte. Dass die Siemsen-Geschwister sich jedoch schon früh vom Glauben ihres Vater lösten, auch wenn sie und ihre Mutter erst angesichts des nationalistisch-militaristischen Verhaltens der Kirche während des Ersten Weltkrieges aus dieser austraten, mag mitunter auf die kognitiv anregungsreiche

---

59 Vgl. Siemsen, August (1951), S. 15.
60 Ebd., S. 10.
61 Ebd., S. 19.
62 Vgl. ebd.
63 Als „positive Religionen" bezeichnet man solche Religionen, welche sich auf die Offenbarung gründen und diese als jeglicher kritischen Reflexion entzogen betrachten.
64 Siemsen, August (1951), S. 107.
65 Blaise Pascal lebte von 1623 bis 1662 und war zugleich Mathematiker, Physiker, Philosoph und Theologe. Er leistete nicht nur bedeutende Arbeiten auf den Gebieten der Mathematik und Physik, sondern reflektierte ebenfalls den Konflikt zwischen Glauben und Wissenschaft. So schätzte er zwar die enormen Erkenntnismöglichkeiten der Vernunft, war jedoch andererseits der Meinung, dass diese nicht bei der Lösung existenzieller Lebensfragen helfen könne. Dies könne nur der Glaube, das religiöse Gefühl, welches seine Wahrheit unabhängig vom Verstandeswissen habe. In einer mechanisch gewordenen Welt könne der Mensch nur im Glauben an Gott Ruhe und Glück finden. Zuletzt führte er ein extrem asketisches, frommes Leben.

Erziehung der Kinder, vor allem in Form intensiver und kritisch reflektierender literarischer Lektüre, zurückzuführen sein.

Die Überlieferung internationaler klassischer bürgerlicher Literatur besaß in der Familie Siemsen durchaus Tradition. So hatte schon der Großvater Lürßen, wie bereits erwähnt, von seinen Reisen zahlreiche Klassiker der Weltliteratur mitgebracht und in seiner Tochter eine große Freude an der Literatur geweckt. Auch der Vater der Siemsen-Geschwister war nicht nur „ein guter Lateiner und gut beschlagener Historiker"[66], sondern hatte „in Berlin alle klassischen Stücke gehört und gesehen und las ausgezeichnet und mit Leidenschaft"[67]. Diese Liebe zur Literatur gaben die Eltern an ihre Kinder weiter, sodass Anna Siemsen rückblickend sagen kann: „Wir Kinder wuchsen auf, mit Homers Sagen und Horazischer Lebensweisheit, mit Shakespeare, Cervantes und den deutschen Klassikern (…)."[68] Aus heutiger Sicht ist es nahezu unvorstellbar, dass Anna Siemsen und ihr Bruder im Alter von sieben bzw. neun Jahren bereits „die Sagen des klassischen Altertums, die Nibelungensage und Erzählungen aus der Geschichte lasen"[69]. Nicht zu unterschätzen ist an dieser Stelle die bedeutungsvolle Rolle der Eltern, welche zum einen dafür sorgten, dass die Kinder mit Hilfe von Privatlehrern bereits vor der Schule Lesen lernten, und zum anderen engagiert am Lesen ihrer Kinder teilnahmen und bereit waren, lebhafte Diskussionen mit ihnen zu führen. So sieht Anna Siemsens Schwester Paula rückblickend in den „Disputen" am Familientisch bereits eine erste „gewisse dialektische Schulung" der Kinder. „Da waren zwei Parteien: Hie Trojaner – hie Griechen – hie Hektor – hie Achilles, hie Hagen – hie Kriemhild, und vieles andere noch. Der Wortkampf tobte (…). Als wir halb erwachsen waren, kam noch das Lesen mit verteilten Rollen hinzu."[70] Ähnlich bedeutsam, wie seine Schwester Paula, schätzt auch August diese frühe literarische Schulung ein. Er schreibt: „Mehr vielleicht als in der Schule haben wir durch das Lesen gelernt. Wir waren richtige Leseratten und erlebten intensiv mit, was wir lasen; besonders Anna." Er berichtet weiter, dass Siemsen und er

„immer in völliger Einigkeit auf der Seite der Besiegten, der Schwächeren, gegen die triumphierenden Sieger (waren); eine Eigenschaft, die uns geblieben ist, und die uns nicht an letzter Stelle zum Sozialismus und zu viel Leiden und Erfolglosigkeit in der äußeren Karriere geführt hat. (…) Früh erfüllte uns auch, was wir an erschütternden Ereignissen politischer Art hörten

---

66 Vgl. Erinnerungen Paula Eskuchens (geb. Siemsen) an ihre Schwester Anna in: AAJB, PB Siemsen, Anna 40, S. II (interne Paginierung).
67 Ebd., S. V.
68 Siemsen (1940), S. 12.
69 Siemsen, August (1951), S. 17.
70 Vgl. Erinnerungen Paula Eskuchens (geb. Siemsen) an ihre Schwester Anna in: AAJB, PB Siemsen, Anna 40, S. V (interne Paginierung).

oder lasen, vor allem die Dreyfusaffäre und der Burenkrieg. Die erneute Verurteilung von Dreyfus und die Niederlage der Buren riefen wilde Empörung und schmerzliche Tränen bei uns hervor. Und Vater sagte: ‚Wie sollen diese Kinder durch die Welt kommen?'. Er hat mit seiner Sorge nicht so unrecht gehabt. Es ging wirklich nicht besonders gut."[71]

Ihre Sorge um benachteiligte Menschen ließ Anna Siemsen eine Vorliebe für solche Autoren entwickeln, die die sog. „kleinen Leute", die Außenseiter und die Entgleisten, die Armen und die Unterdrückten, die Stillen und Tapferen in den Mittelpunkt ihrer Geschichten stellten, wie dies z.B. in den Werken Wilhelm Raabes und Gottfried Kellers, oder auch in den späten Werken Theodor Fontanes der Fall ist. Ihre Liebe zu Raabe ging sogar soweit, dass sie den Dichter einmal Zuhause aufsuchte. „Als sie vor ihm stand, kamen ihr vor Ergriffenheit die Tränen. Aus dem Besuch entwickelte sich bis zu Raabes Tod eine kleine dauernde Beziehung. Sie schickte dem alten Herrn Weihnachtspakete mit mütterlichem Gebäck, und er antwortete jedes Mal freundlich mit ein paar Zeilen."[72] Da sich mit der Darstellung unterdrückter Charaktere eine kritische Haltung gegenüber der „unterdrückenden" Gesellschaft und zumeist ein Bekenntnis zu demokratischer Überzeugung verband, wurde Anna Siemsen durch ihre Lektüre früh mit den Beschränktheiten ihrer gesellschaftlichen Umwelt, sowie dem problematischen Verhältnis von Individuum und Gesellschaft konfrontiert. Gleichzeitig gab die Beschäftigung mit internationaler Literatur ihr die Möglichkeit, nicht nur verschiedene gesellschaftliche Systeme, sondern auch die unterschiedlichen Sichtweisen der jeweiligen Autoren kennen zu lernen. In „Mein Leben in Deutschland" folgt sie Jahre später, dass die Lektüre internationaler Literatur sie und ihre Geschwister dazu veranlasst habe, ihre Umwelt mit europäischen Maßstäben zu messen, wodurch sie unweigerlich mit dieser in Konflikt geraten seien.[73]

Ihre „emotional wie (…) kognitiv sehr anregend(e)"[74] Kindheit, in Verbindung mit einer enormen Willensstärke, Selbstdisziplin und außerordentlichem Fleiß, ermöglichten es Anna Siemsen, obwohl sie sehr kränklich war und aus gesundheitlichen Gründen die Höhere Mädchenschule in Hamm bereits mit 14 Jahren verlassen musste, den versäumten Stoff zunächst mit Hilfe eines Privatlehrers und anschließend zunehmend eigenständig nachzuholen und im Juni 1901 in Münster das Lehrerinnenexamen für Volks-, mittlere und höhere Mädchenschulen ablegen zu können. Ihr Bruder August bewundert rückblickend „ihre große geistige Freiheit und Überlegenheit. Weil sie sich in ihrer Kindheit und Jugend aus eigener Kraft den Weg zu Wissen und Leben hatte bahnen müssen, hatte sie

---

71 Siemsen, August (1951), S. 17f.
72 Ebd., S. 22.
73 Vgl. Siemsen (1940), S. 12.
74 Schmölders (1990), S. 111.

sich früh daran gewöhnt, (...) (alles; M.J.) mit ihrem suchenden, ewig lebendigen Geist zu prüfen"[75]. August Siemsen weist außerdem darauf hin, dass sie ihr enormes Wissen auf verschiedensten Gebieten gerade auf Grund der Tatsache, dass sie es sich selbst erworben hatte, souverän gebrauchen konnte.

In ihrem Hauptwerk, den „Gesellschaftlichen Grundlagen der Erziehung", stellt Anna Siemsen 1948 die These auf, dass die Entwicklung der Persönlichkeit eines Menschen bedingt sei durch seine Umwelt und ihre Einflüsse, sowie durch seine eigene Fähigkeit, diese Umwelt aufzunehmen und sich ihrer bewusst zu werden. Daher könne Persönlichkeit sich nur entwickeln in einer differenzierten Gesellschaft und einer „persönliche(n) Lage, in welcher verschiedenartige Einflüsse empfangen und verarbeitet werden können." Sie weist jedoch ebenfalls darauf hin, dass diese Heterogenität der Einflüsse sich auch ungünstig auswirken und somit entweder Unsicherheit oder Einseitigkeit und Engstirnigkeit hervorrufen könne. „In den besten Fällen (aber) ergeben die vielfältigen Einflüsse jene Weite und Klarheit des Bewusstseins, (...) die wir als Persönlichkeit ansprechen."[76] Als eine solche Persönlichkeit kann man die zum Zeitpunkt ihres Lehrerinnenexamens 19jährige Anna Siemsen noch kaum bezeichnen, wie auch die weiteren Stationen ihrer Biographie zeigen werden. Es dürfte jedoch deutlich geworden sein, dass die äußerst heterogenen Einflüsse, unter denen Anna Siemsen in ihrer Kindheit und ihrer Jugend gestanden hat, eine ideale Basis für eine solche Persönlichkeitsentwicklung darstellten. Ihr Aufwachsen zwischen bürgerlichen und konservativ-dörflichen Verhältnissen einerseits, dem industriellen, sozial stark ausdifferenzierten Hamm andererseits, trug dazu ebenso bei wie ihre kognitiv anregungsreiche, auf Verantwortungsbewusstsein und gesellschaftliches Engagement zielende Erziehung, welche in völligem Gegensatz zu ihrer preußisch-nationalistisch gefärbten gesellschaftlichen Umgebung stand.

3. Abitur, Studienjahre und Anstellungen als Oberlehrerin (1901-1913)

Das Jahr 1901 bedeutete einen Einschnitt für die ganze Familie Siemsen, welche auf Grund der Pensionierung des Vaters den Pfarrhof verlassen und ihre kleine Idylle gegen eine „Mietswohnung ohne Garten"[77] in Osnabrück eintauschen musste. Doch die neue Stadt und das neue Land boten der aufgeschlossenen und neugierigen Anna Siemsen zahlreiche Anregungen. So war Osnabrück zum ei-

---

75 Siemsen, August (1951), S. 114.
76 Siemsen (1948), S. 141.
77 Siemsen, August (1951), S. 21.

nen ein uraltes Bauernland, aus dem „wie hundert Jahre zuvor die Bäuerinnen mit ihrem Gemüse, ihren Hühnern und Eiern, die Pilz- und Beerensammlerinnen auf den großen, bunten Wochenmarkt"[78] kamen. Zum anderen jedoch wurde es auf Grund seiner Lage an uralten Handelsstraßen „frühzeitig zu einem bedeutenden Wirtschaftsstandort und zu einem Vorort der Hanse"[79]. Da es außerdem zur Provinz Hannover gehörte und folglich mit dem englischen Königsthron verbunden war, verfügte es auch über anregungsreiche Überseeverbindungen. Ihrem Bruder August zufolge entwickelte Anna Siemsen ihr Verständnis der neuen Umgebung vor allem aus der intensiven Beschäftigung mit den Schriften Justus Mösers, welche sie seiner Meinung nach „frühzeitig zur Beobachtung des Geschichtlichen, Sozialen und Wirtschaftlichen"[80] anregten. Und tatsächlich erfährt man in ihren späteren „Literarischen Streifzügen", dass Anna Siemsen Mösers Schriften nicht nur als Spiegel der klassischen deutschen Zeit schätzte, sondern dass sie in ihm auch einen Vertreter eines typisch deutschen Phänomens erkannte: Möser war zwar stark von England beeinflusst, dem er zahlreiche journalistische, politische und staatswirtschaftliche Anregungen verdankte; da er jedoch zugleich ein konservativer Mensch war, der „gottgewollte Abhängigkeiten" und „Ungerechtigkeiten gegen Arme und Entrechtete billigt(e)", „sucht(e) er nach praktischen Rezepten, um ohne Umsturz und Erschütterung gleiches (wie in England, M.J.) in seiner Heimat zu erreichen." Anna Siemsen erkannte darin den großen „Unterschied (…) zwischen diesen unseren führenden Publizisten und denen des Auslands". Während die ausländischen Schriften gekennzeichnet seien durch den grundsätzlichen Kampf eines aufstrebenden, revolutionären Bürgertums, finde man in den deutschen Schriften aus der gleichen Zeit „friedliche Zustimmungsmalerei" und „das emsige Bemühen, neuen Wein in alte Schläuche zu füllen"[81] – eine Haltung, der Anna Siemsen später noch häufiger begegnete.

Nachdem Anna Siemsen sich ca. eineinhalb Jahre lang ausschließlich ihrer Lektüre und der Erkundung ihrer neuen Umwelt gewidmet hatte, entschloss sie sich, „ihre praktische Lehrbefähigung zu erproben und wirtschaftlich zur Entlastung des Vaters beizutragen"[82], indem sie vom Januar 1903 bis Ostern 1904 an einer kleinen Privatschule in Wehrendorf im Kreis Herford, genauer gesagt in einem Pfarrhaus, in dem ihr Zimmer zugleich den Unterrichtsraum darstellte, tätig

---

78 Ebd.
79 Siemsen, Pieter (2000), S. 124.
80 Siemsen, August (1951), S. 22.
81 Siemsen (1925), S. 130-132. An dieser Stelle muss jedoch ausdrücklich darauf hingewiesen werden, dass Anna Siemsen diese Erkenntnis im Jahr 1925 niederschrieb. Dass sie auch schon früher begann, die Zusammenhänge zwischen Literatur und Gesellschaft zu entdecken, kann auf Grund ihrer eigenen und der Äußerungen ihres Bruders im Nachhinein nur vermutet werden.
82 Siemsen, August (1951), S. 23.

(Quelle: AAJB, PB Siemsen, Anna)

wurde. Dieser Kontakt war wohl über ihren Vater entstanden, der in der Grafschaft Ravensberg „allerlei pastörliche Vetternschaft"[83] besaß. In ihrer Wehrendorfer Zeit lernte sie nicht nur, sich mit dem dortigen äußerst konservativen Pfarrer zu arrangieren; in einer Bescheinigung durch die Königliche Regierung, Abteilung für Kirchen und Schulwesen, wird sie auch „als tüchtige und pflichttreue Lehrerin"[84] bezeichnet.

1904 kehrte sie nach Osnabrück zurück, um sich, wiederum privatim, auf ihr Abiturientenexamen vorzubereiten. Ihr Bruder August berichtet: „In zwei Jahren hatte sie die alten Sprachen und, was ihr sonst noch fehlte, bewältigt und bestand Ostern 1905 das Examen als Externe am humanistischen Gymnasium in Hameln."[85] So konnte sie, begleitet von August, im Sommersemester 1905 an der Universität München[86] ihr Studium der Fächer Deutsch, Philosophie und Latein beginnen. Das „gemeinsame Studium und Leben, (sowie das, M.J.) gemeinsame Durchforschen Münchens" war, so August, „eine wolkenlose, glückliche Zeit"[87]. Als im Wintersemester dann auch die Schwester Paula hinzukam, um Kunstgewerbe zu studieren, verbrachten die drei Geschwister den Winter mit Theater- und Opernbesuchen und feierten zum ersten Mal das Weihnachtsfest getrennt vom Rest der Familie. Wie behütet und sorgenfrei die Siemsen-Geschwister im Gegensatz zu vielen ihrer Kommilitonen aufgewachsen waren, veranschaulicht die folgende Episode, von der August Siemsen berichtet:

> „Als einmal alle (im Wohnzimmer der Siemsen-Geschwister, M.J.) anwesenden jungen Menschen kaum glauben wollten, daß wir bei glücklicher Ehe unserer Eltern ein harmonisches Familienleben führten, mußten wir drei Geschwister mit ziemlicher Erschütterung erkennen, wie viel uns noch zur Welt- und Menschenerkenntnis fehlte."[88]

Auch innenpolitisch seien sie damals, so August, noch sehr wenig interessiert gewesen. Als sie aber einmal eine Versammlung eines reformistischen Sozialdemokraten besuchten, der die Lügen der „Münchner Neuesten Nachrichten" enthüllte, seien sie sehr beeindruckt gewesen, da auch sie ihnen „naiverweise

---

83 Ebd.
84 ThHStAW, Personalakte aus dem Bereich des Volksbildungsministeriums Weimar Nr. 26674, Bd.3, Bl.5.
85 Siemsen, August (1951), S. 24. Für Frauen war die „Externenprüfung" zur damaligen Zeit die einzige Möglichkeit, das Abitur abzulegen. Sie war jedoch, auch für Töchter aus gut situierten Familien, alles andere als üblich. Die erste Frau, die im Jahre 1892 von dieser Möglichkeit Gebrauch machte, war Hildegard Wegscheider. (Vgl. Wickert, 1986, S. 22, 34 und 40.)
86 Im Gegensatz zu Preußen, wo Frauen regulär erst ab 1908 ein Studium aufnehmen konnten (seit 1896 als Gasthörerinnen), war die Universität München weiblichen Studierenden bereits seit 1903 geöffnet.
87 Siemsen August (1951), S. 25.
88 Ebd., S. 26.

Glauben geschenkt hatten". August weist jedoch darauf hin, dass aus diesem Erlebnis „aber zunächst keine weiteren Folgen gezogen wurden"[89].

Während die Schilderungen August Siemsens also eher ein unbeschwertes Bild des Studiums der drei Geschwister zeichnen, fallen Anna Siemsens Einschätzungen in „Mein Leben in Deutschland" rückblickend wesentlich kritischer aus.[90] Ein deutliches Kennzeichen der deutschen Universitäten bestand ihrer Meinung nach darin, dass der „Prozess der Verpreußung"[91], welchen sie sowohl im Schulwesen als auch in der staatlichen Verwaltung wahrgenommen hatte, sich auch in den Universitäten ausbreitete. Die Forderungen nach Spezialwissen, nach äußerer Disziplin und gehorsamer Unterordnung unter Vorgesetzte führten dazu, dass die sog. „Persönlichkeiten" unter den Hochschuldozenten, also diejenigen, die „nicht Wissenschaftsbeamte, sondern Forscher mit persönlichem Verantwortungsgefühl waren", immer weniger wurden.

„Beherrscht wurden die Universitäten vom Spezialistentum, das (...) Detailweisheiten verlangte (...). Und die ueberwiegende Mehrzahl der Studenten paukte aufs Examen, spezialisierte sich gehorsam auf ein möglichst eng begrenztes Sondergebiet (...) und holte sich ihre Weisheit statt aus eigener Beobachtung und den Quellen selber aus Kolleghéften, Lehrbuechern und Compendien."[92]

Was Anna Siemsen hier an den deutschen Universitäten missbilligt, ist also der Abfall vom neuhumanistischen Humboldtschen Bildungsideal einer allgemeinen Bildung des Menschen vor aller Spezialisierung und eines auf forschendes Lernen statt auf bloße Belehrung hin ausgerichteten Studiums. Auf die Anknüpfungen Anna Siemsens an das humanistische Bildungsideal wird im systematischen Teil vorliegender Arbeit genauer einzugehen sein.

Anna Siemsens Kritik an den deutschen Universitäten bezieht sich weiterhin auf die „zwei Doktrinen, die (in der Geisteswissenschaft, M.J.) als Grundwahrheiten gepredigt wurden": Es waren dies die Behauptungen, dass erstens Politik stets amoralisch sei, d.h., dass politisch recht sei, „was Erfolg verspricht", und dass zweitens das deutsche Volk einen „Herrschaftsanspruch (...) auf politischem, wirtschaftlichem und kulturellem Gebiet" besitze.

---

89   Ebd., S. 26.
90   Hierbei ist jedoch zu berücksichtigen, dass sie mit diesen autobiographischen Aufzeichnungen bewusst das Ziel verfolgte, „alles auf das Kommen des Dritten Reiches zu beziehen" (Siemsen, 1940, S. II) und somit die Ursprünge des späteren nazistischen Deutschlands aufzudecken. So besteht zumindest die Möglichkeit, dass Anna Siemsen aus der Kenntnis der späteren Entwicklung Deutschlands heraus ihre Studienerfahrungen im Nachhinein negativer bewertet, als sie sie tatsächlich zum damaligen Zeitpunkt empfunden hat.
91   Ebd., S, 13.
92   Ebd., S. 14f.

„Mit diesen Überzeugungen ging die Generation der Akademiker in den Krieg. (...) Was die Universität ihnen mitgab, war ein fast nihilistischer und gänzlich zynischer nationaler Machtwille, verbunden mit der festen Ueberzeugung, dass Deutschland unbesiegbar sei und eine Weltmission erfuellen muesse."[93]

Während August Siemsen die Studienzeit als unbekümmert erinnert und eher den Eindruck vermittelt, dass „der Ernst des Lebens" den Siemsen-Geschwistern noch relativ fern war, zählt Anna Siemsen sich und ihre Geschwister in ihren Erinnerungen zumindest indirekt zu den Studierenden, die „in dieser Atmosphäre nicht zu atmen vermochte(n)" und „fast notwendig einem sektiererischen Individualismus (verfielen, M.J.)"[94].

„Wir suchten und begruessten also alle oppositionellen Strömungen in Kunst, Literatur, Ethik und Philosophie und schmarotzten uns getreulich hindurch, ohne dass wir viel damit fuer unser Leben gewannen. Wir waren wie gut durch-gespielte Instrumente, auf denen nachher eine ungeuebte Hand mittelmässige Melodien klimperte. Denn der Weg in den Beruf eröffnete uns die Aussicht auf das ermuedende Gleichmass der Routine, auf Strebertum, das wir instinktiv ablehnten, oder auf eine Opposition, die keine Ziele, dafuer aber bittere Kämpfe und eine fast unvermeidliche Niederlage in Aussicht stellte."[95]

Versucht man, die Erinnerungen von Anna und August Siemsen im Zusammenhang zu sehen, ergibt sich folgendes Bild: Die bereits in der Kindheit verankerte Ablehnung des Preußentums, jeglicher Form der Unterordnung und des blinden Mitschwimmens im Strom des Nationalismus sowie die Wertschätzung geistiger Freiheit und Selbstständigkeit begleiteten Anna Siemsen und ihre Geschwister auch während ihres Studiums und versetzten sie in eine Art „instinktive Opposition", die jedoch noch nicht aus einem fundierten Verständnis der gesellschaftlichen Zusammenhänge heraus begründet und auch noch größtenteils unpolitischer Natur war.

Nach dem Wintersemester 1905/06 trennten sich die Wege der drei Geschwister. Paula ging nach Hamburg, August nach Göttingen und Anna setzte ihre Studien zunächst für ein Semester in Münster und anschließend in Bonn fort, wo sie eine enge Freundschaft mit Elisabeth Schmidt schloss. Diese berichtete August Jahre später, nach Siemsens Tod, in einem Brief:

„Sie (, Anna, M.J.) arbeitete rastlos und angespannt, auch wenn sie krank war. Dabei ordnete sich ihr alles Neue mühelos ein und war jederzeit verfügbar. (...) Abends nach neun Uhr ruhte sie (...) auf ihre Art aus. Sie strickte und studierte Spinoza im Urtext. (...) Als sie mir einmal aus Chesterton deutsch vorlas, merkte ich erst gelegentlich, daß sie den englischen Text vor sich hatte."[96]

---

93 Ebd.
94 Ebd., S. 16.
95 Ebd.
96 Siemsen, August (1951), S. 27.

Im November 1909 promovierte Siemsen in Bonn zum Dr. phil „cum laude" und im Februar 1910 legte sie „mit Auszeichnung" das Staatsexamen in Deutsch, Philosophie und Latein ab und erhielt somit die Lehrberechtigung für den Unterricht an Höheren Schulen. Diese Leistungen werden umso beachtlicher, wenn man berücksichtigt, dass Anna Siemsen sehr häufig krank war. So berichtete Elisabeth Schmidt, dass Siemsen nahezu keinen Nachmittag ohne Kopfschmerzen verbrachte und Valentine Rothe zitiert ein Attest aus dem Jahr 1909, aus dem hervorgeht, dass die Abgabefrist von Siemsens Staatsexamensarbeit verlängert wurde, da sie wegen hochgradiger Blutarmut für vier Wochen zur Kur nach Bad Pyrmont musste.[97]

Da Siemsen auf Grund ihrer doppelten Prüfung und ihrer Lehrtätigkeit vor dem Studium keinen Vorbereitungsdienst absolvieren musste, konnte sie bereits zu Ostern 1910 eine Stelle als Oberlehrerin am wissenschaftlichen Lehrerinnenseminar einer Höheren Töchterschule in Detmold antreten. Auch über diese Tätigkeit erhielt sie ein sehr positives Zeugnis, in welchem ihre hervorragende Beherrschung des schwierigen Lehrstoffes, sowie ihre mustergültige Unterrichtsmethode besonders hervorgehoben werden. Ihrem Scheiden sah man mit großem Bedauern entgegen.[98] Sie verließ die Stelle nach einem Jahr, um sich auf eine Ergänzungsprüfung für das Fach Religion vorzubereiten, welche sie im Juli 1912 an der Universität Göttingen ablegte. Da Anna Siemsen religiösen (nicht konfessionellen) Eindrücken gegenüber ihr Leben lang aufgeschlossen war, ist ihr Wunsch, ebenfalls das Fach Religion zu unterrichten, durchaus nachvollziehbar. Der Institution Kirche stand sie jedoch nicht nur äußerst kritisch, sondern direkt ablehnend gegenüber und auch den schulischen Religionsunterricht wollte sie nicht als konfessionsgebunden, sondern als einen eher religionswissenschaftlichen Unterricht verstanden wissen. Siemsens Haltung gegenüber Kirche, Religion und religiösem Sozialismus wird im systematischen Teil noch näher ausgeführt.

Da Anna Siemsen vermutlich nicht noch ein weiteres Jahr ohne Einkünfte sein wollte, hatte sie bereits drei Monate vor ihrer Ergänzungsprüfung, im April 1912, eine Stelle als Oberlehrerin an einem Privat-Lyzeum und Oberlyzeum in Bremen angenommen, wo sie gemeinsam mit ihrer geliebten Mutter, die nach dem Tod ihres Mannes im August 1910 nichts mehr in Osnabrück hielt, „in ruhigster Lage ein Haus mit kleinem Gärtchen"[99] kaufte. Siemsen, die in Bremen neben den Fächern Deutsch und Religion auch Pädagogik und Geschichte unter-

---

97 Rothe (1996), S. 153.
98 Vgl. ThHStAW, Personalakte aus dem Bereich des Volksbildungsministeriums Weimar Nr. 26674, Bd.3, Bl. 6.
99 Siemsen, August (1951), S. 30.

richtete, wurde auch von dem Direktor dieser Schule für ihr „umfassendes Wissen" und ihre „Gründlichkeit und grosse Klarheit" in der Vermittlung gelobt, mit der sie „durchweg gute Unterrichtserfolge erzielt" habe. Sie besitze einen „ausgesprochen pädagogischen Takt", ein „gleich freundliche(s) wie bestimmte(s) Wesen" und nehme einen „erzieherisch vortrefflichen Einfluss auf die ihr anvertrauten Schülerinnen", deren persönliches Wohlergehen sie „mit warmem Interesse" verfolgte. „Ich kann Frl. Dr. Siemsen in jeder Hinsicht empfehlen."[100]

Gewänne man auf Grund solcher Beurteilungen jedoch den Eindruck, sie habe sich unkritisch in das bestehende Schulsystem eingefügt, hätte man weit gefehlt. Vielmehr zeigen ihre, laut der von Ralf Schmölders erstellten Personalbibliographie[101], ersten beiden Aufsätze[102], dass die, wenn auch noch vorsichtig formulierte und rein vom Deutschunterricht ausgehende Auseinandersetzung mit der Reformbedürftigkeit des höheren Schulwesens den Beginn ihrer Publikationstätigkeit darstellt. So bestand für sie bereits im Jahr 1911 der Zweck der Schule darin, den Schülerinnen „ein geschichtlich vertieftes Verständnis der Gegenwart zu ermöglichen"[103]. Daher fordert sie im Rahmen des Deutschunterrichts eine stärkere Beschäftigung mit der Literaturgeschichte, um „die literarische Entwicklung und die historischen Einflüsse"[104] nachvollziehbar werden zu lassen, Bezüge zur zeitgenössischen Literatur herzustellen" und damit die eigene Gegenwart besser zu verstehen. Hierzu sei jedoch die eigenständige Lektüre von enormer Bedeutung. Aus diesem Grund kritisiert sie in ihrem Artikel von 1914 die Überfülle des Lehrstoffes, der ihren Schülerinnen „kaum Zeit zu ruhigem, selbstständigem Lesen"[105] lasse. „Wie selten bleibt einem (…) die Zeit zum wirklichen Vertiefen und Verweilen, wie bald wird man durch die Forderungen des Lehrplanes wieder weitergedrängt."[106] Daher fordert sie, lieber auf einen Teil des Lehrstoffes zu verzichten und den Schülerinnen stattdessen, durch die Vertiefung einzelner Gebiete, das eigenständige Eindringen in den Lehrstoff zu ermöglichen und ihnen durch eine selbstständige, forschende Auseinandersetzung mit dem Unterrichtsgegenstand die Gelegenheit zu eigener Urteilsbildung zu geben.

„Wissenschaftliche Genauigkeit ist etwas Wunderschönes, aber man kommt zu ihr nur auf dem Wege selbstständiger Forschung, d.h. durch den Mut zum Irrtum. Und diesen Mut,

---

100 Vgl. Dienstzeugnis in: ThHStAW, Personalakte aus dem Bereich des Volksbildungsministeriums Weimar Nr. 26674, Bd.3, Bl. 4.
101 Schmölders (1992).
102 Siemsen (1911) u. Siemsen (1914).
103 Siemsen (1911), S. 421.
104 Ebd., S. 417.
105 Siemsen (1914), S. 489.
106 Ebd., S. 490.

> fürchte ich, ersticken wir bei unseren Kindern, wenn wir von vornherein gar zu wissenschaftlich mit ihnen verfahren. Sie sollen gleich zu richtigen Resultaten kommen, statt daß wir sie einfach daran gewöhnen, selbst zu sehen, sei es dann auch etwas Verkehrtes. (…) Wenn wir z.B. Herder lesen und nehmen Hayms Biographie dazu (…): woher sollen unsere Mädchen dann noch den Mut und Antrieb finden, selbst zu suchen (…)? Es ist ja schon alles für sie gefunden (…). Das selber Sehenkönnen (…) aber verlernen sie dadurch. (…) Wenn ich könnte, würde ich die Mädchen daher nur Quellen lesen lassen (…) und sie ordentlich an diesem Stoff sich die Zähne ausbeißen lassen, bis sie eine eigene Meinung hätten."[107]

Deutlich wird, dass sich Anna Siemsen bereits zu Beginn ihrer Lehrtätigkeit dafür eingesetzt hat, die ihr anvertrauten Schülerinnen zu Eigenständigkeit, Erkenntnis- und Urteilsfähigkeit zu befähigen und ihnen somit wesentliche Voraussetzungen ihrer „Subjektwerdung" zu schaffen. Recht bald jedoch sollte sie erkennen, dass sie mit diesen Bildungsvorstellungen eher isoliert dastand, dass die Gründe hierfür nicht nur auf der Ebene der Schul- und Unterrichtsorganisation, sondern vor allem auf der des gesellschaftlichen Begründungszusammenhangs der Schule zu suchen waren und dass die bloße Reform der Unterrichtsmethoden daher nicht ausreichen würde. Rückblickend schreibt sie:

> „Immer wieder war der Unterricht und der Umgang mit jungen Menschen eine Freude. Aber unweigerlich entstand und wuchs die verwirrende Gewissheit, dass unsere Arbeit den Kindern keine rechte Bildung fuers Leben gab. Indem ich unterrichtete, öffnete sich mir erst recht das Bewusstsein für die Zusammenhänge des gesellschaftlichen Daseins. Ich sah die verhängnisvolle Macht, die unser Leben vergewaltigte und fälschte und ich fand weder bei Kollegen noch Vorgesetzten Verständnis fuer meine Skrupel (…)."[108]

War Anna Siemsen so bereits durch ihre Lehrtätigkeit allmählich bewusst geworden, dass die gesamtgesellschaftlichen Zusammenhänge in den Blick zu nehmen sind, sollte der im August 1914 begonnene Erste Weltkrieg diese Erkenntnis noch einmal von einer ganz anderen Seite her verstärken.

---

107 Ebd., S. 491.
108 Siemsen (1940), S. 16.

II. Von der „gefühlsmäßigen" zur „geschulten, wissenden Sozialistin" – Die Erfahrung des Ersten Weltkriegs als Impuls für Anna Siemsens Kapitalismuskritik

1. Der Erste Weltkrieg – Vom Kaiserreich zur ersten deutschen Demokratie

Das bedrohliche Spannungsverhältnis aus ökonomisch-technischem Fortschritt einerseits und politischer, sozialer und kultureller Stagnation andererseits sowie die Durchdringung der wilhelminischen Gesellschaft mit nationalistisch-militaristischen Wertvorstellungen führten zu einer „Mixtur aus Kraftbewußtsein und Zukunftsangst"[1], die in einem hektischen und unberechenbaren Weltmachtstreben ihren Ausdruck fand.[2] Da das Deutsche Reich verspätet in die Weltpolitik eintrat, rief es mit seinem überstürzten „Anspruch auf einen ‚Platz an der Sonne'" die Besorgnis der Kolonialmächte hervor, die sich die Welt bereits aufgeteilt hatten und veranlasste England, Frankreich und Russland dadurch zu Bündnissen, von denen das Deutsche Reich sich wiederum bald eingekreist fühlen sollte. Somit war die außenpolitische Situation um 1914 dermaßen aufgeladen, dass sie nur noch eines zündenden Funkens bedurfte, um sich in der sog. „Urkatastrophe" des 20. Jahrhunderts zu entladen. Wenn auch nicht geklärt ist, ob das Deutsche Reich den Ersten Weltkrieg bewusst provoziert oder aber als vermeintlich kalkulierbare „Begleiterscheinung" des Strebens nach europäischer Vormachtstellung und Ablenkung von innenpolitischem Reformstau akzeptiert hatte, steht zumindest fest, dass die deutsche Reichsleitung den Krieg nicht wirklich verhindern wollte.

Die Reaktion der Bevölkerung auf den Beginn des Ersten Weltkrieges fiel, je nach gesellschaftlicher Schicht, unterschiedlich aus und darf nicht allgemein als „hurrapatriotisch" bezeichnet werden.[3] Doch vor allem in bildungsbürgerlichen Kreisen, die den Krieg als Aufbruch und Befreiung betrachteten, machte sich eine enorme Kriegsbegeisterung breit, welche durch die Siege der deutschen Armee in den ersten Kriegswochen genährt und verbreitet und vor allem durch die unzureichende Informierung der Öffentlichkeit und die Aufrechterhaltung der Legende vom Verteidigungskrieg gegen Russland unterstützt wurde. Hinter den

---
1   Ullrich (1999), S. 580.
2   Vgl. ebd., S. 194.
3   Vgl. ebd.

Kulissen wurden im Kreis der Machteliten unter dem „Leitstern" einer „deutsche(n) Hegemonie in Europa"[4] ausschweifende Kriegsziele formuliert und exzessive Eroberungspläne geschmiedet, die schon bald Züge einer rassistischen Germanisierungspolitik trugen.[5]

Am Ende des Ersten Weltkrieges, der annähernd 15 Millionen Menschen das Leben gekostet hatte, stand jedoch nicht die ersehnte deutsche Weltmacht, sondern das Ende des Kaiserreiches und die deutsche Revolution von 1918/1919, die das bisherige System zusammenbrechen ließ und der ersten Demokratie auf deutschem Boden den Weg ebnete. Für Jürgen Kocka, der darauf hinweist, dass die Revolution nicht alleine „mit Kriegsmüdigkeit, Friedenssehnsucht und Niederlage" erklärt werden kann, ist die entscheidende Frage, „*warum* diese starken und als Auslöser wichtigen Massenstimmungen sich gegen die Herrschenden, gegen den Staat und gegen das System überhaupt wandten"[6]. Denn auch wenn in der sog. Novemberrevolution, wie noch zu zeigen sein wird, viele Chancen vertan wurden und die radikaleren deutschen Kräfte nicht den erwünschten Erfolg verzeichnen konnten, zeigte ein Großteil der Bevölkerung gegen Ende des Krieges dennoch ein deutlich „intensiviertes Demokratisierungsverlangen"[7]. Betrachtet man in diesem Zusammenhang die Feststellung August Siemsens, dass seine Schwester Anna gegen Ende des Krieges ebenfalls ihre politische Tätigkeit begann, dass sie aus einer „Verpflichtung gegenüber den Mitmenschen, gegenüber der Gesellschaft und ihrer Entwicklung" heraus „bewusst und gewollt ein politischer Mensch"[8], nämlich eine „geschulte, wissende Sozialistin" wurde, scheint auch für das Verständnis ihrer weiteren Entwicklung folgende Frage bedeutsam: Welche Triebkräfte des Krieges waren es, die dazu beitrugen, dass sie wie größere Teile der Bevölkerung nicht nur zu Kriegsgegnern wurden, sondern zu der Einsicht gelangten, dass die Ursachen des Krieges in gesamtgesellschaftlichen Zusammenhängen zu suchen waren und daher eine demokratische Reform der politischen und gesellschaftlichen Strukturen Deutschlands unabdingbar sei?

Untersucht man Entwicklung und Auswirkungen des Ersten Weltkrieges auf diese Frage hin, scheinen vor allem drei Merkmale des Krieges von entscheidendem Einfluss gewesen zu sein: die Verschärfung sozialer Ungleichheit, die zunehmend zu einer allgemeinen Protesthaltung gegen „die da oben"[9] führte, die

---

4   Wehler (2003), S. 29.
5   Vgl. dazu insb. Fischer (1970).
6   Kocka (1973), S. 136.
7   Wehler (2003), S. 6.
8   Siemsen, August (1951), S. 33.
9   Kocka (1973), S. 50. (Herv. durch die Verfasserin)

Industrialisierung und dadurch verursachte Brutalisierung des Krieges[10], die die deutsche Friedensbewegung radikalisierte sowie die imperialistische Kriegszielpolitik, welche eine innenpolitische Ausrichtung der Friedensbewegung und deren Annäherung an die Sozialdemokratie bewirkte. Diese Zusammenhänge sollen im Folgenden genauer beleuchtet werden.

Entgegen der illusionären Erwartung des Schlieffen-Plans[11] zog der Erste Weltkrieg sich über mehrere zermürbende Jahre hin. Der erhoffte „Blitzkrieg" an der Westfront scheiterte an der Überlegenheit französischer und englischer Truppen und erstarrte in einem fast vier Jahre dauernden „Stellungskrieg", in dem Hunderttausende von Soldaten in sinnlosen Offensiven und Materialschlachten für geringe Geländegewinne als „Kanonenfutter" dienten. Der massive Materialeinsatz des industrialisierten Krieges verschlang horrende Kriegskosten; gleichzeitig wurde das Deutsche Reich durch die englische Seeblockade von der Rohstoff- und Lebensmittelzufuhr abgeschnitten. Die Generäle Erich Ludendorff und Paul von Hindenburg, als Repräsentanten wahnwitziger Annexionspläne und eines totalen Krieges, stellten die Wirtschaft ohne Rücksicht auf die Bevölkerung komplett in den Dienst der Rüstungsproduktion und leiteten alle Ressourcen an die Front um, was zu einer zunehmenden Verknappung und Verteuerung der Lebensmittel führte. Die dadurch stetig größer werdenden Hungersnöte, Entbehrungen und Krankheiten, die ständige Angst vor dem Verlust von Angehörigen sowie die kontinuierliche Bedrohung durch Verletzungen, Verstümmelungen und Tod an der Front bedeuteten Belastungen, welche die gesamte Bevölkerung betrafen. Allerdings war die Kriegslast nicht gleichmäßig auf die einzelnen Klassen verteilt. Während die Arbeiterschaft immer weiter verelendete, sich die Produktions- und Arbeitsbedingungen zunehmend verschlechterten, zurückgebliebene Soldatenfrauen ganz auf sich allein gestellt waren und auch der Mittelstand so große Einbußen hinzunehmen hatte, dass selbst die Angestellten begannen, sich immer mehr der Arbeiterklasse zuzurechnen, zählte die Unternehmerschaft in der Rüstungsindustrie zu den Gewinnern des Krieges. So lagen, laut Volker Ullrich, in der Eisen- und Stahlindustrie „die Gewinne in den ersten drei Kriegsjahren zum Teil achtmal höher als im Hochkonjunkturjahr 1912/13. (...) Zu deutlich hob sich das Wohlleben der wenigen, die sich für teures Geld mit allen Gütern reichlich versorgen konnten, von den Entbehrungen der großen Masse der Bevölkerung ab"[12]. „Die ungleiche Verteilung der knappen

---

10 Es war der erste Krieg, bei dem auch Massenvernichtungswaffen wie Giftgas und Maschinengewehre zum Einsatz kamen.
11 Angesichts des drohenden Zweifrontenkrieges sah der Schlieffen-Plan vor, zunächst in einem „Blitzkrieg" Frankreich zu besiegen, um anschließend alle Kräfte auf den Krieg gegen Russland zu konzentrieren.
12 Ullrich (1999), S. 469f.

Güter wirkte auffallender und aufreizender in der Bevölkerung als die Knappheit der Güter selbst."[13] Somit verschärften sich die Klassengegensätze durch den Ersten Weltkrieg in extremem Maße, zugleich jedoch nahm der Protest gegen diese Zustände immer deutlichere Formen an. Kocka vermutet, dass die rapiden sozialen Auf- und Abstiege während des Krieges den unteren Schichten zeigten, dass „die Verteilung ökonomischer und sozialer Chancen als sich verändernde (…), nicht schicksalsmäßig gegebene begriffen und in Frage gestellt wurde"[14]. So ist zu erklären, dass man nicht länger bereit war, die vermeintliche Selbstverständlichkeit der ungerechten Gesellschaftsordnung zu akzeptieren.[15] Hinzu kam, dass die enormen materiellen Einbußen und die psychischen Belastungen nicht durch eine Demokratisierung politischer Rechte kompensiert wurden. Das zu Beginn des Krieges beschworene Gemeinschaftsgefühl aller Deutschen, die sog. „Ideen von 1914" und der im August 1914 geschlossene innenpolitische „Burgfrieden"[16] hatten die Hoffnung auf eine Reformierung der gesellschaftlichen und politischen Strukturen in Richtung auf mehr Gleichheit und Gerechtigkeit entstehen lassen. Auch die Mehrheit der Sozialdemokraten, die in ihrer Bewilligung der Kriegskredite und im Burgfrieden die Chance sahen, sich endlich von dem „Stigma" der „vaterlandslosen Gesellen" zu befreien,[17] hoffte, der „Krieg werde nun (…) die Stagnation der innenpolitischen Entwicklung Deutschlands überwinden, wenn sich die Sozialdemokratie loyal (…) verhalte"[18]. Stattdessen musste man jedoch feststellen, dass „die Demokratisierung der Chancen und Rechte (…) mit der Demokratisierung der Pflichten nicht Schritt (hielt)"[19] und dass die Arbeiterschaft vielmehr in frühkapitalistische Verhältnisse zurückversetzt wurde[20]. Anstatt grundlegende Systemveränderungen zuzulassen, erhofften die Machteliten, mit Hilfe militärischer Erfolge von den innenpolitischen Emanzipationsbestrebungen abzulenken und den Status Quo zu sichern.

---

13   Kocka (1973), S. 34.
14   Ebd., S. 35.
15   Vgl. Wehler (2003), S. 73.
16   Der sog. „Burgfrieden" bezeichnet das gegenseitige Versprechen der verschiedenen Parteien, für die Dauer des Krieges auf innenpolitische Auseinandersetzungen zu verzichten, geschlossen hinter dem eigenen Vaterland zu stehen und es in seinem vermeintlichen Verteidigungskrieg zu unterstützen.
17   Laut Miller (1974) spielten bei der Bewilligung der Kriegskredite mehrere Gründe eine Rolle: die allgemeine Kriegseuphorie der deutschen Bevölkerung; die Ansicht, Deutschland befinde sich in einer Verteidigungssituation; die Hoffnung auf politische Gleichberechtigung der Sozialdemokratie; evtl. auch die Angst vor Repressionsmaßnahmen gegen die Sozialdemokraten durch die Regierung. (Vgl. Miller, 1974, S. 68-74)
18   Groh/Brandt (1992), S. 161.
19   Kocka (1973), S. 40.
20   Vgl. Wehler (2003), S. 85.

Die Unzufriedenheit großer Teile der Bevölkerung mit ihrer miserablen wirtschaftlichen Lage und die damit einhergehende Kriegsmüdigkeit und Friedenssehnsucht verbanden sich daher zunehmend mit sozialer Kritik und politischen Forderungen, denen man in Streiks und Demonstrationen Gehör verschaffte. Zu Beginn des Jahres 1918 traten die ökonomischen Interessen sogar hinter den politischen Forderungen zurück,[21] wobei die russischen Revolutionen im Februar und Oktober 1917[22] von nicht unerheblichem Einfluss waren, da sie das Vertrauen der Arbeiterschaft in ihre Einflussmöglichkeiten stärkten und zugleich ihre Friedenshoffnung erneuerten.[23] Der durch den Krieg verschärfte Klassengegensatz hatte somit die Entstehung eines, wenn auch noch diffusen Klassenbewusstseins innerhalb der Arbeiterschaft und eine Infragestellung der Gesellschaftsordnung bewirkt.

Die Arbeiterschaft blieb jedoch nicht die einzige Gruppe, die durch den Ersten Weltkrieg für soziale und politische Fragen sensibilisiert wurde. Auch in der deutschen Friedensbewegung, die als „bürgerlich-liberale Reformbewegung"[24] entstanden war und in der Vorkriegszeit von links-sozialdemokratischer Seite wegen ihrer ausschließlichen Konzentration auf außenpolitische und der Vernachlässigung innenpolitischer Fragen kritisiert und sogar als „kapitalistische Friedenspfeifenraucher"[25] verspottet wurde, bewirkte der Erste Weltkrieg eine

---

21 Vgl. Kocka (1973), S. 48.
22 Nachdem sich in Russland die Spannungen zwischen dem autokratischen Regime des Zaren und dem Parlament, der sog. Duma, ohnehin bereits dramatisch zugespitzt und die militärischen Niederlagen das Ansehen des Zarenhauses stark geschwächt hatten, nahm die Protestbereitschaft der russischen Bevölkerung enorm zu. Angesichts des harten Winters 1916/1917 kam es auf Grund der sich stets verschlechternden Versorgungslage und der Friedenssehnsucht der Bevölkerung zu Streiks und Demonstrationen. Die Revolution begann im März 1917 (der Name „Februarrevolution" geht auf den damals in Russland geltenden Julianischen Kalender zurück), als die Textilarbeiterinnen von Petrograd auf die Straße gingen, um gegen den Krieg zu protestieren und Lebensmittel zu fordern, als die meisten Arbeiter sich mit ihnen solidarisierten und die Proteste zu einem Generalstreik ausweiteten und als auch die Soldaten die Schießbefehle des Zaren verweigerten und sich mit den Demonstranten verbündeten. Die zaristische Autokratie brach zusammen, Nikolaus II. dankte ab und die bürgerlich-liberale Mehrheit der Duma übernahm die Macht. Während diese provisorische Regierung jedoch für die Fortsetzung des Krieges eintrat, rief der parallel zu ihr entstandene Petrograder Arbeiter- und Soldatenrat „dazu auf, das Joch des Kapitalismus abzuschütteln und den Krieg durch einen Frieden ‚ohne Annexionen und Kontributionen' zu beenden. Daß dieser Appell auf die kriegsmüden Massen auch in den Mittelmächten starken Eindruck machen mußte, war vorauszusehen. Das revolutionäre Beispiel der russischen Arbeiter und Soldaten wirkte anfeuernd und reizte zur Nachahmung" (Ullrich, 1999, S. 514f). Auch in Deutschland kam es im Frühjahr 1917 zu ersten Streiks und Demonstrationen.
23 Vgl. Kocka (1973), S. 47f.
24 Riesenberger (1985), S. 7.
25 Ebd., S. 86.

„Entdeckung der Innenpolitik" und ein „entschiedeneres Eintreten für demokratische Reformen und soziale Gerechtigkeit"[26]. So erkannte beispielsweise die 1892 gegründete „Deutsche Friedensgesellschaft" als vor dem Ersten Weltkrieg wichtigster deutscher pazifistischer Organisation, dass es offenbar einen „Zusammenhang von Weltfrieden und Demokratie"[27] gab. Auch bei diesem Erkenntnisprozess erfüllte die russische Revolution wiederum eine katalysatorische Funktion. Laut Dieter Riesenberger führte sie in der Friedensbewegung „zu einer Neubesinnung über den Zusammenhang zwischen innerer und äußerer Politik"[28]. Ludwig Quidde, der seit 1902 dem Präsidium der Friedensgesellschaft angehörte, stellte fest: „Äußere und innere Politik stehen in einem Verhältnis gegenseitiger Abhängigkeit zueinander. Freie innere Verfassungen sind in der Tat eine der Voraussetzungen für das Gedeihen einer freien zwischenstaatlichen Organisation (…)."[29]

Zu Beginn des Ersten Weltkrieges zeigten sich die bestehenden Einrichtungen der Friedensbewegung noch recht orientierungslos und in ihren innenpolitischen Forderungen eher zurückhaltend, was bereits in der ersten Kriegsphase zur Gründung neuer Organisationen, wie beispielsweise dem „Bund Neues Vaterland" (BNV), der späteren „Liga für Menschenrechte"[30], führte. Dieser Bund setzte sich entschiedener als die Deutsche Friedensgesellschaft gegen Annexionen und für die Schaffung demokratischer, sozial gerechter und parlamentarischer Verhältnisse sowie auch für eine Reform des Erziehungswesens ein. So forderte er beispielsweise in seiner Satzung als Voraussetzung für eine künftige Völkerverständigung, dass „mit dem seitherigen System gebrochen wird, wonach einige Wenige über Wohl und Wehe von hunderten Millionen Menschen zu entscheiden haben"[31]. Nicht zuletzt wegen der Kriegsgewinne im Kreise der Rüstungsindustrie entwickelte sich aus diesen Forderungen bald eine generelle

---

26 Ebd., S. 99.
27 Donat/Holl (1983), S. 74.
28 Riesenberger (1985), S. 116.
29 L. Quidde in seiner Gedenkschrift „Die Friedensfrage nach der russischen Revolution" vom 20.4.1917, hier zit. n. Quidde (1979), S. 140.
30 „Als Reaktion auf den Ersten Weltkrieg und den Verzicht der *Deutschen Friedensgesellschaft (DFG)*, einen entschiedeneren Oppositionskurs gegen die deutsche Kriegspolitik zu steuern, bildete sich in Berlin ein pazifistischer Gesprächskreis (…), der am 16.11.1914 den Bund Neues Vaterland gründete. (…) In seinem Programm ging der BNV von dem Grundsatz aus, daß als Voraussetzung für die Schaffung eines friedlichen Europas die Etablierung demokratischer Verhältnisse im Innern der Staaten anzusehen sei, womit er sich in erster Linie auf Deutschland bezog. Außenpolitisch strebte der BNV eine europäische Staatengemeinschaft an. (…) Nach der Umbenennung in „Deutsche Liga für Menschenrechte" (DLfM) 1922 blieb das Programm des BNV weiter bestehen (…)." (Donat/Holl, 1983, S. 76-79)
31 Satzung des Bundes Neues Vaterland von 1914, in: Grappin (1952), S. 72f., hier S. 72.

Absage an die kapitalistische und ein entschiedenes Eintreten für eine sozialistische Gesellschaftsform.

Nachdem die anfängliche Kriegseuphorie verflogen war, schlossen sich zunehmend auch Wissenschaftler und Schriftsteller, von denen viele als Kriegsfreiwillige an der Front die Brutalität des Krieges selbst erfahren hatten, dem BNV an. Vor allem die Vertreter der expressionistischen Kunst und Literatur zeigten seit 1916/17 ein deutliches Antikriegsengagement. Sie priesen „nicht das Trennende, sondern das Einende, nicht die Wirklichkeit, sondern de(n) Geist, nicht de(n) Kampf aller gegen alle, sondern die Brüderlichkeit (...). Die neue Gemeinschaft wurde gefordert. Und (...) eindringlich posaunten sie in ihren Gesängen Menschlichkeit, Güte, Gerechtigkeit, Kameradschaft, Menschenliebe aller zu allen"[32]. Die Voraussetzung hierfür erkannten sie, zumindest die radikaleren unter ihnen, immer mehr in einer sozialistischen Revolution, wobei Riesenberger jedoch den wichtigen Hinweis gibt, dass das Sozialismus-Verständnis der expressionistischen Schriftsteller, zu denen u.a. Ludwig Rubiner, Heinrich Mann oder René Schickele gehörten, weniger politischer, als vielmehr ethischer und idealistischer Natur war. Mit bloßen Begriffen wie „Gemeinschaft, Brüderschaft, Menschheit und Geist (...) [ließen] sich weder bestehende Gesellschaften analysieren noch gar konkrete Modelle einer neuen Gesellschaft konzipieren"[33]. Auch in frühen Zeitschriftenartikeln Anna Siemsens im „Zeit-Echo. Ein Kriegstagebuch der Künstler" lässt sich eine solche noch eher diffuse, emotionale und vorpolitische Begrifflichkeit finden.

Doch auch wenn der innenpolitische Reformwille der Friedensbewegung noch teilweise diffus war, ermöglichte diese Politisierung, vor allem des BNV, eine zunehmende Annäherung und Interessenüberschneidung zwischen Friedensbewegung und Sozialdemokratie, die in grundsätzlicher Opposition zu den politischen und gesellschaftlichen Strukturen des Kaiserreiches stand und eine auf einem humanistischen Menschenbild gegründete solidarische, demokratische und gerechte Gesellschaft erstrebte. In der Vorkriegszeit, als die Friedensbewegung sich noch als eher kulturelle Organisation verstand, kamen ihre sozialdemokratischen Anhänger hauptsächlich aus dem Bereich des reformistisch-revisionistischen Flügels der Sozialdemokratie, der davon ausging, soziale Reformen innerhalb des bestehenden Systems durchsetzen zu können. Im Verlauf des Krieges fand sie jedoch zunehmenden Zuspruch auch unter den eher revolutionär gesinnten Sozialdemokraten, die sich für eine grundlegende Umwälzung der bestehenden Gesellschaft aussprachen. Diese innerparteilichen Richtungskämpfe innerhalb der Sozialdemokratie hatten sich verschärft, als die „Sozialdemokrati-

---

32   Donat/Holl (1983), S. 125.
33   Ebd., S. 131.

sche Partei Deutschlands" (SPD) immer mehr zu einer Massenbewegung geworden und in den Reichstag eingezogen war. Damals wandte die Reichstagsfraktion sich von den unter dem Eindruck des Bismarckschen Sozialistengesetzes übernommenen Elementen der Marxschen Theorie[34] ab und schwenkte auf einen eher pragmatischen Kurs ein, um „die endlich erkämpfte formale Legalität der Bewegung nicht aufs Spiel (zu) setzen"[35]. Während die Sozialdemokratie in rhetorischer Hinsicht an revolutionär-marxistischen Elementen festhielt, nahm sie auf der Ebene der tatsächlichen politischen Praxis eher reformistische Züge an. Laut Hans Mommsen habe die SPD aber, trotz „richtungspolitischer Divergenzen"[36], ein Zusammengehörigkeitsbewusstsein besessen. Dies habe sich erst mit der Bewilligung der Kriegskredite geändert, mit der die SPD sich von ihren pazifistischen Prinzipien abwandte.

> „Die Spaltung der Partei in eine überwiegend reformistisch eingestellte Mehrheit, einschließlich Fraktion und Parteiführung, und einen in sich heterogenen, teils an der herkömmlichen starren Oppositionsrolle, teils an aktiver revolutionärer Gestaltung orientierten Flügel der Linken, war erst ein Resultat der verhängnisvollen Politik der Parteiführung während des Ersten Weltkrieges."[37]

Der interne Burgfrieden der Sozialdemokratie hielt nicht lange an und machte schon bald dem Unmut derjenigen Platz, die die Kriegspolitik der Partei ablehnten.[38] Bereits im Frühjahr 1915 bildete sich eine radikale Linke um Rosa Luxemburg und Karl Liebknecht und eine gemäßigte Opposition um Hugo Haase. Als im Dezember 1915 20 Abgeordnete die neuerliche Kriegskreditbewilligung verweigerten und 18 von ihnen nach Maßregelung durch die Reichstagsfraktion im März 1916 diese verließen, kam es zur Spaltung auf Fraktions-, später auf Parteiebene: Die Kreditverweigerer gründeten zunächst die „Sozialdemokratische Arbeitsgemeinschaft", im April 1917 schließlich, nicht zuletzt unter dem Einfluss der russischen Revolution, die „Unabhängige Sozialdemokratische Partei Deutschlands" (USPD), der sich auch aus der radikalen Linken hervorgegangene Spartakusgruppe anschloss.

Immer mehr entschiedene Pazifisten traten der USPD bei, in der laut Wehler „die Verbitterung über die inzwischen jede Familie treffenden Massenverluste in den Materialschlachten, das Aufbegehren gegen die ökonomische Misere, die Friedenssehnsucht, die Ablehnung des uferlosen Annexionismus, die Enttäuschung aller innenpolitischen Reformerwartungen (und) der Groll gegen die

---

34 Ausdruck des Bekenntnisses zu marxistischen theoretischen Grundsätzen ist das Erfurter Programm von 1891.
35 Mommsen (1978), S. 15f.
36 Ebd., S. 14.
37 Ebd., S. 49.
38 Vgl. Miller (1974), S. 75-80.

Unterdrückung und Überwachung (...)"[39] verschmolzen und die so offen wie keine andere politische Organisation ihre Kritik aussprach. Ebenso beschlossen auch immer mehr Mitglieder der USPD, sich den Organisationen der Friedensbewegung, vor allem dem BNV anzuschließen. Dies ist umso beachtlicher, wenn man bedenkt, dass Pazifisten in Deutschland diskriminiert, verfolgt und verhaftet wurden, ja dass zwischen 1915 und 1917 eine regelrechte Treibjagd auf sie stattfand,[40] da die Friedensbewegung von den Machteliten und den konservativen Kreisen trotz ihrer verhältnismäßig geringen Ausbreitung als ebenso gefährlich angesehen wurde wie die sozialistische Arbeiterbewegung.[41] Vor allem dem BNV wurde Landesverrat unterstellt und im Februar 1916 von den Militärs „für die Dauer des Krieges jede weitere Betätigung"[42] untersagt.

Die Abneigung der „Obersten Heeresleitung" (OHL) gegenüber Friedensbewegung und Arbeiterbewegung überrascht nicht, wollte sie doch von einem Verständigungsfrieden und innenpolitischen Reformen nichts wissen. Selbst als sie im September 1918 die aussichtslose militärische Lage nicht länger leugnen konnte, gestand sie sich die Niederlage nicht ein sondern versuchte, „die Parteien der Reichstagsmehrheit (i.e. SPD, Zentrum, DDP, M.J.), allen voran die Sozialdemokraten, mit dem Odium der Niederlage (...) (zu) belasten und sich selbst aus der Verantwortung (...) (zu) stehlen"[43]. Die genannten Parteien wurden an der Regierung beteiligt und aufgefordert, das Waffenstillstandsgesuch herauszugeben.

„Die OHL (...) stilisierte (...) sich (und das deutsche Heer insgesamt) in die Rolle des Opfers, das durch einen hinterrücks aus der ‚Heimat' geführten Dolchstoß um die Früchte des Sieges geprellt worden sei. (...) Alle Elemente der Dolchstoßlegende waren hier bereits vorgeprägt. Sie sollte (...) nach 1918 weite Kreise ziehen und das innenpolitische Klima der Weimarer Republik nachhaltig vergiften."[44]

Das Waffenstillstandsgesuch stellte für die deutsche Bevölkerung einen Schock dar, da die OHL bis zuletzt die Aussicht propagiert hatte, dass der Sieg in greifbarer Nähe sei. Als die Seekriegsleitung schließlich auch noch eigenmächtig, ohne Wissen der neuen Regierung, einen „heldenhaften Untergang" plante und die Flotte zu einer letzten Schlacht auslaufen lassen wollte, begannen die kriegsmüden Matrosen, die nicht mehr sinnlos geopfert werden wollten, eine Meuterei, die sich, angesichts der weit verbreiteten Friedenssehnsucht und des zunehmenden Demokratisierungsverlangens, zu Massenprotesten und einer all-

---

39 Wehler (2003), S. 123.
40 Vgl. Riesenberger (1985), S. 108.
41 Vgl. ebd., S. 92.
42 Donat/Holl (1983), S. 78.
43 Ullrich (1999), S. 559.
44 Ebd., S. 560.

gemeinen, gewaltlosen Revolution ausweitete. Überall wurden Arbeiter- und Soldatenräte gebildet, die die Militärbehörden entmachteten und sich vor allem um eine ausreichende Lebensmittelversorgung und den geregelten Rückzug der deutschen Soldaten kümmerten. Im Gegensatz zu den russischen Sowjets waren sie jedoch nicht linksradikal, sondern bestanden größtenteils aus Anhängern der SPD und USPD und traten zunächst nicht für eine Räterepublik, sondern für eine parlamentarische Demokratie und die Abschaffung der Monarchie ein. Während die revoltierenden Massen jedoch glaubten, im Interesse der Regierung zu handeln, versuchten die führenden Mehrheitssozialdemokraten (MSPD) eine soziale Revolution zu verhindern. Wehler erklärt dies mit der politischen Sozialisation im Kaiserreich, die keine „Brutstätte für Revolutionäre" darstellte, sondern „vielmehr in aller Regel einen pragmatischen, trotz aller Kritik staatsloyalen und monarchietreuen, zunehmend nationalbewußten, eher konfliktscheuen, jedenfalls vor radikalen Reformen zurückschreckenden Politikertypus"[45] erzeugte.

Obwohl die innenpolitische Situation sich zum damaligen Zeitpunkt als äußerst schwierig erwies und weder die Errichtung einer deutschen Räterepublik, noch die möglichst frühzeitige Einberufung einer Nationalversammlung der Weisheit letzten Schluss darstellte, hatte die Sozialdemokratie „im Niemandsland zwischen Revolutionsausbruch und Nationalversammlung vorher ungeahnte Chancen, sich an eine Umgestaltung der politischen und gesellschaftlichen Verhältnisse heranzuwagen"[46]. Stattdessen entschied Ebert sich, die Revolution zu „ersticken", indem er sich selbst an ihre Spitze setzte und sich zum Vorsitzenden des „Rates der Volksbeauftragten" wählen ließ. Mit der OHL schloss er ein geheimes Bündnis: Beide waren sich darin einig, dass sie das „Unwesen" der Revolution und der Räte so bald wie möglich beenden und durch die Einberufung einer Nationalversammlung wieder Ruhe und Ordnung herstellen wollten. Indem die Weimarer Republik „auf der Überwindung der Revolution" und auf „gravierenden Kompromissen mit den alten Gewalten"[47] gründen sollte, wurde die Chance auf grundlegende politische, wirtschaftliche und soziale Änderungen vertan.

Auch wenn sich also die innenpolitischen Verhältnisse im November 1918 für die radikaleren Kräfte als äußerst enttäuschend erwiesen, wurde jedoch zumindest in außenpolitischer Hinsicht ein entscheidender Schritt vollzogen, den der Großteil der Bevölkerung mittlerweile herbeigesehnt hatte: Am 11. November

---

45 Wehler (2003), S. 203.
46 Ebd., S. 208.
47 Ebd., S. 206. Fundiertere Erläuterungen zu den verpassten Chancen in der Entstehungsgeschichte der Weimarer Republik folgen in: Biographischer Teil, Kapitel III. 1 vorliegender Arbeit.

1918 unterzeichnete der Zentrumsabgeordnete Matthias Erzberger den Waffenstillstand und beendete damit die Kampfhandlungen des Ersten Weltkrieges.

2. Auf dem Wege zu Pazifismus und Gesellschaftskritik – Anna Siemsens Auseinandersetzung mit dem Ersten Weltkrieg (1914-1918)

Im Februar 1914 bewarb Anna Siemsen sich um eine Oberlehrerinnenstelle an der bereits 1837 gegründeten Luisenschule, dem ältesten Mädchenlyzeum Düsseldorfs, dessen Direktor Georg Howe ihr daraufhin, einige Monate später, einen Besuch in Bremen abstattete, um sich einen Eindruck von ihr zu verschaffen. Im Juli 1914 teilte Howe dem Düsseldorfer Oberbürgermeister schriftlich mit, dass er Anna Siemsen für die zu besetzende Stelle der Oberlehrerin vorschlage. „Der Unterricht, dem ich beigewohnt habe, war vorzüglich zu nennen; auch stehen ihr die besten Empfehlungen ihres Direktors zur Seite."[48] Somit konnte sie sich gegen 31 weitere Bewerberinnen durchsetzen und wechselte zum 1. April 1915 nach Düsseldorf. Die Begeisterung Howes sollte jedoch schon bald gedämpft werden, da der zwischenzeitlich ausgebrochene Erste Weltkrieg Anna Siemsen zu einer überzeugten Pazifistin und Sozialistin werden ließ. Ihr Umzug nach Düsseldorf leistete dazu einen nicht unerheblichen Beitrag.

August Siemsen weist darauf hin, dass „Anna (...) anfangs – wie alle Geschwister – den ‚großen Betrug' des Krieges nicht durchschaut hatte (...)". Er berichtet, dass die Geschwister zwar nicht in die allgemeine Hysterie und den Hurrapatriotismus einstimmten, aber „Familientradition und politische Unerfahrenheit ließen uns doch glauben, daß es unsere Pflicht sei, alle unsere Kräfte dem Vaterland zur Verfügung zu stellen"[49]. Die weiteren Äußerungen Augusts lassen jedoch vermuten, dass er sich, wenn er von „wir" spricht, hauptsächlich auf seine männlichen Geschwister bezieht, die als Soldaten in den Krieg zogen: „Danach handelten wir und meldeten uns zum größten Teil freiwillig. Unsere Eindrücke von den Zuständen im deutschen Heer, insbesondere von dem Offizierskorps und seinem Verhältnis zur Mannschaft und von dem Ausmaß der Lügerei kurierten uns (...)."[50] Da der Glaube an einen deutschen Verteidigungskrieg in bürgerlichen Kreisen jedoch weit verbreitet war, ist anzunehmen, dass auch Anna Siemsen die Berechtigung des Krieges anfangs nicht bezweifelte. Auch ihre Äußerungen über die deutsche Kriegsstimmung, die sie in einem Aufsatz aus dem Jahr

---

48 Stadtarchiv Düsseldorf, Personalakte 0-1-5-1050, Bl.1.
49 Siemsen, August (1951), S. 31.
50 Ebd.

1918 beschreibt und in die sie sich selbst grammatikalisch durchaus mit einbezieht, unterstützen diese Vermutung. Sie schreibt: „Wie sahen wir damals aus? Ein einig Volk von Brüdern, (...) erfüllt von jenem großen Geist, der das hohe Ideal der Menschenwürde im deutschen Menschen und im deutschen Staat zu verwirklichen bereit, sich eins weiß mit der Gemeinschaft aller seiner Volksgenossen. Jeder von uns bereit, in grenzenloser Hingabe sein Letztes zu opfern (...)."[51] Diese Überzeugung Anna Siemsens hielt jedoch nicht lange an.

> „Die Lügenpropaganda und die maßlosen (...) Eroberungsforderungen der Vaterlandspartei; der Größenwahn Ludendorffs; die russische Oktoberrevolution und Lenins Funkspruch ‚An Alle'; der Gewaltfriede von Brest-Litowsk; eine wüste Hetzrede des Nationalliberalen Fuhrmann (...) – das alles ließ bei Anna die wachsende Erkenntnis der Wahrheit schließlich zu entschiedener Kriegsgegnerschaft werden. Vor allem aber wirkte dahin die Schamlosigkeit des Kriegsgewinnlertums, dem die furchtbare Verelendung des arbeitenden Volkes gegenüberstand."[52]

Augusts Einschätzung, dass seine Schwester vor allem auf Grund der wirtschaftlichen und sozialen Spannungen infolge des Krieges zur Kriegsgegnerin wurde, bestätigen Äußerungen Anna Siemsens in ihrer Autobiographie. Dort weist sie darauf hin, dass sie sich im zweiten Kriegsjahr in Düsseldorf direkt hinter der Westfront und somit „im Zentrum der schwerindustriellen Kriegsbegeisterung und der sozialistischen Ablehnung des Krieges" befand. „Nirgends waren die Verhältnisse in Krieg und Nachkriegszeit so scharf entwickelt wie im Industriegebiet hinter der Westfront. Die sozialen Schichtungen, die wirtschaftlichen Spannungen, Kriegsnot und Kriegspsychose samt den politischen Gegensätzen liessen sich hier aufs unmittelbarste beobachten."[53]

Die Stadt Düsseldorf war bereits vor 1914 auf Grund ihrer Eisen- und Stahlindustrie von enormer Bedeutung und wurde im Ersten Weltkrieg „eines der wichtigsten Rüstungszentren Deutschlands"[54]. Dementsprechend erlebte die dortige Bevölkerung die völlige Ausrichtung der Wirtschaft auf die Kriegsproduktion. Da die Düsseldorfer Arbeiterschaft mit den wirtschaftlichen Erfolgen an Selbstbewusstsein gewonnen hatte, verwundert nicht, dass die Sozialdemokratie hier stärkste politische Kraft geworden war und sich in ihren politischen Forderungen wesentlich radikaler als die Führung der Reichstagsfraktion zeigte.[55]

Prägend wirkte weiterhin Düsseldorfs Lage direkt hinter der Westfront. Sie führte dazu, dass auf ihrem Durchmarsch zur Front allein im Jahr 1914 mehr als

---

51 Siemsen (1918a), S. 175.
52 Siemsen, August (1951), S. 311.
53 Siemsen (1940), S. 17.
54 Dokumentation zur Geschichte der Stadt Düsseldorf, Bd. 13 (1993), S. 148.
55 Vgl. ebd., Bd. 7 (1986), S. 427.

62 000 Soldaten durch die Stadt zogen[56] und auf diesem Wege auch Anna Siemsen „von den von der Front kommenden Offizieren und Mannschaften (erfuhr), wie es dort wirklich stand"[57]. Darüber hinaus wurde Düsseldorf von Beginn des Krieges an zu *dem* Lazarettort der an der Westfront verwundeten Soldaten.[58] Angesichts der enormen Verletzungen und Verstümmelungen durch den industrialisierten Krieg muss die dort ansässige Bevölkerung, dementsprechend auch Anna Siemsen, häufig in direkten Kontakt mit dem Kriegselend gekommen sein.

Kriegsgewinnlertum und Eroberungspropaganda einerseits, Hunger, Elend und Kriegsgegnerschaft andererseits führten in Düsseldorf zu besonders stark ausgeprägten wirtschaftlichen und sozialen Spannungen. „Hier," so Anna Siemsen, „erwachte mein Verständnis fuer die Gruende des Konflikts, der Deutschland zerriss."[59] In „dem imperialistischen Kampf der Weltmächte um Vorherrschaft und in der kapitalistischen Wirtschaftsordnung"[60] erkannte Anna Siemsen die wahren Gründe des Ersten Weltkrieges.

Dieser Erkenntnisprozess lässt sich auch anhand der Publikationen Anna Siemsens nachvollziehen. Bezogen sich ihre ersten Zeitschriftenartikel, wie dargestellt, noch eher auf didaktische Fragen des Deutschunterrichts, begann sie ab 1915 über die Auseinandersetzung mit dem Ersten Weltkrieg eine zunächst vorsichtige, bald jedoch immer deutlicher hervortretende pazifistische und gesellschaftskritische Haltung einzunehmen. Als Siemsens jüngster Bruder, der Schriftsteller, Journalist und Kritiker Hans Siemsen, im Jahr 1915 die Redaktion des zunehmend kriegskritisch ausgerichteten „Zeit-Echos", eines Organs für die Kriegsstimmungen damaliger Dichter und Künstler, übernahm, kam Anna Siemsen in Kontakt mit linksintellektuellen und pazifistischen Schriftstellern wie Ludwig Rubiner und René Schickele und begann unter dem Pseudonym „Friedrich Mark" einige kleinere Beiträge und literarische Kritiken in dieser Zeitschrift zu veröffentlichen. Diese lassen zunächst noch „zwischen den Zeilen"[61], wie Ralf Schmölders feststellt, Siemsens Unbehagen angesichts des durch den Krieg verursachten Leids deutlich werden.[62] Im Unterschied zu ihren späteren Schriften analysiert sie noch nicht die Gründe des Krieges, übt noch keine Kritik an politischen oder gesellschaftlichen Strukturen, sondern verbleibt eng an den von ihr rezensierten Texten, nimmt häufig nur indirekt Bezug auf ihre Gegenwart und dies auch nur auf einer sehr allgemeinen emotionalen Ebene. So folgt sie bei-

---

56 Vgl. ebd., Bd. 13 (1993), S. 246.
57 Siemsen (1940), S. 19.
58 Vgl. Dokumentation zur Geschichte der Stadt Düsseldorf, Bd. 13 (1993), S. 156.
59 Siemsen (1940), S. 17.
60 Mevius (1985), S. 286.
61 Schmölders (1988), S. 338.
62 Vgl. Siemsen (1915/16a) u. Siemsen (1915/16b).

spielsweise aus Franz Werfels „Die Troerinnen des Euripides", dass man sich seinem ungerechten Schicksal nicht stumpf ergeben, sondern seine Qual herausschreien solle. Jede Folter sei besser, als ohne Schmerzen dahin zu dämmern. Die Kraft dazu erwachse aus der Liebe.[63] Wenige Monate später jedoch begann sie bereits damit, den Krieg auf seine gesellschaftlichen Verursachungszusammenhänge zurückzuführen und Kritik an der „alte(n) Selbstvereinzelung" des Menschen zu üben:

> „Woran krankten wir und kranken noch? Daran, daß jeder nur seine eignen Hemmungen, nur seine eignen Schmerzen fühlte und zufrieden war, wenn er sich seine Insel schuf, auf der er unbelästigt hauste. Der Krieg beweist, daß Einzelfreiheit und Einzelglück immer bedroht, also erschwindelt sind. Daß keiner sich, auch wenn er will, absondern k a n n. Diese Weisheit dürfen wir nie vergessen. Herunterwürgen müssen wir sie (…). Damit keiner mehr imstande ist, frei zu atmen, solange er von solchen weiß, die ersticken, während er atmet."[64]

Zum ersten Mal kritisiert Anna Siemsen hier jene gesellschaftliche Erscheinung, die sie zwei Jahre später konkreter als „Mangel öffentlichen Verantwortungsgefühls, Gemeinschaftsgeistes, Staatsbürgersinns im engeren, Menschheitsgefühls im weiteren Sinn" definiert. „Uns fehlt das einfache Bewußtsein für Menschenwürde in uns und anderen, daraus folgt die Überschätzung sachlicher, die Unterschätzung menschlicher Werte."[65] Diese Kritik an der Vereinzelung des Menschen und an dem Verlust an Menschlichkeit und Gemeinschaftssinn, bildete bereits die Grundlage für Anna Siemsens spätere Problematisierung des Verhältnisses von Individuum und Gesellschaft und für ihre Überzeugung von der Notwendigkeit einer sozialistischen Gesellschaftsform. Sehr deutlich wird ihre Kritik in ihrem zur Zeit der russischen Februarrevolution in René Schickeles „Weißen Blättern" veröffentlichten Artikel „Die Kriegsphilosophen", in dem sie sich gegen die sog. „Staatsidealisten" wie Wilhelm Wundt ausspricht, die den „Menschen nur als Vehikel des Staatsgedankens"[66] betrachteten und den damaligen Staat als die einzig sittliche Ordnung bezeichneten, der es sich zu unterwerfen gelte. Auf Grund eines falsch verstandenen Gemeinschaftsverständnisses würden das Gewissen, die Autonomie, die Freiheit und die Moral des Einzelnen zugunsten äußerer Autoritäten negiert.[67] Dies sei jedoch ein „Pseudoidealismus" hinter dem „nichts anderes lauert als die gemeinsten menschlichen Macht- und Besitzinstinkte, die zu feige waren, sich in unverhüllter Häßlichkeit zu zeigen". Anstatt „zwischen den Zeilen" ihr Unbehagen auszudrücken, fordert Anna Siemsen ihre Leser nun selbstbewusst dazu auf, offen gegen diese Verhältnisse zu pro-

---

63 Vgl. Siemsen (1915/16a), S. 45.
64 Siemsen (1915/16c), Absatz III.
65 Siemsen (1917/18), S. 652.
66 Siemsen (1917a), S. 177.
67 Vgl. ebd., S. 179-182.

testieren. „Wir schreiben ‚Gedanken über Menschlichkeit' und begnügen uns (...) mit Ironie und leiser Bitterkeit, und derweil sterben draußen Hunderttausende und im Lande predigt man in hohen Tönen von der großen Zeit."[68] Der eindringliche und offen anklagende Ton dieses Artikels ist vermutlich auch aus der privaten Situation Anna Siemsens heraus zu erklären. Ihr Bruder Hans wurde im Jahr 1916 in den Militärdienst berufen und befand sich 1917, also etwa zur Zeit der Veröffentlichung dieses Artikels, als Soldat an der Westfront, wurde verschüttet und in ein Lazarett gebracht.

Nachdem der Schriftsteller, Literatur- und Sozialkritiker Ludwig Rubiner im Jahr 1917 die Herausgabe des „Zeit-Echos" übernommen hatte, sich darin, ebenso wie Hans, begeistert über die Russische Revolution äußerte und feststellte, dass „die Verbindung der Menschen eines Volkes mit denen des andern", also eine „Erdballgesinnung"[69], die dringendste Forderung der Zeit sei, wurde auch Anna Siemsens pazifistische und internationale Gesinnung immer deutlicher erkennbar: „In jedem Gegner schläft dein Bruder. (...) Statt künftiger Gegner Brüder und Mitkämpfer heranzuziehen (...): ist das nicht das Wichtigste?"[70] Es war daher nur konsequent, dass Anna Siemsen sich seit 1917 auch in der deutschen Friedensbewegung engagierte. Dass es gerade der BNV war, dem sie sich anschloss, zeigt, dass sie bereits für einen entschiedenen und politisch orientierten Pazifismus eintrat. Viele der Forderungen des BNV, wie beispielsweise die Schaffung einer europäischen Staatengemeinschaft, die Verwirklichung einer sozialistischen Gesellschaft und die Erneuerung des Erziehungswesens sollten auch Anna Siemsens weiteres pädagogisches und gesellschaftspolitisches Engagement nachhaltig prägen. Beachtet man Paul Mitzenheims Hinweis darauf, dass der BNV beispielsweise auch für die Pflege der „Entwicklungsmöglichkeiten des Einzelnen unter gleichzeitiger Betonung des Gemeinschaftsinteresses"[71] eintrat, wird deutlich, dass selbst eine der späteren zentralen Forderungen Anna Siemsens, nämlich die Ermöglichung der individuellen Höchstentwicklung jedes Individuums bei gleichzeitiger Verpflichtung gegenüber der Gemeinschaft, sich wahrscheinlich aus ihrer Tätigkeit im BNV heraus entwickelt hat. Neben ihrem Bruder August, der bereits seit 1915 der SPD angehörte, war es vermutlich auch der BNV, der Anna Siemsen in Verbindung mit der Sozialdemokratie brachte. Allerdings hatte ihre Mitgliedschaft im Bund auch ganz unmittelbare Folgen: als Kriegsgegnerin befand sie sich gegen Ende des Ersten Weltkrieges „unter polizeilicher Überwachung"[72].

---

68 Ebd., S. 191.
69 Rubiner (1917), S. 7.
70 Siemsen (1917b), S. 26f.
71 Mitzenheim (1991), S. 84.
72 Siemsen, August (1951), S. 32.

Ihre Erkenntnis, dass die Menschen zunehmend vereinzelten, sich bekämpften, anstatt in verantwortungsvollem Miteinander zu leben und sich auf Kosten ihres Gewissens und ihrer Autonomie staatlichen autoritären Strukturen unterordneten, führte Anna Siemsen auch zu der Einsicht, dass der Schule ein nicht geringer Anteil an der Verursachung dieser gesellschaftlichen Verhältnisse zufiel. Hatte ihre Lehrtätigkeit sie bereits vor dem Ersten Weltkrieg erahnen lassen, dass die Schule immer in ihrem gesellschaftlichen Kontext gesehen werden müsse und dass einer Erziehung der Schüler/innen zu Eigenständigkeit und Erkenntnisfähigkeit gewisse gesellschaftliche Interessen entgegenstünden, so wurden ihr diese Zusammenhänge im Laufe des Ersten Weltkriegs und sicherlich nicht zuletzt durch ihr Engagement im BNV besonders bewusst. In ihrem 1918 veröffentlichten Artikel „Staatsschule und Schulreform" unterzieht sie das deutsche Schulwesen wegen seiner Mitschuld an den antisolidarischen gesellschaftlichen Verhältnissen und somit auch an der deutschen Kriegspolitik einer offenen und gnadenlosen Kritik:

> „Von Angst, Verboten und Zwangsmaßnahmen umgeben, von Mangel bedroht und angereizt durch die Riesengewinne anderer, in völliger Unsicherheit über den kommenden Tag, nur auf das Heute angewiesen, vertrauen sie (d.h. die Deutschen, M.J.) niemandem als dem eigenen Ellenbogen. Wie sehr erscheinen wir heute nur auf die gröbsten Formen des Geldverdienens und Genießens eingestellt, einer gegen den anderen, den eigenen Vorteil suchend, im anderen den Gegner und Nebenbuhler fürchtend (...). So sieht die Wirklichkeit aus. Und ähnlich sah sie aus schon vor dem 4. August 1914. Und unsere Schulen haben ihr Stück Verantwortung daran zu tragen. (...) Unsere Schulen sind – wie alle Schulen es sein müssen, ein getreues Spiegelbild des heutigen Lebens überhaupt. Sie bewerten Begabung und den Erfolg. Sie stacheln die Kinder durch äußere Mittel, durch Zeugnisse über ihre Leistungen, künstlich zur Arbeit an und setzen sie in einen Wettbewerb mit den anderen Kameraden, der Eifersucht, Ehrgeiz und Neid, alle antisozialen Triebe, erregt und stärkt; sie scheiden schon die Kinder nach Stand und Vermögen und verhindern das gegenseitige Kennen- und Verstehenlernen. Sie füttern sie mit Mengen vom Kinde nicht verlangter und nicht oder halbverdauter Stoffe und gewöhnen sie daran, mit unklaren Begriffen sich zufriedenzugeben. (...) Sie schwächen durch ihre äußere Disziplin das Gewissen der Kinder, die nicht mehr nach Recht und Unrecht, sondern nach Gebot und Verbot fragen. Und handeln wir in diesem Krieg anders?"[73]

Somit kommt sie zu dem Schluss: „Mit all unseren Einrichtungen aber, von der Schule angefangen, haben wir uns systematisch in diesen Krieg und seine Folgen hinein erzogen."[74] Anstatt zu Wahrhaftigkeit, Verantwortungsgefühl und Kritikfähigkeit zu erziehen, hatte die Schule stets den unbedingten Gehorsam, den unkritischen Autoritätsglauben und die militaristische, antisoziale Gesinnung vermittelt. Daher sei nun „eine völlige Umschaltung unseres Bewusstseins", „eine

---

73 Siemsen (1918a), S. 175f.
74 Ebd., S. 177.

Reform im Erkennen und Bewusstsein (...) von Innen"[75] nötig. Hierfür sei die Entbürokratisierung der Schule, ihre Befreiung von immer neuen Vorschriften und Gesetzen und ein freierer Unterricht unter der Selbstverantwortung der Lehrer die unbedingte Vorraussetzung.[76] Die Staatsschule, mit der sie zum damaligen Zeitpunkt die verhasste preußische Drillschule verband, könne niemals zu einer Erziehungsschule werden.[77] Welche Reformen Anna Siemsen im Detail vorschlug, wie genau sie sich das Schulwesen vorstellte, wird im systematischen Teil ausführlicher betrachtet. An dieser Stelle soll es genügen, ihre Forderungen dahingehend zusammenzufassen, dass die Schule endlich damit aufhören solle, mit oberflächlichem Wissen vollgestopfte Untertanen heranzubilden und den Schüler/innen stattdessen die Chance auf eine freie, menschliche Entwicklung und die Ausbildung ihrer Persönlichkeit geben möge.

Im Sommer 1918 brach in Düsseldorf, auf Grund der durch den Krieg verursachten Mangellage, eine Grippe-Epidemie aus, in deren Folge bald die Düsseldorfer Schulen, so auch die Luisenschule, vorübergehend geschlossen werden mussten. Anna Siemsen besuchte daraufhin ihre Mutter in Bremen und erlebte dort die Übernahme der öffentlichen Kontrolle durch die Arbeiter- und Soldatenräte. Begeistert erinnert sie sich in „Mein Leben in Deutschland", wie widerstandslos die alten Regierungen zusammenbrachen, wie solidarisch sich die zur Niederschlagung der Unruhen eingesetzten Truppen gegenüber den Räten verhielten und wie diszipliniert die Räte an die Arbeit gingen, um in der chaotischen Situation des Kriegsendes für Ordnung zu sorgen.[78] Allerdings blieb ihr auch die Unsicherheit und Ziellosigkeit der Arbeiter und Soldaten angesichts ihrer neu gewonnenen Macht nicht verborgen: „Die Macht lag tatsächlich auf der Strasse. Arbeiter und Soldaten hoben sie auf, da niemand anders da war. Aber sie wussten nicht, was sie damit anfangen sollten."[79] Aus dem Bedürfnis nach Mithilfe heraus fuhr Anna Siemsen sofort zurück nach Düsseldorf, um sich dem dortigen Arbeiter- und Soldatenrat, der am 8.11.1918 gebildet wurde, als Unterstützung zur Verfügung zu stellen. Der Vorsitzende des Rates, der Reichstagsabgeordnete Dr. Erdmann, der wie Siemsen auf Grund seiner Mitgliedschaft im BNV unter polizeilicher Überwachung stand, schien jedoch zu merken, dass Anna Siemsen die politischen Umbrüche noch aus einer gewissen Naivität heraus betrachtete. Sie selbst schreibt dazu, dass sie sich „mit dem Eifer völliger Unerfahrenheit" in die Bewegung warf und sich für die Einigung der sozialistischen Parteien einsetzte. „Von den Arbeitern wurde ich mit innigster Zustimmung, von den erfah-

---

75 Siemsen (1917/18), S. 652.
76 Vgl. ebd., S. 652f.
77 Vgl. Siemsen (1918a), S. 180ff.
78 Vgl. Siemsen (1940), S. 21.
79 Ebd.

renen Funktionären mit lächelnder Nachsicht für meinen guten Glauben angehört."[80] So lieh Erdmann ihr die diplomatischen Berichte der Entente über die Kriegsursachen und das „Kapital" von Karl Marx. Mit dieser Lektüre begann anscheinend jener Entwicklungsprozess, den August Siemsen folgendermaßen beschreibt: „Aus der gefühlsmäßigen Sozialistin wurde schnell durch Studium der wirtschaftlichen, gesellschaftlichen und politischen Zusammenhänge und durch Lektüre der grundlegenden sozialistischen Literatur die geschulte, wissende Sozialistin"[81], die, so Anna Siemsen selbst, mit der Zeit begriff, „wie tief der Riss (zwischen den Parteien, M.J.) war, und wie weit die Wege auseinander fuehrten"[82]. Allmählich erkannte sie auch, dass die übermäßige Vertrauensseligkeit, die gelassene Zuversicht, die Disziplin und zugleich Ziellosigkeit der Arbeiter und Soldaten ihnen zum Verhängnis werden sollten, da sie die Chance auf grundlegende Veränderungen der gesellschaftlichen Strukturen verstreichen ließen. „Ach, ich habe später gelernt, daß zuviel Disziplin auch Revolutionen auslöschen kann. Man darf nicht überängstlich sein wegen zerbrochener Fensterscheiben und Laternen, sonst geht viel Kostbareres in Scherben: menschliches Recht, menschliche Freiheit und endlich das Leben von Menschen und Völkern."[83] Auch wenn Anna Siemsen zu diesem Zeitpunkt noch keiner parteigebundenen Organisation angehörte, sympathisierte sie doch zunehmend mit den Unabhängigen Sozialdemokraten, was ihren schulischen Alltag, in dem sie sowohl mit ihren Erziehungs- und Bildungsvorstellungen als auch ihren pazifistischen und politischen Ansichten isoliert dastand, ungemein erschwerte.

Ende November 1918 wählte der neu eingerichtete Schülerinnenrat[84] der Luisenschule Anna Siemsen zur Beratungslehrerin. Dies kam angesichts des guten Verhältnisses zu den Schülerinnen, das Anna Siemsen auch in den Zeugnissen über ihre vorherigen Tätigkeiten ausdrücklich bescheinigt wird, sicherlich nicht überraschend. Zwei Gedichte ehemaliger Schülerinnen Anna Siemsens, eines vermutlich aus dem Jahre 1918, das andere rückblickend, 30 Jahre nach dem Abitur geschrieben, verdeutlichen in anschaulicher Weise das Verhältnis der Schülerinnen zu ihrer Lehrerin. Man machte sich lustig über ihre äußere Erschei-

---

80   Ebd., S. 23.
81   Siemsen, August (1951), S. 33.
82   Siemsen (1940), S. 23.
83   Zit. n. Siemsen, August (1951), S. 34f.
84   Im Zuge der Novemberrevolution verabschiedete die Sozialdemokratie in Preußen mehrere Erlasse zur Reformierung des Bildungswesens. Dazu gehörte auch ein von Gustav Wyneken in seiner Funktion als Berater im preußischen Kultusministerium verfasster Erlass (27.11.1918) zur Einrichtung von Schülergemeinden und Schülerräten an den Höheren Schulen, um den Schüler/innen wirkliche Mitspracheinöglichkeiten in Schulverwaltungsangelegenheiten zu sichern. In konservativen Kreisen stieß der Erlass auf enormen Protest – auch unter der Lehrer- und Schülerschaft. (Vgl. dazu insbes. Mevissen, 2001, S. 67-70; Tews, 1919, S. 72f.)

nung, schien sie jedoch als Person zu mögen und schätzte und respektierte sie als anspruchsvolle Lehrerin:

1. „In Deutsch, Erdkunde und Geschichte
   Erscheint mit heiterem Gesichte
   Fräulein Dr. Siemsen, ach! Die Schöne,
   eine ulkige, lachenerregende Möhne!
   Deren Namen ist uns viel zu lange,
   Drum heißt sie bei uns einfach ‚Anne'.
   Sie beschreiben ist gar schwer,
   Gefallen tut sie allen sehr,
   Obgleich ihr Körper und ihr Wuchs
   uns oft bereiten manchen Jux.
   Denn, – wir sagen es nur ganz beiseite –
   Die linke und rechte Hüftenbreite
   Sind etwas breitspurig bei ihr!
   Doch was kann das Menschenkind dafür?!

   Im Übrigen ist sie ganz normal.
   Die Haarfrisur glatt wie ein Aal,
   Hier und da schon ein altersgraues Fädchen.
   Sie ist nämlich kein ganz junges Mädchen!
   Aber 'ne Stimme hat sie wie ein Blech,
   Wer's nicht weiß und sie hört, läuft vor Schrecken weg.
   Auch pauken kann sie wie gemahlen,
   Den ‚Wallenstein' mit Weltgeschichtszahlen.
   Aufsätze gibt sie wie noch nie,
   Geschichten erfinden aus eigener Fantasie:
   ‚Alt Düsseldorf' und dann vom ‚Wandern',
   Sie springt von einem Thema zum andern.
   Sie ist, wie gesagt im wahren Sinn
   'ne richtig, echte Paukerin."

2. „...und Anne, weißt Du noch, Anneliese,
   keine Lehrerin so apart wie diese.
   Im Eigenkleid, mit wehendem Schal,
   Betritt sie schwebend den Klassensaal,
   Steht staunend still vor dem Skandal,
   Der dort ertönt manch liebes Mal.
   Die Aufsatznotizen an dem Rand,
   Die lange Kritik, die darunter stand!
   Mit roter Tinte sparte sie nie,
   Aber anregend wirkte sie!"[85]

---

[85] Die Verfasserin erhielt die Gedichte freundlicher Weise von Herrn Rudolf Rogler, Berlin, welcher sie wiederum im Jahre 1986 von einer Cousine Anna Siemsens, Gertie Siemsen, bekommen hatte.

Der Direktor Howe jedoch, dem die Bestätigung der Beratungslehrerin vorbehalten war und der Anna Siemsen noch vier Jahre zuvor als vorzügliche Lehrerin bezeichnet hatte, lehnte die Wahl ab und rechtfertigte dies im Nachhinein mit der Behauptung, dass sie politisch radikal sei. Dies dürfe man ihr zwar nicht verwehren und sie habe auch im Unterricht keine Propaganda betrieben, aber in einem Vortrag im Frauenverein habe Siemsen, wie ihm von mehreren Seiten bestätigt worden sei, radikale politische Richtungen empfohlen und den Bolschewismus verharmlost. Eine Wahl Siemsens hätte daher die Einigkeit der Schülerinnen wie des Kollegiums zerstört. Howe gab an, er habe auf Grund von Anna Siemsens suggestiver Persönlichkeit eine möglicherweise unbeabsichtigte Beeinflussung der Schülerinnen befürchtet. Zudem sei er der Meinung gewesen, dass es bei der Einführung einer neuen Organisation, wie eben des Schülerinnenrates, besser sei, zunächst einen Herrn zu wählen. Das Provinzialschulkollegium wies die Beschwerde Siemsens daraufhin mit der Feststellung zurück, dass die Entscheidung des Direktors nicht zu beanstanden sei, da ihm die Bestätigung der Beratungslehrerin vorbehalten war. Die politischen Gründe seiner Entscheidung seien außerdem hinfällig, da die bessere Eignung eines Herrn die Bestätigung Siemsens ohnehin ausgeschlossen habe.[86] Hierauf blieb Anna Siemsen schließlich nichts mehr zu erwidern. Wie sehr sich Siemsen und Howe hinsichtlich ihrer bildungspolitischen Positionen unterschieden haben, veranschaulicht ein Brief Howes an den Vorsitzenden der Demokratischen Fraktion, den Stadtverordneten Oskar Bloem, vom Mai 1919. Während Anna Siemsen bereits in ihren Artikeln aus dem Jahr 1918 die Scheidung der Schüler/innen nach Herkunft und Vermögen bedauerte und sich fortan für die Einrichtung von Einheitsschulen aussprach, schrieb Howe in dem o.g. Brief, dass er die Einheitsschule „für ein völlig <u>aussichtsloses</u>, in hohem Grade <u>gefährliches</u> und darum tief <u>bedauerliches Experiment</u>" halte. „Nie werde ich mich veranlasst sehen, gegen meine Überzeugung ein Wort zu Gunsten dieser traurigen Einrichtung zu sagen."[87] Howe nimmt in diesem Brief Stellung zu dem Vorwurf, er habe gegen die Beschlüsse der Stadtverordnetenversammlung über den Abbau von Vorschulen der höheren Mädchenschulen verstoßen. So habe er den Kindern besorgter Eltern Privatunterricht bei Lehrerinnen der Schule empfohlen. In seiner Rechtfertigung weist er darauf hin, dass die Eltern mit der Sorge zu ihm gekommen seien, ihre Kinder in der Volksschule der „Verwahrlosung durch den intimen Dauerverkehr mit ungeeigneten Elementen auszusetzen"[88]. Derartige Vorurteile waren damals auf Seiten der Lehrer/innen an höheren Schulen weit verbreitet und lassen bereits erahnen,

---

86 Vgl. AAJB, PB Siemsen, Anna 17, Bl. 26-31.
87 Stadtarchiv Düsseldorf, Akte 0-1-3-2779, Bl. 193. (Herv. im Orig.)
88 Ebd.

welche Konflikte Anna Siemsen an der Luisenschule noch auszustehen haben würde. Doch ihre Entscheidung stand fest: „Als der Krieg zu Ende ging, war ich in mir selber zur Entscheidung gekommen, darueber, dass ich mit verantwortlich sei und dass der Kampf gegen das Regime (...) von jetzt ab mein Schicksal sei."[89]

---

89 Siemsen (1940), S. 17.

III. Neuer Mensch und neue Gesellschaft – Anna Siemsens bildungs-, kultur- und gesellschaftspolitisches Engagement in der Weimarer Republik

Der Erste Weltkrieg hatte Anna Siemsen – wie große Teile der Bevölkerung – für soziale und politische Fragen sensibilisiert, ihren gesellschaftskritischen Blick geschärft und sie zu einer überzeugten, international gesinnten Pazifistin und Sozialistin gemacht. Zunehmend erkannte sie in einer Demokratisierung von Wirtschaft, Gesellschaft und Politik die Voraussetzung für gerechte, solidarische und damit menschenwürdige Verhältnisse. Der Kampf *gegen* das bestehende kapitalistische, von Ungerechtigkeit, Gewalt und Unmenschlichkeit geprägte System und *für* eine demokratische und somit letztlich sozialistische Gesellschaft bestimmte von diesem Zeitpunkt an ihr berufliches und persönliches Engagement. Im Bildungs- und Erziehungswesen sah sie – ganz im Sinne der zu Beginn der Weimarer Zeit um sich greifenden pädagogischen Aufbruchstimmung – eine, wenn nicht sogar *die* entscheidende Schnittstelle zur Realisierung dieser Ziele, wobei sie sich – wie nur wenige damals – des dialektischen Zusammenhanges zwischen Bildungs- und Gesellschaftsreform bewusst war. Ohne die Erziehung demokratischer Menschen sei, so Anna Siemsen, die Etablierung einer demokratischen Gesellschaft unmöglich; gleichzeitig jedoch setze eine demokratische Erziehung auch demokratische gesellschaftliche Verhältnisse voraus, um wirksam werden zu können. „Erziehung ist politisch (...). Sie ist es, weil und insofern ihre Zielsetzung politische Ordnungen voraussetzt oder fordert, und weil die Erfüllung der einmal gesetzten politischen Aufgabe die Bedingung ist für die Lösung der gesellschaftlichen."[1]

Um an der Entwicklung eines „neuen demokratiefähigen Menschen" wie einer „neuen demokratischen Gesellschaft" mitwirken zu können, gab sie bereits zu Beginn der Weimarer Republik ihre Tätigkeit als Lehrerin auf, durch die sie sich auf die Rolle eines „Objekt(s) preussischer Verwaltungstätigkeit"[2] reduziert fühlte, und versuchte stattdessen in den politischen „Schaltzentralen" des Bildungswesens den pädagogischen Blick, insbesondere nach der außerschulischen Seite hin zu erweitern, vor allem aber Bildungspolitik aktiv mitzugestalten. Aus der Lehrerin im engen bildungsbürgerlichen Milieu des Lyzeums wurde, wenn auch nur für relativ kurze Zeit, die sozialistische Schul- und Bildungsreformerin.

---

1 Siemsen (1948b), S. 161.
2 Siemsen (1938e), S. 282.

Doch beschränkte sich ihr Engagement keineswegs auf die Wirksamkeit in staatlichen Ämtern auf kommunaler, Landes- und Reichstagsebene, vielmehr war sie darüber hinaus zum einen in der sozialistischen bzw. sozialistischem Gedankengut gegenüber aufgeschlossenen Lehrerbewegung aktiv, in der sie wertvolle Impulse für ihre bildungspolitische Tätigkeit erhielt; zum anderen engagierte sie sich in zentralen Arbeiterkulturorganisationen, insbesondere der Volkshochschul- und der Arbeiterjugendbewegung. Ihre Bedeutung als sozialistische Theoretikerin erwarb sie sich in der Weimarer Zeit durch eine Fülle von Büchern und Zeitschriftenaufsätzen zu den verschiedenen Themen damaliger Bildungs- und Kulturpolitik. Nicht zuletzt weitete sie ihre praktische Tätigkeit auf die universitäre Lehre im Rahmen einer Honorarprofessur aus.

Die vielfältige Wirksamkeit Anna Siemsens in den 1920er Jahren ist nur zu verstehen vor dem Hintergrund der neu gewonnenen gesellschaftlichen und politischen Möglichkeiten und Freiheiten der Weimarer Republik; sie bilden jeweils zugleich auch die Folie für ein Verständnis zahlreicher Enttäuschungen Siemsens und ihr Scheitern bei der Mitwirkung an grundlegenden Reformen sowohl des Erziehungswesens wie der Gesellschaft insgesamt.

1. Die Weimarer Republik – eine Demokratie mit Kompromissen

Mit der Gründung der Weimarer Republik erhielt das deutsche Volk zum ersten Mal eine demokratisch-parlamentarische Staatsform, in der es als Souverän der politischen Gewalt anerkannt wurde, sowie einen sozialen Rechtsstaat mit einem umfassenden Grundrechtskatalog. Ein radikaler Bruch mit der obrigkeitlichen Tradition, eine soziale Demokratisierung, eine grundlegende Umwälzung von Wirtschaftsverfassung und Gesellschaft fanden dagegen nicht statt. „Demokratie? Ach wie weit sind wir davon entfernt"[3], schrieb Anna Siemsen im Jahre 1926, nicht ohne Grund:

Nach dem Sturz des deutschen Kaiserreiches drängten starke linke Kräfte auf eine revolutionäre demokratische Erneuerung nicht nur der politischen, sondern auch der gesamtgesellschaftlichen und wirtschaftlichen Ordnung. Diese revolutionären Kräfte, die in den Arbeiter- und Soldatenräten organisiert waren und größtenteils der SPD und USPD angehörten, somit zunächst alles andere als radikal gesinnt waren, erstrebten nicht, wie ihnen häufig vorgeworfen wurde, einen „bolschewistischen" Rätestaat, vielmehr verfolgten sie das Ziel einer parlamenta-

---

3 Siemsen (1926b), S. 35.

rischen Demokratie, allerdings in Verbindung mit durchgreifenden Demokratisierungs- und Sozialisierungsmaßnahmen von Wirtschaft und Gesellschaft.

> „Die Arbeiter und Soldaten, die die Revolution gemacht hatten, wußten instinktiv: Solange die alte Bürokratie und das alte Offizierkorps ihre Macht behielten, war die Revolution verloren, auch mit der schönsten Verfassung und dem schönsten Parlament. Die wirkliche Macht saß in den Ämtern (...); wenn man dort die alten Gewalten nicht antastete, würden sie die erste Gelegenheit benutzen, sich an der Revolution zu rächen."[4]

Den linken Gruppierungen ging es also darum, der Revolution Zeit zur Konsolidierung zu geben und der neuen Republik vor der Einberufung einer Nationalversammlung und der Verabschiedung einer Verfassung zunächst einmal die nötigen demokratischen Fundamente zu schaffen. Von Beginn der Weimarer Republik an standen diesen Bestrebungen jedoch zum einen dezidierte Republikfeinde, zum anderen Kräfte gegenüber, die lediglich den neu gewonnenen politischen Status Quo erhalten wollten. Zu den republikfeindlichen Kräften gehörten die „alten Mächte" in Großwirtschaft und Staat, denen auf Grund ihrer Interessen und ihrer ideologischen Tradition die Revolution von Beginn an ein Dorn im Auge war. Die „erhaltenden" Kräfte bildeten einerseits die Parteien der bürgerlich-demokratischen Mitte, die das Ziel einer rein politischen Demokratie auf der Basis eines Verfassungsstaates, ohne weitergehende Demokratisierung der Gesellschaft verfolgten; andererseits aber auch die MSPD, die sich zwar verbal für eine Demokratisierung von Wirtschaft und Sozialstaat einsetzte, es aber auf Grund ihres reformistischen Charakters weithin dabei beließ.

Somit gründete die an Kompromissen orientierte Politik der MSPD nicht nur auf dem Umstand, dass sie bei den im Januar 1919 stattfindenden Wahlen zur Nationalversammlung keine qualifizierte Mehrheit erhielt und damit auf die Zusammenarbeit mit DDP und Zentrum angewiesen war; vielmehr trugen auch ihr reformistisches Selbstverständnis und ihre Angst vor einer vermeintlichen bolschewistischen Gefahr dazu bei, dass sie die Chance, „das Potential der Arbeiter- und Soldatenräte zugunsten einer sozialdemokratischen Reformpolitik einzusetzen"[5], verpasste. Stattdessen arbeitete sie mit bürgerlichen Gruppen und den alten traditionellen Mächten zusammen und tolerierte sogar deren frühfaschistische, u.a. aus hasserfüllten antirepublikanischen Frontoffizieren bestehende Freikorps, mit deren Hilfe auch die MSPD selbst fortan radikale Auflehnungsversuche linker Gruppierungen auf brutale Weise niederschlagen lassen sollte. Durch ihren Verzicht auf durchgreifende Reformen der sog. Säulen des Kaiserreiches, d.h. des Militärwesens, des Bildungswesens, der Justiz, der Wirtschaft und der Verwaltung, beließ sie die Schalthebel der tatsächlichen Macht in den Händen

---

4 Haffner (1969), S. 116.
5 Kolb (1993), S. 163.

der alten Eliten. „Die Folgen dieses Versäumnisses", so Wehler, „zeigten sich in einer Dauerschwäche der demokratischen Institutionen von Weimar. Die überkommenen Machtstrukturen blieben, trotz des Wechsels der Regierungsform, im wesentlichen unangetastet."[6] Wie entscheidend der Machterhalt der alten Eliten die Entwicklung der Weimarer Republik bestimmt hat, lässt sich beispielhaft an der antirepublikanischen Agitation der Justiz veranschaulichen, die der Heidelberger Privatdozent Emil Julius Gumbel bereits zu Beginn der 1920er Jahre dokumentierte. Während die nach dem Ersten Weltkrieg in ihren Ämtern belassenen Richter mit entschiedener Härte gegen die 22 Mordtaten der Linken vorgingen, indem sie Todesurteile oder lebenslange Haftstrafen verhängten, ließen sie über 300 Mordtaten der Rechten ungesühnt und belegten die übrigen mit geringen Haftstrafen von lediglich wenigen Monaten.[7]

Angesichts solcher Angriffe gegen die demokratischen Grundlagen der Weimarer Republik spricht Reinhard Kühnl von ihrer bewussten „*Zerstörung*"[8] und wendet sich damit gegen jene Auffassungen, die die erste deutsche Demokratie eher als Opfer ihrer komplexen kontextuellen Bedingungen ansehen. Die Geschichte der Weimarer Republik sei, so Kühnl, trotz aller Komplexität erklärbar, ebenso wie die Kräfte, die sie zerstörten, benennbar seien.[9] Nachdem die Zentren der revolutionären Bewegung nacheinander niedergeworfen worden waren und bereits 1920 wieder eine rein bürgerliche Regierung gebildet werden konnte, war Ende 1923 „der Kampf um den sozialen Charakter des neuen Staates entschieden. Die Gefahr einer sozialistischen Revolution war abgewehrt (…)"[10].

Neben ihrer systematischen Bekämpfung sorgten zusätzliche Belastungen für eine beinahe permanente Instabilität der Weimarer Republik und schließlich ihre Zerstörung: hierzu gehörten zum einen „die Republikferne der Eliten, die überwiegend der pluralistisch-parteienstaatlichen Demokratie ablehnend gegenüberstanden"[11], des Weiteren die strukturellen Schwächen der Weimarer Verfassung, auf Grund derer der Reichspräsident mit Hilfe des Notverordnungsartikels als eine Art „Ersatzmonarch" fungieren konnte, sowie letztlich die verheerenden Einflüsse des internationalen wirtschaftlichen „Achterbahnkurses"[12]. Eine republikferne Haltung war nicht nur unter den Großagrariern und bei den Wirtschafts-Eliten zu finden, sondern auch im Bildungsbürgertum, vor allem unter der Hochschullehrerschaft, wo Verfechter der Demokratie und der Republik nahezu eine

---

6 Wehler (2003), S. 589.
7 Vgl. Gumbel (1922), insbes. S. 73-81.
8 Kühnl (1993), S. 246.
9 Vgl. ebd., S. 241.
10 Ebd., S. 24.
11 Kolb (1993), S. 230.
12 Wehler (2003), S. 240.

„exotische Spezies" darstellten. Die Erfahrung der Kriegsniederlage, der Versailler „Schandfrieden", die Dolchstoßlegende und die wirtschaftlichen Krisen verschärften die extrem nationalistische und zunehmend antisemitische Haltung immer größerer Teile der Bevölkerung, ebenso wie die, vor allem unter den Intellektuellen verbreitete, autoritäre, antidemokratische und antimoderne Tradition, die bereits im Kaiserreich in einem ausgeprägten Spannungsverhältnis zum ökonomisch-technischen Fortschritt stand und die sich nun verstärkt in der Sehnsucht nach einem „Führer" oder „Messias" niederschlug, der Ordnung in die chaotisch wirkende Instabilität der Republik bringen sollte. Solche ideologischen Traditionen ermöglichten es, dass konservative, antirevolutionäre und nationalistisch gesinnte ehemalige Offiziere zu Reichspräsidenten (Hindenburg) und Reichskanzlern (Brüning, von Papen) der Republik aufsteigen konnten. Je mehr sich die Konjunkturlage, vor allem angesichts der Weltwirtschaftskrise von 1929/1930, verschlechterte, desto größer wurde das Verlangen, sich vom Weimarer System abzuwenden und eine autoritäre Präsidialregierung zu etablieren. Unter Hindenburg wurde aus dem Regime der Notverordnungen eine Daueraufeinrichtung, die von ständigen Reichstagsauflösungen, der systematischen Ausschaltung des Parlaments und der Aushöhlung der Verfassung begleitet wurde. Als Hitler letztendlich die Macht übertragen wurde, war die Weimarer Demokratie längst zerstört. Mit seiner Propagierung einer nationalen Volksgemeinschaft, eines antiliberalen und antimarxistischen Führerstaates und einer „Regierung der ‚starken Hand' über alle Gräben und Klassenantagonismen hinweg"[13] diente der Nationalsozialismus der Überwölbung aller Interessengegensätze. SA und die SS führten die brutalen Methoden der Freikorps und der Reichswehr fort und bauten sie aus. Demokratischen und pazifistischen Kräften wie Anna Siemsen blieb, wenn sie diesen Bedrohungen nicht zum Opfer fallen wollten, lediglich der Weg ins Exil.

Nur vor diesem gesamtgesellschaftlichen Hintergrund der Weimarer Republik ist die Entwicklung bildungspolitischer und pädagogischer Diskurse über eine Erneuerung des Erziehungs- und Bildungswesens zu verstehen, der in der reformoffenen Anfangsphase der Republik mit großen Hoffnungen und Erwartungen begann. Christa Uhlig weist darauf hin, dass die Weimarer Republik „gerade auf dem Gebiet der Bildung und Erziehung einen Ideen- und Aktivitätenreichtum (erlebte), der in nicht geringem Maße aus linken, der Arbeiterbewegung nahe stehenden Milieus erwuchs"[14]. Nach dem Zusammenbruch des monarchischen Systems entwickelte sich aus der „Synthese von ausgewählten reformpädagogi-

---

13 Wehler (2003), S. 360.
14 Uhlig (2008), S. 13.

schen Auffassungen und sozialistischen Erziehungsintentionen"[15] auch eine sozialistische reformpädagogische Bewegung, die auf die Schaffung eines demokratisch und gemeinschaftlich organisierten einheitlichen und weltlichen Erziehungswesens mit moderneren Unterrichtsinhalten und -methoden orientierte und sich vor allem für eine Stärkung der Arbeiterschicht einsetzte. Angesichts der Aufgabe, über die Bildung „neuer Menschen" den Aufbau der „neuen Gesellschaft" zu unterstützen, erlangte der Erziehungsgedanke, vor allem auch im Hinblick auf die Jugendarbeit, eine wahre Hochkonjunktur.[16] Im Unterschied zur Vorkriegszeit war er nun, vor allem in sozialistischen Kreisen, stärker soziologisch gefasst, hatte der Umbruch des politischen Systems doch den Zusammenhang von Erziehung und Gesellschaft deutlich ins Bewusstsein gehoben. Gleichzeitig boten das parlamentarische System der Weimarer Republik und der Aufstieg der Arbeiterparteien in staatstragende Funktionen zum ersten Mal die Möglichkeit, die Frage einer demokratischen Erneuerung des Erziehungswesens in die parlamentarische Politik einzubringen. Der mangelnde Reformwille der SPD, ihre Preisgabe wesentlicher schulpolitischer Forderungen im Rahmen ihrer Kompromisspolitik mit den bürgerlichen Parteien[17], sowie vor allem das Ende der Weimarer Koalition und der Beginn einer rein bürgerlichen Regierungsperiode im Sommer 1920 hatten zur Folge, dass bildungspolitische Erfolge nur in der Anfangsphase der Republik erzielt werden konnten und das auch diesen größtenteils nur eine kurze Existenz beschieden war. Darüber hinaus hing ihr Erfolg, wie sich auch im Rahmen der Tätigkeiten Anna Siemsens zeigen wird, in entscheidendem Maße von den personalen und den „kommunalen und regionalen politisch-pädagogischen Verhältnissen" ab und waren am ehesten dort zu verzeichnen, „wo parlamentarische sozialistische Mehrheiten eine demokratische Bildungspolitik und Pädagogik aktiv unterstützten"[18]. Ein Beispiel hierfür stellte das Land Thüringen dar, wo es noch bis zum Gewaltstreich der Reichswehr Ende 1923[19] eine von der KPD tolerierte sozialdemokratische Regierung gab.

Da, wie bereits erwähnt, auch in den Schulbehörden die Beamten aus der Kaiserzeit größtenteils übernommen worden waren, stellte sich die personelle Situation für Reformmaßnahmen als äußerst schwierig dar. Laut Herrlitz u.a. „sprechen die Zahlen eine deutliche Sprache hinsichtlich der schwachen Position der Sozialdemokratie"[20]. So befanden sich beispielsweise 1925 keine SPD-Mitglie-

---

15 Ebd., S. 15.
16 Vgl. ebd. S. 49-51.
17 Vgl. ebd., S. 28.
18 Ebd., S. 32.
19 Eine ausführlichere Behandlung des Gewaltstreiches vgl. Biographischer Teil, Kapitel III. 3. vorliegender Arbeit.
20 Herrlitz u.a. (19982), S. 124.

der in den leitenden Stellen des preußischen Kultusministeriums. Von den 28 Ministerialräten gehörten lediglich zwei der SPD an und unter den 39 Hilfsarbeitern, eine Position, die auch Anna Siemsen für ein halbes Jahr einnahm, waren nur drei SPD-Mitglieder zu verzeichnen.[21] Die Schwierigkeiten, die Anna Siemsen als eine entschiedene demokratische Reformerin des Schulwesens hier erleben sollte, lassen sich anhand dieser Zahlen bereits erahnen. Viele ihrer Gesinnungsgenossen zogen sich daher bald auf lokale Reformprojekte, vor allem im außerschulischen Bereich, in den Kinder- und Jugendorganisationen und in der Erwachsenenbildung zurück, da sie dort größere Einflussmöglichkeiten sahen.[22] Für das allgemeine Schulwesen lässt sich festhalten, dass trotz einiger durchaus fortschrittlicher Maßnahmen, wie der Einrichtung einer einheitlichen vierjährigen Grundschule, dem Verbot privater Vorschulen, den Verbesserungen in der Volksschullehrer- und der höheren Mädchenbildung, der Einrichtung reformpädagogischer Versuchsschulen, der Erweiterung der Mitspracherechte von Eltern und Schülern und auch der Einführung neuer pädagogischer Prinzipien wie dem Arbeitsunterricht keine *grundsätzliche strukturelle* Reform durchgeführt wurde. Die Kompromisspolitik der Koalitionsparteien, der restriktive Kurs der konservativen Kreise sowie die überhand nehmende Finanzknappheit verhinderten eine konsequente Schulpolitik und, bis auf das Reichgrundschulgesetz, die Verabschiedung reichseinheitlicher Schulgesetze. Beispielhaft zeigte sich dies auch an der mit großem Aufwand vom „Zentralinstitut für Erziehung und Unterricht" organisierten Reichsschulkonferenz im Sommer 1920, die, trotz der Beteiligung von über 600 pädagogischen Expert/innen, zu denen auch Anna Siemsen gehörte, letztendlich ergebnislos und ohne Auswirkungen auf das Schulwesen blieb. Die Uneinigkeiten und gegensätzlichen Interessen der an der Schulreform beteiligten Gruppen verhinderten die Etablierung einer Einheitsschule; stattdessen hielt man am gegliederten Schulsystem aus Volks-, Mittel- und höheren Schulen fest. Weiterhin sorgte der sog. Weimarer Schulkompromiss dafür, dass die von der MSPD geforderte Trennung von Kirche und Staat, somit eine konsequente Verweltlichung des Schulwesens, ebenfalls nicht durchgesetzt wurde. Auch die Bestimmungen zur Verbesserung der Volksschullehrerbildung fanden keine entsprechende Verankerung im Rahmen einer reichseinheitlichen Akademisierung, sondern variierten, je nach personellen und politischen Rahmenbedingungen der einzelnen Länder, zwischen dem herkömmlichen System der Ausbildung an Präparandenanstalten, der Verlagerung der Ausbildung an die Universitäten oder der

---

21 Vgl. ebd.
22 Vgl. Uhlig (2008), S. 48.

Einrichtung sog. Pädagogischer Akademien, die zwar das Abitur voraussetzten, jedoch nicht universitär ausgerichtet waren.[23]

Der Kompromisscharakter der Weimarer Republik ließ also sowohl im bildungspolitischen als auch im gesamtgesellschaftlichen Bereich alle Bestrebungen nach einer grundsätzlichen Demokratisierung der Verhältnisse auf halbem Weg zum Stehen kommen, gewährte dadurch den antirepublikanischen Kräften die Möglichkeit, ihre Positionen wieder zu stärken und auszubauen und bescherte einer revolutionären Pädagogin und Politikerin, wie Anna Siemsen es war, „ein Leben voll Unruhe und Kampf, voll Mühe und Arbeit und Enttäuschungen", an dessen Ende „der Triumph der Gegner, die eigene Niederlage und die Emigration"[24] standen.

2. Bildungspolitische Erfahrungen in Düsseldorf und Berlin (1919-1923)

a. Der Weg in die linkssozialistische Bildungspolitik

Die politische Laufbahn Anna Siemsens, die über eine grundsätzlichere Beschäftigung mit allgemein linkssozialistischen Fragen bis hin zur Ausfüllung eines Reichstagsmandats in Berlin führen sollte, nahm ihren Ausgang in der kommunalen Bildungspolitik Düsseldorfs, wo sie sich als Stadtverordnete für eine Reformierung des Schulwesens einsetzen und damit ihren Anteil an der gesamtgesellschaftlichen „Umstellung auf Wahrhaftigkeit, Verantwortlichkeits- und Gemeinschaftsgefühl"[25] leisten wollte. Da die Republik nur „eine demokratische Fassade" sei, hinter der „noch ganz der alte bureaukratische Staat mit seinem reaktionären Beamtenheer, mit seinem unfreien Verwaltungssystem und (...) seiner ganz und gar undemokratischen, unduldsamen und knechtischen Gesinnung" stehe, müsse die Demokratie von unten aufgebaut werden und sei das Engagement in den Gemeinden so wichtig.

„Keine Arbeit aber, die wir tun können, ist so überragend wichtig wie unsere Arbeit an den Schulen. Hier arbeiten wir ganz unmittelbar an unserer Zukunft. (...) Jetzt (...), wenn wir hoffentlich ein sozialistisches, ganz gewiß ein unendlich viel freieres (Düsseldorfer, M.J.) Stadtparlament uns erkämpfen werden, ist es Zeit(,) mit dem Unwesen der alten Schule aufzuräumen, mit ihrem gleichmacherischen Schema, ihre (sic!) Bevormundung durch die Direktoren und Rektoren (...), mit dem ganzen Geist der Unfreiheit (...)."[26]

---

23 Vgl. Herrlitz u.a. (19982), S. 128.
24 Siemsen, August (1951), S. 71.
25 Siemsen (1917c), S. 652.
26 Siemsen (1919j), o. S.

(Das Foto erhielt die Verfasserin von Herrn Rudolf Rogler. Das zugrunde liegende Negativ stammt aus dem AdsD.)

Neben der Abschaffung des Rektorensystems und der bürokratischen Verwaltung forderte Siemsen mehr Mitwirkungsrechte für die Lehrer, Eltern und Schüler. Letztendlich könne sich der demokratische Geist nur in einer sozialistischen Einheitsschule entfalten. Aus diesem Grund fasste Anna Siemsen den Entschluss, nicht mehr nur „Verwaltungsobjekt" zu bleiben, sondern für das Amt einer Stadtverordneten zu kandidieren und so „Sitz und Stimme in der Stadtverwaltung zu bekommen. Dann werden wir uns eine demokratische Schule schaffen, die wahrhaft demokratische Schule, die stets zugleich eine sozialistische sein wird"[27]. Dass Anna Siemsen dieses Amt nicht für die SPD sondern für die USPD bekleiden sollte, obwohl sie doch bisher stets für die Einigung der beiden Arbeiterparteien eingetreten war, lässt sich aus ihren persönlichen Erlebnissen in Düsseldorf, gleich nach der Novemberrevolution, erklären.

Bereits zur Zeit der Gründung der Weimarer Republik setzten im ganzen Reich der Kampf gegen die Ergebnisse der Novemberrevolution und die Wiederherstellung der alten Mächte ein. Kritisch beobachtete Anna Siemsen diese Vorgänge auch in Düsseldorf. So wurden bereits die zurückkehrenden Soldaten an den Düsseldorfer Rheinbrücken von Triumphbögen mit folgender Inschrift empfangen: „Die Heimat gruesst die unbesiegten Söhne(.) Euch hat kein Feind besiegt."[28] Damit war auch in Düsseldorf der Grundstein für die Dolchstoßlegende und die darauf folgende Revanche-Propaganda gelegt, die „von den gestuerzten Herrn der Kaiserzeit erfunden, aber von der Republik aufgenommen, variiert, als Erklärung aller Nöte verwandt" wurden, um sie „gegen den innern Gegner, die Arbeiterschaft, und nach aussen zur Vorbereitung des Revanche-Krieges zu verwenden"[29]. Eine wesentliche Unterstützung erfuhren diese revanchelüsternen Kräfte, die zunächst nur eine Minderheit darstellten, nach Meinung Anna Siemsens bereits durch die belgischen Alliierten, die im Dezember 1918 das linksrheinische Düsseldorf besetzten und zum einen zur Steigerung des Nationalismus und der Revanche-Propaganda sowie zum anderen zur Erstickung der demokratischen und sozialistischen Kräfte beitrugen. Mit „strenge(n) militärische(n) Einschränkungen der persönlichen Freiheit (...und, M.J.) durch Aufrechterhaltung der Lebensmittelblockade"[30] habe man zum einen versucht, den Widerstand gegen die Friedensbedingungen zu brechen und zum anderen den Deutschen eben jene Besatzungsmethoden heimzahlen wollen, die zuvor die deutschen Truppen in Belgien angewandt hatten. Damit trafen sie jedoch jene Deutschen, die von den Ereignissen in Belgien größtenteils nichts wussten und die sich nun „ent-

---

27 Ebd.
28 Siemsen (1940), S. 24.
29 Ebd.
30 Ebd., S. 26.

täuscht, vergewaltigt, betrogen"[31] fühlten. Ebenso verhängnisvoll wirkte nach Siemsen die Angst der belgischen Truppen vor einer vermeintlichen bolschewistischen Gefahr in Deutschland, auf Grund derer sie jede Zusammenarbeit „mit den verständigungsbereiten Vertretern der Arbeiterschaft versäum(t)en. Wo es zu einer Fuehlungnahme kam, waren es die Vertreter der alten Macht (...), d.h. gerade diejenigen, welche (...) die Revanche vorbereiteten"[32]. Diese nutzten entsprechend jede Gelegenheit, um alle unliebsamen linken Kräfte den belgischen Militärbehörden als „Kommunisten" zu denunzieren, worauf es zu zahlreichen Verhören und Verhaftungen kam.[33] „Ich selber", berichtet Anna Siemsen, „musste ein Verhör ueber mich ergehen lassen, wobei mir eine dicke Mappe mit Denunziationen gezeigt wurde."[34] Laut August Siemsen stellte sich später heraus, dass sie diese Denunziationen mit großer Wahrscheinlichkeit dem Direktor Howe zu verdanken hatte, der sie mittlerweile für politisch untragbar hielt. Um weiteren Unannehmlichkeiten aus dem Wege zu gehen und nach eindeutiger Warnung durch einen ihr positiv gesonnenen belgischen Oberst, verließ Anna Siemsen im Frühjahr 1919 ihre Wohnung und zog vom linksrheinischen in das unbesetzte rechtsrheinische Düsseldorf.

Ähnlich negativ fällt Anna Siemsens Urteil über die französische Besatzungsmacht aus, die ihrer Meinung nach die separatistische Bewegung der deutschen linksrheinischen Gebiete dazu benutzen wollte, „Deutschland zu schwächen und einen selbständigen Pufferstaat nach der Art von Holland, Belgien und Luxemburg entstehen zu lassen. Diese französische Unterstützung ließ die ganze Bewegung entarten. (...) Und durch die unerhörte Ungeschicklichkeit einiger Besatzungsbehörden ging die ganze Bewegung (...) in Schmutz und Skandal unter, stärkte Misstrauen, Chauvinismus und Revanche-Stimmung (...)"[35]. Dementsprechend trug das Verhalten der Alliierten laut Siemsen erheblich zu jenem Prozess bei, der die Weimarer Republik von Beginn an schwächen sollte: „(D)ie Wiederherstellung der alten (...) Mächte und die Entmachtung der Arbeiterschaft"[36], nicht zuletzt durch deren Spaltung. Die alliierten Besatzungsmächte verfolgten, so Kühnl, den Plan, angesichts der „Gefahr einer sozialen Umwälzung in der Mitte Europas", „Deutschland zu schwächen (...), andererseits aber die bürgerlichen Kräfte so stark zu machen, daß Deutschland kapitalistisch blieb"[37].

---

31 Ebd., S. 28.
32 Ebd., S. 27.
33 Vgl. ebd., S. 29.
34 Ebd.
35 Siemsen (1940), S. 31.
36 Ebd., S. 31.
37 Kühnl (1993), S. 31.

Mit Entsetzen nahm Siemsen die Uneinigkeit und Orientierungslosigkeit in der Arbeiterbewegung und den zunehmenden „hemmungslos(en) Hass der streitenden Sozialisten gegeneinander"[38] wahr, der in der Ermordung Rosa Luxemburgs und Karl Liebknechts seinen ersten Höhepunkt fand.[39] August und Anna Siemsen waren damals „überzeugt, daß durch diese zielbewußte Mordtat der Offiziere auch der deutschen Revolution der Todesstoß versetzt wurde"[40]. Und tatsächlich verschärften diese Ereignisse die Spannungen und Radikalisierungen in der Arbeiterschaft und verstärkten die Zusammenarbeit der MSPD mit den bürgerlichen Kräften.

Im Berliner Unterrichtsministerium, das Anna Siemsen kurz vor diesem brutalen Gewaltakt aufsuchte, wohl um von den reaktionären Machenschaften in den Schulen zu berichten, machte sie die später stets aufs neue bestätigte Erfahrung, dass die neu eingestellten sozialistischen Beamten ziellos diskutierten, sich nicht für die „reaktionären und chauvinistischen Strömungen unter der Lehrerschaft" oder „die Sabotage der Regierungsmaßnahmen in der Schule" interessierten und „die alten Geheimräte (…) die Akten allein (erledigten, M.J.), ohne die Neulinge zu Rate zu ziehen". „Niemand in Berlin schien die Katastrophe dieser Tage zu fuehlen."[41] Stattdessen vertraute man auf die Wahlen zur Nationalversammlung, die einen Sieg der Mehrheitssozialdemokraten und der bürgerlichen Parteien herbeiführten und den Beginn der künftig stetig wechselnden Koalitionen einläuteten.[42] Anna Siemsen vergleicht die Parteien, „welche diese wechselnden Regierungen trugen" in ihren Erinnerungen mit Gespannen, „bei denen die Pferde auseinanderstreben: unfähig, den Wagen vorwärts zu ziehen, unfähig zu durchgreifenden Massnahmen im einen oder andern Sinn, bemueht

---

38 Siemsen (1940), S. 35.
39 Die Ermordung von Luxemburg und Liebknecht am 15.01.1919 erfolgte durch Freikorpsverbände, die der Sozialdemokrat Gustav Noske zur Niederschlagung eines linksradikalen putschistischen Aufstandes einsetzte. Auch wenn das gewaltsame Vorgehen gegen die Aufständischen unvermeidbar war, trug die Sozialdemokratie doch die Verantwortung dafür, dass sie sich nicht auf demokratische Truppen sondern auf die Freikorps stützte, die von den ehemaligen kaiserlichen Offizieren befehligt wurden und schon lange darauf gewartet hatten, ihrem Hass gegen die Revolution Ausdruck zu verleihen. Die Täter, die Rosa Luxemburg und Karl Liebknecht brutal ermordeten, wurden entweder freigesprochen oder entgingen ihrer Strafe durch Flucht.
40 Siemsen, August (1951), S. 36.
41 Siemsen (1940), S. 36.
42 Zwanzig Regierungen amtierten in der Zeit der Weimarer Republik, achtmal wurde ein Reichstag gewählt, doch keiner überdauerte die volle Wahlperiode von vier Jahren, manche wurden bereits nach wenigen Monaten wieder aufgelöst. (Vgl. Möller, 1985, S. 200.) Die Weimarer Koalition hatte schon im Juni 1920 ihre Mehrheit verloren.

um ein Weiterarbeiten ohne grosse Entscheidungen von einem Tage zum andern und ohne eine Vorstellung von dem einzuschlagenden Weg"[43].

Den ausschlaggebenden Anstoß für ihre linkssozialistische parteipolitische Positionierung erhielt Anna Siemsen jedoch erst, als sie selbst hautnah die von der MSPD mitgetragene brutale Vorgehensweise der Freikorps miterleben musste. Der sozialdemokratische Wehrminister Gustav Noske hatte Ende Februar 1919 wegen lokaler Unruhen Freikorps nach Düsseldorf geschickt. Glücklicherweise gab Siemsen zu diesem Zeitpunkt einen Kurs an der sozialen Frauenschule des Diakonissenhauses in Kaiserswerth. Nach Angabe ihres Bruders erfuhr sie dort u.a. durch eine frühere Schülerin, dass man sie an der Schule hatte verhaften wollen. Sie verbrachte die Nacht deshalb in Kaiserswerth und fuhr am nächsten Tag zu ihrem Bruder nach Essen, der zum damaligen Zeitpunkt als SPD-Mitglied im Stadtparlament saß und sie nach Düsseldorf zur Kommandantur der einmarschierten Truppen begleitete. Dort erfuhren sie, dass es keinen Haftbefehl gegen Anna Siemsen gab und dass es sich „also augenscheinlich um einen Lynchversuch" gehandelt hatte, „hinter dem wohl wieder der Direktor stand"[44]. Auch wenn ihre eigene „Beinaheverhaftung" somit vermutlich auf das Konto Howes ging, war mit der sozialdemokratischen Freikorps-Attacke gegen die Arbeiterschaft für Anna Siemsen der Zeitpunkt gekommen, konsequent den für eine Lehrerin äußerst ungewöhnlichen Schritt zu wagen und der USPD beizutreten,[45] die trotz ihrer internen Spannungen angesichts des gewaltsamen Kurses der MSPD einen erheblichen Aufschwung erlebte und vor allem in Düsseldorf großen Einfluss gewann. Zunehmend wurde die USPD, die ursprünglich aus der Ablehnung der sozialdemokratischen Kriegspolitik entstanden war, zu einer linkssozialistisch orientierten Massenpartei.[46]

---

43 Siemsen (1940), S. 37.
44 Siemsen, August (1951), S. 39.
45 In ihrer Autobiographie „Mein Leben in Deutschland" behauptet Anna Siemsen, wie hier geschildert, unmittelbar nach dem durch die SPD veranlassten Freikorps-Einmarsch in Düsseldorf der USPD beigetreten zu sein. Es gibt jedoch sowohl in sekundären Beiträgen zur Biographie Anna Siemsens als auch in von ihr selbst verfassten Schriftstücken Hinweise, dass sie diesen Parteibeitritt schon während des Ersten Weltkrieges vollzogen habe. So schreibt sie in Siemsen, 1938e, S. 282: „Politisch arbeitete ich seit 1918, zuerst in der U.S.P.D., nach der Verschmelzung in der S.P.D."
46 Aus einer programmatischen Kundgebung des USPD-Parteitages im März 1919: „Im November 1918 haben die revolutionären Arbeiter und Soldaten Deutschlands die Staatsgewalt erobert. Sie haben aber ihre Macht nicht befestigt (...). Die Führer der Rechtssozialisten haben den Pakt mit den bürgerlichen Klassen erneuert und die Interessen des Proletariats preisgegeben. (...) Solange der politischen Befreiung nicht auch die wirtschaftliche Befreiung und Unabhängigkeit erfolgt ist, besteht keine wahre Demokratie. (...) Die Unabhängige Sozialdemokratische Partei stellt sich auf den Boden des Rätesystems. (...) Erst der Sozialismus bringt die Beseitigung jeder Klassenherrschaft, die Beseitigung jeder Diktatur, die wahre Demokratie. (...) Die nächsten

Von ihren Düsseldorfer Erlebnissen erschöpft, entschied Siemsen sich, zur Erholung ihre Schwester Paula in München zu besuchen, wo sie jedoch einen erneuten Einsatz der Freikorps miterleben musste. Ihr Wunsch, „fuer ein paar Wochen Augen und Ohren vor aller Politik zu schließen", sollte sich nicht erfüllen. „Als ich zwei Tage in Muenchen war, wurde die Räterepublik ausgerufen"[47], deren Plan- und Ziellosigkeit auch Siemsen nicht verborgen blieb[48]. Doch anstatt sich die freigewordenen Kräfte nutzbar zu machen, veranlasste die Reichsregierung den Einmarsch von Truppen. „Das erste, was ich am Morgen nach diesem Einzug sah, war ein Erschossener, der auf der Wiese vor unserer Wohnung lag.

Forderungen der U.S.P.D. sind: 1. Einordnung des Rätesystems in die Verfassung. (…) 2. Völlige Auflösung des alten Heeres. (…) 3. Die Vergesellschaftung der kapitalistischen Unternehmungen (…). 4. Wahl der Behörden und der Richter durch das Volk. (…) 6. Ausbau der sozialen Gesetzgebung. (…) 7. Trennung von Staat und Kirche und Trennung von Kirche und Schule. Öffentliche Einheitsschule mit weltlichem Charakter, die nach sozialistisch-pädagogischen Grundsätzen auszugestalten ist. Anspruch jedes Kindes auf die seinen Fähigkeiten entsprechende Ausbildung und die Bereitstellung der hierzu erforderlichen Mittel. (…) 9. Herstellung freundschaftlicher Beziehungen zu allen Nationen." (Ritter/Miller, 1975, S. 324-326.)

47 Siemsen (1940), S. 40. Angesichts des ausbleibenden oder zumindest unzureichenden Wandels der gesellschaftlichen Machtstrukturen, wurde in Bayern im Frühjahr 1919 die Kontroverse zwischen den Befürwortern des Rätesystems einerseits und des Parlamentarismus andererseits neu angefacht und erfuhr nicht zuletzt durch die Ermordung des Ministerpräsidenten Kurt Eisner (USPD), der in vorbildlicher Weise für eine Verbindung beider Systeme eingetreten war, eine weitere Verschärfung. Im April 1919 errichteten radikale linke Kräfte eine Räterepublik, die jedoch nur von kurzer Dauer sein sollte und bis Anfang Mai von Reichswehrtruppen und Freikorps niedergeschlagen wurde. Den größtenteils willkürlichen Erschießungen fielen mehr als Tausend Zivilisten zum Opfer. Während die Führer der Rätebewegung zu lebenslanger Haft oder zum Tode verurteilt und ermordet wurden, befand sich beispielsweise der Mörder des Ministerpräsidenten Eisner bereits 1924 wieder auf freiem Fuß. München wurde fortan zu einem „Zentrum aller gegenrevolutionären Strömungen" (Wehler, 2003, S. 401), zu einer Art Zufluchtsort rechtsextremer Kräfte.

48 Angestrengt habe Anna Siemsen sich bemüht, „Ziel und Organisation des Aufstandes zu begreifen. (…) Aber Klarheit gewann ich damit keineswegs. Was ich vorfand, war ein Gewirr von Hoffnungen und großen Plänen" (Siemsen, „Erinnerungen – V b. Münchner Räte-Republik. Berlin 1919", S. 8. Bei dieser Schrift handelt es sich um ein autobiographisches Fragment. Der Verfasserin liegt ein von Frau Wendula Dahle transkribiertes Exemplar vor. Das dieser Transkription zugrunde liegende handschriftliche Original erhielt Frau Dahle über den Neffen Anna Siemsens, Pieter Siemsen, der in Ost-Berlin lebte. Für die Überlassung des transkribierten Exemplars dankt die Verfasserin Herrn Rudolf Rogler, Berlin.) Besonders verhängnisvoll war es ihrer Meinung nach, dass die sich an Russland orientierenden kommunistischen Führer, von denen sie besonders Max Levien erwähnt, von der Münchner Bevölkerung keinerlei Kenntnis hatten, die „Hoffnungslosigkeit der Lage" völlig übersahen und trotz wiederholter Erfahrungen nicht erkennen wollten, „dass man Völker nicht dirigieren kann, wie die Figuren eines Schachbretts" (Ebd., S. 10). Somit beschleunigte der Räteaufstand letztendlich nur, was er eigentlich hatte verhindern wollen, nämlich die Zerschlagung der Linksopposition. (Vgl. Siemsen, 1940, S. 41.)

Das zweite waren die Stacheldrahtbarrikaden, welche die Truppen erri(c)htet hatten. Und dann kamen Schlag auf Schlag die Nachrichten von den Exekutionen, die nach der Kapitulation der Stadt und ohne Prozess erfolgten."[49] In ihren Erinnerungen berichtet Anna Siemsen, dass die Methoden der Freikorps sich quasi nicht von denen der späteren SA und SS unterschieden. „Sie nahmen ihren Anfang im Berliner Spartakus-Aufstand (...). In Muenchen erlebte man ihre erste blutrote Bluete."[50] Das Ende der Münchner Räterepublik, das Bayern zum „Paradies der Verschwörer, Fememörder, der Antirepublikaner" machte, war nach Meinung Siemsens möglich geworden,

> „weil die republikanischen Landes- und Reichsregierungen gegen die Opposition der Arbeiterschaft die republikfeindlichen Freikorps und ihre Offiziere, später die ebenso eingestellte Reichswehr einsetzten, diese Organisationen zerschlugen, die Arbeiterschaft in Feindschaft spalteten, die wildeste antirepublikanische Propaganda duldeten und so einen Boden schufen auf dem jede republikfeindliche und chauvinistische Verschwörung gedieh, bluehte und Fruechte trug. (...) Hitler wuchs auf einem wohlbereiteten Boden (...)"[51].

Die Erlebnisse dieser Tage riefen in Siemsen eine tiefe Empörung hervor, der sie in verschiedenen Aufsätzen deutlichen Ausdruck verlieh. Bitterlich beklagt sie darin die Gewaltverherrlichung der Deutschen, vor der auch die Sozialdemokratie nicht halt mache.

> „Auch unsere sozialistischen Regierungshelden sind von Natur und durch Kunst ganz von diesem Fetischdienst der Bajonette und Handgranaten erfüllt, daß man nichts anderes erwarten durfte, obgleich man immerhin erstaunt ob dieser Naivität, die eine Demokratie errichten will mit Belagerungszustand und Standrecht (...). Gewalt; das ist von rechts nach links das Losungswort. (...) Wo man hinkommt in Parteiversammlungen, man findet nur noch einige Leute, die von dem Glauben des Sozialismus durchdrungen sind (...). (Noske, M.J.) hat in seiner Unteroffiziersseele kein höheres Ideal als Kommandogewalt, Disziplin, Löhnung und Avancement. (...) Und täuschen wir uns nicht, dieser Noskesche Unteroffiziertypus ist der überwiegende Typus auch unserer sozialistischen Führer geworden. (...) Und wenn nicht der Zwang von außen sie hindert, so wird Deutschlands offizielle Sozialdemokratie den alten Militarismus wieder erstehen lassen (...)."[52]

Die Ereignisse der Münchner Räterepublik veranlassten auch August Siemsen dazu, sich der USPD anzuschließen. Anna Siemsen selbst fuhr so schnell wie möglich nach Berlin, um sich mit dem Ministerium und dem Vorstand der USPD in Verbindung zu setzen, „denn mir lag daran zu wissen, wie weit er orientiert

---

49 Siemsen (1940), S. 41f.
50 Ebd., S. 42.
51 Ebd., S. 43f.
52 Siemsen (1919k), S. 415-420.

sei"[53]. Doch wieder musste sie die Erfahrung machen, dass man dort nur wenig von den Ereignissen im Rheinland und in München wusste. Außerdem war man vor allem mit den Auseinandersetzungen um die Unterzeichnung des Versailler Friedensvertrages beschäftigt. „Als die Entscheidung fallen musste, zogen die Belgier Truppen und Artillerie an der Rheinbrücke zusammen. Die Frist zur Unterzeichnung war bis auf die Minute festgesetzt. Liess man sie verstreichen, so sollte der Einmarsch beginnen."[54] Für den Fall, dass es zu einer solchen Besetzung kommen sollte, hatte Anna Siemsen, die sich zu diesem Zeitpunkt bei einer Düsseldorfer Lehrerversammlung befand, alle Vorsorgemaßnahmen getroffen, um Düsseldorf schnellstmöglich verlassen und somit nicht von Deutschland abgeschnitten werden zu können. „So saß ich also mit gepackter Handtasche, bereit beim ersten Alarm in ein schon bestelltes Auto zu stürzen. Statt dieses Zeichens aber begannen die Glocken zu läuten. Man hatte das unter den Umständen einzig mögliche getan, man hatte unterzeichnet."[55] Angesichts der von den Alliierten festgesetzten Gebietsabtretungen und Reparationsforderungen, wurde der Versailler Vertrag zu *dem* großen Trauma der Weimarer Zeit und zu einem „Gegenstand einer leidenschaftlichen, oft mit äußerster Maßlosigkeit artikulierten Kritik"[56]. Der Hass gegen den Vertrag und ihre Unterzeichner und die Überzeugung, das sich aus der Unterzeichnung „gar keine wirkliche Verpflichtung ergebe", führten laut Siemsen die „Sabotage der Reparationszahlungen, die Ruhrbesetzung, die Inflation und die erste Weissglut des Revanchewillens" herbei. „Und die allerdunkelsten Gestalten kochten sich aus ihr ihr Profitsüppchen."[57]

b. Düsseldorfer Stadtverordnete

Bei den am 16. März in Düsseldorf stattfindenden Gemeinderatswahlen wurde Anna Siemsen zur USPD-Stadtverordneten gewählt und erhielt somit die Gelegenheit, erste parlamentarische Erfahrungen zu sammeln. War sie als Lehrerin den Weisungen der Schulbehörde relativ hilflos ausgeliefert, konnte sie sich nun zum ersten Mal aktiv an der demokratischen Erneuerung des Schulwesens beteiligen. Hierzu gehörte auch ihre maßgebliche Mitarbeit in der im Frühjahr 1919

---

53   Siemsen („Berliner Intermezzi. Lehrlingszeit"), S. 18. Bei dieser Schrift handelt es sich um ein autobiographisches Fragment. Der Verfasserin liegt ein von Frau Wendula Dahle transkribiertes Exemplar vor. (Vgl. auch Anm. 48 des vorliegenden Kapitels.)
54   Ebd., S. 18f.
55   Ebd., S. 19.
56   Kolb (1993), S. 195.
57   Siemsen („Berliner Intermezzi. Lehrlingszeit"), S. 19. (Vgl. auch Anm. 53 des vorliegenden Kapitels.)

gebildeten Bildungskommission, die mit der Aufgabe der Ausarbeitung eines USPD-Schulprogramms betraut wurde. Kurt Löwenstein und sie seien, so schreibt sie selbst, „im wesentlichen für den Text (des Schulprogramms, M.J.) verantwortlich" gewesen und hatten „in diesem das Hauptgewicht gelegt (...) auf die Erziehung zur Gemeinschaft und zu einer künftigen sozialistischen Gesellschaft"[58]. Entsprechend den Erfordernissen einer demokratischen Gesellschaft durfte die zukünftige Schule, diesem Schulprogramm gemäß, nicht länger in Form eines nach Klassen und Ständen geschiedenen Schulsystems nur Einzelnen die Chance der bestmöglichen Bildung bieten, das Gros der Arbeiterklasse durch finanzielle Hindernisse und eine einseitige intellektuelle Ausbildung benachteiligen, die Verwaltung der Allmacht einer vom Volk unabhängigen Behörde überlassen, die Schüler einseitig religiös beeinflussen und sie durch ein System von Berechtigungen in einen rücksichtslosen Wettbewerb setzen. Die Erziehung demokratischer Menschen forderte vielmehr ein vom Gemeinschafts- und Solidaritätsgedanken getragenes, selbstverwaltetes, weltliches, koedukatives, unentgeltliches und horizontal gegliedertes Einheitsschulwesen, bestehend aus Grund-, Ober- und Hochschule, in dem die Schüler sich „in freier (Arbeits-, M.J)Gemeinschaft der Lehrenden und Lernenden"[59] eine allseitige Bildung erarbeiten. Aus Sitzungsprotokollen der Stadtverordnetenversammlungen geht hervor, dass Anna Siemsen sich hier für die Reformierung des Düsseldorfer Schulwesens im Sinne dieses Schulprogramms einsetzte, indem sie sich u.a. für den Abbau der Vorschulen, die Lernmittelfreiheit für Volksschüler und die Trennung von Kommu-

---

58 Siemsen (1954), S. 10. Interessant ist, dass Anna Siemsen im Nachhinein berichtet, sie und Löwenstein seien damals der Überzeugung gewesen, dass das von Georg Ledebour für das Schulprogramm verfasste Vorwort diesem Programm eigentlich nicht entsprochen habe, da Ledebour das Hauptaugenmerk eben nicht auf die Erziehung zur Gemeinschaft gelegt, sondern „die Erziehung zur freien Persönlichkeit, zur Verantwortung, zur Unabhängigkeit und zum Mut" ins Zentrum gestellt habe. „Es war das Bild des Citoyen, das ihm vorschwebte, des durchgebildeten und innerlich freien Menschen, der sich nur seinem Gewissen verpflichtet fühlt, und den dieses Gewissen zum Kampf zwingt um die Freiheit auch der andern, zum Kampf um die soziale Gerechtigkeit. Ich weiß nach drei Jahrzehnten der immer wachsenden Unfreiheit, heute, wo die Unfähigkeit zur freien Verantwortung schwerer auf uns lastet als die äußere Not, wie recht er hatte." (Siemsen, 1954, S. 10) Diese Bemerkungen Anna Siemsens zeigen auf sehr eindrucksvolle Weise, dass auch sie sich die Einsicht in das dialektische und untrennbare Verhältnis von Freiheit und Gemeinschaft erst erarbeiten musste und dass sie dazu im Rahmen ihrer beruflichen Tätigkeiten und Mitgliedschaften in Parteien und Vereinigungen wertvolle Impulse erhielt. Erst später sollte ihr bewusst werden, dass die Frage, „wie die Freiheit und Entwicklung des Einzelnen innerhalb der Gemeinschaft möglich sei", die „Grundfrage unseres Daseins" darstelle. (Siemsen, 1927a, S. 211.)
59 Das USPD-Schulprogramm, incl. des Vorwortes von Ledebour, ist abgedruckt in Löwenstein (1976), S. 381-392, Zitat: S. 386.

ne und Kirche engagierte.[60] Angesichts ihrer persönlichen Erlebnisse mit den antirevolutionären Kräften bestand für sie kein Zweifel mehr daran, dass die Reformierung des Schulwesens eine Bewegung benötigte, „die wahrhaft revolutionär ist, (...) die nicht bereit ist, das ‚bewährte Alte' langsam umzuwandeln (...), nein, die von Grund aus neu bauen will"[61]. Hierzu war, so Anna Siemsen, jegliches „Paktieren und Zusammengehen mit bürgerlichen Reformern" zu vermeiden. „Wir müssen alle Kompromißversuche von sozialistischen Regierungsmitgliedern mit bürgerlichen Parteien als unsozialistisch verwerfen."[62] Die immer deutlicher hervortretende revolutionäre Haltung Anna Siemsens lässt sich auch an dem zunehmend energischen Ton ihrer Aufsätze ablesen. So spricht sie beispielsweise vom Kampf, in dem „die ersten Schüsse nur gewechselt"[63] seien und weist an anderer Stelle eindringlich darauf hin, dass wir „jetzt aber – *zum Donnerwetter!* – in einer höchst unbequemen Zeit" seien. „(W)echseln wir nicht unsere Gangart ganz beträchtlich, so werden wir überrannt werden und elendiglich verkommen."[64]

Umso größer waren ihre Enttäuschung und ihr Ärger angesichts der im Juli 1919 verabschiedeten Reichsverfassung und der in ihr festgesetzten schulrechtlichen Bestimmungen, die, entgegen ihren Mahnungen, einen einzigen großen „Weimarer Schulkompromiss"[65] darstellten. Weder die Forderung nach einer strikten Trennung von Kirche und Schule noch die erstrebte Einheitsschule hatten die Sozialdemokraten gegen die bürgerlichen Parteien durchsetzen können. Auf Antrag der Eltern konnten weiterhin Bekenntnisschulen eingerichtet werden und auch das ursprüngliche Ziel einer die Mehrgliedrigkeit des Schulwesens überwindenden Einheitsschule war auf eine vierjährige obligatorische Grundschule zusammengeschrumpft. Der Hinweis, dass „für die Aufnahme eines Kindes in eine bestimmte Schule" nicht „die wirtschaftliche und gesellschaftliche Stellung"[66] der Eltern maßgebend sein solle, konnte Anna Siemsen keinen wirklichen Trost spenden. „Mit Verlaub, was heisst das?", fragt sie in einem Aufsatz aus dem Jahr 1920. „Soll es heißen, dass man bei der Aufnahme nicht den Steuerzettel und den Stammbaum oder Berufsurkunde des Vaters verlangt, so ist das auch früher nicht geschehen. ‚Grundsätzlich' hat jeder Arbeiter sein Kind in jede höhere Schule schicken können". Das Problem sei schließlich, dass den Ar-

---

60 Vgl. AAJB, PB Siemsen, Anna 6, Bl. 202-232.
61 Siemsen (1919d), S. 1.
62 Ebd., S. 2.
63 Ebd., S. 3.
64 Siemsen (1919f), S. 143. (Herv. durch die Verfasserin)
65 Mit dem Begriff des „Weimarer Schulkompromisses" wird für gewöhnlich der Verzicht auf die Verweltlichung des Schulwesens bezeichnet.
66 Art. 146 der Weimarer Reichsverfassung, zit. n. Michael/Schepp (1993), S. 235.

beitern nicht die nötigen Mittel zur Verfügung stünden, um von diesem grundsätzlichen Recht tatsächlich Gebrauch machen zu können. „Der Unterricht auf ihnen (d.h. Grund- und Fortbildungsschulen, M.J.) ist unentgeltlich. Lernmittel und Unterhalt der Schüler werden entsprechend der wirtschaftlichen Lage der Eltern zur Verfügung gestellt (...)", müsste der Verfassungsartikel eigentlich lauten. Denn „nur damit hätten wir die Einheitsschule"[67]. Wütend fügt sie hinzu, dass ein solcher Paragraph jedoch nicht möglich sei „in einer bürgerlich kapitalistischen Verfassung"[68]. In einem anderen Aufsatz nennt sie die Verfassung einen Beweis dafür, dass „man das Bestehende erhalten wollte, und da man Kämpfe scheute, und da man gleichwohl nicht klipp und klar erklären wollte: Wir ändern nichts, so kamen die Konzessionisten (sic!) in die Verfassung und die Widersprüche und die Redensarten, die Undurchführbares proklamieren"[69]. Daher zeige diese Verfassung, „wie schlechte Arbeit man auch technisch leistet, wenn sie kein einheitliches Ziel, keine Erkenntnis, kein Wille eint, sondern die Parole lautet, für Widerstrebende eine möglichst vieldeutige Formel zu finden"[70].

c. Hilfsarbeiterin im preußischen Kultusministerium

Vielleicht war es die Enttäuschung über den Kompromisscharakter der Weimarer Schulartikel, die in Anna Siemsen das Bedürfnis weckte, im Oktober 1919 ihre auf die Düsseldorfer Schulverwaltung begrenzte Tätigkeit gegen eine vermeintlich einfluss- und aussichtsreichere Berufung als Hilfsarbeiterin in das preußische Ministerium für Wissenschaft, Kunst und Volksbildung in Berlin einzutauschen, die sie von dem sozialdemokratischen Kultusminister Konrad Haenisch erhalten hatte. Dass sie versuchte, sich auch als Lehrerin nach Berlin versetzen zu lassen und dass sie sich, nachdem dieses Versetzungsgesuch abgelehnt worden war, von ihrer Stelle als Oberlehrerin beurlauben ließ und auf ihre Einkünfte daraus verzichtete,[71] zeigt, welch große Hoffnungen und Erwartungen sie an ihre Arbeit im Ministerium knüpfte. In ihrer Funktion als Expertin für Schulreform beteiligte sie sich – neben der Anfertigung einer „Enquête über die Privatschulen", der Beschäftigung „mit der Frage der Koedukation", „dem Studentenaustausch" und der „Anerkennung ausländischer Reifezeugnisse"[72] – vor allem an der Vorbereitung der vom Ministerium in Zusammenarbeit mit dem „Zentral-

---

67 Siemsen (1920a), S. 604.
68 Ebd., S. 605.
69 Siemsen (1920f), S. 630.
70 Ebd., S. 631.
71 Vgl. AAJB, PB Siemsen, Anna 16, Bl. 8.
72 Siemsen, August (1956-1958), S. 18.

institut für Erziehung und Unterricht"[73] im Juni 1920 veranstalteten Reichsschulkonferenz. Von dieser einwöchigen „pädagogische Großveranstaltung"[74] mit ca. 650 bekannten pädagogischen Experten erhoffte man sich eine „schulreformerische Initialzündung"[75], die jedoch, trotz eines enormen Arbeitsaufwandes vor und während der Konferenz, ausbleiben sollte. Anna Siemsen, die nicht nur an den Vorbereitungen, u.a. durch Mitarbeit an Vortrags- und Diskussionsversammlungen zu verschiedenen Aspekten der Schulreform[76] beteiligt war, sondern auch auf der Konferenz selbst ein Referat über „die gemeinsame Erziehung der Geschlechter"[77] hielt, schrieb im Nachhinein, dass die Reichsschulkonferenz „ein Musterbeispiel dafür (gewesen sei, M.J.), wie Parlamentarismus nicht beschaffen sein und wie er nicht arbeiten darf". Um der Aufgabe, „die Grundlagen zu schaffen für eine durchgreifende deutsche Schulreform", gerecht zu werden, wäre es angesichts des Chaos der derzeitigen widerstreitenden Meinungen nötig gewesen, zunächst in freien „Gesinnungsgruppen", wie beispielsweise dem Bund Entschiedener Schulreformer, Reformideen zu erarbeiten.

> „Hier läßt sich auf der Grundlage einer gemeinsamen Überzeugung Tatsächliches schaffen, Klarheit und Zielsicherheit gewinnen. Ergänzend mögen dann die Staaten oder das Reich die hervorragendsten Vertreter solcher Gesinnungsgruppen berufen, um zu versuchen, wie weit Zusammenarbeit möglich, wie weit die Wege sich scheiden. Und darum ließe sich dann allerdings auch eine staatliche Marschroute gewinnen."[78]

Stattdessen artete die Konferenz in ein chaotisches Durcheinander der verschiedensten Vertreter von Behörden, Organisationen und Parteien aus, deren Kräfteverhältnis „im schreienden Widerspruch stand zur politischen Machtverteilung und wirtschaftlichen Gruppierung im Lande. Es bestätigte sich wieder einmal, daß die kulturellen Erkenntnisse langsam hinter den wirtschaftlichen politischen Entwicklungen herhinken". Somit „ergab sich ein ziel- und ergebnisloses Arbeiten. (...) Der große Apparat gebar ein Mäuslein; der Strom dieser Konferenz

---

73 Das Zentralinstitut für Erziehung und Unterricht war eine „von allen deutschen Ländern (mit Ausnahme Bayerns) getragene und finanzierte ‚Sammlungs-, Auskunfts- und Arbeitsstelle für [das] Erziehungs- und Unterrichtswesen'" (Schmitt, 1998, S. 621) und ein zentraler Austragungsort des reformpädagogischen Diskurses.
74 Schmitt (1998), S. 622.
75 Ebd.
76 Rudolf Rogler weist beispielsweise auf eine im Nachlass Paul Oestreichs befindliche Einladung zu einer am 31.1.1920 stattfindenden Diskussionsversammlung über das Thema „Schulgemeinde" hin, in deren Rahmen auch Anna Siemsen einen Erfahrungsbericht beisteuerte. (Vgl. Rogler, 1995, S. 12, Anm. 10.)
77 Vgl. Siemsen (1920b). Dieser Aufsatz ist eine verschriftlichte Fassung ihres Referates, die im Handbuch für die Reichsschulkonferenz abgedruckt wurde.
78 Siemsen (1920j), S. 11.

verlief im Sande. Vergeblich war die Konferenz indessen nicht"[79]. So habe man zumindest die Gewissheit mitnehmen können, dass „wir kleine und vereinsamte Minderheit (...) hier und dort verstreut einen Gesinnungsgenossen, einen Kameraden, einen Freund: Mitkämpfer überall"[80] haben und so habe man die Erkenntnis gewonnen, dass „wir – nicht durch Reichskonferenzen, aber durch Zusammenschluß der Gleichgesinnten, durch Aufklärung und Bekenntnis, durch praktische Arbeit im einzelnen, durch Hindrängen auf die wenigen gesetzgeberischen Maßnahmen, die heute schon möglich sind (...), unserem Ziel zuschreiten können"[81].

Völlig unbefriedigend blieb für Siemsen nicht nur der Ausgang der Reichsschulkonferenz, sondern auch ihre Arbeit im preußischen Ministerium überhaupt. August Siemsen vermutet im Nachhinein, dass seine Schwester „in dieser großen bürokratischen Maschinerie mit ihren im Amt belassenen höheren und Subalternbeamten als einzige Frau und Mitglied einer oppositionellen Linkspartei zunächst auf allerlei Misstrauen und Schwierigkeiten" stieß, konnte sich bei seinen Besuchen aber davon überzeugen, „daß sie sich durch ihre Tüchtigkeit Achtung, durch ihre Freundlichkeit Sympathien verschafft hatte"[82]. Dies änderte jedoch nichts daran, dass ihre Arbeit im Ministerium sich nur als eine weitere Station auf dem Wege zahlreicher Enttäuschungen erwies. Laut August sei Anna Siemsen später der Überzeugung gewesen, dass man sie u.a. auch deshalb ins Ministerium geholt habe, um sie „dort unschädlich zu machen, da ein direktes Vorgehen gegen sie anlässlich ihres Konfliktes mit ihrem Direktor untunlich erschienen war"[83]. Die reformfreudigen Kräfte, die sich nach Anna Siemsens Meinung größtenteils mit ein paar methodischen Lockerungen zufrieden gaben und „nicht sehr tief schauend (...)"[84] waren, seien an unerhebliche Stellen gesetzt worden. Der sozialdemokratische Minister Haenisch habe sich nur als eine Marionette der von Zentrum und Demokraten zur Kontrolle abbestellten Staatssekretäre erwiesen, deren Aufgabe es gewesen sei, möglichst viel von der alten Ordnung zu erhalten. „Kein Schulrat, kein Direktor wurde, wo irgend möglich, versetzt, mochte er sich auch offen feindselig gegen die Republik zeigen. Dagegen wurde der Lehrer, der irgendwie sich demokratisch oder sozialistisch zeigte, diszipliniert (...)." Vor allem in den Universitäten und höheren Schulen sei „wenige Jahre nach dem November (1918, M.J.) die alte Ordnung fast wieder herge-

---

79 Ebd.
80 Ebd., S. 12.
81 Ebd.
82 Siemsen, August (1951), S. 45.
83 Siemsen, August (1956-1958), S. 16.
84 Siemsen (1940), S. 55.

stellt"[85] gewesen. Immer wieder seien unerfreuliche Reformen unterlaufen oder blockiert worden, sodass wirklichen Reformisten nur die Möglichkeit übrig blieb, sich auf „Nebengebiete" wie Volkshochschulen oder Sonderschulen zurückzuziehen, „denen Freiheit zum Experimentieren gegeben wurde. In diesen Schulen sammelte man dann die unbequemen Lehrer und Schueler, stellte sie dadurch zufrieden und behielt in den 99 Prozent anderer Schulen freie Hand"[86]. Sehr enttäuscht wurde Siemsen auch von der Lehrerschaft, besonders von den Lehrer/innen der Universitäten und höheren Schulen, die, anstatt sich mit den wichtigen Fragen zu beschäftigen, sich nur darum kümmerten, ob denn nun der Turn- oder der Zeichenlehrer höher im Rang stehe.[87] Dieses Erlebnis trug mit dazu bei, dass Siemsen in der Reform der Lehrerausbildung eine entscheidende Bedingung für das Gelingen einer Demokratisierung des Schulwesens erachtete. So schrieb sie 1921 in ihrem Aufsatz „Zur Lehrerbildung", dass „die entschiedenste Jugendbewegung, der lebendigste Elternwille, die wundervollsten Reformpläne" völlig wirkungslos seien, „wenn nicht der Lehrer begreift, hilft, verwirklicht"[88]. „Einrichtungen", so musste sie erkennen, „kann man plötzlich umgestalten, Menschen nicht. Und uns fehlen die Menschen, mit denen sich schon heute eine neue Schule bauen ließe."[89] Gleiches galt für die preußischen Beamten des Ministeriums, die weiterhin ihre Arbeit erledigten, wie sie es für richtig hielten. Als die Nationalsozialisten an die Macht kamen,

„glaubten sie, ähnlich wie Reichswehr, Schwerindustrie und Junkertum, ihr altes Spiel fortsetzen zu können. (...) Aber die Herren hinter den Schaltern haben erleben muessen, dass diese Schalter gestuert wurden (...). Sie haben es fertig gebracht wie bisher ihr Gewissen damit zu beruhigen, dass sie den Geschäftsgang tadellos erledigten, die Aktenvorkommen richtig zu Ende fuehrten. Was in diesen Akten stand, (...) ging sie nichts an"[90].

Da Anna Siemsen laut August nicht „zu einem Rad in einem Betrieb werden (wollte), der von ihr fremden Antrieb (sic!) gelenkt wurde", entschied sie sich nach einer nur halbjährigen Tätigkeit und noch vor der Reichsschulkonferenz, das Angebot einer Stelle als Beigeordnete für das Düsseldorfer Fach- und Berufsschulwesen anzunehmen, wo ihr Wirkungskreis zwar wieder wesentlich kleiner ausfiel, sie sich aber „der festen Stütze der Düsseldorfer Arbeiterparteien sicher"[91] sein konnte. Dennoch hoffte sie anscheinend weiterhin auf eine Wirk-

---

85 Ebd., S. 54.
86 Ebd., S. 55.
87 Vgl. ebd., S. 56.
88 Siemsen (1921b), S. 516.
89 Siemsen (1920c), S. 97.
90 Siemsen (1940), S. 58.
91 Siemsen, August (1956-1958), S. 19.

samkeit an entscheidenderer Stelle, stellte sie doch die Bedingung, „einem eventuellen Ruf nach Berlin folgen zu dürfen"[92].

d. Praktische Erfahrungen im Kontext des Kapp-Putsches

Da Siemsen ihre neue Stelle erst im Mai 1920 antrat, erlebte sie zwischen dem 13. und 17. März den Kapp-Putsch[93] in Berlin, „im Zentrum des Geschehens, drei Minuten entfernt vom Hauptquartier der Aufständischen"[94]. Begeistert schreibt Anna Siemsen in ihren Erinnerungen, dass es nie einen Putsch gegeben habe, der „so rasch, so vollständig, so friedlich zu einem Ende gebracht wurde, wie der Kapp-Putsch. Und niemals hat sich die Macht einer geeinten und entschlossenen Arbeiterschaft so wirksam und zugleich so anspruchslos gezeigt"[95]. Die durch ihren Erfolg gestärkte Arbeiterbewegung beschloss nun, nicht einfach zu den vorherigen Verhältnissen zurückzukehren, sondern ihre Waffen erst nach der wirksamen Umsetzung sozialer und demokratischer Umgestaltungsmaßnahmen niederzulegen. Auch Anna Siemsen war der Meinung, dass die Erfahrung des Kapp-Putsches die Regierung dazu hätte veranlassen müssen, die verräterischen Kräfte zu entmachten, die Reichswehr neu zu organisieren und der Arbeiterschaft eine größere wirtschaftliche und politische Mitsprache zu gewähren. „All das wäre unter dem Eindruck des Sieges möglich gewesen. Es geschah nichts davon. Sondern von allem das Gegenteil."[96] Die Etablierung einer Arbeiterregierung aus SPD und USPD scheiterte vor allem, so Arthur Rosenberg, „an dem doktrinären Starrsinn des linken Flügels der USPD (…). Da die USPD ihre Mitwirkung versagte, blieb der SPD nichts anderes übrig, als wieder eine Koali-

---

92 Ebd.
93 Bereits Mitte des Jahres 1919 waren die gegenrevolutionären Kräfte wieder so gestärkt, dass sie sich, da sie zudem über die bewaffnete Macht verfügten, auf eine gewaltsame Beseitigung der republikanischen Regierung vorbereiteten. Als dann der Reichswehrminister Noske gemäß den Bestimmungen des Versailler Vertrages Ende Februar 1920 die Auflösung der Marinebrigade Erhard, einem 5000 Mann starken Freikorps, verfügte, marschierte unter dem 12.3.1920 unter der Führung von Wolfgang Kapp und General von Lüttwitz nach Berlin, besetzte am 13.3. das Regierungsviertel und ernannte Kapp zum neuen Reichskanzler. Während die Reichswehr sich weigerte, gegen die Putschisten vorzugehen, der überwiegende Teil der höheren Beamtenschaft ebenfalls mit den meuterischen Truppen sympathisierte und der Regierung nichts anderes als die Flucht aus Berlin übrig blieb, sorgte nur der Generalstreik der Arbeiterschaft dafür, dass der Putsch innerhalb weniger Tage zusammenbrach.
94 Siemsen (1940), S. 44.
95 Ebd.
96 Ebd., S. 47.

tionsregierung alten Stils zu bilden"⁹⁷. Darüber hinaus blieb die Reichswehr unreformiert, endeten die Prozesse gegen die Putschisten mit Freispruch oder geringen Festungsstrafen und blieben auch die meisten unzuverlässigen Beamten in ihren Ämtern. „Die eigentliche Katastrophe aber", so Anna Siemsen, „spielte sich im Ruhrgebiet ab." Dort hatte sich die sog. „Rote Ruhrarmee", eine bewaffnete Arbeiterwehr, gebildet, die in blutigen Kämpfen die dortigen Freikorps zurückgeschlagen und das ganze Ruhrgebiet unter ihre Kontrolle gebracht hatte. Sofort keimte sowohl unter den bürgerlichen als auch den sozialdemokratischen Regierungsmitgliedern die Angst vor der vermeintlichen Bolschewismusgefahr erneut auf. Um der Aufstände im Ruhrgebiet Herr zu werden, setzte die Regierung, die soeben von der Arbeiterschaft vor den Kapp-Truppen gerettet worden war, eben diese Truppen nun gegen die bewaffneten Arbeiter ein. „Die Rache der Truppen", schreibt Anna Siemsen, „und die Rache des Buergertums war ungehemmt."⁹⁸ Als Siemsen nach diesen Ereignissen nach Düsseldorf zurückkam, war die Einheit der Arbeiterbewegung dort endgültig zerstört.

> „Jetzt war alles tot. Misstrauen und Enttäuschung, Muedigkeit und Erbitterung hatten die Massen der Arbeiterschaft auseinandergesprengt. (...) Das rheinisch-westfälische Industriegebiet ist das industrielle Herzgebiet Deutschlands. (...) Und hier ist die vielgestaltigste und politisch seit alters lebendigste Arbeiterschaft. (...) (I)n diesem Gebiet lag die Hauptkraft der deutschen Arbeiterbewegung. Durch das Vorgehen der Regierung war ihre Kraft gebrochen. Und sie konnte sich unter den Verhältnissen der Weimarer Republik nie wieder erholen. (...) So konnte dieses Gebiet alter demokratischer Selbstverwaltung (...) alter sozialistischer Arbeit (...), dem Nationalsozialismus verfallen. Waren die Verwuestungen in diesem Gebiet am schwersten, so war die Wirkung im ganzen Deutschland katastrophal."⁹⁹

Schon bei der nächsten Reichstagswahl sollte die SPD für ihr Verhalten büßen: sie verlor über die Hälfte ihrer Anhänger. Die Weimarer Koalition erlangte bis zum Ende der Weimarer Republik nie wieder die parlamentarische Mehrheit. Anna Siemsen zieht in ihren Erinnerungen folgendes Fazit: „Nach dem Zerschlagen der Arbeiterbewegung an dieser entscheidenden Stelle war das Schicksal der Republik im wesentlichen besiegelt. Alle Elemente, aus denen der Natio-

---

97 Rosenberg (1961), S. 98.
98 Siemsen (1940), S. 49. Ein erschütterndes Zeugnis der brutalen Rache ist der Brief eines Freikorps-Angehörigen, den Sebastian Haffner in seinem Buch „Die verratene Revolution" zitiert: „Pardon gibt es überhaupt nicht. Selbst die Verwundeten erschießen wir noch. Die Begeisterung ist großartig, fast unglaublich. (...) Alles, was uns in die Hände kommt, wird mit dem Gewehrkolben zuerst abgefertigt und dann noch mit der Kugel. Ich dachte während des ganzen Gefechtes an Station A. Das kommt daher, daß wir auch zehn Rote-Kreuz-Schwestern sofort erschossen haben, von denen jede eine Pistole bei sich trug. Mit Freuden schossen wir auf diese Schandbilder, und wie sie geweint und gebeten haben, wir sollen ihnen das Leben lassen. Nichts!" (Zit. n. Haffner, 1969, S. 208.)
99 Siemsen (1940), S. 49-51.

nalsozialismus seine Kräfte holte, waren gesammelt. Die Zeit vom Kapp-Putsch zum Reichstagsbrand lässt sie nur noch aus der Knospe zur Bluete und zur Reife gelangen."[100]

e. Leitung des Fach- und Berufsschulwesens in Düsseldorf und Berlin

Während Anna Siemsen sich bisher hauptsächlich mit Fragen des allgemeinbildenden Schulwesens beschäftigt hatte, widmete sie sich im Rahmen ihrer nun folgenden Tätigkeit als Beigeordnete in Düsseldorf dem Berufsschulwesen, das bisher, so August Siemsen, als eine Art „Stiefkind der Gesetzgebung"[101] behandelt und nicht in das Gesamtbildungswesen eingegliedert worden war; dies, obwohl gerade die Berufsschule eine wichtige Funktion im Rahmen der wirtschaftlichen Entwicklung Deutschlands zu erfüllen hatte und obwohl der Artikel 145 der Weimarer Reichsverfassung[102] die Berufsschulpflicht in die allgemeine Schulpflicht integrierte. Auf Grund der Autonomie der Länder hätte diese programmatische Forderung der Verfassung der Ergänzung durch ein Landesgesetz bedurft, das jedoch nicht zustande kam, so dass das Recht, über die Einrichtung von Berufsschulen zu entscheiden, weiterhin bei den Gemeinden lag. Olga Essig, die sich, wie später auch Anna Siemsen, im Bund Entschiedener Schulreformer vor allem der Frage des Berufsschulwesens widmete, berichtet, dass dieser Umstand

„neben vielen negativen Auswirkungen immerhin freie Bahn für fortschrittliche Entwicklungen in kulturfreundlichen Kommunen, insbesondere der großen Industrie- und Handelsstädte des Westens (bedeutete, MJ.). Dazu gehörte auch Düsseldorf, dessen fortschrittlich zusammengesetztes Stadtparlament die Steuerung der gesetzgeberischen und organisatorischen Maßnahmen in die Hände von *Anna Siemsen* legte, was damals einmalig in der Kommunalverwaltung war. Allein die Tatsache dieser Berufung wirkte sich weithin in der Berufsschullehrerschaft wie ein Weckruf aus, zumal in den weiblichen Berufsschulen, die bisher keine auch nur einigermaßen ausreichende Beachtung und Förderung erfahren hatten. Anna Siemsen ist damals am Horizont der preußisch-deutschen Berufsschulen wie ein Stern aufgegangen, wie ein unbekannter Stern, der neue Kräfte und Einsichten versprach."[103]

---

100 Ebd., S. 17.
101 Siemsen, August (1951), S. 53.
102 Der Artikel 145 besagt: „Es besteht allgemeine Schulpflicht. Ihrer Erfüllung dient grundsätzlich die Volksschule mit mindestens acht Schuljahren und die anschließende Fortbildungsschule bis zum vollendeten achtzehnten Lebensjahre. (…)" (Zit. n. Michael/Schepp, 1974, S. 52.)
103 Essig (1951), S. 12. (Herv. im Orig.)

Für ihr Amt als Beigeordnete, das Siemsen zugleich zur Stellvertreterin des Oberbürgermeisters machte,[104] musste sie alle übrigen Beschäftigungen, einschließlich ihre Stelle als Oberlehrerin, niederlegen, sodass sie Ende April 1920 endgültig aus dem Schuldienst ausschied. Am 11.5.1920 hielt der Oberbürgermeister Dr. Köttgen anlässlich der Einführung Anna Siemsens eine Ansprache, in der er darauf hinwies, dass ihr nun ein Aufgabenkreis übertragen werde, wie ihn „bisher wohl nur wenige Frauen in Deutschland bekommen haben, ein Aufgabenkreis von ganz außerordentlicher Bedeutung und Verantwortung"[105].

Bedeutsam wurde dieses Amt vor allem auch für Anna Siemsen selbst, da die intensive Auseinandersetzung mit dem Berufsschulwesen ihr die historisch-soziologische Verankerung erziehungswissenschaftlicher Fragen noch einmal deutlich vor Augen führte. Die Berufsschule hatte sie „mehr und mehr als eines der wichtigsten Gebiete der Schulerziehung" anzusehen gelernt, zum einen, „weil hier die grösste Zahl im bildungsfähigsten Alter erfasst wird", zum anderen aber vor allem, „weil diese Schulen in engster Beziehung zur Wirtschaft stehen und so in mannigfachere gesellschaftliche Beziehungen verflochten sind als die anderen Schultypen, die eine Illusion der Autonomie leichter unterhalten können"[106]. Wie kein anderes Gebiet verdeutlichte gerade das Berufs- und Fachschulwesen Siemsen die enge Verzahnung von Erziehung und Gesellschaft und ließ sie erkennen, dass die Frage der Erziehung einem ständigen Konflikt zwischen der Sicherung persönlicher Freiheit einerseits und gesellschaftlicher Verpflichtung andererseits unterworfen sei, ja dass die ganze menschliche Geschichte der Versuch sei, sowohl Freiheit als auch Gemeinschaft zu verwirklichen.[107] Zu dieser Ansicht gelangte sie, weil die bisherige berufliche Erziehung in völligem Gegensatz zu den Bedingungen einer allseitigen menschlichen Persönlichkeitsentwicklung stand und, so lässt sich hinzufügen, auch heute häufig noch steht. Seit der bürgerlichen Revolution bestimme nicht mehr vorrangig der mit der Geburt gegebene Stand, sondern der Beruf die Stellung und die Funktion des Menschen in der Gesellschaft. Da die wirtschaftliche Ordnung einer kapitalistischen Gesellschaft jedoch nicht an den tatsächlichen Bedürfnissen der Menschen, sondern an der Erzeugung eines möglichst hohen Profits ausgerichtet sei, so orientiere sich auch die Berufsfrage nicht an den Neigungen und Bedürfnissen der Menschen. „Die wichtigste Berufsfrage wird demnach diese, wie sich die Arbeit wirtschaftlich am ertragsfähigsten machen läßt. Das aber führt (...) zu einer immer weitergehenden Maschinisierung und Differenzierung (...)."[108] Dem-

---

104 Vgl. Siemsen, August (1951), S. 53.
105 AAJB, PB Siemsen, Anna 5, Bl. 122.
106 Siemsen (1938e), S. 282.
107 Vgl. Siemsen (1921c), S. 38.
108 Siemsen (1924g), S. 229.

entsprechend sei auch die gegenwärtige (Berufs-)Erziehung, die ja immer Eingliederung des Menschen in die Gesellschaft bedeute,[109] von dem Ziel bestimmt, den jungen Menschen, auf Kosten einer allseitigen Entwicklung zu spezialisieren, ihn zu einem unflexiblen Berufsspezialisten zu erziehen und ihn somit, angesichts der zunehmenden Dynamik gesellschaftlicher Verhältnisse, diesen auszuliefern. „Wenn wir Generationen von Menschen zu einseitig höchst qualifizierten, aber mechanisierten Berufsspezialitäten drillen, dann verschwindet die Tendenz zur Allseitigkeit und Selbstständigkeit, dann schwächt sich die Anpassungs- und Umstellungsfähigkeit."[110] Die leitende erziehungsphilosophische Idee sei stets die Entwicklung „einer harmonischen menschlichen Persönlichkeit (gewesen), die sich schöpferisch im Beruf auswirkt"[111]. Diesem Ziel stehe die gegenwärtige Gesellschaft, die einem „Chaos gegeneinander wirkender Einzelinteressen"[112] gleiche, diametral entgegen. Aus diesem Grund erkannte Anna Siemsen nicht nur die Notwendigkeit eines Umdenkens in Richtung auf eine Erziehung zur Gemeinschaft, der sie sich 1921 in ihrem Buch „Erziehung im Gemeinschaftsgeist"[113] widmete; um diese erreichen zu können, war es vielmehr nötig, sich die Abhängigkeit der Erziehung von den gesellschaftlichen Verhältnissen und damit auch die hemmende Wirkung dieser Verhältnisse auf das Ziel einer gemeinschaftlich organisierten Erziehung zunächst einmal systematisch vor Augen zu führen. Ihre beiden Bücher „Erziehung im Gemeinschaftsgeist" und „Beruf und Erziehung"[114], in denen sie detailliert das Verhältnis der Erziehung zur Gesellschaft und deren Organisationsformen und Institutionen, wie Wirtschaft, Staat und Kirche analysiert und nachzeichnet, können daher bereits als „Vorstufen" ihrer in den 1930er Jahren geschriebenen und 1948 veröffentlichten „Gesellschaftlichen Grundlagen der Erziehung" bezeichnet werden.

Diese Einsicht in die Verzahnung wirtschaftlicher bzw. gesamtgesellschaftlicher und erziehungswissenschaftlicher Fragen bestärkten nicht nur Anna Siemsens Annahme, dass die Erziehungsarbeit und die Herstellung besserer Arbeits- und Lebensbedingungen stets Hand in Hand gehen müssen, sie ließ sie außerdem für eine entschiedene Reformierung der bisherigen Berufsschulerziehung eintreten. Nicht die Wirtschaft, sondern der junge Mensch müsse Ausgangspunkt der Berufsschule werden. Dazu seien jedoch erstens die Berufsschulzeit viel zu kurz, zweitens der Lehrstoff und die Ausstattung zu dürftig und drittens die Lehrerschaft nicht hinreichend ausgebildet. Außerdem biete die bisherige Berufsschule

---

109 Vgl. ebd., S. 227.
110 Ebd., S. 231.
111 Vgl. Siemsen (1926d), S. 218.
112 Siemsen (1921c), S. 39.
113 Siemsen (1921c).
114 Siemsen (1926d).

keine Weiterbildungs- und Aufstiegsmöglichkeiten.[115] Letztendlich müsse die ganze verhängnisvolle Trennung in höhere, rein theoretisches Wissen vermittelnde allgemeinbildende Schulen einerseits und den Menschen mechanisierende, spezialisierende und ihn den Bedürfnissen der Wirtschaft aufopfernde berufliche Schulen andererseits aufgehoben und die Berufsschule in das allgemeine Bildungswesen integriert werden. Konkretisiert hat Anna Siemsen diese Vorstellungen in dem auf einer Tagung des Bundes Entschiedener Schulreformer vorgetragenen Konzept einer Arbeits- und Produktionsschule, die in Form einer nach dem Einheitsschulprinzip aufgebauten Arbeits- und Lebensgemeinschaft allgemeine und berufsmäßige Bildung sowie Kopf- und Handarbeit miteinander vereint und das Kind darin übt, „selbst seine Fähigkeiten zu erkennen und so den Platz zu finden, den es in der gesellschaftlichen Arbeit einnehmen kann"[116].

Im Rahmen ihrer Tätigkeit als Beigeordnete setzte Anna Siemsen sich intensiv für die Neu- und Umgestaltung des Düsseldorfer Fach- und Berufsschulwesen im Sinne der genannten Reformvorstellungen ein. In ihrem Aufsatz „Die Berufsschulen der Stadt Düsseldorf" schildert sie ihre ersten Erfolge, zu denen beispielsweise die Aufnahme eines wöchentlich zweistündigen Werkunterrichts in die oberen Volksschulklassen gehörte, um „damit den ersten Schritt zur Verwirklichung der Arbeitsschule zu tun und geistige und körperliche Tätigkeit eng miteinander zu verbinden"[117]. Engagiert setzte sie sich weiterhin für die Einrichtung einer Mädchenberufsschule ein, da die Berufsausbildung für Mädchen ihrer Meinung nach ebenso wichtig sei wie für Jungen, schließlich habe mit der unumkehrbaren Weiterentwicklung der Gesellschaft auch „das alte Ideal der Frau als Mutter, Gattin und Hausfrau"[118] ausgedient. „Die berufs- und erwerbstätige Frau wird zum normalen Typus"[119] und muss daher, ebenso wie der Mann, auf ihre neuen Aufgaben vorbereitet werden. Sehr am Herzen lag Siemsen darüber hinaus die Etablierung eines Arbeitsschulseminars, „das für ein Jahr (...) Lehrer und Lehrerinnen in die Gedanken und die Methode der Arbeitsschule einführt (...) und ihnen die nötige landwirtschaftliche und handwerkliche Ausbildung gibt"[120]. Laut August Siemsen gelang es seiner Schwester, „den Aufbau und Ausbau der Berufs- und Fachschulen in Düsseldorf innerhalb eines Jahres soweit zu fördern, daß sie die Fortsetzung ihrer Arbeit getrost der von ihr als Nachfolgerin vorgeschlagenen Essener Studienrätin Adelheid Torhorst überlassen konnte,

---

115 Vgl. Siemsen (1926a), S. 300.
116 Siemsen (1922c), S. 535. Eine ausführliche Betrachtung dieses Schulkonzeptes erfolgt im systematischen Teil vorliegender Arbeit.
117 Siemsen (1922a), S. 156.
118 Siemsen (1923a), S. 148.
119 Ebd., S. 149.
120 Siemsen (1921b), S. 517.

um selbst die Leitung der Berufs- und Fachschulen in Groß(-)Berlin zu übernehmen"[121].
Dort sah Anna Siemsen sich jedoch schon bald großen Schwierigkeiten ausgesetzt. Hatte sie es zunächst als „reizvolle Aufgabe"[122] betrachtet, das völlig chaotische Berufsschulwesen in dem aus bisher selbstständigen Gemeinden zusammen geschlossenen Großberlin neu aufzubauen, so sah sie sich angesichts des dortigen Umstands, „dass buergerliche und sozialistische Parteien sich ungefähr das Gleichgewicht hielten", wieder der gleichen Kompromisspolitik ausgesetzt, die sie nun schon zur Genüge kennen gelernt hatte. Das heutige Deutschland sei, so schrieb die frustrierte Anna Siemsen in einem Aufsatz über die Berliner Schulverhältnisse, ein „Deutschland der theoretisch radikalen Forderungen und des praktischen in den Tag hinein Wurstelns"[123].

„Hinzu kam der starke Druck der preussischen Ministerialburokratie (sic!), welche erfolgreich bemueht war, durch Gesetze, Verordnungen und durch finanzielle Hungerkuren die Gemeinden sich zu unterwerfen. Die beginnende und schwindelhaft ansteigende Inflation machte die Verwaltung bald zu einem einzigen Kampf um das Fortexistieren von Tag zu Tag. Alle aufbauende Arbeit kam zu einem völligen Stillstand."[124]

Obwohl Anna Siemsen schon im November 1921 nach Berlin wechselte, klagte sie noch 1923, dass es dort noch immer kein Ortsgesetz über die Berufsschulpflicht gebe. „Seit 1 ½ Jahren suchen die städtischen Körperschaften vergeblich zu einem Entschluß zu kommen."[125] In der Folge gebe es in vielen Gemeinden überhaupt keine Berufsschulen und dort, wo tatsächlich welche eingerichtet wurden, seien sie völlig unzureichend ausgestattet. „Es gibt Berufsschulen in Berlin, die in einem einzigen Gebäude und unter einem einzigen Direktor mehr Schüler zusammendrängen als sämtliche 11 Gymnasien Alt Berlins."[126] Sehnsüchtig blickte sie nach den sozialistisch regierten und von ihr zu Forschungszwecken bereisten Ländern Sachsen und Thüringen, da sie „gute Gesetze geschaffen" hätten und „mit frischem Mut an die Arbeit"[127] gingen.

---

121 Siemsen, August (1956-58), S. 20.
122 Siemsen (1940), S. 52.
123 Siemsen (1923b), S. 288.
124 Siemsen (1940), S. 52. Ein eindrucksvolles Zeugnis über die Inflation geben die in der Personalakte Anna Siemsens gesammelten Rechnungen und Quittungen über Kosten, die im Rahmen ihres Umzuges von Berlin nach Jena angefallen sind. So zahlte sie für den Transport ihrer Möbel 474 000 000 Mk., für einen Elektriker in Jena 136 660 000 Mk. und für eine Übernachtung, incl. Frühstück in einem Gasthof in Jena 55 000 000 Mk. (Vgl. ThHStAW, Personalakte aus dem Bereich des Volksbildungsministeriums Weimar Nr. 26674, Bd. 3, Bl. 85.)
125 Siemsen (1923b), S. 291.
126 Ebd., S. 292.
127 Ebd.

„In Preußen kommt man nicht dazu ein Gesetz zu verabschieden, weil man die Mittel nicht aufbringen zu können meint. Und die Mittel fehlen, weil man sich scheut(,) den dreimal heiligen höheren Schulen zu nahe zu treten. (...) Die Hemmungen, die dem entgegenstehen, sind (...) weniger sachlich als persönlich bedingt: Unkenntnis (...), Scheu vor Mitarbeit und Verantwortung, die beharrende Trägheit (...) und endlich die ganze Schwerfälligkeit unserer Parlaments- und Verwaltungsmethoden."[128]

So kam Siemsen zu dem bitteren Schluss:

„Wir sind ein bureaukratisch verbildetes Volk (...). Wir haben bisher noch nichts von unserm alten autokratischen Verwaltungsapparat abgebaut. Helfen kann hier nur der Wille zur Verantwortung, (...) der von unten her, in diesem Fall vom einzelnen Lehrer, von einer Elternschaft, von einer Schulgemeinschaft aus Aufgaben stellt und löst (...). Nur auf diesem Weg, glaube ich, sind die in Formalien erstickenden Parlamente und die, ach so eingerosteten Verwaltungen zum Notwendigen zu erwecken."[129]

An anderer Stelle schrieb sie: „Es ist der Fluch aller Verwaltung, daß sie nicht Leben schaffen, sondern nur vorhandenes Leben ordnen kann. (...) Je zentraler eine Behörde ist, desto weniger kann sie direkt beleben (...). Was aus den theoretischen Erwägungen einer Zentralbehörde ins Dasein gerufen wurde, blieb unlebendig."[130] Es verwundert daher nicht, dass Siemsen, die mittlerweile „sehr pessimistisch dachte ueber die Möglichkeiten von Verwaltungsreformen in der politischen Situation in Deutschland"[131], erleichtert war, als ihr im Herbst 1923 vom sozialistischen Thüringischen Ministerium angeboten wurde, als Oberschulrätin in den direkten Staatsdienst zu treten und die „Schulaufsicht in Verbindung mit den Geschäften der mittleren Schulverwaltungsbehörden für die Allgemeinschulen im Schulgebiet I (Jena-Weimar)"[132] zu übernehmen. In Thüringen erhoffte Siemsen sich nicht nur wegen der günstigeren politischen Situation ein viel versprechendes Aufgabengebiet. Da sie nach ihren enttäuschenden Verwaltungserfahrungen „in der Erziehungsarbeit am Einzelnen die einzige Möglichkeit erblickte, eine spätere Aufbauarbeit vorzubereiten, zog mich bei dieser Arbeit vor allem an, dass sie auch die Lehrerbildung mir anvertrauten und mit einem Lehrauftrag an der Universität verbunden war. Ich nahm also an"[133]. Dabei störte es sie nicht, dass ihr Gehalt in Thüringen geringer ausfallen würde als in Berlin.

---

128 Ebd., S. 292f.
129 Ebd., S. 293.
130 Siemsen (1925c), S. 159f.
131 Siemsen (1940), S. 52.
132 ThHStAW, Personalakte aus dem Bereich des Volksbildungsministeriums Weimar Nr. 26674, Bd. 3, Bl. 45.
133 Siemsen (1940), S. 52f.

3. Oberschulrätin, Schulleiterin und Honorarprofessorin in Thüringen

„Thüringen ist ein Musterbeispiel dafür, daß die Ausgestaltung des Schulwesens abhängig ist von den politischen Machtverhältnissen,"[134] schreibt 1929 rückblickend der ehemalige zunächst unabhängige, später sozialdemokratische Volksbildungsminister Max Greil, der seine von Ende 1921 bis Ende 1923 währende Amtszeit einer rein sozialistischen, aus SPD und USPD bestehenden und von der KPD tolerierten Regierung Thüringens zu verdanken hatte, welche im Herbst 1921 ihre Geschäfte aufnahm. Die Folge dieser Regierungsbildung war eine in Deutschland einmalige „entschlossene Reformpolitik", die „von der Wirtschafts- und Verwaltungs- bis zur Kultur- und Bildungspolitik"[135] reichte und die theoretischen Forderungen der Weimarer Reichsverfassung endlich auch praktisch umsetzen wollte. Der ehemalige Volksschullehrer Max Greil, der sich bereits im Rahmen seiner Tätigkeiten als Vorsitzender des Lehrerrates und als Bezirksschulrat in Gera einen Namen als demokratischer Schulreformer gemacht hatte, verfolgte nun als Volksbildungsminister die „Neugestaltung des gesamten Thüringer Schul- und Bildungswesens vom Kindergarten bis zur Universität im Sinne der Einheits-, Gemeinschafts- und Arbeitsschule"[136]. So trieb er zum einen die *inhaltliche und methodische Reformierung des Unterrichts* voran, indem er z.B. die Arbeitsschulmethode in den Lehrplänen verankerte. Zum anderen setzte er sich, gemäß der Losung „Ein Volk, eine Schule, ein Lehrerstand!"[137], auf mehreren Ebenen für die Schaffung demokratischer und landesweit einheitlicher Bildungsverhältnisse ein. Dazu gehörte *erstens* eine *äußere strukturelle Reform des Schulwesens* im Sinne einer aus Grund-, Unter-, Mittel- und Oberstufe bestehenden weltlichen Einheitsschule[138], ergänzt durch den Ausbau des Berufsschulwesens und die Erschließung weiterer Zugangsmöglichkeiten zum Hochschulstudium (z.B. durch Schaffung von Sonderlehrgängen im Anschluss an die Volksschule);

zweitens eine *demokratische Reformierung des Schulunterhaltungs- und Schulverwaltungswesens*, die u.a. die (finanzielle) Verstaatlichung des Schulwesens, die Einführung einer kollegialen Schulleitung, die Sicherung des Mitwirkungsrechtes von Eltern und Schülern, „und die Unterstellung aller Bildungsein-

---

134 Greil (1929), S. 65.
135 Mai (1996), S. 19.
136 Max Greil, hier zit. n. Mitzenheim (1965), S. 30.
137 Ebd., S. 31.
138 In dieser sollte im Anschluss an eine vierjährige Grundschule die vertikale Gliederung in höhere und niedere Schulen durch eine horizontale Gliederung in auf der jeweiligen Stufe gleichwertige Bildungszweige ersetzt werden.

richtungen in Thüringen unter das Volksbildungsministerium"[139] ermöglichte und

drittens eine *einheitliche Akademisierung der Lehrerbildung*, in die auch die Volksschullehrerbildung[140] einbezogen wurde. Konsequent wurden die genannten Reformen durch die Verabschiedung eines Schulunterhaltungsgesetzes (1921), eines Einheitsschulgesetzes (1922), eines Lehrerausbildungsgesetzes (1922) und eines Schulverwaltungsgesetzes (1923) umgesetzt.[141]

Um seine Schulreformbestrebungen auch praktisch verwirklichen zu können, berief Greil eine Reihe ausgewiesener und demokratisch gesinnter Fachleute nach Thüringen, darunter Anna Siemsen, deren Name ihm vermutlich schon dadurch ein Begriff war, dass sie, wie er selbst, zunächst der USPD später der SPD, dem Bund Entschiedener Schulreformer und dem Verband Sozialistischer Lehrer, der späteren Freien Lehrergewerkschaft, angehörte. Den konkreten Anlass ihrer Berufung bot jedoch ein Vortrag Anna Siemsens im Rahmen einer „Arbeitswoche für Mädchenberufsschulfragen in Jena (16. bis. 21. April 1923)"[142], die von der ebenfalls im Thüringer Volksbildungsministerium tätigen und dem Bund Entschiedener Schulreformer angehörenden Regierungsrätin Olga Essig vorbereitet worden war. Essig berichtet rückblickend, dass man Siemsen gebeten habe, ein Referat über die sozialen Aufgaben der Mädchenberufsschule zu halten.

„Sie aber gab viel mehr! Es wurde ein unvergeßlich eindringlicher Appell an die Berufsschullehrerschaft und eine große Programmrede zur neuen Lehrerbildung, die das Land Thüringen gerade der Universität anvertraut hatte. ‚Neue Zustände schafft man nur durch neue Menschen'; ‚Wiederaufbau der Welt kann nicht von Anhängern des alten Geistes geleistet werden!' Das galt es konsequenterweise zunächst in der Forschungsarbeit und Lehrweise der Universität als der Bildungsstätte der kommenden Lehrer durchzusetzen."[143]

Mit diesen Worten sprach die von der reinen Verwaltungstätigkeit enttäuschte und von der Notwendigkeit einer neuen Lehrerausbildung überzeugte Anna Siemsen den reformatorischen Kräften Thüringens aus der Seele, sodass diese sich fortan für eine Berufung Siemsens durch Max Greil einsetzten. In einem auf den 23.4.1923 datierten Schreiben berichtet Olga Essig dem Volksbildungsminister von Siemsens Vortrag, der sich durch „eine Synthese von seltener Geistesschärfe, Klarheit, Feinheit und Innerlichkeit" ausgezeichnet habe. „Die Wirkung auf die Zuhörerschaft war von unerhörter Stärke, Überzeugungs- und Eindrucks-

---

139 Mitzenheim (2006), S. 194.
140 Zur Akademisierung der Volksschullehrerbildung in Thüringen vgl. Eckhardt (1927), S. 16-24.
141 Zur Greilschen Schulreform vgl. insb. Buchwald (1992), darin neuntes Kapitel, Döpp (2003), darin vor allem Kapitel II.2.2.1., sowie Mitzenheim (1965) u. (2006).
142 Essig (1951), S. 17.
143 Ebd.

kraft."[144] Die unverbindliche Frage, ob sie sich einen Wechsel nach Thüringen vorstellen könne, habe Anna Siemsen, so Essig in diesem Brief, grundsätzlich nicht abgelehnt.[145] Auch die Regierungsräte Schaxel und Kühnert berichteten Greil, dass Anna Siemsen „einen vorzüglichen Eindruck" gemacht habe, vor allem auch in menschlicher Hinsicht, und dass sie „trotz ihrer günstigen Stellung in Berlin (...) grundsätzlich der neuen Aufgabe in Thüringen näher treten"[146] möchte. Die Berufung Siemsens scheint jedoch schon vor ihrem erwähnten Vortrag thematisiert und eine Zusage ihrerseits, neben der Forderung, dass auch ihr Bruder August in den Thüringischen Schuldienst übernommen werde[147], mit der Bedingung einer angemessenen Wohnung in Jena verbunden worden zu sein. Denn bereits am 7.4.1923 schrieb Kühnert an das Städtische Wohnungsamt in Jena und bat um die schnellstmögliche Beschaffung einer Wohnung für Anna Siemsen und ihre Mutter. Er wies darauf hin, dass eine Berufung Siemsens „in Anbetracht des hervorragenden Rufes, dessen Frau Siemsen als pädagogische Persönlichkeit genießt, (...) als ein grosser Gewinn für das Land Thüringen und die Stadt Jena zu betrachten sein"[148] werde.

Nach ihrer erfolgreichen Berufung wurde Anna Siemsen so eingesetzt, dass sie zugleich auf mehreren Ebenen an der Schulreform, vor allem an der Neugestaltung der Lehrerausbildung mitwirken konnte. Diese sah vor, innerhalb der Philosophischen Fakultät der Jenaer Universität, in der es bisher nur einen einzigen pädagogischen Lehrstuhl[149] gegeben hatte, eine für die Lehrerausbildung zuständige „Erziehungswissenschaftliche Abteilung" zu gründen, die von ordentlichen Professoren für Pädagogik und Psychologie[150], sowie von Honorarprofessoren und Lehrbeauftragten ausgefüllt werden sollte. Auf das zunächst zwei-, später dreijährige Studium der Lehramtsanwärter an dieser Abteilung sollte eine pädagogisch-praktische Ausbildungsphase im Rahmen eines Thüringischen

---

144 ThHStAW, Personalakte aus dem Bereich des Volksbildungsministeriums Weimar Nr. 26674, Bd. 3, Bl. 14.
145 Vgl. ebd.
146 Brief v. Schaxel und Kühnert an Greil v. 26.4.1923 in: ThHStAW, Personalakte aus dem Bereich des Volksbildungsministeriums Weimar Nr. 26674, Bd. 3, Bl. 14L.
147 Ihr Bruder schreibt dazu: „Ich wurde mit der Einrichtung von Mittelschulkursen für Berufsschulpflichtige in den größeren Thüringischen Städten betraut; die besonders Befähigten sollten dann in einem Internat in Jena in 3 Jahren die Universitätsreife erlangen." (Siemsen, August 1956-1958, S. 23.)
148 ThHStAW, Personalakte aus dem Bereich des Volksbildungsministeriums Weimar Nr. 26674, Bd. 3, Bl. 13.
149 Inhaber dieses Lehrstuhls war bis zum Frühjahr 1923 der Herbartianer Wilhelm Rein.
150 Ordentliche Professorinnen und Professoren für Pädagogik wurden Peter Petersen und Mathilde Vaerting; eine ordentliche Professur für Psychologie erhielt Wilhelm Peters. (Vgl. Döpp, 2003, S. 118f.)

„Pädagogischen Instituts" folgen, welches aus fünf Gebietsseminaren bestand, die jeweils von einem in diesem Gebiet Aufsicht führenden Oberschulrat verwaltet werden sollten. Um die Verbindung des Instituts mit der Universität zu sichern, waren diese Oberschulräte größtenteils zugleich auch als Dozenten, z.T. als Honorarprofessoren, an der „Erziehungswissenschaftlichen Abteilung" tätig.[151] Max Greil berief daher Anna Siemsen zum einen als Oberschulrätin für das Gebiet Jena-Weimar und setzte sie zugleich, neben den zwei weiteren Oberschulräten Otto Scheibner und Reinhard Strecker, als Honorarprofessorin für Erziehungswissenschaft an der Universität ein[152]. Weiterhin hielt man es für sinnvoll, ihr ebenfalls die Leitung des an ihrem Amtssitz befindlichen „Jenaer Lyzeums mit Studienanstalt" zu übertragen, da sie ihrer Aufgabe, der „Einführung von Lehramtsanwärtern in die Unterrichtspraxis", nur gerecht werden könne, wenn sie „zugleich der pädagogische Leiter der Anstalt (sei), an der sich diese Einrichtung im wesentlichen vollziehen soll"[153]. „Es scheint mir das aus dem Grund nötig", so Kühnert in einem Brief an Anna Siemsen, „weil Sie als Leiterin natürlich viel unmittelbarer dafür Sorge tragen (...), dass Sie in dem Ausmass, wie Sie es für richtig halten, sich auch dem Unterricht an der Anstalt oder Beaufsichtigung des Unterrichts von Ihrer Leitung überwiesenen Lehramtsanwärtern widmen"[154].

Während die Übernahme Anna Siemsens in die Schulverwaltung problemlos verlief, verzögerten sich die Übertragungen der Honorarprofessur und der Schulleiterstelle bis zum Oktober 1923, was auf die größtenteils antirepublikanische Zusammensetzung sowohl der Professorenschaft der Universität als auch der Lehrer- und Elternschaft des Lyzeums zurückzuführen ist. So bezeichnet Mitzenheim die Jenaer Universität als „Hort der Reaktion"[155], an dem nicht nur republikanische Feiertage ignoriert und weiterhin der Gründungstag des Kaiserreiches gefeiert wurde, sondern an dem darüber hinaus von „174 Angehörigen des Lehrkörpers (...) gegen Ende 1923 (...) (nur) 1 Professor der KPD und (nur) 5 Universitätslehrer der SPD"[156] angehörten. Die Greilsche Schulreform stieß hier auf enormen Widerstand, obwohl sie in keiner Weise als radikal sozia-

---

151 Vgl. dazu den in Anm. 146 des vorliegenden Kapitels genannten Brief v. Schaxel u. Kühnert an Greil: „Wir entwarfen Frau Siemsen kurz den Plan der in Thüringen zu errichtenden fünf Schulratsstellen und die Verbindung einer solchen in Jena mit dem paedagogischen Institut nebst der Möglichkeit der Lehrtätigkeit an der Universität." (Herv. im Orig.)
152 Vgl. Döpp (2003), S. 119.
153 Brief des Ministeriums an den Ortsschulvorstand in Jena v. 18.9.1923 in: ThHStAW, Personalakte aus dem Bereich des Volksbildungsministeriums Weimar Nr. 26674, Bd. 3, Bl. 60.
154 ThHStAW, Personalakte aus dem Bereich des Volksbildungsministeriums Weimar Nr. 26674, Bd. 3, Bl. 49.
155 Mitzenheim (1965), S. 63.
156 Ebd., S. 64.

listisch bezeichnet werden konnte. „Es muß hier noch einmal hervorgehoben werden", so Mitzenheim, „daß im imperialistischen Deutschland bis zur Novemberrevolution nirgends organisierte Sozialisten im Schuldienst geduldet wurden, so daß praktisch die Erziehungsbestrebungen der Sozialdemokratie nur außerhalb der Schule in beschränktem Umfange möglich waren. Das Schulprogramm des Deutschen Lehrervereins war hauptsächlich die ideologische Quelle seiner (d.h. Greils, M.J.) Kultur- und Schulpolitik. *Greil* begab sich damit auf die Position eines bürgerlichen Schulreformers."[157] Auch Anna Siemsen weist rückblickend darauf hin, dass die zwischen 1921 und 1923 amtierende Thüringische Regierung keineswegs eine sozialistische, sondern „im ganzen mit viel gutem Willen eine arbeiterfreundliche und bürgerlich fortschrittliche Kultur- und Verwaltungspolitik"[158] betrieben habe. Dennoch wurde alles, was diese Regierung veranlasste, als marxistisch abgetan. Sozialistische Beamte wurden in der Presse öffentlich beleidigt, so auch Anna Siemsen, über die in einem Artikel im „Deutschen Tageblatt" zu lesen war, dass man ihr in Berlin keine Träne nachweine, da sie der dortigen Aufgabe der Verwaltung des Fach- und Berufsschulwesens „nicht im mindesten gewachsen" gewesen sei. „Wie mag Herr Greil wohl dazu gekommen sein, gerade diese Dame nach Thüringen zu holen?"[159] Das Volksbildungsministerium musste daher die Übertragung der Honorarprofessur an Anna Siemsen, wie auch die meisten Berufungen weiterer demokratischer Kräfte, gegen den Willen der Universität vornehmen und auch ihre Ernennung zur Schulleiterin des Jenaer Lyzeums gegen die anders lautenden Vorschläge der dortigen Lehrer- und Elternschaft durchsetzen, welche sich für den bisherigen stellvertretenden Schulleiter, Herrn Prof. Dr. Kleinschmidt[160], ausgesprochen hatten. Dies ist zumindest insofern als problematisch zu betrachten, als das Lehrerkollegium und der Elternrat des Lyzeums ihre Vorschläge für die neu zu besetzende Direktorenstelle bereits im Februar 1923 abgegeben hatten[161], also zu einem Zeitpunkt, als Anna Siemsens Berufung vermutlich noch nicht zur Diskussion stand. An diesen Vorschlägen wollte man nun, trotz der vom Volksbildungsministerium beabsichtigten Zuweisung Anna Siemsens, festhalten, zumal man weder eine

---

157 Ebd., S. 98f. (Herv. im Orig.)
158 Siemsen (1924d), S. 632.
159 ThHStAW, Personalakte aus dem Bereich des Volksbildungsministeriums Weimar Nr. 26674, Bd. 3, Bl. 62.
160 Über die politische Orientierung Kleinschmidts gibt jener Umstand ein anschauliches Zeugnis, dass wegen einer taktlosen Bemerkung über den ermordeten Reichsaußenminister Rathenau seinerseits beinahe ein Strafverfahren gegen ihn eingeleitet worden war, wovon man aber wegen seines anschließenden Bedauerns abgesehen hatte. Vgl. dazu die Schriftwechsel zwischen Oskar Pucklitsch und dem Volksbildungsministerium in: Ebd., Bl. 39 u. 57.
161 Vgl. Brief des Elternrats des Lyzeums an das Volksbildungsministerium v. 25.2.1923 in: Ebd., Bl. 11.

Frau, noch eine Sozialistin auf der Direktorenstelle wünschte. Zähneknirschend mussten Kleinschmidt und seine Befürworter sich den Weisungen des Ministeriums, das von seinem Ernennungsrecht Gebrauch machte, fügen, doch die politische Entwicklung Thüringens sollte *für* Kleinschmidt und *gegen* Anna Siemsen arbeiten.

Der Umstand, dass Thüringen zwischen 1921 und 1923 sozialistisch regiert wurde, darf nicht darüber hinweg täuschen, dass den sozialistischen und linksbürgerlichen Kräften ein konservatives und antirepublikanisches bürgerliches Lager gegenüberstand. Infolge des Kapp-Putsches hatten sich auch die politischen Spannungen in Thüringen verschärft und zu Radikalisierungen auf beiden Seiten geführt, in deren Folge zum einen große Teile des Bürgertums nach rechts abwanderten und zum anderen auch die KPD deutlich gestärkt wurde. Während an der bayrisch-thüringischen Grenze rechtsradikale Kräfte ihre Truppen zum Marsch auf Berlin zusammenzogen, nahm die sozialistische Thüringische Regierung nach sächsischem Vorbild im Oktober 1923 drei Kommunisten in die Regierung auf. „Damit schien neben dem in Bayern vorbereiteten Rechtsputsch ein mitteldeutscher Linksputsch zu drohen"[162], weshalb die Reichsregierung der Reichswehr Anfang November den Einmarsch befahl und die Thüringer Regierung, obwohl diese legal durch parlamentarische Mehrheitsentscheidungen zustande gekommen war, ihrer Funktionen enthob. „Nur der Regierungsaustritt der KPD (12. November), der Rücktritt der Frölich-Greil-Regierung (7. Dezember) und die Landtagsauflösung ersparten Thüringen eine formelle Reichsexekution wie in Sachsen."[163] Die Neuwahlen im Februar 1924 führten die Regierung des von der rechtsextremistischen „Vereinten Völkischen Liste" unterstützten sog. Thüringer Ordnungsbundes, bestehend aus DDP, DVP, DNVP und Thüringer Landbund, herbei, der schon bald begann, die fortschrittlichen Reformen der sozialistischen Ära zunichte zu machen.

Für Anna Siemsen, die „gerade in den spannungsgeladenen Herbsttagen von 1923"[164] von Berlin nach Thüringen gekommen war, sollten diese Ereignisse schon innerhalb weniger Monate ein jähes Ende ihrer gerade erst begonnenen Tätigkeiten als Schulleiterin und Verwaltungsbeamtin bedeuten. Zwar wurde sie nicht sofort entlassen, doch „die Militärs mischten sich in die gesamte Verwaltung. So durfte in meinem Bereiche, der Schulverwaltung, nicht die kleinste Massnahme, wie Vertretung fuer einen beurlaubten Lehrer (...) ohne Genehmigung des Oberkommandos vorgenommen werden"[165]. Auch im Jenaer Lyzeum

---

162 Landeszentrale für politische Bildung Thüringen (2004), S. 7.
163 Ebd.
164 Siemsen (1940), S. 64.
165 Ebd., S. 65f.

begann die Arbeit gegen Anna Siemsen in Form von Beschwerden der Lehrerschaft beim Thüringer Schulamt bereits im November 1923, also nur einen Monat nach ihrer Ernennung zur Schulleiterin und nur wenige Tage nach dem Einmarsch der Reichswehr. Wie sehr man sich durch diese Ereignisse in seiner antirepublikanischen Haltung unterstützt fühlte, zeigt besonders anschaulich die Beschwerde des ohnehin schlecht auf Siemsen zu sprechenden Kleinschmidt, der sich am 21.11.1923 beim Schulamt über eine von Anna Siemsen durchgeführte Schulfeier beklagte, auf der sie ihre Rede „mit einem Hoch auf das deutsche Vaterland und die deutsche Republik" geschlossen und anschließend die republikanische Nationalhymne singen lassen habe, worauf eine peinliche Stille entstanden sei. Geradezu lächerlich muten seine weiteren Hinweise an, dass ihrer Rede „ein gemeinsames Lied zu Anfang (gefehlt habe), das eine gemeinsame Stimmung hätte erzeugen (...) können. (...) Ebenso fehlte ein gemeinsames Schlusslied, in dem die durch die Rede erzeugte Stimmung hätte ausklingen können." Weiterhin sei die Rede sehr lang und ermüdend gewesen und schließlich habe beim Singen der Hymne eine Klavierbegleitung gefehlt. Gegen Ende seiner Ausführungen schloss er, dass die Pfuirufe der Schülerinnen nach dem Hoch auf die Republik dementsprechend nicht als politische Demonstration, sondern wegen der vielen organisatorischen Fehler als „persönliche gegen die Rednerin gerichtete Kundgebung"[166] angesehen werden müssen. Geschickt verstand Kleinschmidt es in diesem Brief, Anna Siemsen einerseits politisch zu diffamieren, diese Diskreditierung jedoch andererseits mit der Herausstellung ihrer vermeintlichen Unfähigkeit für das Amt zu verschleiern. Dass er sein damit verfolgtes Ziel erreichte, geht aus einem späteren Schriftwechsel zwischen Anna Siemsen und dem im Februar 1924 neu gebildeten Volksbildungsministerium hervor, in dem Siemsen berichtet, dass das Ministerium ihr wegen des Hoches auf die Republik eine Vergewaltigung Andersdenkender vorgeworfen habe.[167]

Systematisch setzte Kleinschmidt seine Arbeit gegen Anna Siemsen fort. Nachdem diese im März 1924 wegen ihrer Reichstagskandidatur das Thüringische Schulamt um Urlaub gebeten hatte,[168] nutzte Kleinschmidt ihre Abwesenheit, um eine vertrauliche Sitzung des Lehrerkollegiums einzuberufen, in der er seine Kollegen davon überzeugen wollte, mit Hilfe einer Eingabe an das Ministerium um die Entfernung Anna Siemsens von der Schule zu bitten. Diese Eingabe, die dann auch tatsächlich mit der Zustimmung von 26 der insgesamt 32 Lehrer/innen Ende März verschickt wurde und in der der Verbleib Siemsens „als

---

166 ThHStAW, Personalakte aus dem Bereich des Volksbildungsministeriums Weimar Nr. 26674, Bd. 2, Bl. 81.
167 Vgl. ebd., Bd. 3, Bl. 130.
168 Vgl. Siemsens Brief an das Schulamt v. 24.3.1924 in: Ebd., Bl. 116.

Leiterin oder Lehrerin (als) nicht wünschenswert"[169] bezeichnet wird, enthielt als Anlage einen Protokollauszug der o.g. vertraulichen Sitzung, in dem die Gründe für die Entfernung Anna Siemsens aufgelistet wurden. Man warf ihr u.a. einen Mangel an politischem, pädagogischem und persönlichem Takt sowie eine ungünstige Wirkung auf Schülerinnen und Kollegen vor.[170] Später stellte sich jedoch heraus, dass Kleinschmidt an der Erstellung der Eingabe manipulativ beteiligt war. So leitete er die Sitzung des Lehrerkollegiums mit dem Hinweis ein, dass der von der Regierung beabsichtigte Personalabbau einen oder mehrere der Kollegen treffen werde, wenn nicht Anna Siemsen die Anstalt verließe.[171] Somit waren die Lehrer/innen zumindest in Sorge um ihre eigene Position und damit vermutlich eher bereit, für eine Entfernung Anna Siemsens zu stimmen. Weiterhin ging das Kollegium davon aus, dass das Ministerium ein vollständiges Protokoll der abgehaltenen Sitzung erhalte.[172] Kleinschmidt dagegen fertigte eigenständig einen Auszug an, in dem er lediglich die *gegen* Anna Siemsen aufgeführten Punkte zusammenfasste, alle *für* sie sprechenden Momente unerwähnt ließ und noch einige Punkte hinzufügte, die gar nicht Gegenstand der Sitzung gewesen waren.[173] Diesen Auszug ließ er dann von zwei Kollegen unterzeichnen. Weiterhin veranlasste er auch den Vorsitzenden des Elternrates, Herrn v. Seidlitz, eine gegen Anna Siemsen sprechende Eingabe an das Ministerium zu machen, ohne dass eine Sitzung des Elternrates einberufen worden wäre. V. Seidlitz gab später zu, ungesetzlich gehandelt zu haben.[174]

Um so erstaunlicher war es für Anna Siemsen, die das Ministerium auf diese Manipulationen durch Kleinschmidt hinwies und seine Entlassung forderte, da sie mit ihm nicht weiter zusammen arbeiten könne,[175] dass nicht Kleinschmidt, sondern sie selbst schon am 21.5.1924 mit sofortiger Wirkung bis auf weiteres

---

169 Eingabe an das Ministerium v. 28.3.1924 in: Ebd., Bd. 2, Bl. 69.
170 Vgl. den Protokollauszug in: Ebd., Bd. 3, Bl. 62. Als Beispiele werden u.a. angeführt, dass Siemsen die Entfernung einer Büste und eines Bildes der Königin Luise anordnete, dass sie vorschrieb, auch am Bußtage Unterricht zu erteilen, auch wenn nur eine Schülerin in der Klasse erscheine und dass sie die Lehrer/innen dazu anhielt, ihre Freistunden zu Weiterbildungszwecken zu verwenden. Weiterhin sei es seit ihrer Schulleitertätigkeit zur Lockerung der Disziplin und zur zunehmenden Rechtsradikalisierung der Schule in Opposition zu Siemsen gekommen.
171 Vgl. das ausführliche Protokoll der vertraulichen Sitzung in: Ebd., Bd. 2, Bl. 83-86.
172 Vgl. die Aussage Hollanders in der Niederschrift über die Verhandlung im Lyzeum in Jena v. 10.7.1924 in: Ebd., Bl. 90-94, sowie den Brief Siemsens an das Ministerium v. 5.4.1924 in: Ebd., Bl. 18.
173 Vgl. die Aussage Hollanders in der Niederschrift über die Verhandlung im Lyzeum in Jena v. 10.7.1924 in: Ebd., Bl. 90-94.
174 Vgl. den Brief eines Elternbeiratsmitgliedes an das Ministerium v. 31.5.1924 in: Ebd., Bl. 44.
175 Vgl. u.a. Siemsens Briefe an das Ministerium v. 5.4.1924 u. v. 21.5.1924 in: Ebd., Bl. 18 u. 30-41.

von der Schulleitung beurlaubt wurde[176]. Obwohl das Ministerium die Vorwürfe gegenüber Kleinschmidt nicht vollständig entkräften konnte und obwohl sowohl die proletarischen Kinderfreunde Jenas[177] als auch „die freiheitlich denkenden Eltern Jenas"[178] und der Deutsche Monistenbund[179] gegen die Amtsenthebung protestierten, teilte man Anna Siemsen nach einer im Juli stattgefundenen Verhandlung am Lyzeum mit, dass ihre Vorwürfe gegen Kleinschmidt als unbegründet anzusehen seien.[180] Mit Wirkung vom 1.11.1924 wurde sie schließlich in den Wartestand versetzt[181]; ein Schicksal, das sie mit vielen weiteren Reformkräften, u.a. ihrem Bruder August, teilte. Als Begründung für diese Maßnahme wurde die Aufhebung der mittleren Schulverwaltung angeführt, die bereits zum 1.4.1924 erfolgt war. Auf Grund des Personalabbaus sei es weiterhin nicht möglich, sie „als Lehrkraft am Lyzeum mit Studienanstalt in Jena zu beschäftigen (...), noch dazu wo ungewiss bleibt, ob Frau Dr. Siemsen bei ihrer bisher ausgesprochenen pädagogischen Sonderstellung sich in den Kreis des Lehrkörpers einfügen"[182] werde. In einem Erwiderungsschreiben an das Ministerium, in dem sie auch darauf hinweist, dass sie „den Widerruf der Schulleitung nur als politische Maßregelung, die Aufhebung der Mittlern Schulverwaltung, durch die 5 der Regierung nicht genehme Oberschulräte kaltgestellt werden, nicht als sachlich sondern politisch begründete Maßnahme" ansehe, setzt Siemsen sich insbesondere mit dem Vorwurf der pädagogischen Sonderstellung auseinander. So sei unter den gegebenen gesellschaftlichen Umständen keine Einheitlichkeit auf pädagogischem Gebiet möglich. Eine Lehrkraft auf Grund ihres Mutes zu „klaren pädagogischen Überzeugungen" zu maßregeln, stehe im Widerspruch zur Tradition Thüringens, wo „von Ratke und den Schülern Comenius' an, über die Philanthropen und Fröbel bis zu den modernen Vertretern der Landerziehungsheime, der Arbeitsschule und der Schulgemeinden (...) Persönlichkeiten von ausgeprägter Sonderstellung" fruchtbar tätig gewesen seien. Ihrer Meinung nach könne der Begriff der Sonderstellung „keine andere Bedeutung haben als die: eine Stellung, die von der des Ministers abweicht. Daß meine Stellung von der des Ministers abweicht, ist allerdings auch meine Überzeugung. (...) Aus diesem Grund nehme ich lieber eine wesentliche wirtschaftliche Schädigung auf mich,

---

176 Geht hervor aus dem Brief Siemsens an das Ministerium v. 26.5.1924 in: Ebd., Bl. 43.
177 Vgl. Brief der Arbeitsgem. der proletarischen Kinderfreunde Ortsgruppe Jena v. 26.5.1924 in: Ebd., Bl. 42.
178 Vgl. Brief der Eltern v. 5.6.1924 an das Ministerium in: Ebd., Bl. 46.
179 Vgl. Schreiben des Monistenbundes v. 3.4.1924 an das Ministerium in: Ebd., Bl. 18.
180 Geht hervor aus dem Brief Siemsens an das Ministerium v. 25.8.1924 in: Ebd., Bl. 100-103.
181 Vgl. Beschlussentwurf des Ministeriums v. 13.10.1924 in: Ebd., Bd. 3, Bl. 131.
182 Ebd.

die ich nur vermeiden könnte unter Aufopferung meiner Pflicht als Republikaner und meiner Überzeugung als Erzieher"[183].

Mit großer Besorgnis beobachtete Anna Siemsen, wie die Deutschen sich „so ziemlich alles kaltstellen (lassen), was selbständig und zukunftswillig zur Gegenwart steht"[184], wie „überall dort, wo Bürger- oder Ordnungsblockregierungen an die Macht gelangen, eine Wiederherstellung der alten Gleichförmigkeit unter allen möglichen Vorwänden versucht wird" und wie „man um politischer Anschauungen willen gegen Beamte vorgeht und ihre verfassungsmäßig gesicherten Rechte damit verletzt". Thüringen sei dafür besonders beispielhaft, da man hier mit einem rücksichtslosen und „primitiven Ungeschick"[185] vorgehe. Wie wütend sie über diese Entwicklungen war, zeigt der von ihr im Herbst 1924 in den Sozialistischen Monatsheften veröffentlichte Artikel „Neudeutsche Kleinstaaterei"[186], der ihr beinahe eine Strafanzeige eingebracht hätte. In diesem Artikel, den sie mit dem Vorwurf beginnt, dass Deutschland „unter der Fassade der Reichseinheit" hinsichtlich „seiner innern Struktur und im geistigen Habitus seiner Einwohner ein Haufe(n) feudal absolutistischer Kleinstaaten geblieben" sei, inklusive „absolutistisch kleinstaatlicher Verwaltung und kleinstaatlichem Kulturspießbürgertum"[187], bezeichnet sie das erst im Jahre 1920 aus dem Zusammenschluss von acht ehemaligen Fürstentümern entstandene Land Thüringen als exemplarisch für diesen kleinstaatlichen Feudalismus. Dieser habe in Thüringen einen „ganz eigentümlichen Bevölkerungstypus"[188] erzeugt, nämlich eine nicht an Verantwortung gewöhnte, vor sich hindämmernde Beamtenschaft, ein zurückgebliebenes Kleinbürgertum „ohne Weitblick", und „ein ähnlich rückständiges Bauerntum", dessen Kleinbauern „politisch vollkommen schwankend, bald kommunistisch, bald völkisch und dann wieder im Gefolge des Landbundes"[189] seien. „In dieser durchaus wirklichkeitsfernen Kleinstadtatmosphäre hatten nun die politischen Hetzen und Verleumdungen einen Nährboden, wie er dankbarer und fruchtbarer nicht zu denken ist." Die bürgerlichen Politiker seien „skrupellose Demagog(en)" und das übrige Bürgertum „politisch ungeschult und rein stimmungsgemäß"[190] urteilend. Die neue antirepublikanische und völkische Regierung verfolge lediglich „die einheitliche Parole(,) alles abzubauen, was die

---

183 Siemsens Brief an das Ministerium v. 1.11.1924 ist vollständig abgedruckt in: Siemsen (1924i), S. 756-759, hier S. 758.
184 Siemsen (1924i), S. 759.
185 Ebd., S. 757.
186 Siemsen (1924d).
187 Ebd., S. 629.
188 Ebd.
189 Ebd., S. 630.
190 Ebd., S. 631.

sozialistische Regierung geschaffen hat", wobei sie mit solch einer „Plan-, Sinn- und Ziellosigkeit (vorgehe), daß man zwischen Lachen und Mitleid schwanken würde, wenn die Sache nicht allzu ernsthaft wäre. Am schwerstwiegenden ist aber wohl das Vorgehen gegen die Beamten, die im Verdacht stehen(,) republikanisch gerichtet zu sein"[191]. Diese Regierung könne nur wegen der politischen Unerfahrenheit und des mangelnden Rechtsgefühls des Thüringer Bürgertums bestehen.[192] Wenn dieses nicht aufhöre, „sich gegen die Außenwelt abzuschließen und sich in einen Kult der Vergangenheit (...) zu vertiefen", so drohe eine „völlige Verkümmerung, zuerst geistig und politisch, dann unvermeidlich auch wirtschaftlich"[193]. Mit diesem Artikel löste Anna Siemsen einen solchen Sturm der Entrüstung aus, dass das Ministerium für Volksbildung und Justiz sich mit dem Gedanken trug, wegen ihrer Beleidigungen gegenüber der thüringischen Regierung einen Strafantrag gegen Siemsen zu stellen.[194] Da der Generalstaatsanwalt des Thüringer Oberlandesgerichtes das Ministerium jedoch darüber aufklärte, dass Siemsen zwar wegen ihrer Verstöße gegen das Strafgesetzbuch mit einer Bestrafung zu rechnen habe, „der zu erwartende Erfolg des Strafverfahrens (jedoch) nicht im richtigen Verhältnis zu Umfang und zur Dauer des Prozesses stehen könnte"[195], wurde von einer Weiterverfolgung der Angelegenheit abgesehen.

Trotz der wachsenden Spannungen zwischen ihr und der neuen Thüringer Regierung, konnte die aus der Schulverwaltung und dem Lyzeum entlassene Anna Siemsen ihre Honorarprofessur an der Jenaer Universität zunächst behalten, da, so ihr Bruder August, „auch eine noch so weitherzige Auslegung der Verfassung hier zu ihrer Amtsenthebung keine Handhabung bot"[196]. Diese für Siemsen sehr bedeutsame Professur darf allerdings hinsichtlich ihres Umfanges nicht überwertet werden, finden sich doch in ihrer Personalakte zahlreiche von Anna Siemsen eingereichte und auch vom Ministerium stattgegebene Urlaubsgesuche, zum einen, um mit Hilfe von Studienreisen diverse fortschrittliche Bildungseinrichtungen im In- und Ausland studieren zu können, zum anderen, um ihr von 1928 bis 1930 währendes Reichstagsmandat wahrzunehmen und schließlich, ab 1930, aus gesundheitlichen Gründen. Berücksichtigt man die zahlreichen Urlaubsanträge, reduziert sich Anna Siemsens tatsächliche Vorlesungstätigkeit auf maximal vier bis fünf Semester, was jedoch der Bedeutung dieser Professur für Siem-

---

191 Ebd., S. 632.
192 Vgl. ebd.
193 Ebd., S. 633.
194 Vgl. Brief des Ministeriums v. 19.1.1925 an den Generalstaatsanwalt in: ThHStAW, Personalakte aus dem Bereich des Volksbildungsministeriums Weimar Nr. 26674, Bd. 3, Bl. 146.
195 Antwortschreiben des Generalstaatsanwaltes v. 29.1.1925 in: Ebd., Bl. 147.
196 Siemsen, August (1951), S. 62.

sen keinen Abbruch tat. Hatten die Thüringer Ereignisse ihr die ungeheure Macht der gesellschaftlichen Einflüsse auf das Bildungs- und Erziehungswesen noch einmal deutlich vor Augen geführt, so nutzte sie ihre im Sommersemester 1924 begonnene universitäre Tätigkeit, um die mit ihren Büchern „Erziehung im Gemeinschaftsgeist" und „Beruf und Erziehung" begonnene Arbeit fortzuführen und, wie sie selbst im Nachhinein schreibt, ihre Arbeit „auf die Untersuchung der sozialen Bedingungen der Erziehung und der Erziehungseinrichtungen" zu konzentrieren, „ohne auf diesem Gebiete indess zu abschliessenden Ergebnissen zu kommen"[197]. Auch ihr Bruder berichtet, dass mit Siemsens pädagogischen Vorlesungen, die von der Berufs- und Frauenbildung, über historische Fragen der Pädagogik und den Aufbau und die Reformen des deutschen und des europäischen Schulwesens, bis zu den soziologischen Grundlagen der Pädagogik reichten,[198] bereits „ihr grundlegendes Werk über ‚Die gesellschaftlichen Grundlagen der Erziehung' heranreifte"[199].

Leicht wurde es Siemsen an der Jenaer Universität bei weitem nicht gemacht. Zwar hatte sie freundschaftliche Beziehungen zu ihren sozialistischen Kollegen[200] geknüpft; im Allgemeinen aber blieben linke Positionen, sowohl unter der Professoren- als auch der Studentenschaft, nach wie vor in der Minderheit. In den Sozialistischen Monatsheften schrieb Anna Siemsen zu Beginn der 1930er Jahre, dass der von gesellschaftlicher Erkenntnis größtenteils weit entfernte Mittelstand, der sich durch Existenzängste und Proletarisierung bedroht sehe, auf die Arbeiterschaft schimpfe und verstärkt an die Universitäten dränge, um somit in eine vermeintlich gesicherte Position aufzusteigen, obwohl es, so Siemsen, in Wirklichkeit nicht möglich sei, „einer Massenentwicklung als einzelner zu entgehen"[201]. Die politische Haltung der akademischen Jugend sei völlig verworren und primitiv.[202] Obwohl Siemsen, wie sie selbst schrieb, keine Prüfungsberechtigung besaß und es somit hauptsächlich mit Studierenden zu tun hatte, die ihre Vorlesungen aus gesellschaftspolitischem Interesse besuchten,[203] fällt ihr Urteil über ihre Zuhörerschaft vernichtend aus: Sie sei unfähig „zu gesellschaftlicher Beobachtung und gesellschaftlichem Denken", nicht in der Lage, „selbst die einfachsten Folgerungen zu ziehen, Tatsachen in Zusammenhang zu setzen" und sie

---

197 Siemsen (1938e), S. 282.
198 Vgl. Angaben über Anna Siemsens Vorlesungsthemen bei Amlacher (2001), S. 274; Siemsen, August (1956-1958), S. 25 u. Mitzenheim (1991), S. 87.
199 Siemsen, August (1951), S. 64.
200 August Siemsen erwähnt insbesondere den Philosophen Peters, den Biologen Schaxel, den Statistiker Hermberg und das Ehepaar Auerbach. (Siemsen, August, 1951, S. 63.)
201 Siemsen (1930g), S, 44.
202 Vgl. Siemsen (1931f), S. 117f.
203 Vgl. ebd., S. 119.

sehe in der Politik überhaupt keine „Angelegenheit der Erkenntnis". Eine Ursache für diese „völlige Verkümmerung und Verwahrlosung" liege in der „generationenlang systematisch gezüchteten Untertanengesinnung, die den einzelnen gewöhnt hat(,) sich selber für unbeteiligt zu halten"[204]. Von einer sozialistischen Pädagogik forderte sie daher, dass sie mit Hilfe der „marxistischen Geschichts- und Gesellschaftsbetrachtung" die Jugend dazu befähige, „ihre Stellung im gesellschaftlichen Geschehen zu erkennen, den Zusammenhang dieses Geschehens zu begreifen und daraus ihre eigne Aufgabe in diesem Zusammenhang zu erfassen"[205].

Die politische Entwicklung in Thüringen sollte jedoch eine andere Richtung einschlagen. Nachdem bereits der Thüringer Ordnungsbund völkischen und nationalistischen Gruppierungen den Boden bereitet hatte, konnte die NSDAP ihre Wählerstimmen bei den im Dezember 1929, also nach Ausbruch der Weltwirtschaftskrise, stattfindenden Landtagswahlen fast verdreifachen. Da die bürgerlichen Parteien ihre Mehrheit verloren hatten und lieber mit der NSDAP als der Sozialdemokratie zusammenarbeiten wollten, erlangte die NSDAP im Januar 1930 zum ersten Mal eine Regierungsbeteiligung und sicherte ihrem Minister, dem Hitler-Putsch-Teilnehmer Wilhelm Frick, darüber hinaus das Thüringer Innen- und das Volksbildungsministerium, womit er die Aufsicht über das Personalwesen, die Landespolizei, das Schul- und Bildungswesen wie auch alle kulturellen Einrichtungen übertragen bekam. Im Rahmen der anschließenden Nazifizierung dieser Bereiche wurde der Rassenforscher F. K. Günther an die Jenaer Universität berufen, wogegen ein Kreis bürgerlicher Intelligenz eine öffentliche Protestaktion organisierte, die auch von Anna Siemsen unterstützt wurde.[206] Als sie sich knapp zwei Jahre später, nachdem die Thüringer NSDAP mittlerweile über 40% der Stimmen erreicht hatte, noch einmal an einer von der Liga für Menschrechte organisierten Protestaktion beteiligte, sollte ihr dies ihre Professur kosten. Sie selbst berichtet in ihren Erinnerungen:

> „In Heidelberg war im Sommer 1932 der Professur Gumbel seines Amtes entsetzt worden, weil er sich unehrerbietig ueber den letzten Krieg geäußert habe.[207] Einige Professoren hatten im Namen der Lehr- und Gesinnungsfreiheit gegen diese Massregelung protestiert. Von den

---

204 Ebd.
205 Ebd., S. 122.
206 Vgl. Amlacher (2001), S. 280 u. Mitzenheim (1968), S. 194.
207 Prof. Emil Julius Gumbel stand durch seine weiter oben erwähnte Zusammenstellung der unbestraft gebliebenen Fememorde bereits unter genauester Beobachtung der Nationalsozialisten. Diese hatten nach einer Bemerkung seinerseits über die Toten des Weltkrieges, die „auf dem Felde der Unehre" (zit. n. Amlacher, 2001, S. 280) gefallen seien, einen Grund gefunden, um gegen ihn vorzugehen.

tausenden deutscher Universitätsprofessoren hatten aber nur 42[208] diesen sehr vorsichtig gehaltenen Protest unterschrieben. Mir war die Unterzeichnung selbstverständlich. Aber ausser mir hatte keiner der Jenaer Professoren unterzeichnet. So war ich zufälligerweise der einzige deutsche Professor(,) der unter einer Naziregierung protestiert(e) und der einzige, der deswegen diszipliniert wurde."[209]

Obwohl der Senat der Jenaer Universität dem Volksbildungsministerium mitteilte, dass er eine Entziehung der Lehrberechtigung von Anna Siemsen als ungerechtfertigt ansehe, da die von ihr unterschriebene Erklärung das Verhalten Gumbels nicht decke,[210] wurde Siemsen, die zu dieser Zeit vorübergehend zur Erholung in der Schweiz weilte, am 24.12.1932 vom Kultusminister Wächtler die „widerrufliche Erlaubnis zum Halten von erziehungswissenschaftlichen Vorlesungen"[211] ohne Angabe von Gründen entzogen. Eine umgehend angefertigte Pressenotiz informierte auch die Öffentlichkeit über Siemsens Entlassung, die bei den größten Teilen sowohl der Heidelberger als auch der Jenaer Studentenschaft auf Zustimmung stieß. Der Versuch Siemsens, rechtlich gegen die Entscheidung des Volksbildungsministeriums vorzugehen und mit Hilfe eines Anwaltes nachzuweisen, dass ihre Lehrerlaubnis keine widerrufliche gewesen sei, scheiterte. Im Mai 1933, also nach Hitlers Machtübernahme und zu einem Zeitpunkt, als Siemsen sich bereits im Schweizer Exil befand, wurde ihre Klage „als unzulässig verworfen"[212]. Zum 1.7.1933 wurde sie, wie auch ihr Bruder August, auf Grund des Gesetzes zur Wiederherstellung des Berufsbeamtentums endgültig aus dem Staatsdienst entlassen.[213]

---

208 Tatsächlich waren es 31 Professoren, vgl. Erklärung der Professoren an das Badische Kultusministerium in: ThHStAW, Personalakte aus dem Bereich des Volksbildungsministerium Weimar Nr. 26674, Bd. 1, Bl. 52.
209 Siemsen (1940), S. 80. Auszug aus der von Siemsen unterschriebenen Erklärung: „Die Unterzeichneten vermögen zu den gegen Gumbel erhobenen Vorwürfen (...) keine Stellung zu nehmen. Sie sehen in diesem Fall überhaupt keinen Fall Gumbel, sondern angesichts der Unruhen an so vielen deutschen Universitäten nur einen Spezialfall des allgemeinen Ansturms der Nationalsozialisten und insbesondere ihres Anspruchs auf Beherrschung der Hochschulen. Sie fürchten, dass die Entfernung Gumbels nur den Anfang einer allgemeinen „Säuberung" der Hochschulen von allen entschiedenen Republikanern darstellen würde. Aus diesem Grunde bitten sie das badische Staatsministerium als letzte entscheidende Stelle dringend, Herrn Dr. Gumbel in seinem Amt zu belassen." (ThHStAW, vgl. Anm. 208 des vorliegenden Kapitels.)
210 Vgl. Brief des Rektors und des Senats an das Volksbildungsministerium v. 9.12.1932 in: Ebd., Bd. 1, Bl. 44.
211 Entsprechendes Dokument in: Ebd., Bd. 1, Bl. 53.
212 Entsprechendes Dokument in: Ebd., Bd. 1, Bl. 76.
213 Vgl. entsprechendes Dokument in: Ebd., Bl. 78.

4. Reichstagsmandat und Suche nach einer politischen Heimat

Nicht nur hinsichtlich ihrer beruflichen Situation, sondern auch im Hinblick auf ihre politische Tätigkeit blieb Anna Siemsens Leben mehr als turbulent. Bereits zu ihrer Berliner Zeit, im Jahre 1922, hatte sie sich mit dem rechten Flügel der USPD, die 1920 an der Frage des Beitritts zur Dritten Moskauer Internationale zerbrochen war, wieder der SPD angeschlossen, da sie eine „Zustimmung zu den von Lenin aufgestellten 21 Punkten" und eine „Unterordnung der gesamten Politik der nationalen Sektionen unter die Beschluesse des Moskauer Kominternburos (sic!)"[214] ablehnte. Im Gegensatz zur Mehrheit der USPD, die diesen Bedingungen zustimmte und sich mit der KPD zusammenschloss, sprach Anna Siemsen sich gegen eine solche Unterordnung aus, da sie jeglichem Zentralismus misstraute, den „rohen Gewaltaberglauben"[215] der kommunistischen Politik Moskaus ablehnte und es für „völlig ausgeschlossen (hielt), dass man die verwickelten deutschen Verhältnisse von Moskau aus uebersehen, geschweige denn lenken könne (…). Die Entwicklung der kommunistischen Partei gab meinen Befuerchtungen recht"[216]. Glücklich wurde sie in der SPD jedoch ebenso wenig, da die ehemaligen USPDler von der sozialdemokratischen Parteiführung und ihrem „auf rein autoritäres Kommando der Zentrale angestellten Funktionärapparat"[217] unterdrückt wurden. Nicht ein einziges Mal sei einer der Parteiführer, die, wie Ebert, offensichtlich versagt hatten oder die, wie Noske, „ungesuehnte Blutbäder unter der Arbeiterschaft"[218] angerichtet hatten, zur Verantwortung gezogen worden. Nicht ein einziges Mal habe man die Opposition zu Wort kommen lassen sondern stets die Beschlüsse des Vorstandes angenommen. „So erscheint es mir als ein erheiterndes Missverständnis, dass ich von 1928 – 30 Reichstagsabgeordnete wurde und einmal fast in den Parteivorstand gewählt worden wäre."[219] Die Koalitionspolitik mit der DDP, dem Zentrum und der DVP habe es jedoch mit sich gebracht, dass die Sozialdemokratie sich in einer ohnmächtigen Situation befand und dass „nicht einmal ein Fortwursteln"[220] möglich war. Auch August, der zu dieser Zeit ebenfalls, gemeinsam mit seiner Schwester im Reichstag saß, berichtet, dass „die Koalitionspolitik irgendwelche wesentlichen Fortschritte der Reichsgesetzgebung auf dem Gebiet der Kultur und Erziehung unmöglich

---

214 Siemsen (1940), S. 62.
215 Ebd., S. 69.
216 Ebd., S. 63.
217 Ebd., S. 69.
218 Ebd., S. 71.
219 Ebd., S. 72.
220 Ebd., S. 73.

machte"[221]. Anna Siemsen war daher regelrecht erleichtert, dass ihr schlechter Gesundheitszustand sie nötigte, aus dem Reichstag auszuscheiden und ihr somit wenigstens die Gelegenheit gab, nach Jena zurückzukehren und die letzten anderthalb Jahre mit ihrer Mutter zu verbringen, die im August 1931 an Krebs verstarb.[222]

Verschärft wurden die Gegensätze innerhalb der Partei dadurch, dass der Parteivorstand seinen autoritären Führungsstil noch verstärkte und immer mehr oppositionelle Kräfte ausgeschlossen wurden. So ergriff Anna Siemsen bereits 1925 Partei für die Mitglieder des unter Leonard Nelson begründeten „Internationalen Jugendbundes" (IJB), die wegen ihrer Kritik an der Parteiführung aus der SPD ausgeschlossen worden waren. Obwohl sie sich selbst als „ausgesprochener Gegner von Nelsons Philosophie und seinen politischen Theorien" bezeichnete, widersprach es ihren Vorstellungen von einer demokratischen Parteistruktur, Andersgesinnte einfach auszuschließen. Das sei „ein Unterbinden der Diskussion, ein Mundtotmachen"[223], das von ihr entschieden zurückgewiesen wurde. Als dann im Jahre 1931 neun Reichstagsabgeordnete, darunter auch August Siemsen, die Parteidisziplin verletzten und unter der Parole „Kinderspeisung statt Panzerkreuzer" gegen den Bau des ersten Panzerkreuzers und somit gegen die von der Parteiführung tolerierte, jeglicher sozialistischer Überzeugung widersprechende Unterstützung der Rüstungspolitik stimmten, löste Anna Siemsen einen Sturm der Entrüstung aus, als sie mit ihrer Schrift „Parteidisziplin und sozialistische Überzeugung" das Verhalten der oppositionellen Abgeordneten rechtfertigte, indem sie dem einzelnen Sozialisten das Recht zuschrieb, gegen den offiziellen Parteibeschluss zu stimmen, wenn er „zu der Überzeugung kommt, daß die von der Mehrheit seiner Partei vertretene Politik die Arbeiterschaft in eine Katastrophe führt, daß der Sozialismus selber und alle Ziele, für welche er in seiner sozialistischen Organisation kämpfte, durch diese Politik gefährdet werden"[224].

> „Ist der als falsch empfundene Beschluß so folgenschwer, (...) daß das gesamte Ziel der sozialistischen Bewegung in Frage gestellt wird, so ist diesem größten aller politischen Übel gegenüber sogar die Zersplitterung der Organisation, die doch nur Mittel zum Zweck ist, das geringere Übel. Das Nichtfolgeleisten wird dann zur sozialistischen Pflicht und äußere Disziplin zum Verrat an der Sache."[225]

---

221 Siemsen, August (1951), S. 66.
222 Ebd., S. 66f.
223 Siemsen (1925b), S. 335.
224 Siemsen (1931d), S. 8.
225 Ebd., S. 12.

Dieses geringere Übel der „Zersplitterung" der Organisation musste Anna Siemsen dann auch recht bald in Kauf nehmen, als die beiden Reichstagsabgeordneten Max Seydewitz und Kurt Rosenfeld aus der Partei ausgeschlossen wurden, der Vertrieb der parteioppositionellen Zeitschrift „Die Fackel" verboten wurde und die sozialdemokratische Reichstagsfraktion die Notverordnungspolitik der Regierung Brüning tolerierte. Schon der Ausschluss der Parteigenossen und das Verbot der Zeitung waren Anna Siemsen als „Vergewaltigung der Gesinnung und Drosselung der Meinungsfreiheit" erschienen. „Nun aber zeigt die erneute Zustimmung zu den Notverordnungen, die erneute Unterstützung der offen reaktionären und kryptofaschistischen Regierung Brüning, deren Kurs, gewollt oder ungewollt, im offenen Faschismus enden muß, daß die Sozialdemokratie nach wie vor nicht gewillt ist, den Kampf aufzunehmen". Daher kam sie in einem an das „Bezirkssekretariat der SPD in Weimar" gerichteten Schreiben zu dem Schluss, dass der einzige Ausweg für sie darin bestehe, „außerhalb der Partei das Sammelbecken für die enttäuschten, erbitterten, aber noch kampffähigen Genossen zu schaffen" und „gleichzeitig gegen den verhängnisvollen diktatorischen und antidemokratischen Kurs der Partei zu protestieren". „Ich tue das, indem ich Ihnen meinen Austritt aus der Partei mitteile."[226] Somit trat Anna Siemsen, ebenso wie ihre Brüder August und Hans, der unter wesentlicher Beteiligung Rosenfelds und Seydewitz' im Oktober 1931 gegründeten „Sozialistischen Arbeiterpartei" (SAP) bei,[227] von der sie sich angesichts der fatalen Situation, dass die politische Demokratie ausgehöhlt sei und nur noch „als Attrappe der tatsächlich herrschenden antidemokratischen Mächte"[228] diene, eine entschlossenere Politik und einen entschiedeneren Kampf gegen die faschistische Gefahr erhoffte, als SPD und KPD sie zu liefern bereit seien. Den weiteren Verlauf der deutschen Geschichte vorhersehend, stellte sie 1932 fest: „Wir befinden uns ganz eindeutig in der letzten Phase vor der Machtergreifung der Nationalsozialisten. Aller Wahrscheinlichkeit nach wird diese nicht auf dem Wege eines Putsches, sondern auf legale und sogar parlamentarische Weise erfolgen." Obwohl die gegenwärtige Regierung den „Anschluß an die starke Hitlerbewegung"[229] suche, sei die SPD nicht zu einem Bruch mit ihr bereit und habe somit die Abspaltung der SAP praktisch erzwungen. Doch auch in der SAP sollte Anna Siemsen keine endgültige politische Heimat finden, da es in dieser Partei, wie auch August Siemsen rückblickend berichtet, „viele unfruchtbare Diskussionen (gab), die zeigten, daß

---

226 Siemsen (1931e).
227 Vgl. u.a. Siemsen, August (1951), S. 68; Siemsen, Pieter (2000), S. 15.
228 Siemsen (1932c), S. 10.
229 Ebd., S. 12.

die verschiedenen Meinungen nicht unter einen Hut zu bringen waren"[230]. Laut Anna Siemsen versammelten sich in der SAP, die sie als „viel zu spät(en), von der SPD-Opposition unternommene(n) (...) Versuch einer Aktivierung der sozialistischen Bewegung"[231] bezeichnete, sowohl ehemalige USPD-Mitglieder und Dissidenten, als auch Trotzkisten und Mitglieder der in der Emigration bekannt gewordenen Gruppe „Neu Beginnen".

„Eine keineswegs leichte Angelegenheit, alle diese sehr selbständigen, nicht selten starrsinnigen Menschen auch nur vorübergehend zu gemeinsamen Beschließungen zu bringen. Ihre Überzeugungen differierten vom pazifistischen Föderalismus bis zu zentralistischen Diktaturmethoden."[232]

Zwar sei die SAP insgesamt ehrlich entschlossen gewesen, den „Kampf gegen das Hitlertum"[233] anzutreten, über die Kampfmethoden aber habe man sich nicht einigen können.

„Und über weitgespannte Theorien vergaß man die reale Situation, ihre Aufgaben und Möglichkeiten. Die SAP versackte in einer, wie vorauszusehen war, erfolglosen Wahlkampagne im Herbst 1932."[234]

Pieter Siemsen, der Sohn August Siemsens, schreibt im Nachhinein, dass das Anliegen der SAP zwar ehrenhaft gewesen sei, dass sie es aber zu keinem Zeitpunkt geschafft habe, „sich wirklich unter den Werktätigen zu verankern und die notwendige Einheit der Arbeiterbewegung gegen den drohenden Faschismus zu befördern. Sie war eine politische Elite ohne praktische Wirkung"[235]. Ralf Schmölders weist außerdem darauf hin, dass Anna Siemsen mit ihrer Auffassung von politischen Parteien als Mittel zum Zweck, als „Katalysatoren", und ihrer Ablehnung einer autoritären Parteistruktur auch in der SAP erneut auf Widerstand stieß. Bereits im Juni 1932 habe sie daher eine „bittere Erklärung gegen die Intoleranz der Parteimehrheit veröffentlicht"[236] und die Partei noch vor dem März 1933 verlassen.

---

230 Siemsen, August (1951), S. 68.
231 Siemsen (1954), S. 12.
232 Ebd.
233 Ebd., S. 25.
234 Ebd.
235 Siemsen, Pieter (2000), S. 16.
236 Schmölders (1988), S. 354.

5. Engagement in sozialistischen Lehrerorganisationen und -gewerkschaften

Mit dem Ziel, einen entscheidenden Beitrag zur Verwirklichung eines demokratisch-sozialistischen Schulwesens zu leisten, hatte Anna Siemsen den Weg in die sozialistische Bildungspolitik eingeschlagen, u.a. an dem Entwurf des USPD-Schulprogrammes mitgewirkt, ein fortschrittliches Einheitsschulkonzept vorgelegt und wichtige Beiträge zu Fragen der Frauen-, Berufs- und Lehrerbildung geleistet. Die Erarbeitung der von ihr vertretenen schulpolitischen Forderungen und Konzepte war nicht im luftleeren Raum, sondern vor allem im Rahmen der Mitarbeit in sozialistischen bzw. sozialistischem Gedankengut gegenüber aufgeschlossenen Lehrerorganisationen und -vereinen erfolgt, die sich im Zuge der Novemberrevolution in Anlehnung an die Organisationen der Arbeiterbewegung gebildet und es sich zur Aufgabe gemacht hatten, gemäß der vermeintlich bereits erreichten neuen sozialistischen Gesellschaftsordnung, „den Sozialismus auch im Bereich des Schul- und Erziehungswesens durchsetzen zu helfen und hierbei die entsprechenden Regierungen bzw. Arbeiter- und Soldatenräte zu unterstützen und zu beraten"[237]. Ein großer Teil der so entstandenen lokalen Lehrervereine schloss sich im April 1919 zum „Verband sozialistischer Lehrer und Lehrerinnen Deutschlands und Deutsch-Österreichs" (VSL), der späteren ersten „Freien Lehrergewerkschaft Deutschlands" (FLGD), zusammen, der auch Anna Siemsen angehörte. Ebenso gab es aber auch kleinere Lehrerorganisationen, die sich nicht unmittelbar nach der Novemberrevolution, sondern zum Teil als Reaktion auf den „Weimarer Schulkompromiss" gebildet hatten, darunter der im Herbst 1919 gegründete „Bund Entschiedener Schulreformer" (BESch) und der im Herbst 1920 initiierte „Bund der Freien Schulgesellschaften" (BFS), die beide ebenfalls von Anna Siemsen unterstützt wurden. Auch wenn die sozialistischen Lehrergruppen angesichts ihrer Mitgliederzahlen bei weitem keine Massenorganisationen darstellten, gingen doch, so Christa Uhlig, „bemerkenswerte reformpädagogische und schulreformerische Impulse und Initiativen" von ihnen aus.

> „Sie traten für die Vereinheitlichung des Schulwesens, für die Trennung von Schule und Kirche, für kollegiale Schulverfassungen und Elternräte, für die Revision der aus dem Kaiserreich überkommenen Unterrichtsinhalte und hier besonders des Geschichtsunterrichts, für das Arbeitsschulprinzip und kindgerechtere Methoden, für die Abschaffung der Prügelstrafe, für allen zugängliche sinnvolle Freizeit- und Ferienangebote, für gesundheitliche Betreuung der Kinder und soziale Unterstützung ärmerer Familien ein."[238]

---

237 Stöhr (1978, Bd.1), S. 155.
238 Uhlig (2012).

Die Lehrerorganisationen stellten demnach für Anna Siemsen bedeutsame Orte der Kommunikation, Diskussion und Einflussnahme dar: Sie kam in Kontakt mit führenden Schulreformer/innen der Weimarer Republik, konnte ihre schulpolitischen Vorstellungen einbringen und verbreiten, sich somit einen Namen als Expertin und gesuchte Referentin für sozialistische Schulreformfragen machen, gleichzeitig von dem enormen schulpolitischen Anregungspotential der einzelnen Organisationen profitieren. Im Folgenden sollen kurz die wichtigsten von Anna Siemsen unterstützten Lehrervereine und -organisationen vorgestellt und ihre Bedeutung für das schulpolitische Denken und Wirken Anna Siemsens aufgezeigt werden.

a. „Verband sozialistischer Lehrer und Lehrerinnen Deutschlands und Deutsch-Österreichs" (VSL)

Wie in zahlreichen weiteren deutschen Städten hatte sich am 18.5.1919 auch im „Bezirk Düsseldorf"[239] unter Mitwirkung von Anna Siemsen einer der vielen kleinen sozialistischen Lehrervereine gebildet, die sich im Juni 1919 zum VSL zusammenschlossen. „Wir hatten eine kleine Arbeitsgemeinschaft sozialistischer Lehrer gegründet, in welcher wir versuchten(,) uns darüber klar zu werden, wie eine sozialistische Schulpolitik aussehen müsse. Als Vorstandsmitglied musste ich mehrfach nach Berlin fahren. Dort wurde eine Reichskonferenz schon in diesem stürmischen Sommer (von 1919, M.J.) abgehalten."[240] Gemeinsam mit ihrem Bruder August, der zu dieser Zeit als USPD-Stadtverordneter in Essen tätig war und somit vermutlich als Vertreter des Essener Lehrervereins anreiste,[241] fuhr Anna Siemsen am 10.6.1919 zur Gründungstagung des VSL nach Berlin, bei der sie zur Schriftführerin des Verbandes gewählt wurde.[242] In Anbetracht der zunehmenden parteipolitischen Konflikte innerhalb der Arbeiterbewegung sah der VSL die „Zusammenfassung aller sozialistischen Lehrer – ohne Unterschied der Parteirichtung – zum Kampf um die Verwirklichung der sozialistischen

---

239 Stöhr (1978, Bd.1), S. 168f.
240 Siemsen („Berliner Intemezzi. Lehrlingszeit"), S. 20. (Vgl. auch Anm. 53 des vorliegenden Kapitels.)
241 Dem VSL konnten keine Einzelpersonen, sondern nur Vereinigungen und Verbände angehören. Dementsprechend reisten auch zur Gründungstagung des VSL die einzelnen Teilnehmer als Vertreter ihrer jeweiligen Vereinigung an, wozu sie im Vorhinein von dieser gewählt worden waren. (Vgl. den Aufruf zur Gründungstagung, in: Der Föhn, 1919, 9, S. 18.)
242 Vgl. das Protokoll über die Gründungstagung des Reichsverbandes, in: Der Föhn (1919)11/12, S. 19-21, hier S. 20.

Ideen auf dem Gebiet des gesamten Schul- und Erziehungswesens"[243] als dringende Notwendigkeit an. Umso erzürnter waren die Tagungsteilnehmer über das Verhalten des SPD-Parteivorstandes, der angesichts der bereits im März 1919 begonnenen Vorbereitungen eines Zusammenschlusses aller sozialistischen Lehrer/innen im April 1919 eine eigene „Arbeitsgemeinschaft sozialdemokratischer Lehrer" (AsL) gegründet hatte. Indem der Parteivorstand die AsL als ein parteipolitisches Organ etablierte, ihre Richtlinien festlegte[244] und die SPD-Lehrer/innen zur Mitgliedschaft in der AsL verpflichtete, unternahm er den Versuch,

> „die SPD-Lehrer aus den sozialistischen Lehrervereinen zu lösen, sie an die Mehrheitssozialdemokratie zu binden und sie deren Zielsetzungen unterzuordnen. (...) Die Gründung der AsL bedeutete somit eine einseitige Abgrenzung nach links (...). Dieser Kurs entsprach auch der sozialdemokratischen Koalitionspraxis, (...) nämlich dem Zusammengehen mit bürgerlichen Kräften bei gleichzeitiger Frontstellung gegen USPD und KPD"[245].

Zwischen der AsL und dem VSL, der dieses Vorgehen der SPD als „eine unheilvolle Zersplitterung und Kraftvergeudung"[246] bezeichnete, sollte es zu erbitterten Auseinandersetzungen kommen, zumal die AsL-Führung jede Kritik an der sozialdemokratischen Schul(kompromiss)-Politik, auch innerhalb der eigenen Reihen, unterdrückte. Erst nach der Vereinigung von rechter USPD und SPD und nachdem Kurt Löwenstein und August Siemsen 1924 die vorherigen Verantwortlichen des AsL, Heinrich Schulz und Richard Lohmann, ersetzt hatten, änderte sich der Kurs der AsL und traten auch linkssozialdemokratische Pädagog/innen, so auch Anna Siemsen, in die AsL ein.[247]

Bis dahin sah der VSL jedoch im Verhalten von SPD und AsL das Bestreben, die „Partei über alles" zu stellen, anstatt durch die Parteiarbeit einen „Dienst am sozialistischen Kulturideal"[248] zu leisten. Im Gegensatz zur SPD betrachtete der VSL den Weimarer Schulkompromiss als „Preisgabe der wichtigsten Kulturforderung des Erfurter Programms"[249] und setzte sich für eine entschiedenere sozialistische Schulpolitik ein. So warnte die damalige Düsseldorfer USPD-Stadtverordnete, Anna Siemsen, im Juli 1919 in „Der Föhn", dem Verbandsorgan des VSL, eindringlich davor, sich mit „Halbheiten" und „Kompromissen" zufrieden zu geben, nur um einen größeren Adressatenkreis anzusprechen.

---

243 Ebd.
244 Vgl. Stöhr (1978, Bd.1), S. 174.
245 Ebd., S. 179.
246 Protokoll über die Gründungstagung des Reichsverbandes, in: Der Föhn (1919)11/12, S. 19-21, hier S.20.
247 Vgl. Heimann/Walter (1993), S. 348; Stöhr (1978, Bd.1), S. 190f; ebd., Bd.2, S. 29 u. 45.
248 „‚Verband'" und ‚Arbeitsgemeinschaft'", in: Der Föhn (1919)15/16, S. 2-4, hier S. 3.
249 Ebd.

> „Wir brauchen eine Bewegung, die wahrhaft revolutionär ist, d.h. die nicht mit Reformen und Quacksalbereien am kranken Körper unserer Gesellschaft und unserer Schule sich begnügt, die nicht bereit ist, das ‚bewährte Alte' langsam umzuwandeln – wobei dann immer dies Alte siegreich bleibt und das Neue ansteckt und verfälscht – ‚nein, die von Grund aus neu bauen will (...)."[250]

Wie sehr die schulpolitischen Forderungen des VSL den Ansichten Anna Siemsens entsprachen, zeigt eine Resolution, die bei mehreren vom Groß-Berliner Zweig des VSL organisierten Volksversammlungen im Herbst 1919 angenommen wurde:

> „Die sozialistische Gesellschaft erstrebt nicht die Emporbildung einzelner, sondern die Entwicklung der Gesamtheit. (...) Dies wird erreicht durch Abbau aller Arten von höheren Schulen und Ausbau der Volksschule zu einer kostenlosen, vom Kindergarten bis zur Hochschule aufsteigenden Einheitsschule, die durch Kurse allen Begabungsrichtungen Rechnung trägt. Selbstverwaltung, Oeffentlichkeit und Arbeitsunterricht kennzeichnen diese Schule als Organ der sozialistischen Gemeinschaft."[251]

Auch die näheren Ausführungen der Groß-Berliner Vereinigung über Aufbau und Ziel der sozialistischen Einheitsschule enthalten nahezu ausschließlich die gleichen Ansichten und Forderungen, für die auch Anna Siemsen im Rahmen ihrer bildungspolitischen und publizistischen Tätigkeiten eintrat. Dazu gehörte z.B. die Überzeugung, dass die Erziehung bereits mit dem „werdenden Kinde" zu beginnen habe und daher Schwangerenheime und Säuglingsberatungsstellen einzurichten seien. Weiterhin wird auch hier die ebenfalls von Anna Siemsen vertretene Einteilung der Einheitsschule in Grundschule, Oberschule und Hochschule beschrieben, wobei die Berufsschule, auch im Sinne Siemsens, in die Oberstufe zu integrieren sei. Weitere Übereinstimmungen zeigen schließlich auch die Forderungen nach der Einrichtung von Arbeitsgemeinschaften, nach einer ganzheitlichen Bildung, der „Einführung in die Produktionskunde", einer „Ausschaltung jeglichen Religions- und Gesinnungsunterrichts" und nach einer „Kostenlosigkeit aller Bildungs- und Erziehungseinrichtungen"[252]. Es wird im Rahmen der noch folgenden Ausführungen deutlich werden, dass der VSL nicht isoliert von anderen Lehrerorganisationen arbeitete, sondern die Diskurse und Ansätze u.a. des BESch und des BFS zur Kenntnis nahm, kritisch reflektierte und, sofern Übereinstimmungen vorhanden waren, in sein eigenes Konzept einband. Angesichts dieses wechselseitigen Austausches der einzelnen Organisationen wird nachvollziehbar, dass auch Anna Siemsen sich in mehreren Verbänden und Ver-

---

250 Siemsen (1919d), S. 1.
251 „Aus unserer Bewegung. Verband sozialistischer Lehrer und Lehrerinnen von Deutschland und Deutsch-Oesterreich. Berlin", in: Der Föhn (1919)24, S. 10-13 hier: S. 11.
252 Ebd., 12f.

einigungen engagierte bzw. von diesen als Referentin für ihre Tagungen berufen wurde.

Ebenso wie Anna Siemsen gehörten zwar nicht die meisten Mitglieder, aber doch zahlreiche führende Repräsentanten des VSL der USPD an,[253] die hinsichtlich ihres starken bildungspolitischen Engagements die meisten Schnittstellen mit den Forderungen des VSL aufwies. Wie stark gerade auch Siemsens Tätigkeiten im VSL und in der USPD miteinander verknüpft waren, zeigt sich nicht nur daran, dass sie über den VSL bereits in Kontakt mit weiteren, in naher und ferner Zukunft für sie bedeutsam werdenden USPDlern wie Max Greil und Kurt Löwenstein kam, sondern dass auch das im Wesentlichen von ihr und Löwenstein entworfene USPD-Schulprogramm in so engem Zusammenhang mit dem VSL entstand, dass dieser es, so Stöhr, „nahezu als Produkt der eigenen Organisation"[254] ansah.

Da nach der Novemberrevolution viele Lehrer/innen noch politisch ungeschult waren und häufig ein eher diffuses Sozialismus-Verständnis vertraten,[255] bildete, neben der Erarbeitung einer sozialistischen Schulpolitik, auch die Beschäftigung mit allgemeinen und grundlegenden sozialistischen Fragen einen Schwerpunkt der Verbandstätigkeit. Wie wichtig eine wissenschaftliche Betrachtung des Sozialismus sei, darauf wies auch Anna Siemsen hin, indem sie in dem bereits erwähnten Föhn-Artikel feststellte, dass der von ihr geforderte entschlossene und revolutionäre Kampf gegen die kapitalistische Gesellschaft und für eine sozialistische Bildungspolitik auch eine „klare und sichere Erkenntnis unserer gemeinsamen Ziele" voraussetze.

„Daran fehlt es noch gar sehr. Unsere Erziehung hat sie keinem von uns gegeben, unser bisheriges Leben nur einem kleinen Teil. (…). So haben wir eine große Anzahl von Gefühlssozialisten und Gefühlsrevolutionären in unseren Reihen. (…) Für den Anfang mag das nicht schaden. (…) Aber dies Gefühl genügt nicht (…). Unsere gefühlsmäßige Ueberzeugung zur Erkenntnis klären und vertiefen, das muß die Aufgabe sein, und diese Aufgabe läßt sich nur durch strenge Arbeit leisten und sie geht – leider – unvermeidlich über sozialistische Versammlungen und sozialistische Bücher. (…) Wir haben allen Grund immer wieder auf die tiefen menschlichen Beweggründe und auf die weiten menschlichen Ziele unserer Bewegung zu verweisen. (…) Aber wir haben keinerlei Grund ein sozialistisches Naturherrschertum zu pflegen, das sich über Marx erhaben dünkt (…) und das die Statistik und Nationalökonomie vernachlässigt kraft angeborenen Prophetentums (…)."[256]

---

253 Vgl. Stöhr (1978, Bd.1), S. 344. Eine Doppelmitgliedschaft in AsL und VSL wurde von beiden Organisationen ermöglicht.
254 Ebd.
255 Vgl. ebd., S. 150.
256 Siemsen (1919d), S. 2.

Stöhr weist darauf hin, dass der „Sozialistische Erzieher", der den „Föhn" aus finanziellen Gründen zu Beginn des Jahres 1920 als Verbandsorgan ersetzt hatte, diesem Anspruch gerecht zu werden versuchte, indem er, im Gegensatz zu seinem Vorgänger, „bewußt auf die Klärung politischer und pädagogischer Grundsatzfragen"[257] hinarbeitete und auch „der Analyse politischer und schulpolitischer Ereignisse breiten Raum"[258] gab.

Darüber hinaus begann der Verband die Möglichkeit seiner Umwandlung in eine Lehrergewerkschaft in Betracht zu ziehen, um anschließend, durch den Anschluss an die freie Gewerkschaftsbewegung, seinen Einfluss auf die Schulpolitik zu vergrößern und vor allem seine Verbindung mit der kämpfenden Arbeiterschaft zu intensivieren. Den Anlass zu diesen Bestrebungen hatten, neben der wirtschaftlichen Lage der Lehrerschaft, vor allem die Enttäuschung durch die Reichsschulkonferenz sowie die Erfahrung des Kapp-Putsches gegeben, die dem Verband zum einen deutlich gemacht hatten, dass eine Zusammenarbeit mit den anderen Lehrerorganisationen nicht möglich sei, dass zum anderen der Kampf auf rein pädagogischem Gebiet nicht ausreichte. „Der Kapp-Putsch hatte deutlich gemacht, (…) daß es vorrangig in der Schulpolitik nicht darauf ankam, Programme für ein sozialistisches Schulwesen zu entwickeln"[259]; durch die Erhebung der Reaktion war den Lehrervereinen vielmehr deutlich geworden, dass die demokratischen gesellschaftlichen Verhältnisse, die sie im Rahmen ihrer sozialistischen Schulpolitik bereits als gegeben betrachtet hatten, in Wirklichkeit nicht vorhanden waren, sondern erst noch hergestellt werden mussten. Hierzu schien ihnen die Zusammenarbeit mit der Arbeiterschaft dringend notwendig zu sein, hatte diese sich doch in beeindruckender Weise den Putschisten entgegengestellt. Auch Anna Siemsen bemerkt in ihren Erinnerungen, dass angesichts der Abwehr des Kapp-Putsches weder das Bürgertum, noch die Beamtenschaft, die Polizei oder die Reichswehr die entscheidenden Kräfte waren. „Die Entscheidung lag dort, wo eine organisierte Macht vorhanden war. Das waren im Jahre 1920 die Gewerkschaften."[260] Auf einer im Oktober 1920 ausgerichteten Vertretertagung des Verbandes wurde beschlossen, diesen zur ersten „Freien Lehrergewerkschaft Deutschlands" (FLGD) umzubilden[261] und somit ebenfalls zum ersten Mal dem zunehmend deutlicher werdenden Zusammenhang von Erziehung und Gesellschaft auch auf der organisatorischen Ebene Ausdruck zu verleihen, während beispielsweise der „Deutsche Lehrerverein" (DLV) vorrangig berufsständische Interessen vertrat und noch ganz in der Tradition Geisteswissenschaftlicher Pä-

---

257 Stöhr (1978, Bd.1), S. 209.
258 Ebd., S. 210.
259 Ebd., S. 216.
260 Siemsen (1940), S. 46.
261 Vgl. Bölling (1978), S. 44; Stöhr (1978, Bd. 1), S. 297.

dagogik stand, die Erziehung als der Gesellschaft gegenüber relativ autonome Erscheinung begriff. „Die Überzeugung von der Eigenständigkeit der Erziehung, ihrer Unabhängigkeit von weltanschaulichen, politischen und sozialen Faktoren, bildete einen Eckpfeiler in der Ideologie des DLV."[262] Da jedoch auch der DLV sich den stärker werdenden Diskussionen über die Gewerkschaftsfrage nicht entziehen konnte, beschloss er 1921, „für die in ihm zusammengeschlossenen Angehörigen des Lehrerstandes zugleich die (wohlgemerkt, M.J.) *Berufs*gewerkschaft"[263] zu sein. Hierbei handelte es sich aber eher um einen formalen Akt, der „keinen grundsätzlichen Wandel im Selbstverständnis und in der Politik des Deutschen Lehrervereins"[264] bedeutete. Für Anna Siemsen dagegen, die das Verhältnis von Erziehung und Gesellschaft als ein dialektisches begriff und in der Umgestaltung der gesellschaftlichen Ordnung eine wesentliche Voraussetzung für die Verwirklichung schulpolitischer Forderungen sah, war die Mitgliedschaft in der ersten deutschen Lehrergewerkschaft, der FLGD, somit nur konsequent. Um die wirtschaftlichen und sozialen Interessen der Lehrer/innen vertreten zu können, wurden u.a. eine Rechtsschutzstelle sowie eine Stellenvermittlung eingerichtet, wobei die letztere möglicherweise den Ruf Anna Siemsens nach Thüringen mit begünstigte, hält Stöhr es doch für „nicht unwahrscheinlich, daß die Berufung zahlreicher Gewerkschaftsmitglieder in leitende Positionen im Thüringer Schulwesen nicht allein einer gezielten Personalpolitik des dortigen Volksbildungsministers und FLGD-Mitglieds *Max Greil* entsprang, sondern auch von der Gewerkschaft selbst mit vorbereitet und unterstützt wurde"[265]. Auch an der bereits im Herbst 1921 erfolgten Berufung Anna Siemsens nach Berlin war die FLGD zumindest indirekt beteiligt; so war es ihre Berliner Ortsgruppe, die zum einen der sozialistischen Berliner Stadtverwaltung geeignete Kräfte für neu zu besetzende Stellen vorschlug und die zum anderen gemeinsam mit der AsL im Juni 1921 vier Massenversammlungen in allen Teilen Berlins einberief, um „aufs schärfste gegen das Verhalten des Berliner Magistrats" zu protestieren, „der dem Oberstadtschulrat Paulsen die geeigneten Kräfte als Mitarbeiter bei der Durchführung der Berliner Schulreform vorenth(ie)lt. Sie (die FLGD, M.J.) fordert mit Nachdruck, daß die Berliner Schuldezernate mit Fachleuten sozialistischer Weltanschauung besetzt werden (...)"[266]. Zu den vorenthaltenen „geeigneten Kräften" gehörte auch Anna Siemsen, gegen deren Berufung, laut Sozialistischem Erzieher, „die Direktoren Arm in Arm mit den ‚höheren' Elternbeiräten" Sturm liefen, da sie es für undenkbar hielten, einem „Direktor der alten Schule" zuzumuten,

---

262 Bölling (1978), S. 95.
263 Ebd., S. 100. (Herv. durch die Verfasserin)
264 Ebd., S. 103.
265 Stöhr (1978, Bd.1), S. 324.
266 Sozialistischer Erzieher 2(1921)25, S. 362.

zur Sprechstunde eines Schulrats zu müssen, wenn dieser „ein Fräulein mittlerer Jahre"[267] sei. Zwei Monate später konnte im Sozialistischen Erzieher schließlich berichtet werden: „Mit Ach und Krach, nach Wochen voll ekelhafter parlamentarischer Kulissenkämpfe, sind endlich unsere Kollegen Nydahl und Siemsen zu Dezernenten für das Groß-Berliner Schulwesen gewählt" worden − „dank unseren Protesten!"[268] Es zeigt sich, wie wichtig der VSL bzw. die spätere FLGD nicht nur für die Entwicklung der schulpolitischen Konzepte Anna Siemsens waren, sondern welch entscheidenden Anteil sie auch daran hatten, Siemsen die Mitarbeit an deren politischer Umsetzung zu ermöglichen.

Der erhoffte Anschluss der FLGD an die freie Gewerkschaftsbewegung blieb zunächst aus, da sowohl der „Allgemeine Deutsche Gewerkschaftsbund" (ADGB) als auch die „Arbeitsgemeinschaft freier Angestelltenverbände", der spätere „Allgemeine freie Angestelltenbund" (AfA), einen Beitritt der FLGD ablehnten. Um letztendlich von dem neben ADGB und AfA als dritte Säule der freien Gewerkschaften entstandenen „Allgemeinen Deutschen Beamtenbund" (ADB) aufgenommen zu werden, musste die FLGD 1923 zunächst mit der „Gewerkschaft Deutscher Volkslehrer" (GDV) fusionieren. Die so vereinte GDV wurde 1929 in die „Allgemeine Freie Lehrergewerkschaft" (AFLD) umbenannt, welche schließlich 1933 einem Verbot bzw. einer Gleichschaltung ihrer Organisation durch Selbstauflösung zuvorkam.

b. „Bund Entschiedener Schulreformer" (BESch)

Im Rahmen ihrer Vorbereitungen für die Reichsschulkonferenz traf Anna Siemsen häufig mit dem Bund Entschiedener Schulreformer zusammen und versuchte, so Ingrid Neuner, „in ihrer Eigenschaft als wissenschaftliche Mitarbeiterin im Volksbildungsministerium die Arbeit des Bundes zu unterstützen"[269]. Dieser hatte sich ebenfalls, u.a. mit Hilfe einer als „Schrittmacherin für die amtlich einberufene Reichsschulkonferenz"[270] im Frühjahr 1920 ausgerichteten „Pädagogischen Ostertagung"[271], auf die mit großen Hoffnungen erwartete Konferenz vor-

---

267 Ebd., S. 364.
268 Sozialistischer Erzieher 2(1921)33/34, S. 466.
269 Neuner (1980), S. 189. Neuner bezieht sich hierbei auf einen Brief Siegfried Kaweraus an Paul Oestreich v. 15.4.1920 in: UB Würzburg, Nachlass Oestreich. (Da der Nachlass nicht geordnet ist, sind leider keine genaueren Angaben möglich.)
270 Oestreich (1921), Vorwort.
271 Vgl. dazu die „Einladung zu einer Pädagogischen Ostertagung. Die freie Reichsschulkonferenz des Bundes Entschiedener Schulreformer tagt vom 31. März bis 2. April 1920 im Herrenhause zu Berlin (…)", in: Oestreich (1920), S. 111. − Im Bericht über diese Tagung musste Oestreich

bereitet. Die Ergebnislosigkeit der Reichsschulkonferenz bereits vorhersehend, wies der Vorsitzende des Bundes, Paul Oestreich, darauf hin, dass es das Ziel der Tagung sei, „die rechten Wege und Ziele (zu) weisen und (zu) warnen vor Halbheit und Lauheit"[272]. Angesichts des enttäuschenden Verlaufs der Reichsschulkonferenz stellte die Ostertagung des BESch für Anna Siemsen einen Beweis dafür dar, dass die Erarbeitung innovativer Schulreformideen „zunächst im engeren Kreis" und „auf nicht zu breiter Grundlage" vonstatten gehen müsse und somit „vorwiegend Aufgabe bestimmter Gesinnungsgruppen" sei. „Die freie Schulkonferenz radikaler Sozialisten im Herbst, die Tagung entschiedener Schulreformer im Frühjahr geben ein Beispiel dafür. Hier läßt sich auf der Grundlage einer gemeinsamen Überzeugung Tatsächliches schaffen, Klarheit und Zielsicherheit gewinnen."[273]

Ebenso wie Siemsen waren auch andere Mitglieder des BESch, die zunächst versucht hatten, als radikaler Flügel innerhalb des konservativen Philologenvereins ihre schulreformerischen Ideen durchzusetzen, der Ansicht, dass der gesellschaftliche Umbruch im Zuge der Novemberrevolution einer entschiedenen Reformierung des Bildungswesens bedürfe. Bereits 1919 legte Paul Oestreich einen Einheitsschulplan vor, der in den folgenden Jahren stetig weiter ausdifferenziert und konkretisiert wurde. Mit ihrem daraus hervorgegangenen Konzept einer elastischen Einheits-, Lebens- und Produktionsschule, das im Gegensatz zur traditionellen starren Lernschule, im Rahmen eines flexiblen Kurssystems „intellektuelle, technisch-werktätige und künstlerische Veranlagungen gleichmäßig bewertet und fördert (...) und das soziale Bewußtsein entwickelt"[274] und „in der nicht mehr Klassen, Lehrerkollegien, Eltern fremd nebeneinander hergehen, sondern sich zu geistigen Arbeitsgemeinschaften zusammenschließen"[275], stießen die fortschrittlich orientierten Oberlehrer Paul Oestreich, Siegfried Kawerau und Fritz Karsen, um nur einige zu nennen, im Philologenverein jedoch auf einen dermaßen großen Widerstand, dass sie diesen verließen und im Herbst 1919 einen eigenen Verband, den „Bund Entschiedener Schulreformer", begründeten. Trotz ihrer zahlreichen inhaltlichen Schnittmengen mit den schulpolitischen Vorstellungen des Bundes, die auch im VSL diskutiert und von ihm aufgenom-

---

dann feststellen: „Sie konnte nicht, wie sie es dem Plane nach sollte, Schrittmacherin für die amtlich einberufene Reichsschulkonferenz sein, denn die war wieder einmal vertagt worden." (Oestreich, 1920, S. 3, Vorwort.)
272 Ebd.
273 Siemsen (1920j), S. 11f.
274 Aus der Satzung des BESch aus dem Jahre 1919 in: Bernhard/Eierdanz (1991), S. 197.
275 Oestreich (1919), S. 5.

men wurden[276], und obwohl sie selbst zu denjenigen gehörte, die Oestreich dazu aufgefordert hatten, einen ausführlichen Einheitsschulplan vorzulegen[277] und sie somit bereits um 1917 in privatem Kontakt mit ihm gestanden haben muss, trat Anna Siemsen dem Bund jedoch zunächst nicht bei, obwohl ihr Bruder August, mit dem sie für gewöhnlich nicht nur privat, sondern auch im Rahmen von Mitgliedschaften in Parteien und anderen Organisationen eng verbunden war, dem Bund spätestens im Sommer 1920 angehörte.[278] Die Gründe hierfür können, wenn auch nicht eindeutig geklärt, zumindest vermutet werden. So war Paul Oestreich, der führende Kopf des Bundes, bereits an der Gründung der vom VSL abgelehnten AsL beteiligt gewesen und hatte auch deren Vorstand zeitweilig angehört. Die nur fünf Monate später erfolgte Gründung des BESch wurde daher, wie von einigen anderen sozialistischen Kräften, so auch von Anna Siemsen als eine unnötige weitere Zersplitterung betrachtet. In einem auf den 19.2.1920 datierten Brief an Oestreich schreibt sie: „Ich glaube, Ihre Gründe zu wissen u(nd) teile Ihr Unbehagen über die bisherige Arbeit der soz(ialistischen) Lehrer, die zu disziplinlos sind, um Arbeit leisten zu können. Aber das ändert nichts an der Tatsache, dass Ihre Organisationen zersplitternd wirken. Und dass diese Zersplitterungen schaden statt zu nützen."[279] Obwohl Oestreich der AsL wegen ihrer engen parteipolitischen Bindung später den Rücken kehrte und der BESch sich als „überparteiliche Organisation" und als „ein Gegenstück zur Arbeitsgemeinschaft sozialdemokratischer Lehrer"[280] verstand und viele seiner Mitglieder auch im VSL aktiv waren, mag Oestreichs Beteiligung an der Etablierung von gleich zwei Lehrerorganisationen ein Grund für Anna Siemsens vergleichsweise späten Beitritt zum BESch gewesen sein. Aus dem genannten Brief Siemsens an Oestreich geht außerdem hervor, dass ihr Verhältnis, trotz inhaltlicher Überschneidungen, gelegentlich durch unterschiedliche Ansichten über die taktische Vorgehensweise in Schulreformfragen belastet wurde und dass Siemsen in ihrer Funktion als Mitarbeiterin im Ministerium den Wünschen Oestreichs nicht immer in dem Maße entsprechen konnte, wie sie es eigentlich gerne getan hätte. So

---

276 Im Heft 15/16 des Föhn aus dem Jahre 1919 steuert Paul Oestreich einen Artikel zu „Begründung und Aufbau der Einheitsschule" bei (Oestreich, 1919). In Heft 24, ebenfalls 1919, wird an Oestreichs Enheitsschulmodell angeknüpft, gleichzeitig eine Forderung nach einer an der Begabungshöhe gerichteten äußeren Differenzierung kritisiert, die Oestreich jedoch später selbst revidierte. (Vgl. „Aus unserer Bewegung. Verband sozialistischer Lehrer und Lehrerinnen von Deutschland und Deutsch-Oesterreich. Berlin", 1919, H. 24, S. 10-13.)
277 Vgl. Böhm (1973), S. 110f.
278 Dies geht aus einem am 25.7.1920 im „Vorwärts" abgedruckten Protest des BESch gegen die Verurteilung Augusts wegen seines Engagements bei der Abwehr des Kapp-Putsches hervor, in dem der BESch August ausdrücklich als sein Mitglied bezeichnet.
279 Brief Anna Siemsens an Oestreich v. 19.2.1920 in: UB Würzburg, Nachlass Oestreich.
280 Bernhard/Eierdanz (1991), S. 52.

schrieb sie ihm anlässlich einer Uneinstimmigkeit: „Lieber Kollege Östreich, ich kann sehr gut verstehen, dass Ihnen meine Antwort sehr unbefriedigend erschien. Sie werden sich aber kaum so darüber geärgert haben wie ich selber."[281] Entschieden wies sie den Vorwurf Oestreichs zurück, dass sie im Ministerium „nicht ahne, wie die Sachen liegen" und betonte stattdessen, dass ihre dortige Arbeit nicht weniger Kräfte aufreibend sei als die Arbeit außerhalb und dass Oestreich nicht ahne, wie sehr ihr die Hände gebunden seien[282]. Ein weiterer Grund für Siemsens späten Beitritt zum Bund könnte der Umstand gewesen sein, dass der BESch keine sozialistische Organisation im eigentlichen Sinne darstellte, sondern „seine Erziehungstheorie und seine bildungspolitischen Aktivitäten im widerspruchsreichen Spannungsfeld von bürgerlicher Reformpädagogik und pädagogisch-bildungspolitischen Ansätzen der sozialistischen Arbeiterbewegung"[283] entfaltete und, so Armin Bernhard, im Hinblick auf seine methodische Analyse und seine Bewertung der gesellschaftlichen und pädagogischen Situation und der in ihr gegebenen Handlungsmöglichkeiten, durchaus Differenzen zur sozialistischen Arbeiterbewegung aufwies.[284] So zeigte der BESch sich beispielsweise distanziert gegenüber dem gerade auch von Anna Siemsen geschätzten Instrumentarium des marxistischen Historischen Materialismus und so ließen sich in der Bildungstheorie des Bundes, vor allem der Paul Oestreichs, unverkennbare Züge eines aus dem Philologenverein übernommenen liberal-individualistischen und idealistisch-überhöhten Bildungs- und Erziehungsverständnisses nachweisen. Dies führte dazu, dass der BESch, im Gegensatz zu den Kreisen rein individualistisch orientierter bürgerlicher Reformpädagog/innen, den Zusammenhang zwischen Erziehung und Gesellschaft zwar ausdrücklich betonte, ihn jedoch z.T. stark vereinseitigte, indem er die Entwicklung einer neuen Gesellschaft *über* die Erziehung eines neuen Menschen erstrebte, die Schaffung gesellschaftlicher Voraussetzungen für die Bildung eines neuen Menschen jedoch eher vernachlässigte. Für Anna Siemsen, die sich im Organ des VSL ausgesprochen kritisch über die Zusammenarbeit mit bürgerlichen Reformer/innen geäußert hatte, war dieser Aspekt sicherlich nicht unerheblich.[285] Auf die Probleme, die sich angesichts der Offenheit des Bundes sowohl gegenüber bürgerlichen als auch so-

---

281 Brief Anna Siemsens an Oestreich v. 19.2.1920 in: UB Würzburg, Nachlass Oestreich.
282 Vgl. ebd.
283 Bernhard (1999), S. 176.
284 Vgl. ebd., S. 177.
285 Auch die auf der Gründungstagung des VSL stattgefundene Debatte darüber, ob die Zeitschrift „Die Neue Erziehung", die im April 1920 schließlich das offizielle Organ des BESch wurde, das Organ des VSL werden könne, endete schließlich mit dem Ergebnis, dass sie nicht dazu geeignet sei, „da sie ein zu stark bürgerlich-kapitalistisches Geschäftsgebaren zeige". (Der Föhn, 1919, H. 13, S. 13)

zialistischen Ansätzen ergaben, wird an späterer Stelle noch einmal einzugehen sein. Für Anna Siemsens Rolle im BESch bleibt zunächst festzuhalten, dass sie sich, auch wenn sie ihm erst am 17.1.1922[286], nach der Übernahme des Berliner Berufsschulwesens beitrat, bereits zwei Jahre zuvor für ihn engagierte und regelmäßig als Referentin auf den Tagungen des Bundes auftrat. Dies lag vor allem an der zunehmend stärkeren Orientierung des Bundes auf den Produktionsschulgedanken, d.h. auf die an Marx anknüpfende bildungstheoretische Idee, den jungen Menschen eine ganzheitliche Bildung zuteil werden zu lassen und ihnen, im Gegensatz zur herkömmlichen Lernschule, durch schöpferische, selbsttätige, produktive Arbeit sowohl in geistiger und künstlerischer Hinsicht als auch in der Landwirtschaft, in Werkstätten und im Haushalt die Möglichkeit zu geben, ihre individuellen Fähigkeiten innerhalb eines aktiven Dienstes an der Gemeinschaft herauszubilden, sie zugleich an die wirkliche, gesellschaftliche Produktion heranzuführen und ihnen bereits eine vorberufliche Bildung zukommen zu lassen. Nicht mehr „hier Intellektualismus, Kopfarbeit, Verstandeskultur (…) – dort Züchtung des gehorsamen Handarbeiters (…) und Absperrung von den Kulturgütern der Nation"[287], sondern die Ausbildung ganzheitlich entwickelter Menschen sollte, so Siegfried Kawerau, Gründungsmitglied des BESch, das Ziel der Produktionsschule sein.

Diese Hinwendung zur Produktionsschule fand die Aufmerksamkeit der im Mai 1920 ins Düsseldorfer Berufsschulwesen gewechselten Anna Siemsen, da sie eine Möglichkeit darstellte, Siemsens eindringliche Forderung nach einer Verbindung von allgemeiner und beruflicher Bildung und nach einer jegliche Spezialisierung aufhebenden ganzheitlichen Bildung umzusetzen. Entsprechend beteiligte Siemsen sich an der im Herbst 1920 stattfindenden „Produktionsschultagung" des Bundes in Berlin-Lankwitz mit einem Referat über Leitgedanken und einen möglichen Aufbau der Produktionsschule, als deren Ziel sie es ansah, „die Kinder und Jugendlichen durch eigene, planvoll geregelte, nutzbringende Tätigkeit innerhalb einer Arbeits- und Lebensgemeinschaft zum Bewußtsein ihrer Kräfte zu bringen, sie in ein lebendig-wirkendes Verhältnis zur Umwelt zu setzen und schaffende Gemeinschaftsarbeit ihnen zum gewohnten Bedürfnis zu machen"[288]. Es zeigt sich, dass Anna Siemsen auch mit ihrer hier noch einmal deutlich werdenden Forderung nach einer „Erziehung zur Gemeinschaft" Anknüpfungspunkte im BESch fand, der ebenfalls, so Neuner, in der „Erziehung für die Gemeinschaft bzw. in ihr ein wichtiges Ziel (erblickte, M.J.); genauso wichtig wurde aber die Förderung der individuellen Fähigkeiten und Bedürfnisse

---

286 Vgl. ihr Beitrittsgesuch in UB Würzburg, Nachlass Paul Oestreichs.
287 Kawerau (1921), S. 6.
288 Siemsen (1921a), S. 15.

eingeschätzt"[289]. So beginnt die Ankündigung einer Tagung des Bundes im Herbst 1921 mit dem Hinweis darauf, dass die bisherigen Tagungen sich für „die Bildung jedes einzelnen Menschen zu seinem höchsten Sein" einsetzten, gleichzeitig aber auch zum Ausdruck brachten, „daß jeder einzelne, in die Gemeinschaft hineingeboren, der Gemeinschaft verpflichtet ist. Daher schien ihnen dies neue Erziehungsideal nur denkbar in Gestalt einer Synthese individueller Forderungen und der Hingabe an die Gemeinschaft"[290]. Für Anna Siemsen, die nach eigener Einschätzung[291] den Gedanken der Gemeinschaftserziehung anfangs stärker betonte als den der individuellen Persönlichkeitsentwicklung, war das Engagement im – bürgerlich-individualistisches und sozialistisch-gemeinschaftliches Gedankengut verbindenden – BESch, trotz gelegentlicher Einseitigkeit, insofern vielleicht noch einmal eine wichtige Station auf dem Weg zu einem dialektischen Verständnis von Individuum und Gemeinschaft.

Das Referat Siemsens zur Produktionsschule bildete für Oestreich den „Höhepunkt der Tagung". „Sie entwarf den Grundriß und baute e i n Gerüst: Man schaute in ein Jugendhaus, geräumig, bald auch wohnlich."[292] Weiteres Lob erfuhr Siemsens Beitrag auch im „Vorwärts", der „die äußerst lebendigen, fesselnden Ausführungen von Anna Siemsen" und „ihr starkes Bekenntnis zur praktischen Schulreform"[293], ihre Fähigkeit, die Produktionsschulidee für den Alltag umsetzbar zu machen, hervorhob.

Siemsens Interesse am Bund wurde noch einmal dadurch verstärkt, dass dieser sein Mitglied Olga Essig, die selbst aus dem Bereich des Berufsschulwesens kam, damit beauftragte, auf einer Tagung zu Pfingsten 1921 in Frankfurt a.M. „die Berufsschule als Glied der Produktionsschule" zu behandeln, was Anna Siemsens Absicht, die Berufsschule in das allgemeinbildende Schulwesen zu integrieren, sehr entgegen kam. Ein unter dem gleichen Titel erschienener Aufsatz Olga Essigs[294], der einen Auszug aus ihrem Vortrag wiedergibt, zeigt sowohl hinsichtlich ihrer Analyse der gegenwärtigen Situation und Mängel des Berufsschulwesens als auch ihrer Forderungen für eine zukünftige Gestaltung der Berufsschule zahlreiche Übereinstimmungen mit den späteren Forderungen Anna Siemsens, wie sie beispielsweise in deren 1922 erschienenem Aufsatz „Fortbildungs- und Fachschulen"[295] deutlich werden. Es zeigt sich, wie wesentlich das

---

289 Neuner (1980), S. 99. (Herv. im Orig.)
290 Ankündigung der Tagung „Frauenbildung u. Wirtschaftsreform" (30.9.-2.10.1921) in UB Würzburg, Nachlass Paul Oestreich.
291 Vgl. Anm. 58 vorliegenden Kapitels.
292 Oestreich (1921), S. 8. (Herv. im Orig.)
293 Tagung des Bundes Entschiedener Schulreformer in: Vorwärts 37(1920)492, v. 5.10.1920.
294 Essig (1921).
295 Siemsen (1922c).

Engagement im BESch für die Entwicklung der schulpolitischen Forderungen Anna Siemsens gewesen ist, auch wenn sich im Nachhinein nicht mehr genau feststellen lässt, welches Gedankengut Anna Siemsen vom BESch übernommen hat und welcher Anteil ihr im Gegenzug an den Konzepten des Bundes zukommt. So weist auch Olga Essig in ihrer Erinnerung an die „Berufs- und Gemeinschaftserziehung im Lebenswerk von Anna Siemsen"[296] darauf hin, dass ihrer beider damalige „Übereinstimmung eine so vollkommene gewesen (sei), daß die Grenzen der Individualität wenn nicht gefallen, so doch durchsichtig geworden zu sein schienen. Dadurch ist es bei einzelnen Arbeitsergebnissen schwer, die individuellen Anteile genau von einander zu trennen. Für diese Arbeiten sei hier in Dankbarkeit festgestellt, daß das Beste stets von Anna Siemsen gekommen ist"[297].

Nachdem die Berufsschulfrage nun auch vom BESch aufgegriffen worden war, wurde ihr unter dem Titel „Schule und Beruf" am 6./7.10.1921 eine Sondertagung in Offenbach a.M. gewidmet,[298] auf der auch Anna Siemsen einen Vortrag über „die soziale Bedeutung der Mädchenberufsschulfrage" halten sollte, der jedoch ausfallen musste, da Anna Siemsen sich zur Übernahme des Berliner Berufsschulwesens entschlossen hatte und mit der Vorbereitung auf das neue Amt und der Regelung der Nachfolge für das Düsseldorfer Berufsschulwesen ausgelastet war.[299] Als sie ihn stattdessen im Frühjahr 1923 in Thüringen hielt, sollte er der Grund für die Begeisterung Essigs, Kühnerts und Schaxels und somit der Anlass für die Berufung Siemsens nach Thüringen werden. Dass der Bund Siemsen ein Referat zur „Mädchenberufsschule" angetragen hatte, zeigt, dass sie in ihm die Gelegenheit bekam, sich im Bereich ihrer Schwerpunktthemen einzubringen, zu denen neben der Berufsbildung seit der Vorbereitung der Reichsschulkonferenz auch Fragen der Frauenbildung und der Koedukation gehörten. So geht aus einem auf den 25.5.1921 datierten Brief Oestreichs an Anna Siemsen hervor, dass der Bund plane, eine „besondere Frauentagung" abzuhalten, wozu u.a. auch Siemsen angeregt habe. „Wir hatten uns gedacht," schreibt Oestreich weiter, „dass Sie vielleicht einen einleitenden Vortrag I. Volksnot – Frauenbildungsreform übernehmen würden"[300]. Tatsächlich steuerte sie auf der entsprechenden Tagung, die vom 30.9. bis 2.10.1921 in Berlin-Lankwitz abgehalten wurde, unter der Rubrik „Die Frau und die Gesellschaft. II. Volksnot und Frauennot" einen Vortrag über „Die wirtschaftlich-geistigen Zeitnotwendigkei-

---

296 Essig (1951).
297 Ebd., S. 20.
298 Vgl. ebd., S. 12; Bernhard (1999), S. 310 u. das Titelblatt des Sonderheftes in: Die Neue Erziehung 3 (1921)10.
299 Vgl. Essig (1951), S. 12f.
300 Vgl. den entsprechenden Brief in: UB Würzburg, Nachlass Oestreich.

ten und die Frauenbildung"[301] bei, in dem sie die nötige Mitarbeit der Frauen beim Aufbau einer menschlicheren Gesellschaft erläuterte.[302]

Sowohl Anna Siemsen als auch Olga Essig wurden in dieser Phase des Bundes, in der Fragen der Frauen- und der Berufsbildung, vor allem dank ihres Engagements, zunehmend Gehör fanden, zu wichtigen Mitarbeiterinnen. Sie beeinflussten, so Neuner, die inhaltliche Diskussion im BESch in wesentlichem Maße und bereicherten seine Tagungen mit Vorträgen.[303] Beide waren jedoch keine reinen Theoretikerinnen, sondern setzten sich dafür ein, ihre bildungstheoretischen Forderungen durch die Übernahme entsprechender Ämter in Politik und Verwaltung in die Praxis umzusetzen. Bereits im August 1920 hatte Anna Siemsen Paul Oestreich in einem Brief darauf hingewiesen, dass ihre politische Aktivität für sie Priorität besitze.[304] Für Oestreich dagegen verloren bildungspolitische Fragen allmählich an Gewicht; zunehmend setzte er sich für eine allgemeine, umfassende und radikale Umwandlung der gesellschaftlichen und kulturellen Verhältnisse ein, zu deren Gunsten er jegliche praktische Teilreform, beispielsweise in Form von Versuchsschulen, aber auch jegliche parteipolitische Tätigkeit ablehnte. Dies ließ sowohl außerhalb des Bundes als auch in den eigenen Reihen Kritik an der wachsenden Unkonkretheit und reinen Agitation aufkommen, die von keinen erkennbaren praktischen Erfolgen begleitet seien. So griff auch Ernst Hierl, einst ein treuer Weggefährte Oestreichs, in einem Aufsatz aus dem Jahre 1925 zu herber Kritik, indem er Oestreich „Verschwommenheit"[305] und politische Ungenauigkeit vorwarf. In Anspielung auf die Satzung des Bundes, die jeden, der guten Willens sei, im Bund willkommen hieß, fragt Hierl:

> „Guter Wille wozu? Kämpfer wofür? Denn ohne solche Bestimmung ist guter Wille eine schleimige Phrase und Kämpfertum erst recht! (…) Wir redeten, projektierten, träumten sodann (…) und der Feind ließ uns spielen, räumte uns Kindern sozusagen einige Sandbaukästen ein – indessen rüstete er sich, behielt die wirtschaftlichen und militärischen Machtpositionen fest in Händen: und allmählich merkten wir etwas! Oestreich, in welchem traurigen Sandbaukasten sitzest Du (…)!"[306]

---

301 Vgl. dazu die Vortragsniederschrift Siemsen (1921e) und die Ankündigung der Tagung „Frauenbildung u. Wirtschaftsreform" (30.9.-2.10.1921) in UB Würzburg, Nachlass Paul Oestreich.
302 Details zu Anna Siemsens Frauenbild folgen im systematischen Teil.
303 Vgl. Neuner (1980), S. 125.
304 Vgl. Neuner (1980), S. 125f. Der Brief Anna Siemsens an Paul Oestreich vom August 1920 befindet sich laut Neuner in UB Würzburg, Nachlass Oestreich. Leider konnte er auf Anfrage der Verfasserin nicht gefunden werden, was vermutlich mit der fehlenden Ordnung des Bestandes zusammenhängt.
305 Hierl (1925), S. 81.
306 Ebd., S. 82f.

Unter Rückgriff auf die marxistische Erziehungsmethode müsse vielmehr, so Hierl, geklärt werden, welcher Spielraum in der jeweiligen Situation für die Umsetzung der Ziele vorhanden und was somit konkret zu tun sei.[307] Fritz Ausländer warf dem BESch utopische Züge vor. „Man sage uns doch endlich, wie man zur Produktionsschule zu gelangen denkt!"[308] Der Bund besitze über seine Mitglieder zwar viele

> „interessante und auch klare Gesichter. Aber das Bild des Bundes selbst entgleitet fast immer im Nebel. (...) Was er seine Freiheit von jeder dogmatischen Bindung nennt, ist zugleich seine Schwäche. (...) Bei allem revolutionären Willen im einzelnen doch ein letztes Zurückschrecken vor der Revolution. (...) Bei allem ehrlichen Versuch, die marxistische Dialektik zu handhaben, doch eine unauslöschbare Neigung zum Mystischen, Irrationalen (...)."[309]

Zum Bruch zwischen Oestreich und vielen Mitgliedern des Bundes kam es, als diese, ebenso wie Anna Siemsen nach Thüringen gingen, um die ihnen dort gebotenen Stellen einzunehmen und sich an der Greilschen Schulreform zu beteiligen. Obwohl gerade Anna Siemsen eine Verschlechterung ihres Gehaltes in Kauf nahm, um dafür eine Stelle einzunehmen, von der aus sie wirksamer tätig sein konnte, warf Oestreich den nach Thüringen gewechselten Mitgliedern ‚,Stellenjägerei' und ‚Karrieresucht'"[310] vor, für die sie den Bund, seiner Meinung nach, im Stich ließen. Auf Grund ähnlicher Differenzen waren bis 1925 nicht nur Anna Siemsen und Olga Essig, sondern sämtliche Gründungsmitglieder aus dem BESch ausgetreten.[311] Zu einem persönlichen Bruch, der, wie im Falle von Ernst Hierl, beinahe an eine feindschaftliche Haltung grenzte, scheint es aber von Anna Siemsens Seite aus nicht gekommen zu sein, ist sie doch in einem im Jahre 1948 zum Dank an Paul Oestreich „von seinem Freundeskreis"[312] herausgegebenen Buch mit einem Beitrag vertreten. Darin fasst sie noch einmal die Ziele zusammen, für die der BESch nach dem Ersten Weltkrieg eingetreten sei:

> „Die elastische Einheitsschule, die enge Verbindung von allgemeiner und beruflicher Bildung, von praktischer und theoretischer Schulung, die Öffnung aller Bildungswege für jedes Kind unseres Volkes, die enge Verbindung der Schule mit dem gesellschaftlichen Leben, die tiefere und realistischere Auffassung der Idee des Humanismus, durch welche die starre Einseitigkeit unserer Gymnasial- und Universitätsbildung überwunden werden kann. Das alles sind Samen, die damals ausgestreut wurden (...). Darum freuen wir uns, daß wir heute mit ihm (d.h. Paul Oestreich, M.J.) zurückblicken können auf einen tapfer geführten Lebenskampf und vorwärts in eine Zeit, in welcher seine Gedanken, der Same, den er aussäte, Frucht tragen können."[313]

---

307 Vgl. ebd., S. 85.
308 Ausländer (1923), S. 78.
309 Ebd., S. 78f.
310 Neuner (1980), S. 134.
311 Vgl. ebd., S. 123; 143f.
312 Vgl. dazu die Innenseite des Buches „Menschheitspädagogik" (1948).
313 Vgl. Siemsen (1948e), S. 40f.

c. „Bund der Freien Schulgesellschaften" (BFS)

Neben den im Zusammenhang mit dem VSL und dem BESch erwähnten Forderungen nach einer organisatorischen, methodischen und inhaltlichen Umgestaltung des Schulwesens im Sinne einer am Arbeitsschul- und Gemeinschaftsprinzip orientierten Einheitsschule bildete das Plädoyer für eine weltliche Ausrichtung des Unterrichts bereits vor dem Ersten Weltkrieg ein wesentliches Element liberal-bürgerlicher und sozialistischer Schulkonzepte, zur Zeit der Weimarer Republik auch einen zentralen Bestandteil der schulpolitischen Forderungen Anna Siemsens. 1921 wies sie bereits darauf hin, dass zwischen den Forderungen nach menschlicher Erziehung einerseits und konfessionellem Religionsunterricht andererseits ein unlösbarer Widerspruch bestehe, da die Kirche Wahrheiten vorgebe und somit eigene Erkenntnis ausschließe.[314] Der Staat als Organisation der Gesellschaft dürfe sich außerdem nicht an der Verbreitung von etwas beteiligen, das zersplitternd wirke, weder an einer politischen noch einer weltanschaulichen Propaganda. Seine Aufgabe sei es vielmehr, Solidarität zu fördern.[315] Da der Sozialismus „über die Grenzen und Schranken von Staaten und Rassen hinaus" Klassenspaltungen zu überwinden und eine solidarische menschliche Gesellschaft zu errichten suche, könne er „daher auch Weltanschauungen, Bekenntnisse und Kirchen nicht anerkennen als Grenzen, welche Menschen in Feindschaft und Misstrauen trennen"[316].

Die Ursprünge einer weltlichen Schulbewegung reichen zurück bis in die Aufklärung, die von dem Vertrauen in die Erkenntnisfähigkeit des Menschen und der Aufforderung zum kritischen Gebrauch der eigenen Vernunft gekennzeichnet war. Erneuert wurde der damit einsetzende Säkularisierungsprozess im Rahmen lebensreformerischer Reaktionen auf die gesellschaftlichen und kulturellen Umbrüche infolge der Industrialisierung, welche die überlieferten Norm- und Wertsysteme erschütterten und den religiösen zunehmend wissenschaftliche Weltanschauungen an die Seite stellten. In diesem Zusammenhang kam es um 1900 zur Entstehung verschiedener zunächst bürgerlicher, daraus hervorgehend aber auch proletarischer freidenkerischer Vereine, die jede Unterwerfung unter kirchliche Offenbarungen, Dogmen und Riten zurückwiesen, ohne zwangsläufig atheistisch zu sein, und sich stattdessen an wissenschaftlichen Erkenntnissen und ethisch begründeten Werten orientierten. Vor allem in proletarischen Freidenkerkreisen wurde Religion als ein Mittel zur Betäubung und Verdummung des Volkes, als Machtinstrument der herrschenden Klasse betrachtet und infolge ih-

---

314 Vgl. Siemsen (1921c), S. 23.
315 Vgl. ebd., S. 25f.
316 Siemsen (1929d), S. 48f.

rer mystischen, irrationalen Elemente und der hierarchisch-ständischen Gesellschaftsvorstellungen der katholischen Kirche als nicht mehr zeitgemäß und nach dem Krieg als Gefahr für die Etablierung einer solidarischen demokratischen Gemeinschaft angesehen. Aus diesem Grund suchten proletarische Freidenkerverbände, die einen „zentralen Bestandteil der Arbeiterkulturbewegung"[317] darstellten, kirchliche Einflüsse auf dem Wege eines allgemeinen kulturpolitischen Engagements, beispielsweise durch die Ersetzung kirchlicher Zeremonien und Feierlichkeiten wie Konfirmation und Weihnachten durch eigene Kulturformen wie Jugendweihen und Wintersonnwendfeiern, nach 1918 vor allem auf schulpolitischer Ebene, zurückzudrängen. Da der Weimarer Schulkompromiss den konfessionellen Charakter des Schulwesens statt aufzuheben, praktisch festgeschrieben hatte, gestaltete sich der Versuch einiger lokaler, vornehmlich in den industriellen Zentren gebildeter Elternvereinigungen, sich für die Etablierung weltlicher Schulen einzusetzen, als ein äußerst schwieriges Unterfangen, da man auf den erbitterten „Widerstand der Kirchen, der Rechtsparteien und der überwiegend konservativ dominierten Schuldeputationen und Bezirksregierungen"[318] stieß. Um ihre Kräfte zu vereinen, schlossen die genannten Elternvereinigungen sich 1920 in Elberfeld zu einem den Linksparteien, insbesondere der Sozialdemokratie, und der Freidenkerbewegung nahe stehenden „Bund der freien Schulgesellschaften" (BFS) zusammen,[319] der demnach eine Eltern-, aber auch eine Lehrerorganisation darstellte, wobei die proletarischen Eltern den größten Teil der Mitglieder ausmachten, die Lehrer/innen aber die führenden Positionen in der Organisation einnahmen und die politische Richtung des BFS und seiner Tagungen prägten.[320]

Der BFS setzte sich dafür ein, mit Hilfe von Streiks und Unterschriftensammlungen die Einrichtung weltlicher Schulen zu befördern, von religiösem und monarchistischem Gedankengut befreite Unterrichtsmaterialien zu entwickeln, über die Veranstaltung von Sonnwendfeiern, Kulturabenden, Laientheateraufführungen und Wanderungen einen Beitrag zur sozialistischen Kulturarbeit zu leisten und die Idee der weltlichen Schule auf Diskussions- und Vortragsabenden zu diskutieren und zu verbreiten.[321]

Von Beginn an zog der BFS das Interesse anderer sozialistischer Organisationen auf sich. Bei seiner im Herbst 1926 in Breslau veranstalteten Vertreterversammlung waren beispielsweise zentrale Repräsentant/innen der SPD und KPD,

---

317 Wunderer (1980), S. 55.
318 Heimann/Walter (1993), S. 263. Nach inneren Zerwürfnissen wurde der BFS 1923 noch einmal neu gegründet.
319 Vgl. ebd., S. 264.
320 Vgl. ebd., S. 343.
321 Vgl. ebd., S. 306ff.

der „Reichsarbeitsgemeinschaft der freigeistigen Verbände", der AsL und des BESch anwesend.[322] Die „Sozialistische Erziehung", Organ der AsL,[323] berichtete regelmäßig über die weltliche Schulbewegung; auch der „Sozialistische Erzieher", Organ des VSL bzw. der FLGD, berichtete euphorisch über die Tagungen des BFS. Eine 1921 in Herne veranstaltete Tagung wird im „Sozialistischen Erzieher" als „machtvolle Kundgebung für den Gedanken der weltlichen Schule", der BFS als „glänzende und energische Bewegung" bezeichnet.

> „Wir dürfen uns nicht mit einer absoluten Lehre zufrieden geben; denn alles ist im Fluß, die Weltanschauung steht im Wechsel, die Wissenschaft schmiedet fortwährend am Weltgebilde. (...) Unsere Jugend muß zu einer freien Weltanschauung kommen, jedes Dogma (...) wird verworfen. Das höchste Ideal ist die Erziehung der uns anvertrauten Jugend zu freien Menschen, freiem wissenschaftlichen Denken als Voraussetzung zu wirtschaftlicher und politischer Freiheit."[324]

Auch Anna Siemsen unterstützte den BFS einerseits durch Aufsätze in den von ihm herausgegebenen Zeitschriften (u.a. „Der Aufbau" und „Die freie weltliche Schule"), andererseits seit 1921 im Rahmen von Vorträgen, bei denen sie teilweise vor 800 Zuhörern[325] sprach.

Nachdem der BFS sich zunächst mehrheitlich als weltanschaulich neutral definiert und unter einer „freien Schule" nicht nur eine Schule ohne konfessionellen Unterricht, sondern auch ohne politische Ausrichtung verstanden hatte, setzten sowohl Kommunisten wie gemäßigte Linkssozialdemokrat/innen, zu denen neben Anna Siemsen ihr Bruder August, Gustav Hädicke oder Kurt Löwenstein gehörten, sich um die Mitte der 1920er Jahre für die Errichtung einer weltlichen *sozialistischen* Einheitsschule ein. Schon 1923 gaben Hädicke und August Siemsen zu bedenken, dass die bloße Orientierung auf Bekenntnisfreiheit nicht ausreiche, sondern der Schule auch ein in die Zukunft gerichtetes Erziehungsziel, nämlich das der werdenden sozialistischen Gesellschaft zugrunde liegen müsse.[326] Die Durchsetzung dieser linken Position erfolgte vor allem im Rahmen zweier im Jahre 1925 in Düsseldorf und Dortmund organisierten Tagungen, auf denen neben dem Austromarxisten Max Adler und dem Kommunisten Ernst Hierl auch die Linkssozialdemokratin Anna Siemsen sprach. Alle drei Refe-

---

322 Vgl. Bericht über die Vertreterversammlung am 9. und 10. Oktober 1926 in Breslau, in: Die freie weltliche Schule 6(1926)20, S. 162-165, hier. S. 162.
323 Nach dem Kurswechsel der AsL übernahm August Siemsen die Redaktion der „Sozialistischen Erziehung" und wurde zugleich Vorsitzender des Bezirks Thüringen im BFS. (Vgl. Heimann/Walter, 1993, S. 292.)
324 Vgl. Weltliche Schulkonferenz in Herne, in: Sozialistischer Erzieher 2(1921) 2/3/4, S. 41f, S. 56f., hier S. 41f.
325 Vgl. ebd., hier S. 41.
326 Vgl. Heimann/Walter (1993), S. 275.

rent/innen hätten sich, so Elly Janisch in einem Bericht über die Düsseldorfer Tagung, gegen die Möglichkeit einer neutralen, unpolitischen Schule ausgesprochen und stattdessen, in Anwendung des marxistischen Historischen Materialismus, auf die enge Verknüpfung von Schule und Erziehung mit den gesellschaftlichen, politischen und wirtschaftlichen Verhältnissen hingewiesen. „Das Endergebnis aller vier Referate war: N e u t r a l sein wollen in der Erziehung heißt schon Partei ergreifen g e g e n Sozialismus f ü r Reaktion."[327] „Die weltliche Schulbewegung", – so eine Resolution am Ende der Dortmunder Tagung –, „reiht sich (...) in den Emanzipationskampf für die zu erkämpfende solidarische Gesellschaft ein, die nur eine klassenlose Gesellschaft sein kann."[328]

Ebenso wie die Erziehung betrachtete Anna Siemsen, die sich zu diesem Zeitpunkt bereits in ihren Publikationen und ihren erziehungswissenschaftlichen Vorlesungen an der Universität Jena intensiv mit soziologischen Fragen auseinandergesetzt hatte, auch die Religion als eine geschichtliche und gesellschaftliche Erscheinung, an der man nicht einfach vorübergehen könne. So berichtete sie auf der erwähnten Breslauer Tagung des BFS im Herbst 1926: „Die menschliche Gesellschaft ist in ihren Anfängen religiös bestimmt und geordnet." Insofern sei „für die weltliche Schule das religiöse Kulturgut ein wichtiger Teil der gesellschaftlichen Vergangenheit, daher unentbehrlich zum Verständnis der gegenwärtigen Gesellschaft". Anknüpfen könne man an die religiösen Vorstellungen jedoch nicht mehr, denn die „Entwicklung hat uns an einen Punkt geführt, wo der Mensch eine metaphysische Begründung seiner Ordnungen und Einrichtungen nicht mehr sucht, sondern sie innerweltlich und gesellschaftlich zu begreifen und zu rechtfertigen unternimmt. Die Gesellschaft und ihre Einrichtungen verweltlichen. Das Entstehen unserer weltlichen Schule ist ein Ausdruck dieser Tatsache"[329]. Die frühere religiöse Begründung der Gesellschaft habe sich im Laufe der Zeit zu einer soziologischen weiterentwickelt. Im Gegensatz zu den weltanschaulich neutral gesinnten Kräften lehnten die linken Protagonisten des BFS, die sich seit 1925 in der Mehrheit befanden und zu denen insbesondere die Geschwister Siemsen gehörten, die Erteilung eines gesonderten Lebenskunde- oder Moralunterrichtes ab, da sie dahinter die Gefahr eines indirekten Religionsunterrichtes und einer dogmatischen Darstellung des religiösen Kulturgutes befürchteten. Angesichts seines gesellschaftlichen Charakters durfte dieses Kulturgut nach Meinung Anna Siemsens und, wie die Entschließung am Ende der Tagung zeigte, auch der übrigen Teilnehmer der Vertreterversammlung, nicht in abge-

---

327 Janisch (1925), S. 19. (Herv. im Orig.)
328 Zit. n. Heimann/Walter (1993), S. 280.
329 Bericht über die Vertreterversammlung am 9. und 10. Oktober 1926 in Breslau, in: Die freie weltliche Schule 6(1926)20, S. 162-165, hier S. 163.

sonderten Fächern, sondern sollte nach Möglichkeit innerhalb des „Geschichts-, Deutsch- und Naturkundeunterrichts"[330] behandelt werden. Eine Bekämpfung der Religion, wie sie von Teilen der kommunistischen und rigide-freidenkerisch orientierten Mitglieder des BFS vertreten wurde, indem diese bspw. den Kirchenaustritt aller führenden Köpfe des BFS forderten, lag nicht in Siemsens Sinne; als individuelle Haltung war religiöser Glaube für sie eine Privatangelegenheit. Sobald er aber mit dem Anspruch auftrete, „gesellschaftlich und damit erzieherisch bestimmend zu sein"[331] und den Kindern irrationale Überzeugungen als Wahrheiten einzuflößen, müsse sein Einfluss bekämpft werden. Unerträglich war ihr, dass Lehrer/innen nach wie vor, entgegen der Verfassungslage, das Recht auf religiöse Gewissensfreiheit streitig gemacht werde.

> „Der Deutsche ist es einmal nicht gewöhnt, sich als Staatsbürger mit staatsbürgerlichen Rechten zu fühlen und die Verteidigung dieser Rechte als seine Pflicht anzusehen. Der Untertanengeist der vergangenen Zeit zwingt ihn immer wieder in die Haltung des artigen Kindes, das abwartet, ob es ein Stück Kuchen erhält. Daß dieses Stück Kuchen, d.h. das Recht eines freien Bürgers, ihm zusteht, daß es seine verdammte Pflicht und Schuldigkeit ist, dafür zu kämpfen, nicht nur persönlich, sondern auch für jeden anderen, diese selbstverständliche demokratische Haltung fehlt bei uns."[332]

Gemeinsam mit dem BFS forderte sie daher dazu auf, „daß wir wieder und wieder unsere Stimme erheben, wenn im Namen des Staates und der Gesetze Unrecht geschieht"[333] und dass die Rechte dissidentischer Lehrer/innen entsprechend geschützt würden.

Die in der „Freien weltlichen Schule", dem Organ des BFS, erwähnten Hinweise, dass insbesondere die Ausführungen von Anna Siemsen auf der Breslauer Tagung „begeisterte Zustimmung"[334] fanden und dass „die Auswahl der Referenten" dafür bürge, „daß diese Fragen (nach der Stellung des religiösen Kulturgutes in der weltlichen Schule, M.J.) gründlich und möglichst erschöpfend behandelt werden"[335], zeigen, dass Anna Siemsen ähnlich wie im VSL und im BESch auch im BFS eine angesehene und geschätzte Rednerin war.

Mit ihrem Engagement in der staatlichen und kommunalen Bildungspolitik wie der sozialistischen Lehrerbewegung, in der es vornehmlich um die Neuge-

---

330 Ebd.
331 Unsere Bundestagung in Breslau, in: Die freie weltliche Schule 6(1926)20, S. 161-168, hier S. 162.
332 Siemsen (1930k), S. 344f.
333 Ebd., S. 346.
334 Unsere Bundestagung in Breslau, in: Die freie weltliche Schule 6(1926)20, S. 161-168, hier S. 162.
335 Was in Breslau nicht vergessen werden darf!, in: Die freie weltliche Schule 6(1926)17, S. 130f., hier S. 130.

staltung des *schulischen* Bildungswesens ging, war das Wirkungsfeld Anna Siemsens jedoch noch nicht erschöpft. Schon die charakteristische Position des BFS, der quasi ein Bindeglied zwischen der proletarischen Freidenkerbewegung und den sozialistischen Parteien darstellte, da er sich für eine bildungspolitische Umsetzung der kulturellen Forderung nach religiöser Gewissensfreiheit einsetzte, weist auf die enge Verbundenheit sozialistischer Schulreformfragen mit den Diskursen und Praxen der Arbeiterkultur- und Freizeitorganisationen hin. In dem Bewusstsein, dass die sozialistische Bewegung sich nicht auf politische und wirtschaftliche Fragen beschränken dürfe, sondern „das gesamte Gebiet menschlichen Lebens"[336] und somit auch jene Bereiche zu betrachten habe, die häufig zu Unrecht als private und dem gesellschaftlichen Einfluss entzogene „Asyle" angesehen würden, engagierte Anna Siemsen sich über ihre bildungspolitischen Tätigkeiten hinaus auch im Rahmen sozialistischer Kultur- und Freizeitorganisationen, die im Folgenden eingehender betrachtet werden sollen.

6. Engagement in sozialistischen Kulturorganisationen

Ihre zunehmend soziologisch orientierte Betrachtung der Erziehungsverhältnisse hatte Anna Siemsen zu der Erkenntnis geführt, „daß die gesellschaftliche Umgebung unter allen Umständen und in jedem Augenblick erzieherisch wirkt, daß sie ihrer ganzen Kompliziertheit entsprechend sehr widerspruchsvoll wirken kann, und daß es möglich ist, daß bewußte und unbewußte Erziehung gegeneinander arbeiten"[337]. Ihre Einschätzung, dass die unbewusste Erziehung „bei weitem auch heute noch den größten Teil unserer Erziehung ausmacht"[338], teilte Karl Kautsky bereits im Jahre 1897, als er feststellte, dass es die „Lebensverhältnisse" seien, „die den Proletarier wie jeden anderen Menschen erziehen", dass aber „unter diesen Verhältnissen (…) die Organisationen, in denen er sich bethätigt, eine wichtige Rolle"[339] spielten. Da trotz aller Bemühungen, die Wirkung der direkten erzieherischen Einflussnahme gering ausfallen konnte, kam den neben den Parteien und Gewerkschaften entstandenen Arbeiterkulturorganisationen im Hinblick auf die Schaffung eines „neuen demokratiefähigen Menschen" eine wesentliche Bedeutung zu. Diese Arbeiterkulturorganisationen, wie z.B. die Arbeitersportvereine, die Freidenker- und die Naturfreundebewegung, der Arbeiter-Abstinenten- oder der Arbeiter-Radio-Bund, die sich größtenteils parallel zu den entsprechen-

---

336 Siemsen (1931c), S. 73.
337 Siemsen (1929d), S. 12.
338 Ebd., S. 10.
339 Zit. n. Wunderer (1980), S. 11.

den bürgerlichen Organisationen, bzw. teilweise aus ihren bürgerlichen Vorgängerorganisationen heraus entwickelten, sollten eine Art „*proletarische Gegenkultur*"[340] zu der vorherrschenden, der Arbeiterschaft größtenteils verschlossenen bürgerlichen Kultur aufbauen, das Klassenbewusstsein und somit das Solidaritätsgefühl innerhalb der Arbeiterschaft stärken, den Ausschluss des überwiegenden Teils der Arbeiter von einer über die elementaren Kenntnisse hinausgehenden Bildung kompensieren und die Arbeiterschaft zugleich mit dem notwendigen Rüstzeug für die Erkämpfung einer sozialistischen Gesellschaft ausstatten. Auch Anna Siemsen engagierte sich über Mitgliedschaften und ausgedehnte Vortrags- und Publikationstätigkeiten in diesen Organisationen. So war sie beispielsweise Mitglied in der Arbeiterwanderbewegung „Die Naturfreunde", in deren Jenaer Ortsgruppe sie gelegentlich Vorträge hielt,[341] publizierte im „Arbeiterfunk", einer Zeitschrift des „Arbeiter-Radio-Bundes"[342] und in der „Büchergilde Gutenberg" und gab Geschenkbücher zur Jugendweihe wie z.B. das 1928 erschienene Buch „Kämpfende Menschheit"[343] heraus. Der Grund für Anna Siemsens kulturelles Engagement lag in ihrer Erkenntnis, dass „die ungeheure Umgestaltung unseres politischen Lebens (…) einer sehr umfassenden kulturellen Basierung, nicht nur im Sinne rein politischer Aufklärung (…), sondern im Sinne einer grundsätzlichen Umstellung vom Autoritätsglauben zur freien, kritischen Betrachtung der Dinge, von der Disziplin des gehorsamen und beschränkten Untertanen (…) zur besonnenen Entschlossenheit verantwortlich Mitbestimmender"[344] bedürfe. Das „vandalierende Rowdytum"[345], das überall dort anzutreffen war, wo die Disziplin gelockert wurde, die Uneinigkeit der Parteien in ihren kulturellen Ansichten, die zu den Widersprüchlichkeiten und Zwiespältigkeiten der Weimarer Verfassung und dem berühmten Schulkompromiss führten, das Wiedererstarken der kirchlichen Macht, das alles waren für Siemsen eindeutige Hinweise darauf, wie wichtig die Arbeit der außerparteilichen Kulturorganisationen sei. Die ehemaligen Untertanen hatten noch kein gesellschaftliches Bewusstsein entwickelt und verfügten noch nicht über die Eigenschaften und Fähigkeiten, die das Zusammenleben in einer demokratischen Gemeinschaft überhaupt erst ermöglichten. Dazu gehörten beispielsweise eine solidarische und gemeinschaftliche Gesinnung, Verantwortungsbewusstsein, Selbstständigkeit, Erkenntnis-, Kritik- und Urteilsfähigkeit, sowie das Vermögen, Gesetzmäßigkeiten hin-

---

340 Ebd., S. 33.
341 Dies geht aus einem Brief des früheren Naturfreunde-Leitungsmitglieds, Karl Brundig, an Rudolf Rogler aus dem Jahr 1987 hervor, der sich nun im Besitz der Verfasserin befindet.
342 Vgl. z.B. Siemsen (1928h).
343 Siemsen (1928i).
344 Siemsen (1930l), S. 49.
345 Ebd.

ter den Einzelerfahrungen auszumachen und somit Zusammenhänge zu erkennen, insbesondere auf gesellschaftlichem Gebiet. „Klugheit" war demnach für Anna Siemsen „die Fähigkeit, Einzelerfahrungen unter allgemeine Begriffe einzuordnen und allgemeine Regeln auf Einzelfragen anzuwenden"[346]. Weder Familie und Schule, noch Beruf und Betrieb waren in Siemsens Augen in der Lage, diese Eigenschaften hinreichend zu vermitteln. Daher stellte die außerschulische Erziehungs- und Bildungsarbeit in den proletarischen Kultureinrichtungen für sie ein wesentliches Element einer Erziehung zum Sozialismus dar. „Wir dürfen freilich nicht warten, bis uns der Staat diese Schulen, so wie wir sie wollen, gibt, oder bis wir sie uns erkämpft haben. Vielmehr ist es richtig und wichtig zugleich, unsere eigenen Bildungseinrichtungen aufzubauen."[347] Um die Arbeiterschaft zur Errichtung einer solidarischen sozialistischen Gesellschaft zu befähigen, sei zum einen ihre Einigung, zum anderen „ihre B i l d u n g zu der ihr gestellten Aufgabe"[348] nötig. „Beides sind Erziehungsaufgaben. Beide Erziehungsaufgaben obliegen der Jugend ebenso sehr wie den Erwachsenen."[349] Aus diesem Grund lag der Schwerpunkt ihrer außerschulischen und außerparteilichen Tätigkeit zum einen in der sozialistischen Jugendbewegung und zum anderen in der sozialistischen Arbeiterbildung, die sie vor allem nach ihrem Ausscheiden aus dem thüringischen Staatsdienst intensiv unterstützte.

> „Ganz besonders", berichtet August Siemsen in den Erinnerungen an seine Schwester, „kümmerten Anna und ich uns um die Jugend. Wir waren ihre ‚Führer' in einem sehr anderen Sinne, als ihn dieses Wort durch den Ver-‚Führer' erhalten hat, da es unser Hauptbestreben war, die Jugendlichen zu eigenem Denken zu bringen. Am 1. Mai zogen Anna und ich ganz früh am Morgen mit der Sozialistischen Arbeiter-Jugend hinaus ins Freie, wo wir eine Ansprache hielten und die Jugend ihre Kampflieder sang."[350]

Sehr eindrucksvoll schildert das ehemalige SAJ-Mitglied Arno Behrisch in einem 1986 verfassten Brief an Rudolf Rogler seine damalige Begeisterung über Anna Siemsen:

> „Die SAJ (später SJV in der SAP) in Dresden war ja sehr aufgeweckt und liess sich wenig gängeln. Ollenhauer und ähnliche waren für uns typische Parteibonzen und wir besorgten uns unser ‚Futter' selbst. Für unsere rege Schulungsarbeit holten wir also die Referenten, die auf der Liste der Partei- bzw. Jugendobrigkeit nicht zu finden waren. Engelbert Graf; Dr. Erich Zeigner (…); Otto und Alice Rühle (…); Max Hodan, Magnus Hirschfeld und Minna Flake (…); Walter Fabian (…) und also auch Anna Siemsen. Worüber sie sprach? Da gab es gar kein Thema, sondern sie setzte sich mitten unter uns und dann ging es los! Sie hatte ja die Ga-

---

346 Siemsen (1929d), S. 53.
347 Ebd., S. 55.
348 Ebd., S. 50. (Herv. im Orig.)
349 Ebd.
350 Siemsen, August (1951), S. 65.

be, nicht nur auf alle Fragen einzugehen, sondern sie konnte jedes Thema aufbereiten, dass es geniessbar und verdaulich wurde. Wir haben sie verehrt und geliebt und ich kann sie noch heute zu jedem Augenblick bildhaft vor mir sehen. Natürlich ging es immer auch um das politische Tagesgeschehen und dabei immer auch um die Artikel, die sie im ‚Klassenkampf' schrieb. Ich war ja damals ein Setzer-Stift mit 3,-- RM Wochenlohn. Da wurde jeder Pfennig dutzendemale umgedreht. Aber auf der Ausgabenliste ganz oben stand eben ‚Der Klassenkampf', weil dort Anna und August Siemsen schrieben. (...) Und Anna Siemsen gab den miesen, selbstherrlichen, selbstzufriedenen, trägen Parteioberen ja auch auf dem Parteitag in Leipzig Zunder, wie wir es wollten und erwarteten. (...) Dass die SPD-Obrigkeit aus den Ereignissen vor, mit und nach Hitler nicht viel gelernt hat, geht ja nicht zuletzt aus der Tatsache hervor, dass Anna Siemsen in der Partei untergegangen ist, als ob sie nie gelebt hätte. In diesem Punkte sind sich die sonst so verfeindeten Brüder SPD und KPD (SED) absolut einig."[351]

Auch Ludolf Mevius, mit dem Anna Siemsen nach dem Zweiten Weltkrieg in der AsL Hamburgs zusammenarbeitete, berichtet, dass sie „in der Mitarbeit in der Sozialistischen Arbeiterjugend (SAJ)" eine „innere Erfüllung" gefunden habe. „Wochentagsabends referierte sie und diskutierte mit den Arbeiterjungen und -mädeln, sonntags aber wanderte sie mit ihren Gruppen durch die thüringischen Landschaften."[352] Insbesondere seit ihrer Thüringer Zeit habe ihr Herz der Arbeiterjugend gehört. Auch „Annas letzte politische Tätigkeit wenige Tage vor ihrem Tode waren Referat und Diskussion über Friedensfragen in einer Gruppe der ‚Sozialistischen Jugend Deutschlands, Die Falken' in Hamburg."[353] In der sozialistischen Jugendbewegung, die Siemsen vor allem im Rahmen von Referaten, von Beiträgen u.a. in der „Arbeiter-Jugend", den „Jungsozialistischen Blättern" und der „Sozialistischen Jugend", der Mitherausgabe der „Jungsozialistischen Schriftenreihe", in der auch ihre Bücher „Politische Kunst und Kunstpolitik"[354] und „Religion, Kirche und Sozialismus"[355] erschienen, sowie der Publikation weiterer über und für die Jugend verfasster Schriften unterstützte, sah sie in Übereinstimmung mit Kurt Löwenstein, dem Begründer der deutschen Kinderfreunde-Bewegung, einen wesentlichen Träger einer zukünftigen sozialistischen Gesellschaft. In ihrer im Hinblick auf Jugendfragen zentralen Broschüre „Selbsterziehung der Jugend"[356] weist sie darauf hin, dass die „heutige Jugend" revoltieren müsse, „weil ihr keine ruhende, im Gleichgewicht befindliche Gesellschaft gegeben ist, der sie sich anpassen kann"[357] und weil nur so gesellschaftliche Erneuerung möglich sei. Im Gegensatz zu den Organisationen der bürgerlichen Ju-

---

351 Arno Behrisch 1986 in einem an Herrn Rudolf Rogler aus Berlin adressierten Brief, der sich nun im Besitz der Verfasserin befindet.
352 Mevius (1985), S. 287.
353 Ebd., S. 289.
354 Siemsen (1927f).
355 Siemsen (1930e).
356 Siemsen (1929d).
357 Ebd., S. 22.

gendbewegung, die nach Meinung Anna Siemsens größtenteils in der bloßen Verneinung der Gegenwart verharrten, sich in eine Art Paradieswelt und Vergangenheitskult zurückzogen und sich somit *neben* der Gesellschaft einrichteten, ohne an deren Überwindung mitzuarbeiten, sollte die sozialistische Jugend sich die verworrene Gegenwart verständlich machen, ihre Gesetzmäßigkeiten erkennen und auf eine neue sozialistische Gesellschaft hinarbeiten. Über die sozialistische Bewegung erhalte die Jugend ein Ziel, das ihre Revolte „in eine gesellschaftliche Revolution überführen (könne) und das der Jugend die Aufgabe (gebe), die Wege zu diesem Ziel selbst zu finden"[358]. Ein zentrales Prinzip dieser kommenden sozialistischen Gesellschaft war für sie der Gedanke der Gemeinschaft. „Unser Ziel also ist es, von kapitalistischen Individualmenschen zu Gemeinschaftsmenschen heranzuwachsen. (...) Solche Dinge lassen sich aber nicht lehren, solche Dinge lassen sich nicht irgendwie rein theoretisch erkennen (...). Diese Dinge sind Dinge der Erfahrung und des Erlebnisses."[359] Angesichts der größtenteils unsolidarischen und zerspaltenen gesellschaftlichen Umgebung sei es die Aufgabe sozialistischer Jugendorganisationen, den Jugendlichen so früh wie möglich das Erlebnis einer solidarischen Gemeinschaft zu ermöglichen und somit auch in ihnen den „Willen zur Gemeinschaft" zu wecken. So solle „das gemeinsame Erleben, Genießen und Arbeiten (...) allen einen Maßstab geben in der verwirrenden Gegensätzlichkeit des Lebens". Gleichzeitig dürfe man aber nicht glauben, „daß Erlebnis und Gefühl allein, so wichtig beide sind, hinreichen, um junge Sozialisten zu erziehen"[360]. Über die Stiftung eines Gemeinschaftserlebnisses hinaus müssten die Organisationen der sozialistischen Jugend auch Bildungsarbeit leisten, indem sie die Jugendlichen zu der Erkenntnis führen, „daß die Gesellschaft sich in einer steten Entwicklung befindet, und daß diese Entwicklung nach bestimmten Gesetzen erfolgt"[361], wodurch die Menschen die Möglichkeit erhalten, diese Gesetze zu erforschen und das gesellschaftliche Geschehen zu beeinflussen. Für diese Aufgabe waren ihrer Ansicht nach gerade die Proletarierkinder und -jugendlichen prädestiniert:

> „Der große Vorteil aber, den das Proletarierkind hat, dass es durch sein Erleben in allerengster Verbindung ist mit der wirtschaftlichen und gesellschaftlichen Wirklichkeit, und dass ihm daher die Erkenntnis der gesellschaftlichen Zusammenhänge viel leichter und unmittelbarer wird als dem bürgerlichen Kinde, das den Zusammenhang zwischen Arbeit und Verdienst, Produktion und Verbrauch nie so augenscheinlich erfährt, dieser große Vorteil wirkt auf das heranwachsende Proletarierkind noch viel stärker. Es wird ja, wenn es noch Kind ist, schon in die Arbeit hineingerissen, zum Erwerb gezwungen und erlebt an sich, gerade in den empfängli-

---

358 Ebd., S. 24.
359 Ebd., S. 35.
360 Ebd., S. 37.
361 Ebd., S. 43.

sten Jahren, das Schicksal von Millionen (...). Je stärker es gegen diesen Zwang und alle Entbehrungen seines Lebens Sturm läuft, desto wahrscheinlicher ist es, dass seine Erlebnisse sich in ihm in Wille und Erkenntnis verwandeln werden, das heißt aber, dass sie gesellschaftlich fruchtbar werden."[362]

Damit dieser Wille sich auch tatsächlich gesellschaftserneuernd auswirkt, sollten die Jugendorganisationen den Jugendlichen die Gelegenheit geben, diejenigen Fähigkeiten zu erproben, die sie in einer solidarisch-gemeinschaftlichen, demokratischen Gesellschaft benötigen, wie z.B. die gemeinschaftliche Verwaltung und gemeinschaftliches Leben und Arbeiten. Siemsen war sich bewusst, dass, wie die bürgerlichen, auch diese sozialistischen Jugendorganisationen auf künstlichen Bedingungen beruhen. Der Unterschied besteht jedoch darin, dass diese Gemeinschaften sich nicht gegen die Gesellschaft wenden und sich von ihr isolieren, sondern den Jugendlichen die „Zukunftsbedingungen" künstlich schaffen sollten, so dass sie schon jetzt die nötigen Fähigkeiten für das Bestehen in der zukünftigen Gesellschaft erlernen können:

> „Aber dabei darf nicht vergessen werden, dass diese Organisationen ja nicht Zweck an sich sind, sondern nur Mittel zum Zweck. Sie sollen die Jugend befähigen zum Kampfe für eine solidarische Gesellschaft, indem sie ihr in der heutigen zunächst einmal Raum schaffen zum Leben und Arbeiten."

Hier sah auch Siemsen den entscheidenden Unterschied zur bürgerlichen Jugendbewegung:

> „Es wäre aber grundverkehrt, wenn sich die Jugend nun in ihren Organisationen behaglich einrichten wollte und draußen die Welt ihren Lauf gehen lassen. In diesen Fehler verfallen viele bürgerliche Jugendorganisationen (...). Da sie ja von ihrem Standpunkt aus nur den Einzelnen erziehen wollen (...), ist es natürlich ganz in ihr Belieben gestellt, wie weit sie gesellschaftliche Probleme und Aufgaben in ihr Leben einbeziehen."[363]

Die sozialistischen Jugendorganisationen sollten demnach „Versuchsstationen"[364] darstellen, in denen die Jugendlichen auf ihre späteren Aufgaben vorbereitet wurden. Da in einer Demokratie jedem Einzelnen ein großes Maß an Verantwortung zukommt, legte Anna Siemsen sehr viel Wert auf den Erwerb von Kritikfähigkeit sich selbst wie der Umwelt gegenüber und das Vermögen, sich sachlich mit anderen auseinanderzusetzen und zu selbstständigen, auf Erkenntnis beruhenden Urteilen zu kommen.

> „Darum heißt uns Disziplin auch nicht, Unterwerfung unter den Willen von Führern (...), sondern Unterwerfung unter das Gesetz des Handelns, das wir selber in freier Auseinandersetzung uns gefunden haben. Bei dieser Regelung unseres Handelns (...) soll jeder mithelfen.

---

362 Ebd., S. 27.
363 Ebd., S. 42.
364 Ebd., S. 49.

Daher ist diese Übung in kritischer Untersuchung der Geschehnisse (...) notwendigster Teil unserer Selbsterziehung."[365]

Besonders in der von Kurt Löwenstein zu Beginn der 1920er Jahre nach österreichischem Vorbild gegründeten, an die Arbeiterkinder gerichteten deutschen Kinderfreunde-Bewegung, die auch von August Siemsen unterstützt wurde[366], fand Siemsen ihre Forderungen nach einer Solidarität stiftenden aber auch Bildungsarbeit leistenden Organisation umgesetzt. In ihren Erinnerungen zeigt sie sich regelrecht begeistert über Löwenstein und seine Kinderfreunde,[367] die im Laufe der 1920er Jahre „,Kleinerengruppen' für Kinder bis zum zehnten Lebensjahr, ,Jungfalkengruppen' für Kinder bis zwölf Jahre und ,Rote-Falken-Gruppen' für Zwölf- bis Vierzehnjährige"[368] herausbildeten und u.a. im Rahmen von Diskussionen über politische, ökonomische und soziale Themen, von Bastel-, Spiel- und Tanzveranstaltungen, sozialistischen Festen, Friedensfeiern und der im Sommer veranstalteten Zeltlager, sog. „Kinderrepubliken", eine Erziehung zur Solidarität, zu Klassenbewusstsein, genossenschaftlicher Produktion, Demokratie, Frieden und Internationalismus[369] zu leisten versuchten. In den Groß-Zeltlagern, die teilweise mehr als 100 Zelte umfassten und daher in einzelne „Dörfer" untergliedert waren, lernten die Kinder durch die selbstständige Bewältigung des Alltags und die Tätigkeit in Dorfverwaltung und -parlament sowie übergeordnetem Lagerparlament, selbst Verantwortung zu übernehmen. „Es war Grundsatz", berichtete Kurt Löwenstein, „daß die Kinder alles, was sie selber beraten und beschließen können, auch in eigene selbsttätige Verantwortung übernehmen sollten."[370] Unterstützt wurden die Kindergruppen von jüngeren und älteren Erwachsenen, die aus allen Bildungsschichten kamen und überzeugte, größtenteils organisierte Sozialist/innen waren und sich als Helfer/innen in der Kinderfreunde-Bewegung betätigten. Zu diesen Helfer/innen zählte Anna Siemsen, die sich im Schweizer Exil weiterhin für die Kinderfreunde-Bewegung engagierte und dort Hefte für die „Helferschule des „LASKO" („Landesverbandes Schweizerischer Kinderfreunde-Organisationen") publizierte.

Anna Siemsens Engagement für die Jugend beschränkte sich jedoch nicht auf die Unterstützung sozialistischer Jugendorganisationen, sondern bezog auch die

---

365 Ebd., S. 45.
366 August Siemsen war Vorsitzender der Arbeitsgemeinschaft der Kinderfreunde und Redakteur der „Sozialistischen Erziehung", die zugleich als Zentralorgan der AsL wie der Kinderfreunde fungierte. (Vgl. Siemsen, August, 1951, S. 64f.)
367 Siemsen („Berliner Intermezzi. Lehrlingszeit"), S. 20-23. (Vgl. auch Anm. 53 vorliegenden Kapitels.)
368 Andresen (2006), S. 53.
369 Vgl. Brandecker (1987), S. 226f.
370 Löwenstein (1929), S. 231.

Publikation selbst verfasster Jugendbücher mit ein. An der herkömmlichen Literatur für Kinder und Jugendliche kritisierte sie, dass diese die jungen Menschen nicht zur Auseinandersetzung mit ihrer gesellschaftlichen Gegenwart befähige, sondern ihnen eine Scheinwelt aus Indianern und Zwergen vorgaukele, sie somit zur Flucht aus der Wirklichkeit in eine Phantasiewelt erziehe oder ihnen moralische Appelle künstlich aufzudrängen suche. Stattdessen müsse angemessene Literatur nicht nur Genuss und Freude, sondern auch einen Einblick in die Wirklichkeit und einen Eindruck von den wichtigen Fragen und Problemen der Gegenwart vermitteln, somit zur Schärfung des kindlichen und jugendlichen gesellschaftlichen Bewusstseins und der geistigen Kräfte beitragen. Im Vorwort zu ihren 1925 veröffentlichten und „vorzugsweise an die Arbeiter (… und) an die Jugend" gerichteten „Literarischen Streifzügen durch die Entwicklung der europäischen Gesellschaft"[371], einer Art Literaturgeschichte, schreibt sie, dass es ihr Bestreben gewesen sei, „die gesellschaftlichen Schichtungen und ideologischen Strömungen einer Zeit an einigen ausgeprägten Vertretern aufzuzeigen." Sie habe somit versucht, „den Leser zu einem selbstständigen Eindringen in eine gegebene Zeit zu befähigen". „Wie die Gesellschaft sich im Laufe der Jahrhunderte ausgesprochen und ausgesungen hat, welchen Nöten und welchen Forderungen ihre Vertreter jeweils Ausdruck gegeben, das zu verstehen, die gesellschaftlichen Zusammenhänge der europäischen Literatur zu verstehen, dazu sollen diese Blätter die erste Hilfe bieten."[372] Weitere Beispiele ihrer Jugendbücher stellen das 1926 erschienene „Buch der Mädel"[373] und die 1929 veröffentlichten „Menschen und Menschenkinder aus aller Welt"[374] dar, in denen sie anhand einer Sammlung von Geschichten an weltweiten Beispielen zum einen die gesellschaftliche Stellung der Frau und ihre Entwicklung, mit all ihren Schicksalsschlägen und Unterdrückungen, zum anderen die Lebensumstände und Kämpfe von Kindern aus fremden Regionen und Ländern darstellt. Beide Bücher verfolgen vor allem das Ziel, junge Menschen über gesellschaftliche Entwicklungsprozesse aufzuklären und ihre internationale Gesinnung zu fördern, indem sie die Schicksale der Menschen aus aller Welt als eng miteinander verbunden zeigen. Wie neu diese Art der Jugendbücher zur Zeit Anna Siemsens war, zeigt auf sehr anschauliche Weise die von der Jenaer Urania Verlagsgesellschaft veröffentlichte Werbung für das „Buch der Mädel", in der „Streiflichter aus den Urteilen" über dieses Buch abgedruckt sind. Neben dem Hinweis, dass es „überall begeistert aufgenommen" worden und die erste Auflage in Kürze vergriffen gewe-

---

371 Siemsen (1925a).
372 Ebd., S. 5.
373 Siemsen (1926c).
374 Siemsen (1929j).

sen sei, ist u.a. dort zu lesen: „Dieses Buch fällt ganz und gar aus dem üblichen Rahmen der Mädchenbücher heraus. Es stehen keine Handarbeiten drin und keine rührenden Geschichten. Es ist betont ‚bildend', aber in einer Form, die im ersten Augenblick gefangen nimmt, um den Leser nicht mehr loszulassen..." Damit stehe es ganz im „Gegensatz zu den vielen süßlich-kitschigen Mädchenbüchern"[375].

Ebenso wichtig wie die Unterstützung der sozialistischen Jugendorganisationen war Anna Siemsen ihre Tätigkeit in der sozialistischen Arbeiterbildung. Mit ihrem Bestreben, die Schaffung eines neuen demokratiefähigen Menschen und einer neuen demokratischen Gesellschaft auch im Bereich der Erwachsenenbildung zu unterstützen, bewegte sie sich ganz im Strom ihrer Zeit, begann mit der Etablierung der Weimarer Republik doch auch „eine neue Etappe der Erwachsenenbildung"[376] und eine Gründungswelle zahlreicher Volkshochschulen, die sowohl eine „Demokratisierung der Bildung als auch die Fundierung der Demokratie durch Bildung"[377] intendierten. Ziel war es nicht nur, auch den breiten Volksmassen den Zugang zu den Bildungsgütern zu erleichtern, sondern darüber hinaus diese Volksmassen dazu zu befähigen, „Verantwortung zu übernehmen in Staat, Gesellschaft und Wirtschaft"[378]. Daher vertraten die nach dem Ersten Weltkrieg gegründeten Volkshochschulen, die sich im Gegensatz zur sog. „alten", auf bloße oberflächliche Verbreitung von Wissen gerichteten Erwachsenenbildung als „Neue Richtung" bezeichneten, ein intensives, teilnehmerorientiertes Bildungsverständnis.

> „Als Lehrform bei den Erwachsenen wurde der bis dahin allein geltende Vortrag in Frage gestellt, einmal weil die auf Breitenwirkung angelegte Vermittlung objektiver Wert- und Wissenssysteme irrelevant geworden war, zum anderen aus den seitdem oft wiederholten lernpsychologischen Gründen der Passivität der Hörerrolle, der Minderung der Aufnahmefähigkeit bei längerem reinen Zuhören und der Unterbindung selbstständigen Denkens und Urteilens. (...) Den absoluten methodischen Vorrang in der Erwachsenenbildung erhielt (...) damals das Gespräch, bzw. die spezielle Form der Arbeitsgemeinschaft."[379]

Sowohl hinsichtlich ihrer Zielsetzungen und Leitvorstellungen als auch ihrer methodisch-didaktischen Innovationen stand die Neue Richtung der Weimarer Erwachsenenbildung, so Wolfgang Keim, deutlich unter dem Einfluss der vor

---

375 Werbung des Verlages im hinteren Teil der zweiten Auflage der „Literarischen Streifzüge", Jena 1929.
376 Faulenbach (1997), S. 12.
377 Ebd., S.8.
378 Ebd.
379 Scheibe (1975), S. 78.

dem Ersten Weltkrieg auf den schulischen Bereich beschränkten Reformpädagogischen Bewegung.[380]

Auch Anna Siemsen, die bereits als Düsseldorfer USPD-Stadtverordnete nicht nur im Ausschuss für Schulreform, sondern auch an der „Vorberatung der Frage betr. Errichtung einer Volkshochschule"[381] in Düsseldorf[382] beteiligt war, veröffentlichte schon im Sommer 1919 in der Düsseldorfer Volkszeitung mehrere Artikel zur Frage der Volkshochschule, in denen sie ihr Verständnis dieser Einrichtung deutlich werden ließ. So kam es ihr darauf an, dass die VHS keinem „praktischen Zweck" dienen, also keine Berechtigungen vergeben und „nicht Wissen um seiner selbst willen vermitteln"[383] solle. Vielmehr ging es ihr darum, in überblicksartigen Vortragskursen und vor allem in kleinen Arbeitsgemeinschaften, in denen die Teilnehmer/innen u.a. diskutieren und schriftliche Ausarbeitungen anfertigen sollten, selbsttätige, selbstständig denkende, urteilsfähige Menschen heranzubilden, sie in die Lage zu versetzen, sich öffentlich zu engagieren und sie somit auf die Erfordernisse einer demokratischen Gesellschaft vorzubereiten.[384] Hierbei dachte sie vor allem an die Arbeiterschaft, die sie dazu befähigen wollte, „in Betriebsräten und an anderen verantwortlichen Posten als Arbeiter die Interessen ihrer Klasse zu vertreten und die politische und wirtschaftliche Macht langsam für sie zu erobern"[385]. Publizistisch unterstützte sie diese Arbeit, indem sie im Jahre 1921 mit ihren Schriften „Stilproben" und „Die Kunst des Erzählens"[386] zwei für den Volkshochschulunterricht gedachte, leicht und ohne Vorkenntnisse verständliche Quellenbücher veröffentlichte. Hinsichtlich der Rolle des Volkshochschullehrers wies sie darauf hin, wie wichtig es sei, dass dieser sich nicht auf die Vermittlung von Wissen und endgültigen Ergebnissen konzentriere, sondern sich an der Schulung der Erkenntnisfähigkeit der Teilnehmer orientiere.[387] Um in seinem Schüler den Forschergeist und die Freude an

---

380 Vgl. Keim (2012).
381 Dies teilte das Stadtarchiv Düsseldorf Herrn Rudolf Rogler, Berlin, am 07.08.1985 schriftlich mit. Der Brief befindet sich im Besitz der Verfasserin.
382 Die Volkshochschule Düsseldorf wurde 1919 in Form von Vorträgen und Arbeitsgemeinschaften gegründet.
383 Siemsen (1919h).
384 Vgl. vor allem Siemsen (1919h) u. (1919i).
385 Siemsen (1919i).
386 Vgl. Siemsen (1921f) u. (1921g). Beide Bücher sind in der Reihe „Die Bücherei der Volkshochschule" erschienen. Diese hatte es sich zur Aufgabe gemacht, Unterrichtsbücher herauszugeben, die so gestaltet sind, „daß sie auch Lesern ohne große Vorbildung ermöglichen, sich in das betreffende Thema einzufühlen. Sie wollen jedem, der in dem Streben und Suchen nach Erkenntnis der Dinge sich weiter zu bilden sucht, das Rüstzeug bieten, das ihn befähigt, in die weite Welt des Wissens einzudringen." (Vgl. Klappentext von Siemsen, 1921f.)
387 Vgl. Siemsen (1919g), S. 171.

der Wissenschaft zu wecken, sei es besser, ihm „auf Irrwegen zu folgen, als ihn mit seinem Wissen totzuschlagen". „Und wir dürfen uns nicht fürchten, dabei auf endgültige Ergebnisse zu verzichten" und den Schüler/innen zu zeigen, „daß häufig eine Frage das Ende langer Arbeit sein kann"[388].

Anna Siemsens intensive Auseinandersetzung mit dem veränderten Selbstverständnis des Volkshochschullehrers hatte zum Teil auch persönliche Gründe. Angesichts ihrer unüberbrückbaren Differenzen mit Howe, dem Leiter der Luisenschule, war sie zu der Einsicht gelangt, dass sie als Dozentin an der Düsseldorfer VHS sinnvollere Arbeit leisten könne, als es ihr an der Mädchenschule möglich war. Aus diesem Grund ließ sie sich beurlauben, um im September 1919 in Schleswig Holstein an einem Kurs zur Ausbildung von Volkshochschullehrer/innen teilzunehmen, der u.a. unter der Leitung von Robert von Erdberg, einem renommierten Vertreter der Neuen Richtung, stattfand.[389] Auch nach ihrem Wechsel nach Thüringen, vor allem seit ihrer Entlassung aus dem dortigen Staatsdienst, engagierte sie sich weiterhin intensiv in den Organisationen der Erwachsenenbildung, insbesondere in denjenigen Einrichtungen, die sich zwar als parteipolitisch ungebunden, jedoch im Gegensatz zu den meisten politisch „neutralen" Organisationen der Neuen, insbesondere der Thüringer Richtung, als dezidiert sozialistisch verstanden und sich an den Interessen der Arbeiterschaft und der Errichtung einer sozialen Demokratie orientierten. Hierzu zählten vor allem die VHS Jena und die Heimvolkshochschule Tinz bei Gera, in denen sie sowohl Kurse als auch Vorträge u.a. in den Themenbereichen Erziehung, Frauenbewegung, Literaturgeschichte und Philosophie hielt.[390]

Ihre Tätigkeit an der VHS Jena begann sie unter Adolf Reichwein, der im Oktober 1925 die Leitung der Einrichtung übernahm und dessen Vorstellungen einer sozialistischen Volkshochschularbeit ganz in Anna Siemsens Sinne lagen. Sein Volkshochschulmodell gehörte, so Ulrich Amlung, in der Weimarer Zeit „zu den von den Zeitgenossen am meisten diskutierten Arbeiterbildungskonzeptionen. Reichwein verstand Arbeiterbildung als politisch-gesellschaftliche Bildung, als Vorraussetzung für den Kampf der Arbeiterschaft um gesellschaftliche

---

388 Ebd.
389 Vgl. Brief des Ministers für Wissenschaft, Kunst und Volksbildung an Anna Siemsen vom 21.8.1919 in: Stadtarchiv Düsseldorf, Personalakte 0-1-5-1059, Bl. 81.
390 Ihre Vortragsthemen lauteten u.a. „Schule und Familie", „Was heißt sozialistische Erziehung?", „Die Frau in der Wirtschaft und in der Politik", „Proletarische Dichter", „Proletarische und bürgerliche Weltanschauung" und „Gesellschaft und Erziehung". (Vgl. die Vorlesungsverzeichnisse in ThHStAW, Bestand „Volkshochschule Thüringen", VII Einzelne Orte, 84 VHS Reuß, Gera-Tinz 1919-1937; XXII Vorlesungsverzeichnisse, 282a Vorlesungsverzeichnisse 1923-1928; Bestand „Thüringisches Ministerium für Volksbildung, Abt. C", C721 Bd.1 VHS Jena 1923-1945)

Strukturveränderungen in Richtung auf Demokratisierung und Sozialisierung der bestehenden Gesellschafts- und Wirtschaftsordnung"[391]. Mit seiner Übernahme der Leitung der Jenaer VHS wurde die Behandlung aktueller politischer, ökonomischer und sozialer Fragen in den Lehrplan aufgenommen. In kleinen Arbeitsgemeinschaften und Gruppen sollten die Teilnehmer/innen „grundlegende und selbständige Einsichten in die geschichtlichen Zusammenhänge und den gegenwärtigen Aufbau von Wirtschaft, Staat und Gesellschaft"[392] erhalten und darüber hinaus „zu verantwortungsbewußtem Verhalten gegen sich selbst und die Gemeinschaft"[393] erzogen werden.

Siemsen war der Ansicht, dass eine auf den Abend und den Sonntag beschränkte VHS nur eine „Vorstufe" für die „eigentliche Volkshochschule" im Sinne einer „Vollanstalt" sein könne, in welcher „der Schüler für 3-6 Monate seinen Beruf verlassen und sich ganz der geistigen Arbeit" widmen solle. „Dadurch wird er viel mehr zu geschlossener und fruchtbarer Tätigkeit imstande sein, während er sonst, müde und abgespannt, kaum die Kräfte und den Willen finden wird, die dafür von Nutzen sind."[394] Nur eine Einrichtung, die ein eigenes Heim besitze, verdiene den Namen einer Volkshochschule. Ansonsten werde „wieder nichts entstehen als eine Reihe unzusammenhängender Vortragskurse". „Eine Schule und gar eine Hochschule verlangt den ganzen Schüler. Die besondere Kraft und Wirksamkeit der nordischen Volkshochschulen liegt in der Tatsache, daß ihre Besucher für ein halbes Jahr nur ihrer Entwicklung leben, frei vom Joch der Berufsarbeit."[395] Gemäß dieser Haltung engagierte Anna Siemsen sich auch mit besonderer Hingabe an der Heimvolkshochschule Tinz bei Gera, die im Rahmen einer Stiftung als eine Arbeiterhochschule nach dänischem Vorbild 1920 in einem Wasserschloss gegründet wurde, welches ehemals fürstliches Eigentum, im Zuge der Novemberrevolution jedoch in den Besitz des Freistaates Reuß übergegangen war. Nach dem Zusammenschluss der thüringischen Kleinstaaten wurde sie dem Freistaat Thüringen übergeben, der sich zu ihrer Aufrechterhaltung verpflichtete. Für die Planung der Heimvolkshochschule wurde der mit der ebenfalls parteipolitisch ungebundenen aber an der Arbeiterschaft orientierten Leipziger Richtung der Erwachsenenbildung vertraute Gustav Henning berufen. Eine beratende Funktion nahm Jens Peter Sundbo, der Gründer der dänischen Heimvolkshochschule Esbjerg ein.[396] Zwischen 1920 und 1930 wurden in

---

391 Amlung (2006), S. 348.
392 Rölke (1996), S.72.
393 Amlung (2006), S. 345.
394 Siemsen (1919i).
395 Siemsen (1919e).
396 Vgl. Reimers (2003), S. 206.

Tinz 21 5monatige Kurse mit insgesamt 1008 Teilnehmern abgehalten,[397] die größtenteils organisierte Arbeiter im Alter von 18 bis 30 Jahren waren und in Tinz in einer Arbeits- und Wohngemeinschaft gemeinsam mit den 3 fest angestellten wie auch den (Gast)Lehrern zusammenlebten. „Die Kurse in Tinz dienten der Bildung einer von sozialistischen Idealen geprägten, geistig selbständigen und urteilsfähigen Führungsschicht, die eine allgemeine gesellschaftliche Aufgabe bei der Überwindung der Kulturkrise übernehmen sollte."[398] Entsprechend verstand die Heimvolkshochschule sich als „„eine Stätte ernstester, intensiver Arbeit'", in der „das Rauchen, Alkohol und Kartenspiel nicht geduldet" wurden und die Teilnehmer/innen „zum Verlassen des Geländes eine Genehmigung einholen" mussten. „Ausgang bis 22.30 Uhr gab es nur in begründeten Ausnahmefällen, Besucher waren an den Wochentagen unerwünscht"[399]. „Ich bin dort sechs Monate hingekommen und das, muß ich sagen, war Glanzzeit, was mir da widerfahren ist. Da mußte man streng arbeiten, die haben was von uns verlangt"[400], berichtet rückblickend auch der ehemalige Teilnehmer Max Keßler. Neben dem auf der marxistischen Gesellschafts- und Geschichtsbetrachtung basierenden Unterricht, der u.a Fächer wie Wirtschafts- und Gesellschaftslehre, Politik und wissenschaftliches Arbeiten umfasste und sowohl in Vorträgen als auch Arbeitsgemeinschaften und Rundgesprächen stattfand, betätigten die Teilnehmer/innen sich sechs Stunden die Woche in der Küche, im Garten und auf dem Feld, um, zusätzlich zum Schulgeld, zum Unterhalt der Heimvolkshochschule beizutragen. Weiterhin gehörten Sport, Feste, Exkursionen und Besuche von Kulturveranstaltungen zum Programm der Schule. Anna Siemsen, die an der Heimvolkshochschule gelegentlich als Gastlehrerin, vorzugsweise in den von den Männerkursen getrennten Frauenkursen tätig war, sah in der Tinzer Schule einen „üppig fließenden Bildungsbrunnen", „eine der wichtigsten Waffenschmieden des Sozialismus", „eine *Weltanschauungsschule*, die den Schüler mit dem Gedankenreich von Karl Marx vertraut macht und ihm die erste große Anleitung gibt, die feinen Werkzeuge des historischen Materialismus im Befreiungskampf der Arbeiterklasse zu gebrauchen"[401]. Es verwunderte sie daher nicht, dass der nationalsozialistische thüringische Innenminister Frick der Arbeit der Heimvolkshochschule, ebenso wie der übrigen Thüringer Erwachsenenbildung, durch Streichung des größten Teils ihrer staatlichen Zuschüsse ein Ende bereiten wollte. „Arbeiter – so denkt Herr Frick – die um Bildung ringen, könnten morgen auf den Gedanken kommen, daß diese Welt verbesserungsbedürftig sei und vor al-

---

397 Vgl. Scheile (1983), S.195.
398 Reimers (2003), S. 210.
399 Ebd., S.213.
400 Keßler (1996), S. 80.
401 Siemsen (1930f), S. 271.

lem: *sie sind auf Lebenszeit gegen den Nationalsozialismus immunisiert.* Nur wo die Volksmassen in Dummheit verharren, hat der Nationalsozialismus Zukunftsmöglichkeiten."[402] Eindringlich forderte sie die Sozialdemokratische Partei und die Gewerkschaften auf, zur Rettung der so wichtigen Tinzer Schule einzuspringen. „Es wäre ein bedenkliches Zeichen der Schwäche, wenn es nicht gelänge, Tinz zu halten (...). Bis jetzt hat die Öffentliche Meinung in Deutschland eine beklagenswerte Gleichgültigkeit gegen den Vandalismus der nationalsozialistischen Kulturpolitik gezeigt". Als umso wichtiger erachtete sie es, „an Thüringens Beispiel aufzuzeigen, daß die Nationalsozialisten, durchaus im Einklang mit ihrem Programm, wo sie an der Macht sind, alle Andersdenkenden außerhalb der Gesetze stellen". „Was hier in einem Ländchen von 1½ Millionen Bewohnern geschieht, kann wie ein Krankheitsherd ganz Deutschland verpesten."[403] Ihre Hoffnung, dass die Heimvolkshochschule gerettet werden könne, sollte sich letztlich nicht erfüllen. Am 18. März 1933, drei Tage nach Anna Siemsens Emigration in die Schweiz, wurde Tinz, die „Brutstätte marxistischen Ungeists", „die „Stätte der Volksvergiftung" und der „Seuchenherd undeutschen Geistes"[404] von einem Überfallkommando der Geraer Polizei und SA gestürmt, durchsucht und geschlossen.

7. „Das Kommen des neuen Reiches" – Die Machtübernahme durch die Nationalsozialisten

„Mit unheimlicher Schnelligkeit rückte (...) der Untergang der Republik und ihre Ersetzung durch das Naziregime näher"[405], berichtet August Siemsen, der, ebenso wie seine durch den nationalsozialistischen Minister Frick ihrer Professur enthobene Schwester Anna, persönlich in Bedrängnis geriet. „Derselbe Frick hatte mir im Reichstag mit Rache gedroht, weil ich ihm in Thüringen als Vorsitzender der sozialistischen Schul- und Erziehungsorganisation (...) scharf entgegengetreten war. Auch der berüchtigte Femmörder Heines[406] (...) hatte mir im Reichstag gedroht: ‚Du kommst auch noch dran!'" Angesichts dieser täglich größer werdenden Gefahr für das eigene Leben hatten er und Anna Siemsen sich

---

402 Ebd., S. 270.
403 Siemsen (1930h), S. 338.
404 „Eine Brutstätte des Marxismus beseitigt" in: Geraer Beobachter v. 21.3.1933.
405 Siemsen, August (1951), S. 69f.
406 Edmund Heines (1897-1934), später Mitglied der NSDAP und SA-Führer, war als Freikorps-Angehöriger im Juli 1920 an dem Femmord beteiligt, der an dem 20jährigen Landarbeiter Willi Schmidt verübt wurde. Dieser hatte angeblich Waffenverstecke des Freikorps verraten wollen. Bekannt wurde der Fall im Rahmen des Stettiner Femmordprozesses 1928.

darauf verständigt, „Deutschland zu verlassen, sobald es keinerlei Arbeitsmöglichkeit mehr gebe, wohl aber unsere ‚Liquidierung' bevorstehe." Anna Siemsens Arbeitsmöglichkeit war spätestens mit dem Entzug ihrer Lehrerlaubnis stark eingeschränkt worden, wodurch sie jedoch, wie sie selbst im Nachhinein berichtet, die Freiheit besaß, „das Kommen des neuen Reiches mit Musse beobachten zu können. Ich wusste, dass nur zwei Möglichkeiten bestanden: ein Kampf auf Leben und Tod oder die Verbannung. Es ist eine recht heilsame Erfahrung, so losgelöst vom eigenen Leben zu beobachten, was geschieht, beinahe als wenn man von jenseits des Grabes auf die Erde sehe."[407]

Im Gegensatz zu vielen anderen machte Anna Siemsen sich keine Illusionen über das Ausmaß der Katastrophe, die im Zuge des Sieges der faschistischen Bewegung über Deutschland hereinbrechen würde. Laut Pieter, ihrem Neffen, ahnte sie „schon 1931, und das Ahnen wurde immer mehr zur Gewissheit, was kommen würde und musste. Sie bereitete schon damals die Zeit vor, in der sie, um weiter tätig sein zu können, in die Emigration musste"[408]. Ein Grundstück in der Schweiz, „am Genfer See in dem nicht weit von Lausanne gelegenen Dörfchen St. Sulpice"[409] hatte Anna Siemsen bereits 1928 von dem Rest des Familienvermögens erstanden.[410] Je weitsichtiger sie Deutschlands Zukunft erahnte, umso unerträglicher muss es für sie gewesen sein, „dass niemand die Krise voraussah und niemand die schweren Gefahren der furchtbaren Not abzuwehren willens oder fähig war"[411]. Dies sei ein schweres Verhängnis gewesen, das ihrer Meinung nach sowohl die bürgerlichen Parteien als auch die Sozialisten und die Kommunisten zu verantworten hatten. So habe man in bürgerlichen Kreisen immer entschiedener das Ziel verfolgt, mit der Demokratie aufzuräumen. Die Arbeiterführer, die ebenfalls blind gewesen seien, suchten stets nur das Bündnis mit diesen bürgerlichen Parteien, „deren wesenhafte Gegnerschaft sie genau kannten"[412] und konzentrierten sich vor allem auf die Abwehr des Kommunismus, anstatt den Kampf gegen den drohenden Faschismus aufzunehmen. Selbst nachdem

---

407 Siemsen (1940), S. 83.
408 Pieter Siemsen in einem auf den 30.7.1988 datierten Brief an Ralf Schmölders, der über Rudolf Rogler in den Besitz der Verfasserin gelangte.
409 Siemsen, August (1951), S. 73.
410 Inwiefern schon bei diesem Kauf Emigrationsabsichten eine Rolle spielten, kann weder aus den Aufzeichnungen Anna Siemsens noch ihrer Verwandten nachvollzogen werden. Der immer wieder Besorgnis erregende Gesundheitszustand Annas, der sie ebenso wie ihre auf ganz Europa ausgedehnten Vortragsreisen häufig in die Schweiz führte, sowie der Hinweis Augusts, dass er und seine Geschwister häufig ihre Ferien in der auf dem Grundstück befindlichen Blockhütte verbrachten, lassen vermuten, dass der Kauf zumindest nicht vordergründig der Vorbereitung einer möglichen Emigration dienen sollte.
411 Siemsen (1940), S. 77.
412 Ebd., S. 77f.

Hitler zum Kanzler ernannt worden war und nachdem der Reichstag bereits in Flammen gestanden hatte, hielt der Bildungsausschuss der Düsseldorfer SPD es für angemessen, lieber eine Einladung zu einem „Bunten Abend" zu verschicken, in der es hieß, dass der Ernst der Zeit es umso mehr erfordere, „dass wir die Heiterkeit nicht vergessen. Genossen, erscheint vollzählig". „Ich weiss nicht", so Anna Siemsens beinahe sarkastischer Kommentar zu dieser Einladung, „wie viele von den Genossen erscheinen konnten, wieviel verhaftet, geflüchtet, misshandelt oder tot waren"[413]. Auch unter ihren Freunden in der Liga für Menschenrechte, die angesichts der zunehmenden Terrorakte der Nazis eine Protestveranstaltung in Berlin geplant hatte, zu der auch Anna Siemsen angereist war, erlebte sie diese „Illusion des Nicht-begreifen-wollens. Und keiner machte sich eine Vorstellung von dem Kommenden", obwohl auch die geplante Veranstaltung nicht mehr durchgeführt werden konnte, da sie polizeilich verboten wurde.

> „Eine Vorstellung von dem, was zu tun sei, hatte niemand. Die wenigen, die Schlimmstes kommen sahen, retteten sich in resignierte Gefasstheit. Die andern hofften auf irgendeine Möglichkeit unterzuducken, bis das Wetter vorueber sei. Einige Optimisten erwarteten einen schnellen Zusammenbruch (...). Kampf erwartete niemand. Und ich verliess Berlin mit dem Gefuehl, dass ich es zum letzten Male gesehen hatte."[414]

Die „ebenso blind" handelnden Kommunisten blieben trotz der Erfahrung des Mussolinischen Terrorrégimes bei ihrer Überzeugung, dass der Sieg des Nationalsozialismus der erste Schritt zur deutschen Revolution sei und verharrten in dem Glauben, „die alten Mächte zu beseitigen mit Hilfe dieser ihrer Totfeinde"[415].

So sahen viele in Hitler nur den „‚Trommler', den Agitator, der die Massen von politisch gefährlichen, weil ernsten Bewegungen fernhielt"[416]. Sie betrachteten ihn als „Schachfigur(,) die man einsetzt und dann preisgibt"[417], als „Werkzeug zu einem von ihnen gewollten Zweck"[418]. Keiner aber glaubte daran, dass er selbst die Macht ergreifen könne.[419]

Ein „Ergreifen" der Macht war auch gar nicht nötig, denn nachdem die Reichstagswahl vom November 1932 den Nationalsozialisten doch noch einmal starke Verluste, den Kommunisten dagegen einen deutlichen Zuwachs gebracht hatte, bewog die altbekannte „Bolschewistenangst" „Teile der alten Machteliten

---

413 Ebd., S. 85.
414 Ebd., S. 82.
415 Ebd., S. 78.
416 Ebd., S. 76.
417 Ebd., S. 77.
418 Ebd., S. 84.
419 Vgl. ebd., S. 77.

(...)", so Winkler, „auf ein Arrangement zwischen Hitler und Papen"[420], den ehemaligen Reichskanzler, zu setzen, Hitler zum Kanzler zu machen und ihn mit Hilfe einer rechtskonservativen Kabinettsmehrheit zu „zähmen".[421] So wurde den Nationalsozialisten am 30. 1.1933 mit der Ernennung Hitlers zum Reichskanzler die volle Regierungsgewalt auf legale Weise übergeben. Winkler weist darauf hin, dass diese Machtübertragung, wenn auch nicht notwendig, so doch nur möglich war, weil das deutsche Volk die NSDAP zur stärksten Partei gemacht hatte.[422] Der Grund hierfür bestand nach Anna Siemsen darin, dass Hitler es vermochte, die in der Weimarer Republik geprägten, von allen Seiten gebrauchten, jedoch in sich völlig widerspruchsvollen Schlagworte wie den Revanchewillen, den Antibolschewismus, den Antikapitalismus und den Antisemitismus zu vereinen. „Man sieht," so Anna Siemsen, „es sind alles negative Hass- und Ressentiments-Schlagworte"[423], womit sie deutlich macht, dass Hitler kein theoretisch fundiertes Programm im Sinne einer eingehenden Analyse der gesellschaftlichen Situation und darauf aufbauender positiv formulierter Zielsetzungen besaß, sondern vielmehr an die unterschwelligen Ängste und Hassgefühle der Bevölkerung anknüpfte und die krisenhaften Konflikte und Probleme u.a. mit der schwulstigen Verheißung einer harmonischen Volksgemeinschaft zu überwölben suchte, wodurch die nazistische Bewegung ihren klassenübergreifenden Charakter erhielt. Über Schlagworte sollte Anna Siemsen 1938 schreiben: Sie „sind dazu da, das Denken überflüssig zu machen. (...) Ein Schlagwort stellt sich dann ein, wenn kein klarer Begriff und keine Tatsachenkenntnis vorhanden ist. Es wird aber auch bewusst angewendet, wenn beides, Erkenntnis und Nachdenken, unerwünscht sind"[424]. In der Tat stellte die NS-Ideologie, so Keim, „kein stringentes System, eher ein Konglomerat von Wertvorstellungen, Leitbildern, Überzeugungen, Ressentiments und Forderungen dar"[425]. Dieser Umstand darf aber nicht darüber hinwegtäuschen, *dass* es ein von Hitler in der Mitte der 1920er Jahre verfasstes und in seiner Schrift „Mein Kampf" festgehaltenes ideologisches Programm gab, dessen elementare Forderungen nach einem auf einem rassisch bestimmten Volksbegriff aufbauenden autoritär organisierten „Führerstaat" und nach der „Eroberung von Lebensraum" dann im Rahmen der nazistischen Diktatur in die Tat umgesetzt wurden. Nur vor dem Hintergrund dieser programmatischen Forderungen wird die Ablehnung jeglicher demokratischer, sozialistischer, parlamentarischer, internationaler und pazifistischer Werthaltungen und

---

420 Winkler (1993), S. 606.
421 Vgl. Wehler (2003), S. 585.
422 Vgl. Winkler (1993), S. 607.
423 Siemsen (1940), S. 74.
424 Siemsen (1938c).
425 Keim (1995), S. 10.

Strukturen durch die Nationalsozialisten nachvollziehbar und damit die Tiefe des Bruches deutlich, den die Errichtung der nazistischen Diktatur gegenüber den Bestrebungen sozialistisch-demokratischer Kräfte wie Anna Siemsen, bedeutete. Zu den Elementen des nazistischen Programms gehörte auch der aus der NS- „Rassenlehre" abgeleitete Antisemitismus, der die Juden zum Sündenbock für die unbewältigten oder unerwünschten gesellschaftlichen Erscheinungen wie den maßlosen Kapitalismus, aber auch den Marxismus, den Sozialismus und den Pazifismus machte und der in seiner Tragweite auch von Anna Siemsen unterschätzt wurde.

8. Anna Siemsens Verhältnis zu Judentum und Antisemitismus

Während ihrer Tätigkeit als Oberlehrerin in Düsseldorf lebte Anna Siemsen als Untermieterin im Haus der jüdischen Kaufmannsfamilie Hamburger, im wohlhabenden linksrheinischen Stadtteil Oberkassel. Rückblickend schreibt Siemsen in einem autobiographischen Fragment, dass sich zwischen ihr und der Frau des Hauses, Hedwig Hamburger, während des Ersten Weltkrieges eine enge Freundschaft entwickelt und dass sie über diese Familie „die jüdischen Traditionen", „den Rhythmus des jüdischen Festjahres und die Intensität seiner Feiern"[426] kennen gelernt habe. Sehr beeindruckt zeigt sie sich von dem „einigenden Band der Überlieferung"[427], das in diesen Feierlichkeiten seinen Ausdruck finde und das die über die ganze Welt verstreuten Juden trotz ihrer vielfältigen Unterschiede und ihrer Verfolgungen als zuversichtliche Gemeinde zusammenhalte. Ausdrücklich merkt sie an: „Ich sage Gemeinde, denn die Juden sind kein Volk, viel weniger eine Rasse, wie das Unwissenheit und böser Wille behauptet. (...) (Das Judentum ist, M.J.) eine geistige Überlieferung, die durch eine enge Gemeinschaft von Sitte und Glauben die Menschen vereinigt und geformt hat."[428] Dass Anna Siemsen im Nachhinein das Bedürfnis zu haben scheint, ihrer Bewunderung des jüdischen Glaubens Ausdruck zu verleihen und sich von den verleumderischen Behauptungen der Nazis abzugrenzen, hängt sicherlich auch damit zusammen, dass sie, wie sie in „Mein Leben in Deutschland" selbst schreibt, die

---

426 Siemsen („Hedwig"), S. 1. Bei dieser Schrift handelt es sich um ein autobiographisches Fragment. Der Verfasserin liegt ein von Frau Wendula Dahle transkribiertes Exemplar vor. (Vgl. auch Anm. 48 vorliegenden Kapitels.) Da Anna in diesem Fragment ausdrücklich die Gründung des Staates Israel erwähnt, kann es frühestens im Jahr 1948 und somit nach dem Holocaust geschrieben worden sein, woraus sich wohl die ausführliche Auseinandersetzung Annas mit dem Judentum der Familie Hamburger erklärt.
427 Ebd., S. 3.
428 Ebd., S. 3f.

antisemitische Propaganda bis zuletzt nicht ernst genug nahm.[429] Der Antisemitismus sei völlig überraschend aufgetaucht, „ueberraschend zum mindesten fuer mich und die mir Gleichgesinnten, die wir alle Tendenzen des Nationalsozialismus in ihrer Gefährlich(keit, M.J) erkannt und beobachtet hatten, Judenhass aber geneigt waren als eine Lächerlichkeit, ‚den Sozialismus der dummen Kerle' einzuschätzen. Es ist eine und vielleicht die wichtigste Erkenntnis, die wir (…) gewannen: Unsinnigkeit und Verlogenheit verhindern nicht, dass Propaganda wirkt (…)"[430]. Mit dieser Fehleinschätzung der antisemitischen Propaganda stand Siemsen jedoch, wie sie selbst bereits andeutet, nicht alleine da. Laut Hans-Ulrich Wehler nahmen auch viele sozialdemokratische „Parteiführer und -zeitungen (…) den nationalsozialistischen Rassenwahn wegen seines leicht durchschaubaren irrationalen Charakters nicht ernst genug"[431]. In der Überzeugung, dass es sich lediglich um ein „ideologisches Manöver"[432] handele, mit dem man das Volk vom Klassenkampf abzulenken versuche, verzichteten die Mitglieder der Linksparteien, trotz ihrer Ablehnung des Antisemitismus, größtenteils auf wirksame Gegenmaßnahmen.

Ihre Unterschätzung der antisemitischen Gefahr bedeutete jedoch nicht, dass Anna Siemsen sich erst im Nachhinein überhaupt intensiver mit dem Judentum beschäftigte. Vielmehr berichtet eine spätere Mitarbeiterin und gute Freundin Siemsens in der Schweiz, Margo Wolff, in einem Interview: „Anna war die stärkste Liebende des jüdischen Volkes, die mir als Nichtjüdin, die aus Pastorengeschlecht kam, je begegnet ist. Sie hatte ein ganz ungewöhnliches Wissen nicht nur über das Judentum und die Geschichte des jüdischen Volkes, sondern auch über die Mentalität jüdischer Menschen. (…) Sie wollte vor allen Dingen immer nach Palästina und später nach Israel."[433] Über die nahe gelegene Stadt Köln sei Anna Siemsen in engen Kontakt mit führenden Köpfen der zionistischen Bewegung gekommen, die, entgegen der im deutschen Judentum überwiegenden assimilatorischen Orientierung, die Errichtung eines jüdischen Nationalstaates in Palästina erstrebte. Als Heimstätte der 1897 gegründeten „Zionistischen Vereinigung für Deutschland" (ZVfD)[434] war Köln früh zu einem Zentrum dieser Bewe-

---

429 Vgl. Siemsen (1940), S. 82.
430 Vgl. ebd., S. 74.
431 Wehler (2003), S. 505.
432 Elbogen/Sterling (1966), S. 291.
433 Das Interview mit Wolff wurde am 26.06.1987 in Berlin durch Herrn Rudolf Rogler geführt und aufgezeichnet. Die Verfasserin dankt Herrn Rogler für die freundliche Überlassung der Tonaufnahme. Ein Transkript befindet sich im Anhang vorliegender Arbeit.
434 Die ZVfD stellte eine Dachorganisation der deutschen zionistischen Gruppierungen dar. Angesichts des zunehmenden Antisemitismus gewann sie während der Weimarer Republik stetig neue Mitglieder.

gung geworden.[435] Zusammen mit Konrad Adenauer sei Siemsen später im Vorstand des „Deutschen Komitees Pro Palästina"[436] gewesen, das 1926 als eine Art Propaganda-Organ der ZVfD in Berlin gegründet wurde und damals „fast etwas Exotisches"[437] gewesen sei.[438]

Margo Wolff vermutet, dass Siemsens Interesse für das jüdische Volk und die zionistische Bewegung mit ihrer Herkunft aus einem Pfarrhaus und dem Theologiestudium ihres Vaters zusammenhängen könnte, in dem das Hebräische zur damaligen Zeit noch einen großen Stellenwert einnahm.[439] Eine wichtige Rolle

---

435 Vgl. u.a. Matzerath (1988), S. 16.
436 Bereits im Jahr 1918 war es zur Gründung eines Komitees mit dem Namen „Pro Palästina, Deutsches Komitee zur Förderung der jüdischen Palästinasiedlung" gekommen. Bis zum Ende seiner Tätigkeiten im Jahre 1919 setzte es sich für die Unterstützung der zionistischen Bewegung ein, da sie dem Aufschwung der palästinensischen Wirtschaft und der „Ausbreitung deutscher Kultur- und Wirtschaftsbeziehungen im Vorderen Orient" (Reinharz, 1981, S. 223) diene. Nach dem Eintritt Deutschlands in den Völkerbund im September 1926 wurde das Komitee neu gegründet. Seine Schreibweise variiert u.a. zwischen „Pro-Palästina-Komitee" (PPK) und „Deutsches Komitee Pro Palästina". Laut seines Programms sah das Komitee in der zionistischen Bewegung „ein Werk menschlicher Wohlfahrt und Gesittung" und verfolgte daher das Ziel, die deutsche Öffentlichkeit über diese Bewegung und ihre Bedeutung für die wirtschaftliche und kulturelle Entwicklung sowohl Deutschlands als auch des Orients und für die „Versöhnung der Völker" (ebd., S. 377f.) aufzuklären. U.a. Kurt Blumenfeld, der Vorsitzende der ZVfD und Präsidiumsmitglied des PPK bemühte sich, führende Politiker (z.B. Konrad Adenauer), Wissenschaftler (z.B. Albert Einstein) oder anderweitig bekannte Persönlichkeiten für die Teilnahme an der Gründungsversammlung im Dezember 1926 und für den Beitritt zum Komitee zu gewinnen, um dadurch dessen Wirkungskreis zu vergrößern. In dem Komitee waren Juden wie Nichtjuden, Zionisten wie Nicht-Zionisten und außer den links- und rechtsextremen Parteien alle politischen Richtungen vertreten, wobei die SPD den größten Mitgliederanteil stellte. (Zur Geschichte des neu gegründeten PPK vgl. vor allem Walk, 1976).
437 Interview mit Margo Wolff. (Vgl. auch Anm. 430 vorliegenden Kapitels.)
438 Recherchen in der auf den 15.2.1932 datierten Mitgliederliste des Komitees im Bundesarchivbestand Reichssicherheitshauptamt in Berlin ergaben, dass Anna wie auch ihr Bruder August Siemsen tatsächlich als Mitglieder dieses Komitees geführt wurden, dem auch so bedeutende Persönlichkeiten wie Albert Einstein, Martin Buber und Thomas Mann angehörten. (Vgl. Bundesarchiv Berlin, Reichssicherheitshauptamt R 58/5325, Bl. 50-57. Anna Siemsen wird unter der Nummer 173, ihr Bruder unter 174 erwähnt. Eine Vorstandstätigkeit geht aus den Unterlagen jedoch nicht hervor. Auch Konrad Adenauer ist lediglich als Mitglied mit der Nummer 1 und nicht als Mitglied des Ehrenausschusses oder des Präsidiums verzeichnet.) Interessant ist der in Klammern hinter den Namen Anna Siemsens gesetzte Zusatz „Simonsohn". Er lässt vermuten, dass man Annas Namen fälschlicherweise auf eine jüdische Abstammung zurückführte. Dies verwundert nicht, weist doch Anna in ihren Erinnerungen darauf hin, dass zur Zeit ihrer Tätigkeit in Jena das Gerücht verbreitet wurde, der Jude Schaxel habe seine jüdische Verwandte Anna Siemsen nach Jena berufen. (Vgl. Siemsen, 1940, S. 76.) Auch im „Handbuch der Judenfrage" aus dem Jahr 1944 wird Anna Siemsen eindeutig als Jüdin bezeichnet. (Vgl. Fritsch, 194449, S. 142)
439 Vgl. Interview mit Margo Wolff. (Vgl. auch Anm. 433 vorliegenden Kapitels.)

scheint aber auch Siemsens generelles Engagement für benachteiligte gesellschaftliche Gruppen gespielt zu haben. In dem erwähnten biographischen Fragment weist sie mehrfach auf die Unterdrückung der Juden und der daraus resultierenden zionistischen Bewegung hin: „Der Druck, der auf die (sic!) Juden als einer Minorität minderen Rechts lag hat dise (sic!) Gemeinschaft gefestigt (...). Jedenfalls ist die große Bewegung des Zionismus unter dem Druck der Fremdheit und aus dem Gefühl der Gefährdung erwachsen."[440] In einem Aufsatz aus dem Jahr 1945 begründet sie ihre Unterstützung der zionistischen Idee damit, dass sie darin zwar keine „Dauerlösung"[441] der Judenfrage sehe, sondern grundsätzlich in Anlehnung an Marx davon ausgehe, dass nur die „Verwirklichung einer sozialistischen Gesellschaft, ohne staatliche Grenzen und nationale Gegensätze eine Lösung der Judenfrage, wie aller unserer sozialen und nationalen Probleme"[442] ermögliche. Angesichts der akuten Notlage der Juden sei jedoch eine übergangsweise Erleichterung ihrer bedrohten Lebenssituation dringend notwendig. Für eine solche „Übergangslösung"[443] hält sie die zionistische Bewegung für durchaus bedenkenswert.

Siemsens Haltung gegenüber dem jüdischen Glauben ihrer damaligen Hauswirtin Hedwig Hamburger sagt zugleich sehr viel über ihr Verhältnis zu ihrem eigenen, christlichen Glauben aus, schätzte sie Hedwig doch gerade dafür, dass ihre „israelische Frömmigkeit (...) ganz undogmatisch" gewesen sei und sich nicht, wie „(b)ei den strengen Orthodoxen (...) im Eifer für das Gesetz, und das Ritual der Reinheitsvorschriften"[444] erschöpfte. Sowohl Hedwig als auch Anna Siemsen pflegten ein freiheitliches Verhältnis gegenüber ihren Religionen und nahmen, trotz ihrer Frömmigkeit, in jüdischen Anekdoten und pietistischen Witzen auch die amüsanten Eigenheiten des jeweiligen Glaubens auf die Schippe. „Und wir stellten dabei fest, daß die frommen Leute in allen Religionen mit dem lieben Gott recht vertraulich umgehen. Je größer die Fremdheit, desto ausgesprochener die Feierlichkeit. Ein langes Gesicht und ein psalmodierender Ernst sind ein beinahe sicheres Zeichen dafür, daß sie ein leeres Herz verdecken."[445]

---

440 Siemsen („Hedwig"), S. 4. (Vgl. auch Anm. 426 vorliegenden Kapitels.)
441 Siemsen (1945a), S. 365.
442 Ebd., S. 363.
443 Ebd., S. 365.
444 Siemsen („Hedwig"), S. 5. (Vgl. auch Anm. 426 vorliegenden Kapitels.)
445 Ebd., S. 6.

9. Flucht aus Deutschland

Dass eine „Verfolgung der Kommunisten, der pazifistischen Organisationen und (...) der Sozialdemokraten und der Gewerkschaften" bevorstand, daran hegte Anna Siemsen keinen Zweifel; die konkrete Auswirkung dieser Bedrohung auf ihr eigenes Leben aber unterschätzte sie zunächst. „Auf jeden Fall rechnete ich mit einer langen Periode der Unterdrueckung, bei der mir aber persönliche Arbeit in der Stille als Vorbereitung des späteren Neuaufbaus vorschwebte". Rückblickend musste sie erkennen: „Es kam sehr anders."[446]

Spätestens als Ende Februar 1933 der Reichstag brannte und sie die Mitteilung erhielt, dass das mit ihr über ihre Arbeit an der Universität Jena befreundete jüdische Ehepaar Auerbach, „dem ein studentischer Mob (...) die Fenster eingeworfen hatte"[447], Selbstmord begangen hatte, wusste sie, dass sie Deutschland verlassen musste. „In Jena hatte ich weder Amt noch Möglichkeit der Wirkung. Es war mir aber klar, dass ich jeden Augenblick ‚liquidiert' werden konnte"[448]. Also entschloss sie sich, ihre eigentlich für das Frühjahr geplante „Erholungs- und Studienreise in die Schweiz"[449] vorzuziehen und Deutschland nach einem Zwischenstopp bei ihrem Bruder Karl, der als Rechtsanwalt in Düsseldorf lebte, schon jetzt zu verlassen. Den Aufenthalt in Düsseldorf wollte sie nutzen, um zumindest noch die Neuwahlen vom 5. März 1933 abzuwarten, zu denen es kam, weil Hitler bereits einen Tag nach Erhalt der Kanzlerschaft die Auflösung des Reichstages verlangt hatte. „Fort wollte ich nicht, bevor die Entscheidung nicht gefallen war."[450] Siemsens Einschätzung, dass diese Wahl den verfassungstreuen Parteien noch die Möglichkeit geboten hätte, den Siegeszug des NS zu verhindern, da die NSDAP in der Minderheit geblieben sei, die genannten Parteien es aber abgelehnt hätten, sich mit der Arbeiterschaft zu verbünden,[451] kann aus heutiger Sicht nicht bestätigt werden. Zwar erreichte die NSDAP „nur" 43,9% und somit nicht die absolute Mehrheit, da sie aber gemeinsam mit der alles andere als verfassungstreuen DNVP bereits auf 51,9 % kam, hätte selbst ein Zusammenschluss der Stimmen von KPD, SPD, Zentrum, BVP und DDP (=45,5%) nicht ausgereicht, um NSADP und DNVP die Mehrheit streitig zu machen.[452] Recht behielt Anna Siemsen insofern, als nach dem unrechtmäßigen Ausschluss der KPD, die von den Nazis der Inbrandsetzung des Reichstages beschuldigt wur-

---

446 Siemsen (1940), S. 82.
447 Ebd., S. 83. Vgl. auch Siemsen, August (1951), S. 63f.
448 Siemsen (1940), S. 83.
449 Ebd., S. 82.
450 Ebd., S. 83.
451 Vgl. ebd., S. 8f.
452 Zu den Ergebnissen der Reichstagswahl vom 5.3.1933 vgl. u.a. Wehler (2003), S. 605.

den, die SPD die einzige Partei darstellte, die am 22.3. gegen das Ermächtigungsgesetz stimmte, welches die Gewaltenteilung aufhob und der Regierung die Vollmacht gab, verfassungsändernde Gesetze ohne Zustimmung des Reichstags zu erlassen. Alle anderen Parteien stimmten jenem Akt zu, der der Installation einer nazistischen Diktatur den Weg ebnen sollte.

„So schloss man die Augen und Ohren gegen den Schrecken, der jetzt ueber Deutschland brauste (…) und tröstete sich, dass der einzelne doch machtlos sei."[453] Mit dieser Gewissheit fuhr Anna Siemsen

> „langsam der Grenze zu. Ueberall sah ich zum letzten Male Freunde, hörte ueberall die gleichen Nachrichten, sah ueberall unter einer ruhigen Oberfläche, wie der Erdrutsch sich vollendete. Am 15. März fuhr ich ueber die Schweizer Grenze. (…) Und ich sah auch jenseits der Grenze, wie mein Volk die Entwicklung bis zum äussersten erlitt, die in meiner Jugend begann, als der preussische Schulrat uns stramm stehen liess"[454].

Ihr Bruder August, der ihr im April folgte, da auch sein Leben in Gefahr war, schreibt rückblickend: „Stellung und Heimat konnten ihr die Nazis rauben, nicht aber ihre Waffen, die Anna mitnahm in die Schweiz: die Kraft ihres Geistes, die Leidenschaft ihres Herzens und die Unbeugsamkeit ihres Willens."[455] Der vorsichtig optimistische Schluss, zu dem Anna Siemsen in ihren Erinnerungen „Mein Leben in Deutschland" gelangt, gibt ihm Recht:

> „Aber ich weiß und besitze die Beweise dafuer, dass ein lebendiger und starker Kern geblieben ist, der alten Arbeiterbewegung und des alten deutschen Humanismus. Dass beide einmal sich finden werden und das ganze Volk unwandelbar durchdringen werden, darin und in nichts anderm liegt die Hoffnung fuer Deutschland wie fuer Europa."[456]

---

453 Siemsen (1940), S. 84.
454 Ebd., S. 85.
455 Siemsen, August (1951), S. 72.
456 Siemsen (1940), S. 86.

IV. Pädagogisch-politische Emigration – Anna Siemsens bildungs-, kultur- und europapolitisches Engagement im Schweizer Exil

1. Die Schweiz – Asylland Europas?

Mit der Machtübernahme der Nationalsozialisten waren große Teile der deutschen Bevölkerung auf Grund ihrer jüdischen Herkunft, ihrer politischen Haltung oder ihrer pazifistischen und kulturellen Überzeugungen an Leib und Leben bedroht. Während die jüdische Emigration bis in die 1940er Jahre hinein andauerte, war für die meisten politischen und kulturellen Gegner/innen des NS-Regimes, zu denen auch Anna Siemsen gehörte, spätestens mit den nach dem Reichstagsbrand einsetzenden Massenverfolgungen und -verhaftungen der Zeitpunkt gekommen, Deutschland zu verlassen und Zuflucht im europäischen und außereuropäischen Ausland zu suchen. Nach ihrer Ankunft im Exil sahen die größtenteils völlig mittellosen Flüchtlinge sich sowohl existentiellen Sorgen um die Erlangung von Aufenthaltsgenehmigungen und die Sicherung des Lebensunterhaltes wie auch psychischen Belastungen der Vereinsamung, des häufig erzwungenen Nichtstuns und der ständigen Ungewissheit nicht nur über das eigene, sondern auch das Schicksal der in der Heimat verbliebenen Angehörigen ausgesetzt. Das Ausmaß dieser Belastungen hing vor allem von der Asylpolitik des jeweiligen Exillandes ab, die sowohl von dessen geographischer Lage wie auch dessen wirtschaftlichen und politischen Verhältnissen bestimmt wurde. Als eine böse Überraschung erwies sich, ganz entgegen der hoffnungsvollen Erwartungen der Emigrant/innen, die äußerst rigide und restriktive Flüchtlingspolitik der Schweiz, die, wenn auch in abgeschwächter Form, nicht zuletzt auch Anna Siemsen zu spüren bekommen sollte.

Auf Grund ihrer kulturellen Vielfalt und ihrer Jahrhunderte alten Asyltradition, die u.a. auch den von den Sozialistengesetzen verfolgten deutschen Sozialdemokrat/innen zugute gekommen war, hatte sich mit der Schweiz in Deutschland stets „die Vorstellung vom klassischen Asylland in Europa"[1] verbunden. Umso härter wurden die bereits im Frühjahr 1933 eintreffenden Flüchtlinge von der abweisenden Haltung der Schweizer Behörden getroffen, die zum einen „rassische Verfolgung" nicht als Asylgrund anerkannten und somit jüdische Emigrant/innen von längeren Aufenthalten in der Schweiz ausschlossen und zum anderen auch den politisch anerkannten Flüchtlingen nur befristete Aufenthaltsge-

---
1 Wichers (1994), S. 31.

nehmigungen bewilligten, da sie die Schweiz lediglich als eine Art Zwischenstation, ein „Transitland" verstanden wissen wollten.[2] Die Gründe für diese auch von Anna Siemsen öffentlich beklagte Ablehnung der Emigrant/innen waren sowohl ideologischer als auch wirtschaftlicher und politischer Natur. So lebten in der bereits mit der Industrialisierung zu einem Einwanderungsland gewordenen Schweiz nicht nur Überfremdungsängste[3] auf, die sich angesichts der gering bleibenden Emigrant/innenzahl jedoch letztlich als unbegründet erwiesen; in Anbetracht der auch in der Schweiz zunehmend größer werdenden Arbeitslosigkeit kam außerdem die Sorge um den heimischen Arbeitsmarkt hinzu. Um diesen zu schützen und die Emigrant/innen zur Weiterwanderung anzuhalten, wurde ihnen, obwohl bis zum Kriegsausbruch weder Bund noch Kantone für ihre finanzielle Versorgung aufkamen, ein striktes Arbeitsverbot auferlegt, das ihre Notlage zusätzlich verschlimmerte und nicht wenige Flüchtlinge dazu veranlasste, illegalen Tätigkeiten nachzugehen und, sofern sie mit schriftstellerischer Arbeit ihr Geld verdienten, unter einem Pseudonym zu publizieren. Nicht zu unterschätzen war außerdem die, wie in Deutschland so auch in der Schweiz, vorhandene Bolschewistenangst, die mit der Ankunft politisch links gerichteter Flüchtlinge neu angefacht wurde und vor allem in bürgerlichen Kreisen die Befürchtung eines radikalisierenden Einflusses der Emigrant/innen auf die schweizerische Arbeiterbewegung schürte. „Ein Teil der verantwortlichen Bürgerlichen in Politik, Behörden und Presse verfolgte", so Hermann Wichers, „die konsequente Ausschaltung der Arbeiterbewegung in Deutschland anfänglich durchaus mit einem gewissen Verständnis, ohne ein Gespür für die Dimension der Zerstörung von Demokratie und Rechtsstaat zu entwickeln."[4] Auch in der Schweiz entwickelte sich daher eine von den deutschen Verhältnissen her bekannte behördliche Rechtsblindheit, die ihre Aufmerksamkeit eher auf die Umtriebe der politischen Linken als auf den auch in der Schweiz aufkommenden Frontismus, eine Parallelbewegung zum deutschen Nationalsozialismus, richtete. Anna Siemsen schreibt in ihren 1947 veröffentlichten „Briefen aus der Schweiz", dass in „den Kreisen der großen Industrie und der Banken (…) die Sympathie mit dem Hitlertum sehr offenkundig"[5] gewesen sei und dass, insbesondere in der deutsch-

---

2   Von insgesamt 1072 Asylanträgen, die zwischen 1933 und 1939 von politischen Flüchtlingen in der Schweiz gestellt wurden, waren überhaupt nur 392 erfolgreich. Auf Grund des Weiterwanderungsdrucks lebten jeweils sogar nur gut 100 Flüchtlinge gleichzeitig in der Schweiz. (Vgl. Wichers, 1998, S. 376)
3   Jüdische Emigranten wurden vom Eidgenössischen Justiz- und Polizeidepartement sogar als „wesensfremde Elemente" bezeichnet, deren „Festsetzung" verhindert werden müsse. (Wichers, 1994, S. 49)
4   Wichers (1994), S. 47.
5   Siemsen (1947c), S. 7.

sprachigen Schweiz, „nach Hitlers Machterschleichung die nazistischen Frontisten-Organisationen wie Pilze nach einem warmen Regen"[6] aus dem Boden geschossen seien. Um einerseits die vermeintlich drohende kommunistische Gefahr abzuwenden und andererseits den totalitären Ländern Deutschland und Italien zu signalisieren, dass man sich nicht in ihre politischen Angelegenheiten einmischen wolle, wurde den Emigrant/innen neben der Erwerbsarbeit auch jegliche politische Betätigung, insbesondere jede antinationalsozialistische Propaganda untersagt. Wer sich nicht daran hielt oder zumindest politischer Tätigkeit verdächtig war, konnte, wie die Geschwister Siemsen, einer Denunziation oder einer Razzia durch die Bundes- bzw. Kantonspolizei zum Opfer fallen, der häufig sogar „Bagatellfälle"[7] genügten, um anerkannte Flüchtlinge auszuweisen. Wichers weist auf die enorme psychische Belastung hin, die diese Verbote und die erzwungene Passivität für die meisten politischen Flüchtlinge bedeuteten, handelte es sich bei ihnen doch um „engagierte Menschen und entschiedene Gegner des Nationalsozialismus", die es danach drängte, „sich aktiv gegen die Diktatur zu wenden und weiterhin politisch oder publizistisch zu arbeiten"[8]. Dies zeigten nicht zuletzt die Hilfeleistungen und Unterstützungen, die zahlreiche deutschsprachige Emigrant/innen im Spanischen Bürgerkrieg[9] den republikanischen Landesteilen zukommen ließen, da dieser Krieg für sie eine Art „Stellvertreterkrieg gegen Hitler"[10] darstellte.

Dass die Emigrant/innen überhaupt finanziell über die Runden kamen und sich auch weiterhin am Kampf gegen den Nationalsozialismus beteiligen konnten, hatten sie dem aufopferungsvollen freiwilligen Engagement weiter Teile der Schweizer Bevölkerung zu verdanken. So oblag die Versorgung der Flüchtlinge privaten Hilfswerken, die finanziell völlig überfordert waren und, wenn überhaupt, „nur mit Mühe ein Minimum an Existenzsicherung bieten"[11] konnten. Neben Hilfswerken in jüdischer oder kirchlich-religiöser Trägerschaft gab es, insbe-

---

6   Ebd., S. 24.
7   Wichers (1994), S. 62.
8   Ebd., S. 19.
9   Der Spanische Bürgerkrieg bezeichnet die grausamen Auseinandersetzungen, die im Juli 1936 mit dem Putsch nationalistischer und faschistischer Kräfte um General Franco gegen die demokratisch gewählte republikanische Regierung Spaniens begannen, im April 1939 mit dem Sieg Francos endeten und in dessen diktatorisches Regime mündeten. Während die faschistischen Mächte Deutschland und Italien die Putschisten unterstützten, praktizierten die demokratischen Westmächte eine Nichteinmischungspolitik und begünstigten damit den Sieg Francos.
10 Mallmann (1998), S. 609.
11 Wichers (1994), S. 112. Hermann Wichers weist auf das Beispiel Wolfgang Glaessers hin, der rückblickend über sein Schweizer Exil berichtet, dass er in Zürich jahrelang „von täglich einmal Griesbrei" gelebt habe und „dass 99,9 Prozent der Emigranten vollauf damit beschäftigt waren, zu überleben". (Ebd., S. 18.)

sondere für politische Flüchtlinge, von der Sozialdemokratischen Partei der Schweiz (SPS) und den Gewerkschaften gegründete Hilfswerke, wie z.B. die Schweizerische Flüchtlingshilfe in Bern und das auch von Anna Siemsen unterstützte Schweizerische Arbeiterhilfswerk (SAH) oder, von kommunistischer Seite, die Rote Hilfe, deren Gelder, so Wichers, von der schweizerischen Arbeiterschaft und ihren Organisationen (...) selbst aufgebracht" wurden, was „angesichts der wirtschaftlichen Krise der 30er Jahre (eine) enorme Leistung"[12] darstellte. Die Solidarität der schweizerischen Arbeiterbewegung war auch für die weitere politische Betätigung der Emigrant/innen von enormer Bedeutung. Da die SPS und die Gewerkschaften im Gegensatz zu den bürgerlichen Kreisen die von dem Nationalsozialismus ausgehende Gefahr für Demokratie, Rechtsstaatlichkeit und Sozialismus in ganz Europa früh erkannten, unterstützten sie durch finanzielle Zuwendungen bei der Herausgabe von Büchern und Broschüren oder durch Veröffentlichungsangebote in ihren Zeitungen und Zeitschriften die Publikation politischer Exilliteratur. Angesichts der prekären Lage sowohl der heimischen Schweizer als auch der von den deutschsprachigen Emigrant/innen gegründeten Verlage, die nicht nur politisch, sondern wegen der geringen und nicht gerade zahlungskräftigen potentiellen Leserschaft, auch finanziell ein hohes geschäftliches Risiko trugen,[13] war die Unterstützung durch die schweizerische Arbeiterbewegung von nicht geringer Bedeutung. Gerade links-politische Emigrant/innen sahen in der Veröffentlichung von Berichten über die Verhältnisse im nationalsozialistischen Deutschland, über die vom NS ausgehende Gefährdung ganz Europas sowie auch über mögliche Perspektiven für ein von Hitler befreites Deutschland eine Möglichkeit der Aufklärung und Aktivierung der europäischen Länder und somit eine wesentliche Komponente ihres auch im Exil weitergeführten Kampfes gegen die nationalsozialistische Diktatur.[14] Zu diesem Zweck entstand ebenfalls ein Netzwerk verschiedener Exilorganisationen, wozu im Bereich der *pädagogisch-politischen Emigration*, zu der im Folgenden auch Anna Siemsen gezählt wird,[15] insbesondere der in Frankreich gegründete „Ver-

---

12 Ebd., S. 306.
13 Vgl. Schiller (1998), S. 1123f. Dieter Schiller weist ebd. darauf hin, dass von 800 Verlagen, die weltweit deutsche Exilliteratur veröffentlichten, über 400 Verlage nur ein einziges Buch herausbringen konnten.
14 Vgl. Krohn u.a. (1998), Einleitung zum 3. Kapitel, S. 469-474.
15 Krohn u.a. weisen in ihrem Handbuch der deutschen Emigration darauf hin, dass die Einteilung der Emigrant/innen in verschiedene Gruppen dem Zweck diene, Unterschiede besser herausarbeiten zu können, jedoch auch den Nachteil beinhalte, dass Kategorien und Gruppen sich überschneiden können. (Vgl. Krohn u.a., 1998, S. 1f.) Auch Anna Siemsen wird, da sie sich in verschiedenen Bereichen gegen das nationalsozialistische Regime engagierte, häufig unterschiedlichen Emigrant/innengruppen zugeordnet (Schriftsteller/innen, Pazifist/innen, Pädagog/innen bzw. Erziehungswissenschaftler/innen, Politiker/innen), wobei jede Zuordnung ihre Berechti-

band deutscher Lehreremigranten" (Union[16]) und das „German Educational Reconstruction Committee" (G.E.R.) in Großbritannien gehörten. Beide Organisationen verfolgten das Ziel, „über die Verhältnisse im nationalsozialistischen Deutschland aufzuklären, Kontakte zum Widerstand in Deutschland und zu Verbündeten in den Gastländern zu unterhalten, solidarische Selbsthilfe für Flüchtlinge und ihre Kinder zu leisten und Planungen für die Erneuerung des deutschen Erziehungs- und Bildungswesens nach Hitler zu betreiben"[17]. Bereits die zur Zeit der Weimarer Republik gegründeten deutschen demokratischen Lehrerorganisationen und -gewerkschaften hatten sich über ihre innerdeutsche Arbeit hinaus internationalen Lehrerorganisationen angeschlossen, so z.B. der 1920 zusammengetretenen „Pädagogischen Internationale", die sich später als „Internationale der Bildungsarbeiter" bezeichnete, oder auch dem „Internationalen Berufssekretariat der Lehrer" (IBSL), das 1926 als freigewerkschaftlicher Dachverband überwiegend europäischer Lehrerorganisationen innerhalb des „Internationalen Gewerkschaftsbundes" (IGB) gegründet wurde und dem u.a. auch die bereits erwähnte GDV und die spätere AFLD angehörten[18]. Die vom IBSL jährlich organisierten internationalen Sommerschulen ermöglichten bereits vor der Machtübernahme der Nazis einen regen Austausch und persönliche Kontakte zwischen den teilnehmenden Lehrer/innen verschiedener Länder, was hinsichtlich der Solidarität mit den nach 1933 emigrierten Kolleg/innen von nicht unerheblicher Bedeutung sein sollte.[19] Nachdem die AFLD sich im April 1933 aufgelöst hatte, wurde Ende desselben Jahres von emigrierten deutschen Lehrergewerkschaftler/innen die Union gegründet und statt der AFLD „als deutsche Sektion"[20] in das IBSL aufgenommen. Neben zahlreichen weiteren Ländern verfügte auch die Schweiz über eine Landesgruppe der Union, die vor allem bestrebt war, die Öffentlichkeit über die bildungspolitische Situation im NS-Deutschland aufzuklären und, u.a. durch die Ausarbeitung eines sozialistischen Schul- und Er-

---

gung hat. Da Siemsen sich sowohl in Deutschland als auch im Exil vorwiegend in politischen und pädagogischen Bereichen engagierte und darüber hinaus gerade auf Grund ihrer politischen und pädagogischen Haltung durch die Nazis entlassen wurde, erscheint es am sinnvollsten, sie der von Krohn u.a. (1998) als „pädagogisch-politische Emigration" bezeichneten Gruppe zuzuordnen, die eben diejenigen Emigrant/innen umfasst, „die wegen ihres zweifachen Engagements sowohl für eine humane und freiheitliche Pädagogik als auch in politischen Organisationen vor allem des linken Spektrums durch den Nationalsozialismus aus ihren Ämtern entlassen, verfolgt und ins Exil getrieben worden waren" (Feidel-Mertz/Schnorbach, 1998, S. 584).

16   Die Abkürzung „Union" stammt von der französischen Bezeichnung des Verbandes „Union des Instituteurs Allemands Emigrés".
17   Feidel-Mertz/Schnorbach (1998), S. 584.
18   Vgl. Feidel-Mertz/Schnorbach (1981a), S. 56 u. Feidel-Mertz/Schnorbach (1981b), S. 9.
19   Vgl. Feidel-Mertz/Schnornach (1981b), S. 9f.
20   Feidel-Mertz/Schnorbach (1981a), S. 99.

ziehungsprogramms, eine Umgestaltung des Schulwesens nach Hitler vorzubereiten. Darüber hinaus engagierte sie sich auch im politischen und sozialen Bereich, indem sie zum einen die Arbeit des „Vorläufigen Ausschusses zur Vorbereitung einer deutschen Volksfront" unterstützte,[21] und sich zum anderen an der Gründung eines „Überparteilichen Deutschen Hilfsausschusses", eines Zusammenschlusses verschiedener linker Hilfsorganisationen, beteiligte und sich im Rahmen der Hilfsaktionen des „Gemeinsamen Überparteilichen Hilfsausschusses" zugunsten des spanischen Volkes engagierte.[22]

Wie es der pädagogisch-politischen Emigrantin Anna Siemsen angesichts der rigiden Schweizer Flüchtlingspolitik erging und wie sie es vermochte, sich erneut, insbesondere im Rahmen der vorgestellten Einrichtungen und Organisationen, einen einflussreichen Wirkungsbereich aufzubauen, soll Gegenstand der folgenden Ausführungen sein.

2. Anna Siemsen im Schweizer Exil (1933-1945)

Mit ihrer Entlassung durch die Nazis und ihrer Emigration in die Schweiz war Anna Siemsens Tätigkeit in bildungspolitischen „Schaltzentralen" beendet. Niemals aber habe sie, so August, „Zeit oder Neigung gehabt, sich am unfruchtbaren Caféleben und nutzlosen Politisieren gewisser Emigrantenkreise zu beteiligen"[23]. Nachdem sie sich bereits lange vor 1933 als Schriftstellerin und Rednerin einen Namen in der Schweiz gemacht hatte, nutzte sie nun die Zeit ihres Exils, um weiterhin in Form von Vorträgen, Diskussionen, Publikationen und Kursen in sozialistischen Lehrer-, Kultur- und Friedens-, bzw. Europaorganisationen am Aufbau einer wahrhaft demokratischen Gesellschaft und eines sozial gerechten Bildungs- und Erziehungswesens mitzuwirken. Im Unterschied zu vorher war diese Arbeit nicht mehr auf Deutschland und ebenso wenig auf die Schweiz beschränkt, sondern deutlich stärker international und europäisch ausgerichtet. Zwar hatte sie sich als überzeugte Sozialistin schon früh, nicht zuletzt im Rahmen ihrer Mitgliedschaft im Bund Neues Vaterland, ihrer Mitarbeit in Joseph Blochs „Sozialistischen Monatsheften" und in ihren Büchern „Literarische Streifzüge" und „Daheim in Europa" mit den gesellschaftlichen Zusammenhängen der europäischen Länder auseinandergesetzt; der Ausbruch des Zweiten Weltkrieges aber, der ihrer Meinung nach durch einen geeinten europäischen Willen hätte verhindert werden können, sowie auch die sich abzeichnende welt-

---

21 Vgl. ebd., S. 111.
22 Vgl. Feidel-Mertz/Schnorbach (1998), S. 587f.
23 Siemsen, August (1951), S. 74f.

anschauliche Blockbildung, mit ihrem verheerenden, zersplitternden Einfluss auf den europäischen Kontinent, führten ihr umso deutlicher vor Augen, wie wichtig es war, die europäischen Länder über die von dem nationalsozialistischen Deutschland ausgehende Gefahr aufzuklären und zugleich eine Neugestaltung Deutschlands innerhalb eines vereinten Europas vorzubereiten. Bei der Konkretisierung ihrer Vorstellungen hinsichtlich einer solchen europäischen Neuordnung sollte, wie noch zu zeigen sein wird, gerade die Schweizer Eidgenossenschaft eine wesentliche Vorbildfunktion übernehmen. Die Anfangsjahre ihres Exils waren jedoch noch stark von den persönlichen Belastungen geprägt, denen sie sich als Emigrantin in der Schweiz ausgesetzt sah.

a. Ankunft in der Schweiz und erste Exiljahre

Durch den Besitz eines Grundstücks und eines kleinen Häuschens in St. Sulpice, bei Lausanne, am Genfer See befanden Anna Siemsen und ihr Bruder August mit seiner Familie sich in einer wesentlich günstigeren Ausgangslage als die meisten deutschen Flüchtlinge in der Schweiz. Einige Monate später musste Siemsen jedoch die ersten finanziellen Einbußen hinnehmen. Nachdem das Thüringische Volksbildungsministerium und das Rentenamt gegen Ende des Jahres 1933 festgestellt hatten, dass Siemsen seit mehreren Monaten nicht mehr in ihrer Jenaer Wohnung gesehen worden war und sich höchstwahrscheinlich dauerhaft in der Schweiz befand, wurde die Zahlung ihrer Ruhegehaltsbezüge Ende Januar 1934 eingestellt.[24] Vergeblich versuchte sie das Volksbildungsministerium davon zu überzeugen, dass sie sich nur vorübergehend zur Wiederherstellung ihrer Gesundheit in der Schweiz befinde.[25] Erschwerend kam hinzu, dass die kleine „Cabane" auf ihrem Grundstück nicht beheizbar und somit im Winter unbewohnbar war, sodass sie sich, zumal sie ohnehin „gern ein richtiges Haus zur Beherbergung von Flüchtlingen ohne Unterkunft und von erholungsbedürftigen und mittellosen Freunden haben wollte", dazu entschied, ihr Anwesen zu verkaufen und ein wesentlich günstigeres Gründstück in Chèxbres zu erstehen, auf dem sie bis zum Herbst 1934 ein Haus mit „drei Zimmer(n) und zwei Dachkammern" bauen ließ. Das „Chalet" sei, so August, eine „Zufluchtstätte für Verfolgte und Notlei-

---

24 Vgl. diverse Schriftwechsel zwischen dem Thüringer Volksbildungsministerium und dem Rentenamt sowie Aktennotizen in: ThHStAW, Personalakte aus dem Bereich des Volksbildungsministeriums Weimar Nr. 26674, Bd. 3. In dem Brief des Rentenamtes an das Volksbildungsministerium v. 31.1.1934 befindet sich ein Tippfehler: Die Zahlung der Bezüge wurde nicht Ende Januar 1933 sondern 1934 eingestellt.
25 Vgl. diverse Schriftwechsel zwischen Anna Siemsen und dem Volksbildungsministerium in: ebd.

dende" sowie „ein Treffpunkt und Beratungsort für Gleichgesinnte"[26] geworden. Siemsen selbst wohnte die meiste Zeit bei Freunden in Zürich, sehr lange bei der ehemaligen Lehrerin Lea Fäh in einem noch heute erhaltenen Haus in der Altstadtgasse „Obere Zäune 6 III", wo sie laut ihrer Freundin Margo Wolff sehr viel Raum zur Verfügung hatte. Um möglichst bald wieder im Rahmen von Publikationen, Vorträgen und Kursen aktiv werden zu können, war es für Siemsen unbedingt notwendig, in einer großen Stadt wie Zürich zu leben. Da ihr als Emigrantin jedoch jede politische sowie jede Erwerbstätigkeit verboten war, ging sie eine politische Ehe mit dem 21 Jahre jüngeren Sekretär der Schweizer Arbeiterjugend, Walter Vollenweider[27], ein, aus der sich eine gute Freundschaft entwickelte und die ihr vor allem die Schweizer Staatsbürgerschaft sicherte. Damit war für sie der Weg frei, um nicht nur ihre ausgedehnte Vortrags- und Publikationstätigkeit weiterzuführen, sondern auch die Redaktion der sozialistischen Frauenzeitschrift „Frauenrecht", 1938 umbenannt in „Die Frau in Leben und Arbeit" zu übernehmen, die sich vor allem für die politische Gleichstellung der Frau einsetzte, deren bisherige Nichtverwirklichung Siemsen als „einen sehr schweren Mangel"[28] der Schweizerischen Demokratie bezeichnete. Darüber hinaus nutzte sie ihre redaktionelle Tätigkeit, bei der sie von der bereits mehrfach erwähnten Margo Wolff als Mitredakteurin unterstützt wurde, auch für ihren Kampf gegen das Hitlertum und die Aufklärung über die vom NS ausgehende Gefahr. So veröffentlichte sie in „der Frau" Monatsübersichten über die politischen Ereignisse zwischen 1935 und 1945, die sie später in Buchform unter dem Titel „Zehn Jahre Weltkrieg"[29] herausgab und deren Aufgabe es sein sollte, „das Bewußtsein der Gefahr zu wecken und mit ihm den Abwehrwillen". Die Be-

---

26 Siemsen, August (1951), S. 76f.
27 Walter Vollenweider (1903-1971) wurde als Auslandsschweizer in Mannheim geboren und kam 1915 in die Schweiz. Nachdem er 1923 der Sozialdemokratischen Partei beigetreten war, wurde er 1926 zum Mitbegründer der Sozialistischen Jugend der Schweiz (SJS), 1931 ihr Zentralpräsident und 1932 bis 1936 ihr hauptamtlicher Sekretär. Zu seinen weiteren Tätigkeiten gehörten zwischen 1940 und 1951 die Zentralpräsidentschaft der Schweizer Kinderfreunde, die Mitgliedschaft in der Geschäftsleitung des Schweizerischen Arbeiterhilfswerks sowie eine fast zwanzigjährige Tätigkeit als Zürcher Kantonsrat zwischen 1943 und 1962. (Vgl. die Informationen über Walter Vollenweider in: studienbibliothekinfo, Bulletin der Stiftung Studienbibliothek zur Geschichte der Arbeiter/innenbewegung, Zürich, 6(1993)18, S. 10. Ein Exemplar befindet sich auch im Schweizerischen Sozialarchiv mit Bestand Siemsen, Anna, in der Akte Ar 142.10.1, darin 01.10.4, Verschiedenes.) Gelegentlich finden sich auch Hinweise, dass Walter Vollenweider homosexuell gewesen sei und somit auch selbst von der Schein-Ehe mit Anna Siemsen profitiert habe, indem er sozialer Ausgrenzung entgangen sei. (Vgl. u.a. Amlacher, 2001, S. 284)
28 Siemsen (1947c), S. 48.
29 Siemsen (1947e). Für Anna Siemsen hatte der Zweite Weltkrieg bereits 1935 begonnen, wenn auch noch in versteckter Form. Die Jahre 1939 bis 1945 seien dann die Zeit des offenen Krieges gewesen. (Vgl. ebd., S. 10.)

richte zeigten, so Anna Siemsen, „daß es auch dem außenstehenden Laien, der keinerlei Kenntnis der diplomatischen Geheimnisse hatte, möglich war, aus den allgemein bekannten Nachrichten ein zutreffendes Bild und ein Urteil zu gewinnen"[30]. Nur scheinbar seien die Geschehnisse der Zeit verworren und unabwendbar gewesen; in Wahrheit habe der Eigennutz der Mächtigen[31] und die „Blindheit, Gleichgültigkeit und Vergeßlichkeit der Völker" die Menschheit ins Verderben gestürzt. „Gegen dieses letztere Übel" wende sich der in „Zehn Jahre Weltkrieg" abgedruckte Tatsachenbericht. „Er will zeigen, wie das Unheil möglich war, um seine Wiederkehr zu verhindern."[32] Der gleiche Aufklärungscharakter lag auch zahlreichen weiteren Publikationen zu Grunde, so beispielsweise ihrer für den Schweizer Zweig der „Weltaktion für den Frieden" (RUP) geschriebenen Broschüre „Hitlers Außenpolitik. Authentisch nach mein Kampf"[33], in der sie eine Darstellung „der Grundlagen, Ziele und Methoden von Hitlers Außenpolitik gibt und nachweist, daß die Hitlerdiktatur den Krieg und eine tödliche Gefahr für Europa bedeute"[34]. Auch ihren Bruder August regte sie dazu an, „in einem Buch die deutsche Entwicklung aufzuzeigen, die vom Großen Kurfürsten zu Hitler, vom preußischen Militarismus und der preußischen Bürokratie über die Verpreußung Deutschlands zum wilhelminischen Imperialismus und Gewaltglauben ins Dritte Reich führte"[35]. 1937 konnte Siemsen sein Buch unter dem Titel „Preußen. Die Gefahr Europas" in der Internationalen Verlagsanstalt in Paris herausgeben.[36]

Nicht nur die von Deutschland ausgehende Gefahr, auch das Versagen der europäischen Regierungen im Kampf gegen die Hitlerdiktatur unterzog sie in ihren Schriften und Vorträgen einer herben Kritik, was angesichts der Schweizer Zensur, die Siemsen zeitweise dazu nötigte, unter ihrem Pseudonym, Friedrich Mark, zu publizieren, eine nicht zu unterschätzende Gefahr für sie bedeutete. Ihre Freundin Margo Wolff berichtete 1987, dass Siemsen auch nach ihrer Heirat von Ausweisung bedroht geblieben und auf Grund ihrer sehr aggressiven und teilweise auch die Schweizer Politik angreifenden Anti-Hitler-Reden mehrfach denunziert worden sei. Zwei Mal sei es geschehen, „dass die Polizei, die dazu gar nicht befugt war, morgens (…) in einem Hotelzimmer, in dem sich die Vol-

---

30 Ebd., S. 5.
31 Vgl. ebd., S. 6.
32 Ebd., S. 10.
33 Siemsen (1938f).
34 Siemsen, August (1951), S. 83.
35 Ebd., S. 75.
36 Anna gab das Buch unter ihrem eigenen Namen heraus, da Augusts Sohn, Pieter, zu diesem Zeitpunkt noch in Deutschland lebte, und August ihn somit nicht gefährden wollte. (Vgl. Siemsen, Pieter, 2000, S. 20f.)

lenweiders befanden, weil der Walter sie öfter auf Vortragsreisen begleitet hat, (...) eingedrungen sind, um festzustellen, ob sie als Mann und Frau leben. Nun hatte Anna genug Freunde, auch innerhalb der Polizei, Sozialdemokraten, die das rechtzeitig herausbekommen und sie gewarnt haben. Sie hat sich dann ein besonderes Nachthemd besorgt und sie haben auf zärtliches Ehepaar gemacht"[37]. Dass eine Demokratie sich derartig benehme und sie trotz standesamtlich geschlossener Ehe „wie eine Hure" behandele, habe Siemsen sehr erschüttert und sei ihr gegen ihre Ehre gegangen. Ein weiteres, mehr als unschönes Erlebnis für die Emigranten-Familie Siemsen stellte die von der Lausanner Polizei im August 1935 durchgeführte und hauptsächlich gegen August Siemsen gerichtete Hausdurchsuchung in Anna Siemsens Chalet in Chèxbres dar, bei der diverse Papiere, Bücher und Briefe beschlagnahmt wurden, darunter auch zahlreiche von Anna Siemsen. „Dann", berichtet August, „wurden meine Frau und ich getrennt je fünf Stunden lang in Lausanne verhört", wobei jedoch, ebenso wie bei der Hausdurchsuchung, lediglich festgestellt werden konnte, dass es „absolut nichts Verdächtiges gab. Die Koffer mit Inhalt mussten zur großen Wut der Kantonspolizei auf Weisung der Bundesbehörde wieder zurückgebracht werden"[38]. Dennoch bestand die Lausanner Polizeibehörde auf der Ausweisung August Siemsens, was die Bundesbehörde in Bern zwar selbst als ungerechtfertigt ansah, weshalb sie aber trotzdem keinen Konflikt mit dem Kanton Waadt eingehen wollte. Man schlug ihm vor, sich anderswo in der Schweiz niederzulassen, was jedoch völlig ausgeschlossen war, da August, der ohnehin keinen Anspruch auf Asyl besaß, dann noch nicht einmal mehr eine Bleibe gehabt hätte. „Unter diesen Umständen nahm ich – ungern aus dem Kampfplatz Europa scheidend – eine Berufung an die antinazistische Pestalozzi-Schule in Buenos Aires an."[39] So verließ August im Februar 1936 gemeinsam mit seiner Frau die Schweiz in Richtung Argentinien, wo er auch die Leitung der im Juni 1937 von politischen Emigrant/innen gegründeten antifaschistischen Hilfsorganisation und der gleichnamigen Zeitschrift „Das Andere Deutschland" übernahm. Sein Sohn Pieter folgte ihm wenig später. Siemsen, die ihrem Bruder zeit ihres Lebens eng verbunden gewesen war, litt sehr unter der Trennung. Laut Pieter habe sie noch 1940 nach Buenos Aires geschrieben: „Ach, mein Lieber, wie sehr, wie sehr fehlst Du mir hier."[40] Trotz

---

37 Interview mit Margo Wolff. (Vgl. auch Biographischer Teil, Kapitel III, Anm. 433.)
38 Siemsen, August (1951), S. 79. Vgl. außerdem Briefe der Geschäftsleitung der SPS und Anna Siemsens betr. die Hausdurchsuchung in: Schweizerisches Sozialarchiv, Bestand Sozialdemokratische Partei der Schweiz, Ar. 1.220.12.
39 Siemsen, August (1951), S. 80.
40 Pieter Siemsen in einem auf den 30.7.1988 datierten Brief an Ralf Schmölders, der über Rudolf Rogler in den Besitz der Verfasserin gelangte.

(Von der Verfasserin im Jahr 2008 aufgenommenes Foto des noch heute erhaltenen Hauses „Obere Zäune 6 III" in der Altstadt von Zürich. Hier wohnte Siemsen während ihres Schweizer Exils längere Zeit bei der Lehrerin Lea Fäh.)

dieser schweren persönlichen Erfahrungen Anna Siemsens muss betont werden, dass es ihr, im Vergleich zu vielen anderen Flüchtlingen, die entweder unter sehr viel schlechteren Bedingungen in der Schweiz lebten oder aber gar nicht erst aufgenommen, sondern zurückgeschickt worden waren, sehr gut ging. Die rigide Flüchtlingspolitik, die nach Kriegsausbruch sogar noch verschärft wurde und sich vor allem mit dem Namen Heinrich Rothmund, dem Chef des Eidgenössischen Polizeidepartements und der Fremdenpolizei verband, erfüllte sie mit Bitterkeit. 1942 schrieb sie ihrer Freundin Hedda Fredenhagen: „Schrecklich ist es an die Tausenden zu denken, die jetzt aussichtslos in Deutschland ausgeliefert sind (...). Dabei hätte sicher die größte Zahl gerettet werden können, wenn nicht Herrn Rothmunds Polizeigeist auf der ganzen Linie siegreich geblieben wäre." Mit Schrecken sehe sie, „wie der gleiche Geist, der Deutschland verheert hat, in der Schweiz immer stärker wird. (...) Ich bin zuversichtlich, dass die Schweiz trotzdem gerettet werden wird vor dieser Schlammflut, aber nicht aus eigener Kraft, sondern nur weil schon vorher der allgemeine Zusammenbruch kommen wird."

Wesentlich lieber wäre es ihr gewesen, wenn die Schweiz „unbefleckt sich selbst treu geblieben wäre"[41].

b. „Mannigfaltigkeit in der Einheit" – die Schweiz als Vorbild eines europäischen Bundesstaates

Ihre Kritik an der Schweizerischen Flüchtlingspolitik darf nicht über die zahlreichen positiven Anregungen hinwegtäuschen, die Anna Siemsen der Schweiz zu verdanken hatte und auf Grund derer sie sich für den Rest ihres Lebens eng mit diesem Land verbunden fühlte. Trotz der auch in der Schweiz vorhandenen totalitären und antibolschewistischen Tendenzen, erlag die Eidgenossenschaft weder der nationalsozialistischen Bedrohung noch der in ihr selbst agierenden frontistischen Bewegung. Den Grund hierfür sah Siemsen in der Gewöhnung des schweizerischen Volkes an Demokratie und Selbstbestimmung, in seinem ausgeprägten Freiheits-, Unabhängigkeits- und Verantwortungsbewusstsein und dem Bestreben jedes Einzelnen, seine Meinung kundzutun und an den öffentlichen Entscheidungen teilzuhaben, wodurch die schweizerische Bevölkerung sich so wohltuend von den im Untertanengeist erzogenen Deutschen unterschied. Dieses demokratische Bewusstsein und das persönliche Verantwortungsgefühl waren es

---

41 Brief Anna Siemsens an Hedda Fredenhagen v. 19.11.1942 in: Schweizerisches Sozialarchiv, Bestand Siemsen, Anna, Ar 142.10.1, darin 01.10.1, Korrespondenz A. Siemsen an: Hedda Fredenhagen, Bl.6.

auch, die, so Siemsen, den Grundstein für die enorme Hilfsbereitschaft der Schweizer gegenüber den Opfern des Faschismus legten. Bedeutendster Repräsentant dieser „urschweizerischen Demokratie"[42] und „echter Demokrat" war für sie der international bekannte schweizerische religiöse Sozialist Leonhard Ragaz, dessen tiefes Verantwortungsgefühl und „unbesiegbare(n) Unabhängigkeitswille(n), der sich vor keiner Autorität" beuge, sie ungemein schätzte. „Beides ließ ihn während des Krieges der Zensur und dem Vollmachtenregime trotzen um der Sache der Demokratie willen."[43] Beides machte ihn, ebenso wie Anna Siemsen, zum scharfen Kritiker sowohl des institutionalisierten Sozialismus in Form der Sozialdemokratie als auch der institutionalisierten Religion in Form der Bekenntniskirche, da sie sowohl seinem als auch dem revolutionären Anspruch der Bergpredigt Jesu', jetzt und hier eine gerechte Gesellschaft zu verwirklichen, nicht genügten.[44] Das wesentliche Merkmal der Eidgenossenschaft, das den

---

42 Siemsen (1947c), S. 53.
43 Ebd., S. 45.
44 Diese Bewunderung für Ragaz' Verantwortungsbewusstsein und sein tiefes Bedürfnis nach einem aktiven gesellschaftlichen Engagement, deren beider Antrieb vor allem in seinem religiösen Glauben lag, macht verständlich, was der rückblickenden Einschätzung Pieter Siemsens zugrunde lag, als er vor einigen Jahren schrieb, dass seine Tante Anna während des Schweizer Exils eine etwas andere Richtung genommen habe als sein Vater, Annas Bruder August. „Sie war trotz aller marxistischen Bildung und Einstellung auch religiös gebunden." (Siemsen, Pieter, 2000, S. 21.) Was hier zunächst widersprüchlich erscheinen mag, zumal Anna sich noch 1929 sehr kritisch über Ragaz' Ablehnung eines wissenschaftlichen, marxistischen Sozialismus geäußert hatte, (vgl. Siemsen, 1929g) lässt sich aus der langjährigen Lebenserfahrung Annas erklären, die sie zu der Einsicht führte, dass die europäische Gesellschaft objektiv durchaus für den Sozialismus bereit sei. „Deshalb nahmen viele Sozialisten früher an, daß sich der Übergang vom Kapitalismus zum Sozialismus rasch vollziehen werde. Aber wir haben erleben müssen, dass die subjektive Bereitschaft der Menschen dazu fehlt. Ihr Bewusstsein ist auch heute noch nicht reif für den Sozialismus" (Siemsen, 1950a, S. 2), da es durch das gesellschaftliche Sein begrenzt werde. Insofern betonte sie im Laufe der Zeit nur jenen Aspekt stärker, auf den sie aber schon im Rahmen ihrer 1929 geäußerten Ragaz-Kritik hinwies, dass nämlich eine religiössozialistische Haltung durchaus als Impetus einer Umwälzung und Auflockerung unseres Bewusstseins dienen könne. (Vgl. Siemsen, 1929g, S. 298.) So berichtet auch Annas Schwester, Paula, rückblickend: „Anna war ja im tiefsten Sinne fromm, nicht kirchlich, und ihr Sozialismus kam aus ihrer christlichen Liebe." (Paula in einem auf den 19.11.1951 datierten Brief an Hedda Fredenhagen, in: Schweizerisches Sozialarchiv, Bestand Siemsen, Anna, Ar 142.10.1, darin 01.10.2.) Dies änderte jedoch nichts an Anna Siemsens Meinung, an der sie auch während des Schweizer Exils festhielt, dass wir diesen „einmal begonnene(n) Prozeß nicht zum Stillstand" kommen lassen dürften, sondern „der fortschreitenden Erhellung des Bewußtseins mit allen Mitteln der wissenschaftlichen Analyse zu dienen" (Siemsen, 1929g, S. 298) hätten. Der Marxismus gebe dem Sozialismus zwar nicht den Antrieb, er gebe uns aber die Möglichkeit, „zu beobachten, erkennend zu ordnen und unser Verhalten unserm Erkennen gemäß planmäßig zu bestimmen. Wer das verwirft (...) gleicht dem Wanderer, der, auf Kartenpläne und Kompaß scheltend, seinen Weg lieber den inneren Gefühl nach sucht. Erfahrungsgemäß führt solches

Schweizern die Entwicklung ihres demokratischen Freiheits-, Selbstbestimmungs- und Verantwortungsbewusstseins ermöglicht hatte, war laut Siemsen ihre antizentralistische, föderalistische Struktur, die bei aller notwendigen Vereinheitlichung auf Bundesebene, sei es im politischen, wirtschaftlichen oder auch kulturpolitischen Bereich, „überall da die kantonale Selbständigkeit bestehen (ließ), wo das sachlich möglich war"[45]. „Mannigfaltigkeit in der Einheit", so Siemsen, „ist das Geheimnis des eidgenössischen Lebens"[46], was sich nicht zuletzt an der völligen Gleichberechtigung der vier in der Schweiz vereinten Nationalitäten und Sprachen zeige. So hätten die Bürger der einzelnen Kantone sich an ihr Selbstbestimmungs- und Selbstverwaltungsrecht gewöhnt und davon auch stets in Form von Behördenwahl und Referendum, neben Parlamentarismus und Gewaltenteilung zwei der vier Hauptstützen der Schweizer Demokratie, Gebrauch gemacht. Anknüpfend an Joseph Bloch, der schon nach dem Ersten Weltkrieg angesichts weltweiter Imperienbildungen ein föderiertes Europa im Sinne wirtschaftlicher Integration und nationaler Differenzierung forderte[47] und damit den Gedanken der Einheit in den wesentlichen und der Freiheit in allen nichtnotwendigen Dingen[48] bereits mit vorbereitete, forderte Anna Siemsen ein nach dem Schweizer Prinzip des demokratischen Föderalismus zusammengeschlossenes Europa. „Was wir brauchen, sind starke und umfassende internationale Organisationen, die aber innerlich freiheitlich und selbständig gegliedert sind: Mannigfaltigkeit in der Einheit"[49], eine „erweiterte Eidgenossenschaft Europa"[50]. „Kollektive Sicherheit, Solidarität, Schiedsgerichtbarkeit der europäischen Staaten, bei Wahrung ihres Eigenlebens und ihrer Selbstverwaltung, das herbeizuführen ist die lebensnotwendige Aufgabe, vor der heute Europa steht"[51], lebensnotwendig deshalb, weil die „gewaltigen Probleme unserer Zeit, die erdumfassenden, (...) nicht vom Einzelnen zu lösen" seien, „sondern nur von der

---

Verhalten die Menschen im Kreis auf ihre eigenen Fußspuren zurück." (Ebd., S. 302.) Religiöser Sozialismus könne daher nur ein anfeuernd wirkender Übergangstypus sein. (Vgl. ebd.)
45 Siemsen (1947c), S. 9.
46 Ebd., S. 14.
47 Vgl. Bloch in seinem 1933 verfassten Aufsatz „Die Zukunft der Demokratie", abgedruckt in Siemsen (1956a), S. 56-60, hier S. 60.
48 Vgl. Siemsen (1956a), S. 9.
49 Siemsen (1947d), S. 53.
50 Siemsen in einem auf den 23.1.1942 datierten Brief an den Arbeiterbildungsausschuss in Bern in: AAJB, PB Siemsen, Anna 23.
51 Aus einem Protokoll über Siemsens Vortrag anlässlich eines im April 1940 gehaltenen Wochenendkurses des Schweizerischen Zweiges der Internationalen Frauenliga für Frieden und Freiheit, in: Schweizerisches Sozialarchiv, Bestand Internationale Frauenliga für Frieden und Freiheit – Schweizer Zweig, Ar. 45.30.1, Mappe 2, S. 6. (Herv. im Orig.)

organisierten Gesamtheit." „Allein sind wir nichts, zusammen sind wir alles."[52] Hatte die Auseinandersetzung mit dem deutschen Erziehungs- und Bildungswesen Anna Siemsen bereits zu der Erkenntnis geführt, dass es eine Art Grundkonflikt und somit die dringende Notwendigkeit eines gemeinschaftlichen, solidarischen Ausgleichs zwischen dem individuellen Anspruch jedes Menschen auf Freiheit einerseits und sozialer Eingliederung und Verpflichtung andererseits gebe, übertrug sie diesen Gedanken nun, nicht zuletzt in ihren in den ersten Exiljahren verfassten „Gesellschaftlichen Grundlagen der Erziehung", auf die allgemeinen und grundlegenden gesellschaftlichen Prozesse überhaupt. Menschliche Gesellschaften, so Siemsen, strebten seit jeher nach Ausdehnung und äußerer Vereinheitlichung, nach Universalität und Integration. Gleichzeitig aber werde diese gesellschaftliche Tendenz begleitet von einem „parallel laufende(n) Streben nach Differenzierung nach innen, nach Gruppenbildung innerhalb einer gesellschaftlichen Einheit"[53]. Staatliche Souveränität sei daher „seit langem eine Fiktion"[54]; die zunehmende wirtschaftliche und kulturelle Verbindung der einzelnen Nationalstaaten lasse vielmehr einen Trend in Richtung auf „eine menschheitsumfassende Gesellschaft"[55] deutlich werden. Die gemeinschaftliche Organisation des Verhältnisses von Kollektivismus und Individualismus sei somit zugleich Ziel der Erziehung und der gesellschaftlichen Entwicklung schlechthin.[56] Die Lösung der beiden wesentlichen Aufgaben ihrer Zeit, die Siemsen darin erblickte, „unsere Gesellschaft neu zu ordnen in Gerechtigkeit und Freiheit und Europa zusammenzuschließen zu einer Vereinigung (Föderation) gleichberechtigter Völker"[57], stellte für sie demnach eine mehrdimensionale Herausforderung dar, der sie sich während ihres Schweizer Exils in politischen, wirtschaftlichen und kulturpolitischen Vorträgen, Kursen und Publikationen in verschiedenen Organisationen der Friedens- und Europa-, sowie der sozialistischen Kultur- und Lehrerbewegungen widmete.

c. Engagement in der Friedens- und Europabewegung

Wie bereits zur Zeit des Ersten Weltkrieges und der Weimarer Republik widmete Anna Siemsen sich auch in der Schweiz der Unterstützung verschiedener Frie-

---

52 Siemsen (1947d), S. 52.
53 Siemsen (1948b), S. 36.
54 Ebd.
55 Ebd., S. 145.
56 Vgl. ebd., S. 160f.
57 Siemsen (1956a), S. 7.

dens-, seit 1934[58] darüber hinaus auch diverser schweizerischer, europäischer und deutscher Europaorganisationen, um somit aktiv an der Vorbereitung eines föderalistisch vereinigten und damit Freiheit, Gerechtigkeit und Frieden garantierenden Europas teilhaben zu können.

Zum Bereich der Friedensbewegung gehörte neben ihrer fortgesetzten Mitwirkung in der Deutschen Liga für Menschenrechte[59] vor allem ihre Referentinnen-Tätigkeit im Schweizer Zweig der „Internationalen Frauenliga für Frieden und Freiheit" (IFFF), dem von 1915 bis 1945 Clara Ragaz, die Frau des von Anna Siemsen hoch geschätzten Leonhard Ragaz, als Präsidentin vorstand und der nicht nur in der entschiedenen Absage an Krieg und Gewalt, sondern auch in der Überwindung der kapitalistischen Wirtschaftsordnung wesentliche Voraussetzungen einer gerechten und friedlichen Gesellschaft sah, wofür ihm von konservativen Kreisen nicht selten eine Freundschaft mit der Sowjetunion unterstellt wurde.[60] Aus verschiedenen Programmübersichten und Protokollen geht hervor, dass Anna Siemsen in der Schweizerischen IFFF als Referentin zu Ferien- und Wochenendkursen eingeladen wurde und u.a. über „Das Rassenproblem", „Gruppenbildung und Gruppenerziehung im Dienste des Friedensunterrichtes" sowie die „Frage einer europäischen Föderation" als politisches und wirtschaftliches Problem gesprochen hat.[61] Auf wirtschaftlicher Ebene stellte sie eine bedarfswirtschaftliche Ordnung, die nicht Machtinteressen, sondern den Bedürfnissen der Menschen diene, als notwendige Voraussetzung friedlicher Verhältnisse heraus.[62] Die Aufgabe der IFFF sah sie insbesondere darin, „die Erkenntnis der politischen und wirtschaftlichen Zusammenhänge und Möglichkeiten in Europa (zu) fördern" und „diese Erkenntnisse weiter(zu)tragen. Wir müssen vor allem unsere internationalen Beziehungen pflegen"[63]. Sehr wichtig sei dabei die Auseinandersetzung mit dem östlichen Europa. Zwar könne die Sowjetunion, ebenso

---

58 In einem Memorandum zur Europafrage v. 6.3.1949 schreibt sie, dass sie seit 15 Jahren in Europaorganisationen aktiv sei. (Vgl. das Memorandum in: AdsD, Bestand SPD-LO Hamburg, Mappe 570, Europa- und Internationale Politik.)

59 Laut Feidel-Mertz und Schnorbach demonstrierte sie beispielsweise mit Heinrich Mann und Vertretern der Liga am 12.4.1937 auf einer großen Kundgebung in Paris ihre Solidarität mit den Opfern des antifaschistischen Kampfes. (Feidel-Mertz/Schnorbach, 1981, S. 116)

60 Vgl. diverse Schriftstücke, vor allem von C. Ragaz, sowie diffamierende Artikel in der „Nationalen Front", dem Organ des Schweizerischen Vaterländischen Verbandes in: Schweizerisches Sozialarchiv, Bestand Internationale Frauenliga für Frieden und Freiheit, Ar 45.30.1, Mappe 1.

61 Vgl. die Programmübersichten und Protokolle in: Schweizerisches Sozialarchiv, Bestand Internationale Frauenliga für Frieden und Freiheit, Ar 45.30.1, Mappe 2.

62 Vgl. das Protokoll über ihren Vortrag „Die Friedensfrage als wirtschaftliches Problem" anlässlich eines Wochenendkurses v. 24.-25.8.1940 in: ebd, S. 4 des Protokolls.

63 Protokoll über ihren Vortrag „Die Frage einer europäischen Föderation vom politischen Gesichtspunkte" anlässlich eines Wochenendkurses v. 13.-15.4.1940 in: Ebd., S. 9 des Protokolls.

wenig wie die USA und das Britische Empire einer Europäischen Föderation angehören, da sie zu große und damit eigengesetzliche Gebiete seien, dennoch müssten die IFFF und die ihr verwandten Organisationen sich eingehend mit den Schwierigkeiten und Möglichkeiten des Ostens beschäftigen, da dieser stets ein „Herd von Unruhen" gewesen und damit ein wesentlicher Faktor für das Gelingen einer Europäischen Föderation sei.[64] Diese und weitere Vorstellungen hinsichtlich der Neuordnung der deutschen und europäischen Nachkriegsverhältnisse, die sie bereits 1938 in der deutschen Exilzeitung „Die Zukunft" zu der eindringlichen Forderung „Kein Viertes Reich! Sondern ein föderalistisches Deutschland innerhalb der Vereinigten Staaten Europas!"[65] verdichtete, brachte sie in verschiedene, ihr gleichgesinnte Europaorganisationen wie die „Union Franco-Allemande", die Gruppe der „Deutschen Sozialisten in der Schweiz" und die Schweizer „Europa Union" ein, worauf an später Stelle detaillierter einzugehen sein wird.

d. Tätigkeit in sozialistischen Kulturorganisationen

Ihre Arbeit in der sozialistischen Kulturbewegung lag Anna Siemsen besonders am Herzen, war sie doch der Meinung, dass Demokratie Verantwortung bedeute und dass diese zwar auch aus Gewöhnung erwachse, wie die föderalistische demokratische Struktur der Schweiz zeige; solche indirekte Gewöhnung sei aber nicht von Dauer, sondern bedürfe der Ergänzung durch bewusste Erziehung, welche jedoch nicht von der staatlichen Schule allein geleistet werden könne, da eine Staatsschule jederzeit nur die Heranbildung loyaler Staatsbürger und die „Herausbildung von Kenntnissen und Fertigkeiten" intendiere.[66] Ergänzend sei daher die Erziehung in kleineren, selbstständigen, „gleichzeitig der Gemeinschaft in innerer Verantwortung verbunden(en)" Kreisen nötig, zu denen sie einerseits die Arbeiterbildungsausschüsse, des weiteren sozialistische Frauenorganisationen, sozialistische Jugendorganisationen wie die „Kinderfreunde" und den „Escherbund", das „Arbeiterhilfswerk" und weitere Hilfsdienste, Friedens- und Europaorganisationen wie die „Frauenliga für Frieden- und Freiheit" und die „Europa-Union", sowie alle mit dem Namen Ragaz verbundenen Organisationen zählte.[67]

---

64 Vgl. ebd. S. 6f, Zitat S. 6.
65 Siemsen (1938g), S. 7.
66 Vgl. Siemsen (1947c), S. 49-52, Zitat S. 52.
67 Vgl. ebd., Zitat ebd.

Entsprechend umfasste auch Anna Siemsens sozialistische Kulturarbeit *erstens* ihre Unterstützung der *Arbeiterbildungsausschüsse* der Sozialistischen Partei und des schweizerischen Gewerkschaftsbundes, für die sie Artikel schrieb, Bücher besprach und Vorträge hielt.[68]

Zweitens gehörte hierzu ihr Engagement in der *sozialistischen Frauenbewegung*, wozu regelmäßige Kurse für junge Frauen in Casoja, einem von Ragaz errichteten „Volkshochschulheim für Mädchen" bei Valbella/Lenzerheide gehörten,[69] ebenso wie Vorträge für sozialistische Frauengruppen, u.a. im Basler Volkshaus,[70] die bereits erwähnte redaktionelle Leitung der sozialistischen Frauenzeitschrift „Die Frau in Leben und Arbeit" und Publikationen zu frauenspezifischen Themen wie z.b. ihre von den sozialdemokratischen Frauengruppen der Schweiz herausgegebene Broschüre „Frau und Sozialismus"[71]. In dieser weist sie nach einem theoretischen Überblick über Wesen und Ziel des Sozialismus darauf hin, dass die gesellschaftliche Lage der Frau sich mit dem Wandel der gesellschaftlichen Verhältnisse ebenfalls radikal verändert habe, dass die Frau nicht mehr, wie wenige Jahrhunderte zuvor, unter dem behütenden Schutze von Haus und Familie stehe, sondern sich, ebenso wie die Männer den wirtschaftlichen, sozialen und erzieherischen Herausforderungen der Nachkriegszeit zu stellen habe[72] und es daher nicht nur ihre Pflicht sei, über die Zugehörigkeit zu Gewerkschaften und Genossenschaften „ihren tätigen Anteil zu nehmen an der Gestaltung unserer Arbeit und unseres Lebens"[73]; darüber hinaus müsse sie sich über demokratisch-sozialistische Parteiarbeit an der Verwirklichung der (internationalen) sozialistischen, planwirtschaftlich organisierten Gesellschaft beteiligen, da nur sie Garant für Gerechtigkeit, Solidarität und Frieden sei.[74]

---

68 Geht u.a. hervor aus Schweizerisches Sozialarchiv, Bestand Siemsen, Anna, Ar 142.30.3, darin 01.30.31 Schweizerische Arbeiterbildungszentrale; einem Brief Anna Siemsens an den Arbeiterbildungsausschuss in Bern v. 23.1.1942, in dem sie u.a. dafür dankt, dass man ihr dort in schwieriger Zeit die Möglichkeit zur Arbeit gegeben habe (vgl. in AAJB, PB Siemsen, Anna 23); weitere Hinweise auf ihre Mitarbeit in der Bildungszentrale der SPS u.a. bei Schoppmann (1997), S. 595 u. Schmölders (1988), S. 356.

69 Vgl. dazu u.a. den Brief Paulas an Hedda Fredenhagen v. 19.11.1951 (vgl. Anm. 44 vorliegenden Kapitels), sowie verschiedene Briefe Anna Siemsens im Bestand Schweizerisches Arbeiter-Hilfswerk, Ar 20.880.4 (O-Z) im Schweizerischen Sozialarchiv, die die Absenderadresse „Casoja Valbella, Lenzerheide/Graub" tragen.

70 Vgl. diverse Briefe Anna Siemsens, insbes. an Hedda Fredenhagen, in: Schweizerisches Sozialarchiv, Bestand Siemsen, Anna, Ar 142.10.1, darin 01.10.1, Korrespondenz A. Siemsen.

71 Siemsen (1946b).

72 Vgl. ebd., S. 13-43.

73 Ebd., S. 45.

74 Vgl. ebd., S. 45-51.

Drittens betätigte Siemsen sich in *sozialistischen Jugendorganisationen*, insbesondere den Kinderfreunden, denen sie sich schon zu Weimarer Zeiten verbunden fühlte, wie auch in dem 1935 auf der Basis eines ethisch begründeten Sozialismus Ragazscher Tradition entstandenen Escherbund. Von dem 1928 gegründeten „Landesverband Schweizerischer Kinderfreunde-Organisationen" (LASKO) wurde sie bereits 1933 als Referentin zu einer Ferienarbeitsgemeinschaft eingeladen, die allerdings aus organisatorischen Gründen abgesagt werden musste.[75] Siemsen trat jedoch auch weiterhin als Referentin für den Verband auf und veröffentlichte Beiträge in den Heften für die Helferschule des LASKO, in denen sie den an der Unterstützung der Kinderfreunde interessierten Erwachsenen u.a. einen Überblick über die Entstehungshintergründe der Organisation gab, die Bewegung theoretisch einordnete und von bürgerlichen wie auch totalitären Jugendorganisationen abgrenzte, ihre Ziele erläuterte und daraus in Leitsätzen formulierte Handlungsmaximen für die „Helfer" ableitete.[76] Während die Jugendorganisationen totalitärer Regime, wie des italienischen Faschismus und des deutschen NS, einem „Gleichschaltungskollektivismus" huldigten, „der die Individualität unterdrückt"[77] und „ganz bewusst den Einzelnen vernichtet, um (…) der Masse willen"[78], suche die Kinderfreundebewegung den Jugendlichen über ihre differenzierten Gemeinschaften und nicht zuletzt mit Hilfe ihrer großen Zeltlager „die verschiedenartigsten Beziehungen" und „die mannigfachsten Einflüsse" zu bieten, und ihnen somit die Gelegenheit zu geben, ihre Fähigkeiten und Neigungen zu erproben und zu entfalten. „Nur hier entwickelt sich daher das, was wir unter Persönlichkeit verstehen, in vollem Maße. Nur hier ist im Kollektiv und gerade durch das Kollektiv die Freiheit und damit die volle Entfaltung der Persönlichkeit gewährleistet."[79] Als Handlungsmaximen legte sie den Adressaten nahe, immer „mit einem Minimum an Zwang und einem Maximum von freier Initiative" zu arbeiten, die Kinder „wachsen" zu lassen, d.h. „sobald es geht, die Leitung ab(zu)geben und nur im Hintergrund (zu) beobachten und in Hilfestellung (zu) sein"[80] und letztendlich die Grundregel zu beherzigen, die ihrer Meinung nach aller Erziehung, ebenso wie aller gesellschaftlichen Entwicklung, zugrunde liege: „Im Notwendigen Einheit, in den Nebendingen Freiheit, in allem Liebe."[81]

---

75 Vgl. Schweizerisches Sozialarchiv, Bestand Landesverband der Schweiz. Kinderfreunde-Organisationen, Ar 46.18.12, Verschiedenes 1933-1991.
76 Vgl. Siemsen (1945b) u. (1946d).
77 Siemsen (1945b), S. 10.
78 Ebd., S. 11.
79 Ebd., S.7f.
80 Ebd., S. 14.
81 Ebd., S. 16. (Herv. im Orig.)

Auch der Escherbund lud zu seinen Ausspracheabenden, an denen über gesellschaftliche, politische und geschichtliche Fragen debattiert wurde, neben anderen Fachleuten regelmäßig Anna Siemsen ein, deren Vortrags-, Kurs- bzw. Aussprachethemen aktuelle Fragen aufgriffen und von „Europäischer Zukunft" über „Russland", „Sport und Erziehung" bis hin zur „Innenpolitischen Entwicklung in England" reichten.[82] Die im Schweizerischen Sozialarchiv vorhandenen Protokolle über ihre Vorträge zeigen, dass sie den Jugendlichen sehr anspruchsvolle, zugleich anschaulich und verständlich dargestellte politisch-geschichtliche Überblicke gab, beispielsweise die Entwicklung Russlands und seiner Revolutionen nachzeichnete, dabei sowohl die positiven als auch die negativen Aspekte herausstellte und letztlich die Aufgabe des Escherbundes u.a. darin sah, gemäß dem Gleichnisse Jesu vom Säemann vorzugehen und die Menschen zum Nachdenken zu bringen.[83]

Einen *vierten* und wesentlichen Bereich ihrer kulturellen Arbeit stellte die Unterstützung des Schweizerischen Arbeiterhilfswerkes dar, das 1936 als Dachorganisation aus dem Zusammenschluss der Arbeiter-Kinder-Hilfe der Schweiz und weiterer Fürsorgeeinrichtungen entstanden war und zu deren Trägern u.a. die SPS mit ihren Frauengruppen, der Schweizerische Gewerkschaftsbund (SGB) sowie verschiedene kulturelle Organisationen gehörten. Hatte anfangs die Organisation von Ferienlagern für die Kinder arbeitsloser Eltern die Kernarbeit des SAH und seiner Leiterin, Regina Kägi-Fuchsmann, dargestellt, nahmen ab 1933 die Flüchtlingshilfe innerhalb der Eidgenossenschaft ebenso wie internationale Hilfsdienste stetig an Bedeutung zu. „Heute ist das Arbeiterhilfswerk", so Kägi-Fuchsmann 1968, „mit seiner Kinderhilfe und seinen Verästelungen – vor allem der Aufbauhilfe im kriegszerstörten Europa und der Entwicklungshilfe – nicht mehr aus dem Gefüge der Arbeiterbewegung, der schweizerischen sowohl wie der internationalen, wegzudenken, so wenig wie aus dem ganzen internationalen Hilfsbetrieb."[84] Anna Siemsen hat mit dem SAH, wie auch Margo Wolff bestätigte, „sehr viel zusammengearbeitet", insbesondere mit Regina Kägi-Fuchsmann, auch wenn es nicht immer „so sehr gut und freundlich" zuging, da „beide sehr starke Persönlichkeiten"[85] gewesen seien. So unterstützte sie auch das groß angelegte Vorhaben des SAH, von der Schweizerischen Bevölkerung gespendete Lebensmittel und Kleidung in die republikanischen Landesteile des im Bürgerkrieg befindlichen Spaniens zu bringen. „Die europäische Auseinandersetzung zwischen Demokratie und Diktatur hatte (in Spanien, M.J.) begon-

---

82 Vgl. die Programmübersichten und Protokolle der Abende in Schweizerisches Sozialarchiv, Bestand Escherbund, Ar 201.14.1.
83 Vgl. ebd.
84 Kägi-Fuchsmann (1968), S. 125.
85 Interview mit Margo Wolff. (Vgl. auch Biographischer Teil, Kapitel III, Anm. 433.)

nen. (...) Wir wollten nicht einfach helfen, sondern überall da helfend einzugreifen versuchen, wo die Demokratie, die Freiheit in Gefahr stand"[86], berichtete Kägi-Fuchsmann. Zunächst drohte der Hilfstransport an dem Neutralitätsbestreben der Schweiz, insbesondere der Rothmundschen Fremdenpolizei zu scheitern, denn die Mitglieder des zwar parteipolitisch neutralen, der SPS dennoch eng verbundenen SAH wollten, verständlicherweise, nur den republikanischen spanischen Kräften ihre Hilfe zukommen lassen, was jedoch auf behördlichen Widerstand stieß. Deshalb wurde als Hauptziel der Aktion „die Evakuierung der Kinder aus den von Bomben bedrohten Städten" verfolgt. Damit hatte sich die Frage der Neutralität erledigt, schrieb Kägi-Fuchsmann, „denn wir wußten bestimmt, daß die Republikaner niemals so unmenschlich waren und die Zivilbevölkerung bombardierten"[87]. Kurz vor Pfingsten 1937 begleitete sie zusammen mit Anna Siemsen den unter großem finanziellen Aufwand zusammengestellten LKW-Konvoi mit Hilfsgütern nach Spanien. Beide begaben sich damit für drei Wochen mitten in den Spanischen Bürgerkrieg, wo sie u.a. zwei italienische Fliegerangriffe und das unbeschreibliche Leiden der spanischen Bevölkerung selbst miterlebten. So saßen sie eines Mittags gerade beim Essen in einem Hotel in Barcelona, als in unmittelbarer Nähe italienische Bomben den Bahnhof verfehlten und stattdessen zwei andere Häuser dem Erdboden gleich machten. „Wir erfuhren", berichtete Kägi-Fuchsmann, „daß in den oberen Stockwerken ein Säuglingsheim gewesen war; mindestens 40-50 Kinder und ihre Pflegerinnen seien tot. Der Krieg war kein Zeitungsbericht mehr, sondern erschütternde Wirklichkeit."[88] Zu einem unehrenhaften Symbol für die militärische Unterstützung Francos durch die totalitären Länder Deutschland und Italien sollte die im April 1937 und somit kurz vor Siemsens Besuch in Spanien erfolgte deutsche Bombardierung und Zerstörung der baskischen Stadt Guernica werden, bei der wahllos Hunderte Zivilisten getötet wurden. Siemsen habe, als sie von dieser Katastrophe hörte, stundenlang geweint und sich die bedrückende Frage gestellt, ob es möglich sei, „daß meine Landsleute (...) solche entmenschten Tiere sind?"[89]

Vor ihrer Abreise nach Spanien hatte Anna Siemsen sich mit der schweizerischen Fremdenpolizei auseinandersetzen müssen, die ihr zunächst kein Visum ausstellen wollte, angeblich, weil die Reise eine zu große Belastung für eine Frau „vorgerückten Alter(s)" sei – dies, obwohl sie damals gerade einmal 55 Jahre alt war. „Diese rührende Besorgtheit", vermutete auch Kägi-Fuchsmann, „entsprang jedoch eher der Angst vor Annas tapferer Feder", die man seit ihrer redaktionel-

---

86 Kägi-Fuchsmann (1968), S. 135.
87 Ebd., S. 140.
88 Ebd., S. 147f.
89 Ebd., S. 154.

len Übernahme der „Frau" zur Genüge kennen gelernt hatte. „Man war behördlicherseits gar nicht sehr daran interessiert, daß die Tatsachen über den spanischen Bürgerkrieg in der Schweiz allzu genau bekannt wurden."[90] Die Sorge der Behörden sollte nicht unbegründet bleiben, verfasste Siemsen doch unmittelbar nach ihrer Rückkehr ihr „Spanisches Bilderbuch"[91], das bereits im Herbst 1937 in den „Editions Nouvelles Internationales" erschien und in dem sie nicht nur ihre während der Fahrt gesammelten Eindrücke und Erlebnisse berichtete, sondern diese „mit historischen, soziologischen und politischen Analysen"[92] verknüpfte. Ihr Ziel war es zum einen, den übrigen europäischen Völkern, die größtenteils nur wenig über Spanien wussten, Land und Leute näher zu bringen, Verständnis und Liebe für die Schönheit der Landschaft und die „Sanftmut", „Freundlichkeit" und „wahrhafte Genitlezza" sowie die „Kraft" und „Natürlichkeit"[93] der Menschen zu wecken, die sie neben der natürlichen Begebenheit, dass Spanien ein „Land der Sonne" und damit „der öffentlichen Geselligkeit" sei, auch auf seine Gesellschaftsstruktur zurückführte. Spanien sei kein kapitalistisches, sondern vielmehr ein vom Kapitalismus ausgebeutetes Land. „Und das hat seine Menschen bewahrt vor der entwürdigenden und entseelenden Gleichmacherei der Maschinenindustrie (...). Die spanischen Arbeiter und Bauern kennen gewiss entwürdigende Not und Rechtlosigkeit; aber sie sind in ihrer Arbeit selbständig geblieben, verantwortlich und auf ihren eigenen Entschluss, ihre eigene Energie angewiesen."[94] Zum anderen wollte Anna Siemsen mit ihrem analytisch-kritischen Bericht die europäischen Völker wachrütteln, ihnen die Tragweite des faschistischen Putsches aufzeigen, der die von der links-republikanischen Regierung begonnenen gesellschaftlichen Reformen, die mit der ungerechten Verteilung des Großgrundbesitzes und der daraus resultierenden Armut des Großteils der Bevölkerung, der unterdrückenden Macht der Katholischen Kirche und dem weit verbreiteten Analphabetismus aufzuräumen suchten, zunichte machte. Die starke Zuneigung und Sorge der Spanier gegenüber ihren Kindern, sowie die Reformen im Bereich des Erziehungswesens, die trotz des Krieges weitergeführt und sogar ausgebaut wurden, fanden Anna Siemsens besondere Bewunderung. Beeindruckt berichtet sie von einem Gespräch zwischen ihr und einem ehemaligen Hotel- und Fabrikbesitzer, der durch den Krieg nahezu ruiniert war und sich nun seiner Herzensangelegenheit, der Verbesserung des Schulwesens widmete.

---

90 Ebd., S. 143.
91 Siemsen (1937).
92 Keim (1999), S. 23.
93 Siemsen (1937), S. 18.
94 Ebd., S. 19.

„Da fahre ich denn also in die Dörfer und sehe mir die Schulen an", erzählte er ihr. „(...) Aber sehr oft fehlt es an allem (...). Dann geh ich also zum Alkalden und rede mit ihm. ‚Für ein Dorf, wie eures', sage ich, ‚ist das Schulzimmer aber viel zu klein.' ‚(...) Ihr Haus zum Beispiel ist doch so stattlich. Da müsste eigentlich ein Saal drin sein.' (...) Wenn man sucht, findet man immer irgend einen Raum, der passt." „Geht das denn immer?", fragte Anna Siemsen ihn ungläubig. „Immer natürlich nicht", gab er zur Antwort. „Nun dann fahre ich eben zurück und gehe ins Unterrichtsministerium und werde dort vorstellig." „Meine Gedanken wanderten zurück", schreibt die ehemalige deutsche Bildungspolitikerin Anna Siemsen, „in die norddeutsch-preussische Heimat und ich stellte mir vor, was wohl geschehen wäre, wenn so ein hergelaufener unbeamteter Zivilist die Dorfschulen inspiziert und dem hohen Ministerium Vorschläge unterbreitet hätte wegen Abhilfe von Missständen. Der Weltuntergang wäre eine Kleinigkeit gewesen gegen diese Katastrophe."[95]

Vor allem aber wollte Anna Siemsen den Völkern das Leid der spanischen Bevölkerung vor Augen führen und sie warnen, dass dieses Schicksal schon bald jedes andere Land treffen könne.

„Alle Grenzen und Zäune wackeln bedenklich. Was heute in Guernica und Madrid passiert, das wird morgen mit tödlicher Sicherheit in Sanary und Lyon, in Olten und in Pilsen sich ereignen. Es bleibt uns nichts, als rechtzeitig über all die wackelnden Bretterzäune und rissig gewordenen Grenzen hinwegzugucken und zu sehn, ob es auf der anderen Seite nicht auch noch Menschen gibt, die ihre (...) Leben und Freiheiten ebenso gern wie wir erretten möchten, und mit deren Hilfe wir einige Aussicht haben, die unsern zu erhalten."

Energisch fügte sie hinzu:

„Das ist Politik, um Himmelswillen! (...) Ich habe sehr wenig Neigung, so widerstandslos zu warten, bis die Bombenwerfer über meinem Kopf kreisen. Deshalb habe ich mich aufgemacht, um einmal zu sehen, was hinter den Bergen für Leute wohnen (...)."[96]

Entsprechend bitter fiel ihre Kritik an der Nichtintervention der europäischen Regierungen aus, die, ihrer Meinung nach, aus „Bequemlichkeit, Feigheit (oder) persönlichem Interesse" dem spanischen Volk ihre Hilfe versagten und sich stattdessen zu „Puppen (...) am Faden des Marionettenspielers"[97] machten. Mit den Schlagwortlügen der angeblich auch von Spanien ausgehenden „bolschewistischen Weltgefahr" und der „Erhaltung des Friedens" durch Nichteinmischung habe man die Nichtintervention begründet und den Bürgerkrieg künstlich verlängert.[98] Als Folge davon prophezeite Anna Siemsen schon damals, dass „ein ursprünglich kleines und leicht zu erstickendes Feuer sich in einen europäischen und Weltbrand"[99] wandeln werde. Sie könne nicht verstehen, wie man sich in

---

95 Ebd., S. 59.
96 Ebd., S. 9f.
97 Ebd., S. 85.
98 Vgl. ebd., S. 87.
99 Ebd.

Frankreich, England und ganz Europa überhaupt noch zur Ruhe legen könne, ohne den Gedanken:

> „Vielleicht in dieser Nacht werden mich die Sirenen wecken, das Krachen der Bomben, der Hilferuf und das Röcheln meiner Kinder. Und dann, ja dann wird mein letzter Gedanke sein müssen: Es gibt doch eine Gerechtigkeit nicht nur über die Verbrecher, sondern auch über die Kalten, die Trägen, die toten Gewissen, die den Untergang sahen und nicht gehindert haben."[100]

Später könne man sich, so Siemsen, nicht beklagen, dass man nicht gewarnt worden sei. „Heute stemmen wir uns noch gegen dies Ende. Auch dieses Buch ist ein solcher Weckruf: Habt doch Erbarmen mit Euch selber!"[101] Mit ihrer auf einer Pressekonferenz im Juni 1937 geäußerten Einschätzung, dass sich in Spanien zeigen werde, ob in Europa bald ein Krieg ausbreche,[102] sollte sie Recht behalten – zwei Jahre später begann der Zweite Weltkrieg.

Die Spanienhilfe war nicht der einzige Bereich, in dem Anna Siemsen sich für das SAH einsetzte. Als Redakteurin der „Frau" wurde sie gelegentlich gebeten, Artikel über die Arbeit des Hilfswerkes zu schreiben.[103] Ebenso war sie auch mit Vorträgen auf Tagungen oder anderweitigen Veranstaltungen des SAH vertreten.[104] Einen wesentlichen Schwerpunkt bildete ihr Engagement in den Arbeitslagern, die ab 1940 in der Schweiz für illegal eingereiste Emigrant/innen eingerichtet wurden und in denen diese z.T. schwere Arbeit u.a. in der Landwirtschaft und im Straßenbau leisten mussten.[105] Im Frühjahr 1944 richtete die Zentrale Lagerleitung, eine Unterabteilung des Eidgenössischen Justiz- und Polizeidepartements in Zürich, in den Lagern eine Abteilung für Schulung und Freizeit ein, in der berufliche Schulungen für diejenigen Emigrant/innen stattfanden, die nach Kriegsende nach Deutschland oder Österreich zurückkehren wollten. Das Personal, das die in diesem Rahmen stattgefundenen Vorträge und Kurse abhielt, requirierte die Lagerleitung aus dem SAH und weiteren Hilfswerken. Auch Anna Siemsen hatte bis Juli 1945 bereits 13 Vorträge über „Europäische Probleme" beigesteuert.[106] Für solche Emigrant/innen, die sich nach ihrer Rückkehr als

---

100 Ebd., S. 39f.
101 Ebd., S. 88.
102 Vgl. das Protokoll über die Pressekonferenz v. 22.6.1937 in: Schweizerisches Sozialarchiv, Ar 1.110.27, SPS: Protokolle Geschäftsleitung und Parteivorstand.
103 Vgl. den auf den 22.6.1945 datierten Brief des SAH an Siemsen in: Schweizerisches Sozialarchiv, Bestand Schweizerisches Arbeiter-Hilfswerk, Ar 20.880.4 (O-Z).
104 Vgl. diverse schriftliche Korrespondenzen des SAH mit Siemsen in: Ebd.
105 Vgl. Krohn (1998), S. 380.
106 Vgl. den von der Zentralen Lagerleitung angefertigten Bericht über die Tätigkeit des Vortragsdienstes v. 14.7.1945 in: Schweizerisches Sozialarchiv, Bestand Schweizerisches Arbeiter-Hilfswerk, Ar 20.713, Mappe: Berichte/Mitteilungen/Anzeigen – (Jan.-Okt. '45).

Hilfslehrer/innen oder für die Jugendfürsorge zur Verfügung stellen wollten, wurde im Schul- und Werkstättenlager Wallisellen vom 10.4. bis 13.10.1945 und vom 17.12. bis 8.7.1946 je ein Kurs für pädagogische Hilfskräfte angeboten, an dessen Konzeption und Durchführung Anna Siemsen maßgeblichen Anteil hatte. In einem Bericht des Kursleiters, Herrn Dr. R. Grob, heißt es dazu:

> „An den Vorarbeiten waren ausser der Zentralleitung eine Reihe Aussenstehender, Schweizer wie Flüchtlinge, wesentlich beteiligt. So stellten Frau Prof. Dr. A. Siemsen-Vollenweider und ein Initiativausschuss von Flüchtlingen, der Nachkriegsfragen behandelt, je ein Kursprogramm auf. Eine Reihe schweizerischer und ausländischer Fachleute besprach und begutachtete diese Vorschläge, die dann an einer gemeinsamen Konferenz am 4. April 1945, (...) konkrete Gestalt annahmen."[107]

Beide Kurse wurden ähnlich aufgebaut und durchgeführt und unterschieden sich im Wesentlichen nur in der Zusammensetzung ihrer Teilnehmerschaft. Während der zweite Kurs hauptsächlich von deutschen ehemaligen Militärpersonen (Dienstverweigerern und Deserteuren) besucht wurde, wies die Teilnehmerschaft des ersten Kurses eine deutlich stärkere Heterogenität auf – ein Aspekt, den Anna Siemsen, da er „jede Einseitigkeit von vornherein ausschloß, vielleicht (als) das glücklichste Moment der ganzen Arbeit"[108] betrachtete. Auch der Kursleiter hob in seinem Bericht bewundernd hervor, dass man es geschafft habe, „Menschen verschiedenen Alters, völlig verschiedener Vorbildung, verschiedener Welt- und Lebensanschauungen zu gegenseitiger Anregung und Arbeit kameradschaftlich zusammenzuschließen"[109]. Dem propädeutischen Charakter, insbesondere des ersten[110] Kurses gemäß, der quasi als Grundlage einer späteren Spezialisierung gedacht war[111] und, ebenso wie der zweite, keinerlei Berechtigung im Sinne eines Examens o.ä. verlieh, erhielten die Teilnehmer/innen eine theoretisch-pädagogische Ausbildung in Psychologie, Pädagogik und Didaktik, eine praktisch-pädagogische Ausbildung in Form von Hospitationen und Übungen in Schulklassen und praktischer Tätigkeit in Ferienlagern und verschiedenen Fürsorgeanstalten, sowie Unterricht in einem breit angelegten Fächerangebot, das von Geschichte und europäischer Literaturgeschichte, über Naturwissenschaften und Gymnastik bis hin zu instrumentellem und handwerklichem Unterricht

---

107 Bericht des Kursleiters R. Grob vom Oktober 1945 in: Schweizerisches Sozialarchiv, Bestand Schweizerisches Arbeiter-Hilfswerk, Ar 20.713, Mappe: ZL-Berichte 1945/46, S. 1. (Herv. im Orig.)
108 Siemsen (1948a), S. 487.
109 Bericht des Kursleiters R. Grob, S. 6. (Vgl. auch Anm. 107 des vorliegenden Kapitels.)
110 Der zweite Kurs war stärker auf den Volksschulunterricht ausgerichtet.
111 Alle Teilnehmer/innen lernten gemeinsam, unabhängig davon, welche Form der pädagogischen Tätigkeit oder welches Lehramt sie später ausüben wollten.

reichte.[112] Siemsen selbst übernahm mit je zwei Wochenstunden die ihr so wichtig gewordenen Bereiche „Geschichte der Pädagogik" und „Europäische Literaturgeschichte", wobei es ihr jeweils besonders darauf ankam, die soziologischen Grundlagen von Erziehung und Literatur aufzuzeigen[113] und in den Teilnehmer/innen durch die Anfertigung von Referaten und den freien Austausch in Arbeitsgemeinschaften eine Selbstständigkeit und Kameradschaftlichkeit heranzubilden, wie sie ihr für ein späteres Zusammenleben in einer demokratischen Gesellschaft als unbedingt notwendig erschienen.[114] Zusammen mit einem 1947 in Hamburg von ihr durchgeführten Sonderkursus für Lehrer sollten die beiden Schweizer Kurse Anna Siemsen wichtige Impulse für ihre in der Nachkriegszeit formulierten Vorschläge für eine reformierte Lehrerausbildung liefern, waren es doch gerade der durch die erschwerenden Rahmenbedingungen des Exils hervorgerufene „Behelfscharakter" der Kurse sowie die dadurch gegebene weitgehende Unabhängigkeit von einschränkenden behördlichen Vorgaben, Lehrplänen, Prüfungsordnungen o.ä., die die heterogene und dadurch fruchtbare Zusammensetzung der Teilnehmer/innen, die grundlegende, jeglicher Spezialisierung vorgelagerte und breit gefächerte Ausbildung und die einmalige Verbindung von pädagogischer Theorie und allgemein-pädagogischer Praxis ermöglichten.

e. „Verband deutscher Lehreremigranten" (Union)

Ebenso fruchtbare Impulse für eine Reform der Lehrerausbildung sammelte Anna Siemsen auch im Rahmen ihres Engagements in der Lehrerbewegung, wozu zum einen ihre Tätigkeit als Referentin bei den bereits erwähnten Sommerschulen des IBSL, zum anderen vor allem ihre Mitgliedschaft in der Schweizer Gruppe der Union gehörten, über die sie zum einen an deren Hilfs- und Solidaritätsaktionen[115], und zum anderen um 1935, u.a. neben Kurt Löwenstein und Minna Specht, an der Ausarbeitung des Entwurfs eines sozialistischen Schul- und Erziehungsprogramms[116] beteiligt war,[117] welches die in der Union vereinten pä-

---

112 Vgl. Siemsen (1948a), S. 485f.; Bericht des Kursleiters R. Grob, S. 2-4. (Vgl. auch Anm. 107 des vorliegenden Kapitels.)
113 Vgl. Bericht des Kursleiters R. Grob, S. 10. (Vgl. auch Anm. 107 des vorliegenden Kapitels.)
114 Vgl. Siemsen (1948a), S. 486-488.
115 So weisen Feidel-Merz und Schnorbach auf eine im April 1937 stattgefundene Kundgebung des auch von der Union unterstützten „Überparteilichen Deutschen Hilfsausschusses" für die Opfer des antifaschistischen Kampfes hin, an der neben Heinrich Mann und Emil Julius Gumbel auch Anna Siemsen teilnahm. (Feidel-Merz/Schnorbach, 1981, S. 116)
116 Der Entwurf ist abgedruckt in Feidel-Mertz/Schnorbach (1981b), S. 134-147.

dagogisch-politischen Emigrant/innen in einem vom Faschismus befreiten Deutschland umzusetzen wünschten – eine Hoffnung, die bis heute nicht verwirklicht wurde. Der Programmentwurf der Union stellte nicht nur eine einzigartige Verbindung aus den mit den Emigrant/innen aus Deutschland vertriebenen progressiven pädagogischen Ansätzen und den in den Gastländern vorgefundenen Reformkonzepten dar; er vereinte darüber hinaus in geradezu paradigmatischer Weise die grundlegenden pädagogischen Überzeugungen und Forderungen Anna Siemsens. So gründete er zum einen auf der Annahme eines dialektischen Verhältnisses von Gesellschaft und menschlichem Individuum wie auch Gesellschaft und Erziehung und leitete davon in Anlehnung an die Psychoanalyse die Notwendigkeit der Herstellung eines Ausgleichs zwischen der ursprünglichen Vitalität, d.h. den Trieben des Kindes, und der Gesellschaft ab, in die es sich einzugliedern habe.[118] Entsprechend wurde, ganz im Gegensatz zu der im westlichen Deutschland nach 1945 zu altem Glanz zurückkehrenden vornehmlich philosophisch fundierten Erziehungswissenschaft, die Berücksichtigung pädagogischer Hilfswissenschaften wie Anthropologie, Psychologie und Soziologie in der theoretischen Ausbildung zukünftiger Erzieher/innen gefordert.[119] In dem Bestreben, sowohl der völligen Entfaltung des Einzelnen als auch dem gesellschaftlichen Anspruch an ihn gerecht zu werden, entwarf das Programm das Konzept einer staatlichen, weltlichen, elastischen, koedukativen und selbstverwalteten Einheits- und Produktionsschule,[120] in der das Kind bzw. der Jugendliche sich im Rahmen eines nach dem Kern-Kursprinzip organisierten Unterrichts durch schöpferische Tätigkeit und sinnvolle Arbeit in steter Auseinandersetzung mit der Gesellschaft befinde, wobei diese Arbeit vom Basteln über landwirtschaftliche und handwerkliche bis hin zu industrieller Arbeit reichen sollte.[121] Die Berufsausbildung bildete, sofern sie nicht einer Sonderbildung bedurfte, einen integralen Bestandteil der allgemeinbildenden Schule. Gemäß dem Anspruch, autonome und mündige,[122] zu kritischem Denken und selbstständigem Urteil befähigte Subjekte heranzubilden, wurde jegliche organisierte Autorität, die ihren Anspruch aus einer Position und nicht aus einer pädagogischen Fähig-

---

117 Feidel-Merz und Schnorbach weisen darauf hin, dass Anna Siemsen als Gast an der Diskussion beteiligt war. (Feidel-Merz/Schnorbach, 1981, S. 160) Dies ist wahrscheinlich darauf zurückzuführen, dass das Schulprogramm vorwiegend von der zahlenmäßig größten französischen Landesgruppe der Union in Paris erarbeitet wurde, Siemsen dagegen Mitglied der Schweizer Gruppe in Genf war.
118 Vgl. Feidel-Mertz/Schnorbach (1981b), S. 135f.
119 Vgl. ebd., S. 145.
120 Vgl. ebd., S. 141f.
121 Vgl. ebd., S. 140.
122 Vgl. ebd., S. 141.

keit heraus begründete, entschieden abgelehnt.[123] Schließlich sollten nationale und rassistische Vorurteile durch internationale Schüleraustausche abgebaut, das gesamte Lehrpersonal entlassen und erst nach ausreichender Überprüfung ihrer Zuverlässigkeit einzelne Lehrpersonen wieder zugelassen werden. Für die „wegen ihrer sozialistischen Gesinnung Entlassenen" forderte man „ein moralisches Recht auf Wiedergutmachung (...). Insbesondere darf ihnen bei ihrer Wiedereinstellung oder Pensionierung aus ihrer erzwungenen Dienstunterbrechung keinerlei Nachteil erwachsen"[124] – auch dies eine Hoffnung, der nicht nur Anna Siemsens Remigrationserlebnisse zuwiderlaufen sollten, obwohl es, neben vielen politischen Flüchtlingen, gerade die pädagogisch-politischen Emigrant/innen waren, die während ihres Exils „mit dem Gesicht nach Deutschland" lebten und nach dem Ende des Zweiten Weltkrieges darauf brannten, in ihre Heimat zurückzukehren.

> „Die Angehörigen der pädagogisch-politischen Emigration waren darauf bedacht, sobald wie möglich in Deutschland selbst an der von ihnen konzipierten Erneuerung des deutschen Erziehungs- und Bildungswesens und der gesellschaftlichen Verhältnisse mitzuwirken."[125]

Ihre tatsächlichen Wirkungsmöglichkeiten sollten jedoch in den meisten Fällen wesentlich geringer ausfallen, als zunächst erhofft. Gerade den progressiv-politisch orientierten Pädagog/innen begegnete man im Nachkriegsdeutschland nicht selten mit einer entschieden ablehnenden Haltung, die erst vor dem Hintergrund der gesamtgesellschaftlichen Entwicklungen innerhalb und außerhalb Deutschlands nach 1945 verständlich wird.

---

123 Vgl. ebd., S. 139.
124 Ebd., S. 146.
125 Ebd., S. 593.

V. Engagement für ein neues, freiheitliches Deutschland und ein föderalistisches Europa – Anna Siemsens Rückkehr nach 1945

1. Rückkehr unerwünscht – die deutschen Nachkriegsverhältnisse und der Umgang mit Remigrant/innen

Nach dem Ende des Zweiten Weltkrieges waren die Alliierten Mächte Großbritannien, die Sowjetunion und die USA, später auch Frankreich, nicht nur damit beschäftigt, in den zerbombten deutschen Städten den Überlebenskampf der deutschen Bevölkerung gegen Hungersnöte, Krankheiten sowie Wohnungs-, Brennstoff- und Kleidungsmangel zu unterstützen; u.a. im Rahmen der Potsdamer Konferenz im Sommer 1945 beriet man darüber hinaus über die Frage, wie ein zukünftiges Deutschland zu gestalten sei, damit nicht noch einmal eine die ganze Welt bedrohende Gefahr von ihm ausgehen könne. Dabei verständigte man sich auf die dringende Notwendigkeit einer durchgreifenden Entmilitarisierung und Entnazifizierung sowie auch einer entschiedenen Demokratisierung der deutschen Gesellschaft.[1] Die anfängliche Einigkeit der Siegermächte hinsichtlich der „Deutschlandfrage" schwand jedoch mit dem zunehmenden Konflikt zwischen den ideologisch verfestigten Weltanschauungen der auf die Befreiung des Einzelnen und somit auf marktwirtschaftliche Strukturen setzenden Westmächte, insbesondere den USA, und der an Kommunismus und Planwirtschaft orientierten Sowjetunion. Im Zuge der daraus resultierenden und in ihrer Bedrohlichkeit nicht zu unterschätzenden Situation des Kalten Krieges, der jederzeit in einen mit atomarer Waffengewalt geführten „heißen Krieg" umzuschlagen drohte, überlagerten auf beiden Seiten politische bzw. wirtschaftliche Interessen die zunächst auch auf kulturellem und sozialem Gebiet verfolgte demokratische Reformierung der deutschen Gesellschaft. Das alliierte Interesse an einer deutschen Einheit verkam, so Christoph Kleßmann, zu „politischer Rhetorik"[2]. Beiderseitige Akte der Aggression und Provokation unterstützten sowohl im Westen als auch im Osten das Gefühl der unmittelbaren Bedrohung durch die jeweils andere Seite[3],

---

1 Vgl. Weber (1993), S. 10; Kleßmann (1991), S. 34.
2 Kleßmann (1991), S. 299.
3 Hierzu zählten auf Seiten der USA u.a. die Atombombenabwürfe über Hiroshima und Nagasaki sowie die Truman-Doktrin und die daraus resultierende, für die UdSSR inakzeptable, Wirtschafts- und Außenpolitik im Sinne des Marshall-Plans, der deutschen Währungsreform und der

führten zu dem Bestreben, den eigenen Einflussbereich zu konsolidieren und ließen die anfängliche Kooperationsbereitschaft im Bezug auf die Behandlung des besiegten und besetzten Deutschland soweit zusammenschrumpfen, dass 1949 letztendlich die Gründung zweier deutscher Staaten erfolgte.

In Westdeutschland vollzog sich eine „Modernisierung unter konservativen Auspizien"[4]. Im Zuge der vor allem durch amerikanische Finanzspritzen realisierten Konzentration auf einen zügigen (markt-)wirtschaftlichen Wiederaufbau verloren die in unmittelbarer Nachkriegszeit vorherrschenden, sogar ins Ahlener Programm der CDU aufgenommenen Forderungen nach einer planwirtschaftlichen Neuordnung rasch an Bedeutung. Das sog. Wirtschaftswunder und der damit verbundene zunehmende Wohlstand hatten zur Folge, dass für die meisten Deutschen „Demokratie" fortan mit marktwirtschaftlichen Strukturen in einem ursächlichen Zusammenhang gesehen wurde. Die anfangs, zumindest von der amerikanischen Besatzungsmacht relativ konsequent betriebene Entnazifizierung wurde, vor allem nachdem sie in deutsche Hände übergegangen war, gestoppt und wich einer personellen Kontinuität in zentralen gesellschaftlichen Bereichen wie Justiz, Verwaltung, Wirtschaft und Kulturwesen, die auch die Integration und Re-Integration politisch belasteter, teilweise zunächst entlassener ehemaliger Funktionäre und Eliten, sowie ein Ausbleiben der Auseinandersetzung mit der NS-Vergangenheit mit einschloss.[5] Noch 1952 waren 44% der deutschen Bevölkerung der Meinung, dass die Ziele des Nationalsozialismus durchaus „gut" gewesen seien.[6] Mit der Zuspitzung des Kalten Krieges galt ohnehin bald „nicht mehr der Nazismus, sondern der Kommunismus (...) als Hauptfeind Nr.1"[7]. In politischer und kultureller Hinsicht setzte sich ein konservativer Kurs durch, der seinen Ausdruck nicht zuletzt in der Wahl des wenig experimentierfreudigen[8]

Vorbereitung eines westlichen Militärbündnisses; auf Seiten der UdSSR u.a. die diktatorische Politik Stalins, die sowjetische Unterstützung des kommunistischen Nordkorea und die Blockade Berlins.

4   Kleßmann (1985), S. 485. Arnold Sywottek benutzt die Bezeichnung „konservative Modernisierung" (Sywottek, 1998, S. 34).

5   Kleßmann, der ebenso wie Axel Schildt, eine einseitige und pauschalisierende Kennzeichnung der westdeutschen Nachkriegszeit als Restauration ablehnt, weist gleichwohl auf die fatalen personellen Kontinuitäten und die „oftmals kleinliche und schäbige Entschädigungspraxis gegenüber Widerstandskämpfern und KZ-Häftlingen" (Kleßmann, 1991, S. 297) hin. „Der schon während des Entnazifizierungsverfahrens erkennbare Trend, daß die Rehabilitierung die Säuberung einholte, setzte sich in den fünfziger Jahren fort." (Ebd.)

6   Vgl. Eierdanz/Kremer (2000), S. 5.

7   Keim (2000b), S. 22. Das enorme Ausmaß des damals vorherrschenden Antikommunismus wird u.a. durch ein Wahlplakat der CDU aus dem Jahr 1953 deutlich, das die düstere Gestalt und die bedrohlich blickenden Augen eines im Hintergrund lauernden Kommunisten zeigt und eindringlich warnt: „Alle Wege des Marxismus führen nach Moskau! Darum CDU".

8   1957 lautete der Wahlslogan der CDU: „Keine Experimente! Konrad Adenauer".

CDU-Politikers Konrad Adenauer zum ersten deutschen Bundeskanzler fand. Was die Norm- und Wertvorstellungen eines Großteils der Bevölkerung betraf, knüpfte man im Wesentlichen an die kulturellen Orientierungen der Zeit vor 1933 an und besann sich wieder auf Tugenden wie Ordnung, Autorität, Ehrfurcht, Gehorsam und Pflichterfüllung. Diese gesamtgesellschaftlichen Entwicklungen blieben nicht ohne Auswirkung auf die westdeutsche Schulpolitik, die anfangs noch in den Händen der alliierten Besatzungsmächte lag. Diese schrieben dem deutschen gegliederten Schulwesen eine nicht zu unterschätzende Mitschuld an der Entstehung des Nationalsozialismus zu und sahen in seiner grundlegenden Erneuerung in Richtung auf ein Einheitsschulsystem einen wesentlichen Faktor für die demokratische Umerziehung des deutschen Volkes. In einem 1946 verfassten Bericht einer amerikanischen Erziehungskommission zum damaligen Stand der Erziehung in Deutschland wurde festgehalten:

> „Schon im Alter von zehn Jahren oder früher sieht sich ein Kind eingruppiert oder klassifiziert durch Faktoren, auf die es keinen Einfluß hat, wobei diese Einstufung fast unvermeidlich seine Stellung für das ganze Leben bestimmt. Dieses System hat bei (…) der Mehrzahl der Deutschen ein Minderwertigkeitsgefühl entwickelt, das jene Unterwürfigkeit und jenen Mangel an Selbstbestimmung möglich machte, auf denen das autoritäre Führerprinzip gedieh."[9]

Die Kommission zog daraus u.a. die Konsequenz, dass sowohl die Volks- als auch die höheren und die Berufsschulen „weit mehr als bisher (…) zu einem umfassenden Schulsystem für alle Kinder und Jugendlichen"[10] vereinigt werden müssten. Zu einem ähnlichen Ergebnis kam John W. Taylor in seinem Vortrag über die Grundlinien der Bildungspolitik der amerikanischen Militärregierung im Februar 1947, in dem er feststellte, dass die deutsche Schule „die undemokratische Spaltung des deutschen Volkes in soziale Gruppen und Klassen"[11] widerspiegele. Eine demokratische Schule müsse dagegen „allen Bürgern eine gleichwertige, jedoch nach Begabung und Berufsrichtung verschiedene Bildungsmöglichkeit" garantieren. „Sie ist in diesem Sinne eine differenzierte Einheitsschule," deren Grundstufe möglichst auf die Dauer von sechs Jahren hochgesetzt werden und deren weiterführende Stufe sich in akademische und mehr berufsgerichtete Zweige gliedern solle, die jedoch völlig gleichwertig sein und über die allgemein bildenden Fächer verbunden bleiben müssten.[12] Auch in der im Juni 1947 von allen vier Besatzungsmächten verabschiedeten Direktive Nr. 54 wurde die Gewährleistung gleicher Bildungsmöglichkeiten für alle in einem unentgeltlichen

---

9   Helling/Kluthe (o.J.), S. 13.
10 Ebd., S. 14.
11 Vortrag John W. Taylors in Merkt (1952), S. 54.
12 Vgl. ebd., S. 56.

und demokratisch organisierten stufenartig aufgebauten Schulwesen gefordert.[13] In weiser Voraussicht des Einwandes, der damals wie heute gegen Einheits- bzw. Gesamtschulsysteme ins Feld geführt wurde und wird, dass nämlich ein solches System das Leistungsniveau des Schulwesens beeinträchtige, wies die amerikanische Erziehungskommission schon 1946 darauf hin, dass Demokratie nicht „die Herabsetzung des Niveaus auf einen allgemeinen Durchschnitt (bedeute); sie bedeutet vielmehr, daß allen die gleichen Möglichkeiten geboten werden"[14] – ein Hinweis, den auch Anna Siemsen im Sinn hatte, als sie in ihren „Gesellschaftlichen Grundlagen der Erziehung" schrieb, dass humanitäre Verhältnisse nicht „die mechanische Gleichheit der Unterschiedlosen, sondern die Gleichheit des Rechtes und der Würde in einer mannigfach differenzierten und gegliederten Vielheit"[15] voraussetzen. Die schulpolitischen Bemühungen der Alliierten wurden von jenen Kräften unterstützt, die sich schon in der Weimarer Republik für eine demokratische Erneuerung des deutschen Schulwesens eingesetzt hatten. Auch in den Aufrufen von SPD und KPD finden sich die gleichen schulpolitischen Forderungen wie in den Direktiven der Alliierten.[16] Mit der Verschärfung des Ost-West-Konfliktes und dem immer stärker hervortretenden Interesse Amerikas, Frankreichs und Großbritanniens an einem Einbezug Westdeutschlands in das westliche Wirtschafts- und Verteidigungssystem verloren bildungspolitische Fragen für die westlichen Besatzungsmächte jedoch zunehmend an Bedeutung. Die Übergabe der westdeutschen Bildungshoheit an die neu gegründeten Bundesländer bewirkte darüber hinaus, dass die sich konsolidierenden konservativen Kräfte in den deutschen Behörden und Bildungseinrichtungen bzw. -verbänden wieder an Einfluss gewannen und progressive schulreformerische Ansätze zurückdrängten. War es in der unmittelbaren Nachkriegszeit ohnehin nur in wenigen deutschen Städten zu strukturellen schulpolitischen Veränderungen gekommen, wurden diese Reformansätze in den 1950er Jahren größtenteils wieder aufgehoben. Besiegelt wurde diese restaurative Tendenz 1955 durch das sog. Düsseldorfer Abkommen, in dem die Kultusminister der Bundesrepublik sich auf die traditionelle dreigliedrige Organisationsform des Schulwesens einigten. Seine vermeintliche Legitimation erhielt dieses Modell durch die wieder aufgelegten nativistischen Begabungstheorien der 1920er und 1930er Jahre, die laut Wilhelm Quitzow davon ausgingen, „daß die ‚natürlichen' Begabungen der Menschen ungleich verteilt seien, innerhalb der verschiedenen Bevölkerungsschichten vererbt würden und ihre Entsprechung in einer ständischen Gliederung der Gesell-

---

13 Vgl. Direktive Nr. 54: Grundsätze für die Demokratisierung des deutschen Bildungswesens (1947) in Michael/Schepp (1993), S. 337f.
14 Helling/Kluthe (o.J.), S. 14.
15 Siemsen (1948b), S. 160.
16 Vgl. Stuchlik (1985), S. 178f.

schaft hätten. Aus diesem statischen Begabungsbegriff leiteten sie die Legitimierung des dreigliedrigen Schulsystems (...) ab."[17] Auch das 1948 verabschiedete Berliner Einheitsschulgesetz, das in der Wiederbelebung progressiver Schulreformansätze die weitestgehende Konsequenz aufwies, indem es eine weltliche 12jährige Einheitsschule, bestehend aus einer sechsjährigen Grundschule, einer mit Hilfe von Kern- und Kursunterricht differenzierten Mittelstufe und einer in einen Wissenschaftlichen und einen Praktischen Zweig unterteilten Oberstufe forderte,[18] wurde größtenteils wieder zurückgenommen. Ebenso erging es dem Hamburger Schulreformgesetz, das Ende der 1940er Jahre von dem damaligen, von der britischen Militärregierung eingesetzten Leiter der Hamburger Schulbehörde, dem sozialdemokratischen Senator Heinrich Landahl[19], auf den Weg gebracht worden war. Das Gesetz schlug ein einheitliches Schulsystem vor, „das allen Kindern des Volkes die Möglichkeit zum Erwerb der ihren Begabungen entsprechenden Bildung unabhängig von der sozialen Stellung und der wirtschaftlichen Lage ihrer Eltern ermöglichen sollte"[20]. Es forderte daher eine sechsjährige differenzierte Grundschule und eine Oberschule, die sich in drei gleichberechtigte Zweige, einen praktischen, einen technischen und einen wissenschaftlichen gliedere. Trotz eindringlicher Warnungen durch die Hamburger Universität und obwohl CDU und FDP bei der Abstimmung den Sitzungssaal verließen, konnte das Gesetz im September 1949 mit den Stimmen von SPD und KPD verabschiedet werden.[21] Als aber bei den Bürgerschaftswahlen von 1953 die bürgerlichen Parteien die Mehrheit erhielten, wurden diese Reformen sofort wieder rückgängig gemacht.

In Ostdeutschland spiegelte die Entwicklung des Schulwesens die zunächst an Demokratie, Freiheit und sozialer Gerechtigkeit orientierte radikale Gesellschafts- und Wirtschaftsreform innerhalb der SBZ, ebenso aber auch die Ende der 1940er einsetzende Ideologisierung der ostdeutschen Politik in Richtung auf ein dogmatisch-autoritär verstandenes Sozialismus-Konzept sowjetischer Prägung, das letztendlich die Etablierung eines zentralistisch und diktatorisch organisierten Einparteienstaates ermöglichte. So gelang es in der SBZ zunächst, u.a. dank einer im Vergleich zum Westen deutlich entschiedener durchgeführten Entnazifizierung des Lehr- und Verwaltungspersonals sowie einer durch Besat-

---

17 Quitzow (1970), S. 126.
18 Das Berliner Einheitsschulgesetz ist abgedruckt in Froese (1969), S. 106-113.
19 Heinrich Landahl (1895-1971) war u.a. 1926-1933 Leiter der Lichtwarkschule. 1920-1933 gehörte er der DDP bzw. der Deutschen Staatspartei, ab 1946 der SPD an. 1924-1933, 1946 und 1949-1966 war er Mitglied der Hamburger Bürgerschaft, 1945-1953 und 1957-1961 war er Schul-, zeitweilig auch Kultursenator. (Vgl. Tormin, 1994, S. 382.)
20 Fiege (1970), S. 146.
21 Vgl. Lehberger (2006), S. 129.

zungsmacht und SED konsequent und zentralisiert verfolgten Bildungspolitik, ein fortschrittliches, demokratisches und sozial gerechtes Bildungswesen zu errichten, das bereits im Juni 1946 im sog. „Gesetz zur Demokratisierung der deutschen Schule"[22] rechtlich verankert wurde. Noch frei von parteidogmatischen Einflüssen, knüpfte das Gesetz an die demokratischen Schulreformansätze der Weimarer Zeit an und forderte eine Schule, die „ausgehend von den gesellschaftlichen Bedürfnissen, jedem Kind und Jugendlichen ohne Unterschied des Besitzes, des Glaubens oder seiner Abstammung die seinen Neigungen und Fähigkeiten entsprechende vollwertige Ausbildung"[23] garantiere. Umgesetzt wurde diese Prämisse in der Etablierung eines weltlichen, koedukativen und unentgeltlichen Einheitsschulsystems „vom Kindergarten bis zur Hochschule"[24], bestehend u.a. aus einer achtjährigen, für alle gemeinsamen, ab der siebten Klasse in Form eines Kern-Kurs-Unterrichts differenzierten Grundschule, auf der entweder eine vierjährige, ebenfalls differenzierte Oberschule oder die Berufs- und anschließend die Fachschule aufbauten, in denen allgemeine und berufliche Bildung integriert wurden und die ebenfalls, wie die Oberschule, den Zugang zur Hochschule ermöglichten. Erst mit der Zuspitzung des Kalten Krieges zu Ende der 1940er Jahre begann eine Abkehr von den ehemals demokratisch-reformpädagogischen Zielvorstellungen und eine Ideologisierung des Schulwesens, das zunehmend machtpolitisch instrumentalisiert wurde und die freiheitliche und zugleich der Gemeinschaft verpflichtete Selbstentfaltung des Einzelnen politischen und wirtschaftlichen Zielsetzungen unterordnete.[25]

Die dargestellten gesamtgesellschaftlichen und bildungspolitischen Verhältnisse bestimmten in erheblichem Maße den Umgang mit den aus dem Exil zurückgekehrten Emigrant/innen. Mussten diese nicht nur verletzende Vorwürfe der in Deutschland gebliebenen Bevölkerung über sich ergehen lassen, von der sie teilweise als „verkappte Vaterlandsverräter"[26] bezeichnet wurden, da sie aus der sicheren Entfernung des Auslands dem Leid der Daheimgebliebenen nur zugeschaut hätten, taten die politischen Verhältnisse und die ideologischen Blockbildungen ihr Übriges, um ihre Remigration und ihre Einsetzung in wirkungsvolle Positionen zu erschweren. Eine Einreise nach Deutschland war nur mit Genehmigung der jeweiligen Besatzungsmacht möglich, deren Entscheidung zum einen davon abhing, ob eine Anforderung des Antragstellers durch eine deutsche

---

22 Das Gesetz ist abgedruckt in Michael/Schepp (1993), S. 341-346.
23 Ebd., S. 342.
24 Ebd., S. 343.
25 Zur Würdigung der sozial-kulturellen Leistungen der DDR, insbesondere auch ihrer Errungenschaften im Bildungs- und Erziehungswesen, u.a. in Form der Förderung ehemals benachteiligter Schichten und des polytechnischen Unterrichts vgl. Bollinger/Vilmar (2002).
26 Einleitung zum sechsten Kapitel in Krohn (1998), S. 1159.

Instanz vorlag. „Aus Befragungen deutscher Kriegsgefangener wußte man nämlich, auf welche Ablehnung die Exilanten bei der deutschen Bevölkerung stießen."[27] Zum anderen war mit zunehmender Verhärtung der ideologischen Fronten die Übereinstimmung der Remigrant/innen mit den politischen Überzeugungen der jeweiligen Besatzungsmacht von entscheidender Bedeutung, um die Chance auf Erlangung einer einflussreichen Position zu erhöhen.[28]

Auf Grund der konsequenten Entnazifizierung und der durchgreifenden Gesellschafts- und Bildungsreform in der SBZ besaßen die Rückkehrer/innen, gerade auch aus dem pädagogisch-politischen Bereich,[29] hier zunächst die größten Chancen, aufgenommen und in zentralen Positionen eingesetzt zu werden. Dies galt jedoch größtenteils für kommunistisch geschulte und auf Führungsaufgaben vorbereitete Emigrant/innen, insbesondere aus der Sowjetunion. Westemigrant/innen und sozialdemokratischen Emigrant/innen wurde dagegen eher eine gewisse Skepsis entgegengebracht.[30] Diese Benachteiligung sozialdemokratischer Kräfte in der SBZ, insbesondere die „Einschmelzung der SPD in die kommunistische SED (...) unter dem Druck der sowjetischen Besatzungsmacht"[31] schürte umgekehrt das Misstrauen sowohl im westlichen Deutschland wie auch im Ausland.[32]

Im Westen Deutschlands, in den auch Anna Siemsen 1946 zurückkehrte, stellte sich die Situation anders dar. Der ausbleibende gesellschaftliche Neubeginn, die Anknüpfung an die traditionellen gesellschaftlichen Strukturen von vor 1933, der Verzicht auf eine umfassende Aufarbeitung der unmittelbaren deutschen Vergangenheit und die Konzentration auf den wirtschaftlichen Wiederaufbau schafften eine Atmosphäre, in der die größtenteils gesellschaftskritischen und progressiv-pädagogisch orientierten Emigrant/innen unerwünscht waren. So setzte hinsichtlich der Rezeption und Aufarbeitung von Emigration und Remigration spätestens zu Beginn der 1950er Jahre eine Phase des Beschweigens und der Tabuisierung ein, die erst mit dem Aufkommen der studentischen Protestbewegungen gegen Ende der 1960er Jahre durchbrochen werden sollte und die

---

27 Krohn/Von zur Mühlen (1997), S. 9.
28 Vgl. Lehmann (1997), S. 50.
29 U.a. die Einrichtung Pädagogischer Fakultäten an ostdeutschen Universitäten wie auch die umfassende Ausbildung von Neulehrer/innen, welche die aus Gründen politischer Belastung entlassenen Lehrer/innen ersetzen sollten, führten zu einem großen Bedarf an pädagogischem und erziehungswissenschaftlichem Personal.
30 Vgl. Scholz (1998).
31 Weber (1993), S. 21.
32 Weber weist zudem darauf hin, dass sich in den sowjetischen Internierungslagern ab 1946 außer NS-Verbrechern auch Sozialdemokraten, Demokraten und oppositionelle Kommunisten befanden. (Vgl. Weber, 1993, S. 11.)

deshalb, nach der „leibhaftigen Verdrängung"[33] der Emigrant/innen zwischen 1933 und 1945, häufig als eine Phase der „zweiten" oder „zweifachen Verdrängung"[34] bezeichnet wird. Dies galt im Besonderen im Bezug auf die zurückkehrenden Pädagog/innen und Erziehungswissenschaftler/innen. Schon in der Weimarer Republik wurde die universitäre Pädagogik maßgeblich von erziehungsphilosophischen Theorien, vor allem von der sog. Geisteswissenschaftlichen Pädagogik bestimmt. Empirische, psychologische und sozialwissenschaftliche Ansätze waren dagegen höchstens in den Randdisziplinen außerhalb der Philosophischen Fakultäten zu finden; entsprechend gering war die Zahl sozialwissenschaftlich orientierter oder gar gesellschaftskritischer bzw. sozialistischer Pädagog/innen in den tonangebenden universitären Kreisen. Während die „geisteswissenschaftlichen Koryphäen (...) den nationalsozialistischen Zielen ‚Volksgemeinschaft', ‚starker Staat' und Führertum den Weg"[35] bereiteten, waren es größtenteils die von den Sozialwissenschaften, der Psychologie, wie auch der Psychoanalyse herkommenden Fachvertreter/innen, die von den Nazis verfolgt und ins Exil getrieben wurden. Christa Kersting stellt fest, dass dieselben „Personen, die schon in der Weimarer Republik das Fach dominiert hatten, (...) nach der Suspendierung belasteter Wissenschaftler nach 1945 im akademisch-universitären Bereich nahezu konkurrenzlos"[36] waren. Dies traf auch auf die Hamburger Universität zu, an der die Schulbehörde Anna Siemsen nach 1945 vergeblich eine beamtete Stelle zu verschaffen suchte. Während die Nazis in anderen deutschen Ländern umfangreiche personelle „Säuberungen" in Pädagogischen Akademien und Instituten vorgenommen und auch innerhalb der Hamburger Universität in den Seminaren und Instituten der Philosophie und Psychologie praktisch, so Scheuerl, „‚tabula rasa'" gemacht hatten, „blieb das Seminar für Erziehungswissenschaft personell nahezu ungeschoren"[37]. Dies lag vor allem daran, dass es neben nationalsozialistischen Mitgliedern der Dozentenschaft auch eine große Anzahl solcher gegeben hatte, die dem NS zwar zumindest in Teilen skeptisch oder distanziert gegenüberstanden, sich jedoch nicht öffentlich als Gegner ausgegeben, auf offene Opposition verzichtet und sich mit den Nazis arrangiert hatten.[38] Begünstigt wurde diese Haltung dadurch, dass, wie bereits erwähnt, insbesondere die Vertreter Geisteswissenschaftlicher Pädagogik in ihren Grundhaltungen „breite, lange vor 1933 deutlich ausgeprägte (...) Schnittmen-

---

33 Feidel-Mertz (1983), S. 7.
34 Ebd.
35 Kersting (2008), S. 381.
36 Kersting (2008), S. 115.
37 Scheuerl (1991), S. 528.
38 Vgl. Saul (1991).

gen zum Nazismus"[39] aufwiesen. So konnte auch Wilhelm Flitner, einer der bekanntesten Vertreter dieser Richtung, der sich zwar im Frühjahr 1933 noch empfänglich für gewisse antidemokratische und autoritäre Elemente der NS-Ideologie erwies, sich jedoch vor allem von der nazistischen Verletzung jeglichen Anstands und christlichen Ethos' zunehmend enttäuscht zeigte, von 1929 bis 1958 ununterbrochen als Ordinarius für Erziehungswissenschaft im Amt bleiben, indem er sich in den Bereich apolitischer und dadurch „unverfänglicher geisteswissenschaftlicher und philosophischer Traditionen"[40] zurückzog und dem Regime durch seinen Beitritt zu NS-Organisationen „loyale Gesinnung"[41] demonstrierte – eine Strategie, die Flitner rückblickend selbst als nicht besonders heroisch und ehrenhaft bezeichnete.[42] Diese apolitische Grundhaltung begünstigte nach 1945 eine „unpolitische Sachkonzentriertheit"[43], d.h. das Bestreben, die anstehenden „Sachprobleme" gemeinsam zu bearbeiten, dabei jedoch politik- und parteifrei zu bleiben[44] und statt einer Aufarbeitung der eigenen Vergangenheit pragmatisch und stillschweigend zu den Verhältnissen von vor 1933 zurückzukehren. Diese Überzeugung vertrat auch der neu ernannte Rektor der Universität, Emil Wolff, indem er, wie Sywottek berichtet, anlässlich der Neueröffnung der Universität zu verstehen gab, dass die Zeit, „als in fahler Dämmerung die Spukgestalten wirren Wahnes ihr gespenstisches Wesen trieben" vorbei sei, da „die Helle eines neuen Tages (...) sie verscheucht" habe und man nun „wieder im Lichte" wandele. Seiner Meinung nach hatte die Universität es nun, da sie den Lehrbetrieb wieder aufnahm, nicht nötig, „an fremdem Feuer das Licht zu entzünden, das zu spenden (...) ihre hohe Aufgabe ist. (...) Dem Lichte der Erkenntnis (...) sind wir treu geblieben"[45]. Den Willen zu kritischer Aufarbeitung sucht man in diesen Worten vergebens. Es verwundert daher nicht, dass weder die geisteswissenschaftlichen Pädagogen, die ihre alten Ideen nicht verwarfen, sondern modifiziert wieder herzustellen suchten, noch der Großteil der übrigen universitären und außeruniversitären Funktionsträger kein Interesse an gesellschaftskritischen Remigrant/innen zeigten.

> „Ob eine deutsche Universität rückkehrwillige Emigranten aufnahm, (...) hing in den Philosophischen Fakultäten für gewöhnlich mindestens von drei Voraussetzungen ab: die Emigranten durften sich politisch nicht sonderlich exponiert haben, es mußten, trotz der Unterbrechung durch den Nationalsozialismus, Verbindungen wenigstens zum universitären Umfeld

---

39 Keim, (2000b), S. 26
40 Scheuerl (1991), S. 525.
41 Saul (1991), S. 393.
42 Vgl. ebd., S. 394.
43 Sywottek (1991), S. 1405.
44 Vgl. ebd., S. 1396.
45 Ebd., S. 1394.

bestehen, und in der wissenschaftlich-theoretischen Ausrichtung mußte Konsens möglich erscheinen – Konsens mit der kulturphilosophisch-geisteswissenschaftlichen Pädagogik (…).“[46] Sowohl Emil Wolff als auch der Dekan der Philosophischen Fakultät betrachteten den Rückgriff auf Remigrant/innen laut Kersting „als Bedrohung der Philosophie durch die zu einer neuen Universalwissenschaft sich entwickelnde Soziologie und deren Amerikanisierung, also als Angriff auf die kulturelle deutsche Tradition."[47] Hinzu kommt, dass die Hamburger Philosophische Fakultät der Erziehungswissenschaft generell ein gewisses Misstrauen entgegenbrachte. Während an den Universitäten der SBZ, wenn auch nur bis Mitte der 1950er Jahre, eine stärkere Gewichtung der Erziehungswissenschaft in eigens für sie errichteten Pädagogischen Fakultäten vollzogen wurde, lehnte die Hamburger Philosophische Fakultät, so Georg Geißler, „eine Verstärkung der Erziehungswissenschaft überhaupt"[48] ab. Der „Fakultät fehlte die Bereitschaft, der sich entfaltenden Erziehungswissenschaft Raum zu geben, wobei das Ressentiment gegen die Volksschullehrer (, deren Ausbildung in Hamburg nach 1945 wieder an die Universität verlegt worden war, M.J.) eine nicht geringe Rolle spielte. Sie widersetzte sich aber auch der Ausgliederung und organisatorischen Verselbständigung dieses Fachs in der Form einer eigenen Fakultät, weil sie es dann nicht mehr unter ihrer unmittelbaren Kontrolle gehabt hätte."[49] Mit Kersting bleibt festzuhalten, dass der Umgang mit politisch links-gerichteten Pädagog/innen wie Fritz Borinski oder Anna Siemsen zeige, dass die „Erträge der politischen Lehrjahre im Exil und Vorstellungen eines demokratischen Neubeginns (…) wissenschaftspolitisch unerwünscht"[50] waren, auch wenn der Ausschluss der Remigrant/innen offiziell selbstverständlich mit dem Hinweis auf ihre angeblich unzureichende fachliche Qualifikation gerechtfertigt wurde.[51] Während den von den Nazis vertriebenen Professor/innen, so Keim, kein Recht auf Wiedereinstellung zugebilligt wurde, gab das im Mai 1951 verabschiedete „131er-Gesetz" allen „durch Entnazifizierungsverfahren betroffenen Beamten ihre alten Rechte zurück" und legte fest, dass diese „bevorzugt ‚zur Wiederverwendung' eingestellt werden"[52] mussten. Schon im März 1947 waren allein von den 56 Ordinariaten der Hamburger Universität (ohne die Medizinische Fakultät) 31 mit ehemaligen NSDAP-Mitgliedern besetzt.[53] „Ab Mitte 1948 wurden auf Verfügung des Senats

---

46 Kersting (2008), S. 129.
47 Ebd., S. 120f.
48 Geißler (1973), S. 248.
49 Ebd., S. 249.
50 Kersting (2008), S. 168.
51 Vgl. ebd., S. 116.
52 Keim (2000b), S. 22.
53 Vgl. Sywottek (1991), S. 1393.

der Hansestadt Hamburg schließlich alle zunächst als ‚Mitläufer' eingestuften und noch suspendierten Hochschullehrer wieder eingestellt"[54] – kein Wunder, dass damit für Remigrant/innen wie Anna Siemsen kein Platz blieb.

> „In den beiden deutschen Staaten", so das Fazit Paul Mitzenheims, „wurden die bewunderungswürdigen Bemühungen jener Demokraten und Sozialisten, die gleich nach dem 8. Mai 1945 an die positiven Züge der Weimarer Republik anknüpften und aus den politischen Fehlern der deutschen Politik im 20. Jahrhundert Schlussfolgerungen ziehen wollten, die weder das Sowjetsystem importieren noch die Bildungs- und Kulturpolitik in den USA sich zum Vorbild nahmen, heimlich geschmäht oder stillschweigend übergangen."[55]

2.a. „Das Schlimmste ist die allgemeine Verlogenheit" – Anna Siemsen als Opfer der deutschen Nachkriegsbürokratie (1946-1951)

An ihrem Entschluss, so bald wie möglich nach Deutschland zurückzukehren und dort an einem reformierten Neuaufbau des Bildungs- und Erziehungswesens mitzuwirken, hatte Anna Siemsen während ihres Schweizer Exils nie den geringsten Zweifel aufkommen lassen. Siemsen wisse, so die sozialdemokratische Frauengruppe der Schweiz in einem ihr gewidmeten „Abschiedsartikel" in der „Frau", „daß alle, die das ‚andere Deutschland' vertreten haben, heute so nötig sind, wie das Brot, um aus den Trümmern ein neues und freieres Deutschland aufzurichten."[56] Umso erfreulicher war es für sie, dass ihr sowohl aus der französischen wie auch der sowjetischen Zone finanziell abgesicherte beamtete Stellen angeboten wurden. Bereits im April 1946 suchte der Oberregierungsrat Lindemann vom Thüringer Landesamt für Volksbildung den Kontakt mit ihr[57] und teilte ihr mit, dass man beabsichtige, ihr einen Ruf auf einen Lehrstuhl für Geschichte der Pädagogik in der neu errichteten Sozialpädagogischen Fakultät der Universität Jena zu erteilen. Siemsen antwortete im Juni positiv, indem sie Glück zum Ausbau der pädagogischen Fakultät in Jena wünschte und mitteilte, dass ihr Interesse im Bereich der historischen und soziologischen Pädagogik und Erzie-

---

54 Vgl. ebd.
55 Mitzenheim (1994), S. 132.
56 Artikel „Dank und Freundschaft unserer langjährigen Redaktorin Prof. Anna Siemsen" in: Schweizerisches Sozialarchiv, Bestand Siemsen, Anna, Ar 142.10.1, darin 01.10.3, Ueber Anna Siemsen, Bl.3.
57 Vgl. Brief Siemsens an Herrn Lindemann (Landesamt für Volksbildung Thüringen) v. 1.6.1946, in: ThHStAW, Personalakte aus dem Bereich des Volksbildungsministeriums Weimar Nr. 26674, Bd. 1, Bl. 83, in dem Siemsen den Empfang eines Schreibens v. Lindemann v. 29.4.1946 bestätigt.

hung liege und sie gerne zu einem persönlichen Gespräch nach Thüringen komme, wofür sie jedoch eine Einreisebewilligung benötige, da sie nun Schweizerin sei.[58] Gleichzeitig aber bemühte sie sich um eine Anstellung im Rahmen der Hamburger Lehrerausbildung. Während ihres ersten Besuches in Deutschland vom 9. bis 30. August 1946 wandte sie sich daher schriftlich an den zu dieser Zeit leider verreisten sozialdemokratischen Hamburger Senator Heinrich Landahl, um ihm mitzuteilen, dass sie dringend in Deutschland arbeiten möchte und es ihr dabei im wesentlichen darauf ankäme, eine fruchtbare Arbeit leisten zu können, wobei sie jedoch auch finanziell von ihr existieren können müsse. Gerne würde sie sich im Rahmen einer Dozentur auf den Bereich der Lehrerbildung konzentrieren, der ihr als sehr wichtig erscheine und in dem sie im Rahmen der Schweizer Kurse für pädagogische Hilfskräfte interessante Versuche habe anstellen können.[59] In weiteren Briefen an Landahl teilt sie diesem außerdem mit, dass sie den Ruf nach Thüringen, wo sie „ohne weiteres in (ihre) alten Rechte wieder eingesetzt worden" wäre, auf Grund der „Verhältnisse in der russischen Zone"[60] nicht annehmen wolle und dass sie ihm die Gründe dafür wohl „kaum auseinandersetzen müsse"[61]. Interessanter Weise brach sie aber ihre Verhandlun-

---

58 Vgl. ebd. Der Landesdirektor Walter Wolf, der später Direktor des Instituts für Dialektischen Materialismus innerhalb der Sozialpädagogischen Fakultät wurde, (Mitzenheim, 1994, S. 140) bat den Präsidenten des Landes Thüringen, Herrn Dr. Paul, schriftlich darum, bei der Sowjet-Militär-Administration den Antrag zu stellen, dass diese sich beim Alliierten Kontrollrat für eine Rückkehrmöglichkeit Anna Siemsens einsetzen möge. (Vgl. Brief Wolfs an Paul v. 18.7.1946, in: ThHStAW, Personalakte aus dem Bereich des Volksbildungsministeriums Weimar Nr. 26674, Bd. 1, Bl. 82)
59 Vgl. Brief Siemsens an Landahl v. 21.8.1946 in: Staatsarchiv Hamburg, Bestand Nr. 361 3, Sign. A 515, Bl. 11f.
60 Siemsen in einem Brief an den Hamburger Senator Heinrich Landahl v. 28.10.1946 in: AdsD, Bestand SPD-LO Hamburg, Mappe 171 (Allgemeine Korrespondenz „S").
61 Siemsen in einem auf den 21.8.1946 datierten Brief an Landahl in: Staatsarchiv Hamburg, Bestand Nr. 361 3, Sign. A 515, Bl. 11-12. Welche Verhältnisse sie mit ihren Andeutungen genau meinte, kann nur vermutet werden. Es ist möglich, dass sie als nicht-kommunistische Westemigrantin Benachteiligungen befürchtete. So berichtete auch ihr Neffe Pieter, der sich 1952 bemühte, in die DDR zu kommen, dass man ihn dort nicht gewollt habe, da alles, „was aus dem Westen kam" (Siemsen, Pieter, 1991, S. 54) zur Stalinzeiten verdächtig gewesen sei. Zwar war die Ideologisierung der östlichen Zone im Sommer 1946 noch nicht weit vorangeschritten, doch hatten die Zwangsvereinigung von SPD und KPD zur SED im April 1946 und die Verhaftungen und Internierungen von Sozialdemokraten das Misstrauen nicht nur im westlichen Deutschland, sondern auch im Ausland geschürt. (Vgl. insbes. Weber, 1993, S. 14-21.) Walter Tormin berichtet, dass bereits im Februar 1946 mit Gustav Dahrendorf der erste quasi Asyl suchende Sozialdemokrat nach Hamburg gekommen sei, da ihm die Methoden der „Zwangsvereinigung" der Sowjetischen Besatzungsmacht und die Verfolgung sich widersetzender Sozialdemokraten nicht behagt hätten. (Vgl. Tormin, 1994, S. 83.) In jedem Fall ist die Behauptung August Siemsens in seinem unveröffentlichten Manuskript, dass Anna, die seiner Meinung nach in der DDR ein

gen mit Jena nicht endgültig ab. Aus den Akten des Thüringischen Volksbildungministeriums geht hervor, dass Siemsen ihre Einreisepapiere in die sowjetische Zone u.a. wegen eines Umweges über die Schweiz erst im Frühjahr 1947 erhielt und auch dann noch ihr Interesse an einer Zusammenarbeit und ihre Bereitschaft erklärte, „zu weiteren Verhandlungen bezw. (sic!) Vorträgen für Studierende"[62] nach Jena zu kommen, was das Thüringer Volksbildungsministerium, das zu dieser Zeit die Vakanz mehrerer Lehrstühle an der Jenaer Universität zu beklagen hatte,[63] sehr begrüßte[64]. Inwiefern Anna Siemsen tatsächlich Interesse daran hatte, zumindest für Gastvorträge nach Jena zu kommen oder inwieweit sie die Gespräche nur aufrechterhielt, um neben ihren Verhandlungen im Westen, insbesondere in Hamburg, noch ein weiteres „Eisen im Feuer" zu haben, konnte nicht geklärt werden.[65]

Dass gerade die Hamburger Lehrerausbildung ihr Interesse fand, ist nachvollziehbar, hatte Hamburg doch, wie nur wenige weitere deutsche Länder, bereits in den 1920er Jahren ein (dreijähriges) Universitätsstudium für Volksschullehrer/innen durchgesetzt und kehrte, nachdem die Nazis die Lehrerausbildung zwischenzeitlich an von den Universitäten unabhängige Lehrerbildungsanstalten verlegt hatten, nach dem Zweiten Weltkrieg zu diesem Modell der Weimarer Zeit zurück.[66] Landahl antwortete Siemsen, dass er sich seit langem auf eine ausführliche Unterhaltung mit ihr freue und ihm sehr viel daran liege, sie in der

---

fruchtbares Betätigungsfeld gefunden hätte, nur deshalb in die BRD gekommen sei, da „leider (...) ihre Verbindungen nach dem deutschen Osten in der langen Emigrationszeit abgerissen" (Siemsen, August, 1956-1958, S. 35) waren, nicht zutreffend. Eine der wenigen expliziten Bezugnahmen Anna Siemsens auf die sowjetische Zone findet sich in einem Vortrag aus dem Dezember 1950, in dem sie sich gegen eine das geistige Leben tötende Gleichschaltung ausspricht, „sei sie durch Polizeimaßnahmen (Sowjetsektor), sei sie durch Monopole in Presse, Kino, Rundfunk oder Verlagswesen (USA) herbeigeführt (...)." (Siemsen, 1950a, S. 5.)

62 Brief der stellvertr. Direktorin des Psychologischen Instituts der Universität Jena an das Volksbildungsministerium v. 21.4.1947 in: ThHStAW, Land Thüringen, Ministerium für Volksbildung, 3408, Bl. 62.
63 Die personellen Engpässe waren so eklatant, dass der Rektor der Jenaer Universität, Friedrich Zucker, u.a. in die Westzone reiste, um dort Professoren für eine Berufung nach Jena zu gewinnen. (Vgl. Aufnahmeinheiten 0006-0009 in ebd., Büro des Ministerpräsidenten 1945-1952, Akte 1780.)
64 Vgl. Brief des Volksbildungsministeriums an Jucknat v. 22.8.1947 in: Ebd, Land Thüringen, Ministerium für Volksbildung, 3408, Bl. 36.
65 Für die Aufrichtigkeit ihres Interesses spricht allerdings ihr 1946 verfasster Artikel „Zur Frage der Einheitsschule", in dem sie anmerkt, dass die bildungspolitischen Reformversuche der „russischen Zone (...) sicherlich sehr aufmerksame Beobachtung verdienen." (Siemsen, 1946a, S. 204.) In den westlichen Zonen dagegen befürchtet sie eine Aufoktroyierung der alliierten Bildungs- und Unterrichtstradition. (Vgl. ebd.)
66 Vgl. Saul (1991).

Hamburger Lehrerbildung einzusetzen.[67] Tatsächlich wurde ihr anschließend eine Mitarbeit in der universitären Lehrerbildung und in dem von der britischen Militärregierung in Hamburg eingerichteten Notausbildungslehrgang angeboten, in dem wegen des durch Krieg und Entnazifizierung entstandenen eklatanten Lehrermangels innerhalb eines Jahres Volksschullehrer ausgebildet werden sollten. Siemsen teilte Landahl und in Kopie auch Karl Meitmann[68], dem Vorsitzenden der Hamburger SPD, mit, dass beide Konzepte ganz in ihrem Sinne lägen und der Gedanke der Mitarbeit für sie „ungemein sympathisch" sei, dass das eher „kommissarisch" angelegte Hamburger Angebot jedoch finanziell ein zu großes Risiko für sie darstelle, da sie auf Grund ihrer durch die Nazis erfolgten Entlassung aus dem Beamtenverhältnis ohne Einkommen sei und Thüringen ihr sicherlich nicht die ihr zustehende Pension zahlen werde. Trotz „allergrössten Bedauerns" sehe sie sich daher veranlasst, auf ein finanziell wesentlich sichereres Angebot aus Düsseldorf zurückzugreifen. Vermutlich in der Hoffnung, doch noch ein Entgegenkommen zu bewirken, weist sie aber auch darauf hin, dass sie im Falle einer Berufung an die Universität durchaus nach Hamburg kommen würde. Zwar wisse sie, dass der Lehrstuhl für Pädagogik besetzt sei, ihr Interesse liege aber ebenso sehr im Bereich der Literatur.[69] Sowohl Landahl als auch Meitmann bemühten sich unabhängig voneinander umgehend darum, Anna Siemsen doch noch zu halten. Meitmann bat Erich Ollenhauer, den Stellvertreter des SPD-Vorsitzenden Kurt Schumachers, schriftlich um sein Einverständnis, Siemsen mit der Leitung der Lehrerausbildung zu beauftragen und ihr später evtl. eine Professur für Literatur zu vermitteln.[70] Angesichts des Umstands, dass, im Gegensatz zu dem von Flitner besetzten Lehrstuhl für Pädagogik, der Lehrstuhl für Literaturwissenschaft zu diesem Zeitpunkt vakant war und nach mehreren fehlgeschlagenen Berufungsversuchen ab 1947 vertreten wurde, erscheint dieses Vorhaben im Grunde nicht aussichtslos. Aus den Akten des „Archivs der Sozialen Demokratie" geht hervor, dass die Sozialistische Studentengruppe, weiterhin Heinz-Joachim Heydorn, der Vorstand des SDS sowie auch Cornelia Eskuchen, die Nichte von Anna Siemsens Schwager Karl Eskuchen, mit drei

---

67 Vgl. Brief Landahls an Siemsen v. 4.8.1946 in: Staatsarchiv Hamburg, Bestand Nr. 361 3, Sign. A 515, Bl.17.
68 Karl Meitmann (1891-1971) war 1929-1933 u. 1945-1952 1. Vorsitzender der Hamburger SPD. 1931-1933 u. 1946-1949 war er Mitglied der Hamburgischen Bürgerschaft. 1949-1961 war er Mitglied des Deutschen Bundestages. (Vgl. Tormin, 1994, S. 383.)
69 Vgl. Brief Siemsens an Landahl v. 28.10.1946 in: AdsD, Bestand SPD-LO Hamburg, Mappe 171 (Allgemeine Korrespondenz „S").
70 Vgl. Brief Meitmanns an Ollenhauer v. 1.11.1946 in: AdsD, SPD-Parteivorstand, Büro Kurt Schumacher, 2/KSAA000092. Das Antwortschreiben Ollenhauers erfolgt erst am 12.11. und nimmt auf die Frage nach seinem Einverständnis hinsichtlich der Einstellung Siemsens keinen Bezug.

weiteren Studierenden sich ebenfalls für eine Berufung Siemsens auf den Lehrstuhl für neuere Literaturwissenschaft einsetzten.[71] Cornelia Eskuchen und ihre Kommiliton/innen begründeten ihre Forderung u.a. mit einem Hinweis auf Anna Siemsens soziologischen Zugang zur Literaturwissenschaft, nicht ahnend, dass vermutlich gerade diese Ausrichtung Siemsens eher ein Hindernis für sie darstellte, sollte die Dozentenschaft der Philosophischen Fakultät sich doch, wie noch zu zeigen sein wird, sogar gegen die Erteilung eines Lehrauftrages für Literatur an sie sperren. Der Lehrstuhl jedenfalls wurde mit Hans Pyritz besetzt, der, so Beck und Krogoll, „in Berlin entlassen worden war, aber als Nicht-PG den liberalen Entnazifizierungsansprüchen der Britischen Militärregierung und der Hamburger Universität genügte"[72].

Noch an dem gleichen Tag, an dem Meitmann sich an Ollenhauer wandte, erhielt Anna Siemsen bereits die mündliche, kurz darauf die schriftliche Mitteilung Landahls, dass die Schulverwaltung (SV) ihm in einer persönlichen Besprechung für Anna Siemsen die „etatsmäßige Stellung eines Oberstudiendirektors unter Anrechnung Ihrer (d.h. Siemsens) Dienstjahre (...) mit gleichzeitiger Übertragung eines Lehrauftrages für neuere Literatur an der Universität angeboten"[73] habe. Anna Siemsen sah damit ihre Bedingungen erfüllt, beendete ihre Verhandlungen mit Düsseldorf, die, so Siemsen, „eigentlich schon fix und fertig waren"[74], brach anschließend auch „ihre Zelte in der Schweiz"[75] ab und kam Ende Dezember 1946 endgültig nach Hamburg, wo sie in das Haus ihrer Schwester Paula und ihres Schwagers Karl Eskuchens miteinzog. Leider sollte sich aber herausstellen, dass Landahls Zusicherungen zu voreilig geäußert worden waren. Zwar setzte die SV Siemsen tatsächlich zum 1.1.1947 als Leiterin des Notausbildungslehrganges ein;[76] der entsprechende Vertrag kam jedoch erst im April 1947

---

71 Vgl. den undatierten Antrag der sozialistischen Studentengruppe an den Vorsitzenden der Sozialistischen Arbeitsgemeinschaft, den Brief Cornelia Eskuchens und drei weiterer Studierender an den Senator Landahl v. 1.11.1946 und den Brief Heydorns an Landahl v. 1.11.1946 in: AdsD, Bestand SPD-LO Hamburg, Mappe 171 (Allgemeine Korrespondenz „S").

72 Beck/Krogoll (1991), S. 727. Beck und Krogoll fügen hinzu, dass die Liste der für die Neubesetzung in Frage kommenden Professoren mehrere Namen Belasteter, dagegen nur einen Emigranten enthielt, der jedoch ablehnte. (Vgl. ebd., S. 728.)

73 Brief Landahls an Siemsen v. 2.11.1946 in: Staatsarchiv Hamburg, Bestand Nr. 361 3, Sign. A 515, Bl. 18.

74 Brief Siemsens an Landahl v. 2.11.1946 in: AdsD, Bestand SPD-LO Hamburg, Mappe 171 (Allgemeine Korrespondenz „S").

75 Eintrag v. 4.11.1946 im Tagebuch Karl Eskuchens, Anna Siemsens Schwager, in: AAJB, PB Siemsen, Anna 36.

76 Dies bestätigt auch eine Mappe mit Konferenzprotokollen des Instituts für Lehrerbildung, an dem der Notausbildungslehrgang durchgeführt wurde. Der Name Anna Siemsens wird hier zum ersten Mal in dem Protokoll der ersten Sitzung des neuen Jahres am 21.1.1947 erwähnt, in der sie den Vorsitz übernimmt. In den folgenden Sitzungen wird der Vorsitz in unregelmäßigem

zustande, so dass Siemsen bis dahin, wie sie Hilfe suchend in einem Brief an Meitmann schrieb, „finanziell und in jeder anderen Beziehung in der Luft (schwebte)" und ohne ihre Geschwister, „denen es auch nicht allzu gut (gehe), glattweg in diesen Wochen erfroren und verhungert"[77] wäre. Weiterhin bemühte die SV sich zwar beim Organisationsamt (OA), Siemsen wegen ihrer besonderen Eignung eine „entsprechende Besoldung"[78] im Rahmen einer planmäßigen Oberstudiendirektorenstelle zu verschaffen, gleichzeitig wird jedoch deutlich, dass Landahl in der SV der einzige gewesen zu sein scheint, der Siemsen gegenüber eine Wiedergutmachungspflicht empfand und sich für ihre Verbeamtung einsetzte. Der ebenfalls in der SV tätige Oberschulrat Fritz Köhne teilte der Kämmerei dagegen mit, dass statt einer Verbeamtung auch andere Dienstverträge möglich seien und dass die Frage, was nach der zunächst auf zwei Jahre festgelegten Lehrernotausbildung „mit Frau Prof. Siemssen (sic!) zu machen sei"[79], zunächst offen gelassen werden könne. Darüber hinaus sperrten sich sowohl das OA als auch die Kämmerei wegen der „angespannte(n) Finanzlage" gegen die „Neuschaffung einer entsprechenden Planstelle"[80]. Stattdessen wurde Siemsen auf Vorschlag des OA als Wissenschaftliche Angestellte bei der SV eingestellt und vorübergehend aus der beim Höheren Schulwesen unbesetzten Oberstudiendirektorenstelle des in Gefangenschaft befindlichen und zudem politisch belasteten Dr. Stein finanziert.[81] Als eine dauerhafte Lösung betrachteten OA und Kämmerei aber auch diese Regelung nicht, da die Oberstudiendirektorenstelle eigentlich nur für Schulleiter höherer Anstalten gedacht sei.[82] Als Landahl sich weiterhin um eine Wiedergutmachung und eine Verbeamtung Siemsens bemühte, schlug die Kämmerei vor, sie im Rahmen der universitären Lehrerausbildung unterzubringen,[83] was sich jedoch ebenfalls als schwierig erwies, da die Dozentenschaft der Universität bereits angesichts der Erteilung des von Landahl versprochenen Lehrauftrages für Literatur Widerstand geleistet und dies mit der an-

---

Wechsel von ihr oder Herrn Dr. Herzer, ihrem Stellvertreter, übernommen. Zu Beginn, d.h. im November und Dezember 1946, stand der Kurs offensichtlich unter seiner Führung. (Vgl. Konferenzprotokolle, Institut für Lehrerbildung, Freiligrathstraße 22, 11. Nov. 1946, in: Staatsarchiv Hamburg, Bestand Nr. 362-7/2.)

77 Brief Siemsens an Meitmann v. 1.2.1947 in: AdsD, Bestand SPD-LO Hamburg, Mappe 171 (Allgemeine Korrespondenz „S").
78 Brief des Oberschulrats Köhne v. der SV an die Organisationsabteilung des Personalamtes v. 13.1.1947 in: Staatsarchiv Hamburg, Bestand Nr. 361 3, Sign. A 515, Bl. 19.
79 Auskunft Köhnes an Amtmann Safft von der Kämmerei v. 29.1.1947 in: Ebd., Bl. 22.
80 Brief des OA an die SV v. 6.3.1947 in: Ebd., Bl. 23.
81 Vgl. u.a. ebd.; Brief des OA an die SV v. 17.4.1947 in: Ebd., Bl. 30.
82 Vgl. Brief des OA an die Schulbehörde (SB) (wie die SV mittlerweile heißt) v. 14.6.1947 in: Ebd., Bl. 38.
83 Vgl. Aktenvermerke v. 16.6.1947 und 19.6.1947 in: Ebd.

geblich unzureichenden wissenschaftlichen Qualifikation Anna Siemsens begründet hatte.[84] Vermutlich wurde der Lehrauftrag für europäische Literatur, den sie dennoch vom Sommersemester 1947 an erhielt, aus diesem Grund im Rahmen des Allgemeinen Vorlesungswesens und nicht innerhalb der Philosophischen Fakultät erteilt.[85] Hinsichtlich der über den Lehrauftrag hinausgehenden Anstellung Siemsens an der Universität schlug der Senator Dr. Hans v. Heppe, Leiter der in die SB (i.e. ehemalige SV) eingegliederten Hochschulabteilung, deshalb ihre Unterbringung in dem zum damaligen Zeitpunkt noch im Aufbau befindlichen und von der übrigen Dozentenschaft unabhängigen Pädagogischen Institut vor,[86] das wegen der Enge des innerhalb der Philosophischen Fakultät angesiedelten Erziehungswissenschaftlichen Seminars auf Anordnung der Behörde gegen Ende 1947 errichtet wurde. Ohne die Arbeit dieses Instituts, das die Aufgabe der „praktischen pädagogischen Ausbildung" und somit der schulpraktischen Übungen und Didaktikvorlesungen übernahm, während das Erziehungswissenschaftliche Seminar „die Allgemeine Erziehungswissenschaft, die Geschichte der Pädagogik und die Vergleichende Pädagogik vertrat"[87], gering schätzen zu wollen, muss die dortige Unterbringung Siemsens als eine Art „Abschiebung" bewertet werden, zumal Georg Geißler darauf hinweist, dass das Institut nicht unmittelbar zur Universität gehörte, sondern als selbstständige und weitgehend selbstverwaltete Einrichtung der Hochschulabteilung der Schulbehörde unterstand und nur durch seinen Direktor, den geisteswissenschaftlichen Pädagogen Wilhelm Flitner, mit der Philosophischen Fakultät verbunden war, da Flitner dort einen ordentlichen Lehrstuhl für Erziehungswissenschaft innehatte.[88] Geißler merkt außerdem an, dass die Dozent/innen des Pädagogischen Instituts, die keine theoretische Leistung in Form einer Habilitation erbracht haben mussten[89], von der Philosophischen Fakultät als „Praktiker" und nicht als „Gelehrte" angesehen wurden[90], und zwar „nominell zum Lehrkörper der Universität" gehörten, im Vorlesungsverzeichnis aber bis 1955 gar nicht und später als „gesonderte Gruppe hinter dem Lehrkörper der Philosophischen Fakultät"[91] auftauchten. Entsprechend habe die Fakultät sich herzlich wenig für die Berufungen des

---

84 Vgl. Auszug aus der Niederschrift der Fakultätssitzung v. 22.3.1947 in: Ebd., Bestand 361 6, Sign. IV 3041.
85 Dies vermutet auch Christa Kersting in: Kersting (1994), S. 756. Dass sie den Lehrauftrag erhielt geht hervor aus diversen Schriftstücken in: Staatsarchiv Hamburg, Bestand Nr. 361 6, Sign. I 400.
86 Vgl. Aktenvermerk v. 19.6.1947 in: Ebd., Bestand Nr. 361 3, Sign. A 515, Bl. 36.
87 Fiege (1970), S. 141.
88 Vgl. Geißler (1973), S. 146 u. die Übersicht im Anhang über Lehrstühle und Funktionen.
89 Vgl. ebd., S. 153.
90 Vgl. ebd., S. 248.
91 Ebd., S. 160.

Instituts interessiert, obwohl sie diese offiziell bestätigen musste, was sie aber „als eine eher lästige Angelegenheit"[92] empfunden habe.

Während die Verhandlungen über eine Beschäftigung Siemsens im Rahmen des Instituts weiterliefen, wurde ihr im August 1947 mitgeteilt, dass neben der finanziellen Bedenken der Kämmerei und des OA auch ihre durch ihre Heirat verlorene und noch nicht wiedererlangte deutsche Staatsbürgerschaft einer Verbeamtung entgegenstünde, um die sie sich jedoch selbst kümmern müsse.[93] Auch dies bedeutete wiederum einen mehrwöchigen Behördengang, da das Rechtsamt der Stadt Hamburg die SB zunächst um eine Befürwortung des von Anna Siemsen gestellten Wiedereinbürgerungsantrages ersuchte, den Köhne jedoch umgehend lieferte. Siemsens Arbeit sei, so Köhne in seinem an das Rechtsamt gerichteten Schreiben,

> „für die grundlegenden Fragen und die praktische Durchführung der Lehrerbildung von ganz besonderem Wert. Frau Prof. Siemsen ist eine Persönlichkeit, welche die Aufgabe der Erziehung im Zusammenhange mit den sozialen, wirtschaftlichen und kulturellen Problemen nicht nur in Deutschland, sondern in Europa und der Welt erkennt und in Wort und Schrift überzeugend darstellt. Sie macht in ihrer Klarheit und Tiefe auf ihre Hörer einen nachhaltigen Eindruck. Sie ist ein echt deutscher Mensch, auf dessen Mitarbeit in dem heutigen Deutschland nicht verzichtet werden darf."[94]

Auf Anna Siemsen, die mittlerweile seit einem Jahr in finanzieller Unsicherheit lebte und darüber hinaus auch körperlich geschwächt war, da sie sich im September 1947 einer Operation hatte unterziehen müssen, bei der ihr laut ihrer Schwester ein Myom entfernt worden war,[95] stellte der zermürbende Behördentanz eine enorme psychische Belastung dar. So schrieb sie, während sie sich zur Erholung in der Schweiz befand, im Oktober 1947 ihrer nun in New York lebenden Freundin Margo Wolff, dass „nicht die Zerstörung (…), nicht der Hunger, nicht die gänzlich fehlgeschlagene Säuberung, nicht die überhand nehmende Demoralisierung, nicht der Eiserne Vorhang", sondern die „unheilbar weiterwuchern(de)" Bürokratie das Hauptelement des deutschen Übels sei. Ernüchtert fuhr sie fort: „Wir sind noch überall infiziert von Hitlertum, Gewaltglauben, Herzensträgheit und Heuchelei. Wie wenige Menschen haben das Recht von Humanität zu reden und mit welchem Geschrei tun es gerade jene, denen das

---

92 Ebd., S. 244.
93 Vgl. Brief der SB an Siemsen v. 20.8.1947, Aktenvermerk v. 11.9.1947 u. Brief der SB an Siemsen v. 12.9.1947 in: Staatsarchiv Hamburg, Bestand Nr. 361 3, Sign. A 515, Bl. 29 u. 44.
94 Brief Köhnes an das Rechtsamt v. 22.10.1947 in: Ebd., Bl. 50.
95 Vgl. Brief Paula Siemsens an Hedda Fredenhagen v. 19.11.1951, in: Schweizerisches Sozialarchiv, Bestand Siemsen, Anna, Ar 142.10.1, darin 01.10.2. Der Lehrernotausbildungskurs wurde wegen Siemsens Krankheit unter der Leitung ihres Stellvertreters und Mitarbeiters Dr. Albert Herzer zuende geführt.

Wort im Munde ersticken sollte."[96] Als sie der SB im Januar 1948 mitteilte, dass sie bald wieder arbeitsfähig sei und sich nach dem „Schicksal der beabsichtigten neuen Lehrerkurse"[97] erkundigte, deren Leitung sie wieder übernehmen sollte, erhielt sie die mehr als unerfreuliche Antwort Köhnes, dass aus finanziellen Gründen kein weiterer Sonderkurs stattfinden werde. Stattdessen stellte er ihr die Frage, welchen Vorschlag sie selber für ihre weitere Beschäftigung machen könne. Die Lehrerbildung im Pädagogischen Institut scheide leider aus.[98] Enttäuscht und verärgert erinnerte Siemsen Landahl daraufhin schriftlich an die ihr gemachten Versprechungen, die sie veranlasst hatten, nach Hamburg zu kommen, obwohl sie „materiell erheblich günstigere Angebote" hatte. Nun aber sei sie „sozusagen Gelegenheitsarbeiter auf sofortige Kündigung" und habe nur so viel verdient, dass sie davon gerade einmal die Kosten ihrer Operation habe decken könne, „die ich in der Schweiz, wo ich versichert bin, gar nicht hätte übernehmen müssen. Ich habe praktisch die ganze Zeit leben müssen von meinen sehr geringen Reserven"[99]. Auch von den insgesamt etwa 480 Mark, die ihr für ihre Vorlesungen des kommenden Semesters zu Semesterschluss zustünden, könne sie nicht existieren. Gerne würde sie, so Siemsen weiter, ihre Arbeit in Hamburg fortsetzen, wenn man ihr ihre Existenzmöglichkeit sichere.[100] Als Landahl daraufhin erneut das Personalamt ersuchte, die mittlerweile wieder eingebürgerte Anna Siemsen endlich zu verbeamten, wurde seinem Antrag ein für allemal ein Ende gesetzt, in dem man nicht mehr mit der finanziellen Lage oder anderweitigen Gründen argumentierte, sondern schlicht und einfach den Hinweis gab, dass Siemsen „im 67. Lebensjahre" stehe und „also bereits die regelmäßige Altersgrenze der Beamten überschritten"[101] habe. Zu einer Wiedergutmachung sei außerdem nicht Hamburg verpflichtet. Da Siemsen darüber hinaus „erst kürzlich mehr als sieben Monate dienstunfähig krank war (...), muß das Personalamt ohnehin die ‚körperliche Rüstigkeit für eine Reihe von Jahren' bezweifeln"[102]. Es verwundert nicht, dass Siemsen etwa drei Wochen später ihrem Bruder Hans gegenüber ein vernichtendes Urteil über ihrer beider Heimatland fällte:

„Unter dem allgemeinen Elend würdest Du das alte Deutschland wieder finden mit all seinen Vorurteilen, schroffen Ungerechtigkeiten, seiner Heuchelei und tiefen Unfähigkeit, die Wirk-

---

96 Vgl. Brief Siemsens an Margo Wolff v. 13.10.1947, der von Margo Wolff über Rudolf Rogler in den Besitz der Verfasserin gelangte.
97 Brief Siemsens an die SB v. 12.1.1948 in: Staatsarchiv Hamburg, Bestand Nr. 361 3, Sign. A 515, Bl. 55.
98 Vgl. Brief Köhnes an Siemsen v. 18.3.1948 in: Ebd., Bl. 56.
99 Vgl. Brief Siemsens an Landahl v. 23.4.1948 in: Ebd., Bl. 59.
100 Vgl. ebd.
101 Brief des Senatssyndikus Harder an die SB v. 25.5.1948 in: Ebd. (ohne Blatt-Angabe)
102 Ebd.

lichkeit zu sehen. Gelernt haben sie nichts (...) dagegen das bißchen, was noch an demokratischer Freiheit, an Leichtigkeit und Duldsamkeit hie und da vorhanden war, restlos verlernt. (...) Und alles ist so tief korrumpiert und verdreckt, daß es Generationen brauchen wird, bis aus diesem Boden wieder etwas Erfreuliches wachsen kann (...) Es ist übrigens im übrigen Europa nicht viel anders. Das Schlimmste ist die allgemeine Verlogenheit, die alles wie mit einer Schleimschicht überzieht. Wir werden trotzdem unsern Garten bauen, solange wir noch die Hacke halten können, aber keineswegs unglücklich sein, wenn es nicht mehr geht."[103]

Hilfe suchend wandte sie sich erneut an Meitmann,[104] der neben Landahl an der anschließenden Lösung ihres Dilemmas zumindest beteiligt gewesen sein muss, da sie ihm später dafür dankte, dass er ihr geholfen habe, ihre „sonst hoffnungslos verfahrne (sic!) Situation soweit zu regeln, dass ich jetzt wenigstens die Aussicht habe auf tatsächliche Anerkennung meiner verletzten Rechte"[105]. Diese Lösung bestand darin, dass Hamburg sich zur Übernahme der Pensionsansprüche Siemsens gegen Thüringen bereit erklärte; dies aber auch nur, weil die Hälfte der Kosten vom Oberfinanzpräsidenten übernommen wurde, der dafür auf die für Pensionäre der Ostzone bereitgestellten Gelder zurückgriff.[106] Zusätzlich durfte Anna Siemsen sich mit Hilfe von Lehraufträgen im Angestelltenverhältnis im Pädagogischen Institut einen gewissen Betrag hinzuverdienen.[107] Obwohl der Senat dieser Regelung bereits im September zugestimmt hatte, dauerte seine Festsetzung der Höhe des Ruhegehaltes noch einmal bis Ende November, sodass Anna Siemsen am 1.12.1948 den Bescheid über ihre monatlichen Ruhegehaltsbezüge von 669,89 DM bekommen[108] und ihre ständige Sorge um den täglichen Lebensunterhalt zwei Jahre nach ihrer Rückkehr nach Deutschland endlich „zu den Akten legen" konnte.

Trotz ihrer skandalösen Behandlung durch die deutsche Nachkriegsbürokratie, die ihr die Gelegenheit verwehrte, die Ergebnisse ihres langjährigen historischen und soziologischen Studiums der Erziehung und ihre in Weimarer Zeiten herangereiften und im Schweizer Exil erweiterten Vorstellungen einer Reform des Erziehungs- und Bildungswesens an maßgeblicher Stelle einzubringen, widmete Anna Siemsen den Wirkungsfeldern, die ihr blieben, ihre ganze Energie. Neben den Veranstaltungen am Pädagogischen Institut, deren Themen von der „Schul-

---

103 Brief Siemsens an Hans Siemsen v. 17.6.1948 in: Siemsen, Hans (1984), S. 318.
104 Geht hervor aus Brief Siemsens an Meitmann v. 7.7.1948 in: AdsD, Bestand SPD-LO Hamburg, Mappe 418 (Kommunalpolitik).
105 Brief Siemsens an Meitmann v. 24.11.1948, in: Ebd. Mappe 183 (Vorstand, Allgemeine Korrespondenz „O-S, Sch").
106 Vgl. Brief Landahls an Siemsen v. 3.8.1948 in: Staatsarchiv Hamburg, Bestand Nr. 361 3, Sign. A 515 (ohne Blatt-Angabe).
107 Vgl. u.a. Aktenvermerk v. 3.8.1948; Drucksache Nr. 400 für die Senatssitzung v. 17.9.1940 u. Aktenvermerk v. 11.10.1948 in: Ebd.
108 Vgl. Brief der SB an Siemsen v. 1.12.1948 in: Ebd.

reform im 20. Jahrhundert" und den „gesellschaftlichen Grundlagen der Erziehung", über „Die Entwicklung der europäischen Gesellschaft und ihrer Erziehungseinrichtungen" und „Pestalozzis Erziehungsreform im Rahmen seiner Zeit" bis hin zu „Übungen über Goethes Pädagogische Provinz"[109] reichten, gehörten hierzu u.a. eine umfangreiche Vortragstätigkeit im Rahmen von Tagungen, Lehrerkonferenzen und Europa-Veranstaltungen, die sie in ganz Deutschland und im europäischen Ausland herumführte, ihr Eintritt in das Kuratorium des „Instituts zur Erforschung der Geschichte der Nationalsozialistischen Politik"[110], ihre Mitarbeit und ihre politische Schulungstätigkeit in der Kulturpolitischen Abteilung und der Sozialistischen Arbeitsgemeinschaft der Hamburger SPD,[111] sowie ihre Referate bei Veranstaltungen der sozialistischen Frauen- und der sozialistischen Jugendbewegung. Zwei wesentliche Bereiche ihrer Wirksamkeit, die Leitung des Sonderausbildungskurses für Volksschullehrer/innen und ihr Engagement für ein föderalistisches Europa verdienen im Folgenden eine detailliertere Betrachtung.

b. Leitung des Hamburger Sonderausbildungskurses für Volksschullehrer/innen

Im November 1946 wurden in Hamburg zwei Sonderlehrgänge für Volksschullehrer/innen eingerichtet, einer davon unter Anna Siemsen in der Freiligrathstraße, zu dem sie jedoch erst im Januar 1947 verspätet hinzustoßen konnte. Dies erscheint umso bedauerlicher, als, wie die ehemalige Teilnehmerin Katharina Jacob rückblickend berichtet, diese Sonderkurse neben dem Schulrat Fritz Köhne gerade auch Anna Siemsen „sehr am Herzen"[112] gelegen haben. Über den zweiten Kurs existieren unterschiedliche Angaben. Laut Hartwig Fiege fand er unter Oskar Lembecker in der Felix-Dahn-Straße statt.[113] Arnold Hencke, ein von Herrn Rudolf Rogler interviewter ehemaliger Teilnehmer dieses zweiten Kurses, berichtet jedoch, dass er unter Hans Lehberger in der Hoheweide stattgefunden habe.[114] Das bereits erwähnte Konferenz-Protokollbuch des Instituts für Lehrer-

---

109 Vgl. die einzelnen Lehrauftragserteilungen der SB an Siemsen in: Ebd., Bestand Nr. 361 6, Sign. I 400.
110 Geht hervor aus Brief Siemsen an die SV v. 12.1.1948 in: Ebd., Bestand Nr. 361 3, Sign. A 515, Bl. 55.
111 Zur Geschichte der Hamburger SPD nach 1945 und der Mitarbeit Anna Siemsens in ihr vgl. insbes. Tormin (1994).
112 De Lorent/Petersen (1985), S. 147.
113 Vgl. Fiege (1970), S. 141.
114 Arnold Hencke in einem durch Herrn Rudolf Rogler in Hamburg geführten und aufgezeichneten Interview v. 21.11.1985. Die Verfasserin dankt Herrn Rogler für die freundliche Überlassung der Tonaufnahme. Ein Transkript befindet sich im Anhang vorliegender Arbeit. Herr Hencke

bildung in der Freiligrathstraße bestätigt diese Angaben Henckes zum größten Teil. Auch hier ist von einem zweiten Kurs, einem sog. Schwesterinstitut, in der Hoheweide die Rede, als dessen Leiter wird jedoch ein Herr Lehmbecker benannt.[115]

Die 1600 Bewerber/innen,[116] deren politische Eignung die Britische Militärregierung und deren leistungsmäßige Eignung die Schulbehörde überprüfte,[117] mussten sich einer mündlichen und schriftlichen Prüfung unterziehen, bei der, so der damalige Teilnehmer Arnold Hencke, „richtig gesiebt"[118] wurde. Auch Mevius weist darauf hin, dass „bereits Teilnehmer mit dem Zeugnis ‚Ausreichend' abgewiesen wurden"[119], so dass letztendlich insgesamt 400 Frauen und Männer die Kurse besuchen konnten, von denen nach einer Abschlussprüfung ca. 300 Lehrer/innen in den Schuldienst eintraten.[120] Arnold Hencke war zwar Teilnehmer des anderen Kurses, lernte Anna Siemsen aber dennoch kennen, da es einige Gesamtveranstaltungen beider Kurse gab, bei denen sie Vorträge hielt und mit den Teilnehmer/innen diskutierte. Hencke, der ihr Erscheinungsbild als „sehr nüchtern und sehr streng gekleidet" beschreibt, erinnert sich noch Jahre später an die „Güte, (das) Vertrauen und (die) Zuversicht", die sie ausgestrahlt habe. Mit pädagogischem und politischem Gespür, einer „ruhige(n), gelassene(n) Art" und zugleich „so sachlich und so voll Wärme" habe sie den Teilnehmer/innen „den pädagogisch-politischen Auftrag, den wir jetzt zu leisten hätten", nahegebracht. „Die Persönlichkeit, die Anna zur Schau trug, die überstrahlte alles"[121]. Anita Sellenschloh, offensichtlich eine Teilnehmerin des von Anna Siemsen geleiteten Kurses, äußert sich ähnlich begeistert: „Anna Siemsen war für mich eine echte Autorität. Was und wie sie uns Ideen und Personen aus der Geschichte der Pädagogik vorstellte, wie sie z.B. Keller, Heine oder Brecht in dem Literaturkurs interpretierte, war für mich ein ganz großes Geschenk. Ihr humanistisches Anliegen, ihre Friedensliebe waren durchgängig. Sie warnte vor der Wiedererstarkung der alten kapitalistischen Wirtschaftsordnung und nannte sie eine Geburtsstätte

---

äußert in diesem Interview sogar die Ansicht, dass es Hans Lehberger gewesen sei, der Anna Siemsen „geholt" habe.
115 Vgl. Konferenzprotokolle, Institut für Lehrerbildung, Freiligrathstraße 22, 11. Nov. 1946, in: Staatsarchiv Hamburg, Bestand Nr. 362-7/2, u.a. S. 15, 17, 21, 23. Eine Personalakte, die vermutlich Aufschluss über den tatsächlichen Namen hätte geben können, konnte im Staatsarchiv Hamburg weder für den Namen „Lembecker" noch „Lehmbecker" oder „Lehberger" gefunden werden.
116 Vgl. Fiege (1970), S. 141.
117 Vgl. Mevius (1985), S. 288f.
118 Interview mit Arnold Hencke. (Vgl. auch Anm. 239 vorliegenden Kapitels.)
119 Mevius (1985), S. 289.
120 Vgl. Fiege (1970), S. 141.
121 Interview mit Arnold Hencke. (Vgl. auch Anm. 239 vorliegenden Kapitels.)

des Krieges."[122] Auch Albert Herzer, der im Rahmen des Kurses „als engster Mitarbeiter und Stellvertreter mit Anna Siemsen zusammenarbeiten durfte", erinnert sich in einem Nachruf in der Hamburger Lehrerzeitung an die „Überlegenheit ihrer Persönlichkeit" und ihre „Einfühlungskraft", mit der sie „sich in den schon längst geformten und seit Monaten tätigen Arbeitskreis hineinstellte"[123]. Er beschreibt seine Zusammenarbeit mit ihr als „bereichernd und beglückend" und hebt ihre Fähigkeit, „auf die Sorgen des Einzelnen" einzugehen, „ihre eigene vorbildliche Tapferkeit und Selbstüberwindung" sowie die Klarheit, Lebendigkeit, Heiterkeit und Wärme ihrer Vorträge hervor, mit denen sie „die liebende Verehrung der Studierenden"[124] gewonnen habe. August Siemsen gegenüber erwähnte Herzer, dass Anna Siemsen „mit besonderer Energie und großem Erfolg den Teilnehmern die Verflochtenheit des geistigen und kulturellen Lebens, also auch von Schule, Erziehung und Bildung mit Wirtschaft und Politik zum Bewusstsein gebracht und gezeigt (habe), daß gerade für den Lehrer eine klare Einsicht in diese Zusammenhänge notwendig sei, wenn er seiner Aufgabe gerecht werden wolle". Ungeachtet gelegentlicher gesundheitlicher Probleme sei sie „vom Krankenbett aufgestanden (...), um trotz der schlechten Verkehrsverhältnisse und der kalten ungeheizten Räume ihren Vortrag innezuhalten. Rasch habe sie das Vertrauen der Lehrer und der Teilnehmer gefunden, und durch ihre sichere und liebenswürdige Art, mit Menschen umzugehen, (...) meist leicht ihre Absichten erreicht."[125] Die grundlegenden Erkenntnisse über dringend notwendige Reformen der „regulären" Lehrerausbildung, die Siemsen, wie bereits aus ihren Schweizer Kursen, so auch aus diesem Hamburger Lehrgang zog, und denen sie auch in Artikeln, wie z.B. ihrem 1948 verfassten Beitrag in der Schola, „Pädagogische Sonderkurse und ihre grundsätzliche Bedeutung. Ein Beitrag zum Problem der Lehrerbildung"[126] oder auch in einem 1950 gehaltenen Vortrag über „Wesen und Aufgabe der Lehrerbildung"[127] Ausdruck verlieh, werden im systematischen Teil näher betrachtet.

c. Engagement für ein föderalistisches Europa

Bereits im Schweizer Exil hatte Anna Siemsen ihre Vorstellungen eines föderalistisch vereinten Europas in mehrere Europa-Organisationen eingebracht bzw.

---
122 Sass (1985), S. 283.
123 Nachruf Albert Herzers in: Hamburger Lehrerzeitung 4(1951)3, S. 12f, hier S. 12.
124 Ebd., S. 13.
125 Siemsen, August (1951), S. 88.
126 Siemsen (1948a).
127 Siemsen (1950d).

aktiv an der Neugründung solcher Organisationen mitgewirkt. So engagierte sie sich beispielsweise in der von ihr 1939 mitbegründeten „Union Franco-Allemande", die sich für eine deutsch-französische Verständigung als Basis einer europäischen Einigung einsetzte, sowie auch in der Gruppe „Deutscher Sozialisten in der Schweiz", die gelegentlich auch als „Kreis um Anna Siemsen"[128] bezeichnet wird und aus der im März 1945 die „Union deutscher Sozialisten in der Schweiz" hervorging[129]. Die Arbeit der beiden letztgenannten Organisationen drehte sich insbesondere um den Wiederaufbau Deutschlands, das man, um zukünftigen Zentralisierungs- und Gleichschaltungstendenzen vorzubeugen, als eine föderative Republik mit Selbstverwaltung der Länder und Gemeinden zu gestalten suchte. Durch Planwirtschaft, Enteignung der Großgrundbesitzer und Sozialisierung der Schwerindustrie und des Banken- und Kreditwesens sollte „die menschenwürdige Existenz des Einzelnen" gesichert werden. Das Erziehungswesen müsse „im Geiste der Freiheit, Gerechtigkeit und Humanität" völlig neu aufgebaut werden. Gleichzeitig sei die Integration eines derart gestalteten Deutschlands in eine europäische, wirtschaftlich, kulturell und politisch föderierte Staatengemeinschaft anzustreben.[130] Sehr nahe scheint Anna Siemsen auch der 1934 entstandenen Schweizer EU gestanden zu haben, worauf zumindest zahlreiche inhaltliche Übereinstimmungen, ihr Kontakt zu Heinrich Ritzel, dem Zentralsekretär der Schweizer EU, Siemsens Hinweis in ihren „Briefen aus der Schweiz", dass diese Organisation eine wichtige Erziehungsgemeinschaft sei,[131] sowie ihre Angabe, dass sie seit 1934 in internationalen, darunter auch schweizerischen Europaorganisationen tätig war[132] schließen lassen. Wie Siemsen selbst diente auch der Schweizer EU die föderalistische Struktur der Eidgenossenschaft als Vorbild ihres Konzeptes eines in eine „föderale Weltunion" eingebundenen „europäischen Bundesstaates", das durch diese Organisation zum ersten Mal „mit wirklicher Vehemenz"[133] vertreten wurde. Ebenfalls wie Siemsen zeigte die Schweizer EU ein großes Interesse an der Neugestaltung Deutschlands und wurde deshalb nach Kriegsende zur wesentlichen „Geburtshelferin"[134] der im Dezember 1946 gegründeten *deutschen* Europa-Union, die nicht nur den Namen sondern auch das Programm der Schweizer EU übernahm und der Siemsen

---

128 Vgl. z.B. Bergmann (1974), S. 115.
129 Vgl. ebd.
130 Vgl. Thesen zum Wiederaufbau Deutschlands von 1943 in: Schweizerisches Sozialarchiv, Bestand Anna Siemsen, Ar 142.30.2, darin 01.30.2 Union deutscher Sozialisten in der Schweiz.
131 Vgl. Siemsen (1947c), S. 52.
132 Vgl. Anm. 153.
133 Conze (2005), S. 221.
134 Ebd., S. 219.

„nach langem Zögern"[135] erst im Juni 1948 beitrat. Ihr Entschluss, sich der deutschen EU anzuschließen, hing vermutlich damit zusammen, dass diese mittlerweile in die „Union Européene des Fédéralistes" (Union Europäischer Föderalisten, UEF) aufgenommen worden war, einem Zusammenschluss der Schweizer EU mit weiteren, angesichts der euphorischen Nachkriegsstimmung überall in Europa entstanden föderalistischen Organisationen. Im Rahmen ihrer umfangreichen Vortragstätigkeit in Deutschland nach 1945, insbesondere im kulturpolitischen Ausschuss der Hamburger SPD, wies Siemsen regelmäßig auf die Wichtigkeit einer Zusammenarbeit in der UEF und der Europa-Union hin, wobei sie gelegentlich auch für die UEF die Bezeichnung „Europa-Union" benutzte.[136] Ganz im Sinne des der UEF zugrunde liegenden Hertensteiner Programms, in dem ein Europa als „Dritte Kraft", d.h. ein weder von den USA noch der UdSSR instrumentalisierter Staatenbund gefordert wurde, bezeichnete auch Anna Siemsen die angebliche Aufspaltung der Menschheit zwischen „Ost" und „West" oder „– im ideologischen Gewand – zwischen Totalitarismus und Freiheit" bzw. „– sowjetisch gewandelt – zwischen imperialistischer Ausbeutung und Sowjetsozialismus"[137] als eine gefährliche Vereinfachung. Es sei ein Trugschluss zu glauben, dass Europa sich zwischen diesen beiden Seiten entscheiden müsse. Zwar leugnete sie weder die Abhängigkeit Deutschlands und Europas von den wirtschaftlichen Hilfen Amerikas,[138] noch den totalitären und terroristischen Charakter des sowjetischen Regimes und die Notwendigkeit einer Verteidigung gegen Moskau,[139] doch kam eine militärische Lösung für sie nicht in Frage, da „jeder Angriff und jede Invasion mit einer Steigerung des russischen Nationalismus enden"[140] würde. Europa müsse weder eine „Kolonie der Amerikaner"[141] noch einem bolschewistischen Übergriff Russlands ausgeliefert werden, wenn es sich zusammenschließe und sich um die Gesundung seiner Wirtschaft kümmere. Dadurch werde es nicht nur von Amerika unabhängig, sondern auch für den russischen Kommunismus uninteressant, da dessen Propaganda nur dort wirke, „wo ausgesprochene Verelendung oder krasse Ungleichheit (...) besteht. (...) Eine tiefgreifende Reform macht die Bolschewistische Propaganda wirkungslos."[142]

---

135 Vgl. Brief Siemsens an Karl Meitmann v. 7.7.1948 in: AdsD, Bestand SPD-LO Hamburg, Mappe 418 (Kommunalpolitik).
136 Auch im Hertensteiner Programm von 1946, dass die später in der UEF zusammen geschlossenen Organisationen aufstellten, ist stets von der „Europa-Union" die Rede.
137 Siemsen (1951), S. 97.
138 Vgl. Siemsen (1950b), S. 6.
139 Vgl. ebd., S. 3.
140 Siemsen (1950c), S. 9 der Vortragsniederschrift.
141 Siemsen (1950b), S. 6.
142 Siemsen (1950c), S. 9 der Vortragsniederschrift.

Die beste Verteidigung sei daher „eine gute Wirtschafts- und Sozialpolitik mit Vollbeschäftigung und Hebung des Lebensstandards. Dies muss mit amerikanischer Hilfe gelingen, dann ist Europa sehr schwer anzugreifen."[143] „Nicht im Atlantikpakt, sondern in der europäischen Zusammenarbeit liegt der Schwerpunkt."[144] Ihre Annahme, dass für Deutschland eine Mitarbeit im Atlantikpakt ohnehin nicht in Frage komme, da das Ausland keine deutsche Wiederbewaffnung wünsche und man daher davon ausgehen könne, dass Deutschland in spätestens 10 Jahren abgerüstet sei,[145] sollte spätestens mit der Wiederbewaffnung Deutschlands und seinem 1955 erfolgten Beitritt zur NATO widerlegt werden.

Neben der UEF engagierte Anna Siemsen sich im Nachkriegsdeutschland u.a. als Mitglied des Exekutivkomitees des Deutschen Rates[146], auch in der von Churchill initiierten „Europäischen Bewegung" (EB), einem Zusammenschluss der UEF mit weiteren internationalen Europaverbänden, der jedoch nicht ohne Schwierigkeiten verlief, da der Großteil der anderen Verbände sich hinsichtlich der Gestaltung Europas nicht am Föderalismus-Gedanken, sondern eher an einer Art Kooperation orientierte. Vanessa Conze weist aber darauf hin, dass eine Zusammenarbeit der Verbände dennoch wichtig war, um genügend Einfluss auf die Öffentlichkeit auszuüben.[147] Für den nach „langwierigen Verhandlungen"[148] im Mai 1948 abgehaltenen Kongress in Den Haag, auf dem die Gründung der EB vollzogen wurde, hatte auch Anna Siemsen eine Einladung erhalten, was von der SPD nicht unbedingt gerne gesehen wurde. So gab der Sozialdemokrat Fritz Heine, Vorstandsmitglied der SPD, ihr schriftlich zu bedenken, dass dieser Kongress von führenden konservativen Kräften wie Churchill geleitet werde und dass die britischen und französischen sozialistischen Parteien sich gegen den Kongress ausgesprochen hätten. Eine Teilnahme führender deutscher Sozialdemokraten halte er deshalb für unglücklich.[149] Siemsen antwortete darauf in scharfem Ton, dass es dieser Mitteilung nicht bedurft hätte, da sie selbst wisse, wohin sie gehöre. Der Parteivorstand solle sich lieber darum kümmern, dass die Frage

---

143 Siemsen (1950b), S. 3.
144 Siemsen (1950c), S. 9 der Vortragsniederschrift.
145 Vgl. ebd.
146 Gelegentlich findet sich der Hinweis, dass sie auch Mitglied des Deutschen Rates selbst gewesen sei, so z.B. bei Schilmar (2004), S. 371. Die nationalen Räte der Europäischen Bewegung sollten aus Vertretern aller Parteien und der wichtigsten Europaverbände zusammengesetzt sein und den Europa-Gedanken in den jeweiligen Ländern propagandistisch unterstützen. Der Deutsche Rat wurde im Juni 1949 von dem Exekutivkomitee gewählt und bestand aus 252 Personen. Auf Grund parteipolitischer Differenzen habe er sich aber häufig selbst blockiert. (Vgl. Conze, 2005, S. 306f.)
147 Vgl. Conze (2005), S. 295.
148 Ebd.
149 Vgl. Brief Heines an Siemsen v. 19.3.1948 in: AdsD, Sammlung Personalia „Anna Siemsen".

der EU und der diesbezüglichen Aktivierung der Sozialdemokratie endlich einmal thematisiert werde.[150] Noch ein Jahr später beklagte sie die mangelhafte Mitarbeit der SPD in der deutschen EU, obwohl diese, wenn ihr Programm auch nicht sozialistisch sei, so doch zumindest „eine Basis für sozialistische Arbeit"[151] biete, was auch von Carlo Schmid bestätigt werde. Die Folge der sozialdemokratischen Zurückhaltung sei ein vorherrschender antisozialistischer Einfluss auf die EU und eine „ganz krasse Unwissenheit selbst führender Parteigenossen auf diesem Gebiete". Der Parteivorstand müsse daher zur Mitarbeit anregen. Da es aber nicht möglich sei, „hinreichend viele Parteigenossen zum Eintritt in die Europa-Union zu veranlassen"[152], sollte darauf gedrungen werden, dass die EU Kollektivmitgliedschaften zulasse. Weil dies aber noch nicht möglich war, begründete Siemsen gemeinsam mit Hamburger Genossen, insbesondere Max Zelck,[153] eine „Gesellschaft für europäische Zusammenarbeit", eine überparteiliche und auf Kollektivmitgliedschaft beruhende[154] „Dachorganisation von Verbänden, die den Gedanken der europäischen Zusammenarbeit bejahen und dafür arbeiten möchten". Ziel sei es, durch Studienzirkel und vierzehntätig stattfindende öffentliche Vorträge „den Europagedanken in weitere Kreise zu tragen"[155]. Conze merkt allerdings an, dass die seit Anfang der 1950er Jahre zunehmend kritische Haltung der SPD gegenüber einer Mitgliedschaft ihrer Anhänger in der EU vor allem daher rührte, dass diese, vermutlich nicht zuletzt auf Grund ihrer Finanzierung durch die Amerikaner, unter einseitig westlichen Einfluss geraten sei. Mit der Gründung der BRD und der Installierung marktwirtschaftlicher Strukturen hätten die vorher durchaus vorhandenen sozialistischen Tendenzen an Kraft verloren. Auch Carlo Schmid sei daher 1952 ausgetreten.[156] August Siemsen schrieb später über seine Schwester, dass sie nicht rechtzeitig erkannt habe, „daß der Gedanke der Europa-Union, von der Reaktion für ihre Zwecke entstellt und mißbraucht, zu einer gefährlichen Illusion geworden war, zum Gegenteil von dem, was sie (d.h. Anna Siemsen, M.J) wollte"[157]. Ganz unproblematisch war die EU jedoch auch für Siemsen nicht, bemerkte sie doch in einem 1950 gehaltenen Vortrag, dass die weltanschaulich heterogene Zusammensetzung der

---

150 Vgl. Antwort Siemsens an Heine v. 10.4.1948 in: Ebd.
151 Siemsen in ihrem „Memorandum zur Europafrage", S. 1. (Vgl. auch Anm. 58 vorliegenden Kapitels.)
152 Ebd., S. 2.
153 Anna Siemsen wurde erste Vorsitzende, Max Zelck zweiter Vorsitzender.
154 Vgl. „Memorandum zur Europafrage", S. 3. (Vgl. auch Anm. 58 vorliegenden Kapitels.)
155 Eine Mitteilung Siemsens an die SPD v. Mai 1949 im Auftrag der Gesellschaft für europäische Zusammenarbeit, in: AdsD, Bestand SPD-LO Hamburg, Mappe 570 (Europa- und Internationale Politik).
156 Vgl. Conze (2005), S. 303.
157 August Siemsen in seinem Vorwort zu Siemsen (1956b), S. 4.

EU zugleich ihre Stärke und ihre Schwäche sei und dass die EU es nicht geschafft habe, den Zugang zum Volk zu finden, sondern vielmehr eine „Intellektuellen-Versammlung"[158] geblieben sei. Deshalb habe sich in Paris, „ohne sich aus der Europaunion auszuschalten", eine „Sozialistische Bewegung für die Vereinigten Staaten von Europa"[159] gebildet, an deren Gründung Siemsen laut August mitbeteiligt und in deren deutschen Zweig sie als Vorsitzende tätig gewesen sei.[160] Beide Organisationen, sowohl die EU als auch die Sozialistische Bewegung, hatten, so Anna Siemsen, die Aufgabe, den Gedanken eines vereinigten Europas „in die weitesten Kreise zu tragen"[161] und mitzuhelfen bei seiner Verwirklichung. Wie schlecht es um diese Hoffnung stand, bemerkte die „Europäerin aus Idealismus"[162], wie sie von Per Haaekkerup, dem Sekretär der Internationalen Union Sozialistischer Jugendverbände nach ihrem Tod genannt wurde, bereits 1949 in ihrem Artikel „Bundesrepublik Westdeutschland", in dem sie befürchtete, „dass der Zug nach rechts, der überall im europäischen Sektor bemerkbar ist, zu gefährlichen Entscheidungen führen wird, nicht zu einer Verständigung und Annäherung der Völker, sondern zu Allianzen und Verträgen der Regierungen auf der alten Grundlage nationaler Machtpolitik, eine Entwicklung verhängnisvollster Art"[163].

Nicht zuletzt aus diesem Grund war die Umsetzung des Europa-Gedankens für Siemsens nicht nur eine politische und wirtschaftliche, sondern vor allem auch eine pädagogische Aufgabe. Sie selbst habe gelernt, Europa als ihre Heimat zu empfinden[164] und es sei die Aufgabe der Lehrer, dieses „Gefühl der Schicksalsverbundenheit" auch in den Kindern heranzubilden.[165]

„Unsere Aufgabe ist es, unsere Kinder in der Heimat Europa heimisch zu machen (...). Wir müssen damit keinen neuen Lehrstoff aufnehmen: keine Europakunde! Wir müssen vielmehr unsere Stellungnahme ändern! (...) Die Nordsee ist als geographische Einheit zu nehmen, und es ist zu zeigen, wie ähnlich Leben und Schicksal der englischen, norwegischen, deutschen, holländischen Schiffer sind!"

Auch die deutschsprachige Literatur sei ohne Kenntnis europäischer Einflüsse nicht zu verstehen. „Renaissance, Barock usw. sind grosse europäische Bewe-

---

158 Siemsen (1950c), S. 7.
159 Ebd.
160 Vgl. Siemsen, August (1951), S. 93.
161 Siemsen (1951), S. 99.
162 Die anlässlich der Trauerfeier zu Ehren Anna Siemsens von Haaekkerup gehaltenen Worte sind abgedruckt in: Junge Gemeinschaft (1951)3, März, S. 2f., hier S. 3.
163 Siemsen (1949b), S. 236.
164 Vgl. Siemsen (1950b), S. 5
165 Vgl. ebd., S. 3.

gungen gewesen."[166] Die technischen und wirtschaftlichen Voraussetzungen einer europäischen Gemeinschaft seien durchaus gegeben; was noch immer fehle, sei das entsprechende Bewusstsein,[167] „die subjektive Bereitschaft der Menschen"[168]. Solange dieses Bewusstsein nicht vorhanden sei, könne der Gedanke der Gemeinschaft immer nur, wie in Russland, auf totalitäre Weise „von oben" aufgesetzt werden. Umso wichtiger erschien es ihr deshalb, eine demokratische Erziehung „von unten" zu gewährleisten und alle Menschen daran teilhaben zu lassen. „Die Neuorganisation des Schulwesens (...) die Verwirklichung der Einheitsschule, der Aufstieg aller Begabten" sowie auch der Ausbau der Berufsschule und der Erwachsenenbildung seien die Voraussetzung einer „Erziehung zur Demokratie"[169]. Die Lösung liege nicht „in einer Organisation der Freiheit von oben her durch Regierungs- und Gesetzesmaßnahmen", sondern „in der Selbsterziehung des Einzelnen zur freien Verantwortung, der Gemeinschaftsarbeit freier Gruppen, die sich zu immer größeren Gruppen zusammenschließen, endlich in einem demokratisch-föderalistischen Aufbau von unten nach oben, von innen nach außen"[170]. Ein gegliedertes Schulwesen, das die Kinder schon in jungen Jahren von einander scheidet, sie dadurch der nötigen Mannigfaltigkeit der Einflüsse entzieht und vor allem einem Großteil der Menschen den Zugang zur höchstmöglichen Bildung versperrt oder zumindest extrem erschwert, stand diesem Bestreben Anna Siemsens diametral entgegen. Doch nicht nur die Struktur des Erziehungs- und Bildungswesens war es, die sie beschäftigte, sondern wiederum auch der Aufbau der Lehrerbildung, da sie der Meinung war, dass nur diejenigen den Kindern ein Bewusstsein der europäischen Gemeinschaft vermitteln könnten, die diese Gemeinschaft selbst erlebt haben. Deshalb begeisterte sie sich schon während ihres Schweizer Exils für den Gedanken einer internationalen pädagogischen Akademie, der anlässlich einer im Herbst 1945 stattgefundenen pädagogischen Konferenz in Zürich, den sog. „Internationalen Studienwochen", aufgekommen war und die Idee verfolgte, „junge und aufgeschlossene Lehrer (...) in Halbjahrkursen von Dozenten der verschiedenen europäischen Länder in die Geschichte, die gesellschaftliche, kulturelle Entwicklung und vor allem in die europäische Literatur und Pädagogik einzuführen und sie gleichzeitig europäische Gemeinschaft lebendig erleben zu lassen"[171]. Auch dieses Konzept einer internationalen Akademie übernahm Anna Siemsen in ihre bereits

---

166 Ebd., S. 4.
167 Vgl. ebd., S. 5.
168 Siemsen (1950a), S. 2.
169 Ebd., S. 5.
170 Ebd.
171 Siemsen (1947c), S. 62.

mehrfach erwähnten und noch eingehender zu betrachtenden Vorschläge hinsichtlich einer Reformierung der Lehrerausbildung.

d. Anna Siemsens Tod

Weder ihre enttäuschenden Erfahrungen als Remigrantin noch ihr zunehmend schlechter Gesundheitszustand konnten Anna Siemsen davon abhalten, sich ihrer umfangreichen Publikations-, Lehr-, Vortrags- und Schulungstätigkeit bis kurz vor ihrem Tod zu widmen. Noch im Januar 1951 hielt sie ihre Veranstaltungen im Pädagogischen Institut der Hamburger Universität, bevor sie am 11.1.1951, einen Tag nach ihrem letzten Vortrag bei der sozialistischen Jugendgruppe, den Falken, plötzlich zusammenbrach und am 15.01. und 18.01. wegen einer Darmverschlingung, laut Paula eine Folge ihrer dreieinhalb Jahre zuvor erfolgten und nicht genügend auskurierten Erkrankung,[172] operiert wurde und am 22.1. um 4 Uhr morgens starb.[173] „Dem Sozialismus, der Idee der Freiheit, der Menschenwürde, des Friedens unter den Völkern und der Freundschaft unter den Menschen hat sie", so Karl Meitmann in seiner Grabrede, „ihr Leben lang gedient mit einer Tapferkeit und Treue, die keine eigene Anstrengung, kein Opfer, keine Verfolgung scheuten und sie davon abhalten konnte zu sagen, was sie dachte und zu fordern, was sie für Recht hielt."[174] An Siemsen gerichtet endete er mit dem Trost, den er darin finde, „dass Du nun für Dich gefunden hast, was Du für die ganze Menschheit so sehnlichst erstrebtest: – den Frieden!"[175]

Fünf Tage nach ihrem Tod wurde Anna Siemsens Urne in der Grabstelle ihres Vaters auf dem Osnabrücker Hasefriedhof beigesetzt. Innerhalb der erziehungswissenschaftlichen Disziplin weitgehend vergessen, wurde dem Namen „Anna Siemsen" zumindest in der Benennung verschiedener Grund-, Haupt- und vor allem Berufsschulen in Berlin, Herford, Hamburg, Hannover und Lübeck, eines Hörsaals der Universität Hamburg sowie diverser Straßen in Berlin, Dortmund, Hamburg, Hannover, Jena, Leopoldshöhe und Schortens ein Andenken gewahrt – die Straßen befinden sich in direkter Nachbarschaft bedeutender Namenspatrone wie Gertrud Bäumer, Hedwig Dohm, Hugo Gaudig, Gerhart Hauptmann, Georg Kerschensteiner, Käthe Kollwitz, Kurt Löwenstein und Heinrich und Thomas Mann.

---

172 Vgl. Paula in einem auf den 19.11.1951 datierten Brief an Hedda Fredenhagen, in: Schweizerisches Sozialarchiv, Bestand Siemsen, Anna, Ar 142.10.1, darin 01.10.2.
173 Vgl. die Einträge v. 11.-22.1.1951 im Tagebuch Karl Eskuchens, Anna Siemsens Schwager, in: AAJB, PB Siemsen, Anna 36.
174 Grabrede Karl Meitmanns in: AAJB, PB Siemsen, Anna 33, S. 3. (Herv. im Orig.)
175 Ebd., S. 5. (Herv. im Orig.)

(Quelle: AAJB, PB Siemsen, Anna)

Systematischer Teil
– Anna Siemsens „Gesellschaftliche Grundlagen der Erziehung" als Allgemeine Pädagogik

I. Wissenschaftstheoretische und -methodische Einordnung, Intention und Aufbau der „Gesellschaftlichen Grundlagen der Erziehung"

> „...die Pädagogen zum Studium gesellschaftlicher Zusammenhänge, die Soziologen und Wirtschaftler zur Betrachtung der großen gesellschaftlichen Funktion der Erziehung zu bringen, ist mein Wunsch."[1]

Die Frage nach dem Gegenstand und der wissenschaftstheoretischen und -methodischen Einordnung des pädagogischen Hauptwerkes Anna Siemsens, der zwischen 1934 und 1935 verfassten und 1948 veröffentlichten[2] „Gesellschaftlichen Grundlagen der Erziehung" (GGE), wurde bislang unterschiedlich beantwortet. In zeitgenössischen Rezensionen und neueren Auseinandersetzungen mit den GGE reichen die Bezeichnungen von einer „Erziehungstheorie"[3] über eine „Erziehungssoziologie"[4] bzw. eine „pädagogische Soziologie"[5] bis hin zu einer „Geschichte der menschlichen Gesellschaft, der Erziehung und der Schule"[6]. Während mit diesen Kategorisierungen jeweils einzelne, wenn auch wesentliche Komponenten der Schrift Anna Siemsens herausgegriffen bzw. besonders betont werden, soll die hier folgende Analyse zeigen, dass der grundsätzliche Charakter und die zeitgenössische Besonderheit der GGE nur deutlich werden, wenn man sie als Variante einer „Allgemeinen Pädagogik" betrachtet. Der Begriff der „Variante" ist dabei bewusst gewählt, zumal die breiten Diskussionen seit Etablierung der Erziehungswissenschaft als eigenständiger universitärer Disziplin zeigen, dass es *die* Allgemeine Pädagogik nicht gibt.

Teilt man die Einschätzung Wilhelm Flitners, dass es einer Allgemeinen Pädagogik darum gehe, den „pädagogischen Grundgedankengang"[7] nachzuzeichnen, d.h. die grundlegenden pädagogischen Begriffe und Gesetzmäßigkeiten systematisch zu ordnen, wird deutlich, dass die Einschätzungen darüber, was als pädagogische Grundlage anzusehen sei und welche Themenbereiche eine Allgemeine Pädagogik somit zu umfassen habe, je nach wissenschaftstheoretischer

---

1 Siemsen (1926d), Einführung.
2 Eine frühere Veröffentlichung war angesichts der sich ausbreitenden nationalsozialistischen Herrschaft gescheitert.
3 Borst (2000), S. 69.
4 Lange (1949), S. 20.
5 Hilker (1949), zit. n. Schmölders (1990), S. 121 u. Whang (1963), S. 94-102.
6 Ketscher (1949), S. 49.
7 Flitner (1950), S. 123.

Betrachtungsweise unterschiedlich ausfallen müssen. Jede pädagogische Theorie, stehe sie nun in der Tradition geisteswissenschaftlicher, empirischer oder kritischer Erziehungswissenschaft, konstruiert eine eigene Wirklichkeit,[8] geht also von jeweils spezifischen Annahmen über Voraussetzungen und Rahmenbedingungen des Erziehungsprozesses aus, entwickelt und verwendet daher ein ebenso spezifisches Forschungsinteresse und Methodenrepertoire und gelangt somit zu eigenen erziehungswissenschaftlichen Erkenntnissen und Aussagen. Es gilt daher, wie Norbert Kluge folgert, „den jeweiligen Begründungszusammenhang der Systementwürfe"[9] einer Allgemeinen Pädagogik herauszuarbeiten und, so lässt sich hinzufügen, sie hinsichtlich ihrer Aussagekraft zu überprüfen. Im gegenwärtigen erziehungswissenschaftlichen Diskurs besteht weitgehende Einigkeit darüber, dass moderne Erziehungswissenschaft sich im Sinne einer „verstehenden Sozialwissenschaft"[10] sowohl hermeneutisch-ideologiekritischer als auch empirisch-analytischer Verfahren und Ansätze zu bedienen habe.[11]

So unstrittig diese Auffassung heute ist, so lange hat die Emanzipation der universitären Erziehungswissenschaft von ihrer vorwiegend philosophisch-geisteswissenschaftlichen Orientierung, ihre Übernahme einer gesellschaftskritischen Perspektive und ihre Anknüpfung an die empirischen Wissenschaften, insbesondere die Soziologie und Psychologie, in Deutschland auf sich warten lassen. Wie bereits im Zusammenhang der deutschen Nachkriegsverhältnisse erwähnt, blieb die Geisteswissenschaftliche Pädagogik, die schon in den 1920ern von maßgeblichem Einfluss gewesen war, an den deutschen Universitäten noch bis in die 1950er Jahre dominant – dies obwohl sie auf Grund ihres rein ideengeschichtlichen und immanent-hermeneutischen Selbstverständnisses und ihrer fehlenden kritischen Reflexion des gesellschaftlichen Bedingungsgefüges von Erziehung sich zum einen größtenteils als unfähig erwiesen hatte, dem NS kritisch gegenüberzutreten, zum anderen teilweise deutliche Schnittmengen mit der NS-Ideologie besaß und sich dieser gegenüber daher nicht selten als empfänglich zeigte. Beides konnte am Beispiel des Hamburger Universitätsprofessors Wilhelm Flitner gezeigt werden. Selbst *nach* 1945 behielten die älteren Vertreter dieser pädagogischen Denkrichtung ihre apolitische und unkritische Haltung bei

---

8   Vgl. Breinbauer (1996), S. 132.
9   Kluge (1983), S. 4.
10 Kron (1996), S. 27.
11 Vgl. dazu u.a. Klafki (1971a), S. 28 u.ö. u. Wulf (1978), S. 232. Letzterer formuliert: „Als praxisorientierte Sozialwissenschaft zielt die Erziehungswissenschaft darauf, die in der Gegenwart relevanten Elemente geisteswissenschaftlicher Pädagogik kritisch zu rezipieren, eine kontinuierliche Auseinandersetzung mit dem empirisch-analytischen Wissenschaftsparadigma zu führen und sich im Sinne Kritischer Theorie ihres gesellschaftlichen Standorts und ihres pädagogisch-politischen Engagements zu versichern."

und bezogen die nicht zuletzt durch den Einfluss der Remigrant/innen verstärkten sozialwissenschaftlichen und gesellschaftskritischen Forschungsansätze nur unzureichend in ihre Theorien und Konzepte mit ein. So verwundert nicht, dass Flitner seine bereits 1933 erschienene „Systematische Pädagogik"[12] 1950 unter dem Titel einer „Allgemeinen Pädagogik"[13] zwar in etwas ausdifferenzierter und ergänzter, vom Ansatz her jedoch gleich bleibender und im Bezug auf den Inhalt über weite Strecken identischer Form wieder veröffentlichte. Sowohl 1933 als auch 1950 erkannte Flitner die Fortschritte auf dem Gebiet der pädagogischen Tatsachenforschung und die Bedeutsamkeit der pädagogischen Verwertung medizinischer, psychologischer und soziologischer Erkenntnisse zwar grundsätzlich an; die „‚eigentlich pädagogische' Fragestellung" müsse aber „als eine philosophische Frage betrachtet werden"[14]. Welche der allgemeinen empirischen Einzelergebnisse in einer konkreten pädagogischen Situation, die nur in „philosophischer Besinnung"[15] interpretiert werden könne, Verwendung finden, hänge, so Flitner, vom „Gestaltungswillen der Erzieher"[16] ab. Auch wenn Flitner sich zu recht gegen jene Bestrebungen wendet, die die Pädagogik auf eine rein empirische Wissenschaft zu reduzieren suchen, verkennt er doch die allgegenwärtige gesellschaftliche Eingebundenheit der Erziehung, der Erziehungswissenschaft und des einzelnen Erziehers. Eine „relative Autonomie" der pädagogischen Erziehungswirklichkeit voraussetzend, gehen die Vertreter Geisteswissenschaftlicher Pädagogik stets von einer konkreten praktisch-pädagogischen Situation aus, die nur aus sich selbst heraus nachvollzogen und nicht anhand allgemeingültiger Normen oder Kriterien beurteilt werden könne. Welche Erziehungsziele in einer solchen Situation für einen spezifischen Zögling als wichtig erachtet und welche an ihn gerichteten gesellschaftlichen Anforderungen zugelassen werden, entscheide der einzelne Erzieher. Hier zeigt sich nicht nur die generelle Anpassungsfähigkeit eines solchen pädagogischen Verständnisses an nahezu jede beliebige politische Gesellschaftsform; es zeigt sich ebenso das fehlende ideologiekritische Verständnis dafür, „daß menschliches Denken und Handeln, menschliche Lebensformen, Institutionen und kulturelle Objektivationen aller Art bis hin zu den Fragen, Verfahrensweisen und Ergebnissen der Wissenschaft durch die jeweiligen gesellschaftlich-politischen Verhältnisse, durch gesellschaftlich vermittelte Interessen, Abhängigkeiten, Herrschaftsverhältnisse, Zwänge oder auch Chancen bestimmt oder doch *mit*bestimmt sind"[17]. Es fehlt ein Verständnis für

---

12 Flitner (1933).
13 Flitner (1950).
14 Flitner (1933), S. 14.
15 Ebd., S. 22.
16 Ebd., S. 18; zum Gesamtgedankengang Flitners vgl. ebd., S. 10-25.
17 Klafki (1971a), S. 40f. (Hervorh. im Orig.)

die Dialektik von Erziehung und Gesellschaft, ein Bewusstsein dafür, dass Voraussetzungen, Mittel und Ziele von Erziehung vom gesellschaftlichen Kontext abhängen und dass Erziehung gleichsam eine gesellschaftliche Funktion erfüllt und, solange diese unreflektiert bleibt, die bestehenden Verhältnisse stets aufs Neue reproduziert.

Diese fehlende Einsicht in die gesellschaftliche Bestimmtheit der Erziehung ist es, die Anna Siemsen kritisiert, wenn sie in ihrer Einleitung zu den GGE den Vorwurf äußert, dass die europäische Erziehung die Entstehung und Durchsetzung des deutschen NS und der europäischen faschistischen Bewegungen mit zu verantworten habe. Zum einen habe sie es versäumt, den Menschen die Erkenntnis gesellschaftlicher Zusammenhänge zu vermitteln und dadurch eben jene gesellschaftlichen Verhältnisse gestützt, in denen der Einzelne verwirrt, sozial isoliert und verängstigt und damit für die blinde Unterwerfung unter einen Führer empfänglich gemacht wurde.[18] Zum anderen habe sie selbst sich dem nationalsozialistischen (Erziehungs-)System gegenüber als völlig unsicher, hilf- und widerstandslos erwiesen, was Anna Siemsen an anderer Stelle darauf zurückführt, dass Erziehung gemeinhin nicht als eine „Teilerscheinung des gesellschaftlichen Prozesses und in ihrer gesellschaftlichen Funktion"[19] untersucht, ja dass sie zumeist überhaupt nicht wissenschaftlich betrachtet und hinsichtlich ihres Wesens, ihrer Bedingungen und ihrer Zielsetzungen hinterfragt, sondern häufig auf eine Art überliefertes „Methodenrepertoire" reduziert werde.[20] Dadurch aber entziehe man, so Siemsen, jeder sinnvollen pädagogischen Diskussion und jeder fundierten Stellungnahme gegenüber pädagogischen Theorien und Konzepten die Grundlage. Weil ihnen der Einblick in gesellschaftliche Gesetzmäßigkeiten fehlte, betrachteten viele Zeitgenossen Siemsens den NS als „plötzlichen Einbruch dämonischer Kräfte" oder als Folge einer „rationelle(n) Bewußtseinsüberzüchtung"[21], anstatt ihn als logischen Endpunkt einer langjährigen Entwicklung gesellschaftlicher Missverhältnisse zu begreifen. Erst wenn die „Grundfragen jeder menschlichen Erziehung"[22], d.h. ihr Wesen und ihre Bedingungen geklärt seien, könne über Erziehungsziele und -methoden nachgedacht werden,[23] erst dann könne ein vorhandenes Erziehungssystem, wie das nationalsozialistische, beurteilt und als ein *wesenhaft* unmenschliches und eben *nicht* zufällig oder ungewollt entgleistes erkannt werden.[24] Deshalb seien ihre GGE, so Siemsen 1938,

---

18 Vgl. Siemsen (1948b), S. 5.
19 Siemsen (1938h), S. 29.
20 Vgl. Siemsen (1948b), S. 8-10.
21 Ebd., S. 5.
22 Siemsen (1938h), S. 45.
23 Vgl. Siemsen (1948b), S. 9f.
24 Vgl. Siemsen (1938h), S. 44f.

„aus dem Wunsche der Verfasserin (entstanden), festeren Boden zu gewinnen bei den pädagogischen Diskussionen der Gegenwart, bei denen durchweg eine ungenügende Fragestellung zu Missverständnissen führt", bei denen „die Fragestellungen durchweg völlig sinnlos, eine Antwort auf sie deswegen durchaus unmöglich" seien. Ihre GGE sollen daher „nichts anderes leisten als die Voraussetzungen klarlegen für eine Diskussion"[25] pädagogischer Probleme. „In der Tat ist dieses Buch (...) kein polemisches, sondern ein grundsätzliches. Das heisst, es sucht die Grundlagen zu schaffen für eine Polemik, die ohne festen Standpunkt notwendig wirkungslos bleiben muss."[26] Um keinem ungelernten Handlanger zu gleichen, der „nichts weiß von den allgemeinen Voraussetzungen seiner speziellen Arbeit"[27], stellt Anna Siemsen, einen kritisch-emanzipatorischen und historisch-materialistischen wissenschaftstheoretischen Zugang wählend, Erziehung in den Zusammenhang gesamtgesellschaftlicher Prozesse und verknüpft ihre Betrachtungen unter Rückgriff auf soziologische Erkenntnisse mit der allgemeinen Grundfrage nach dem Verhältnis von Freiheit und sozialer Verpflichtung, von Persönlichkeit und Gesellschaft, von Individuum und Kollektiv.

Ein Grund für ihre Einnahme einer solchen Perspektive ist sicherlich, wie im ersten Teil vorliegender Arbeit ausführlich gezeigt wurde, in ihren biographischen Erfahrungen zu sehen, aus denen sie vor allem die Erkenntnis gewann, dass die gesamte menschliche Geschichte von dem Versuch geprägt sei, sowohl Freiheit als auch Gemeinschaft zu verwirklichen.[28] Wie schwer sich die Vermittlung zwischen Individuum und Gesellschaft gestaltet und welch enormen Einfluss dieser Konflikt insbesondere auf das Gebiet der Erziehung ausübt, musste Anna Siemsen mehrfach persönlich erleben, sei es, dass ihre Forderung nach einer ganzheitlichen, den Bedürfnissen jedes Individuums gerecht werdenden Erziehung stets auf den Widerstand gesellschaftlicher Interessen stieß und auch sie selbst durch die Macht gesellschaftlicher Verhältnisse ihrer Ämter enthoben wurde; sei es, dass sie erkennen musste, dass sogar die unmenschlichsten gesellschaftlichen Ordnungen gerade in den erzieherischen Einrichtungen eine wesentliche Stütze fanden. Die persönlichen Erfahrungen Anna Siemsens stellen somit die Folie dar, auf der sie ihre gesellschafts- und erziehungstheoretischen Vorstellungen entwickelte. Daher verwundert nicht, dass sie auch die GGE nicht etwa abstrakt-ideengeschichtlich anlegt, sondern sie in einen konkreten gesellschaftlichen Zusammenhang stellt: die Etablierung des Nationalsozialismus und des nationalsozialistischen Erziehungssystems als den größtangelegten Versuch,

---

25 Ebd., S. 29.
26 Ebd., S. 41.
27 Siemsen (1948b), S. 9.
28 Vgl. Siemsen (1921c), S. 38.

jegliche Individualität und Persönlichkeitsentwicklung auszulöschen und „unser menschliches Bewußtsein und Verhalten zurückzuentwickeln auf die Stufe längst überwundener autoritär gebundener und gegeneinander abgeschlossener Gesellschaftsgruppen"[29]. Ziel der GGE sei es „nachzuweisen, (...) daß Individualität und Kollektivität keine Gegensätze sind. Vielmehr entwickelt sich die Individualität, die menschliche Persönlichkeit jederzeit nur innerhalb der Gesellschaft und durch diese Gesellschaft."[30] Gleichwohl seien die Regelung des Verhältnisses von Individuum und Gesellschaft und die damit gegebenen Bedingungen und Ziele der Erziehung abhängig von der jeweiligen Form gesellschaftlicher Ordnung. Aufgabe sei es daher, weder, wie im Falle des NS, zu dem Extrem falscher, d.h. unterdrückender Kollektivität, noch zu dem ebenso falschen Extrem „isolierte(r) und gemeinschaftsfeindliche(r) Individualität" sondern „zur Freiheit in der Gemeinschaft zu erziehen"[31].

Anna Siemsens Bestreben, das „Phänomen NS" wirklich zu verstehen und seinen unmenschlichen Charakter systematisch nachzuweisen, bleibt während ihrer ganzen Untersuchung gegenwärtig und spielt direkt oder indirekt immer wieder in ihre erziehungs- und gesellschaftstheoretischen Analysen mit hinein. Gleichwohl besitzen diese einen allgemeingültigen Charakter, da sie, dem Selbstverständnis einer kritischen, historisch-materialistischen Erziehungswissenschaft gemäß, den Einfluss gesellschaftlicher Interessen und Machtstrukturen auf Erziehung offen legen. Sicherlich sind diese, wie Eva Borst anführt, gegenwärtig subtiler ausgeprägt, „aber nicht weniger wirkungsmächtig"[32]. Anna Siemsen will diese Zusammenhänge von gesellschaftlichen Strukturen und Erziehungsprozessen beleuchten und ins Bewusstsein heben.

Im Unterschied zu geisteswissenschaftlichen Erziehungstheorien, die als Ausgangspunkt für gewöhnlich den pädagogischen Bezug „einzelner Zöglinge zum einzelnen Erzieher"[33] wählen, nehmen Anna Siemsens GGE ihren Ausgang „nicht vom Teil, sondern vom Ganzen"[34]. Aufbauend auf pädagogisch-anthropologischen Überlegungen, in denen sie den Menschen als gesellschaftliches Wesen sowie Erziehung als gesellschaftliche Funktion kennzeichnet, gleichzeitig aber auch die Möglichkeit und Notwendigkeit einer freien, individuellen Persönlichkeitsentwicklung aufzeigt (Kapitel I-IIa), liefert sie eine von der makro- zur mikrosozialen Ebene fortschreitende Analyse der gesellschaftlichen Bestimmtheit von Erziehung. Neben einer formalen gruppensoziologischen Beschreibung

---

29 Siemsen (1948b), S. 5.
30 Ebd., S. 6.
31 Ebd.
32 Borst (2000), S. 89.
33 Siemsen (1948b), S. 20.
34 Ebd.

der Gesellschaft werden dabei aus einer ideologiekritischen Perspektive systematisch jene gesellschaftlichen Interessen und Strukturen aufgedeckt, die der freien Entwicklung des Individuums, der Erziehung ganzheitlich gebildeter, emanzipierter und mündiger Subjekte zuwiderlaufen. Historische Rückblicke und internationale Vergleiche dienen dazu, Ursprünge und Entwicklungen zeitgenössischer Verhältnisse nachvollziehen und somit besser einordnen zu können.

Auf der makrosozialen Ebene der gesamtgesellschaftlichen strukturellen Bedingungen von Erziehung (Kapitel III-X) beschreibt Siemsen zunächst den Gruppencharakter gesellschaftlicher Prozesse, die erzieherische Wirkung dieser Gesellschaftsgruppen im Allgemeinen und der einzelnen Erziehungsgruppen bzw. -träger (Familie, Kirche, Staat) im Besonderen, bevor sie anschließend die Bedeutung solidarischer Zusammenarbeit aller Gesellschaftsgruppen im Interesse einer demokratisch und sozial gerecht gestalteten Erziehung herausstellt und auf die Unmöglichkeit hinweist, diese unter den Rahmenbedingungen einer kapitalistisch angelegten Wirtschafts- und Gesellschaftsordnung zu realisieren.

Mit der daraus abgeleiteten Forderung nach Demokratisierung und Sozialisierung der Gesellschaft, die nur im Zusammenhang mit einer demokratischen Erziehung zur „werdenden Gesellschaft" und zu gesellschaftlicher Erkenntnis möglich erscheinen, richtet Anna Siemsen ihren Blick im Folgenden auf die Akteure einer solchen Erziehung, d.h. auf die mikrosoziale Ebene (Kapitel XI-XIV) der Erziehungsinstitutionen und -funktionäre. Eindringliche Forderungen nach einer Reformierung von Schule und Lehrerbildung stehen hier im Mittelpunkt.

Im vorletzten Kapitel (XV) stellt Anna Siemsen den expliziten Bezug zur zeitgenössischen Gegenwartsgesellschaft her, indem sie angesichts monopolkapitalistischer Wirtschaftsordnung, nationalsozialistischer, faschistischer und bolschewistischer Bewegungen sowie dem Versagen der europäischen Erziehung auf die Bedrohung der Grundlagen Europas, d.h. jeglicher Universalität, Persönlichkeitsentfaltung und Rationalität verweist.

Daher fordert sie im letzten Kapitel (XVI) eine Erziehungswissenschaft, die über die gesellschaftliche Bestimmtheit der Erziehung und die gesellschaftlichen Prozesse, inklusive ihrer in den vorherigen Kapiteln nachgewiesenen Widersprüchlichkeiten, aufklärt und somit ihren Beitrag leistet zu einer Demokratisierung, Solidarisierung und Humanisierung von Erziehung und Gesellschaft.

In ihrem emanzipatorischen Interesse, mit Hilfe historischer und vergleichender Darstellungen sowie ideologiekritischer, an soziologische Erkenntnisse anknüpfender Analysen die Bedingungen und Hemmnisse eines gemeinschaftlich organisierten Verhältnisses von Individuum und Kollektiv und damit auch die Möglichkeiten einer sozial gerechten Erziehung zu Freiheit, Selbstbestimmung und Mündigkeit aufzuzeigen, geht Anna Siemsen weit über die zeitgenössisch dominante geisteswissenschaftliche Theorie-Tradition hinaus und nimmt bereits zentrale Elemente moderner Erziehungswissenschaft und Sozialisationsforschung in ihre erziehungstheoretischen Überlegungen mit auf. Angesichts ihres Anspruches, mit den GGE die Grundlage für erziehungstheoretische Diskussionen zu schaffen, sowie in Anbetracht des inhaltlichen Spektrums ihrer Schrift, das von grundsätzlichen Definitionen vom Menschsein, von Gesellschaft und Erziehung, über erziehungstheoretische Auseinandersetzungen mit Zielen, Prinzipien, Methoden, Institutionen und Akteuren von Erziehung, bis hin zu deren gesellschaftlichen und politischen Rahmenbedingungen reicht, erscheint es als gerechtfertigt, das Hauptwerk Anna Siemsens als eine „Allgemeine Pädagogik" zu bezeichnen, die aus dem Blickwinkel einer kritisch-emanzipatorischen und historisch-materialistischen Erziehungswissenschaft verfasst ist. Um den Erkenntnisgehalt dieses Systementwurfes herauszuarbeiten und zu verdeutlichen, sollen die GGE im Folgenden nicht entlang ihres immanenten Gedankenganges nachvollzogen, sondern ihre zentralen Elemente und die ihnen zugrunde liegenden Prämissen systematisch erarbeitet werden. Dazu gehören Anna Siemsens Menschen- und Gesellschaftsbild, ihr Gemeinschafts- und damit eng verbundenes Sozialismus-Verständnis sowie ihre Haltung gegenüber gesellschaftlichen Systemen, Institutionen und Strukturen, die jegliche Individualität und Persönlichkeit unterdrücken. Hierzu zählen erstens ihre Stellungnahmen gegenüber Kommunismus, Faschismus und Nationalsozialismus, zweitens ihre Einschätzung der (katholischen) Kirche und drittens ihre Kritik an der Benachteiligung der Frau. Schließlich werden ihre Vorstellungen eines Bildungs- und Erziehungskonzeptes vorgestellt, das den Aufbau einer gemeinschaftlich organisierten Gesellschaft zu unterstützen vermag.

Da die GGE eine Synthese der vorangegangenen Publikationen Anna Siemsens darstellen, jedoch nicht jeden ihrer inhaltlichen Aspekte in aller Ausführlichkeit behandeln können, bezieht die folgende Analyse weitere Monographien und Aufsätze Siemsens mit ein.

II. Der Mensch als gesellschaftliches Wesen – zum Menschenbild Anna Siemsens

Jeder Erziehungs- und Bildungstheorie liegen, zumindest implizit, ein spezifisches Menschenbild sowie pädagogisch-anthropologische Vorstellungen zugrunde.[1] Als Wissenschaft vom Menschen umfasst Anthropologie grob gesehen zum einen das aus den empirischen Humanwissenschaften, u.a. der Biologie, Psychologie und Soziologie, hervorgegangene „Wissen" vom Menschen, zum anderen die eher philosophisch orientierte Frage nach seinem (besonderen) Wesen und seiner Bestimmung, wobei auch in philosophisch-anthropologischen Ansätzen auf die Ergebnisse empirischer Wissenschaften zurückgegriffen wird.[2] *Pädagogische* Anthropologie, die als impliziter Bestandteil von Erziehungs- und Bildungskonzepten seit jeher vorhanden ist, gleichwohl erst nach dem Zweiten Weltkrieg zu einer grundlegenden pädagogischen Disziplin wurde, betrachtet die Erkenntnisse der Anthropologie hinsichtlich ihres pädagogischen Bedeutungsgehaltes und legitimiert sich damit zugleich selbst, indem sie Erziehung und Bildung anthropologisch begründet. Einen einheitlichen anthropologischen bzw. pädagogisch-anthropologischen „Wissensbestand" gibt es jedoch nicht, vielmehr hat sich letztlich die Erkenntnis durchgesetzt, dass Wesen und Bestimmung des Menschen nicht festlegbar sind.[3]

---

1 Vgl. Wulf (2001), S. 8 u. 192.
2 Der Grund hierfür ist nach Christoph Wulf darin zu sehen, dass die Philosophische Anthropologie nach dem Ersten Weltkrieg entstand, d.h. „in einer Zeit, in der der Mensch am allgemeinen Fortschritt und an sich selbst zu zweifeln begonnen hatte und durch die Bezugnahme auf das biologische Wissen und den Mensch-Tier-Vergleich eine Grundlage für das menschliche Selbstverständnis gewinnen" (Wulf, 2004, S. 43.), sich gleichsam naturwissenschaftlich absichern wollte.
3 Diese Erkenntnis spiegelt sich auch in der einschlägigen Literatur. Neben die zwei wesentlichen Ansätze einer eher „philosophisch" oder „geisteswissenschaftlich" orientierten Pädagogischen Anthropologie einerseits und eines „integrationswissenschaftlichen" oder „integralen", d.h. um Integration empirischer Erkenntnisse aus Biologie, Psychologie, Soziologie etc. bemühten Konzeptes andererseits, als dessen bedeutsamster Vertreter noch immer Heinrich Roth mit seiner zweibändigen „Pädagogischen Anthropologie" (Roth, 1976, Originalaufl. 1966 bzw. 1971) zu betrachten ist, tritt eine, insbesondere mit dem Namen Christoph Wulf verbundene, historisch-pädagogische Anthropologie (vgl. u.a. Wulf, 1994, 2001 u. 2004). Im Vergleich zu den stärker universalistisch angelegten, auf allgemeingültige Aussagen über das menschliche Wesen zielenden philosophischen und integralen Ansätzen, ist sich die historisch-pädagogische Anthropologie der Geschichtlichkeit und Kulturbedingtheit ihres Gegenstandes, also des Menschen,

In den frühen, stark biologisch orientierten Beiträgen der Philosophischen Anthropologie, bspw. bei Max Scheler und Arnold Gehlen, stand noch das Bemühen im Vordergrund, „allgemeine Aussagen über den Menschen"[4] zu machen und mit Hilfe eines Mensch-Tier-Vergleichs das „Besondere" *des* Menschen als Gattungswesen herauszuarbeiten. Diese „Besonderheit", die zumeist an der reduzierten Instinktgebundenheit des Menschen festgemacht wurde, konnte zum einen, wie bei Scheler, als Vorzug des Menschen gedeutet werden, indem er feststellte, dass nur der Mensch „Geist" besitze, d.h. ein „,geistiges' Wesen" sei und somit „nicht mehr trieb- und umweltgebunden, sondern ‚umweltfrei' und (...) ‚weltoffen'"[5]. Er besitze Selbstbewusstsein und könne daher, im Gegensatz zum Tier, sein eigenes Verhalten betrachten und seine Triebe hemmen oder zulassen, anstatt ihnen ausgeliefert zu sein.[6] Zum anderen konnte die reduzierte Instinktgebundenheit auch, wie bei Gehlen, als „Mangel"[7] ausgelegt werden, den der Mensch u.a. durch „Lernen" kompensieren müsse. Doch auch Gehlen betrachtete es als „positive Kehrseite" der „Instinktlosigkeit" des Menschen, dass zwischen die elementaren Bedürfnisse und ihre Erfüllung „das ganze System der Weltorientierung und Handlung, also die Zwischenwelt der bewußten Praxis"[8] geschaltet und dem Menschen damit Freiheit gewährt werde. Ob nun „Geist" oder „bewusste Handlung" – zentral war das Bestreben, charakteristische Wesenszüge des Menschen auszumachen und dabei vor allem seine Reflexionsfähigkeit herauszustellen. Auch die von der Philosophischen Anthropologie wesentlich inspirierten Ansätze Pädagogischer Anthropologie der 1950er bis 1970er Jahre seien, so Christoph Wulf, mit dem Anspruch aufgetreten, „Aussagen über *den* Menschen bzw. *das* Kind oder *den* Erzieher zu machen"[9]. Was der Mensch ist, kann jedoch letztendlich nicht beantwortet werden. Vielmehr zeigt sich, dass er als nicht nur anlage-, sondern auch kulturbedingtes Wesen unbestimmt und offen ist, ein hohes Maß an Erfahrungs- und Lernfähigkeit besitzt und sich in Auseinandersetzung mit der Welt, mit anderen Menschen und mit sich selbst immer wieder neu entwirft, sich selbst zu dem macht, was er ist. Menschenbilder und Vor-

---

wie auch ihrer eigenen Perspektiven und Methoden bewusst. Nicht auf die Festlegung allgemeingültiger Kennzeichen und Prinzipien des menschlichen Wesens und die Ableitung spezifischer Erziehungsziele kommt es den Vertreter/innen dieser Richtung an, sondern auf „die Untersuchung menschlicher Erscheinungs- und Ausdrucksweisen unter bestimmten historisch-gesellschaftlichen Bedingungen. Aus dieser Untersuchungsperspektive ergibt sich konsequenterweise der Verzicht auf ein Gesamtbild des Menschen" (Wulf, 1994, S. 15).

4 Wulf (2001), S. 198.
5 Scheler (1975), S. 38.
6 Vgl. ebd., S. 40ff.
7 Gehlen (1962), S. 33.
8 Ebd., S. 53.
9 Wulf (2001), S. 197.

stellungen Pädagogischer Anthropologie sind insofern nur „Momentaufnahmen", bedingt durch die gesamtgesellschaftliche Situation.

Dies gilt auch für die anthropologischen Vorstellungen Anna Siemsens, bei deren Betrachtung es nicht darum gehen kann, ihre Ansichten als „richtig" oder „falsch" zu werten, sondern *ihr* Verständnis vom Menschsein herauszuarbeiten, zu klären, an welche empirischen bzw. erfahrungswissenschaftlichen Erkenntnisse und philosophischen Traditionen sie damit anknüpft und zu überprüfen, ob hierbei einseitige Verkürzungen oder ein breites Spektrum an einbezogenen anthropologischen Forschungsperspektiven deutlich werden. Dabei zeigt sich, dass Siemsen in ihren GGE eine „integrale" Sichtweise verfolgt und die anthropologischen Erkenntnisse der empirischen Humanwissenschaften aufgreift. In Anlehnung an die evolutionstheoretische Vererbungs- und Entwicklungstheorie betrachtet sie den Menschen dabei zum einen als „tierischen Organismus", als „organisches Lebewesen" und somit als „Erkenntnisobjekt der Naturwissenschaft (…), speziell der *Biologie*"[10], das sich hinsichtlich seiner körperlichen Beschaffenheit den wechselnden Einflüssen der natürlichen Umgebung anzupassen habe, um überleben zu können.[11] Zum anderen begreift sie ihn aus *psychoanalytischer* Sicht als triebbestimmtes Wesen, das sowohl über schöpferische als auch zerstörerische,[12] über soziale und gemeinschaftsbildende wie auch antisoziale Triebe und Anlagen verfüge und somit, je nach gesellschaftlichem und erzieherischem Einfluss, ebenso in die eine wie auch die andere Richtung beeinflussbar sei[13]. Zentrale Bedeutung misst sie daher der *soziologischen* Komponente, d.h. der Betrachtung des einzelnen Individuums innerhalb seines sozialen Kontextes bei. Gemäß ihres Verständnisses des Menschen als eines „animal sociale"[14] erhält die Soziologie bei Siemsen ein deutlich größeres Gewicht als die übrigen humanwis-

---

10 Siemsen (1948b), S. 14. (Herv. durch die Verf.)
11 Vgl. ebd., S. 15f.; Siemsen (1929d), S. 9.
12 Vgl. Siemsen (1926d), S. 12.
13 Vgl. Siemsen (1952), S. 29. Die Frage nach dem Verhältnis der Einflüsse von Anlage und Umwelt auf die Entwicklung und Sozialisation des Menschen hat seit jeher die anthropologischen Forschungen beschäftigt. Während dabei zeitweise der Einfluss der erblich bedingten Anlagen, zeitweise der Einfluss der Umwelt höher bewertet wurde, geht die „gegenwärtige Anlage-Umwelt-Debatte (…) von einem ständigen Zusammenwirken phylogenetischer Programme und kultureller Faktoren aus. Sozialisation erfolgt danach gemäß den Werten und Regeln der jeweiligen Kultur, wird jedoch durch die genetischen Bedingungen mit beeinflusst. Je nach Passung von Umweltbedingungen und genetischer Disposition können ungünstige oder günstige Entwicklungen erfolgen. Die individuelle Entwicklung lässt sich somit als Ergebnis von dynamischen Wechselwirkungen zwischen Kultur und biologischen Bedingungen verstehen, wobei das Individuum bestimmte Sozialisationsbedingungen aktiv auswählt und (…) mit gestaltet." (Trommsdorff, 2008, S. 232.)
14 Siemsen (1946d), S. 14.

senschaftlichen Disziplinen, bietet gleichsam den Rahmen für die Betrachtung des menschlichen Wesens. Sowohl die philosophische Bestimmung als auch die biologische und psychologische Entwicklung des Menschen sind ihrer Meinung nach nur im dialektischen Zusammenhang mit seiner gesellschaftlichen Bestimmtheit zu sehen. Erst seine Existenz als Glied der Gesellschaft mache ihn überhaupt zum „Menschen" – ohne sie verliere er seine spezifisch-menschlichen Eigenschaften, nämlich „Denkfähigkeit, Sprache (und) Arbeit"[15] und werde zum Tier. Diese besondere Hervorhebung der gesellschaftlichen Komponente erklärt sich vor allem aus dem sozialistischen Selbstverständnis Anna Siemsens. In einem Zeitschriftenbeitrag über „Die sozialistische Weltanschauung" erläutert sie, dass der Sozialismus sich „auf den Menschen als gesellschaftliches (soziales) Wesen (beschränke). Was der Mensch außerdem vielleicht noch als Naturwesen oder als kosmisches Wesen ist, kann ihn höchstens indirekt beschäftigen". Diese sozialistische Auffassung vom Menschen stehe „im Gegensatz zu einer anderen, dem Individualismus"[16]. Während dieser den Menschen als nur aus sich selbst heraus zu verstehendes Einzelwesen betrachte, das sein Ziel ausschließlich in sich selbst trage, sehe der Sozialismus den Menschen in seinem gesellschaftlichen Zusammenhang, „aus dem heraus er allein verstanden werden kann, in welchem die Bedingungen seines Seins gegeben sind und aus dem heraus sein Leben auch Bedeutung, Sinn und Wert erhält"[17]. Dies heiße nicht, dass Individualismus und Sozialismus zwei Auffassungen seien, die sich ausschließen, sondern dass sie „Ton und Gewicht auf etwas Verschiedenes"[18] legen.

Für die anthropologischen Vorstellungen Anna Siemsens ist ihre ausgeprägte soziologische Orientierung von enormer Tragweite. Sowohl die Anpassung der körperlichen Beschaffenheit des Menschen, „die nur im steten Zusammenleben mit seinesgleichen und unter den Bedingungen dieses Zusammenlebens sich so gestalten konnte"[19], als auch die Ausprägung und Entwicklung seiner Triebe und Anlagen stehen für sie in direktem Zusammenhang mit der gesellschaftlichen Umgebung des Menschen, die ihn ebenso sehr beeinflusse und zur Anpassung auffordere wie die natürliche.

> „Wir sind gesellschaftliche Wesen und als solche spiegeln wir unsere Umwelt (...) und jede gesellschaftliche Erscheinung findet ihre entsprechende Gegenerscheinung in jedem Einzelnen von uns. Wir sind also (...) notwendig Kinder unserer Zeit (...)."[20]

---

15   Siemsen (1948b), S. 14.
16   Siemsen (1928h), S. 387.
17   Ebd.
18   Ebd., S. 388.
19   Siemsen (1948b), S. 15.
20   Siemsen (1926d), S. 39.

Siemsen geht aber nicht nur davon aus, dass der gesellschaftliche Einfluss ebenso wichtig ist wie der genetische; vielmehr seien selbst die ererbten Anlagen des Menschen gesellschaftlich vermittelt. So wirke die Gesellschaft „nicht nur objektiv durch die (gesellschaftliche) Umwelt, sondern auch subjektiv als die ererbte Masse individueller Anlagen, Neigungen, Instinkte und Triebe auf die heranwachsende Generation"[21].

„Wenn wir von individuellen Anlagen reden, so können diese Anlagen gar keine anderen als gesellschaftliche Anlagen sein, weil sie die Anlagen eines Wesens sind, das durch undenkbar lange Generationsreihen aus gesellschaftlicher Existenz ein Erbgut empfängt (...)."[22]

Sehr anschaulich schildert sie diesen Zusammenhang an anderer Stelle anhand des von der Gesellschaft scheinbar isolierten Robinson Crusoe:

„Selbst Robinson auf seiner Insel ist ein gesellschaftliches Wesen. In seinen durch ungezählte Generationen gesellschaftlich lebender Menschen ererbten Anlagen, in den durch seine eigene gesellschaftliche Vergangenheit gebildeten Gewohnheiten, Neigungen und Kenntnissen trägt er die Gesellschaft mit auf seine einsame Insel."[23]

Konsequent zu Ende gedacht, können somit nach Ansicht Siemsens keinerlei Bedürfnisse, Neigungen, Verhaltensweisen oder Tugenden als „natürlich menschlich" betrachtet, können bspw. weder Solidarität noch Eigennützigkeit dem Menschen als „natürliche Veranlagungen" zugeschrieben werden. Vielmehr ist alles gesellschaftlich vermittelt. Jedes Individuum ist in ihren Augen ein „Durchgangspunkt gesellschaftlicher Kräfte, die, aus den Anfängen menschlichen Lebens stammend, über es hinaus nach ebenso endloser gesellschaftlicher Wirkung streben"[24]. Hier deutet sich bereits das enorme Einflussvermögen an, das Siemsen Erziehungs-, vor allem aber Sozialisationsprozessen zumisst, und welches an späterer Stelle ausführlicher zu betrachten ist.[25] Zunächst bleibt festzuhalten, dass es für den Menschen nicht genüge, sich lediglich den natürlichen Umweltbedingungen anzupassen; dank zivilisatorischer Errungenschaften, wie bspw. beheizter Wohnungen, trete die Bedeutsamkeit dieser Form der biologischen Anpassung vielmehr zurück zugunsten einer umso wichtiger werdenden gesellschaftlichen Eingliederung.[26] Diese gesellschaftliche Anpassung, deren Abbruch „das Ende der gesellschaftlichen Existenz"[27] bedeute, stelle einen lebenslangen Prozess dar und finde einerseits durch Erziehung statt, d.h. durch

---

21 Siemsen (1948b), S. 95.
22 Ebd. S. 15.
23 Siemsen (1931g), S. 235.
24 Siemsen (1948b), S. 15.
25 Vgl. hierzu Systematischer Teil, Kap. VII vorliegender Arbeit.
26 Vgl. Siemsen (1926d), S. 9.
27 Siemsen (1948b), S. 18.

Anpassung des Menschen an die gesellschaftliche Umgebung, andererseits durch Schaffung von Kultur, d.h. durch Anpassung der Umgebung an die Bedürfnisse des Menschen.[28]

Dieser Gedanke der gestalterischen Einwirkung auf die Umgebung verweist auf den entscheidenden dialektischen Charakter des Menschenbildes Anna Siemsens und ergänzt ihre *integral-empirische* Erfassung des Menschen um eine *philosophische* Komponente: So sehr der Mensch auch ein Gesellschaftswesen sei und daher stets in seinen gesellschaftlichen Beziehungen erfasst werden müsse,[29] so wenig sei er doch „Produkt von Vererbung und Anpassung"[30], bzw. rein empfangendes Wesen. Vielmehr nehme der Mensch Eindrücke aus der Welt auf, reagiere auf sie und wirke dadurch auf die Welt zurück.[31] Die zentrale Instanz, die den Menschen zu dieser aktiven Einflussnahme befähige, ihm damit, trotz natürlicher und gesellschaftlicher Bedingtheit, die Möglichkeit der Freiheit gebe und ihn somit vom Tier unterscheide, sei das „Bewusstsein". Während es einem Tier auf Grund seines Instinktes lediglich möglich sei, unmittelbar auf einen inneren Reiz zu reagieren, versetze das Bewusstsein den Menschen in die Lage, die auf ihn wirkenden Reize zunächst einmal zu betrachten und zu reflektieren. Dadurch werde es ihm möglich zu vergleichen, zu unterscheiden, Gleichzeitiges wahrzunehmen und zu beurteilen und sein eigenes Handeln entsprechend zu gestalten. Er kann somit die Gegenwart mit der Vergangenheit vergleichen und zugleich Planungen für die Zukunft vornehmen; er kann aus Erfahrungen Erkenntnisse gewinnen und diese wiederum für die Planung von Zukünftigem nutzbar machen.[32] Das „Bewusstsein", unter dem Siemsen also vorwiegend die „Denkfähigkeit" des Menschen versteht, wird über „Arbeit" und „Sprache", zwei weitere dem menschlichen Wesen eigentümliche Prinzipien, zu einem „entscheidenden Faktor der spezifisch menschlichen Gesellschaftsbildung"[33], worauf deshalb im nächsten Kapitel ausführlicher eingegangen wird.

Diese aus einem Mensch-Tier-Vergleich hervorgehende Wertschätzung der Instinktungebundenheit und des Bewusstseins, auf Grund dessen der Mensch für Siemsen auf vernünftiges Denken und Handeln, auf Wissenschaft und Rationalität, auf „Aufhellung des Bewußtseins"[34] hin angelegt sei, ja diese sogar als Bedürfnis empfinde[35] und als von natürlicher und metaphysischer Fremdbestim-

---

28 Vgl. ebd., S. 16.
29 Vgl. ebd., S. 19.
30 Ebd., S. 17.
31 Vgl. Siemsen (1938a), S. 1090.
32 Vgl. Siemsen (1948b), S. 28, 87.
33 Ebd., S. 28.
34 Ebd., S. 94.
35 Vgl. ebd., S. 34.

mung emanzipiertes Individuum, als selbstständig urteilende Persönlichkeit, als Subjekt in der Welt agiere, kann zum einen auf eine Anknüpfung an die bereits erwähnten philosophisch-anthropologischen Ansätze um Scheler und Gehlen zurückgeführt werden, die zur Zeit der Veröffentlichung der GGE auf verstärktes Interesse im Bereich der Pädagogik stießen. So weist das von Siemsen hervorgehobene „Bewusstsein" als Reflexionsvermögen, das dem Menschen eine betrachtende Distanz zur Umwelt und zur eigenen Handlung ermöglicht, durchaus Ähnlichkeiten mit Schelers „Geist" oder Gehlens „bewusster Praxis" auf. Zum anderen zeigen sich deutliche Parallelen zu den anthropologischen und erkenntnistheoretischen Überlegungen von Karl Marx, für den der Mensch sich durch seine „freie bewußte Tätigkeit"[36] vom Tier unterscheidet. Nach Marx handelt der Mensch nicht instinktmäßig, sondern auf Grund der bewussten Planung seiner Tätigkeit, so dass selbst der „schlechteste Baumeister" sich gegenüber der „besten Biene" dadurch auszeichne, „daß er die Zelle in seinem Kopf gebaut hat, bevor er sie in Wachs baut"[37]. Diese Reflexionsfähigkeit mache die Menschen nicht nur frei und unabhängig; indem sie die Welt nach ihren Vorstellungen gestalten, werden sie zu Subjekten, zu „Akteure(n) ihrer Geschichte"[38], zu Schöpfern der Welt und ihrer Selbst.

Letztlich knüpft Anna Siemsen mit ihrem Menschenbild, ebenso wie Marx, an die philosophischen Konzepte des klassischen Humanismus und der Aufklärung an, die in Siemsens Denken eine sich gegenseitig ergänzende Verbindung eingehen. So schätzt sie an der klassischen humanistischen Weltanschauung, deren reinster Vertreter für sie der Aufklärungsphilosoph Immanuel Kant war,[39] dass sie „den Menschen zum Mittelpunkt der Welt und zum Maß der Dinge" machte und eine „voll entfaltete menschliche Persönlichkeit" zum Ziel hatte. Der Mensch sollte sich selbst und die Welt erkennen und das Recht „auf Entfaltung und Auswirkung seines Wesens, begrenzt nur durch den gleichen Anspruch anderer menschlicher Individuen"[40], besitzen. In diesem Sinne stellt der Humanismus für Anna Siemsen eine ethische Wertsetzung dar, liefert den Impetus für eine Umgestaltung des Lebens in Richtung auf Freiheit und Gleichberechtigung. Ebenso vertraut sie, im Sinne der Aufklärung, auf die Erkenntnisfähigkeit und Vernünftigkeit des Menschen, durch die er in die Lage versetzt werde, zukunfts- und fortschrittsorientiert auf die Revolutionierung gegenwärtiger Verhältnisse hinzuwirken und sich von routiniertem Rezeptwissen und übernatürlichen und mystischen Denkweisen zu befreien. Trotz ihrer persönlichen Erfahrungen mit

---

36 Karl Marx, zit. n. Fromm (1972), S. 93.
37 Karl Marx, zit. n. ebd., S. 47.
38 Karl Marx, zit. n. ebd., S. 23.
39 Vgl. Siemsen (1938a), S. 1019.
40 Ebd., S. 1016.

der nationalsozialistischen Diktatur bleibt der Mensch für sie ein lernfähiges Wesen mit dem Potenzial zu rationaler Denk- und Handlungsweise, zur kritischen Überprüfung alles Überkommenen. Entschieden weist sie das romantische Bild vom natürlichen, nur seinen Trieben folgenden, jegliche Vernunft und Zivilisation ablehnenden Menschen zurück, das nur auf Grund der Gesellschafts- und Wirklichkeitsferne der deutschen Humanisten habe entstehen können[41] und das sie auch in ihrer vom NS dominierten Gegenwart wieder verstärkt wahrnimmt.

> „Die Vernunft ist heutigentags durchaus in Verruf gekommen. Statt ihrer sucht man dunkle Bewußtseinszustände, Triebhaftigkeit, Blutgebundenheit, Mystik und wie die irrationalen Bewußtseinsinhalte umschrieben werden mögen. (...) Wir erleben (...) eine Flucht vor der Verantwortung in die Autorität, eine Flucht vor der Vernunft in die Irrationalität."[42]

Für Anna Siemsen ist diese Haltung ein Rückschritt in die Vergangenheit, in eine Zeit, als der Mensch noch nicht in Ursache-Wirkung-Kategorien gedacht, sondern sich an Riten, Gebräuchen, Dogmen und magischen Vorstellungsweisen orientiert habe.[43] Mit fortschreitender Erfahrung sei er dann zu der Erkenntnis gelangt, „daß die Ursachen bestimmter Vorgänge sich beobachten lassen, daß gewollte Wirkungen sich erzeugen lassen durch ein technisches Verhalten"[44]. Der Mensch habe begonnen, die natürlichen „Erscheinungen unter gleichbleibende Gesetze zu ordnen und so zu einem planmäßigen Handeln" zu kommen. Für Siemsen, die sich hier deutlich vom Fortschrittsoptimismus der Naturwissenschaften beeinflusst zeigt, gibt es „nichts seinem Wesen nach Unerkennbares und Übernatürliches"[45], kein „für den Menschen unfaßbares Gebiet"[46], keine lediglich erfahrbare, sich vernünftiger Reflexion entziehende Wirklichkeit, weshalb sie positive Religionen wie den Katholizismus ablehnt, da diese, entgegen der ursprünglichen Ausrichtung des Christentums, mit dem Anspruch auftreten, „daß das Geglaubte außerhalb aller Gesetze des vernünftigen Erkennens (stünde), und daß es daher nur offenbart und geglaubt, d.h. autoritär angenommen werden (könne)"[47]. Dadurch werde der „Laie" zum Objekt kirchlicher, insbesondere priesterlicher Autorität.[48] Entgegen einer solchen entmündigenden Auffassung schreibt Anna Siemsen dem Menschen die Fähigkeit zu, alles mit seinem eigenen Verstand zu betrachten und eigenständige Urteile, einschließlich sittlicher Werturteile, zu fällen, ohne auf eine religiöse Bezugsgröße angewiesen zu sein.

---

41 Vgl. ebd., S. 1017-1019.
42 Siemsen (1948b), S. 147.
43 Vgl. Siemsen (1930e), S. 18f.
44 Ebd., S. 25.
45 Ebd., S. 26.
46 Ebd., S. 27.
47 Ebd., S. 37.
48 Vgl. ebd.

Sittlichkeit müsse nicht religiös, sondern könne rational durch die Orientierung an Gerechtigkeit begründet werden.[49] Dabei setzt Anna Siemsen ein menschliches Bedürfnis nach bewusstseinsmäßigem und damit zugleich verantwortlichem Handeln voraus.[50] Aus der Existenz des auf Vernunft, Reflexion und damit auch auf „Unterscheiden, Wählen und Richten"[51] hin angelegten menschlichen Bewusstseins leitet sie direkt die Existenz eines Gewissens ab, setzt Bewusstsein und Gewissen sogar stellenweise gleich[52] und weist darauf hin, dass das menschliche Bewusstsein jederzeit ein sittliches sei[53]. Aus philosophischer Sicht ist diese Gleichsetzung von „Bewusstsein" und „Gewissen" bzw. „Sittlichkeit" durchaus nicht ungewöhnlich, stehen doch das lateinische *conscientia* und das griechische *syneidesis* sowohl für das „Bewusstsein" als auch das „Gewissen".[54] Indem der Einzelne Distanz zu seinen Handlungen einnehmen kann, wird es ihm auch möglich, diese zu prüfen und zu bewerten. Das „Gewissen" ist insofern ein „moralisch wertendes Bewußtsein"[55]. Der Mensch fühle sich, so Siemsen, verantwortlich, könne „die Wertunterscheidung (...) zwischen Gut und Böse (machen) und durch diese sein Handeln bestimmen" lassen. Eben durch den Umstand, dass der Mensch „sich auf Grund dieser sittlichen Verantwortung gegenüber den gesellschaftlichen Einflüssen eine Entscheidung (vorbehalten könne)"[56], sei Freiheit, Individualität und Persönlichkeitsentwicklung möglich. Dass sie sich mit dieser Annahme nicht im Bereich empirischer Überprüfbarkeit, sondern philosophischer Spekulation befindet, merkt Anna Siemsen selbst an, indem sie erklärt:

„Wir werden hier nicht versuchen, diesen Tatbestand zu erklären, was außerhalb der von uns in Angriff genommenen Aufgabe liegt, und womit wir uns nur verlieren würden in die Irrgärten philosophischer und metaphysischer Kontroversen. Wir nehmen ihn als (...) eine Grundtatsache unserer Erfahrung, der inneren Erfahrung, die jeder an sich selber macht, und deren Übereinstimmung mit der eigenen er bei den Mitmenschen jederzeit feststellen kann."[57]

Gleichwohl darf die Voraussetzung eines verantwortlichen Bewusstseins nicht als naive idealistische Überhöhung des Menschen angesehen werden, konstatiert Anna Siemsen doch lediglich das grundsätzliche Vorhandensein einer sittlichen Veranlagung, deren tatsächliche Ausprägung und Weiterentwicklung in Richtung auf eigenständige, verantwortungsbewusste Entscheidungen zwar *möglich*

---

49 Vgl. ebd., S. 28-30.
50 Vgl. Siemsen (1948b), S. 34.
51 Ebd., S. 31.
52 Vgl. ebd., S. 32.
53 Vgl. ebd., S. 31.
54 Vgl. Prechtl/Burkard (1999), Stichwort „Gewissen".
55 Ebd.
56 Siemsen (1948b), S. 30.
57 Ebd.

sei, nicht aber mit gesetzmäßiger Sicherheit erfolge. Vielmehr spiele auch hier der gesellschaftliche Einfluss wieder eine entscheidende Rolle. Sittliche Wertungen beziehen sich „stets auf die Beziehungen der Menschen zueinander". „Sittlichkeit ist ein Attribut des gesellschaftlichen Handelns. Sie ist nur innerhalb der Gesellschaft möglich."[58] Ebenso ziele auch Persönlichkeit immer „auf einen Wirkungsraum, den die individuelle Persönlichkeit erfüllen soll, und dieser Raum ist unweigerlich ein gesellschaftlicher". Selbst nachdauernder Ruhm sei schließlich „nichts anderes als das Fortleben in den Überlieferungen einer kommenden Gesellschaft"[59]. Damit seien die Ausbildung des Bewusstseins wie auch die Entwicklung von Sittlichkeit und Persönlichkeit von der Qualität des gesellschaftlichen Einflusses abhängig, da „mit der gesellschaftlichen Wandlung sich auch die sittlichen Anschauungen wandeln"[60], und da nicht zuletzt der NS gezeigt habe, dass das individuelle Gewissen versklavbar und die individuelle Persönlichkeit auslöschbar seien[61]. Die Persönlichkeit des Menschen ist somit für Siemsen einerseits bedingt „durch seine Fähigkeit, die Umwelt aufzunehmen, ihrer bewußt zu werden, (...) andererseits durch diese Umwelt und ihre Einflüsse"[62]. Nicht zuletzt durch eine individualistische und einseitige Erziehung könne der Einfluss der Gesellschaft sich daher auch in Richtung auf Bewusteinsverdunkelung auswirken.[63] Positiv gewendet bedeute diese gesellschaftliche Bedingtheit des menschlichen Bewusstseins aber auch, dass der Einzelne erst bei größerer Differenzierung der Gesellschaft verschiedenen Gruppeneinflüssen unterliege, „denen er sich entsprechend seiner Empfänglichkeit mehr oder weniger öffnet"[64]. „Beides, innere Differenzierung (innerhalb einer Gesellschaft, M.J.) und äußerer Austausch (mit anderen Gesellschaften, M.J.), befreit erst das Bewußtsein von der völligen Bindung an das eigene Kollektiv."[65] Einmal erworben, bleibe das Bewusstsein unverlierbar, setze uns in Konflikt mit gesellschaftlichen Überlieferungen und verhelfe uns damit zu Persönlichkeit und individueller Freiheit, die nur möglich seien „aus dem Widerstreit sich entwickelnder und begegnender gesellschaftlicher Zustände, an denen das Bewusstsein sich entzünden kann"[66].

---

58 Ebd., S. 31.
59 Ebd., S. 19.
60 Ebd., S. 32.
61 Vgl. ebd.
62 Ebd., S. 141.
63 Vgl. ebd. S. 158f.
64 Ebd., S. 141.
65 Ebd., S. 33.
66 Ebd., S. 35.

„Nicht der durch seine Triebe, durch Blut und Leidenschaften bestimmte und gebundene Mensch, sondern der Mensch steht am Ziel der Entwicklung, der imstande ist, die Masse seiner ererbten Triebe, ebenso wie die Masse der überlieferten gesellschaftlichen Verhältnisse mit seinem Bewußtsein zu überschauen, zu ordnen und schließlich zu lenken und zu beherrschen."[67]

Trotz ihres Vertrauens in die rationale Entwicklung des Menschen und sein schicksalhaftes „Fortschreiten aus dem Unbewussten zum Bewusstsein"[68], sieht Anna Siemsen durchaus die Hemmnisse, die einer solchen Entwicklung entgegenstehen, die den Prozess der Bewusstseinsbildung zu einem langsamen, ungleichmäßigen und irrtumsreichen machen und nicht selten „Bewußtseinsspaltung" statt „Bewußtseinsreichtum" bewirken. „Bewußtseinszwiespalt ist das Normale."[69]

Die Gründe hierfür sieht sie zum einen in der „naturgegebenen Differenzierung des Bewußtseins"[70], die bewirke, dass manche empfänglicher sind, „stärker erleben, vielseitiger und klarer beobachten und aus Erlebnis und Beobachtung umfassendere Schlüsse zu ziehen imstande sind" als andere – „man könnte durchaus richtig von Pionier-, Majoritäts- und Nachzüglerbewußtsein sprechen". Außerdem suche der Mensch trotz seiner grundsätzlichen wissenschaftlichen Bestimmtheit durchaus Sicherheit und Orientierung gebende Gewohnheiten, Riten und Rezepte, weil sie ihm „die Last eigenen Urteilens, eigener Wahl und Verantwortung"[71] abnehmen.

„Selbständiges Denken, Untersuchen der Gründe und Analysieren der Tatbestände sind Anstrengungen, die der Mensch durchweg scheut. Er sucht alle seine Handlungen möglichst schnell gewohnheitsmäßig zu gestalten und so zu mechanisieren, um der unerträglichen Last geistiger Arbeit auszuweichen."[72]

Deshalb neige der Mensch auch dazu, in irrationale Denkweisen zurückzufallen, wenn er nicht ständig zu rationaler, wissenschaftlicher Arbeitsweise angehalten und mit dieser konfrontiert werde. Aus diesem Grund erachtete Anna Siemsen die empirische, insbesondere die biologische, physiologische und psychologische Untersuchung der menschlichen Arbeitsweise als einen ungemein wichtigen Fortschritt, da sie „uns allmählich zu wissenschaftlichen Arbeitsmethoden (...) bringen (könne)"[73].

---

67   Ebd., S. 104f.
68   Siemsen (1925a), S. 13.
69   Siemsen (1948b), S. 49.
70   Siemsen (1931d), S. 10.
71   Siemsen (1948b), S. 51.
72   Siemsen (1926d), S. 117.
73   Ebd., S. 118.

Zu den ererbten Bedingtheiten des Bewusstseins komme zum anderen eine „Differenzierung und Hemmung durch den gesellschaftlichen und örtlichen (d.h. institutionellen, M.J.) Standort"[74] hinzu. „Starke und weite Empfänglichkeit, kräftige Reaktion können unter armen und engen Umweltbedingungen nicht zu einer vollen Entfaltung kommen"[75] – eine Feststellung, mit der Siemsen an die Marxsche Überzeugung anknüpft, dass nicht das Bewusstsein der Menschen ihr Sein, sondern dass ihr gesellschaftliches Sein das Bewusstsein bestimme[76]. Dies bedeute, so Siemsen, dass „das Bewußtsein durch das gesellschaftliche Sein begrenzt"[77] werde. Als ungünstig bewertet sie dabei sowohl einfache Gesellschaftsverhältnisse, in denen der Einzelne sein Leben in enger Verbindung mit einer einzigen oder einigen wenigen gesellschaftlichen Gruppen verbringt[78] als auch solche, die zwar differenzierter sind, jedoch, wie die moderne kapitalistische Gesellschaft, auf Grund ihrer wirtschaftlichen Organisation von Krisenhaftigkeit, Unsicherheit, Ungerechtigkeit und Konkurrenzkampf geprägt sind und den einzelnen Menschen daher in eine ständige Sorgen um seine Existenz, in eine vergewaltigende einseitige Spezialisierung seiner Kräfte und in ein „Chaos streitender Individuen"[79] stürzen und damit, wie im NS geschehen, die blinde, irrationale Unterwerfung unter Sicherheit versprechende Führung begünstigen.

„Die große Idee (Forderung) der freien, vernunftbestimmten, schöpferischen Persönlichkeit (...) wurde (...) nie verwirklicht, da ihr die Basis einer solidarischen klassenlosen Gesellschaft fehlte."[80]

Es hat sich gezeigt und wird im nächsten Kapitel noch deutlicher werden, dass Anna Siemsen bei ihrer Betrachtung des Menschen sowohl philosophisch-anthropologische Entwürfe als auch empirische, insbesondere soziologische Erkenntnisse verwertet. Dank ihrer soziologischen Perspektive versteht sie den Menschen als sowohl anlage- wie auch kultur- bzw. gesellschaftsbestimmtes Wesen und vermeidet somit, trotz Herausstellung spezifisch-menschlicher Wesenszüge wie „Bewusstsein" und „Sittlichkeit", eine allgemeingültige Festlegung des Menschen. Zwar treten gegenüber der soziologischen sicherlich andere Komponenten, wie bspw. die psychologische, eher zurück, doch versteht sie die gesellschaftliche Bestimmtheit nicht etwa im deterministischen Sinne, sieht vielmehr erst durch die gesellschaftliche Existenz des Menschen seine Möglich-

---

74 Siemsen (1931d), S. 10.
75 Siemsen (1948b), S. 141.
76 Vgl. Karl Marx bei Fromm (1972), S. 28.
77 Siemsen (1950a), S. 2.
78 Vgl. Siemsen (1948b), S. 141.
79 Siemsen (1948b), S. 146.
80 Siemsen (1950a), S. 5.

keit einer freien Persönlichkeitsentwicklung gegeben. Menschenbild und Gesellschaftsverständnis sind bei Siemsen dialektisch miteinander verbunden und werden hier lediglich aus analytischen Gründen weitgehend isoliert betrachtet. Ein vollständiges Verständnis ihrer anthropologischen wie auch soziologischen Ansichten ergibt sich letztlich jedoch nur aus der Zusammenschau beider Komponenten, so dass eine detaillierte Auseinandersetzung mit ihren Gesellschaftsvorstellungen von zentraler Bedeutung ist. Um es mit ihren eigenen Worten zu fassen:

„Ehe wir weitergehn, wird es nun aber doch notwendig, den Tatbestand ‚Gesellschaft' etwas genauer zu betrachten, um zu einer klaren Begriffsbildung zu kommen."[81]

---

81 Siemsen (1948b), S. 21.

III. Die menschliche Gesellschaft als dynamischer Prozess – zum Gesellschaftsbild Anna Siemsens

1. Zur soziologischen Einordnung des Gesellschaftsverständnisses Anna Siemsens

Im Gesellschaftsverständnis Anna Siemsens spiegelt sich der Diskurs der deutschen Soziologie der 1920er und 1930er Jahre, der sich im Wesentlichen aus den drei Hauptrichtungen einer „systematischen", einer „historischen" und einer „sozialwissenschaftlichen" Soziologie zusammensetzte.[1]

Die Vertreter der als „systematisch" oder „naturwissenschaftlich-beziehungswissenschaftlich", häufig auch als „formal" bezeichneten Richtung soziologischen Denkens, zu denen u.a. Leopold von Wiese und Alfred Vierkandt gehörten, begriffen „Gesellschaft" als ein System von wechselseitigen menschlichen Beziehungen, deren rein formale Betrachtung den Schwerpunkt ihrer soziologischen Forschung darstellte.[2] Im Vordergrund stand somit nicht die Absicht, gesellschaftliche Entwicklungsprozesse und deren Verursachungszusammenhänge zu *verstehen*, sondern „Gesellschaft" mit Hilfe allgemeingültiger und als überzeitlich verstandener begrifflicher Kategorien wie „Gruppe", „Masse", „Gemeinschaft" o.ä. möglichst objektiv zu beschreiben und durch Zurückführung auf allgemeine Gesetzmäßigkeiten zu *erklären*. In der „Beziehungslehre" Leopold v. Wieses bleiben deshalb auch die Inhalte menschlicher Beziehungen, d.h. alles, was im Bewusstsein der Menschen vor sich geht, wie Wünsche, Hoffnungen und

---

[1] Die begriffliche Fassung dieser drei Richtungen variiert jedoch in der einschlägigen Literatur: So unterscheiden bspw. Raymond Aron in der 1953 erschienenen deutschen Fassung seines Werkes „Die Deutsche Soziologie der Gegenwart" (Aron, 1953) und Volker Kruse in seiner 2008 veröffentlichten „Geschichte der Soziologie" (Kruse, 2008) für den genannten Zeitraum zwischen einer „systematischen" und einer „historischen" Soziologie. Die methodischen und inhaltlichen Unterschiede beider Richtungen stärker akzentuierend, spricht Dirk Käsler dagegen von einer „naturwissenschaftlichen" bzw. „naturwissenschaftlich-beziehungswissenschaftlichen" Richtung einerseits und einer „kulturwissenschaftlichen" (Käsler, 1984, S. 47f., 53 u.ö.) andererseits und stellt ihnen eine dritte, beide Richtungen verbindende und vor allem durch Max Weber vertretene „sozialwissenschaftliche" (ebd., S. 53 u.ö.) Auffassung an die Seite, auf die auch Aron Bezug nimmt, wenn er auf die „Synthese von systematischer und historischer Soziologie im Werke Max Webers" (Aron, 1953, S. 92) verweist.

[2] „Einer solchen Soziologie", so Dirk Käsler, „geht es um eine objektiv-empirische Kategorisierung, Beschreibung und Analyse als elementar definierter sozialer Prozesse mit dem Fernziel der Entwicklung von (Natur-) Gesetzen der Gesellschaft" (Käsler, 1984, S. 71).

Sinngebungen, weitgehend unberücksichtigt. Der Mensch selbst, so Erhard Stölting, werde dabei „ausgeklammert". „Auch Reflexion über Sinn und Bestimmung des Menschen schließlich sei notwendig, transzendiere aber den Bereich der strengen Wissenschaft"[3], welche sich nach Ansicht der Vertreter einer formalen Soziologie durch Neutralität, Objektivität und Werturteilsfreiheit auszuzeichnen hatte.[4]

Die „historische" Richtung soziologischen Denkens, zu der u.a. die Kultursoziologie Alfred Webers und die Wissenssoziologie Karl Mannheims gehörten und die im Gegensatz zu naturwissenschaftlich erklärenden Ansätzen häufig auch als „geisteswissenschaftliche" bzw. „verstehende" Soziologie bezeichnet wird, legte den Schwerpunkt ihrer Forschungen eher auf das Verstehen der *historischen Entwicklung* sozialer Verhältnisse. „Verstehen" bedeutet dabei, über die rein deskriptive und beobachtende Erklärung funktioneller (mikrosoziologischer) Zusammenhänge hinaus, den Sinn menschlicher Handlungen zu deuten, gesamtgesellschaftliche Entwicklungsprozesse zu interpretieren und Theorien über ihre Ursachen und Auswirkungen aufzustellen. In diesem Sinne monierte der Austromarxist Max Adler auf dem Dritten Deutschen Soziologentag: „Ganz bestimmt ist aber die Aufgabe der Soziologie damit nicht bezeichnet, daß sie die Lehre bloßer Beziehungsformen der Individuen zueinander wäre. (…) Es liegt nämlich in dieser Beschränkung der Soziologie auf eine bloße Formenlehre ein Verzicht auf die eigentliche Aufgabe der Soziologie, die Richtung der gesellschaftlichen Entwicklung zu bestimmen, um in dieselbe bewußt einzugreifen. (…) Das Wesentliche der Soziologie liegt darin, daß sie nicht nur eine Lehre von den sozialen Beziehungen, sondern von der sozialen Entwicklung ist. Alle Soziologie muß in eine Entwicklungslehre ausgehen; es gehört zu ihrem Wesen, daß sie nicht bloß die Funktionszusammenhänge der sozialen Gebilde darstellt, sondern auch den Ablauf des sozialen Geschehens in seiner allgemeinen Form aufzuzeigen und auf die in ihm wirkenden Kausalgesetze zurückzuführen hat.

---

3   Stölting (1986), S. 286.
4   Käsler stellt auf der Basis einer Analyse der zwischen 1910 und 1930 stattgefundenen ersten sieben deutschen Soziologentage fest, dass die „naturwissenschaftliche" Auffassung ab 1930 zur dominierenden soziologischen Richtung wurde. (Vgl. dazu Kapitel B. III. u. IV. in Käsler, 1984.) Das eindimensionale Bemühen ihrer Vertreter um empirische Objektivität führt so auf das Bestreben zurück, der Soziologie Respekt und Anerkennung als einzelwissenschaftliche Disziplin zu verschaffen, indem man sie von anderen Disziplinen, wie der Geschichtswissenschaft, insbesondere der Materialistischen Geschichtsauffassung, der Nationalökonomie und der Philosophie abzugrenzen und politische Neutralität, Objektivität, Werturteilsfreiheit und Geschlossenheit zu demonstrieren suchte. (Vgl. ebd., S. 51f.) Kategorien zu erarbeiten und Systeme zu entwerfen habe als Ausweis seriöser Wissenschaft gegolten. (Vgl. ebd., S. 70.) Die formale Soziologie ist insofern auch als einer der Ursprünge späterer, vor allem amerikanischem Einfluss entstandener strukturfunktionaler und systemtheoretischer Ansätze anzusehen.

Auf diese Weise hat die Soziologie nicht nur die Vergangenheit zu erklären, sondern auch die notwendigen Tendenzen aufzuzeigen, die aus der Gegenwart in die Zukunft führen und die Wahrscheinlichkeit ihrer Auswirkungen zu erforschen."[5] Eine so verstandene „historische Soziologie", die ein bewusstes Eingreifen in gesellschaftliche Entwicklungsprozesse ermöglichen und, wie Aron formuliert, „im Lichte der Vergangenheit eine Antwort auf die beunruhigende Sorge der Gegenwart"[6] geben sollte, verfolgte demnach ein „emanzipatorisches ‚Erkenntnisinteresse'", während sie den rein naturwissenschaftlichen Ansätzen vorwarf, „durch die Erstellung dominant systemimmanenter Analysen mehr zur Stabilisierung bestehender Gesellschafts- und Herrschaftsverhältnisse"[7] beizutragen.[8]

Letztlich ist, so Peter Fischer, nur eine Verknüpfung empirischer und verstehender Soziologie in der Lage, allen Dimensionen der Gesellschaft, d.h. ihren strukturellen, institutionellen und kulturellen Aspekten in gleicher Weise gerecht zu werden.[9] Als beispielhaft für eine solche „sozialwissenschaftliche" Verbindung beider Richtungen soziologischen Denkens gilt gemeinhin der Ansatz Max Webers[10], der unter Soziologie „eine Wissenschaft (verstand, M.J.), welche soziales Handeln deutend verstehen und dadurch in seinem Ablauf und seinen Wirkungen ursächlich erklären will"[11]. Weber versuchte, soziologisches „Erklären" und „Verstehen" zu verbinden, indem er sich weder auf die „naturwissen-

---

5 Zit. n. Käsler (1984), S. 73f.
6 Aron (1953), S. 50.
7 Käsler (1976), S. 10.
8 In diesem Zusammenhang ist auch die Feststellung Käslers interessant, dass auf Grund der Selbstverpflichtung der Soziologen zu möglichst objektiver und politisch neutraler Forschung selbst die „zeitgenössischen – teilweise ja dramatischen – gesellschaftlichen Veränderungen während jener Jahre mit den vielfältigen Aspekten wie Erster Weltkrieg, Deutschlands militärische Niederlage, Revolutionen, Versailler Vertrag, ‚Weimarer Republik' (…), Hitler-Putsch – um nur einige Stichworte zu nennen – (…) auf den Verhandlungen der deutschen Soziologen, dieser ‚Wissenschaftler von der Gesellschaft', allenfalls eine *marginale Rolle*" (Käsler, 1984, S. 68, Herv. im Orig.) gespielt haben. Sehr deutlich werde dies angesichts der rein methodologischen Diskussionen auf dem Soziologentag von 1930, der von „Begriffsklauberei abenteuerlicher Sprachschöpfungen" und „geradezu unglaublichster Artistik des Glasperlenspiels mit eigenen Begriffssystemen" gekennzeichnet gewesen sei „,– und das angesichts marschierender SA-Truppen in den Straßen Berlins!" (Ebd., S. 81f.) Die historische Richtung blieb ab 1930, spätestens in der deutschen Soziologie nach dem Zweiten Weltkrieg zugunsten streng empirischer und strukturfunktionaler systemtheoretischer Ansätze zunehmend „auf der Strecke" (Fischer, 2008, S. 179).
9 Vgl. ebd., S. 176.
10 Eine ausführliche Darstellung von Leben und Werk Max Webers liefert Dirk Käsler in Käsler (1978), S. 40-177.
11 Max Weber in seinem 1918-1920 verfassten Ersten Teil von „Wirtschaft und Gesellschaft", hier zit. n. Käsler (1978), S. 123.

schaftliche" Methode des formalen Beschreibens und Kategorisierens noch auf die „geisteswissenschaftliche" Methode des nachempfindenden Verstehens beschränkte, sondern gesellschaftliche Wirklichkeit zwar begrifflich strukturierte, zugleich aber berücksichtigte, dass menschliche soziale Handlungen auf Grund von Sinngebungen erfolgen, auf deren Deutung nicht verzichtet werden dürfe.

„Wir sind", so Weber, „(...) bei ‚sozialen Gebilden' (...) in der Lage: *über* die bloße Feststellung von funktionellen Zusammenhängen und Regeln (‚Gesetzen') *hinaus* etwas aller ‚Naturwissenschaft' (...) ewig Unzugängliches zu leisten: eben das ‚*Verstehen*' des Verhaltens der beteiligten *Einzelnen* (...). Diese Mehrleistung der deutenden gegenüber der beobachtenden Erklärung ist freilich durch den wesentlich hypothetischeren und fragmentarischeren Charakter der durch Deutung zu gewinnenden Ergebnisse erkauft. Aber dennoch: *sie* ist gerade das dem soziologischen Erkennen Spezifische."[12]

Das Werk Max Webers zeigt, dass eine Verbindung „erklärender" und „verstehender" soziologischer Ansätze nicht nur möglich sondern auch sinnvoll ist. Ebenso wie die anthropologische Frage nach dem Menschen weder eine rein empirische noch eine rein philosophische sein kann, darf auch die soziologische Betrachtung der menschlichen Gesellschaft sich nicht auf eine eindimensional „erklärende" oder „verstehende" Perspektive beschränken. Nur eine Verbindung beider Richtungen kann auch dafür sorgen, die Schwächen bzw. problematischen Elemente des jeweils anderen Ansatzes zu korrigieren. Sahen die Vertreter der „historischen Soziologie" sich dem häufig zu recht geäußerten Vorwurf ausgesetzt, kulturkritischen, nicht selten romantisch-idealistischen Denkmustern und einer teleologischen Geschichtsauffassung zuzuneigen,[13] lagen die Ursprünge der „systematischen" bzw. „formalen Soziologie" in stark naturwissenschaftlich,

---

12 Max Weber in seinem 1918-1920 verfassten Ersten Teil von „Wirtschaft und Gesellschaft", hier zit. n. Käsler (1978), S. 125. Das methodische Instrument, welches es Weber ermöglichte, sozialen Handlungen zugrunde liegende Sinngebungen zu deuten und sie gleichzeitig begrifflich zu kategorisieren, war insbesondere die Bildung von „Idealtypen". Sie sind gedankliche, aber aus der Wirklichkeit abgeleitete Konstrukte, mit denen Weber reale soziale Handlungen bzw. deren Sinnzusammenhänge verglich, um diese somit ordnen und systematisieren, sowie Ursachen für Abweichungen herausarbeiten zu können. (Zu Webers Methode des „Idealtypus" vgl. insbesondere Käsler, 1978, S. 147-151 u. Korte, 2000, S. 109ff.) Er wies jedoch darauf hin, dass solche Begriffskonstruktionen keine Allgemeingültigkeit besitzen, sondern, dem kulturellen Wandel entsprechend, immer neu gefunden werden müssen. (Vgl. ebd., S. 151.) Darüber hinaus arbeitete Weber stets „komparativ", indem er bei allem, was er untersuchte, sei es die Entwicklung von Agrarverhältnissen oder die städtische Entwicklung, die Verhältnisse unterschiedlicher Epochen und Kulturen miteinander verglich, somit eben nicht „Allgemeingültiges" sondern neben Gemeinsamkeiten auch Eigenarten und Besonderheiten herausarbeitete und unterschiedliche Entwicklungen zu erklären suchte. (Zu Webers „komparativem Vorgehen" vgl. Käsler, 1978, S. 60f. u.ö.)

13 Vgl. Fischer (2008), S. 176f. u. Kruse (2008), S. 166f.

insbesondere biologisch geprägten Theorieansätzen. Viele sog. frühe Soziologen des 19. Jahrhunderts, wie bspw. Herbert Spencer, unternahmen den Versuch, biologische Erkenntnisse, wie die evolutionäre Entwicklung der Organismen, direkt auf gesellschaftliche Verhältnisse zu übertragen und somit auch die Gesellschaft als einen Organismus zu betrachten, dessen Teile sich in gegenseitigen Wechselwirkungen befinden und sich hinsichtlich ihrer Funktionen zunehmend differenzieren. Spencer bezeichnete diesen Vorgang als einen fortschreitenden Wandel von „unzusammenhängender Homogenität zu zusammenhängender Heterogenität"[14]. Auch wenn diese Ansätze als erste systematisch-soziologische Betrachtungen zu verstehen sind, implizierten die organizistischen und biologistischen Übertragungen gleichwohl, wie im Falle Spencers, äußerst problematische Schlussfolgerungen. Hierzu zählte u.a. die Annahme der Notwendigkeit einer natürlichen Auslese („survival of the fittest"), die bevorzugt von den sog. Rassebiologen aufgegriffen wurde und einen ihrer „Höhepunkte" in der nationalsozialistischen „Rassenlehre" fand.[15] Früh gab es auch kritische Stimmen gegenüber einer solchen organizistischen Sichtweise auf die menschliche Gesellschaft. Schon Max Weber hatte auf dem Ersten Deutschen Soziologentag von 1910 die Ansichten des Rassetheoretikers Alfred Ploetz u.a. mit den Worten kritisiert, dass er keinen Nutzen darin sehe, die „ganz fraglos vorhandene Analogie zwischen dem Bienenstaat und irgendwelcher menschlichen, staatlichen Gesellschaft"[16] zur Grundlage der Betrachtung menschlicher Vergesellschaftung zu machen, da ein solches Vorgehen die Deutung des rationalen Handelns der Menschen unberücksichtigt lasse.

Eine solche anti-organizistische Haltung nahm auch Anna Siemsen ein, in deren gesellschaftsanalytischen Betrachtungen im Sinne eines sozialwissenschaftlichen Verständnisses beide Richtungen soziologischen Denkens, d.h. sowohl

---

14 Kruse (2008), S. 44.
15 Jürgen Reyer stellt in seiner Untersuchung des Verhältnisses von Individuum und Gemeinschaft im Rahmen der Sozialpädagogik dar, dass aus einer solchen organizistischen Sichtweise ein „organologisches Gemeinschaftsmodell" resultierte. Im Gegensatz zum auf Zweck- oder Interessensgemeinschaften basierenden sog. Assoziationsmodell, das „die Freiheit des Menschen betont, ja vorraussetzt, steht im organologischen Gemeinschaftsmodell seine Bindung und Einordnung; betont jenes seine Gleichheit, so dieses seine Unterschiedlichkeit, die wie nach einer vorherbestimmten Harmonie im großen Gesellschaftskörper ihren Platz findet (...). Da müssen die einen arbeiten und dienen, andere herrschen und befehlen (...). Sein Gefährdungspotential lag in seiner Tendenz, den Individualismus durch Negierung des Individuums zu erledigen (...)." (Reyer, 2002, S. 25f.) Der Vergleich mit dem tierischen Organismus sei in solchen Entwürfen teilweise so weit gegangen, „daß nach gesellschaftlichen Entsprechungen zur Anatomie und Physiologie und zum Befall des tierischen Köpers mit Ungeziefer gesucht wurde"(Ebd., S. 25).
16 Max Weber, zit. n. Gerhardt (2001), S. 203.

strukturell-deskriptive als auch historisch-verstehende Sichtweisen miteinander verbunden werden.

Ähnlich den Vertretern „formaler Soziologie" versteht Siemsen unter Gesellschaft ein gegliedertes Ganzes, das sich aus mehreren miteinander in Wechselbeziehungen stehenden Gruppen zusammensetzt. Die Gesellschaft neige, so Siemsen, zur Gruppenbildung, zur „Gruppendifferenzierung"[17], die ein Wesensmerkmal jeder Gesellschaft sei,[18] so dass es letztlich auch nicht *die* gesellschaftliche Wirkung oder *den* abstrakten gesellschaftlichen Einfluss, sondern immer nur den Einfluss einzelner Gruppen gebe, die zwar auch eine gewisse Eigengesetzlichkeit besitzen, jedoch nicht autonom seien, sondern immer in ihren Beziehungen zu den übrigen Gesellschaftsgruppen, als Teil einer übergeordneten Einheit betrachtet werden müssen.

„Da die Gesellschaft niemals als Ganzes auf den Einzelnen wirkt, sondern immer durch die Gruppe oder Gruppen, deren Glied er ist, so ist gesellschaftliche Wirkung jederzeit Gruppenwirkung (…)."[19]

Abgesehen von eher kurzlebigen, zur Auflockerung gesellschaftlicher Strukturen aber durchaus wichtigen Zeitgruppen wie Demonstrationen oder Menschenaufläufen, sieht Anna Siemsen die Gesellschaft vor allem aus Dauergruppen zusammengesetzt, bei denen sie erstens konstitutive, d.h. für die gesellschaftliche Struktur grundlegende und in Form spezifischer Rechte Macht über ihre Mitglieder besitzende Gruppen wie Familie, Gemeinde und Staat, zweitens Sonderaufgaben übernehmende Funktionsgruppen wie Parteien, Religionsgemeinschaften oder auch Berufsgruppen unterscheidet.[20] Nicht zuletzt die Beispiele der christlichen Kirche und der nationalsozialistischen Partei haben gezeigt, dass Funktionsgruppen, wenn sie rechtliche Formen entwickeln, zu konstitutiven Gruppen werden können.[21]

Entscheidend für die Gesellschaftsauffassung Anna Siemsens ist es jedoch, dass sie nicht auf der Ebene einer rein formalen Betrachtung der gesellschaftlichen Wirklichkeit verbleibt und deren Gruppenstruktur nicht als eine rein funktionalistische betrachtet, sondern ihre Entstehung und das Verhältnis der Gruppen zueinander historisch nachvollzieht, ideologiekritisch hinterfragt und aus ihren Analysen Einschätzungen möglicher zukünftiger Gesellschaftsentwicklungen ableitet. So beschreibt sie, wie noch zu zeigen sein wird, auf Grund welcher Ge-

---

17 Siemsen (1948b), S. 37.
18 Vgl. ebd.
19 Ebd., S. 44.
20 Vgl. ebd., S. 38f. An welche soziologischen Theorien sie mit dieser Unterscheidung anknüpft, macht Siemsen nicht deutlich.
21 Vgl. ebd., S. 39f.

fühle und aus welchen Bedürfnissen heraus, Menschen Gruppenbindungen eingehen und wie solche Bedürfnisse manipuliert und instrumentalisiert werden können. Sie fragt danach, warum und auf welche Weise spezifische Gesellschaftsformationen entstanden sind und welche Entwicklungstendenzen sich aus dieser Analyse ableiten lassen. Sie sucht nach den Ursachen zeitgenössischer gesellschaftlicher Probleme, um diese nicht nur hinsichtlich ihrer Symptome zu lindern, sondern grundlegend bearbeiten zu können und zeigt Möglichkeiten auf, den als gesetzmäßig erkannten Gesellschaftsprozess positiv zu unterstützen. Dabei verlässt sie bewusst die rein objektiv-deskriptive Ebene, hinterfragt und interpretiert, knüpft an die marxistische Gesellschaftstheorie an und bezieht letztlich auch politisch Stellung.

Ähnlich den Vertretern einer „historischen" sowie einer „sozialwissenschaftlich" ausgerichteten Soziologie, geht Siemsen davon aus, dass eine rein formale Betrachtung der Gesellschaft einen wesentlichen Aspekt des menschlichen Wesens – das im vorherigen Kapitel ausführlich behandelte menschliche „Bewusstsein" – unberücksichtigt lasse. Wie bereits erwähnt stellt gerade das „Bewusstsein" für sie einen „entscheidenden Faktor der spezifisch menschlichen Gesellschaftsbildung"[22] dar, der in Verbindung mit „Sprache" und „Arbeit" der menschlichen Gesellschaft einen „grundlegend"[23] anderen Charakter verleiht als den Tiergesellschaften. Zwar ist die menschliche Gesellschaft als „eine Mehrheit gleichartiger Lebewesen", die sich insbesondere aus Gründen der Schutz- und vor allem der Nahrungssuche zusammengeschlossen haben und sich somit in „gegenseitigen Lebensbeziehungen"[24] befinden, für Siemsen prinzipiell mit Pflanzen- oder Tiergesellschaften vergleichbar. Wie diese erfüllt sie nur ihren Sinn, wenn sie es vermag, ihren Mitgliedern die Befriedigung ihrer Bedürfnisse zu sichern. Wo ihr dies nicht gelinge, gerieten die einzelnen Mitglieder in Gegensatz zu ihr – es drohe ihre Zersetzung.[25] Deshalb, so Siemsen, stützen sich sowohl tierische als auch menschliche Gesellschaften auf eine „planmäßige Tätigkeit zur Befriedigung zukünftiger Bedürfnisse" und eine „gegenseitige Verständigung"[26]; in ihrer Verbindung und dadurch ermöglichten „hohen Entwicklung" als „Arbeit" und „Sprache" seien diese beiden gesellschaftsbildenden Faktoren[27] jedoch auf die menschliche Gesellschaft beschränkt. Ihre hohe Ausprägung erhalten sie durch ihre dialektische Verbindung mit dem als „Denkfä-

---

22 Ebd., S. 28.
23 Ebd., S. 27.
24 Ebd., S. 21.
25 Vgl. ebd. S. 144.
26 Ebd., S. 27.
27 Vgl. zur Begrifflichkeit ebd., S. 66.

higkeit"[28] bezeichneten menschlichen „Bewusstsein", das sie einerseits voraussetzen, da so komplexe Vorgänge wie Arbeit und Sprache ohne Denkfähigkeit nicht möglich wären, und das sie andererseits selbst erweitern und vertiefen:

> „Durch die Arbeit wird das Bewußtsein vom Augenblick auf Vergangenheit und Zukunft gerichtet. Nur dadurch entsteht Planmäßigkeit. Durch die Sprache, welche symbolische Zeichen für Bewußtseinsinhalte schafft (...), wird das Gedächtnis erleichtert und der Bewußtseinsinhalt allmählich ins Unbegrenzte erweitert."[29]

„Bewusstsein" bzw. „Denkfähigkeit", „Arbeit" und „Sprache" machen daher für Siemsen das „(spezifische) Wesen des Menschen"[30] aus. Sie bilden zugleich die Grundlage ihrer Kritik an einer organizistischen, rein funktionalistischen Gesellschaftsbetrachtung, was sie, ganz im Tenor ihrer Zeit, anhand eines Vergleichs mit einem Insektenstaat zu verdeutlichen sucht: Ein Insektenstaat trage die Form einer organischen Gesellschaft, deren einzelne Mitglieder zum Zwecke einer vollkommeneren Funktionsteilung physisch differenziert werden, d.h. spezielle Organe für die jeweilige von ihnen zu erfüllende gesellschaftliche Teilfunktion besitzen, somit aber als Einzelwesen keine selbständigen Artvertreter mehr darstellen und zu individueller Existenz unfähig, vielmehr zu gesellschaftlichen Organen geworden seien.[31] Da keine Umkehr, lediglich eine Weiterführung der einmal vorgenommenen physischen Differenzierung möglich sei, sind die Insektenstaaten „also ihrem Wesen nach konservative Gesellschaften, denen Beharrung in der eingeschlagenen Entwicklungsrichtung Lebensgesetz ist"[32]. Bereits 1921 weist Anna Siemsen darauf hin, dass ein solcher Bienenstaat aus menschlicher Sicht „eine große Tragödie" darstelle.

> „Daß eine gesellschaftliche Organisation den einzelnen vollkommen aufsaugt und alle Lebensfunktionen für ihre Zwecke gebraucht, umwandelt, tötet, das widerspricht jedem Gefühl in uns."[33]

Sicherlich knüpft Siemsen mit ihrem Verweis auf den Insektenstaat einerseits an Marx an, der, wie bereits erwähnt, das bewusste Handeln des Menschen von dem instinktmäßigen Verhalten einer Biene abgrenzte.[34] Andererseits nimmt sie damit vermutlich die o.g., von Weber an Ploetz gerichtete Kritik auf und bezieht in einem 1941 veröffentlichten Aufsatz deutlich Stellung gegenüber einer „organischen Gesellschaftslehre, welche die gesellschaftlichen Gruppen den Organen eines le-

---

28   Ebd., S. 14.
29   Ebd., S. 27.
30   Ebd., S. 14.
31   Vgl. ebd., S. 23.
32   Vgl. ebd., S. 24.
33   Siemsen (1921c), S. 11.
34   Vgl. Systematischer Teil, Kapitel II., Anm. 38 vorliegender Arbeit.

benden Organismus gleichsetzt" und der „*Eigengesetzlichkeit und sehr große(n) Komplexität der gesellschaftlichen Beziehungen*"[35] nicht gerecht werde.[36]
Durch die Existenz des „Bewusstseins" erhält die menschliche Gesellschaft nach Meinung Anna Siemsens einen grundlegend anderen Charakter als die organische, auf bloße Funktionalität, physische Differenzierung, Individualitätsverlust und Beharrung angelegte Gesellschaft eines Insektenstaats.

„Die Gesellschaftsvariante, der die menschlichen Gesellschaften angehören, liegt auf einer anderen Linie und geht in einer anderen Richtung. Um es kurz zu formulieren: sie ersetzt die physische Differenzierung, welche die Grundlage des Insektenstaates ist, durch Bewusstseinsbildung, bei welcher der physische Habitus im wesentlichen undifferenziert bleibt oder seine Differenzierung sekundär auftritt im Gefolge von Bewusstseins- und Funktionsdifferenzierungen, aber nicht als deren Bedingung. Es fehlt die physische Gruppenscheidung, es fehlt der Beharrungszwang, es fehlt endlich der entscheidende Charakter der physisch differenzierenden Erziehung."[37]

Die menschliche, insbesondere die zeitgenössische europäische Gesellschaft besitzt daher „ungleich größere Variationsmöglichkeiten" und „ungleich größere Entwicklungsmöglichkeiten"[38] als die tierische und zeichnet sich letztlich durch die drei dialektisch miteinander verbundene „Wesenszüge" bzw. „Grundlagen" der „*Universalität*", der „*Persönlichkeit*" und der „*Rationalität*"[39] aus, durch deren Zusammenspiel im Gegensatz zum Bienenstaat trotz aller Vergesellschaftung eine freie Persönlichkeitsentwicklung sowie eine dynamische Fortentwicklung der Gesellschaft ermöglicht werden. Diese für Anna Siemsen zentralen Zusammenhänge sollen im Folgenden näher erläutert werden.

2. Universalität, Persönlichkeit und Rationalität als Grundlagen der menschlichen Gesellschaft

Aus der Erkenntnis, dass die menschliche Gesellschaft, im Gegensatz zur tierischen, auf Bewusstseinsbildung beruhe, folgert Anna Siemsen, „daß die immer

---

35 Siemsen (1941), S. 428. (Herv. im Orig.)
36 In ihrem Sprachgebrauch ist Anna Siemsen allerdings gelegentlich unpräzise oder gar widersprüchlich. So benutzt sie selbst den Begriff des „lebendigen Gesellschaftskörpers" (Siemsen, 1948b, S. 65).
37 Ebd., S. 25.
38 Ebd.
39 Vgl. explizite Hinweise Siemsens auf die drei Wesenszüge bzw. die drei Grundlagen der Gesellschaft in Siemsen (1948b), S. 145 u. 147. Weitere inhaltliche Beschreibungen der Wesenszüge in ebd., S. 36, 54, 104 u.ö. Zu beachten ist, dass Siemsen die von ihr gewählten Begrifflichkeiten variiert, worauf in III. 2. näher einzugehen ist.

höhere Entfaltung des Bewußtseins sich demnach als Ziel gesellschaftlicher Entwicklung darstellt"[40]. Wie bereits im Rahmen ihrer anthropologischen Vorstellungen beschrieben, ist die Qualität des gesellschaftlichen Einflusses dabei von entscheidender Bedeutung. Um sich zu vertiefen und höher zu entwickeln, bedarf das Bewusstsein eines ständigen Austausches, eines heterogenen Reichtums an Gruppeneinflüssen, denen es sich öffnen oder verschließen kann. Diesen wesentlichen Bedingungsfaktor sieht Anna Siemsen in der zeitgenössischen Gesellschaft gegeben. Die auf der freien Warenwirtschaft beruhende europäisch-amerikanische Gesellschaftsentwicklung der vergangenen Jahrhunderte zeichne sich durch eine zunehmende Beweglichkeit und Differenziertheit der gesellschaftlichen Gruppen, sowie dadurch bedingte nationale und internationale Verbindungen und Vernetzungen aus.

„Die Gesellschaft entwickelt sich in die Richtung einer zunehmenden Universalität, das heißt auf Verstärkung und Vermehrung wie Erweiterung der Beziehungen aller Gruppen untereinander, damit auf Beseitigung der vorhandenen Schranken rechtlicher, wirtschaftlicher und ideologischer Art."[41]

Politisch gewendet sieht Anna Siemsen damit die Tendenz zu einer immer durchgreifenderen Demokratisierung der europäischen Gesellschaft verbunden, auch wenn sie eine ihren Ansprüchen genügende Demokratie bisher noch nirgends verwirklicht sieht.[42] Die zunehmende Universalität und Vernetzung bewirke zugleich eine Annäherung an eine „menschheitsumfassende"[43], bzw. eine globalisierte, „erdumfassende Gesellschaft"[44], weshalb Siemsen sich, wie im biographischen Teil dargestellt, zunehmend für eine internationale, zumindest aber eine europäische Vereinigung einsetzte. Das Schicksal des Menschen sieht sie nicht nur im „Fortschreiten aus dem Unbewussten zum Bewusstsein", sondern damit zugleich auch „aus einfacher zu einer durchdachten Gesellschaftsform, von enger Abgeschlossenheit zur erdumfassenden Gemeinschaft"[45] und setzt sich damit in ideologiekritischer Weise deutlich von der nationalsozialistischen Unterteilung der Menschen in unterschiedliche Rassen ab.

„Heute erleben wir ein Wiederaufleben dieser Auffassung von der Wesensverschiedenheit der Menschenarten überall, wo irgendwie geartete Interessen sich der Forderung nach einer einheitlichen menschlichen Gesellschaft entgegenstellen, wobei die offenbare Richtung der ge-

---

40 Ebd., S. 31.
41 Ebd., S. 104.
42 Vgl. Siemsen (1950d), S. 1. Zum Demokratiebegriff im Allgemeinen und zu Anna Siemsens Vorstellungen einer sozialistisch-demokratischen Gesellschaft vgl. Systematischer Teil, Kap. V vorliegender Arbeit.
43 Ebd., S. 145.
44 Siemsen (1948b), S. 146.
45 Siemsen (1925a), S. 13.

samten Menschheitsgeschichte entweder verkannt oder als verhängnisvoll ganz oder teilweise bekämpft wird."[46]

Ihre Überzeugung von der Wesensgleichheit der Menschen und der damit möglichen und wünschenswerten internationalen Vernetzung bedeutet für Siemsen jedoch nicht eine Tendenz zur Gleichmacherei, vielmehr entspreche dem „Streben nach Vereinheitlichung nach außen, nach Integration (…) ein parallel laufendes Streben nach Differenzierung nach innen"[47], „nach Einheit und Vielgestaltung in dieser Einheit"[48], eben nach Gruppendifferenzierung. Gerade die fortschreitende Integration der Gruppen fördere ihre Differenzierung, denn „wir sahen, je kleiner eine Gruppe ist und je gegensätzlicher Gruppen gegeneinander stehen, desto geringer ist ihre Differenzierung im Innern, desto stärker der Zwang der Gleichartigkeit, desto einförmiger der Gruppentypus"[49].

Damit sind die beiden, nach Siemsens Ansicht, grundlegenden „*Gesetze* des gesellschaftlichen Prozesses"[50], sowie zugleich zwei der drei zentralen *Wesenszüge* der „gegenwärtigen Gesellschaft" beschrieben: „die *Universalität* und die *Differenzierung*"[51], oder m.a.W. die gesellschaftliche „*Ausdehnung nach außen*" und die „*wachsende Mannigfaltigkeit, Verbindung und Beweglichkeit ihrer Gruppen*"[52]. Indem die zeitgenössische Gesellschaft, im Unterschied zu früheren, bspw. ständischen Gesellschaftsformen, dem einzelnen Menschen somit zu wachsender „Ungebundenheit" und „Wahlfreiheit" verhilft und ihn die „Verantwortung für sein Schicksal"[53] selbst tragen lässt, bietet sie ihm die Möglichkeit der Persönlichkeitsentfaltung in Richtung auf „größere Weite, Differenziertheit (und einen) größeren Reichtum des Bewußtseins". Sie selbst, die ja letztlich nicht mehr als einen Zusammenschluss entsprechend entwickelter Individuen darstellt, erhält damit ihren dritten zentralen *Wesenszug*, eine „*gesteigerte Weite, Tiefe und Schärfe ihres Bewußtseins*"[54], eine „*Bewusstseinssteigerung*" und „*Bewusstseinshelle*"[55], die für Siemsen gleichbedeutend ist mit „*Vernunft*"[56] bzw. „*Rationalität*"[57], im Gegensatz zu „dunklen", „irrationalen Bewußtseinsinhalten"

---

46 Siemsen (1948b), S. 26f.
47 Ebd., S. 36.
48 Ebd., S. 54.
49 Ebd., S. 160.
50 Ebd., S. 54. (Herv. durch die Verf.)
51 Ebd.
52 Ebd., S. 145. (Herv. durch die Verf.)
53 Ebd., S. 146.
54 Ebd., S. 145.
55 Ebd., S. 146.
56 Ebd.
57 Ebd., S. 147.

wie „Triebhaftigkeit, Blutgebundenheit (und) Mystik"[58]. In dialektischem Rückschluss unterstützt eine „weitgehende Bewußtseinsklärung, -erweiterung und -vertiefung"[59] wiederum den gesellschaftlichen Entwicklungsprozess in Richtung auf Universalität und Gruppendifferenzierung.[60] Anna Siemsen betont zwar, dass ihre Interpretation des gesellschaftlichen Entwicklungsprozesses nicht insofern als gesetzmäßig verstanden werden dürfe, dass dieser sich etwa, unabhängig vom willentlichen Entschluss der Menschen, mit „mechanischer Notwendigkeit"[61] vollziehe und beschreibt daher in ihren GGE auch andere, bspw. romantische oder reaktionäre Haltungen der Gesellschaft gegenüber; ein Mensch mit einem aufgeklärten Bewusstsein aber, so kann man Siemsens Ansicht sinngemäß zusammenfassen, der in der Lage ist, „die Masse seiner ererbten Triebe, ebenso wie die Masse der überlieferten gesellschaftlichen Verhältnisse (...) zu überschauen"[62], wird den o.g. Gesellschaftsprozess erkennen und als notwendig erachten. Eine entscheidende Aufgabe im Hinblick auf die Entwicklung eines solchen Bewusstseins komme dabei der Erziehung zu.[63]

Zusammenfassend lässt sich das dialektische Verhältnis der von Siemsen beschriebenen drei Wesenszüge bzw. Grundlagen der Gesellschaft, deren begriffliche Fassung sie variiert und die sie letztlich als „Universalität, Persönlichkeit und Rationalität"[64] bezeichnet, bildlich etwa folgendermaßen veranschaulichen: siehe Abbildung, S. 271 oben.

Die europäisch-amerikanische Gesellschaft[65] ist demnach, Siemsen zufolge, umfassend und differenziert und strebt nach freier Persönlichkeitsentfaltung innerhalb der Gemeinschaft.[66] Der Verweis auf „Gemeinschaft" ist dabei von zentraler Bedeutung, denn angesichts der zeitgenössischen Wirtschaftsorganisation seien die o.g. drei Grundlagen gefährdet und drohe der gesellschaftliche Entwicklungsprozess in sein Gegenteil umzuschlagen, da die freigesetzte, selbstständige Persönlichkeit der hilflosen Abhängigkeit vom kapitalistischen System ausgeliefert werde.[67] Die unvergleichlich großen Entwicklungsmöglichkeiten, die die Gesellschaft ihren Mitgliedern gewähre, seien teuer erkauft worden „durch die

---

58 Ebd., S. 146.
59 Ebd., S. 104.
60 Vgl. ebd.
61 Ebd., S. 159.
62 Ebd., S. 104f.
63 Vgl. ebd. S. 105.
64 Ebd., S. 147.
65 Zu Anna Siemsens Einschätzung der sowjetischen Gesellschaft vgl. Systematischer Teil, Kap. VI. 1. vorliegender Arbeit.
66 Vgl. Siemsen (1948b), S. 154.
67 Vgl. ebd., S. 147.

> *Bewusstseinssteigerung*
> *in Richtung auf Rationalität*
>
> (Rationale Erweiterung des Bewusstseins des Einzelnen und der Gesellschaft durch den zunehmenden Austausch der gesellschaftlichen Gruppen)

> *Streben nach Universalität*
>
> (Internationale Verflechtung und Integration der gesellschaftlichen Gruppen in Richtung auf menschheitsumfassende Gesellschaft als Gemeinschaft)

> *Persönlichkeitsentfaltung*
>
> (Ungebundenheit und freie Persönlichkeitsentfaltung des Einzelnen auf Grund von gesellschaftlicher Gruppenbewegung und -verbindung und dadurch bedingter zunehmender Differenzierung und Mannigfaltigkeit)

wachsende Unsicherheit, die Überzüchtung einzelner Fähigkeiten, die schließlich mit Verkümmerung der Überspezialisierten drohte, die Verkünstelung des Lebens und die durch dies alles bedingte wachsende Entfremdung der Menschen untereinander, ihre Isolierung und Verfeindung, welche den Vorzug der unendlich geweiteten Gesellschaft ins Gegenteil zu verkehren droht"[68]. Um letztendlich das Ziel einer „Rechtsgemeinschaft aller Menschen und das gleiche Recht jedes Mitglieds dieser Menschheitsgesellschaft auf persönliche Entwicklung und Wirkung"[69] zu erreichen, kommt es Siemsen zufolge auf eine solidarische Organisation der gesellschaftlichen Gruppenstruktur an. Deren Tendenz zu Differenzierung und Vernetzung führe nur dann zu Beziehungs- und Bewusstseinsreichtum, wenn die einzelnen gesellschaftlichen Gruppen, die ihre Mitglieder sich anzupassen suchen, in solidarischem und kooperativem Verhältnis zueinander stehen. Ist dies nicht gegeben, besitzen also einzelne Gruppen Vorrechte gegenüber anderen bzw. Macht über andere, kommt es zu Interessengegensätzen, Konkurrenzkämpfen und damit zu widersprüchlichen Gruppeneinflüssen. Einige Gruppen werden anderen unterworfen, ihre Mitglieder werden „des Verfügungsrechtes über sich selbst beraubt"[70]. In unserer modernen, differenzierten Gesellschaft gehört jeder

---

68 Ebd., S. 146.
69 Ebd., S. 161.
70 Ebd., S. 41.

Mensch verschiedenen Gruppen an, was Anna Siemsen jedoch nicht grundsätzlich negativ bewertet. So sieht sie im Gegensatz zur zeitgenössischen Kulturkritik in Differenzierungen auf Grund von Arbeitsteilung und Spezialisierung durchaus ein gesellschaftserneuerndes Potential: „Es ist ein völlig utopischer Gedanke, daß man diese Spezialisierung wieder rückgängig machen könnte. Sie ist die Vorraussetzung jeder gesellschaftlichen Entwicklung"[71] – zumindest, solange sie eine reine Funktionsteilung darstellt.[72] Problematisch wird Gruppenspezialisierung laut Siemsen, wenn sie mit Interessen- und Rechtsungleichheiten korreliert und somit Klassenverhältnisse begründet.[73]

„Klassen" sind für Anna Siemsen „gesellschaftliche Gruppen, welche innerhalb einer gesellschaftlichen Einheit im Verhältnis wirtschaftlicher, politischer oder kultureller Über- und Unterordnung zu einander stehen, infolge von Vorrechten, die eine Machtlage der herrschenden Gruppen begründen, entweder explicite (in der ständischen Gesellschaft) oder implicite (durch das Besitzmonopol einer Gruppe in der kapitalistischen Gesellschaft)"[74]. Gemäß ihres soziologischen Ansatzes, systematisch-formale und verstehende Perspektiven miteinander zu verbinden, belässt Anna Siemsen es nicht bei einer formalen Deskription solcher, vor allem in kapitalistischen Gesellschaften zu findenden Über- und Unterordnungsstrukturen, sondern bewertet sie und hinterfragt sie hinsichtlich ihrer Konsequenzen für die betroffenen Menschen. So bezeichnet sie kapitalistische Gesellschaften als antisolidarisch, weil sie auf Grund von Klassendifferenzierungen die einzelnen Gesellschaftsgruppen gegeneinander treiben[75] und somit den Einzelnen gegensätzlichen Gruppeneinflüssen aussetzen, eine „restlose Anpassung überhaupt unmöglich" machen und stattdessen „Scheinanpassungen"[76] und „Bewusstseinszwiespalt"[77] begünstigen. Auf diese Weise könne die moderne kapitalistische Gesellschaft sich, Siemsen zufolge, äußerst verhängnisvoll auswirken, da sie zum einen Unsicherheit, Angst und Haltlosigkeit begünstige und die Menschen dadurch manipulierbar mache; zum anderen könne sie „asoziale" oder gar „antisoziale" Haltungen bewirken. Gruppen, die in antisolidarischem Verhältnis zueinander stehen, können „Gruppenegoismus"[78] und „Gruppenhaß"[79] er-

---

71 Ebd., S. 69.
72 Auch Privatbesitz stellt für die demokratische Sozialistin Anna Siemsen keinen herrschafts- oder klassenbildenden Faktor dar, solange er nicht Monopolbesitz einzelner Gruppen ist. (Vgl. ebd., S. 41.)
73 Vgl. ebd..
74 Ebd. S. 40.
75 Vgl. ebd. S. 42.
76 Ebd., S. 48.
77 Ebd., S. 49.
78 Ebd., S. 50.
79 Ebd., S. 53.

zeugen, was sich, so Siemsen, nicht zuletzt in dem enormen Hass gegenüber den Juden[80] sowie auch dem Nationalhass der einzelnen Staaten untereinander[81] gezeigt habe.

Die unsolidarische Struktur der kapitalistischen Gesellschaft führt aber laut Siemsen nicht nur zu Persönlichkeitsverwirrung und Egoismus, sie macht die Gesellschaft vielmehr sinnlos, indem sie sie ihres ursprünglichen Zwecks, d.h. der Existenzsicherung ihrer Mitglieder, beraubt. Da die Gruppen durch unterschiedliche Besitzverhältnisse, Interessen und Rechte dauerhaft gegeneinander abgeschlossen seien, besitze jede Gruppe, so auch jeder einzelne Wirtschaftsbetrieb, nur noch das ausschließliche Interesse der Anpassung ihrer Mitglieder an sich selbst. Gruppenwechsel sei nicht vorgesehen[82] und finde, wenn überhaupt, nur in Einzelfällen statt, was jedoch mit der Behauptung von der angeblichen Chancengleichheit aller überdeckt werde[83]. Die einzelnen Gruppen seien lediglich an der Erzielung eines möglichst hohen Profits durch Arbeitsteilung, statt an einer allgemeinen gesellschaftlichen Eingliederung des Einzelnen interessiert und können diese auf Grund ihrer hohen Spezialisierung ohnehin nicht mehr leisten. Das einzelne Gruppenmitglied, bspw. die Arbeiterin/der Arbeiter innerhalb eines Betriebes, werde also einseitig ausgebildet und angepasst und büße seine „Gesellschaftsfähigkeit" ein. „Das wäre an sich kein unbedingtes Übel, wird es aber dadurch, daß diese Gruppe (der Betrieb) nicht wie in früheren Zeiten (...) mit der Ausbildung zugleich die dauernde Existenzsicherung des Gruppenmitgliedes übernehmen kann."[84] Spezialisierung wäre laut Siemsen tragbar, „unter der Voraussetzung, daß die wirtschaftlich erziehende Gruppe die Arbeits- und Existenzgarantie übernimmt. Diese Möglichkeit hat aufgehört in der kapitalistischen Wirtschaft. Indem sie die Arbeit auf das wechselnde Lohnverhältnis gründet, vom Arbeiter nur seine Arbeitskraft mietet, solange diese für sie profiterzeugend ist, und keinerlei weitere Verantwortung übernimmt, isoliert sie den Arbeiter"[85] – und, so lässt sich ergänzen, treibt sie den Einzelnen in Gegensatz zu eben der Gesellschaft, von der er sich Sicherung versprochen hatte. Die Interessen von Wirtschaftsträgern und Betriebszugehörigen stehen sich gegenüber[86] – Individuum und Gesellschaft sind in diesem Fall unvereinbar. Auch der Staat als übergeordnete Rahmengruppe könne angesichts kapitalistischer Wirtschaftsverhältnisse diese Sicherung nicht bieten, da er dazu der Kontrolle über die Arbeits-

---

80 Vgl. ebd., S. 51.
81 Vgl. ebd., S. 85.
82 Vgl. ebd., S. 73f.
83 Vgl. ebd., S. 78.
84 Ebd., S. 68.
85 Ebd., S. 69.
86 Vgl. ebd.

plätze und somit über die Produktionsmittel bedürfe.[87] Solange er diese nicht besitze, widerspreche er seiner eigentlichen Aufgabe der Selbstverwaltung des ganzen Volkes und sichere, trotz formaler Rechtsgleichheit, faktisch einer Minderheit an Produktionsmittelbesitzern ihre Herrschaft.[88] Mit dieser Scheidung nach Besitz sei auch die Berufung auf die angebliche Leistungsbasierung der Gesellschaft hinfällig, die mit der Ersetzung des geburtsgebundenen Ständesystems durch die freie, an Anlage und Neigung orientierte Berufswahl grundgelegt wurde.

„Die auf der privaten Herrschaft über die Produktionsmittel sich aufbauende, auf Profiterzeugung gerichtete kapitalistische Marktwirtschaft aber scheidet die Menschen nicht nach ihrer Anlage und ihrer Leistungsfähigkeit, sondern nach dem Besitz (...) und ist nicht mehr im Stande, dem spezialisierten, mechanisierten, abhängigen Lohnarbeiter und -angestellten (...) Sicherheit, Geltung (und) Lebensbefriedigung zu schaffen (...)."[89]

Indem Anna Siemsen also darauf hinweist, dass die Gruppenstruktur der Gesellschaft nicht ausschließlich auf Funktionsteilung beruht, sondern mit Interessen- und Rechtsungleichheiten und daher mit Herrschaftsverhältnissen verbunden ist und indem sie zeitgenössische „Erscheinungen" wie den Judenhass oder den übersteigerten Nationalismus hinterfragt und ihre Entstehung nachvollzieht, geht sie über eine rein funktionalistische Betrachtung der gesellschaftlichen Wirklichkeit hinaus und bezieht eine historische und zugleich ideologiekritische Perspektive mit ein.

Mit ihrer Kapitalismuskritik knüpft Anna Siemsen an Marxscher Klassentheorie, materialistischer Geschichtsauffassung und damit verbundener Ideologiekritik an.[90] Als besonderes Verdienst von Marx bezeichnet sie es, dass er „Gesellschaft" nicht statisch, sondern dynamisch, als fortschreitenden Entwicklungsprozess interpretiert habe.

---

87 Vgl. ebd., S. 133.
88 Vgl. ebd. u. S. 134.
89 Ebd., S. 72.
90 Grundlegend für die Marxsche Theorie, die sowohl innerhalb dieses Kapitels als auch in Kapitel V des Systematischen Teils vorliegender Arbeit noch ausführlicher betrachtet wird, ist der Gedanke, dass die menschliche Gesellschaft von ihrer materiellen Basis, d.h. von ihren konkreten ökonomischen Produktionsverhältnissen und nicht etwa, wie bei den deutschen Idealisten, von abstrakten geistigen Ideen her bestimmt wird. Der einzelne Mensch, sein Denken und Handeln sowie die jeweils vorherrschenden Ideologien, d.h. die Gedankengebilde, Überzeugungen und Weltanschauungen sind nur vor dem Hintergrund der materiellen Lebensbedingungen und der damit verbundenen Machtverhältnisse zu verstehen, ebenso wie auch die Klassenzugehörigkeit (d.h. die Zugehörigkeit zur Bourgeoisie oder zum Proletariat) der Gesellschaftsmitglieder und damit ihre soziale Lage und ihre ökonomischen Interessen bestimmt werden von dem Besitz bzw. Nicht-Besitz an Produktionsmitteln. (Für eine fundierte Auseinandersetzung mit den Grundlagen des Marxismus vgl. insbes. Fetscher, 1967 und Käsler, 1976, S. 62-158.)

„Weil alle menschliche Gesellschaft bewußtseinsbedingt ist, ist sie einer fortgesetzten Entwicklung unterworfen. (...) Sie unterliegt dauernden Veränderungen (...). Die menschliche Gesellschaft befindet sich in unablässigem Ablauf, einem Prozess, nicht aber in einem Zustand."[91]

Somit sind die Menschen vor die Aufgabe gestellt, sich stets aufs Neue den wandelnden gesellschaftlichen Verhältnissen anzupassen. Dieser Umstand wird, so Siemsen, häufig als Übel empfunden, was nicht zuletzt auf das fehlende Verständnis für gesellschaftliche Entwicklungstendenzen zurückzuführen ist. So können die Vertreter einer individualistischen Weltanschauung, die alle Gesellschaftsglieder isoliert betrachten, „in diesen Wandlungen nichts anderes sehen als das Spiel des Zufalls"[92]. Während die Naturwissenschaft immer weiter voranschreite und die Erscheinungen der Natur als gesetzmäßige und zusammenhängende zu erkennen begonnen habe, werde das gesellschaftliche Geschehen nicht auf seine Gesetzmäßigkeiten hin untersucht.[93] Dadurch komme es zu einem Missverhältnis zwischen dem auf Rationalität und Technik angelegten naturwissenschaftlichen Fortschritt bzw. den daraus resultierenden wirtschaftlichen Umwälzungen einerseits und den auf Zufälligkeiten und „rezeptmäßigem Handeln"[94] angelegten übrigen gesellschaftlichen Gebieten andererseits[95] – ein verhängnisvolles Phänomen, das, wie im Zusammenhang des Kaiserreiches beschrieben, die deutsche Gesellschaft zur Zeit der Industrialisierung in besonderem Maße prägte. Ihrer sozialistischen Weltanschauung gemäß plädiert Anna Siemsen deshalb dafür, auch das gesellschaftliche Geschehen wissenschaftlich zu untersuchen.

„Grundlage jeder sozialistischen Auffassung (...) ist die Ueberzeugung, daß die Gesellschaft sich in einer steten Entwicklung befindet, und daß diese Entwicklung nach bestimmten Gesetzen erfolgt, das heißt, daß wir Menschen imstande sind, im großen und ganzen die Art und Richtung dieser Entwicklung zu erforschen und zu erkennen, und daß wir, wenn uns eine solche Erkenntnis gelingt, einmal imstande sein werden, das gesellschaftliche Geschehen so zu beeinflussen, wie heute ein Naturwissenschaftler auf Grund seiner Erkenntnis der Naturgesetze die Naturkräfte beeinflussen (...) kann."[96]

---

91 Siemsen (1948b), S. 28.
92 Siemsen (1928h), S. 404.
93 Vgl. Siemsen (1948b), S. 93. Es sei noch einmal darauf hingewiesen, dass Anna Siemsen unter gesellschaftlicher „Gesetzmäßigkeit" nicht etwa, im naturwissenschaftlichen Sinne, eine Entwicklung verstand, die sich automatisch ergebe. Durch die Analyse der gesellschaftlichen Entwicklungsprozesse könne man lediglich deren Tendenzen und Möglichkeiten erkennen. Um das Ziel einer menschheitsumfassenden Gesellschaft aber tatsächlich zu erreichen, bedürfe es einer „ethischen Forderung" und des „menschlichen Wollens", welche wiederum ein aufgeklärtes Bewusstsein voraussetzen. (Vgl. ebd., S. 159.)
94 Ebd., S. 93.
95 Vgl. ebd. u. S. 94.
96 Siemsen (1929d), S. 43.

Hier zeigt sich erneut, wie eng Anna Siemsen, ebenso wie Marx, noch der aufklärerischen Überzeugung von der unbegrenzten Erkenntniskraft des Menschen und dem dadurch bedingten Fortschrittsoptimismus verbunden war, der Geschichte als einen aufsteigenden teleologischen Prozess begriff, dessen Ziel erkannt und entsprechend vorbereitet werden könne.[97]

Zentrale Erkenntnis der Marxschen Gesellschaftstheorie, der auch Anna Siemsen sich anschließt, sei es gewesen, dass die gesellschaftliche Entwicklung auf Grund des gesellschaftsbildenen Faktors „Arbeit" stets mit Umwälzungen auf wirtschaftlichem Gebiet, d.h. in der Organisation der Produktionsverhältnisse, beginne. Diese stießen daraufhin Veränderungen der „rechtlich-politischen Beziehungen" an, bevor im Anschluss und mit deutlicher Verzögerung eine Erneuerung des „kulturellen und ideologischen Überbaus"[98] stattfinde, was nach

---

97 Laut Karl Löwith entspringt dieses moderne geschichtsphilosophische, auf die Erfüllung eines Endziels gerichtete Fortschrittsdenken der christlichen Weltanschauung, die die antike griechische Überzeugung von der „zyklischen Bewegung" (Löwith, 1953, S. 26.) und der „ewigen Wiederkehr des Gleichen" (ebd., S. 14) durch den „eschatologischen Glauben an einen heilsgeschichtlichen Endzweck" ersetzte. Im Gegensatz zu dieser christlichen Geschichtsbetrachtung, die zwar ein Endziel erstrebt, dieses jedoch von der „Vorsehung" (ebd., S. 12), „vom persönlichen Willen Gottes" (ebd., S. 18) abhängig macht, geht die im Rahmen naturwissenschaftlicher Fortschritte und industrieller Revolution entstandene moderne Geschichtsphilosophie davon aus, dass der Mensch selbst die Geschichte beeinflusse und die Zukunft mitgestalte. (Vgl. ebd., S. 19, 177.) Das Fortschreiten in Richtung auf „Vernünftigkeit, Freiheit und Glück" (ebd., S. 62), das Aufstellen von „voraussagbaren Gesetzen" (ebd., S. 176) ersetzte zunehmend den Glauben an die göttliche Vorsehung. Löwith weist darauf hin, dass es sich bei einer solchen geschichtsphilosophischen Betrachtung stets um Sinndeutungen und Auslegungen handelt, die den Bereich des empirisch überprüfbaren Wissens überschreiten. (Vgl. ebd., S. 13f.) Geschichtsphilosophie sei „die systematische Ausdeutung der Weltgeschichte am Leitfaden eines Prinzips, durch welches historische Geschehnisse und Folgen in Zusammenhang gebracht und auf einen letzten Sinn bezogen werden" (ebd., S. 11). Durch die Annahme eines *telos*, d.h. eines Ziels aller geschichtlichen Entwicklung, werde der Verlauf der Geschichte gegliedert, werde den Menschen Orientierung gegeben. (Vgl. ebd., S. 26.) Insofern stelle bspw. auch der Marxsche Historische Materialismus bzw. das Kommunistische Manifest keine rein wissenschaftliche Analyse dar, weil Marx auslege, bewerte und moralische Urteile fälle. (Vgl. ebd., S. 46f.) Das Kommunistische Manifest besitze eine eschatologische Botschaft. (Vgl. ebd., S. 42) „Der historische Materialismus ist Heilsgeschichte in dem Sprache der Nationalökonomie." (Ebd., S. 48.)

98 Siemsen (1948b), S. 97. Marx selbst dazu: „Die Gesamtheit dieser Produktionsverhältnisse bildet die ökonomische Struktur der Gesellschaft, die reale Basis, worauf sich ein juristischer und politischer Überbau erhebt, und welcher bestimmte gesellschaftliche Bewußtseinsformen entsprechen. Die Produktionsweise des materiellen Lebens bedingt den socialen, politischen und geistigen Lebensprozeß überhaupt. Es ist nicht das Bewußtsein der Menschen, das ihr Sein, sondern umgekehrt ihr gesellschaftliches Sein, das ihr Bewußtsein bestimmt. Auf einer gewissen Stufe ihrer Entwicklung gerathen die materiellen Produktivkräfte der Gesellschaft in Widerspruch mit den vorhandenen Produktionsverhältnissen (…). Es tritt dann eine Epoche socialer Revolution ein. Mit der Veränderung der ökonomischen Grundlage wälzt sich der ganze unge-

Siemsen auch erklärt, warum hoch industrialisierte Gesellschaften auf kulturellem Gebiet häufig noch äußerst konservativen Denkmustern nachhängen können. Indem Marx den sog. ideologischen Überbau in Abhängigkeit von den gesellschaftlichen Verhältnissen betrachtet, sind für ihn auch das Denken und Wissen sowie die weltanschaulichen Überzeugungen einer Gesellschaft an ihre ökonomische Basis gebunden. Soziale Ungleichheiten und Herrschaftsverhältnisse, ebenso wie Werte und Normen werden nicht als gegeben vorausgesetzt, wie dies häufig einer rein funktional argumentierenden und damit systemstabilisierend wirkenden Systemtheorie vorgeworfen wird, sondern als Gewordene begriffen und in ihrer Entwicklung nachvollzogen. Ideologien werden dabei von Marx als ein wesentliches Element der Machterhaltung der herrschenden Klassen betrachtet.

„Die Gedanken der herrschenden Klasse sind in jeder Epoche die herrschenden Gedanken, d.h. die Klasse, welche die herrschende *materielle* Macht der Gesellschaft ist, ist zugleich ihre herrschende *geistige* Macht."[99]

Dieser Aspekt der gesellschaftlichen Bedingtheit des Bewusstseins und der damit verbundenen Ideologiekritik wurde nicht nur von Anna Siemsen, sondern auch von der Wissenssoziologie des Kreises um Karl Mannheim wieder aufgegriffen und erweitert. So sehr auch der Determinismus des Marxismus und seine einseitige Orientierung an den ökonomischen Verhältnissen zu Recht in Frage gestellt und kritisiert wurden – seine ideologiekritischen Überlegungen sind für die Entwicklung einer Soziologie, die nicht nur beschreiben, sondern die gegenwärtigen gesellschaftlichen Verhältnisse der Kritik unterziehen und Möglichkeiten zu ihrer Veränderung aufzeigen will, von grundlegender Bedeutung gewesen.

Für Anna Siemsen ergibt sich aus der verzögerten Umwälzung des ideologischen Überbaus eine Ungleichheit des gesellschaftlichen Prozesses, die je nach wirtschaftlicher, rechtlicher und kulturell-ideologischer Struktur eines Landes sowie je nach Beeinflussung durch andere Länder noch verstärkt werden könne. Diese Ungleichheit führe, so Siemsen, auf Grund ihrer Widersprüchlichkeit entweder zu individuellem Unbehagen oder, in Krisenzeiten, zu „einem allgemeinen gesellschaftlichen Mißbehagen,"[100] wie sie es zu ihrer Zeit in ganz Europa ebenfalls wahrnahm. Gleichwohl bedeute dies nicht, dass ein solches Unbehagen automatisch zu der Einsicht in das Missverhältnis gesellschaftlicher Kräfte und in die Notwendigkeit einer fortschrittlichen Revolutionierung der Gesellschaft füh-

---

heure Ueberbau langsamer oder rascher um." (Karl Marx in seinem Vorwort zur 1859 verfassten „Kritik der politischen Ökonomie. Erstes Heft", hier zit. n. Marx/Engels, 1980, S. 100f.)
99 Karl Marx in seiner 1845-1846 verfassten „Deutschen Ideologie", hier zit. n. Marx/Engels (1970), S. 35.
100 Siemsen (1948b), S. 98.

re. Vielmehr gibt es nach Einschätzung Siemsens *drei Möglichkeiten, auf eine allgemeine Gesellschaftskrise zu reagieren*:

Die erste bestehe darin, die Gesellschaft so zu akzeptieren und gutzuheißen, wie sie ist, ihren gegenwärtigen Zustand als den einzig vernunftgemäßen darzustellen und lediglich ihre Anpassungsmethoden zu verbessern. Diese *konservative Haltung*, die unbedingt bemüht sei, an Traditionen festzuhalten, hält sie jedoch für gefährlich, denn „kein verantwortungsbewusster Mensch kann sich der Tatsache verschließen, dass unsere heutige Kultur nichts ist, das wir so, wie es zur Zeit dasteht, zu überliefern wünschen dürfen"[101]. Den Grund für eine solche konservative Einstellung führt Anna Siemsen auf die natürliche Neigung des Menschen zurück, „sich als das Ziel und Zentrum aller Dinge anzusehen (...). Es gehört ein nicht geringes Maß von Bewußtseinsklarheit und Selbstüberwindung dazu, sich und damit auch seine eigene Gesellschaft nur als Durchgangspunkt zu sehen und zu werten"[102]. Selbstverständlich werde eine solche Meinung nur von denjenigen vertreten, die von den gegebenen Zuständen profitieren.[103]

Die zweite mögliche Reaktion bestehe darin, die gegenwärtige Entwicklung als Verfall, als Abwärtsentwicklung von einer ehemals besseren Vergangenheit aus zu betrachten und dementsprechend aus der Gegenwart zu flüchten, um zu dem ursprünglichen Zustand zurückzukehren. In diese Kategorie gehört auch jene Haltung, die Anna Siemsen in ihrer Gegenwart verstärkt wahrnahm: Da die Ursachen für das gesellschaftliche Missverhältnis nicht erkannt werden, dies jedoch mit den naturwissenschaftlichen und technischen Fortschritten eingesetzt habe, mache man die Intellektualisierung und Rationalisierung der Gesellschaft für ihre Übel verantwortlich,[104] was statt einer Ursachen- einer reinen Symptombekämpfung gleichkommt.[105] Bewertete Anna Siemsen diesen *romantischen Ausweg* in ihrer Schrift „Selbsterziehung der Jugend"[106], also 1929, noch als relativ unproblematisch, so kam sie in ihren GGE zu dem Schluss, dass aus einer solchen *reaktionären Haltung* nicht nur eine ideologische Verklärung der Ver-

---

101 Siemsen (1929d), S. 23.
102 Siemsen (1948d), S. 101.
103 Vgl. ebd.
104 Vgl. ebd., S. 94.
105 Aus heutiger Sicht lässt sich diese von Anna Siemsen kritisierte romantische und reaktionäre Haltung den in der Weimarer Republik verstärkt hervortretenden kulturkritischen, konservativ-revolutionären Denkansätzen zuordnen, die angesichts der Entwicklungen der Moderne und der Entstehung der ersten deutschen demokratischen Republik Rationalismus, Demokratie und Liberalismus eine entschiedene Absage erteilten. Zum antidemokratischen Denken in der Weimarer Republik vgl. insbes. Sontheimer (1968). Die Rezeption kulturkritischer Ansätze durch die „Reformpädagogische Bewegung" wird vor allem von Roland Bast aufgearbeitet. Vgl. dazu insbes. Bast (1996) und (2012).
106 Siemsen (1929d).

gangenheit, sondern auch nationalistische, autoritäre, irrationale und gewaltsame Zukunftsforderungen hervorgehen können.[107] Die Erfahrung der nationalsozialistischen Diktatur dürfte für diese Erkenntnis ausschlaggebend gewesen sein. Doch auch 1929 stellte sie bereits fest, dass „Entwicklung niemals rückwärts gehen kann, sondern dass sie sich mit einer strengen Gesetzmäßigkeit vorwärts bewegt"[108].

Siemsen selbst nimmt daher eine *dritte Haltung* ein und plädiert dafür, sich die verworrene Gegenwart verständlich zu machen, den gesellschaftlichen Prozess als fortschreitenden anzusehen und seine Gesetzmäßigkeiten zu analysieren, um anschließend „den wahrscheinlichen Gang der zukünftigen Entwicklung zu folgern"[109] und auf eine kommende Gesellschaft hinzuarbeiten. Hierzu gehöre es auch, sich die drei bereits genannten Wesenszüge der Gesellschaft, d.h. ihre Tendenz zu Universalität, Persönlichkeitsentwicklung auf Grund von Differenzierungen und Rationalität zu vergegenwärtigen und als Zielrichtung gesellschaftlicher Entwicklung anzuerkennen und zu unterstützen.[110] Geschehe dies nicht, sondern werde beispielsweise die o.g. romantische und lediglich die Krisensymptome bekämpfende Denkhaltung eingenommen, gerieten die drei Grundlagen Europas in Gefahr, da sie selbst und nicht das fehlende Gesellschaftsbewusstsein als Krisenverursacher bekämpft würden.[111] Die zeitgenössischen Bewegungen des italienischen Faschismus, des deutschen NS und des sowjetischen Kommunismus stellen für Anna Siemsen, wenn auch mit gewissen Abstufungen, eben solche Versuche dar, „„über die Not der gegenwärtigen Gesellschaft (…) hinweg zu kommen durch eine den Individualismus überwindende Gemeinschaftsidee,"[112] die daran scheitern musste, „daß diese Idee falsch gefaßt wurde. Sie wurde in ihrer Enge und ihrem Zwangscharakter vergangenen und überwundenen Gesellschaftsformen entlehnt, und die Erziehung, die aus dieser Gesellschaftsidee sich ergibt und ihrer Verwirklichung dienen soll, ist infolgedessen ein Rückschritt in primitive Lebensformen. Sie ist in unserer umfassenden, differenzierten und nach größerer Freiheit der Persönlichkeitsentwicklung innerhalb der Gemeinschaft strebenden Gesellschaft eine ungeheure Gefahr"[113].

Daraus ergeben sich für Anna Siemsen zwei dialektisch miteinander verbundene Aufgaben: zum einen die Schaffung einer tatsächlich gemeinschaftlich organisierten Gesellschaft, in der die einzelnen gesellschaftlichen Gruppen in soli-

---

107 Vgl. Siemsen (1948b), S. 102f.
108 Siemsen (1929d), S. 24.
109 Siemsen (1948b), S. 103.
110 Vgl. ebd., S. 104.
111 Vgl. ebd., S. 146.
112 Ebd., S. 154.
113 Ebd.

darischem Verhältnis zueinander stehen und in der Individuum und Kollektiv keine Gegensätze darstellen, sondern beide zu ihrem Recht kommen; zum anderen die Weckung gesellschaftlichen Bewusstseins, d.h. das Studium der gesellschaftlichen Entwicklungsgesetze, um so zum „Geburtshelfer der kommenden Gesellschaft"[114] werden zu können.[115] Letzteres fasst sie häufig auch in den Begriffen einer „Erziehung zu gesellschaftlichem Bewusstsein" sowie einer „Erziehung zur werdenden Gesellschaft" und „zur Gemeinschaft".

Es erscheint daher sinnvoll, zunächst Anna Siemsens Gemeinschaftsverständnis sowie jene Bewegungen, Institutionen und Strukturen eingehender zu betrachten, die die Schaffung einer gemeinschaftlich organisierten Gesellschaft fördern bzw. behindern, bevor schließlich, gleichsam als Konsequenz der vorangegangenen Darstellungen, ihre Erziehungsvorstellungen erarbeitet werden.

---

114 Siemsen (1929d), S. 38.
115 Zur Darstellung dieser beiden Aufgaben vgl. explizit z.B. Siemsen (1927a), S. 212; Siemsen (1948b), S. 157, 161; Siemsen (1921c), S. 38. Implizit durchzieht dieser Gedanke als eine Art roter Faden nahezu das gesamte Schriftwerk Anna Siemsens.

IV. Die „werdende Gesellschaft" als Gemeinschaft

1. Vom kapitalistischen Individualmenschen zum Gemeinschaftsmenschen

Das oben erwähnte Beispiel des bienenstaatlichen Organismus versinnbildlicht für Anna Siemsen das grundlegende Problem einer Vergesellschaftung, bei der die allseitige Entwicklung des Einzelnen aufgeopfert wird zugunsten einer möglichst hohen Effektivität eines übergeordneten Ganzen. Man scheine, schreibt Siemsen im Anschluss an ihre Betrachtung des Bienenstaates, vor einem unlösbaren Gegensatz von individueller Freiheit und Gesellschaft zu stehen.[1] In ihren gesellschaftstheoretischen Ansichten nimmt das Verhältnis von Individuum und Kollektiv daher einen zentralen Stellenwert ein.

„So alt wie die menschliche Gesellschaft (...) ist das Problem der einzelnen Persönlichkeit in ihr, das Problem der menschlichen Freiheit und der gesellschaftlichen Ordnung."[2]

Häufig würden Individualismus und Kollektivismus, Persönlichkeit und Gesellschaft als Gegensätze erfasst, obwohl, so eine der wesentlichen Überzeugungen Anna Siemsens, Individualität und Persönlichkeit sich nur innerhalb der Gesellschaft entwickeln können. „Worauf es ankommt, das ist, welcher Art diese Gesellschaft ist"[3], weshalb sie der solidarischen Organisation gesellschaftlicher Verhältnisse eine große Bedeutung beimisst. Ziel der Erziehung, insbesondere der sozialistischen Jugendarbeit, sei es daher, die Entwicklung „von kapitalistischen Individualmenschen zu Gemeinschaftsmenschen"[4] zu unterstützen.

„Der Mensch lebt, um Gemeinschaft zu verwirklichen und sich in ihr. Er lebt deshalb für und durch die Gemeinschaft (...)."[5]

Mit dieser Forderung nach Gemeinschaft stand Anna Siemsen zu ihrer Zeit keineswegs allein, hatten doch die gesellschaftlichen Umbrüche infolge der Industrialisierung einen allgemeinen Desintegrationsprozess in Gang gesetzt, der vielfach mit dem Verlangen nach „gemeinschaftlichen" Verhältnissen beantwortet wurde. Gerade die Frage nach dem Verhältnis von Individuum und Ge-

---

1 Vgl. Siemsen (1921c), S. 11.
2 Siemsen (1931c), S. 63.
3 Siemsen (1948b), S. 6.
4 Siemsen (1929d), S. 34.
5 Siemsen (1948b), S. 12.

meinschaft erlangte nach dem Ersten Weltkrieg einen zentralen Stellenwert. Insbesondere im Bereich der „Reformpädagogischen Bewegung", die, so Bernhard, als „widerspruchsreiche Antwort einer neuen Generation auf die grundlegend veränderten Sozialisationsbedingungen"[6] anzusehen ist, hatten „Begriffe wie ‚Gemeinschaftsgefühl', ‚Gemeinschaftserziehung', ‚Gemeinschaftsschule', ‚Lebensgemeinschaft', ‚Arbeitsgemeinschaft' usw. (...) Konjunktur"[7]. Was genau man unter „Gemeinschaft" verstand, hing jedoch stark von den politischpädagogischen Anschauungen ab. Die äußerst heterogenen reformpädagogischen Ansätze unterschieden sich nämlich, wie Armin Bernhard herausstellt, erheblich „in ihren Zivilisationsdiagnosen, Gesellschaftsauffassungen und politischen Positionierungen"[8]. Die damit zusammenhängenden Gemeinschaftstheorien wiesen Differenzen auf, die „bis zur strikten Unvereinbarkeit"[9] reichen konnten.

So fassten diejenigen Vertreter/innen der Reformpädagogik, die Tobias Rülcker als „bürgerlich-konservativ"[10] bezeichnet, ganz im Sinne der von Anna Siemsen als romantisch-reaktionär bezeichneten Haltung, die gesellschaftlichen Veränderungen als kulturellen und moralischen Verfall auf und beklagten die Zerrüttung der Familien und die Auflösung des Ständesystems, das jedem seinen Platz zugewiesen hatte.[11] Die Hauptursache hierfür sahen sie in der „Ausbreitung des Intellektualismus", wobei sie, so Rülcker, das in der modernen Wissenschaft dominante „Prinzip der Zweckrationalität mit Rationalität überhaupt"[12] gleichsetzten. Dieser Anti-Intellektualismus bewirkte eine Sehnsucht nach Rückkehr zur vordemokratisch-ständisch gegliederten „Volksgemeinschaft", von der man sich unter anderem Überschaubarkeit und Geborgenheit erhoffte. Somit negiert der bürgerlich-konservative Gemeinschaftsbegriff nicht nur Demokratie und Aufklärung; er ist darüber hinaus einer Blut-und-Boden-Ideologie verhaftet: Nur die „natürlichen Blutsbande konstituieren den beschworenen Zusammenhalt eines sozialen Gebildes, formieren ihn zu einem Kollektiv ohne Widersprüche und Spannungsverhältnisse"[13]. In eine solche, als Gegenpol zur Gesellschaft verstandenen Gemeinschaft, werden die Mitglieder hineingeboren und ordnen sich freiwillig einer geistigen Idee unter, welche durch einen Führer repräsentiert wird.

Diesen bürgerlich-konservativen Reformpädagog/innen, deren Vorstellungen einer Erziehung zur Gemeinschaft lediglich die Symptome des gesellschaftlichen

---

6 Bernhard (1999), S. 52.
7 Weiß (2000), S. 271.
8 Bernhard (2000), S. 58.
9 Weiß (2000), S. 272.
10 Rülcker (1998), S. 66.
11 Vgl. Rülcker (1998), S. 66f.
12 Ebd., S. 68.
13 Bernhard (2000), S. 43.

Desintegrationsprozesses zu überwinden suchen und somit der „phänomenologischen Ebene verhaftet"[14] sind, stellt Rülcker so genannte „moderne Reformpädagogen"[15] gegenüber, die, wie Anna Siemsen, die Umbrüche ihrer Zeit einer historisch-gesellschaftlichen Analyse unterzogen. Sie bejahen die industriellen und technischen Modernisierungen ihrer Zeit und begriffen den Wegfall tradierter Lebensformen und die daraus resultierenden sozialen und politischen Konflikte als notwendige Meilensteine auf dem Weg zu einer neuen, demokratischen Gesellschaft. Zwar sahen auch sie die „Belastung der modernen Familie" und die Arbeitsteilung, die „Denken, Verantwortlichkeit und Individualität aufhebt"; sie verstanden ebenso, dass die genannten Probleme „vorübergehend zu Orientierungsschwierigkeiten führen"[16] können, doch im Gegensatz zu den bürgerlich-konservativen Reformpädagog/innen sahen sie die einzige Lösung in einem reflektierten Umgang mit den Errungenschaften der Moderne. Da die Menschen in die Lage versetzt werden mussten, mit den veränderten Bedingungen umgehen zu können, war ihrer Meinung nach gerade die Entwicklung von Vernunft, Urteilskraft, vor allem auch ein Verständnis der ökonomischen Grundlagen der Gesellschaft nötig. Auch diese Reformpädagog/innen stellten die Forderung nach „Gemeinschaft", allerdings auf der Basis von Demokratie und Mitbestimmung. In eine so verstandene Gemeinschaft sollte man nicht hineingeboren werden; ihre Voraussetzung müsse vielmehr eine bewusste Vereinigung mit Gleichgesinnten sein.[17]

In der Tradition eines solchen demokratischen Gemeinschaftsverständnisses steht auch die Auffassung Anna Siemsens, nach der eine Gemeinschaft „im gemeinsamen Leben und in gemeinsamer Arbeit den einzelnen einordnet, ohne ihn zu vergewaltigen"[18]. Wie Edgar Weiß feststellt, versteht Siemsen unter Gemeinschaft nicht ein „organisch gewachsene(s) Gebilde"[19], nicht eine geburtsgebundene und schicksalhafte Verbundenheit durch Nationalität, Blut oder „Rasse",[20] sondern eine „freiwillige Vereinigung der Menschen zu gleichen Zielen. Sie schließt Herrschaft, Gewalt und Zwang aus. Sie kann nur beruhen auf gegenseitiger Hilfe in bewusster und selbstgewollter Einordnung und Unterordnung unter das gemeinsame Ziel"[21] und ist somit eine „Gesellschaft, die auf Rechtsgleich-

---

14 Bernhard (1999), S. 57.
15 Rülcker (1998), S. 74.
16 Ebd., S. 74f.
17 Vgl. hierzu auch Reyers Gegenübersetzung des „Assoziationsmodells" und des „organologischen Gemeinschaftsmodells" im Systematischen Teil, Kap. III.1, Anm. 15 vorliegender Arbeit.
18 Siemsen (1921c), S. 38.
19 Weiß (2000), S. 274.
20 Vgl. Siemsen (1948b), S. 146.
21 Siemsen (1921c), S. 38f.

heit und solidarischer Hilfe beruht"[22]. Nur in einer solchen Gemeinschaft, in der weder einzelne Individuen auf Kosten der Gesamtheit einen Vorteil erlangen, noch einzelne Persönlichkeiten zugunsten falsch verstandener Kollektivität unterdrückt und zur „mechanischen Gleichheit der Unterschiedlosen" gezwungen werden, sondern in der alle Mitglieder auf der Basis der „Gleichheit des Rechtes und der Würde in einer mannigfach differenzierten und gegliederten Vielheit"[23] leben, kann wirkliche Persönlichkeitsentwicklung überhaupt stattfinden und können „menschenfreundliche und gerechte Verhältnisse"[24] aufgebaut werden. Je mehr Eigenart die Menschen entwickelten, desto stärker seien sie aufeinander angewiesen. Andererseits eröffne gerade die fortschreitende Integration der Menschen die Möglichkeit weitgehender Differenzierung. „Je vielfacher sich Gruppen differenzieren, je mehr sie sich miteinander kreuzen und überschneiden, desto mächtiger wachsen die Möglichkeiten der persönlichen Entwicklung."[25] „Die Einzelpersönlichkeit wird (...) gesteigert durch ihre Einordnung in eine Gesamtheit, in der sie zu einer Wirkung kommt, die ihr versagt wäre, falls sie in Vereinzelung verharrte."[26] Die „individuelle Höchstentwicklung", die Anna Siemsen als „Persönlichkeit" bezeichnet, und die Rechtsgleichheit aller Menschen, die sie mit „Humanität" umschreibt, bedingen und ergänzen sich gegenseitig. „Kollektivismus und Individualismus in ihrer richtigen Inhaltsbestimmung als Idee der freien Gemeinschaft sind keine Gegensätze, sondern zwei Ansichten des gleichen Zieles."[27] Es ist nötig, diesen von Anna Siemsen so hochgeschätzten Aspekt des Wirksamwerdens der Persönlichkeit in der Gemeinschaft und ihre Ablehnung von Dogmatik, Autorität und geistiger Gleichschaltung[28], ihr entschiedenes Eintreten gegen Führerbefehl, Gleichschritt und den Einzelnen auslöschende Uniformen[29] hervorzuheben, um ihre Distanzierung sowohl von nationalsozialistisch und faschistisch als auch von kommunistisch gefassten Gemeinschaftsbegriffen zu verdeutlichen.[30]

In diesen Zusammenhang gehört auch Siemsens Kritik an der zeitgenössisch verbreiteten Unterscheidung von Gemeinschaft und Gesellschaft als zwei gegensätzliche und parallel existierende Lebensformen, wobei „Gesellschaft" mit Ka-

---

22   Siemsen (1952), S. 19.
23   Siemsen (1948b), S. 161.
24   Weiß (2000), S. 265.
25   Siemsen (1948b), S. 160.
26   Siemsen (1926d), S. 219.
27   Ebd.
28   Vgl. Siemsen (1950a), S. 5.
29   Vgl. Siemsen (1948b), S. 146.
30   Zur Kritik Siemsens an Faschismus, Nationalsozialismus und Kommunismus vgl. Systematischer Teil, Kapitel VI vorliegender Arbeit.

pitalismus, Zwang und Zweckdenken, öffentlichen Organisationen der Wirtschaft und Politik sowie ihrem Missbrauch am Einzelnen, d.h. mit allem Unerfreulichen, gleichgesetzt und unter „Gemeinschaft" stattdessen „eine natürliche und darum dauernde Verbindung"[31] verstanden werde, deren Wesen man „in den älteren Gesellschaftsformen (finde), von denen heute noch die drei Gruppen Familie, Volk und Kirche überleben". Dadurch werde die „Lebenssehnsucht des einzelnen, die ihn zum andern drängt, (...) abgelenkt auf das ungefährliche Gebiet des Familienlebens, der Religion und endlich der (...) ‚Volkskultur'". Diese u.a. auf Ferdinand Tönnies zurückgehende, von ihm aber nicht normativ besetzte Unterscheidung der Kategorien Gemeinschaft und Gesellschaft wurde in der sog. Kulturkritik, insbesondere im Rahmen der „Reformpädagogischen Bewegung" aufgegriffen, war hier jedoch, wie Weiß betont, „von Beginn an anders motiviert"[32]. Während Tönnies, so Weiß, „als aufklärerisch ambitionierter Soziologe wußte, dass die Hoffnung auf eine einseitige Rückkehr zum Gemeinschaftlichen im Sinne seiner Normaltypologie weder realistisch noch desiderabel war, idealisierten weite Kreise der Jugendbewegung und Reformpädagogik umstandslos organizistische Perspektiven und vorindustrielle Lebensformen" und huldigten „einem schwärmerischen Gemeinschaftskult"[33], was auch an dem noch vorzustellenden Beispiel Peter Petersens deutlich wird. Anna Siemsen lehnt eine solche Gemeinschafts- und Gesellschaftsgegenüberstellung grundsätzlich ab und weist darauf hin, dass „das gesellschaftliche Leben eine Einheit darstell(e)"[34], die bestimmten, alle Lebensbereiche umfassenden Gesetzmäßigkeiten unterliege und dass es daher nicht möglich sei, innerhalb einer gegebenen unsolidarischen Gesellschaft in vermeintlich solidarische Gemeinschafts-Enklaven zu flüchten. „Vielmehr stellt sich das Verhältnis so dar, daß die Gesellschaft (...) uns als Tatsache (...), die Gemeinschaft aber (...) uns als Forderung aufgegeben ist (...)."[35] Die Gesellschaft könne und solle also grundsätzlich in Gemeinschaft verwandelt werden,[36] wobei diese Gemeinschaft für Anna Siemsen eine zukünftige, noch zu erreichende und nicht eine vergangenen Zeiten entlehnte Zielvorstellung ist – ein Gedanke, der von vielen Sozialist/innen, so auch von Anna Siemsen, mit dem Begriff der „werdenden Gesellschaft"[37] umschrieben wurde.

Anna Siemsens Gemeinschaftsbegriff setzt voraus, dass in jedem Menschen neben antisozialen Trieben Anlagen zu Hilfsbereitschaft wie Kameradschaft und

---

31 Siemsen (1931c), S. 68.
32 Weiß (2000), S. 272.
33 Ebd., S. 273.
34 Siemsen (1931c), S. 68.
35 Ebd., S. 69.
36 Vgl. Siemsen (1921c), S. 38.
37 Siemsen (1948b), S. 156 u.ö.

damit der Wunsch nach Gemeinschaft zu finden seien. Es gebe, so Siemsen, ein allgemein menschliches „Bedürfnis nach Gemeinschaft, nach der Aufhebung der individuellen Isolierung"[38].

„Ungezählte Jahrtausende menschlichen Zusammenlebens haben uns durch die Vererbung von Generationen so geformt, daß wir nach menschlicher Nähe, menschlichem Mitgefühl, menschlicher Gemeinschaft verlangen (...)."[39]

Auf Grund dieser Überzeugung und ihres Glaubens an die Vernünftigkeit und Sittlichkeit des Menschen, geht sie davon aus, dass „böser Wille" und „Freude am Zerstören" „eine krankhafte Entartung"[40] seien, die vor allem durch die unsolidarischen gesellschaftlichen Umstände herbeigeführt würden. Im Anschluss an den folgenden Vergleich der Gemeinschaftskonzepte Peter Petersens und Anna Siemsens, der noch einmal verdeutlicht, wie grundlegend sich Anna Siemsens Auffassungen von denen vieler bürgerlicher Reformpädagog/innen unterscheiden,[41] soll daher Anna Siemsens sozialistisches Selbstverständnis genauer untersucht werden, da ihrer Meinung nach nur eine demokratisch-sozialistische Gesellschaftsform in der Lage sei, wirkliche Gemeinschaft und Solidarität zu ermöglichen.

2. „Bewusste Vereinigung" versus „Bedingungslose Unterordnung" – Die Gemeinschaftsbegriffe Anna Siemsens und Peter Petersens[42] im Vergleich

Wie groß die Unterschiede der zu Lebzeiten Anna Siemsens insbesondere in der Pädagogenschaft verbreiteten Gemeinschaftsvorstellungen und der aus ihnen re-

---

38 Ebd., S. 153.
39 Siemsen (1929d), S. 33.
40 Siemsen (1938a), S. 992; vgl. auch Siemsen (1929d), S. 34.
41 Siemsen grenzte sich mit ihren Auffassungen jedoch nicht nur von bürgerlichen oder gar faschistischen Gemeinschaftskonzepten ab sondern übte auch explizite Kritik an kommunistischen Überzeugungen, worauf in Kapitel VI des systematischen Teils vorliegender Arbeit genauer einzugehen sein wird.
42 Peter Petersen (1884-1952) wurde in Großenwiehe bei Flensburg geboren und wuchs in bäuerlichem Milieu auf. Seinen Anstellungen als Oberlehrer in Leipzig und Hamburg folgten 1920 die Habilitation an der philosophischen Fakultät der Universität Hamburg, die Leitung der Lichtwarkschule in Hamburg-Winterhude und 1923 der Ruf auf den Lehrstuhl für Erziehungswissenschaft an der Universität Jena, in deren angeschlossener Übungsschule er seine schulpraktischen Reformvorstellungen umsetzen konnte. Sein Schulreformmodell, das unter der Bezeichnung „Jena-Plan" bekannt wurde, wird oft als „Höhepunkt der Reformpädagogik" (Röhrs, 1980, S. 248.) oder auch als Synthese reformpädagogischer Schulmodelle bezeichnet.

sultierenden gesellschaftlichen, politischen und schulischen Konsequenzen sein konnten, soll an dieser Stelle mit Hilfe eines Vergleichs der Gemeinschaftsvorstellungen Anna Siemsens und Peter Petersens, eines Vertreters der bürgerlich-konservativen Reformpädagogik, dargestellt werden.

Während Anna Siemsen die Welt materialistisch betrachtet und daher den Glauben an alles Übernatürliche ablehnt, vertritt Petersen eine metaphysische Weltanschauung und versteht somit unter „Wirklichkeit" „*nicht nur* die empirisch erfahrbare Realität (...), sondern die Totalität der Welt einschließlich aller – gerade auch übersinnlich-metaphysischen – Bedeutungsebenen"[43]. Dieser „Wirklichkeit", die von sich aus gut ist, liegt laut Petersen, ganz im Gegensatz zu Siemsens marxistisch orientierter Geschichtsauffassung, ein wie auch immer zu definierender „Geist" zugrunde, der sowohl Ursprung als auch Ziel aller Entwicklung sei. Schließlich stellt Petersen sich unter dieser geistbestimmten Wirklichkeit und den zu ihr gehörenden Lebewesen eine Gemeinschaft vor, eine Art „Ursprungs-Gemeinschaft"[44], zu der es zurückzukehren gilt. Robert Döpp sieht hier entscheidende Konsequenzen für Petersens Verständnis von Gemeinschaft und Erziehung. Der Begriff „Gemeinschaft" wird von Petersen zum einen als „Paraphrase der ‚Wirklichkeit'"[45] benutzt und ist somit ebenso irrational begründet wie diese. „Gemeinschaft" stellt für ihn eine geistige Verbundenheit dar. Dies bedeutet, dass Petersen auch dann, wenn er mit Gemeinschaft nicht die Wirklichkeit sondern einen tatsächlichen Zusammenschluss von Menschen meint, darunter nicht, wie Anna Siemsen, eine bewusste Vereinigung zu gleichen Zielen versteht, sondern „ein allseitiges geistiges Verbundensein", eine „Vereinigung von Menschen welche der Pflege und Erhaltung des Geistigen (...) dient (...)."[46] Auch Erziehung, die laut Petersen „eine Funktion der Wirklichkeit"[47] ist und damit nicht (bewusst) vom Menschen, sondern vom „Geistigen" ausgeht, dient somit dazu, die übersinnliche „Ursprungs-Gemeinschaft" zu erleben, sich ihr anzupassen, zu ihr zurückzukehren. Während Siemsen also davon ausgeht, dass der Mensch bewusst in die Erziehung eingreifen kann, beschreibt Petersen sie als

„ein ursprüngliches Geschehen und Wirken, das demnach *vor* aller bewussten Erziehung, d.h. vor allem Pädagogischen liegt (...). Die Wirkung der Erziehung ist ein organisches Geistwerden, nie als bewusste Schöpfung"[48].

---

43 Döpp (2003), S. 36.
44 Kosse (1967), S. 129.
45 Döpp (2003), S. 45.
46 Petersen (1926), S. 50.
47 Petersen (1935a), S. 1.
48 Ebd., S. 2.

Die Auffassung Petersens, dass die jeweils existierende „Wirklichkeit" und damit auch die jeweils vorfindbare „Gemeinschaft" von sich aus gut sind, da sie sowohl der Ursprung als auch das Ziel, der einzig wahre Sinn des Lebens sind, hatte, aus heutiger Sicht, fatale Folgen. Die Gemeinschaft wurde absolut gesetzt und enthielt somit eindeutig ein „totalitäres Moment".

> „Bedenkt man, dass Petersen davon überzeugt war, mit seiner Konzeption von ‚Gemeinschaft' den ‚Sinn des Lebens' selbst erkannt zu haben, muss derjenige, welcher den normativen Charakter der ‚Gemeinschaft' nicht anerkannte, entsprechend den ‚Sinn des Lebens' verfehlen. Ein höheres Maß an Verabsolutierung der ‚Gemeinschaft' ist kaum vorstellbar."[49]

Da die Gemeinschaft, in die der Einzelne hineingeboren wird, immer gut ist, bedarf der Mensch, im Gegensatz zu Siemsens Auffassung, nicht der Kritikfähigkeit und der vernünftigen Erkenntnis; diese wirken höchstens „zersetzend". Stattdessen sollen beim Menschen Tugenden wie „Güte, Liebe, Demut, echtes Mitleid, Leid, Andacht, Ehrfurcht, u.a.m."[50] entstehen. Diese Auffassungen machten Petersen nach Meinung Döpps den Weg dafür frei, seinen Tugendkatalog später durch „Treue, Kameradschaft (…), reinen Gehorsam, Dienst usw."[51] sowie „Dienstbereitschaft, Hingabefähigkeit, Opfersinn, Einsatzbereitschaft"[52] zu ergänzen. Dieser Tugendkatalog, speziell die Forderung nach Gehorsam und Hingabefähigkeit, machen bereits deutlich, dass Petersen sich eindeutig von den Gemeinschaftsvorstellungen Siemsens absetzt. Während diese eine Einordnung ohne Vergewaltigung, den Ausschluss von Herrschaft, Gewalt und Zwang, eine bewusste freiwillige Einordnung aus Überzeugung und ohne Selbstaufgabe, sowie eine solidarisch und demokratisch organisierte Gemeinschaft fordert, sieht Petersen drei Formen von Gemeinschaft:

> „Es sind dies an erster Stelle die Gemeinschaften, in die der Einzelne hineingeboren wird, zunächst solche des Blutes wie Familie, Verwandtschaft, Sippe, und alle menschlichen Beziehungen, die auf irrationalen (…) Kräften der Anziehung ruhen. Alle diese Gemeinschaften sind von Ursprung her an den bestimmten Raum und seine Natur gebunden. (…) Nachbarschaft und Heimat sind gleichfalls einen jeden Menschen lebenslang bestimmende Erlebnisse, über die keiner hinweg kommen kann, ohne im Wesenskern zu verarmen. Dazu kommt als dritte Gruppe von Gemeinschaften (…) die ‚geistigen Gemeinschaften': Sprache, Sitte, Recht, Mythus usw."[53]

Das bedeutet, dass der Mensch sich also nicht bewusst und freiwillig einer Gemeinschaft anschließt, sondern schon durch seine Geburt einer Gemeinschaft angegliedert ist, der er nicht entrinnen kann. Weiterhin können dieser Gemein-

---

49 Döpp (2003), S. 50.
50 Petersen (1931), S. 89.
51 Petersen (1935a), S. 2.
52 Zit. n. Döpp (2003), S. 53.
53 Petersen (1935a), S. 2.

schaft, auf Grund ihrer Gebundenheit an Blut und Raum, niemals Menschen aus anderen Ländern und Völkern angehören. Petersen erstrebt also nicht wie Siemsen eine erdumfassende Gemeinschaft, sondern schreibt: „Es gibt auf Erden keine höhere menschliche Gemeinschaft als die des Volkes, und was Menschheitsdienst genannt wird, kann stets nur im völkischen Rahmen geleistet werden."[54] Die Verabsolutierung der völkischen Gemeinschaft geht sogar soweit, dass Petersen den Tod für das Vaterland als den schönsten Tod überhaupt bezeichnet.[55] An anderer Stelle schreibt er: „Es gibt keine Menschheitsbürger, es gibt nur Volksbürger. (...) Erziehung zum Volke (ist) die Aufgabe aller Pädagogen schlechthin."[56] Die logische Konsequenz aus dieser Überbewertung der völkischen Gemeinschaft ist, dass ein Mensch, der sich dieser Volksgemeinschaft nicht einordnet, wertlos ist. „Der Einzelne hat nicht seinen Wert als Bürger, als Staatsbürger, sondern als Glied des Volkes"[57] und erhält diesen Wert gemäß seiner Hingabebereitschaft. Da die Gemeinschaft immer gut ist, sind Konflikte zwischen Individuum und Gemeinschaft ausgeschlossen. Petersen geht, um es mit den Worten von Edgar Weiß auszudrücken, von einer „prästabilierten Harmonie von Gemeinschaft und Individuum"[58] aus. Während Anna Siemsen die Bewältigung von Reibungen und Konflikten als Voraussetzung von Persönlichkeitsentwicklung betrachtet, erhält laut Petersen nur derjenige eine entfaltete Persönlichkeit, der vollkommen in der Gemeinschaft aufgeht, sich ihr bedingungslos unterwirft. Dies geht soweit, dass Petersen die Idee der Gemeinschaft durch einen Führer repräsentiert sieht, um den sich die „Menschen wie eine Art Gefolge freiwillig scharen"[59], und damit die komplette Selbstaufgabe des Menschen fordert. Bezeichnender Weise schreibt Petersen die besten Führungsqualitäten nicht besonders intelligenten Menschen, sondern so genannten „Durchschnittsgeistern"[60] zu und sagt zugleich, dass die Gemeinschaft die Wünsche und Taten des Führers nicht unbedingt verstehen muss, denn

„(...) es ist statt Einsicht und Erkennen vielmehr das Erste und das Wesentliche das Empfinden für das Richtige, ein Glauben daran. Es ist stets etwas stark Gefühlsbetontes, das Führer und Gemeinschaft verbindet. (...) Zwischen den Gemeinschaften und ihren Führern kommt es zu einem innerlichen Verhältnis, das Verehrung ist und zur Schwärmerei ausarten kann. Hier wirkt Eros und wirkt Liebe und Verehrung, Anhänglichkeit und Treue."[61]

---

54 Petersen (1934), S. 7.
55 Vgl. ebd.
56 Petersen (1935a), S. 3.
57 Petersen (1937), S. 165.
58 Weiß (1997), S. 47.
59 Petersen (1927), S. 10.
60 Petersen (1924), S. 14.
61 Ebd., S. 264f.

In völligem Gegensatz zu Anna Siemsen fordert Petersen die Aufgabe jedes Strebens nach selbstständiger Erkenntnis und Kritikfähigkeit und stattdessen blindes Vertrauen einem Führer gegenüber. Seine Schule rühmt er dafür, dass dort die Schüler sowohl nach Führereigenschaften als auch nach Gemeinschaftswerten gesichtet werden, indem sie sich innerhalb ihrer Schulzeit dreimal voll unterordnen und dreimal durchsetzen müssen.[62] Worum es dabei inhaltlich geht, wird nicht erwähnt und spielt auch überhaupt keine Rolle. Es geht Petersen schlichtweg um das Unterordnen und Durchsetzen an sich, was wiederum jeder Befähigung zu selbstständigem Urteil und kritischer Einschätzung widerspricht. Schließlich wird der von Petersen geforderte Führer nicht von der Gemeinschaft eingesetzt, was zumindest einen gewissen Grad an bewusster Entscheidung gewährleisten würde, sondern bekommt seine Macht von dem so genannten „Geist" verliehen und ist somit unfehlbar und unkontrollierbar.

Auch ein grundsätzlich anderes Verständnis von Gesellschaft unterscheidet die Gemeinschaftstheorien Siemsens und Petersens. Während Siemsen die Tatsache, dass Gesellschaft bewusstseinsbedingt und somit von den Erkenntnisprozessen des Menschen abhängig ist, als positiv empfindet, da menschliche Erkenntnis gesellschaftlichen Fortschritt überhaupt erst ermöglicht, bewertet Petersen diesen Aspekt der Gesellschaft als äußerst negativ. Kritisch merkt er an: „Gesellschaft ist in all ihren Formen auf ein Handeln eingestellt unter der Herrschaft des abwägenden Verstandes und besitzt den Trieb zum Mechanischen (...)"[63]. Die Gesellschaft ist für ihn das „Herrschaftsgebiet der Ratio, des klugen und klügelnden, des rechnenden und berechnenden Verstandes"[64] und ist somit für ihn „die Staats- und Gesellschaftsauffassung der modernen ‚Zivilisation', die er vehement ablehnte"[65]. Das zweckrationale Denken, der Anspruch des Individuums, seine Interessen durchzusetzen und daher die allgegenwärtigen Konflikte zwischen den Menschen, das alles widerspricht Petersens Auffassung von einer harmonischen, auf Selbstaufgabe beruhenden Gemeinschaft. So folgert er: „Gemeinschaft" und „Gesellschaft" sind „etwas wesenhaft Verschiedenes"[66] und vertritt damit eine völlig andere Auffassung als Anna Siemsen, die immer wieder darauf hinweist, dass „Gesellschaft" und „Gemeinschaft" sich nicht ausschließen, sondern dass aus jeder Gesellschaft eine Gemeinschaft werden kann und soll. Während die Gemeinschaft bei Siemsen eine Art Mittel darstellt, um eine zukünftige, solidarisch und demokratisch organisierte Gesellschaft aufbauen zu können, ist das Aufgehen in der „natürlichen" Gemeinschaft bei Petersen das

---

62 Vgl. Petersen (1935b), S. 433.
63 Petersen (1924), S. 28.
64 Ebd., S. 26.
65 Döpp (2003), S. 67.
66 Petersen (1924), S. 28.

Ziel schlechthin. Die Gemeinschaft ist nicht dazu da, dem einzelnen Menschen ein besseres Leben zu ermöglichen, sondern es ist die Bestimmung des Menschen, der Gemeinschaft zu dienen. Vergegenwärtigt man sich noch einmal die von Anna Siemsen beschriebenen drei Reaktionsmöglichkeiten auf gesellschaftliche Krisen, so wird deutlich, dass Petersen nicht wie Anna Siemsen die Dynamik der gesellschaftlichen Entwicklung und damit die Notwendigkeit erkennt, sich die gesellschaftlichen Gesetzmäßigkeiten bewusst zu machen, um somit auf eine kommende Gesellschaft hinarbeiten zu können. Stattdessen wählt er den von Siemsen kritisierten romantischen Ausweg, der den Grundstein für nationalistische, autoritäre, irrationale und gewaltsame Zukunftsforderungen legt: Er betrachtet die gegenwärtige Entwicklung als Verfall, lehnt die bestehende Gesellschaft generell ab und huldigt einer vermeintlich besseren Vergangenheit. Interessant ist an dieser Stelle der Hinweis Robert Döpps, dass Petersens „Überhöhung der ‚Gemeinschaft' nicht etwa das alleinige Ergebnis von Spekulationen im luftleeren Raum der Metaphysik war, sondern gespeist wurde aus einem tiefen Unbehagen an der modernen Zivilisation, das Petersen in eine radikale Kulturkritik umsetzte"[67]. Döpp erklärt sich diese Ablehnung der zivilisierten Gesellschaft zum Teil durch die „traditionellen, ‚gemeinschaftlichen' Lebensverhältnisse"[68], aus denen der Bauernjunge Petersen stammte. Die Auffassung von der „natürlichen" Gemeinschaft als Ausgangspunkt aller Erscheinungen ist somit auch biographisch geprägt und wurde erst im Nachhinein metaphysisch rationalisiert.[69] Wolfgang Keim weist weiterhin daraufhin, dass Petersen, der im Jahre 1884 geboren wurde, die entscheidenden sozialen Prägungen in der Wilhelminischen Ära erfahren hat[70] und dass er „in der Nähe von Flensburg im damals zwischen Deutschland und Dänemark umstrittenen nordschleswigschen Grenzland geboren und aufgewachsen (ist) und (…) sich nach dem Ersten Weltkrieg im sog. Abstimmungskampf zwischen Deutschland und Dänemark um die aufgrund des Versailler Vertrages noch strittigen Gebiete aktiv beteiligt (hat)"[71]. In dieser Sozialisation sieht Keim ein wesentliches Element der völkischen Prägung Petersens. Äußerungen wie: „(I)ch liebe dieses Volk, ich liebe es mit allen Fasern und dränge deshalb Verstand und Wille zurück"[72] machen deutlich, dass Petersen dem Begriff des Volkes die gleichen irrationalen Elemente wie der Gemeinschaft zuschrieb und dass er mit dem Streben nach der Volksgemeinschaft seine Gemeinschaftsidee politisch umzusetzen

---

67 Döpp (2003), S. 64.
68 Ebd., S. 66.
69 Vgl. ebd., S. 67.
70 Vgl. Keim (1991), S. 37.
71 Keim (2000a).
72 Petersen (1924), S. 245.

suchte.⁷³ Eng verbunden mit der völkischen Komponente seines Gemeinschaftsbegriffes ist Petersens organizistisches Denken. So spricht er u.a. von erzieherischer Wirkung als „organische(m) Geistwerden"⁷⁴, vom Volkstum als „ganzheitliche(m) Organismus"⁷⁵, oder auch vom „organische(n) Hineinwachsen des Jugendlichen in die soziale Welt"⁷⁶. Diese Vorstellung von einer „organischen Volksgemeinschaft" zeigt, dass Petersen unter einer Gemeinschaft nicht, wie Anna Siemsen, einen bewusst herbeigeführten Zustand versteht, sondern vielmehr ein lebendiges, aus Zellen aufgebautes Wesen, das nicht rational erfassbar ist. Die Auffassung vom Volk als einem Organismus, einem „Körper", legt es nahe, die einzelnen ihm angehörenden Menschen in eine natürliche Rangfolge einzuordnen, so wie auch der menschliche Körper besonders wichtige und weniger wichtige Glieder besitzt. 1936 ergänzte Petersen seine 1927 verfassten Ausführungen über seinen Versuch, mit Hilfe des Jena-Plans die herkömmliche Schule in einen lebendigen Organismus zu verwandeln, um den Zusatz:

> „Diese Forderung ward entwickelt unter schärfster Ablehnung der liberalen Staatsauffassung und des Individualismus, in der Erwartung, dass eine deutsche Selbstbesinnung – für die dreißiger Jahre vorausgesagt – den Weg zu einem *ständischen* Staate als echtem Volksstaate bahnen werde."⁷⁷

Nicht nur mit dieser Forderung nach einem ständischen Staat, sondern auch mit seiner grundsätzlichen Ablehnung aller Konflikte und somit auch des Parlamentarismus steht Petersen in völligem Gegensatz zu Siemsens Vorstellung einer auf Demokratie und Rechtsgleichheit basierenden Gemeinschaft. Zwar seien Petersens Anschauungen auf Grund ihres metaphysischen Begründungszusammenhanges, so Döpp, nicht leicht in politische Kategorien wie „links" und „rechts" einzuordnen, doch zeigten sie zweifellos konservative, reaktionäre und totalitäre Züge.⁷⁸ Diese Feststellung über die Schwierigkeit, Petersen konkret politisch einzuordnen, ist durchaus nicht verwunderlich. Auch Jan Dirk Imelmann stellt fest, dass die Auffassung Petersens von dem von sich aus immer guten Geist eine Theorie ist, die „auf Grund ihres formalen und kaum inhaltlichen Charakters zur beliebigen Verteidigung aller möglichen gesellschaftlichen Phänomene bestens zu gebrauchen"⁷⁹ ist. Gleichzeitig aber zeigt sie deutliche Schnittmengen mit der NS-Ideologie. So weist Döpp darauf hin, „dass sich die schrittweise völkischrassistische Radikalisierung bei Petersen *konsequent aus seinen ursprünglichen*

---

73 Vgl. ebd., S. 107.
74 Petersen (1935a), S. 2.
75 Petersen (1935b), S. 436.
76 Petersen (1937), S. 153.
77 Petersen (1936), S. 14. (Herv. durch die Verfasserin)
78 Vgl. Döpp (2003), S. 105-107.
79 Zit. n. Leenders (2004), S. 165.

Grundüberzeugungen ableiten ließ, also *keinen theoretischen Bruch* bedeutete"[80]. Die Idee einer antidemokratischen, totalitären, später auch an Blut und Boden gebundenen geistigen Gemeinschaft ist hier als *ein* Beispiel dieser Schnittmengen zu sehen.

Vor dem Hintergrund des dargestellten Begründungszusammenhanges sollen abschließend auch Petersens schulreformerische Forderungen in Ausschnitten betrachtet werden. Diese enthalten, trotz zahlreicher als positiv anzusehender Elemente, wie u.a. die Ersetzung der Jahrgangsklassen durch altersheterogene Stammgruppen, die Einführung niveau- und interessenbezogener Wahlkurse und die Auflösung der frontalen Sitzordnung, ebenfalls durchaus problematische Aspekte. So forderte Petersen 1934 beispielsweise wörtlich: „In die ‚Haltung' und ganze Lebensführung eines deutschen Lehrers soll, vermittelt während seiner Ausbildungszeit, das politisch-soldatische Moment aufgenommen werden."[81] Dazu gehört seiner Meinung nach, die Lehrperson zu einer „volkverhafteten Persönlichkeit" auszubilden, sie körperlich zu schulen und zur Entwicklung „sittlicher Führereigenschaften" zu befähigen, sowie von ihr die „Einordnung ohne Vorbehalt" zu verlangen, und zwar „in eine Welt, die zugleich streng nach Rängen gestuft ist". Petersen rät weiterhin auch zum Tragen einer Uniform, da sie „Sinnbild eines Dienst- und Opferwillens für überindividuelle Ideen" ist und „des Trägers Verzicht auf sich selbst"[82] verkündet. Im Gegensatz zu Anna Siemsen begrüßt er auch die Verbeamtung des Lehrers und sieht zugleich dessen Aufgabe, „das Kind und den Jugendlichen der ‚Gesellschaft' seiner Zeit gegenüber zu schützen"[83]. 1935 schrieb Petersen über seine Jenaer Theorie, dass sie die körperliche Erziehung an die erste Stelle rückt, „von jeher offen für alle Forderungen der Hygiene und Eugenik, der Rassenlehre und der Erbwissenschaft" ist und „ein rein deutsch bestimmte(s) Schulwesen"[84] aufzubauen sucht.

Obwohl mit diesen Ausführungen Petersens schulreformerische Überlegungen in keiner Weise umfassend abgebildet werden, so machen sie doch deutlich, wie sehr gesellschafts- und gemeinschaftstheoretische Überzeugungen mit erziehungstheoretischen Vorstellungen verwoben sein können und als wie bedeutsam daher Anna Siemsens Anliegen zu betrachten ist, Erziehung stets als Funktion der Gesellschaft bzw. innerhalb ihres gesellschaftlichen Kontextes zu betrachten.

---

80 Döpp (2003), S. 265. (Herv. im Original)
81 Petersen (1934), S. 5.
82 Ebd., S. 5-7.
83 Ebd., S. 11.
84 Petersen (1935a), S. 3.

V. Demokratischer Sozialismus als Voraussetzung einer solidarischen Gesellschaft

Ein wahrhaft gemeinschaftliches Verhältnis von Individuum und Gesellschaft, das sowohl jedem Einzelnen das Recht auf eine freie und vollständige Entwicklung seiner Persönlichkeit zusichert als auch die Interessen der Gemeinschaft wahrt, ist nach Siemsens Auffassung letztlich nur innerhalb einer sozialistischen Gesellschaft zu verwirklichen. Nicht nur ihre Überzeugung von der gesellschaftlichen Bestimmtheit der Erziehung, die stets die Funktion der Eingliederung in eine Gesellschaft besitze und auch selbst unter dem Einfluss der jeweiligen gesellschaftlichen Verhältnisse stehe,[1] zeigt die Notwendigkeit, sich mit Siemsens politischen Ansichten auseinanderzusetzen. Auch ihre Auffassung, dass Sozialismus sich nicht auf eine Parteizugehörigkeit beschränke, sondern den ganzen Menschen ergreife und seine Erkenntnis „und damit sein Verhalten zu allen Dingen und Verhältnissen"[2] verwandle, macht deutlich, dass es im Interesse einer kritischen Analyse ihrer Erziehungstheorie unerlässlich ist, sich zunächst mit dem sozialistischen Selbstverständnis Anna Siemsens zu beschäftigen. Angesichts des Umstandes, dass mit dem Begriff des „Sozialismus" die verschiedensten Richtungen und politischen Systeme bezeichnet und insbesondere in der westlichen Welt „Sozialismus" wie auch „Marxismus" zumeist mit den totalitären Systemen des sog. „real existierenden Sozialismus" gleichgesetzt werden, ist es ebenfalls dringend notwendig zu klären, was genau Siemsen unter einer sozialistischen Gesellschaft verstand. Dabei kann es in dem hier gegebenen Rahmen weder um eine umfassende Abhandlung allgemeiner sozialistischer Theorien und Praxen noch um eine detaillierte Betrachtung politischer Einzelfragen gehen, mit denen Anna Siemsen als Politikerin selbstverständlich konfrontiert war und zu denen sie in zahlreichen Publikationen Stellung genommen hat. Als grundlegend wichtig für eine angemessene Analyse ihrer erziehungstheoretischen Vorstellungen scheint vielmehr die Klärung zu sein, warum sie eine sozialistische Gesellschaft erstrebte, wie sie „Sozialismus" definierte und welches Ziel sie damit verfolgte, d.h. wie eine sozialistische Gesellschaft ihrer Meinung nach aussehen sollte, auf welchem Weg und mit welchen Mitteln diese ihrer Meinung nach zu erreichen war, und schließlich, wo sie sich mit diesen Vorstellungen im Spektrum sozialistischer Positionen selbst einordnete.

---

1 Weitere Ausführungen zu Anna Siemsens Erziehungsverständnis folgen in Kap. VII.
2 Siemsen (1930e), S. 62.

Im Wesentlichen sind es drei Merkmale, die Anna Siemsens Sozialismus-Verständnis kennzeichnen und die von ihr als die drei entscheidenden psychologischen Voraussetzungen einer sozialistischen Gesellschaft betrachtet werden: Es sind dies *erstens* eine „menschliche Wertsetzung", worunter sie das Gegenteil der weit verbreiteten Profitorientierung versteht; *zweitens* eine „marxistische Erkenntnis", d.h. eine marxistische historisch-materialistische Gesellschafts- und Geschichtsbetrachtung und *drittens* eine „revolutionäre Willensrichtung"[3]. Eine genauere Untersuchung dieser drei Merkmale soll zeigen, welches Sozialismus-Verständnis sich in ihnen ausdrückt.

Wie schon gezeigt wurde, bedeutete Sozialismus für Anna Siemsen nicht die Aufgabe individualistischer, durch die bürgerlichen Freiheitsbewegungen erkämpfter Werte wie Freiheits- und Persönlichkeitsrechte, sondern vielmehr die Kritik an deren mangelhafter Durchsetzung. In einer wirtschaftlichen Ordnung, die den Menschen mechanisiere, ihn seines beruflichen Interesses sowie seiner freien, schöpferischen und selbstverantwortlichen Tätigkeit beraube, den Großteil der Bevölkerung mit rein ausführenden, unselbstständigen Aufgaben betraue und in ein abhängiges Lohnverhältnis versetze, das nicht einmal Existenzsicherheit biete, sondern sich dank der durch Mehrwert- und Profiterzeugung im System selbst angelegten ständig wiederkehrenden Erscheinungen der Wirtschaftskrisen und der Arbeitslosigkeit durch Angst und Unsicherheit und dadurch bedingten Egoismus und Konkurrenzkampf auszeichne, war eine freie Persönlichkeitsentwicklung ihrer Meinung nach nicht möglich. Vielmehr schafften solche gesellschaftlichen Verhältnisse, die jegliche individuelle Freiheit unmöglich machten, in ihren Augen den gleichen rein kollektivistischen „Massengeist", wie man ihn in den totalitären kommunistischen Gesellschaften finde. „Am Ende steht dort wie hier der Massenmensch ohne Individualität, Selbstverantwortung und schöpferische Impulse."[4] Wie wenig die kapitalistische Wirtschaft am Menschen orientiert sei und wie verhängnisvoll das sie leitende Prinzip des Profits sich auswirken könne, zeigte sich für Siemsen u.a. in der „Massenvernichtung von Getreide, Baumwolle, Vieh, Kaffee usw., um die Preise zu steigern, während Millionen ihr Nahrungs- und Kleidungsbedürfnis nicht befriedigen können"[5]. Die Ursache dieses Missstandes sah sie in Anknüpfung an Marx und Engels im Privatbesitz an Produktionsmitteln und in der damit begünstigten „Anhäufung wirtschaftlicher Macht in den Händen einer kleinen herrschenden Klasse"[6], den einzigen Ausweg „in einer Vergesellschaftung der Pro-

---

3 Siemsen (1924f), S. 391.
4 Siemsen (1950a), S. 5.
5 Siemsen (1932c), S. 66.
6 Siemsen (1947d), S. 30.

duktionsmittel zu dem Zwecke, in planvoller solidarischer Arbeit alle Bedürfnisse der Menschen möglichst gerecht und gleichmäßig zu befriedigen"[7]. Sozialismus verkörpert daher für Anna Siemsen „das Streben nach Gerechtigkeit im Zusammenleben der Menschen"[8] durch eine „Neuordnung der Wirtschaft und Gesellschaft zur planvollen Gemeinschaft und zur sozialen Solidarität"[9]. Nur mit Hilfe einer vom Volk kontrollierten[10] Planwirtschaft, in der Produktion, Verteilung und Konsum (zumindest der lebensnotwendigen Güter)[11] aufeinander abgestimmt und in der die Konsumenten zugleich die Produktionsmittel- und Warenbesitzer seien, könne man Krisen verhindern.[12] In der insbesondere an die Jugend gerichteten Broschüre „Einführung in den Sozialismus" stellt sie diese Zusammenhänge anhand konkreter Beispiele in anschaulicher Weise dar:

> „Eine große Fabrik (...) kann bei einem Preissturz der Ware, die sie produziert, vielleicht nicht mehr mit Gewinn (Dividende) weiterarbeiten. Es ist dann für sie vorteilhaft, die Fabrik zu schließen (...). Aber dadurch werden vielleicht Hunderte und Tausende von Arbeitern brotlos. Eine genossenschaftliche oder staatliche Fabrik würde in diesem Falle weiterarbeiten (...), weil an Arbeitslosenunterstützung eingespart wird, was an Warenpreis verloren geht."[13]

Mit ihrem Plädoyer für eine marxistische Gesellschafts- und Geschichtsbetrachtung grenzte sie sich zum einen von den frühen, den sog. „Utopischen Sozialisten" ab, deren sozialistisches Verständnis eher die Züge eines moralisch-sittlichen, aber unkonkreten Ideals, ohne Bezug zur gesellschaftlichen Wirklichkeit trug. Erst Marx habe, so Siemsen, den „Sozialismus aus der Utopie zur Wissenschaft, aus der isolierten sittlichen Forderung zur geschlossenen Gesell-

---

7 Siemsen (1929d), S. 44.
8 Siemsen (1947d), S. 10.
9 Ebd., S. 32.
10 Vgl. Siemsen (1946b), S. 24.
11 Vgl. ebd., S. 24f.
12 Vgl. Siemsen (1932c), S. 69 u. Siemsen (1947d), S. 16-18.
13 Siemsen (1947d), S. 17. Gleichwohl ist Anna Siemsen zum einen bewusst, dass eine Sozialisierung in nur einem Land nahezu unmöglich und eine wahrhaft sozialistische Gesellschaft daher auf die internationale Zusammenarbeit der Arbeiterschaft angewiesen sei; zum anderen sieht sie auch das Problem der mangelhaften Effektivität sozialistischer Wirtschaftssysteme: „Leider aber sind wir Menschen noch nicht reif für solche volle Brüderlichkeit und Gemeinschaft. Es hat sich erwiesen, daß in den Fällen, wo man versuchte, ganz ohne Rücksicht auf die Arbeitsleistung die Löhne festzusetzen, diese Leistung bei den meisten Arbeitern sank. Am krassesten trat das in den Anfängen der Sowjetwirtschaft hervor, wo schließlich nur ein kleiner Bruchteil der früheren Leistungen erreicht wurde (...). Es ist nun keineswegs gesagt, daß dieser sehr enge und kurzsichtige Egoismus unüberwindlich ist. Wir haben (...) genügend Beweise, daß die Menschen innerhalb einer vernünftigen und freien Gemeinschaft durchaus imstande sind, nicht nur einzusehen, daß persönlicher Vorteil und Gemeinschaftsinteresse zusammenfallen, sondern auch nach dieser Erkenntnis zu handeln." (Siemsen, 1946b, S. 28f.)

schaftsauffassung"[14] weiterentwickelt, indem er, ähnlich einem Naturforscher, „eine genaue Untersuchung der gesellschaftlichen und wirtschaftlichen Wirklichkeit"[15] vorgenommen habe. Zum anderen ging sie mit ihrem entschiedenen Eintreten für einen wissenschaftlichen Sozialismus auf Distanz zu dem sog. „Religiösen Sozialismus", der, wie bereits im biographischen Teil vorliegender Arbeit erwähnt,[16] für Siemsen eher eine noch unfertige Vorform, eine „Verschmelzung sozialistischer und vorsozialistischer Vorstellungen"[17] darstellte und höchstens als erste Bewusstseinsauflockerung, als ethische Anfeuerung gutzuheißen sei.[18] Darüber hinaus aber bedürfe diese rein auf den Glauben gegründete sozialistische Anschauung der Ergänzung durch die wissenschaftliche, speziell die marxistische Analyse, da nur sie die Möglichkeit zur Beobachtung der gesellschaftlichen Vorgänge und zur erkenntnismäßigen Planung unseres Verhaltens biete.[19]

Ihre Hervorhebung der Notwendigkeit einer revolutionären Willensrichtung verweist auf ihr entschiedenes Eintreten für eine grundsätzliche Revolutionierung der Gesellschaft und ihre Ablehnung eines reformerisch orientierten Sozialismus, dessen Vertreter/innen Siemsen zufolge „meinten, durch eine lange Reihe friedlicher Reformen werde allmählich unsere Gesellschaft sich in eine sozialistische wandeln, und die daher der täglichen sozialen, gewerkschaftlichen und parlamentarischen Arbeit die größte Bedeutung beimaßen"[20]. Hatte sie bereits 1919 eine wahrhaft revolutionäre, nicht langsam umwandelnde, sondern grundsätzlich neu bauende und keine Kompromisse mit bürgerlichen Parteien eingehende sozialistische Bewegung gefordert,[21] schrieb sie 1932, nach ihrem enttäuschten Austritt aus der SPD, dass man mit der Illusion brechen müsse, allein durch sozialpolitische Reformen und ohne gleichzeitige Kontrolle der Wirtschaft sozialen Fortschritt ermöglichen zu können.[22] „Nicht Sicherung und Ausbau des Bestehenden, (…) sondern seine Überwindung"[23] sei die entscheidende Aufgabe. Eine revolutionäre Gesinnung bedeutet für Siemsen allerdings nicht eine Abkehr von der Demokratie, vielmehr sieht sie in einer sozialistischen Revolutionierung der deutschen Gesellschaft die einzige Möglichkeit, die bisher nur auf politischer

---

14 Siemsen (1928h), S. 404.
15 Siemsen (1947d), S. 29.
16 Vgl. Biographischer Teil, Kapitel IV, Anm. 44 vorliegender Arbeit.
17 Siemsen (1929g), S. 297.
18 Vgl. ebd., S. 298 u. 302.
19 Vgl. ebd.
20 Siemsen (1947d), S. 42.
21 Vgl. Siemsen (1919d), S. 1f.
22 Vgl. Siemsen (1932c), S. 113.
23 Ebd., S. 165.

Ebene erlangte Demokratie zu einer sozialen Demokratie auszubauen[24] und damit die Menschen überhaupt erst in die Lage zu versetzen, von ihren politischen Rechten Gebrauch zu machen. Da Demokratie Selbstverwaltung und Selbstverantwortung heiße, bedeute dies, „daß jeder Mensch in ihr auch imstande sein muß, verantwortlich zu handeln auf Grund von Erkenntnis und freiem Entschluß. (…) Er muß auch imstande sein, sich über alle wichtigen Tatsachen zu orientieren, sie zu beurteilen und seine Entschlüsse zu fassen in Ruhe und Freiheit, ohne Furcht und Existenzsorgen"[25]. Daher folgert Anna Siemsen, dass eine wirkliche Demokratie erst dann bestehe, wenn

> „1. jeder geschützt ist vor Not und Sorge um seine Existenz, 2. jeder die Erziehung erhält, die ihn instand setzt, selber sich zu informieren und zu urteilen, 3. durch Meinungs- und Glaubensfreiheit, Presse- und Organisationsfreiheit jeder ein Urteil zur Geltung bringen kann, und wenn endlich 4. jeder Anreiz auf Reichtum oder Machtzuwachs durch Irreführung der Menschen wegfällt."[26]

Diese vor allem seit dem Zweiten Weltkrieg ersichtliche Notwendigkeit eines Ausbaus der Demokratie sei gemeint, „wenn wir sagen, daß die Stunde des Sozialismus gekommen ist"[27]. Indem der Sozialismus also die gesellschaftlichen Bedingungen für die Einlösung der von der bürgerlichen Revolution erkämpften Werte zu schaffen sucht, stellt er sich für Anna Siemsen als Erbe des Liberalismus dar,[28] ebenso wie der Marxismus in ihren Augen eine „praktisch-kritische" Umsetzung des apolitischen deutschen Humanismus bedeutet[29]. Die entschei-

---

24 Vgl. Siemsen (1947d), S. 10.
25 Siemsen (1947d)., S. 9.
26 Ebd.
27 Ebd., S. 10. Drechsler u.a. führen in ihrem „Lexikon der Politik" zur sozialen Dimension des Demokratiebegriffs aus: „Meist ist das demokratische Prinzip auf den politischen Bereich beschränkt und die sozialökonomischen Prozesse und Strukturen haben keine demokratische Legitimation. In den privatkapitalistisch organisierten Gesellschaften steuern die Privateigentümer der Produktionsmittel den Wirtschaftsprozeß und – bei der Dominanz der Ökonomie – indirekt auch den politischen Prozeß und die gesellschaftliche Entwicklung. Auch deshalb ist eine im wesentlichen auf den politischen Bereich bezogene Demokratie nur eine begrenzte Demokratie. Die Geschichte der Arbeiterbewegung und ihrer Organisationen ist insbesondere zu verstehen als steter Kampf, alle gesellschaftlichen Bereiche zu demokratisieren, d.h. die soziale Demokratie zu entfalten." (Drechsler, u.a., 1995, S. 187.) Letztendlich definieren sie „Demokratie" daher als „ein Gemeinwesen (…), das unter der Anerkennung der Würde des Menschen allen Bürgern die gleiche politische und soziale Freiheit zur Entfaltung ihrer Persönlichkeit sowie die Selbstregierung des Volkes nach dem Willen der jeweiligen Mehrheit unter Achtung fundamentaler Rechte der Minderheit in einer rechtsstaatlichen Verfassungsordnung gewährleistet und dafür die wirtschaftlichen und bildungsmäßigen Voraussetzungen schafft. In diesem Sinne muß Demokratie auch als Gesellschaftsreform entfaltet werden." (Ebd., S. 188.)
28 Vgl. Siemsen (1948b), S. 161.
29 Vgl. Siemsen (1938a), insbes. S. 1114.

dende Aufgabe besteht für sie deshalb darin, die nie verwirklichte „Idee der freien Persönlichkeit und der verpflichtenden Gemeinschaft zu verwirklichen in einem freiheitlich demokratischen Sozialismus"[30]. Daher ist der Kampf des Proletariats für Anna Siemsen auch nicht nur für eben diese gesellschaftliche Klasse bedeutsam; vielmehr kommen in ihm, so Siemsen, „allgemein menschliche Forderungen" zum Ausdruck, „genau wie in einer früheren geschichtlichen Lage die Forderungen des aufsteigenden Bürgertums solche Menschheitsforderungen waren"[31]. Per Haaekkerup, der Sekretär der Internationalen Union Sozialistischer Jugendverbände, stellte deshalb in seiner Grabrede zu Ehren Anna Siemsens treffend fest: „Für sie war ,Sozialismus' mehr als das Bild einer logisch und gerecht geordneten Wirtschaft. Ihr war Sozialismus eine humanistische Aufgabe (...)."[32]

Trotz einer teilweise sehr radikalen Wortwahl[33] wandte Anna Siemsen sich gegen solche Auffassungen, die die Marxsche Formel von der „Diktatur des Proletariats" als eine Aufforderung zur Gewalt und zur Abkehr von der Demokratie auslegten. So kritisiert sie in „Auf dem Wege zum Sozialismus"[34] die antidemokratische Auffassung, dass man die parlamentarische Demokratie beseitigen und durch eine proletarische Diktatur nach russischem Muster ersetzen müsse.[35] Ihre Argumentation bezieht sich dabei im Wesentlichen auf die grundsätzlichen Unterschiede in der Struktur der russischen Gesellschaft einerseits und der europäischen Gesellschaften andererseits und die daraus sich ergebende Konsequenz, dass es kein „Generalrezept für die Formen der proletarischen Diktatur"[36] gebe und dass die russische Form nicht auf die europäischen Gesellschaften anwendbar sei. Während in Russland eine demokratische Umwandlung zum Sozialismus nun zwar nötig, zunächst aber nicht möglich gewesen sei, da in dem noch stark agrarisch geprägten Land eine quantitativ ausreichende und vor allem politisch geschulte und durch ein Klassenbewusstsein zusammengeschlossene proletarische Trägerschaft gefehlt und die Gesellschaft darüber hinaus seit Jahrhunderten unter dem Einfluss eines autokratischen Zarismus gestanden habe, sei die Situation Europas eine völlig andere. Hier komme es darauf an, die vorhandenen demokratischen Institutionen der Koalitions-, Presse- und Wahlfreiheit

---

30 Siemsen (1950a), S. 5.
31 Siemsen (1948b), S. 161.
32 Die Grabrede ist abgedruckt in: Anna Siemsen zum Gedächtnis, in: Junge Gemeinschaft (1951) 3, März, S. 2f., hier S. 2.
33 So spricht sie z.B. von „Fronten im Klassenkampf" (Siemsen, 1932c, S. 72), von einer „entschlossenen Angriffsstellung" (Siemsen, 1919d, S. 2) und von einem Kampf, der „dieselbe Bereitschaft, Entsagungsfähigkeit und Hingabe (voraussetzt), die von einem guten Soldaten erwartet wird" (Siemsen, 1929d, S. 44f.).
34 Siemsen (1932c).
35 Vgl. ebd., S. 74.
36 Ebd.

und die gesellschaftlichen Machtfaktoren der Verwaltung, der Justiz, des Erziehungswesens usw. aus der bürgerlichen Herrschaft zu befreien.[37]

> „Der Übergangszustand der proletarischen Diktatur ist der Zustand, in welchem das zur Macht gelangte Proletariat die Klassenherrschaft der Bourgeoisie beseitigt, indem es die kapitalistische Wirtschaft unter gesellschaftliche Kontrolle (...) führt. Indem es dies tut, zerbricht es notwendigerweise gleichzeitig die Instrumente der bürgerlichen Diktatur und ersetzt sie durch Instrumente der proletarischen Selbstverwaltung. Demokratisierung der undemokratisch gebrauchten Macht- und Propagandamittel (...) ist das Mittel, durch das die proletarische Diktatur ihr Ziel, die Aufhebung der Klassengesellschaft, erreicht."[38]

Mit Hilfe eines konkreten Beispiels, nämlich der Beseitigung der bürgerlichen Macht über das Pressewesen, versucht sie, den demokratischen Charakter dieses Vorgehens noch einmal zu verdeutlichen:

> „Das demokratische Mittel einer proletarischen Diktatur wird sein, die Presse durch gesetzliche Maßnahmen unabhängig zu machen und jede Einflussnahme des Kapitals auf sie als antidemokratisch und daher konterrevolutionär zu verhindern. Das undemokratische Mittel würde die Einführung einer Pressezensur sein."[39]

Wer glaube, dass ein solcher Weg nicht gangbar sei, dem bleibe „nur der Weg der Verschwörung und des Putsches, das heißt, er fällt von marxistischer Auffassung zurück in primitiv utopische"[40]. Während Siemsen also eine gezielte Anwendung gewaltsamer Methoden ablehnt, weist sie andererseits jedoch darauf hin, dass Gewalt unvermeidbar sei, wenn sie dem Proletariat von gegnerischer Seite aufgezwungen werde.[41] So bewirke die Unterbindung der Aufklärung und Organisation des Volkes, die das sicherste Mittel zur friedlichen Gesellschaftsumwandlung darstellen, einen gewaltsamen Umsturz.[42] Damit spricht Anna Siemsen sich für die Aufklärung des ganzen Volkes und das Erreichen des Sozialismus durch die Mittel der politischen Demokratie aus und setzt sich u.a. von dem völlig anders gearteten sozialistischen Verständnis Lenins ab, der auf eine Elite von Berufsrevolutionären und die kurzzeitige Ausschaltung demokratischer Gesetze vertraute. Generell aber fällt die Kritik Anna Siemsens an den sowjetischen Formen des Kommunismus nicht so grundsätzlich und eindeutig aus, wie dies angesichts ihrer sonst so detailliert und systematisch erfolgenden kritischen Aufarbeitung gesellschaftlicher Missstände und antidemokratischer Ideologien zu erwarten gewesen wäre. Zwar finden sich, wie auch im folgenden Kapitel deutlich werden wird, in ihren Schriften durchaus kritische Stellungnahmen, wie

---

37 Vgl. ebd., S. 75f.
38 Ebd., S. 77.
39 Ebd.
40 Ebd., S. 76.
41 Vgl. ebd., S. 76f.
42 Vgl. Siemsen (1947d), S. 40.

z.B. der Hinweis darauf, dass Lenin nur zu Beginn ein demokratischer Kommunist gewesen sei, später aber die streng zentralistisch organisierte dritte kommunistische Internationale gegründet habe,[43] der Siemsen sich, wie im biographischen Teil gezeigt, im Zusammenhang der Spaltung der USPD nicht hatte anschließen wollen. Auch weist sie sowohl *nach* als auch *vor* den „Säuberungen" Stalins mehrfach auf den diktatorischen Charakter der sowjetischen Einparteienherrschaft hin,[44] wertet es 1946 aus europäischer Sicht als einen Rückschritt, wenn man sich am russischen System orientieren würde,[45] und bezeichnet das „Regime Russlands und seiner Satellitenstaaten" 1950 als ein totalitäres und „terroristisches Gewaltsystem ohne (eine, M.J) Spur von Gesinnungsfreiheit"[46], allerdings hat sie sich nie zusammenhängend dazu geäußert. Auch in ihren Arbeiten, die sich explizit mit dem Sozialismus beschäftigen, wie den nach dem Zweiten Weltkrieg verfassten Broschüren „Einführung in den Sozialismus"[47] und „Frau und Sozialismus"[48], erwähnt sie sowohl den sowjetischen wie auch den deutschen Kommunismus eher am Rande und verbleibt zudem auf einer vorwiegend deskriptiven, nur eingeschränkt wertenden Ebene. Die Stalinschen „Säuberungen" beispielsweise werden überhaupt nicht thematisiert. Dieses Fehlen einer grundsätzlichen Auseinandersetzung muss als ein deutliches Manko bezeichnet werden, wenn es auch vermutlich dem Bestreben Siemsens geschuldet ist, sich von der bereits zu Weimarer Zeiten bewusst geschürten „Bolschewistenangst" zu distanzieren, die Entwicklung des sowjetischen Kommunismus stattdessen gesellschaftsanalytisch nachzuvollziehen, zum Teil auch aus der als Bedrohung empfundenen Politik der westlichen Länder zu erklären[49] und ihn zwar einerseits als durchaus problematisch herauszustellen, gleichzeitig aber sich dem zeitgenössischen Trend zu widersetzen, „die nationalsozialistische und faschistische Herrschaft mit der der russischen Sowjets zusammenzufassen"[50] und stattdessen die grundsätzlichen Unterschiede zwischen diesen Systemen zu verdeutlichen, worauf im folgenden Kapitel näher eingegangen wird.

Sehr deutlich und u.a. in einer eigens darüber verfassten Broschüre („Parteidisziplin und sozialistische Überzeugung"[51]) spricht Siemsen sich indessen auf einer allgemeineren Ebene gegen autoritäre Parteistrukturen, sowie an anderer

---

43 Vgl. ebd., S. 44f.
44 Vgl. u.a. ebd., S. 39, 45, Siemsen (1931d), S. 12f.
45 Vgl. Siemsen (1946b), S. 46f.
46 Siemsen (1950b), S. 3.
47 Siemsen (1947d).
48 Siemsen (1946b).
49 Vgl. u.a. Siemsen (1948b), S. 148f.
50 Siemsen (1947d), S. 39.
51 Siemsen (1931d).

Stelle gegen die Überzeugung aus, dass es „etwa eine orthodoxe Darstellung des allein wahren und richtigen Sozialismus geben"[52] könne. Ebenso wenig dürfe die marxistische Anschauung „rein dogmatisch übernommen" und in „Form einer positiven, autoritär überlieferten und geglaubten Religion"[53] bzw. eines „Katechismus-Marxismus"[54] angenommen werden, da dies ihrer eigentlichen Zielsetzung widerspreche. Gerade „das unablässige Neukontrollieren, In-Frage-Stellen und Fortschreiten" stellt für Siemsen das entscheidende wissenschaftliche Kriterium, dagegen das „Haften an einem einmal erreichten Ergebnis, dem ‚Dogma'"[55] eine zutiefst unwissenschaftliche Vorgehensweise dar. Deshalb könne man die Überzeugung des einzelnen Parteimitglieds der Geschlossenheit der Partei ebenso wenig aufopfern,[56] wie auch das Individuum im allgemeinen nicht zugunsten der Gesellschaft unterdrückt werden dürfe. Die Partei sei niemals unfehlbar[57] und immer nur „Mittel zum Zweck"[58], ihr Parteiprogramm zwar eine wichtige Richtschnur, aber stets auch ein „aus einer bestimmten geschichtlichen Lage entstanden(er) (...) Kompromiss"[59], der einer immer neuen kritischen Überprüfung und Verbesserung bedürfe. Somit sei es wichtig, Meinungsverschiedenheiten, Diskussionen und Parteiströmungen nicht als „Krankheitszeichen, sondern im Gegenteil (als) Bedingung der Weiterentwicklung"[60] anzusehen. Auch für die Arbeiterorganisationen gelte das gleiche Prinzip, das allen gesellschaftlichen Gruppen gemeinsam sei – Mannigfaltigkeit in der Einheit.[61]

Zusammenfassend lässt sich Anna Siemsens sozialistische Position folgendermaßen beschreiben: Ihre Forderung nach einer auf Freiwilligkeit, Rechtsgleichheit und Solidarität beruhenden Gemeinschaft kann nur innerhalb einer Demokratie verwirklicht werden, da nur sie von der Freiheit und Gleichheit aller ausgeht. Eine solche Demokratie ist jedoch nur in einer sozialistischen Gesellschaft möglich, da ein kapitalistisches System auf Grund seiner Klassenstruktur immer Unterdrückungen, Abhängigkeitsverhältnisse, wirtschaftliche Krisen und Arbeitslosigkeit mit sich bringt und daher weder die Freiheit und Selbstbestimmung, noch die wirtschaftliche Absicherung des Einzelnen garantiert, die ihn erst in die Lage versetzen, seine demokratischen Rechte wahrzunehmen. Daher

---

52 Siemsen (1928h), S. 387.
53 Siemsen (1930e), S. 50.
54 Siemsen (1938a), S. 1116.
55 Siemsen (1929g), S. 302.
56 Vgl. Siemsen (1931d), S. 5f.
57 Vgl. ebd., S. 11.
58 Ebd., S. 12.
59 Ebd., S. 26.
60 Ebd., S. 31.
61 Vgl. Siemsen (1947d), S. 53.

ist zur Verwirklichung wahrer solidarischer, nationaler wie internationaler Gemeinschaft eine sozialistische Neuordnung der Wirtschaft wie der Gesellschaft nötig, die Siemsen entschieden und revolutionär, aber undogmatisch und selbstbestimmt auf dem Wege der politischen Demokratie anstrebt. Gleichwohl ist ihr bewusst, dass die Bereitschaft, Demokratie und Mannigfaltigkeit zuzulassen, die Einsicht der Menschen voraussetzt, selbst nur „Glieder in einer großen Entwicklung (...und) Durchgangspunkte des Lebens" zu sein. Eine wahrhaft sozialistische Auffassung, die bereits viel von dem Bildungs- und Erziehungsverständnis Anna Siemsens erahnen lässt, besteht daher für sie in der Erkenntnis: „er (d.h. der Mitmensch, M.J.) muß wachsen, ich aber muß abnehmen, damit er wachsen könne"[62].

---

62 Siemsen (1929d), S. 59.

VI. Gemeinschaftszerstörende Systeme, Institutionen und Strukturen

1. Sowjetischer Kommunismus, italienischer Faschismus und deutscher Nationalsozialismus – Beispiele antisolidarischer und antidemokratischer Gesellschaftssysteme

Der sowjetische Kommunismus, der italienische Faschismus und der deutsche Nationalsozialismus stellten für Anna Siemsen eine ungeheure Gefahr dar, weil sie auf Grund eines falsch gefassten, nämlich an vergangene Gesellschaftsformen anknüpfenden Gemeinschaftsverständnisses die wesentlichen Grundlagen der europäischen Gesellschaft, d.h. die Orientierung ihrer Mitglieder an Rationalität und Universalität und die mit gesellschaftlicher Differenzierung erst möglich werdende Persönlichkeitsentwicklung zerstörten. Allen drei Systeme sei gemeinsam, dass sie das freie Wechselspiel der gesellschaftlichen Gruppen vernichteten, indem sie ihren Parteien nicht nur den Status konstitutiver Gruppen zusprachen sondern sie gleichsam zum Kern des Staates machten. „In Italien, mehr noch in Deutschland, setzte sich die Partei völlig an die Stelle des Staates"[1], wurde letztlich sogar durch die Person eines einzigen Führers verkörpert. Die daraus entstehenden Diktaturen suchten sich alle gesellschaftlichen Gruppen ebenso wie jedes einzelne Individuum durch Zwang zu unterwerfen. „Die unbedingte Überordnung des Staates über das Individuum, die völlige Negierung der Persönlichkeitswerte"[2] sei allen diktatorisch geleiteten Ländern gemeinsam. Wo Anna Siemsen Mannigfaltigkeit der Gruppen und selbstständige Verantwortlichkeit jedes Einzelnen fordert, steht hier die diktatorische Zentrale; wo sie unter Gemeinschaft einen freiwillig und bewusst erfolgenden Zusammenschluss versteht, finden sich hier die staatlich diktierten, unkritisch anzunehmenden und gewaltsam durchgesetzten Dogmen; wo sie die gesellschaftliche Entwicklung als eine dynamische, sich ständig erneuernde begreift, erfolgt hier die Erstarrung, um die gegebenen Herrschaftsverhältnisse zu bewahren; wo sie letztlich eine in die Zukunft weisende Aufgabe der menschheitsumfassenden Gemeinschaftsbildung erstrebt, steht hier die nationale Enge und der Rückfall in primitive, der Vergangenheit entlehnte Gesellschaftsformationen.

---

1 Siemsen (1948b), S. 40.
2 Ebd., S. 152.

Was ihre diktatorische politische Struktur angeht, sind die Systeme des Kommunismus, Faschismus und NS in den Augen Anna Siemsens also durchaus vergleichbar. Wesentliche Unterschiede sieht sie jedoch in den dahinter liegenden theoretischen Begründungen und Zielsetzungen. Während ideologische Grundlegung und politische Umsetzung im Rahmen des NS eine völlige Übereinstimmung zeigten, ließen sich im Faschismus, vor allem aber im Kommunismus grundsätzliche Widersprüche zwischen eigentlicher sozialer und wirtschaftlicher Zielsetzung einerseits und politischer Struktur andererseits ausmachen. So habe die Sowjetunion sich nach dem Ersten Weltkrieg gegenüber den europäischen Ländern dadurch ausgezeichnet, dass sie sich als einzige nicht den wirtschaftlichen und politischen Restaurationsbestrebungen angeschlossen,[3] sondern mittels Verstaatlichung der Produktionsmittel den Versuch unternommen habe, ein Recht auf Arbeit und Existenzsicherheit zu garantieren und somit die formale Rechtsgleichheit zu einer faktischen zu machen[4]. Ziel sei es gewesen, die Gesellschaft „hinüberzuführen in eine sehr rationell geführte, planmäßige Wirtschaft, deren gesellschaftliche Struktur auf dem Prinzip durchgreifender solidarischer Organisation beruhte"[5]. Darum sei anfangs auch auf dem Gebiet der Erziehung „unendlich viel Wertvolles geleistet worden"[6], indem man westliche Erziehungstheorien und europäisch-amerikanische Erziehungsmethoden wie Arbeitsunterricht und Selbstverwaltung erprobt und mit ihrer Hilfe zu kritischer Beobachtung und verantwortlichem Handeln zu erziehen versucht habe[7]. Wie bereits im vorherigen Kapitel beschrieben, habe zum einen die noch traditionell gebundene Struktur der sowjetischen Gesellschaft, zum anderen die ständige Bedrohung durch das Ausland, das die Sowjetunion von Beginn an zu bekämpfen suchte,[8] dann auf politischer Ebene zur Installation eines diktatorischen Zwangssystems geführt, das in völligem Widerspruch zu den eigentlichen Zielsetzungen gestanden habe – auch auf erzieherischem Gebiet.

„Sozial und wirtschaftlich wird gefordert die Erziehung zu einer freien und verantwortlichen Solidarität, verbunden mit sehr rationellem technischem und organisatorischem Verhalten. Politisch erzwingt die dauernd empfundene Bedrohung die Unterwerfung unter ein sehr zentralisiertes Einparteiensystem, das seine Macht notgedrungen benutzen muß, die militärische und wirtschaftliche Aufrüstung auf Kosten der menschlichen Bedürfnisbefriedigung zu forcieren. Das verlangt eine Unterwerfung des Einzelnen unter die Staatsmacht, die sehr schwer zu

---

3   Vgl. Siemsen (1947e), S. 8.
4   Vgl. Siemsen (1948b), S. 133.
5   Ebd., S. 148.
6   Ebd., S. 149.
7   Vgl. ebd.
8   Vgl. Siemsen (1947e), S. 8.

vereinigen ist mit dem rationellen Denken und der freien Solidarität, die unerläßlich sind, falls das Ziel einer freien sozialistischen Gesellschaft erreicht werden soll."[9] Deshalb sei das russische Erziehungssystem letztlich zu seinen autoritären Ursprüngen zurückgekehrt und habe sich von seiner Orientierung an Rationalität, Persönlichkeit und Universalität abgewandt.[10]

Auch im italienischen Faschismus sieht Anna Siemsen zumindest insofern Widersprüchlichkeiten, als dessen „Ständesystem auf einer grundsätzlich demokratischen Auffassung von der Nation (basiert habe) und (...) dadurch zur Idee einer Nationalerziehung mit strenger Auslese nach Begabung und Tüchtigkeit"[11] gelangt sei. Im Gegensatz zum NS habe die italienisch-faschistische Lehre die Überlegenheit der italienischen Nation mit ihrer kulturellen Leistung zu begründen gesucht und sei daher zur Pflege eben dieser Kultur gezwungen gewesen, „welche die Leistungen der klassischen Mittelmeerkultur ebenso sehr umfaßt, wie die universell humanitären Forderungen des Christentums und jener italienischen Renaissance, die mehr als irgend eine Epoche der Geschichte die frei entwickelte zum Herrn der Erde kraft ihres Bewußtseins bestimmte Persönlichkeit erstrebte"[12]. Dadurch habe sich auch hier ein Widerspruch zwischen der Anknüpfung an eben diese kulturelle Tradition einerseits, den staatlichen Doktrinen, Idealen und Tugenden des autoritären Nationalismus, des Militarismus und des Führergehorsams andererseits ergeben, der das System schließlich seinem Zusammenbruch entgegengeführt habe.[13]

Im NS dagegen gab es überhaupt keine Widersprüche. Hier stand, so Siemsen, die Aufopferung der europäischen Grundlagen nicht im Gegensatz zur eigentlichen Zielsetzung, vielmehr seien seine gesellschaftszerstörerischen antiuniversellen, antidemokratischen und antirationalen Bestrebungen bereits in seiner ideologischen Basis verankert gewesen. Dank seiner rein biologisch begründete Rassentheorie, die ihn vom Faschismus unterscheide, sei ihm die „Rassenverschiedenheit und Ungleichwertigkeit die entscheidende Grundtatsache menschlicher Existenz", sei der Aufbau einer integrierten menschlichen Gesellschaft von vornherein ausgeschlossen, „als verderblich abzulehnen" und durch die „Züchtung einer reinen Herrenrasse"[14] sowie auf dem Wege von Sterilisation und Tötung[15] zu verhindern. Im Gegensatz zu sowjetischem Kommunismus und italienischem Faschismus war nur dem NS „die Entwertung der Vernunft und aller ver-

---

9 Siemsen (1948b), S. 148f.
10 Vgl. ebd., S. 149.
11 Ebd., S. 76.
12 Ebd., S. 150.
13 Vgl. ebd.
14 Ebd., S. 151.
15 Vgl. ebd., S. 152.

nunftbedingten Kulturbereiche zugunsten einer ausschließlichen Blutvergottung" eigen.

„‚Volkstum', rein rassen- und blutmäßig gefaßt, ist der höchste (...) Wert, demgegenüber alle ethischen, erkenntnismäßigen und künstlerischen Werte verschwinden. (...) Das bedeutet eine Vergewaltigung der Persönlichkeit, wie wir sie in gleichem Ausmaß noch nirgend erlebt haben."[16]

Somit seien auch die zwanghaften Elemente des NS in ihm selbst angelegt gewesen, denn indem er seinem Wesen nach gruppen- und gesellschaftszerstörerisch wirkte, konnte er einen (pseudo-)gemeinschaftlichen Zusammenhalt „nur mit äußerstem Zwang"[17] und dem bewusst geschürten Hass gegenüber einer anderen Gruppe, nämlich den Juden, erwirken[18]. „Gemeinschaft" wurde im NS darüber hinaus nicht mehr als Mittel zum Zweck, d.h. zur Errichtung einer den menschlichen Bedürfnissen gerecht werdenden Gesellschaft angesehen, „Gemeinschaft" war vielmehr ein Zweck an sich geworden. Während die Sowjetunion wenigstens noch „die Hoffnung einer freien und weltumfassenden Zukunft" und der Faschismus das in die Zukunft projizierte „Bild einer großen Vergangenheit" erweckt habe, kannte der NS „als positive Idee nur die rein formale des ‚Zusammenmarschierens'"[19]. Ein größerer Gegensatz zum Gemeinschaftsbegriff Anna Siemsens ist kaum denkbar.

2. Die katholische Kirche – keine Basis für eine aufgeklärte Gemeinschaft

„Anna war ja im tiefsten Sinne fromm, nicht kirchlich, und ihr Sozialismus kam aus ihrer christlichen Liebe."[20] Mit dieser Feststellung brachte Paula, die Schwester Anna Siemsens, deren Verhältnis zur Religion prägnant auf den Punkt. Hatte die im antipreußischen Geiste erzogene Anna Siemsen sich bereits als junges Mädchen von den strengen katechismusartigen Auffassungen ihres Vaters abgesetzt und mit dem „Christentum" eher das praktische Eintreten für ein an ethischen und sittlichen Maßstäben wie Gerechtigkeit, Nächstenliebe und Verantwortungsbewusstsein orientiertes Leben verbunden, blieb sie dieser Haltung ihr Leben lang treu und betrachtete die sozialistische Umgestaltung der Gesellschaft

---

16　Ebd.
17　Ebd., S. 120 (dort in der Fußnote).
18　Vgl. sinngemäß ebd., S. 51.
19　Ebd., S. 153.
20　Anna Siemsens Schwester Paula in einem auf den 19.11.1951 datierten Brief an Hedda Fredenhagen, in: Schweizerisches Sozialarchiv, Bestand Siemsen, Anna, Ar 142.10.1, darin 01.10.2.

in Richtung auf soziale Gerechtigkeit zugleich als Verwirklichung christlicher Forderungen[21]. Wie im Rahmen ihrer Kritik am religiösen Sozialismus dargestellt, ließ sie religiöse Gesinnung als inneren Antrieb zu solidarischer Umgestaltung des Lebens durchaus gelten und war sich mit Leonhard Ragaz darin einig, dass das Christentum ursprünglich mit eben diesem revolutionären Anspruch aufgetreten sei, jetzt und hier und nicht erst im Jenseits das Reich Gottes in Form einer gerechten Gesellschaft zu verwirklichen. Als „Bewegung der Armen und Unterdrückten" habe es seine eschatologischen Hoffnungen „auf die Gegenwart angewandt. Man erklärte, der Messias sei gekommen und mit ihm werde das Tausendjährige Reich kommen, das Reich Gottes, in dem alle Dinge neu, die Armen reich und die Reichen arm werden sollten."[22] Das Urchristentum sei also radikal demokratisch und „die Christliche Gemeinde in ihren Anfängen der Versuch einer klassenlosen Gesellschaft"[23] gewesen. Sein eigentlicher Kern, darauf weist sie immer wieder hin, habe in der „Lehre von der Gotteskindschaft aller Menschen"[24] und somit in dem Prinzip allgemeiner Gleichheit und Gerechtigkeit bestanden. Jesu Lehre, an der sich das Urchristentum vor allem orientierte, besteht für Anna Siemsen in der Aufforderung an die Menschen, ihr Leben solidarisch zu gestalten. Mehrfach nimmt Siemsen auch in ihren GGE Bezug auf die in den Evangelien, insbesondere der Bergpredigt aufgestellten Forderungen wie bspw. „Alles was ihr wollt, daß euch die Menschen tun, das sollt ihr auch ihnen tun", da sie ihrer Meinung nach den „gesellschaftlichen Charakter sittlicher Forderungen"[25] besonders deutlich werden lassen.

Umso schärfer aber fällt Anna Siemsens Kritik an der gesellschaftlichen Institutionalisierung des Christentums in Form der Bekenntniskirche, insbesondere der katholischen Kirche aus, da sie weder den Ansprüchen des Urchristentums noch dem Menschen-, Gesellschafts- und Gemeinschaftsverständnis Anna Siemsens gerecht wird. So widerspricht die Kirche Siemsens Forderungen nach Gebrauch der Vernunft, nach kritischer Einschätzung alles Überlieferten, nach einer klassenlosen Gesellschaft ohne Abhängigkeitsverhältnis und Unterdrückung und somit ihren Vorstellungen von einer solidarischen und demokratischen Gemeinschaft mit gleichen Rechten für alle, was Siemsen auf den konservativen, nicht nur die gegenwärtigen gesellschaftlichen Verhältnisse stützenden, sondern insbesondere vergangene Gesellschaftsstrukturen konservierenden Charakter der Kirche zurückführt.

---

21 Vgl. Siemsen (1950b), S. 7.
22 Siemsen (1930e), S. 23.
23 Siemsen (1948b), S. 59.
24 Siemsen (1950a), S. 2.
25 Siemsen (1948b), S. 32.

In den Augen Anna Siemsens ist die Kirche, ganz im Gegensatz zu deren Selbstverständnis als göttliche Offenbarung, eine gesellschaftliche Erscheinung, wird daher von der Gesellschaft beeinflusst und wirkt selbstverständlich auch wiederum auf die Gesellschaft zurück. Auch wenn die Gläubigen die Kirche als von der Gesellschaft losgelöst betrachten, da sie „unmittelbar von Gott gegründet und durch göttliche Offenbarung erleuchtet sei"[26], und sie daher einer logischen, wissenschaftlichen Untersuchung entzogen zu sein scheine, nimmt Anna Siemsen dennoch „ganz bewusst einen Standpunkt außerhalb des religiösen Glaubens ein, um die Religion als gesellschaftliche Erscheinung unter anderen beobachten zu können"[27]. Siemsen unterzieht also auch die Kirche (und religiöse Organisationen) einer detaillierten gesellschaftlichen Analyse um, gemäß ihrer Anknüpfung an die Tradition der Aufklärung, zu einer vernunftbestimmten Erkenntnis ihrer Entstehung und ihrer gesellschaftlichen Zusammenhänge und damit auch ihres Einflusses auf den Aufbau einer sozialistischen Gesellschaft zu gelangen.

So betrachtet sie in ihrer Schrift „Religion, Kirche und Sozialismus"[28] u.a. die Entwicklung des Christentums in der europäischen Gesellschaft, welche mit dem Katholizismus als der ältesten Form des europäischen Christentums begann. Gemäß seiner Entstehung in einem von primitiver Agrarwirtschaft, dem Glauben an Magie und der Orientierung an rituellen Verhaltensweisen gekennzeichneten Europa sei auch der Katholizismus bestimmt durch „irrationale und supranaturale Glaubenslehren mit magischen Elementen (und) eine(r) rituelle(n) Ethik"[29]. Der Gott der theologischen Glaubenslehre stehe „jenseits von allem natürlichen Geschehen", könne „nicht durch die Vernunft erfasst werden" und sei „daher jeder Kritik der Vernunft von vornherein entzogen"[30]. Siemsen weist darauf hin, dass diese irrationalen Elemente nicht nur den primitiven, sondern auch den modernen Katholizismus kennzeichnen.

Ihre besondere Kritik gilt dem autoritär und streng hierarchisch organisierten Priestertum, das „den ‚Laien' zum Objekt der priesterlichen Herrschaft macht" und „kein ursprünglicher Zug des Christentums" gewesen sei, sondern sich mit der Anpassung der Kirche an die mittelalterliche ständische Gesellschaft entwickelt habe, in der „die Gegensätze zwischen Herrschenden und Beherrschten als ‚ewige' und ‚gottgewollte' angenommen wurden"[31]. So wie die Sklaverei, die Leibeigenschaft, die Benachteiligung des Bürgertums und die Unterdrückung des

---

26 Siemsen (1930e), S. 14.
27 Ebd., S. 15f.
28 Ebd.
29 Ebd., S. 35.
30 Ebd., S. 36.
31 Ebd., S. 37.

Proletariats zu Befreiungskämpfen führten, so sei es auch in der Kirche zu Kämpfen gekommen, die schließlich in der Kirchenspaltung endeten.

„Allen diesen Bewegungen ist gemeinsam, dass sie die Autorität der Priester nicht bedingungslos anerkennen oder ganz verneinen und an ihre Stelle mit wechselnder Klarheit und Schärfe das ‚allgemeine Priestertum aller Christenmenschen' setzen. So zeigen sie sich deutlich als revolutionäre Bewegungen, die auf religiösem Gebiet parallel gehen mit den wirtschaftlichen und politischen Befreiungskämpfen, welche im späten Mittelalter die Städte erfüllten."[32]

Ihren Höhepunkt erreichte diese Befreiungsbewegung im 16. Jahrhundert mit der Reformation, während die katholische Kirche „sich mehr und mehr zentralisiert(e), bis alle ihre Autorität vollkommen in dem ex cathedra entscheidenden"[33] und unfehlbaren Papst vereinigt war, der fortan eine Art Wahrheitsmonopol besaß. Nur durch die Autorität der Kirche „sei das religiöse Gut – die Erlösung, die Seligkeit, die Gemeinschaft mit Gott – zu erlangen"[34]. Da diese Wahrheit jedoch auf Überlieferung und gläubig angenommener Offenbarung beruht, war die Kirche in Siemsens Augen „das stärkste Beharrungszentrum in einer sich rasch wandelnden Gesellschaft"[35]. Daher habe sie in der, aus ihrer Sicht, heutigen dynamischen Gesellschaft keine Existenzberechtigung mehr. Siemsen erklärt, dass in den kapitalistischen Ländern „mit der Entstehung des modernen Bürgertums (…) die Verweltlichung unserer Kultur eingesetzt (hat). Das Leben in der Stadt, die gewerbliche Arbeit und die kapitalistische Produktion, die nur mit rationeller Technik durchführbar ist, die veränderten gesellschaftlichen Beziehungen, das alles bietet keinen Boden mehr für die magischen und rituellen Vorstellungen und Gebräuche, die der Kirche lebensnotwendig sind"[36]. So sei an die Stelle der früheren metaphysischen Gesellschaftsbegründungen heute die innerweltliche, soziologische getreten.[37] Doch obwohl das liberale Bürgertum seit dem 18. Jahrhundert gegen den katholischen und protestantischen Klerikalismus gekämpft habe, sei es nun, da es eine wirtschaftliche Machtstellung erhalten habe, „selbstverständlich konservativ und (…) durchaus bestrebt, mit allen anderen konservativen Mächten, wozu die Kirchen gehören, sich freundschaftlich zu stellen"[38]. Mit dieser Auffassung kontrastiert Siemsen die Haltung des Proletariats, dem die magischen, irrationalen Gedankengänge als unvereinbar mit seiner Arbeitswelt

---

32 Ebd., S. 39.
33 Ebd.
34 Ebd., S. 44.
35 Ebd.
36 Ebd., S. 47.
37 Vgl. Siemsen in: Unsere Bundestagung in Breslau, in: Die freie weltliche Schule 6(1926)20, S. 161f., hier S. 163
38 Siemsen (1930e), S. 48.

erscheinen, das an dem „Aufbau einer neuen, (...) gesellschaftlichen Weltbetrachtung" interessiert sei und sich daher dem Marxismus zuwende, der ihm dabei helfe, den gewonnenen Erkenntnissen gemäß „das eigene und damit zugleich das gesellschaftliche Leben zu gestalten"[39]. Siemsen weist jedoch auf das Problem hin, dass nicht alle Proletarier zu dieser Erkenntnis gelangten und dass besonders die Frauen empfänglich für Religiöses seien, da sie im von Überlieferung bestimmten Haushalt nicht mit der technischen und wirtschaftlichen Rationalität in Kontakt kämen.

Diese Überlegungen führen Anna Siemsen schließlich zur Betrachtung der Frage, welche Haltung die Sozialdemokratie gegenüber der Kirche einzunehmen habe. Da die Kirchen einen entscheidenden Einfluss sowohl auf das private als auch auf das öffentliche Leben beanspruchten und die Entwicklung einer sozialistischen Gesellschaft hemmten, müsse sich auch die Sozialdemokratie mit diesen Ansprüchen auseinandersetzen. Ihre Analyse der kirchlichen Entwicklung habe gezeigt, „wie alle gesellschaftlichen Einrichtungen sich mehr aus der religiösen Verklammerung lösen, wie sie verweltlichen (...), und da wir (Sozialisten; M.J.) es als unsere Aufgabe ansehen, diese als gesetzmäßig erkannten Tendenzen weiterzuentwickeln"[40], müsse die Sozialdemokratie an ihren Prinzipien, dass Religion Privatsache sei und daher auch die Schule weltlich sein müsse, festhalten. Ihr Erziehungsziel müsse es sein, „die gesellschaftliche Erkenntnis und gesellschaftliches Wollen" anzustreben. Dieses Ziel könne mit einer gesellschaftsfernen Kirche nicht erreicht werden. Während die Sozialdemokratie eine in die Zukunft gerichtete Partei sei, liege das Ideal der Kirche, nämlich die ständische Gesellschaft, in der Vergangenheit. Dies bewirke eine offene Abkehr der Kirche vom Sozialismus, eine Bekämpfung der proletarischen Bewegung und gleichzeitig eine Unterstützung faschistischer und diktatorischer Bewegungen.[41]

Kirchen, so das Resümee Anna Siemsens, seien Gemeinschaften, die gegründet wurden, „um auf irrationale Weise mit übernatürlichen Gewalten in Verbindung zu treten. Sie vermitteln durch Offenbarung und Kult das gesuchte, sehr verschieden aufgefasste Heil (...). Je mehr sie (...) dogmatisch (...) gebunden sind, je mehr sie alte magische Elemente, die ihre übernatürliche Macht bekunden, bewahren, desto fester ist ihr Zusammenhalt. (...) Aber diese Struktur steht im Gegensatz zu den Grundlagen und Bedingungen des modernen Lebens und der modernen Arbeit"[42] und daher auch zu den Gemeinschaftsvorstellungen Siemsens. Gleichzeitig zeigt sie Verständnis für die menschliche Suche nach

---

39   Ebd., S. 49f.
40   Ebd., S. 52.
41   Vgl. ebd., S. 55.
42   Ebd., S. 58f.

Tradition und festen Werten in all dem Wechsel und der Vergänglichkeit des Lebens. Sie versteht auch, dass die Menschen sich nur schwer aus Überlieferungen und Gewohnheiten lösen können. „Wir können die Geburt des Neuen nicht erzwingen, sondern nur unterstützen. Und insbesondere die Aufgabe der Partei ist hier beschränkt."[43] Von dieser fordert sie daher, „dass sie weiteste Diskussionsfreiheit gibt, (...) dass sie den Mitgliedern Gelegenheit gibt, die Tatsachengrundlagen kennen zu lernen, und dass sie alle Versuche der Vertuschung und Verschleierung ablehnt, weil sie die Entwicklung hemmen und ablenken". Besonders wichtig ist es ihr jedoch, dass der Sozialismus dem Wunsch der Menschen nach Gemeinschaft gerecht werde, den sie bisher nur von den Religionen erfüllt bekommen haben.

„Der Mensch braucht (...) die Anschauung und das Erlebnis einer Gemeinschaft. (...) Das Erlebnis einer solchen Gemeinschaft, das heute auch innerhalb der Arbeiterbewegung noch viel zu selten ist, das Erlebnis, was das Wort ‚Genosse' dem wirklichen Sozialisten bedeuten kann und allen bedeuten soll, ist wesentlich für diese Bildung eines neuen Bewusstseins."[44]

Auch für Anna Siemsen, die das Streben nach vernünftiger Erkenntnis an die erste Stelle setzt, hat eine Gemeinschaft immer auch eine emotionale Komponente. Dabei geht sie soweit, dass sie auch die Notwendigkeit von Wahrzeichen, wie die rote Fahne und den Maifeiertag, an die sich „die Inbrunst der Sehnsucht, des Glaubens und der Hingabe"[45] klammern kann, hervorhebt. Doch im Gegensatz z.B. zu den Nazis, die die Inszenierung von Gemeinschaftserlebnissen für das „rauschhafte Aufgehen in der ‚großen NS-Bewegung'", mit dem Ziel „der bedingungslosen Unterordnung unter den Führerbefehl sowie der starren Einordnung in das Kollektiv"[46] benutzten, wird die Forderung nach dem Gemeinschaftserlebnis bei ihr immer mit der Forderung nach einer *bewussten* Einordnung ohne Selbstaufgabe und nach stets wacher und prüfender Kritik verbunden. An dieser Stelle bleibt festzuhalten, dass auch die kirchlichen und religiösen Gemeinschaften diesen Forderungen Anna Siemsens nicht entsprechen.

„Diese gewaltige Organisation (, die Kirche; M.J.) aber zieht alle ihre Kraft daraus, dass sie vom Menschen die unbedingte Unterwerfung seiner Erkenntnis und seines Willens unter ihre Autorität fordert. (...) Es ist die vollständigste Aufgabe der eigenen Verantwortung, die sich denken lässt. Nicht das eigene Gewissen entscheidet, sondern die Kirche durch ihre Vertreter."[47]

---

43 Ebd., S. 63.
44 Ebd., S. 64.
45 Ebd.
46 Keim (1997), S. 57.
47 Siemsen (1921c), S. 28

Während die Kirche also vorgibt, die einzige Quelle der ‚Wahrheit' zu sein, fordert Anna Siemsen eine Erziehung, die die Menschen dazu befähigt, sich selbstständig ein Urteil zu bilden:

> „Heute, wo alles umstritten, alles in Frage gestellt ist, wo der Kampf der Überzeugungen keine Erkenntnis, keine Überlieferung, keine Sitte und kein Bekenntnis ungeprüft lässt, können wir unsere Kinder nur dann mit ruhigem Gewissen ins Leben gehen lassen, wenn wir sie durchaus gewöhnt, mit eigenen Augen zu sehen, mit eigenen Gedanken zu denken, auf eigenen Füßen auch geistig zu stehen."[48]

3. Die gesellschaftliche Benachteiligung der Frau

Auf eigenen Füßen zu stehen – diese Forderung wurde seit der zweiten Hälfte des 19. Jahrhunderts zunehmend auch von Frauen aufgestellt und, insbesondere auf bürgerlicher Seite, mit dem Recht auf Arbeit und Bildung verbunden. Auch Anna Siemsen setzte sich Zeit ihres Lebens für den Kampf der Frauen um eine gleichberechtigte Teilnahme am gesellschaftlichen Geschehen ein, nahm dabei jedoch, trotz ihrer eigenen Herkunft und Sozialisation, eine Perspektive ein, die sich von derjenigen der bürgerlichen Frauenrechtsvertreterinnen wesentlich unterschied. So sucht man den Hinweis, dass die Frau ein „Recht" auf Arbeit, im Sinne eines Anrechtes auf Selbstverwirklichung besitze, in ihren einschlägigen Schriften zur Frauenfrage vergeblich. Mutet dies angesichts ihres aufklärerischen und von der Gleichberechtigung aller Menschen ausgehenden Denkens zunächst sonderbar an, so erklärt es sich bei näherer Betrachtung zum einen aus ihrer sozialistischen, in diesem Falle vor allem proletarischen Sichtweise. Während eine Frau aus bürgerlichem Hause berufliche Tätigkeit eher als ihr gutes Recht empfand, konnte eine proletarische Arbeiterin, die sich für gewöhnlich aus wirtschaftlicher Not heraus zu Arbeiten unter miserablen Bedingungen genötigt sah, dies wohl kaum als ihr Recht empfinden. So erklärt es sich, dass Frauenarbeit bei Anna Siemsen eher negativ besetzt ist.

> „Der Zerfall der Familie als wirtschaftlicher Gemeinschaft zwingt die Frauen (...), im allgemeinen Wirtschaftsprozeß ihre Stelle zu suchen."[49]

Noch deutlicher wird der Zwangscharakter der Frauenarbeit, wenn sie schreibt, dass die Frau „in das Erwerbsleben und in die Konkurrenz mit dem Mann *geris-*

---

48 Ebd., S. 24.
49 Siemsen (1921e), S. 306.

sen"⁵⁰ werde und somit eine „Eroberung der Frau durch den Beruf" stattfinde – „so, nicht umgekehrt, möchte ich das, was geschieht, umschreiben"⁵¹.

Ein weiterer Grund dafür, dass sie Frauenarbeit kaum im Sinne selbstverwirklichender Betätigung versteht, liegt darin, dass der Beruf ihrer Meinung nach innerhalb der kapitalistischen Gesellschaftsordnung generell „zusammengeschrumpft (sei) zu einer Erwerbsgelegenheit, die Zeit und Kraft des Menschen verbraucht, ohne seinem Leben Sinn und Inhalt zu geben". Deshalb wendet Siemsen sich gegen „die immer wieder auftauchenden Dogmen von der weiblichen Eigenart, welche durch ein Berufsleben, wie es dem Manne gemäß sei, verletzt werde. Ob nun dies Dogma als körperliche und intellektuelle Unterlegenheit oder als moralische Überlegenheit formuliert ist, ist dabei gleichgültig. Wesentlich ist, daß damit der Anschein erweckt wird, als sei auf seiten der Männer alles in Ordnung, und nur bei der Frau ein Berufsproblem (...) vorhanden"⁵². In Wirklichkeit aber betreffe der Widerspruch zwischen den Bedürfnissen des Menschen und den Erfordernissen des Berufes Männer und Frauen gleichermaßen,⁵³ nur trete der zerstörerische Charakter des heutigen Berufes im Hinblick auf die Frauen deutlicher hervor, da sie angesichts der Belastungen, der sie durch ihre Arbeitstätigkeit ausgesetzt werden, entweder ihre eigene Gesundheit oder die Kinderpflege gefährden oder sogar ganz auf Ehe und menschliche Fortpflanzung verzichten müssen⁵⁴.

> „Unser großes Problem (...), die Frage, wie Beruf und persönliches Leben sich vereinigen lassen, tritt bei den Frauen so klar hervor, daß es unmöglich ist, daran vorbeizugehen. (...) Bei den Frauen wird seine Lösung unvermeidlich. Aber diese Lösung rollt auch das Problem der Männerberufe auf und muß so zu allgemeiner Krise und damit zur allgemeinen Gesundung führen."⁵⁵

Es wird deutlich, dass Anna Siemsen, ebenso wie Clara Zetkin und weitere Vertreterinnen der proletarischen Frauenbewegung, das Problem der Emanzipation der Frau als mit dem allgemeinen gesellschaftlichen Umgestaltungsprozess verknüpft sieht. Zwar bedeutet dies für sie nicht, dass die Lösung der Frauenfrage zurückgestellt werden müsse, bis eine sozialistische Gesellschaft erreicht sei, doch macht sie sich im Gegensatz zu vielen bürgerlichen Frauenrechtsvertreterinnen keine Illusionen über die Wirksamkeit einer rein formalen Gleichstellung innerhalb der bestehenden Gesellschaft. Indem sie die Marxsche gesellschaftsanalytische Methode auch auf die Situation der Frau anwendet, um zu den tat-

---

50 Siemsen (1927b), S. 374. (Herv. durch die Verf.)
51 Ebd., S. 374f.
52 Siemsen (1926d), S. 169.
53 Vgl. ebd.
54 Vgl. ebd., S. 170.
55 Ebd., S. 173.

sächlichen Ursachen ihrer Benachteilung vorzudringen, stellt sie fest, dass alle prinzipielle politische und formal-rechtliche Gleichstellung der Frau ihr nicht zu gleichberechtigter Teilhabe am gesellschaftlichen Leben verhelfen werde, solange sie auf sozialer und wirtschaftlicher Ebene weiterhin unterdrückt bleibe.

Zu dieser faktischen Benachteiligung gehört für Siemsen neben dem „wirklich mittelalterlichen Eherecht"[56], das die Frau weiterhin in rechtlicher Abhängigkeit vom Ehemann hält, insbesondere ihre wirtschaftliche Abhängigkeit und Unselbstständigkeit, zu deren Aufdeckung Siemsen den Rückgriff auf statistische Daten für unverzichtbar hält.

> „Es klingt plausibel, wenn behauptet wird, in Deutschland sei die politische Gleichberechtigung der Frau erworben, ihre wirtschaftliche nähere sich der Verwirklichung, und die gesellschaftliche in Ehe und Familienrecht müsse sich auf dieser Grundlage in Kürze erkämpfen lassen. Die 11½ Millionen erwerbstätiger Frauen, die die Berufszählung 1925 neben 20½ Millionen erwerbstätiger Männer feststellte, scheint (sic!) das zu bestätigen. (…) Und das Schicksal der Frauen erscheint entweder durch den Erwerbsberuf oder durch die Heirat ebenso sichergestellt wie das des Mannes. (…) Dieses erfreuliche Bild verändert sich nun aber nicht unerheblich, sobald wir die statistischen Zahlen einer etwas genaueren Prüfung unterziehen."[57]

Mit Hilfe einer solchen Analyse kann sie Ende der 1920er zeigen, dass nahezu die Hälfte der arbeitenden Frauen innerhalb der Familie tätig ist, sei es als Hausangestellte, in der Landwirtschaft oder im gewerblichen Betrieb. Dieses Ergebnis bewertet Siemsen als äußerst negativ, da die innerfamiliäre Arbeit die „unselbstständigste von allen (ist; M.J.). Sie hält die Frau in völliger wirtschaftlicher Abhängigkeit, gibt ihr keinerlei Aufstiegsmöglichkeiten und nicht einmal ein direktes Verhältnis zur Wirtschaft. Vielmehr verharrt die arbeitende Frau hier durchaus in der alten, patriarchalischen Familiengebundenheit"[58]. In der Industrie ist die Frau wesentlich seltener, und wenn doch, dann meistens als ungelernte Arbeitskraft zu finden, im Handel als Verkäuferin oder Büroangestellte.[59] Fast nie hat sie eine selbstständige, gehobene oder verantwortliche Stellung inne. Ihr Lohn ist generell wesentlich geringer als der eines Mannes, wodurch sie zusätzlich als Lohndrücker wirke.[60]

Diese ohnehin vorhandene Benachteiligung der Frau im Erwerbsleben wird laut Siemsen durch die völlige Unzulänglichkeit des Frauenschulwesens noch vergrößert. So sei der Unterricht an den Mädchenberufsschulen – wenn diese denn überhaupt als sinnvoll angesehen werden – statt an einer angemessenen, auf

---

56 Siemsen (1922b), S. 808.
57 Siemsen (1929a), S. 581f.
58 Ebd. S. 582.
59 Vgl. ebd., S. 585.
60 Vgl. auch Siemsen (1930c).

das gesellschaftliche Leben vorbereitenden Berufsausbildung vielmehr an Hauswirtschaft und Kochen orientiert.[61] „Vom bürgerlichen Standpunkt aus ist das ganz in der Ordnung. Danach gehört die Frau ins Haus und ihre Versorgung obliegt dem Manne. Ausbildung zur Hausfrau ist also am dringlichsten."[62] Eine Änderung dieses Zustandes werde laut Siemsen schon allein dadurch erschwert, dass die Lehrerinnen an den Mädchenberufsschulen ausnahmslos aus bürgerlichen Kreisen stammen, in Seminaren ausgebildet wurden und somit über keinerlei Praxiserfahrung verfügen.[63]

Auch das allgemeinbildende Frauenschulwesen wird von Anna Siemsen einer gnadenlosen Kritik unterzogen. So habe man, um den Frauen den Weg zur Universität zu erschweren, die Mädchenschulen nicht grundsätzlich umgestaltet, sondern zum einen die auf Drängen der Linken eingerichteten Studienanstalten an die übrige Frauenschule, das Lyzeum, gekoppelt und damit unschädlich gemacht, und zum anderen Kurs-Aufbauten an das Lyzeum „geflickt", womit theoretisch der Übergang zur Universität eröffnet war, das Lyzeum aber in Wirklichkeit zu einem „Sammelbecken" erstens für die keinen Beruf anstrebenden höheren Töchter, zweitens für die an praktischen, sozialen und künstlerischen Berufen interessierten und drittens für die ein Studium anstrebenden jungen Frauen gemacht und ihm damit einen „Zwittercharakter" verliehen, der weder ein angemessenes wissenschaftliches Niveau noch eine ausreichende praktische Ausbildung zulässt.[64]

Wie wichtig eine solche Auseinandersetzung mit der faktischen Benachteiligung der Frauen ist, zeigen die Folgerungen, die Anna Siemsen aus ihren Analysen zieht. So führt sie – im Gegensatz zu der in bürgerlichen Kreisen dominanten Überzeugung von einer Polarität der Geschlechter – die Denkmuster und Verhaltensweisen der Frauen nicht auf eine vermeintlich natürliche Veranlagung zurück, sondern erklärt sie aus den gesellschaftlichen Kontextbedingungen heraus. Ihre häufig miserable Situation sei dafür verantwortlich, dass die Frauen die Vergangenheit, in der sie noch nicht aus wirtschaftlichen und technischen Gründen zur Arbeit außerhalb des Haushaltes gezwungen waren, als stärker gesichert empfinden, daher politisch eher zu reaktionären Neigungen tendieren und somit wiederum den Aufstieg der Arbeiterklasse hemmen. Den einzigen Ausweg aus ihrer benachteiligten Situation sähen die Frauen häufig in der Ehe. Hier hofften sie, die Sicherung zu finden, die ihnen der Beruf nicht geben kann.[65] Diese eventuelle Möglichkeit der Heirat hemme nicht nur die gewerkschaftliche Orga-

---

61 Vgl. Siemsen (1926a), S. 300.
62 Ebd.
63 Vgl. ebd., S. 301.
64 Vgl. Siemsen (1921h), S. 538-540.
65 Vgl. Siemsen (1929a), S. 586.

nisation der Frau, die ihr Berufsleben oft nur als Übergangszustand werte; sie führe auch dazu, dass man es häufig nicht als lohnend ansehe, Geld und Zeit in eine Berufsausbildung zu investieren[66] – dies trotz der für Anna Siemsen offensichtlichen Unfähigkeit der Familie, der Frau Sicherung zu gewährleisten und trotz der damit verbundenen dringenden Notwendigkeit, die Mädchen, ebenso wie Jungen, auf das gesellschaftliche Leben vorzubereiten.

In ihrem Aufsatz „Die Frauenwahlen"[67] beschäftigt Siemsen sich intensiv mit dem Wahlverhalten der Frauen, um die Behauptungen, sie seien von Natur aus konservativer, überlieferungsgebundener und radikalen Strömungen abgeneigt, zu widerlegen. So weist sie u.a. darauf hin, dass bei Frauen und Männern in Berlin ein äußerst ähnliches Wahlverhalten festzustellen sei und dass Unterschiede sich lediglich bei den Deutschnationalen, bei der Deutschen Volkspartei und bei den Kommunisten zeigen. Auch diese Tatsache nimmt sie nicht unkritisch hin, sondern unterzieht sie einer eingehenden Analyse hinsichtlich der ihr zugrunde liegenden Ursachen. So erklärt sie den geringen Anteil weiblicher Stimmen für die Deutsche Volkspartei dadurch, dass die Anhänger dieser Partei u.a. unter Unternehmern, gehobenen Angestellten und höheren Beamten zu finden seien, also in Kreisen, in denen Frauen, wie oben dargestellt, nicht anzutreffen sind. Das auf weiblicher Seite schlechtere Abschneiden der Kommunisten führt sie z.B. auf den „stark militaristischen Aufbau" der kommunistischen Jugendverbände zurück, der „den Mädchen keinen rechten Boden" biete, weil diese eher in mildere und vergnüglichere Veranstaltungen"[68] gehen oder komplett unorganisiert blieben. Einen weiteren Grund sieht sie auch darin, dass der kommunistische Einfluss die Frauen nur schwer erreichen könne, da seine betriebliche Agitation sich hauptsächlich auf Männerindustrien beschränke.

Die mangelnde politische Erreichbarkeit der Frau ist in Anna Siemsens Augen ein generelles Problem. Im Gegensatz zu den Männern können Frauen sich kaum durch Versammlungen o.ä. eine eigene politische Meinung bilden, da sie neben ihrer beruflichen Tätigkeit viel zu sehr an den Haushalt gebunden sind.

„Die Politik erreicht sie auf dem Weg durch die Familie, die Arbeitskollegin, die Unterhaltung im Laden, (...) das heißt weniger als politisches Argument denn als politische Stimmung. (...) Und deshalb geben die Stimmen der Frauen (...) ein besseres Bild der politischen Lokalatmosphäre als die der Männer."[69]

Somit erklärt sich auch der häufig hohe weibliche Anteil an Zentrumsstimmen nicht aus einem starken religiösen Bedürfnis heraus, sondern aus der Tatsache,

---

66 Vgl. Siemsen (1930c), S. 98.
67 Siemsen (1928a).
68 Ebd., S. 576.
69 Ebd., S. 578.

dass diese Frauen meistens in einer „noch vorwiegend bürgerlich" geprägten Atmosphäre leben. „Jetzt zeigt sich im industriellen Westen, dass nicht nur die Männer, sondern auch die Frauen das kirchliche Lager verlassen."[70]

Auf Grund ihrer Einsicht, dass den gelegentlichen unterschiedlichen Verhaltensweisen der Frauen und Männer keine besonders zu berücksichtigenden „natürlichen" Veranlagungen zugrunde liegen, trat Anna Siemsen schon früh für eine koedukative Schulbildung ein. Schon 1920 wendet sie sich in ihrem im Rahmen der Reichschulkonferenz verfassten Artikel „Die gemeinsame Erziehung der Geschlechter"[71] nicht nur gegen Sittlichkeitsbedenken hinsichtlich eines koedukativen Unterrichts, sondern ebenso gegen die Auffassung, dass die geistige Entwicklung der Frau anders verlaufe als die des Mannes und daher einer größeren Schonung bedürfe. Vielmehr müssten den Frauen „die gleichen Stoffe wie auf Knabenschulen gelehrt werden"[72], um ihre Ausbildungsmöglichkeiten nicht zu beschränken. Eine Rücksichtnahme auf „weibliche Eigenart" etwa im Sinne novellistischer statt historischer Lektüre sei nicht wünschenswert. „Gerade den Mädchen tut nüchterne, ernste, alle Kräfte anspannende Denkarbeit not (…)."[73] Dass die Schule mit ihrer überwiegenden Orientierung an Intellektualismus und übertriebener Stofffülle sowie ihrem Mangel an Gelegenheiten zu körperlicher, produktiver Tätigkeit auch schädlich wirke, sei, ebenso wie die Berufsproblematik, ein Übel, das Mädchen und Jungen gleichermaßen betreffe und nur durch eine „allgemeine Reform unserer sämtlichen Schulsysteme" im Sinne einer „freieren Arbeits- und Gemeinschaftsschule"[74] gelöst werden könne.

Es gehört jedoch zu Siemsens wissenschaftlicher, auf dialektischem Denken beruhender Methode, dass sie nicht nur ihre eigene Sichtweise, sondern immer auch gegensätzliche Meinungen erwähnt, um sich anschließend mit ihnen auseinanderzusetzen. So führt sie auch in dem erwähnten Aufsatz von 1920 die häufig geäußerten Bedenken gegenüber koedukativer Erziehung an, dass die körperliche und geistige Entwicklung der Mädchen eine besondere sei, dass die Frau auf dem Arbeitsmarkt eine Konkurrenz für die Männer darstelle und sich von ihrer eigentlichen Bestimmung, Ehefrau und Mutter zu sein, entfremde, und, schließlich, dass einer gemeinsamen Erziehung sittliche Bedenken entgegenstünden, da die weibliche Natur entarte und die männliche entmannt werde.[75] Dass diese Bedenken, die „leider noch nicht hinreichend nachgeprüft" seien und die man deshalb nicht einfach „von der Hand weisen" könne, nicht ihre eigenen

---

70 Ebd.
71 Siemsen (1920b).
72 Ebd., S. 198.
73 Ebd. S. 199.
74 Ebd., S. 200.
75 Vgl. ebd., S. 197.

sind, wird zum einen daran deutlich, dass sie den einzelnen Argumenten im Folgenden ihre eigenen Auffassungen entgegenstellt; zum anderen schreibt sie im Anschluss an das zuletzt genannte Argument der sittlichen Gefährdung: „Ich stelle dieses Argument an letzte Stelle, trotzdem es in weiten Kreisen am durchschlagendsten wirkt, weil ich es für das wenigst begründete halte."[76] Dennoch birgt diese Methode der Auseinandersetzung mit in der Gesellschaft vorhandenen Meinungen die Gefahr, dass diese Ansichten Anna Siemsen zugeschrieben und als ihre eigenen verstanden werden. Die vorsichtige Wahl ihrer Ausdrucksweise, die in Siemsens früheren Schriften noch häufiger zu finden ist, ebenso wie der nur gelegentliche Gebrauch des Konjunktivs mag ebenfalls zu Missverständnissen beitragen. Nur so ist es zu erklären, dass beispielsweise Inge Hansen-Schaberg zu dem Schluss kommen konnte, Anna Siemsen äußere in ihrem genannten Aufsatz „antifeministische Ressentiments"[77]. Richtig ist sicherlich, dass es Siemsen in ihren früheren Schriften nicht gelingt, sich vollständig von dem bürgerlichen Weiblichkeitskonzept zu lösen und sie somit beispielsweise davon ausgeht, dass männlicher und weiblicher Einfluss einander ausgleichen müssen und dass die körperliche Entwicklung der Mädchen durchaus Schaden erleiden könne, wenn sie, angesichts fehlender weiblicher Lehrkräfte, ausschließlich männlichem Einfluss ausgesetzt würden und damit kein „weibliches Verständnis, (keinen) weiblichen Rat und Schutz"[78] erhielten. Auf einer Tagung des Bundes der Entschiedenen Schulreformer gibt sie zu bedenken, dass die gesellschaftliche Tätigkeit der Frau sowohl wirtschaftlicher als auch sozialer oder politischer Art sein könne, dass sie aber „überall der Erhaltung menschlichen Lebens und der Pflege menschlicher Gemeinschaft zu dienen"[79] habe, da sie durch „ihre natürliche Bestimmung zur Mutter (...) hingewiesen (sei) auf Pflege und Erhaltung des menschlichen Lebens. Alle Tätigkeit, die diesem Zweck dient, ist ihrem Wesen gemäß, was nicht damit zusammenhängt, entfremdet sie sich selbst, was ihm widerspricht, vergewaltigt sie"[80]. Sogar 1946 äußert sie noch die Ansicht, dass es „die natürliche Aufgabe der Frauen (bleibe), Menschen zu pflegen, zu versorgen und zu erziehen"[81] und dass fürsorgerische Tätigkeiten daher die „für uns Frauen erfreuendsten Gebiete menschlicher Arbeit"[82] seien.

Während sie also einerseits mit dem Verweis auf eine quasi natürliche fürsorgliche Veranlagung der Frau dem bürgerlichen Mütterlichkeitskonzept ein

---

76 Ebd.
77 Hansen-Schaberg (1999), S. 120.
78 Siemsen (1920b), S. 199.
79 Siemsen (1921e), S. 306.
80 Ebd.
81 Siemsen (1946b), S. 37.
82 Ebd., S. 38.

Stück weit verbunden bleibt, weist sie andererseits aber schon 1923 darauf hin, dass das „Ideal der Frau als Mutter, Gattin und Hausfrau" veraltet sei und man anscheinend nicht bemerke, „daß ein neuer Frauentypus bereits erwächst"[83]. Das Verhältnis der Frau zum Mann habe sich von Unterordnung und Abhängigkeit zu „Selbstverantwortung und Kameradschaft"[84] weiterentwickelt; ihre Aufgaben als Mutter und Hausfrau seien durch berufliche ergänzt worden. „Die berufs- und erwerbstätige Frau wird zum normalen Typus."[85] Eine Ablehnung der Frauenarbeit kommt daher für Anna Siemsen nicht in Frage. „Ein Rückwärtsrevidieren der Entwicklung in dem Sinne ‚die Frau gehört ins Haus' ist nicht möglich. Frauenarbeit ist in unserer Wirtschaft unentbehrlich geworden."[86] Gleichzeitig aber bleiben die biologische Aufgabe der Kinderzeugung und -erziehung und, wegen jahrhundertelanger Überlieferung,[87] auf absehbare Zeit auch die gesellschaftliche Aufgabe der Haushaltsführung der Frau erhalten,[88] wodurch sie in eine „Zwitterstellung"[89] gebracht und einer „ungeheuren Doppelbelastung"[90] ausgesetzt werde. Zusätzlich zu der gegenüber den Männern ungleich stärkeren Belastung fördere dieser Zustand zum einen auch die Abhängigkeit der Frau, da sie, sobald sie Mutter werde, finanziell auf ihren Mann angewiesen sei;[91] zum anderen beruhten sowohl Kindererziehung als auch Haushaltsführung größtenteils noch auf Überlieferung und traditionellem, rezeptmäßigem Denken und Handeln statt auf Rationalität und technisch fortschrittlichen Verfahren.

Zur Aufhebung dieser gleich mehrfachen Unterdrückung der Frau, die Anna Siemsens Verständnis einer aufgeklärten und solidarischen Gemeinschaft widerspricht, sind daher ihrer Meinung nach zwei Aspekte wesentlich: zum einen, eine verbesserte Bildung und Aufklärung der Frau, „denn für ihre komplizierte Lage bedarf sie umso mehr der gesellschaftlichen Übersicht, der zusammenhängenden Erkenntnis, der analysierenden Kritik, des ‚Sehenkönnens', was die einzig richtige Übersetzung von Theorie ist"[92]. Durch ihre faktische Benachteiligung wird die Frau in Siemsens Augen daran gehindert, ein gesellschaftliches Bewusstsein zu entwickeln, d.h. die gesellschaftlichen Zusammenhänge zu erkennen und ihren eigenen Platz in der Gesellschaft zu definieren. Daher hofft und fordert sie,

---

83 Siemsen (1923a), S. 148.
84 Ebd.
85 Ebd., S. 149.
86 Siemsen (1930c), S. 98.
87 Vgl. Siemsen (1948b), S. 67.
88 Vgl. Siemsen (1930c), S. 98f.
89 Ebd., S. 98.
90 Ebd., S. 99.
91 Vgl. Siemsen (1922b), S. 809.
92 Siemsen (1929c), S. 232.

dass genau dieser Zustand „die Frauen mit *Kampfmut* und *Erkenntnis* erfüllt, so dass sie sich daran machen, diese Wirtschaft und Gesellschaft, die sie heute bedrückt, neu zu gestalten"[93]. Doch ebenso wie der Aufbau einer solidarischen Gemeinschaft an Erziehung *zur* Gemeinschaft gebunden ist, steht und fällt auch der Kampf der Frauen um Teilhabe an dieser Gemeinschaft mit ihrer Erziehung und Bildung. In ihrem Aufsatz „Fragen der Frauenbildung" fordert sie daher „die heute noch ganz mangelhafte Berufsausbildung der meisten Frauen zu heben und sie zur bewussten und selbstständigen Mitarbeit im gesellschaftlichen (auch politischen) Leben zu bringen"[94]. Das ganze Schulsystem soll ihrer Meinung nach dazu beitragen, „die Mädchen wie die Knaben zu einem gesellschaftlichen Bewusstsein, zur Kenntnis gesellschaftlicher Zusammenhänge, zum Gemeinschaftsgefühl und Gemeinschaftswollen zu erziehen". Als sehr wichtig erachtet sie dabei auch die Ausweitung dieses Gemeinschaftsbewusstsein auf eine internationale Ebene. Zu viele Frauen seien auf Grund ihrer Befangenheit „in ihrer persönlichen Not, im Haushalt, im Erwerb, in Ehe und Familie"[95] nicht in der Lage zu erkennen, dass sie mit ihrer Not nicht alleine sind. Zu wenig wissen sie über die ähnliche Situation der Frauen in China, Indien und dem Rest der Welt und zu oft suchten sie Hilfe auf falschen Wegen, zu denen Siemsen neben dem Nationalsozialismus auch die Kirchen, Sekten und die bürgerliche Frauenemanzipation zählt. Daher schließt sie ihren Aufsatz „Die Frau und der Sozialismus" mit dem Aufruf: „Proletarierinnen aller Länder, vereinigt euch!"[96].

Zum anderen sei es nötig, die Frauen zu entlasten und aus ihrer wirtschaftlichen Abhängigkeit zu befreien. Entlastend und gleichzeitig aufklärend wirke einerseits eine Rationalisierung der Kindererziehung und Haushaltsführung. „Wir dürfen (…) nicht verkennen, daß an sich Kinderpflege und Hauswirtschaft genau so einer speziellen Fachausbildung bedürfen wie ein anderer Beruf (…)."[97] Am wesentlichsten aber ist es in Siemsens Augen zu verhindern, dass Mutterschaft und Kindererziehung die Frau in wirtschaftliche Abhängigkeit versetzen und stattdessen dafür zu sorgen, dass sie als gesellschaftliche Leistung anerkannt werden.

„Die Frau zur Mutterschaft befreien: das umfaßt eigentlich alle Befreiungs- und Gleichheitsprogramme. (…) Es heißt nicht den Frauen gleiche Aufgaben und gleiche Rechte geben sondern ihr Recht auf ihre besondere Aufgabe ihr sichern. Damit ist nicht irgendein Frauenrecht verneint. Ich meine nur, daß alle politische Gleichberechtigung, alle Erziehungsreform, alle Zulassung zu Studien, Ämtern, Berufen nicht verfängt, solange die Kernfrage nicht gelöst ist:

---

93 Siemsen (1931a).
94 Siemsen (1930b), S. 148.
95 Siemsen (1932a).
96 Siemsen (1932a), S. 8.
97 Siemsen (1930b), S. 148.

der Frau ihr Recht auf Mutterschaft zu sichern. Geschieht das, so fällt alle Gefahr der ‚Gleichmacherei'. (...) Es fällt aber auch all der Druck, der heute die Frau trotz der formalen Gleichberechtigung entwürdigt und entstellt."[98]

Mutterschaft als gesellschaftliche Leistung anzuerkennen, bedeutet für Siemsen die Zahlung von Erziehungsbeihilfen in einer Höhe, die es erlaube, dass die Mutter entweder auf Erwerbsarbeit verzichten könne, oder aber, „falls ihr Beruf sie befriedigt und sie ihn ungern aufgibt, sich hinreichende Hilfe zu halten, damit das Wohl und die Entwicklung der Kinder nicht darunter leiden"[99]. Weiterhin fordert sie eine Mutterschafts- und Familienversicherung, die u.a. die ärztliche Betreuung während der Schwangerschaft und die Entbindungskosten übernehme, sowie weitere finanzielle Unterstützung biete. „Der Einwand der zu großen Kosten kann mit Aufrichtigkeit in unserer Zeit der enormen Kriegsausgaben wie der gewaltigen Produktions- und Reichtumssteigerung nicht mehr erhoben werden."[100] Ebenso wichtig sei der Ausbau der sozialen Dienstleistungen, um die Mütter beispielsweise durch Krippen, Kindergärten, Beratungsstellen und Familienhelferinnen zu entlasten.

Es wird also deutlich, dass der Kampf der Frauen um ihre gleichberechtigte Teilnahme an der Gesellschaft nach Meinung Siemsens kein ausschließlich rechtlicher sein kann, sondern durch soziale und ökonomische Verbesserungen, d.h. eine grundsätzliche Umgestaltung der Gesellschaft ergänzt werden muss, um die Frauen in die Lage zu versetzen, ihre erworbenen Rechte auch tatsächlich einzulösen. Ihre Emanzipation bildet somit einen Teil des allgemeinen gesellschaftlichen Revolutionierungsprozesses in Richtung auf eine sozialistischdemokratische Gesellschaft, zugleich aber auch eine Messlatte für dessen Fortschritt. In ihrem Buch „Der Weg ins Freie"[101] schreibt Siemsen daher:

„Weil wir Frauen die Schwächeren sind, so zeigt sich an ihrem Schicksal besonders deutlich Unrecht und Gewalttätigkeit einer Zeit. Sie werden schwerer davon betroffen und gehören immer zu den Erniedrigten und Beleidigten, sofern Unrecht und Gewalt herrschen."[102]

---

98 Siemsen (1922b), S. 809.
99 Siemsen (1946b), S. 33.
100 Ebd.
101 Siemsen (1943b).
102 Ebd., S. 9.

VII. Erziehungstheoretische, -organisatorische und -methodische Vorstellungen Anna Siemsens

Die theoretischen, organisatorischen und methodischen Erziehungsvorstellungen Anna Siemsens sind nur vor dem Hintergrund ihres dargestellten dialektischen Verständnisses von Mensch und Gesellschaft zu verstehen. Der Mensch ist für Siemsen ein auf Rationalität, damit auf Emanzipation und Mündigkeit, ebenso auf ganzheitliche Persönlichkeitsentfaltung und soziale Verantwortung hin angelegtes Wesen. Diese Potenziale konnte er nur durch das Zusammenleben und den steten Austausch der Menschen untereinander, d.h. innerhalb der Gesellschaft erwerben. Somit ist auch die zukünftige Entfaltung und Höherentwicklung seiner Anlagen nur innerhalb einer dynamischen und solidarisch organisierten Gesellschaft denkbar, da nur sie Fortschritt und gleichberechtigten Austausch der Menschen ermöglicht. Eine antisolidarische Gesellschaft, die auf Interessen- und Rechtsungleichheiten beruht und nur einer Minderheit die freie Entfaltung ihrer Persönlichkeit auf Kosten der Mehrheit garantiert, hemmt eine solche Entwicklung. Gleichwohl ist der Grad der gesellschaftlichen Dynamik und Solidarität abhängig von den Menschen, aus der die Gesellschaft sich zusammensetzt. Der Erziehung kommt somit einerseits die Aufgabe zu, die Gestaltung „humaner" gesellschaftlicher Verhältnisse vorzubereiten; andererseits ist sie zugleich selbst auf die Existenz solcher Verhältnisse und entsprechend gebildeter Menschen angewiesen, um verwirklicht werden zu können. Die Einsicht in die wechselseitige Bedingtheit von Mensch und Gesellschaft und die daraus resultierende Dialektik von Erziehung und Gesellschaft ist die zentrale Grundlage der erziehungstheoretischen Überlegungen Anna Siemsens – sie ist zugleich das wesentliche Moment, in dem Anna Siemsens Erziehungsverständnis sowie ihre Vorschläge zur organisatorischen und methodischen Reform des Erziehungs- und Bildungswesens sich, trotz deutlicher Schnittmengen, vom zeitgenössischen reformpädagogischen „Mainstream" bürgerlich-geisteswissenschaftlicher Provenienz unterscheiden und Anna Siemsen als sozialistische Pädagogin kennzeichnen. Christa Uhlig weist in ihrer Studie zum Verhältnis von Arbeiterbewegung und Reformpädagogik in der Weimarer Republik darauf hin, dass es vor allem Anna Siemsen gewesen sei, die ab Mitte der 1920er Jahre im Rahmen damals zentraler sozialistischer Zeitschriften „das Verhältnis von Gesellschaft, Erziehung und

Politik regelmäßig in den Blick" gerückt und eine „gesellschaftstheoretisch begründete Pädagogik"[1] vertreten habe.

1. Zur Dialektik von Erziehung und Gesellschaft

a. Einordnung des Erziehungsbegriffes Anna Siemsens

Obwohl „Bildung", „Erziehung" und „Sozialisation" zu den zentralen pädagogischen Grundbegriffen gehören, sind sie weder im alltäglichen noch im erziehungswissenschaftlichen Sprachgebrauch eindeutig definiert und können es nicht sein. Sie lassen sich weder mit intersubjektiver Allgemeingültigkeit festlegen, da ihnen stets unterschiedliche Auffassungen vom Menschsein und vom Ziel menschlicher Entwicklung zugrunde liegen; noch können sie trennscharf voneinander abgegrenzt werden, da sie in wechselseitigem Verhältnis zueinander stehen und ihre Übergänge fließend sind. Greift man auf einschlägige Überblicksdarstellungen zurück,[2] lassen sich einerseits sehr unterschiedliche Begriffsdefinitionen, andererseits aber auch Gemeinsamkeiten und Überschneidungen finden. Dabei fällt auf, dass gewisse Bedeutungsgehalte, beispielsweise die Unterstützung der Persönlichkeitsentfaltung, für gewöhnlich in allen drei Begriffen enthalten sind, während andere nur einzelnen Begriffen zugeschrieben werden. Insgesamt handelt es sich daher bei „Bildung", „Erziehung" und „Sozialisation" weniger um eindeutige Begriffsbestimmungen als vielmehr um spezifische Akzentsetzungen und Gewichtungen.

So liegt bei der „Erziehung", unbestritten aller Vielschichtigkeit, der Akzent eher auf den an einen Heranwachsenden gerichteten, bewussten, intentionalen Maßnahmen eines erwachsenen Erziehenden, in Abgrenzung zu unbewusster, funktionaler, wechselseitiger oder auch Selbsterziehung. Zwar zielen solche Maßnahmen letztendlich auf umfassende Ziele wie Autonomie und Mündigkeit; im Vordergrund stehen jedoch stärker zu erlernende spezifische Verhaltensweisen, Kenntnisse und Fähigkeiten. „Erziehung" endet mit der Mündigkeit des zu Erziehenden und verfolgt daher das Ziel, sich selbst überflüssig zu machen. Sie stellt in diesem Sinne als „Sozial*machung*" das intentionale Pendant zur „Sozialisation" im Sinne der „Sozial*werdung*"[3] dar. „In übergreifendem Sinn", so

---

1 Uhlig (2008), S. 59.
2 Als Theorieüberblicke und Lexika lassen sich beispielhaft heranziehen: Böhm (2005), Faulstich-Wieland/Faulstich (2006), Gudjons (1999), Hurrelmann (2002), Kron (1996), Oelkers (2001) etc.
3 Gudjons (1999), S. 182. (Herv. durch die Verf.)

Böhm, „fasst S(ozialisation) die komplexen, vielfältig differenzierten Prozesse der Vergesellschaftung des (heranwachsenden) Menschen zusammen, die ihn (...) prägen und an die sozialen Selbstverständlichkeiten seiner Umwelt anpassen"[4]. Auch wenn sowohl der Erziehungs- als auch der Sozialisationsbegriff je nach Auffassung vom Menschsein stärker die individuellen Freiräume und Entwicklungsmöglichkeiten des Menschen oder die gesellschaftliche Bedingtheit dieses Prozesses betonen können,[5] liegt der Akzent im Verhältnis zur „Bildung" doch stärker auf der Eingliederung *in* die Gesellschaft.

Im Gegensatz zu dem o.g. Erziehungsverständnis stellt „Bildung" einen lebenslangen und somit nicht nur auf Heranwachsende zutreffenden komplexen und allseitigen Prozess der *Selbst*bildung und *Selbst*gestaltung dar, der immer einen reflexiven Charakter trägt: „Bildung" „umschließt existentielle Fragen (der) Selbstvergewisserung, Sinnkonstitution und zeitgeschichtlichen Ortsbestimmung"[6], spiegelt also „das jeweilige Selbst- und Weltverständnis des Menschen"[7] und besitzt damit deutlicher als „Erziehung" „nicht nur die Funktion, in die Gesellschaft einzuführen (...), sondern auch die Funktion, eine kritische, reflexive Distanz herzustellen"[8]. Sehr deutlich grenzt „Bildung" sich daher von einer Mechanisierung und Funktionalisierung des Menschen ab, indem sie ihn selbst, seine Bedürfnisse und die Herstellung „menschlicher" Verhältnisse in das Zentrum des Interesses rückt.

Betrachtet man vor diesem Hintergrund das Erziehungsverständnis Anna Siemsens, fällt auf, dass ihr Erziehungsbegriff sehr vielschichtig und weit gefasst ist und auch solche Bedeutungsgehalte umschließt, die üblicherweise eher mit den Begriffen „Sozialisation" bzw. „Bildung" beschrieben werden. Im Folgenden soll zunächst eine eingehendere Betrachtung der sozialisatorischen Aspekte erfolgen.

b. Erziehung als Funktion der Gesellschaft

In ihren erziehungstheoretischen Abhandlungen betont Anna Siemsen sehr stark die funktionalistische, unbewusste Komponente der Erziehung sowie ihren gesellschaftlichen Eingliederungscharakter. Beim Erziehungsgeschehen handele es sich jederzeit „um einen gesellschaftlichen Vorgang, um die Eingliederung des Einzelnen in eine bestehende Gesellschaft, welche durch diese gesellschaftliche

---

4   Böhm (2005), Stichwort Sozialisation.
5   Vgl. dazu ebd., Stichworte Pädagogik und Sozialisation.
6   Gudjons (1999), S. 206.
7   Böhm (2005), Stichwort Bildung.
8   Gudjons (1999), S. 206.

Umgebung erfolgt. Erziehung ist eine Funktion der Gesellschaft"[9], deren „wichtigstes Geschäft"[10]. Diesen Eingliederungsvorgang bezieht sie insbesondere auf Kinder und Jugendliche, indem sie feststellt: „Erziehen heißt, den jungen Menschen in die menschliche Gemeinschaft eingliedern"; es sei „das gesellschaftliche Korrelat zur physischen Fortpflanzung"[11] und nicht minder wichtig als diese. Doch obwohl „die gesellschaftliche Eingliederung vor allem in der Jugend erfolg(e), weil diese eingliederungsbedürftiger und eingliederungsfähiger (sei) als die Erwachsenen", bedürften auch Letztere „einer immer erneuten Eingliederung und Anpassung, sowohl wenn sie in andere Gesellschaftsgruppen eintreten (bei Ortsveränderung, Berufswechsel, Wechsel der Organisation, des Bekenntnisses usw. usw.) wie bei einer langsamen oder plötzlichen Änderung, die innerhalb ihrer gewohnten Gruppe eintritt"[12]. Erziehung stellt somit für Siemsen einen lebenslangen Prozess dar; der nicht mehr erziehungsfähige Mensch sei nicht mehr lebensfähig.[13] Hier zeigt sich eine starke Betonung jener Aspekte des Erziehungsvorganges, die sowohl aus zeitgenössischer als auch aus heutiger Sicht eher dem Bereich der Sozialisation zugeschrieben wurden bzw. werden. Der Grund für die Hervorhebung dieser Komponente ist in dem Bestreben Anna Siemsens zu sehen, die intentionale Seite des Erziehungsvorganges nicht überzubewerten, dessen Erfolgsaussichten nicht zu *über*schätzen und den allgegenwärtigen Einfluss der Gesellschaft nicht zu *unter*schätzen. Eindringlich weist sie immer wieder darauf hin, dass der Anteil der bewussten Erziehung wesentlich geringer ausfalle, als derjenige der unbewussten, nach heutigem Sprachgebrauch der funktionalen Erziehung,[14] zu der sie sogar die Wirkungen des „Milieus"[15] rechnet, welche für gewöhnlich ebenfalls eher mit dem Begriff der „Sozialisation" in Verbindung gebracht werden. Dem bürgerlich-geisteswissenschaftlich geprägten Erziehungsverständnis, das zumeist von der mikrosoziologischen Ebene ausgeht und den Erziehungsprozess vor allem auf den sog. pädagogischen Bezug zwischen einzelnem Erzieher und einzelnem Edukand reduziert, stellt Anna Siemsen damit ein wesentlich weiter gefasstes Verständnis von Erziehung als „gesellschaftlicher Tätigkeit"[16] gegenüber. „Die Erziehung ist eine unablässige Einwirkung aller Glieder der Gesellschaft aufeinander, und diese (…) Wirkung ist bei weitem die wichtigste und tiefgehendste, da sie unablässig, gleichmäßig

---

9 Siemsen (1948b), S. 17.
10 Ebd., S. 156.
11 Siemsen (1924g), S. 227.
12 Siemsen (1948b), S. 18.
13 Vgl. ebd.
14 Vgl. z.B. ebd., S. 106.
15 Siemsen (1931g), S. 235.
16 Siemsen (1926d), S. 9.

und um so sicherer wirkt, je weniger sie bewußt und absichtlich ausgeübt wird."[17] Viel zu häufig werde vergessen, so Siemsen, dass jeder Mensch Erzieher sei. „Er ist es, sobald er mit anderen Menschen in Beziehungen tritt, da er sie durch sein Handeln, Reden, Verhalten, durch seine einfache Existenz in irgendeiner Weise positiv oder negativ beeinflußt."[18] Diese häufig vergessene Wahrheit müsse an den Anfang jeder Untersuchung über Erzieher gestellt werden.[19]

Die von Anna Siemsen betonte Eingliederungsfunktion der Erziehung ist nicht negativ besetzt, etwa im Sinne einer zwanghaften Unterordnung des individuellen Menschen unter die Gesetze der Gesellschaft. Da der Mensch sich nach Siemsens Ansicht nur innerhalb der Gesellschaft entwickeln, sich nur über seine gesellschaftlich ausgeführte Tätigkeit verwirklichen könne, sei es dringend notwendig, ihn zu einem gesellschaftlichen Leben zu befähigen, ihn durch Anpassung gesellschaftstüchtig zu machen, wobei diese Anpassung sowohl durch Selbsterziehung als auch durch äußere Erziehung erfolge.[20] Eine solche Erziehung habe es seit jeher gegeben, sie sei jedoch in den einfacheren gesellschaftlichen Verhältnissen vor allem unbewusst erfolgt, durch Überlieferung, Sitten, Bräuche, Gewohnheiten etc.[21] Kinder und Jugendliche lernten und lernen auch heute noch vorwiegend durch Nachahmung ihrer erwachsenen Vorbilder, was sich laut Siemsen sehr schön am kindlichen Spiel erkennen lasse, das häufig eine Nachahmung der Erwachsenenwelt darstelle. Selbst wenn bewusste Erziehung nötig wurde, erfolgte diese früher hauptsächlich durch unterstützende, indirekte Maßnahmen.

„Der Eskimo baut seinem Jungen einen Miniaturschlitten, den er leicht handhaben kann, die Indianerfrau im Gran Chao gibt dem Töchterchen einen Puppenkrug, wenn es in ihrer Begleitung Wasser schöpfen geht, und die kleine Inderin hat eine Kinderspindel, an der sie die wichtigste Arbeit ihrer Mutter nachahmt."[22]

Eine solche quasi natürliche Form der bewussten, aber indirekten Erziehung, die gleichsam einen allmählichen Übergang vom Spiel zur tatsächlichen gesellschaftlichen Tätigkeit ermöglicht, bezeichnet Anna Siemsen als „gesund gewachsen"[23] und wesentlich wirkungsvoller als alle direkten Beeinflussungsversuche. Aus diesem Grund schätzte sie die Erziehungsmethode Maria Montessoris, die, so Siemsen, „eigentlich in nichts anderem (bestehe) als darin, daß unter möglichster Ausschaltung aller direkten Erziehung die Umgebung des Kindes

---

17 Ebd., S. 10.
18 Siemsen (1948b), S. 120.
19 Vgl. ebd.
20 Vgl. ebd., S. 16.
21 Vgl. ebd., S. 95, 106.
22 Ebd., S. 107.
23 Ebd., S. 65.

nach einem sehr durchdachten Plane umgestaltet wird."[24] Da die Umgebung einen ungemeinen Einfluss auf die Heranwachsenden ausübe, sei es wichtig, vorwiegend indirekt zu erziehen und „die Umgebung der Kinder dem Tätigkeits- und Bildungsbedürfnis der Kinder gemäß zu gestalten", anstatt zu versuchen, sie durch Zucht und Unterricht direkt zu beeinflussen.

Mit steigender Differenziertheit und Komplexität der gesellschaftlichen Verhältnisse, in denen eine allmähliche Eingliederung der Heranwachsenden nicht mehr möglich war, sei die Einrichtung künstlicher direkter Erziehungsinstitutionen in Form von Schulen und die Ausbildung von Berufserziehern nötig geworden.[25] Zwar sieht Anna Siemsen diese Einrichtungen als notwendig an, da „in unserem modernen Chaos (…) ein Kind ohne sehr ausgedehnten Unterricht überhaupt nicht imstande sein (würde), irgendeinen Platz in der Gesellschaft zu finden"[26]; zugleich aber möchte sie ein Bewusstsein dafür schaffen, dass die Schule lediglich als ein „zeitlich bedingtes und vergängliches Organ der Erziehung" anzusehen sei und nicht überbewertet werden dürfe. „Erziehungsfragen sind also nicht Schulfragen. Sie umfassen vielmehr unser ganzes Leben."[27] Angesichts des nicht zu unterschätzenden Einflusses der gesellschaftlichen Umwelt auf die Heranwachsenden dürften Fragen der Erziehung, so Siemsen, sich nicht immer nur auf die Schule beschränken. Vielmehr müsse man sich die weit umfassendere und immer wieder neu zu beantwortende Frage stellen: „Wie sollen wir unser Leben führen und gestalten, damit unsere Kinder zur rechten Lebensführung und -gestaltung heranwachsen?"[28] Der zahlreichen reformpädagogischen Schulreformkonzepten zugrunde liegenden Auffassung und dem „bei uns in Deutschland sehr beliebten Traum"[29] von der Autonomie der Erziehung, ihrer vermeintlichen Unabhängigkeit von gesellschaftlichen Verhältnissen, erteilte sie damit eine entschiedene Absage!

> „Es ist für uns Lehrer von besonderer Bedeutung, uns das klar zu machen. Wir gelangen dadurch zu einer klareren und bescheideneren Ansicht dessen, was wir gegenüber (…) der indirekten Erziehung vermögen. (…) Ein verfallenes oder geschmackloses Haus, ein schlecht angelegtes Stadtviertel, (…) ein Klatschgespräch, dem das Kind zuhört, ein Rohheitsakt auf der Straße, (…) das Erlebnis von Elend, Verwahrlosung, Ungerechtigkeit, nationalistische Kundgebungen (usw.) sind wichtige Faktoren der erzieherischen Einwirkung der Gesellschaft, Faktoren, die unserer direkten Erziehung innerhalb der Schule nur allzu oft entgegenwirken. (…) Eine in sich widerspruchsvolle, zerrissene, kämpfende Gesellschaft wirkt mit all ihren Entartungen, Gegensätzen und Unbegreiflichkeiten auf die Kinder, die wir erziehen möchten,

---

24 Ebd., S. 108.
25 Vgl. Siemsen (1926d), S. 10f.
26 Ebd., S. 11.
27 Siemsen (1924g), S. 227.
28 Ebd.
29 Siemsen (1931g), S. 235.

erzieht sie ihrerseits in so widerspruchsvoller Weise, daß sie Anpassung der Kinder aufs äußerste erschwert, die Richtung und das Resultat dieser Anpassung oft durchaus weder zu bestimmen noch vorauszusagen sind."[30]

Die gesellschaftliche Bestimmtheit der Erziehung zeigt sich laut Siemsen allerdings nicht nur darin, dass die Mannigfaltigkeit der Einflüsse, denen der Edukand ausgesetzt ist, den Wirkungen der bewussten Erziehung zuwiderlaufen könne; vielmehr stehen auch die Erziehung selbst als Funktion der Gesellschaft sowie die Erziehungseinrichtungen und -funktionäre stets unter dem Einfluss der gesellschaftlichen Verhältnisse und Strukturen, durch die sie bestimmt werden und in denen sie zugleich ihre Grenzen finden. Erziehungsfragen sind daher für Siemsen unverbrüchlich mit wirtschaftlichen und politischen Verhältnissen verbunden.

„Es hat niemals in der ganzen Menschengeschichte eine neutrale Erziehung gegeben und kann keine geben. Jedes Erziehungsprogramm ist Ausdruck einer bestimmten gesellschaftlichen Ordnung und zielt darauf, diese Ordnung zu erhalten."[31]
„Wir haben (…) allen Anlaß zu betonen, daß es gesellschaftliche Verhältnisse sind, die in unserer Erziehung sich auswirken, gesellschaftliche Gegensätze, die unter der Form pädagogischer Ideologien ausgekämpft werden."[32]

Jede Erziehung und jede Schule müsse sich dieses auf sie wirkenden Einflusses bewusst sein. Den Versuch vieler Erziehungsreformer/innen, sich von der Gesellschaft abzukapseln und das zu erziehende Kind „in eine eigens geschaffene Umwelt zu versetzen"[33], hält Anna Siemsen daher für unmöglich. Nicht nur Rousseaus Emil oder Goethes pädagogische Provinz nennt sie als Beispiele für einen solchen Versuch.

„Praktisch versuchen heuer die Landerziehungsheime eine solche Erziehungsgesellschaft in der Gesellschaft zu schaffen. Von einem ganz anderen Gesichtspunkte aus gehen auch alle Versuche einer organisierten Jugend- und Kinderbewegung in diese Richtung. Ja, man kann mit Recht sagen, dass alle fruchtbaren Ansätze zu einer Schul- und Erziehungsreform in dieser Linie liegen: Arbeitsunterricht, selbsttätige Erziehung, Erziehung zur Gemeinschaft, künstlerische Erziehung usf. usf. Sie alle finden indes ihre Grenzen in der Tatsache, dass unsere heutige Gesellschaft (…) immer wieder einbricht in die Bezirke, die man für planvoll einheitliche Erziehung zu reservieren sucht."[34]

Diese Zusammenhänge machen deutlich, warum es in Siemsens Augen nicht genügt, sich lediglich mit methodischen Erziehungsreformen zu beschäftigen, ohne die gesellschaftlichen Verhältnisse zu betrachten, in denen diese Methoden um-

---

30 Ebd.
31 Siemsen (1931g), S. 238.
32 Ebd.
33 Ebd., S. 236.
34 Ebd.

gesetzt werden sollen.³⁵ Erziehungsreform und Gesellschaftsreform müssen Hand in Hand gehen.

> „Erziehung ist politisch (...) weil und insofern ihre Zielsetzung politische Ordnungen voraussetzt oder fordert, und weil die Erfüllung der einmal gesetzten politischen Aufgabe die Bedingung ist für die Lösung der gesellschaftlichen."³⁶

Eben aus diesem Grund stellt sie, wie oben gezeigt, ihren erziehungstheoretischen Überlegungen in den GGE eine detaillierte Betrachtung gesellschaftlicher Strukturen voran. Nicht nur die darin kritisch herausgearbeiteten Interessen- und Machtverhältnisse, auch die von Anna Siemsen immer wieder betonte Dynamik des Gesellschaftsprozesses sind ihrer Meinung nach von enormer Bedeutung für die Erziehung, da diese als Funktion der Gesellschaft deren Wandlungen unterworfen ist. „Das Erziehungsideal, aus bestimmten gesellschaftlichen Bedürfnissen geboren, wandelt sich mit der Gesellschaft."³⁷ Während eine statische Gesellschaftsauffassung die gegenwärtigen Verhältnisse als ein für allemal gegeben ansieht und daher der Erziehung nur das Ziel zuschreiben kann, die Menschen auf eine dauerhafte Ausfüllung ihrer jeweiligen Funktion innerhalb dieser Gesellschaft vorzubereiten, entbehrt eine solche Sichtweise in Anna Siemsens Augen jeglicher Grundlage:

> „Die menschliche Gesellschaft befindet sich in unablässigem Ablauf, einem Prozeß, nicht aber in einem Zustand. Aus dieser Tatsache ergibt sich eine ganz einzigartige Aufgabe für die menschliche Erziehung. Die gesellschaftliche Anpassung hat für den Menschen nicht zu erfolgen für einen ein für allemal bestimmten Dauerzustand, sondern für einen Prozeß, in welchem sich alle Zustände und Beziehungen dauernd ändern."³⁸

Nur so lassen sich laut Siemsen auch die zu jeder Zeit vorhandenen Gegensätze zwischen den Generationen erklären.³⁹ Die veränderte gesellschaftliche Situation, in der die jeweilige jüngere Generation heranwächst, bedarf einer ebenso veränderten gesellschaftlichen Eingliederung. „All unsere Erziehungskämpfe und -nöte sind eine Folge der stetigen Entwicklung, der die Gesellschaft unter-

---

35 Nicht nur in diesem Aspekt weisen Anna Siemsens Ansichten deutliche Parallelen zu denen Siegfried Bernfelds auf, der in seiner 1925 erschienenen Schrift „Sisyphos oder die Grenzen der Erziehung" den bürgerlichen Unterrichtsminister Machiavell sagen lässt, dass man die Lehrplan-, Unterrichts- und Erziehungsfragen ruhig den Pädagogen und Sozialdemokraten überlassen könne und sie durch methodische „Revolutiönchen" von den wirklich wichtigen Fragen, nämlich der grundsätzlichen Organisation des Erziehungswesens als Stütze des gesellschaftlichen Status quo und damit des Machterhalts des Bürgertums ablenken müsse. (Vgl. Bernfeld, 1979, S. 98ff.)
36 Siemsen (1948b), S. 161.
37 Siemsen (1926d), S. 14.
38 Siemsen (1948b), S. 28.
39 Vgl. ebd., S. 28f.

liegt."⁴⁰ Gesellschaftliche Umbrüche und Krisen spielen sich damit notwendig auch auf dem Gebiet der Erziehung ab, sie sind gleichsam – so eine der zentralen Thesen Anna Siemsens – die Voraussetzung jeder wissenschaftlichen Betrachtung der Erziehung sowie jeder Erziehungsreform: Solange die Menschen nach ihrem eigenen Vorbild erziehen können und solange die überlieferten „Erziehungsrezepte" greifen, bestehe keine Notwendigkeit, diese in Frage zu stellen und über das Wesen, die Bedingungen, den Zweck und die Mittel des Erziehungsprozesses nachzudenken, d.h. ihn wissenschaftlich zu betrachten.⁴¹ Die Voraussetzung einer solchen Problematisierung von Erziehung sei es, „daß die Menschen über sich, ihre Lage, ihr Verhalten unsicher geworden sind, daß die Überlieferung nicht mehr ausreicht, ihre Beziehungen untereinander zu regeln, daß diese unbefriedigend erscheinen, m.a.W. daß in einer Zeit des Überganges die gesellschaftliche Ordnung in der Auflösung und Neuentwicklung begriffen ist"⁴². Erst wenn den Menschen der gesellschaftliche Wandel bewusst wird und sie dazu veranlasst werden, die Frage nach dem Sinn des Lebens und der Aufgabe der Gesellschaft neu zu stellen, erkennen sie auch die Notwendigkeit, das Ziel der Erziehung neu zu definieren.⁴³ Ergreift ein solches Bewusstsein die entscheidenden gesellschaftlichen Gruppen, können große Erziehungsbewegungen daraus hervorgehen.⁴⁴ Deshalb so Siemsen, entstehen „gerade in Zeiten der Gesellschaftskrisen die Erziehungsreformer und die Reformsysteme"⁴⁵. Dieses Phänomen findet sich in allen Epochen und lässt sich sehr anschaulich an der bürgerlichen Revolution des 18. Jahrhunderts, d.h. an dem Übergang von der ständischen zur kapitalistischen Ordnung, zeigen, den Anna Siemsen in nahezu allen ihren größeren Schriften thematisiert.

Während das Ständesystem den Menschen schon mit ihrer Geburt einen festen Platz innerhalb der Gesellschaft zuwies, diese Einteilung nicht zuletzt mit der natürlichen und Gott gewollten Ungleichheit der Menschen untermauerte und sie durch eine autoritätsgebundene Erziehung in ihre zu erfüllenden Funktionen eingliederte, führte der Aufstieg des erstarkten Wirtschaftsbürgertums dazu, dass nicht mehr die Geburt sondern der individuell ergriffene Beruf und, so schien es zumindest, die persönliche Leistung die gesellschaftliche Stellung bestimmten.⁴⁶ „Es zerfiel die feste gesellschaftliche Gruppenbildung, und mit ihr schwächten

---

40 Siemsen (1921c), S. 10.
41 Vgl. Siemsen (1948b), S. 8-10.
42 Ebd., S. 10.
43 Ebd., S. 11.
44 Vgl. ebd., S. 157.
45 Siemsen (1924g), S. 227.
46 Zu Anna Siemsens Auseinandersetzungen mit dem gesellschaftlichen Umbruch vom Ständesystem zum Kapitalismus vgl. insbes. die ersten drei Kapitel in Siemsen (1926d).

sich die Grundlagen der bisherigen Erziehung. (...) Und das alles stellte neue Erziehungsaufgaben, denen gegenüber die Überlieferung versagte (...). Diese Zeit war die Geburtsstunde der modernen europäischen Wissenschaft überhaupt und mit ihr der Erziehungswissenschaft"[47], denn zum ersten Mal mussten die Menschen darauf vorbereitet werden, ihre gesellschaftliche Tätigkeit frei zu wählen, zum ersten Mal wurden die Erzieher vor die Aufgabe gestellt, die kindlichen Kräfte und ihre bestmögliche Entfaltung zu erforschen.

> „So enstand aus der Notwendigkeit, das Kind nicht mehr an eine begrenzte, klar erkennbare gesellschaftliche Stellung und Aufgabe zu assimilieren (sic!), sondern an die wechselnden Möglichkeiten einer in steter Entwicklung begriffenen Gesellschaft(,) jene Pädagogik, die vom Kinde ausgeht, in der kindlichen Natur selbst und in der allgemein gefaßten ‚Bestimmung des Menschen' die Grundsätze der Erziehung zu finden sucht."[48]

In Comenius (Jan Amos Komenský), der nicht nur über grundlegende Voraussetzungen und Ziele der Pädagogik nachdachte, sondern mit seinen Überlegungen über die Kunst, allen alles zu lehren (omnes, omnia, omnino), diese auch als einer der ersten didaktisch umzusetzen suchte, erblickte Anna Siemsen „den ersten wissenschaftlichen Pädagogen"[49].

Die Beachtung der im Menschen wirksamen Kräfte war es, welche die aus der bürgerlichen Revolution hervorgegangene bürgerliche Pädagogik des 18. und 19. und die bürgerliche Reformpädagogik des 19. und 20. Jahrhunderts in Siemsens Augen zu mehr als nur einem Beispiel der gesellschaftlichen Bestimmtheit der Erziehung machte: sie war die Grundlage für die freie Entfaltung der menschlichen Persönlichkeit und die damit verbundene Frage nach dem Verhältnis von Individuum und Gesellschaft, von Freiheit und sozialer Verpflichtung. Damit ist die zweite grundlegende Komponente angesprochen, die neben der Gewichtung sozialisatorischer Aspekte einen zentralen Bestandteil des Erziehungsverständnisses Anna Siemsens darstellt und auch jene Bedeutungsgehalte umschließt, die nach heutigem Sprachgebrauch eher mit dem Begriff „Bildung" umschrieben werden: es ist dies die Komponente der Persönlichkeitsbildung, die nach Siemsen stets im Zusammenhang gesellschaftlicher Bildung zu betrachten ist.

c. Erziehung als Persönlichkeits- und gesellschaftliche Bildung

Während es für unser heutiges Erziehungsverständnis selbstverständlich ist, die Anlagen und Potenziale eines Heranwachsenden zu berücksichtigen und ent-

---

47   Siemsen (1948b), S. 13.
48   Siemsen (1931g), S. 237.
49   Siemsen (1926d), S. 30.

wicklungstheoretische und -psychologi-sche Fragen als einen festen Bestandteil der Erziehungswissenschaft zu betrachten, war diese Sichtweise zur Zeit der Entstehung bürgerlicher (Reform-)Pädagogik revolutionär. Nur durch das Recht auf freie Berufswahl und die Auflösung der gesellschaftlichen Stände sowie der mit ihnen verbundenen schicksalhaften Vorbestimmtheit des Lebensweges war es möglich geworden, jedem Menschen auch das Recht auf eine freie und höchstmögliche Entwicklung seiner Persönlichkeit zuzusprechen. Den „reinsten Ausdruck" dieser bürgerlichen Überzeugung, dass „alle Menschen frei und gleich geboren seien"[50], stellte für Anna Siemsen die amerikanische Erklärung der Menschrechte dar. Doch die bürgerliche Pädagogik wie auch die bürgerlich dominierte Reformpädagogik wurden in Siemsens Augen widersprüchlich, da sie den gesellschaftlichen Charakter der Erziehung missachteten und gleichsam einen Gegensatz zwischen Individuum und Gesellschaft konstruierten. Zwar erstrebten sie letztendlich durchaus das Ziel einer Neugestaltung der Gesellschaft, doch suchten sie diese durch die Konzentration auf die liberale Idee der freien Persönlichkeit zu verwirklichen, ohne dabei zu berücksichtigen, dass die gesellschaftlichen Verhältnisse diesem Bestreben zuwiderlaufen, da sie nicht *allen* eine umfassende Persönlichkeitsentfaltung ermöglichen und somit, parallel zur Erziehungsreform, der Veränderung bedürfen. Insbesondere die intensive Beschäftigung mit den Sozialisationsbedingungen der Arbeiterkinder hatte Siemsen gezeigt, dass es mit einer prinzipiellen Gleichberechtigung nicht getan war. Ohne soziale Hilfsmaßnahmen wie Unterrichts- und Lehrmittelfreiheit, Erziehungsbeihilfen und Stipendien und ohne ein einheitliches Schulwesen war es einem Arbeiterkind nicht möglich, sein Recht auf bestmögliche Bildung einzulösen. Die „Konsequenz, mit der Bildungsfragen der sozialen Frage zugeordnet und daraus folgend an Politik gebunden wurden"[51], war laut Uhlig generell ein wesentliches Unterscheidungsmerkmal zwischen sozialistischem und bürgerlichem reformpädagogischen Denken. „Gerade diese Koppelung, die Ausstattung aller Kinder mit dem sozialen und kulturellen Kapital, das Bildungsprozesse überhaupt erst ermöglicht, macht das spezifisch Innovative, das Emanzipatorische proletarischen Bildungsdenkens aus."[52]

Nach Meinung Anna Siemsens missachteten die bürgerlichen Reformer darüber hinaus, dass eine individualistisch und idealistisch orientierte, von gesellschaftlichen Bedingungen abstrahierende und vermeintlich ewig und allgemein gültige Normen verfolgende Pädagogik die Heranwachsenden nicht auf das gesellschaftliche Leben vorbereite, wobei auch in diesem Punkt ihre Einsicht in die

---

50   Siemsen (1947d), S. 24.
51   Uhlig (2006), S. 190.
52   Ebd., S. 192.

soziale Realität der Arbeiterklasse mitentscheidend war. So kritisierte sie zum einen das bürgerliche, insbesondere von den Gymnasien vertretene neuhumanistische Bildungsideal, das sich auf den Menschen der Antike und die alten Sprachen konzentriere, anstatt „menschliche Bildung" aus den zeitgenössischen Verhältnissen abzuleiten. Humanismus dürfe nicht mit der Vermittlung abprüfbaren, philologischen Wissens verwechselt werden; das Wesentliche der humanistischen Bildung bestehe vielmehr darin, statt von äußeren Zweckbestimmungen vom Menschen selbst auszugehen und dieser Mensch sei nun einmal gesellschaftlich bestimmt.[53] Aus dem gleichen Grund kritisierte sie zum anderen die übertriebene Kindorientierung der Reformpädagogik, die den Anschein erwecke, dass es lediglich um die Befreiung des Individuums gehe und die Pädagogik daher an erster Stelle die Befriedigung der individuellen Bedürfnisse der Kinder und Jugendlichen zu sichern habe. Das Problem der Erziehung sei nicht zu verstehen, wenn man, „wie das manche moderne Pädagogen tun, nur das Kind ins Auge faßt und durch Beobachtung des Kindes und der kindlichen Entwicklungstendenzen das Ziel der Erziehung finden will. Gewiß ist es notwendig, vom Kinde und seiner Beobachtung auszugehen. Nur auf diese Weise können wir zu einer Methodik des Unterrichts und der Erziehung gelangen. Nur auf diese Weise läßt sich auch feststellen, ob ein bestimmtes Ziel erreichbar ist. Aber die Zielsetzung erfolgt nicht vom Kinde aus und kann nicht von dort erfolgen"[54]. Erziehung, so Siemsen, sei nicht die Entwicklung *aller* Kräfte und Anlagen des Kindes. Dies widerspräche der Ansicht, dass Erziehung eine Funktion der Gesellschaft und somit auch von spezifischen gesellschaftlichen Interessen geleitet ist und wäre demnach eine naive Zielsetzung. Keine Gesellschaft hat ein Interesse daran, *alle* Anlagen eines Kindes zu entwickeln, begünstigt vielmehr einige gewünschte und vernachlässigt die anderen.[55]

>„Ein Erziehungsideal ist niemals vom Kinde her, sondern immer durch irgendeine Idee bestimmt, die gesellschaftlich begründet ist (...) und in deren Richtung das Kind ‚erzogen', das heißt mit mehr oder minder sanfter Gewalt gezwungen wird."[56]

Wer Erziehung ausschließlich als Persönlichkeitsentwicklung definiert, verkennt in Siemsens Augen, dass Mensch und Gesellschaft und somit auch Persönlichkeitsbildung und gesellschaftliche Bildung stets miteinander verbunden sind.

>„Wer vom Einzelmenschen, sei es nun Kind oder Erwachsener, ausgehend, Grundlagen, Ziele und Mittel der Erziehung zu bestimmen sucht, muß, wenn er nicht in reinem Formalismus stecken bleiben will, diesen Einzelmenschen erfassen in seinen gesellschaftlichen Beziehun-

---

53 Vgl. Siemsen (Die humanistische Bildung, 1924) in: Uhlig (2008), S. 357ff.
54 Siemsen (1926d), S. 12.
55 Vgl. ebd.
56 Ebd.

gen. Er wird zu der Feststellung kommen, daß der Mensch in all seinen Anlagen gesellschaftlich bestimmt und gesellschaftlich bezogen ist, und daß daher das Erziehungsziel nur ein gesellschaftliches sein kann."[57]

Anstatt Erziehung nur „vom Kinde aus" zu betrachten, müssen laut Siemsen immer auch die Forderungen berücksichtigt werden, die die Gesellschaft an die Jugend stellt.[58] Solche Forderungen seien je nach gesellschaftlicher Lage unterschiedlich, die Zielsetzung einer allgemein gültigen Bildung daher unmöglich, Einseitigkeiten unvermeidbar. Wer diesen Zusammenhang verneine, begehe „Gesellschaftsflucht"[59]. Ebenso kritisch wie ihre weiter oben zitierte Einschätzung der gesellschaftsfernen Landerziehungsheime fällt daher ihr Urteil über Rousseaus Erziehungsbuch „Emil", „die Bibel des erzieherischen Individualismus"[60], aus. Auch Rousseau beklagte die Unmenschlichkeit der zeitgenössischen Gesellschaftsverhältnisse und auch er habe, wie alle großen Erziehungsreformer seiner Zeit, den scheinbaren Konflikt zwischen Einzelpersönlichkeit und Gesellschaft zu lösen gesucht.[61] Doch er half sich, „indem er dieses Urübel verschwinden läßt und seinen Emil außerhalb aller Gesellschaft, sozusagen im leeren Raum, erzieht. Das macht dies wundervolle Buch unwirklich, zu einem Märchen. Rousseau sagt: Seht, so einfach ist die Erziehung, wenn ich den Konflikt von Individuum und Gesellschaft aus der Welt schaffe. Und wir antworten: Jawohl, wir wissen das. Aber dieser Konflikt ist nun einmal da, unvermeidlich gegeben, ja, seine Lösung ist geradezu die einzige Aufgabe jeder Erziehung"[62].

Diese Lösung muss nach Siemsen jederzeit sowohl die Bedürfnisse des einzelnen Individuums als auch die Forderungen der Gesellschaft beachten, da beides miteinander verbunden ist. Um dies zu gewährleisten müsse man „die beiden Pole fest im Auge behalten, um die alle Erziehung kreist: das Kind als Ausgangspunkt, mit seinen vielfachen Möglichkeiten als Mikrokosmos und Energiezentrum, und die menschliche Gemeinschaft als Ziel, dem alle Entwickelung zustrebt, und in die das Kind hineinzubilden ist"[63]. Weder dürfe man von der Gesellschaft abstrahieren und, wie bspw. die neuhumanistische Bildung, „ein Bildungssystem in die Luft (…) bauen", noch die gegenwärtige Gesellschaft als das Ziel der Erziehung schlechthin betrachten „und damit statt einer menschlichen Bildung von innen heraus eine Disziplinierung und Dressur von außen her ein-

---

57 Siemsen (1948b), S. 18f.
58 Vgl. ebd., S. 155.
59 Siemsen (Zum Problem der proletarischen Bildungsarbeit, 1930), zit. n. Uhlig (2008), S. 295.
60 Siemsen (1921c), S. 11.
61 Vgl. Siemsen (1926d), S. 15f.
62 Siemsen (1921c), S. 12.
63 Siemsen (1924c), S. 381.

treten lassen"⁶⁴. Erziehung, so fasst Anna Siemsen 1950 in einem Referat zur Lehrerausbildung zusammen, beinhalte sowohl „die Anerkennung der menschlichen Freiheit und Gleichheit, damit das Recht jedes Einzelnen auf die volle Entwicklung seiner Fähigkeiten"⁶⁵ als auch „die Betonung des Anspruchs der Gesellschaft auf den Dienst des Einzelnen an ihr. Somit wird die Aufgabe jeder Erziehung die optimale Verbindung der beiden großen Werte persönliche Freiheit und Gemeinschaftsverpflichtung sein"⁶⁶.

Doch immer wieder, so klagt sie, werde dieser dialektische Zusammenhang verkannt und die allseitige Erziehung des Menschen aufgespalten in zwei zusammenhanglos nebeneinander stehende Lebens- und Bildungsabsichten: in die extrem individualistische, von den gesellschaftlichen Zusammenhängen absehende und damit lebensfremde „bürgerliche Idee der Humanität, der vollendeten Einzelpersönlichkeit" einerseits und die rein utilitaristische Auffassung andererseits, die unter Erziehung „ausschließlich die Schulung, im extremen Falle die Dressur, auf einen Erwerb hin"⁶⁷, d.h. eine dem mehrfach erwähnten Bienenstaat ähnelnde reine Funktionalisierung und Mechanisierung des Menschen im Interesse der Gesellschaft versteht. Diese Gegenüberstellung, die sich, wie noch zu zeigen sein wird, auch im Aufbau des Schulwesens widerspiegelt, spalte den Menschen in einen gesellschaftlich wichtigen „Berufsspezialisten" einerseits und die „private ‚durchgebildete Persönlichkeit'" andererseits, was zugleich eine Scheidung des Bildungsverständnisses in „Fachbildung" auf der einen und „allgemeine Bildung"⁶⁸ auf der anderen Seite nach sich ziehe. Diese Isolierung der vermeintlich weniger wertvollen beruflichen Bildung und die damit erfolgte ideologische Überhöhung der sog. allgemeinen Bildung, insbesondere deren o.g. individualistisch-lebensferne, zunehmend enzyklopädische Auslegung durch das höhere Schulwesen, findet die entschiedene Kritik Siemsens:

> „Zur Zeit liegt eine bedeutende Gefahr unserer Erziehung darin, daß wir unter allgemeiner Bildung eine Menge großenteils unzusammenhängenden Wissens verstehen, (...) daß wir die wenigen kostbaren Jahre, die unsern Kindern zur Entwicklung freigegeben sind, verwenden, ihnen diese Dinge beizubringen, die großenteils von ihnen vergessen werden, großenteils sehr schnell durch die fortschreitende Forschung veralten, in beiden Fällen für ihre Lebensarbeit unbrauchbar sind, nachdem sie ihre persönliche Entwicklung gehemmt haben."⁶⁹

---

64 Ebd.
65 Siemsen (1950d), S. 1.
66 Ebd.
67 Siemsen (1926d), S. 198.
68 Ebd., S. 199.
69 Ebd., S. 202. In einem Artikel anlässlich der Hamburger Schulreform schreibt Anna Siemsen 1949, dass gerade die Universitäts-Professoren dazu neigen, ihre eigene humanistische Bildung zu loben und dabei verkennen, dass sich gerade in letzter Zeit ihre „oft radikal fehlende Kennt-

Anna Siemsen, die aus heutiger Sicht ohnehin ein eher „nüchternes" Verhältnis zur „Bildung" einnimmt, diese eher als Teilaspekt der umfassender verstandenen „Erziehung" begreift,[70] ist bestrebt, sich von einem solchen „Spukgebilde"[71] abzusetzen, das „allgemeine Bildung" auf die Ansammlung von wissenschaftlichen Resultaten, Kenntnissen und Fertigkeiten reduziert. Häufig greift sie daher auf Bezeichnungen wie „wahre Bildung" oder „Menschenbildung" zurück, um damit ihr eigenes Bildungsverständnis zu bezeichnen, das die Gesellschaftstüchtigkeit des Menschen intendiert. Angesichts der dynamischen, ständig wechselnden gesellschaftlichen Verhältnisse sei nicht derjenige Mensch als wahrhaft gebildet anzusehen, der über möglichst viel Wissen von kurzer Haltbarkeit verfüge, sondern derjenige, dessen Körper und Sinne geschult seien, der die Fähigkeit erworben habe, zu beobachten, zu vergleichen, zu folgern und zu schließen und der gewillt sei, sich einzusetzen, zuzugreifen und zu helfen.[72] „Setzt einen solchen Menschen irgendwohin, an irgendeine Aufgabe. Er wird sie lösen (...)."[73] Nicht darauf komme es an, dass man, im Sinne falsch verstandener Wissenschaftlichkeit, die Dinge „mit einigen hochtönenden und fremdklingenden Namen benennen kann, die Meinung von ein (sic!) Dutzend gelehrten Leuten darüber weiß oder ein paar Bücher darüber gelesen hat. A und O alles Wissens und aller Wissenschaft bleibt aber, daß man an die Dinge selber herangeht"[74]. Hierzu gehöre es, selbst zu forschen, inklusive aller Umwege und Irrtümer, sich selbst an einem Gegenstand die Zähne auszubeißen, und wohlmöglich zu erkennen, dass auch die langwierigste Arbeit nicht notwendig in den Erwerb von „Wissen" mündet, sondern dass an ihrem Ende eine weiterführende Frage stehen kann.[75] Die übertriebene Wissensvermittlung und die mangelhafte Orientierung an der Ausbildung von Fähigkeiten ist es also, die Anna Siemsen an der sog. allgemeinen Bildung kritisiert, womit sie sich wiederum deutlich von bürgerlich-reformpädagogischem Denken abgrenzt, das die „allgemeine Bildung" vielmehr auf Grund ih-

---

nis sozialer und wirtschaftlicher wie politischer Gegebenheiten" (Siemsen, 1949a, S. 3) sowohl für sie selbst als auch für ihre Studenten als verhängnisvoll erwiesen habe.

70 Explizit wird in Anna Siemsens Schriften keine Unterscheidung der Begriffe „Erziehung" und „Bildung" vorgenommen. Kontextuell gesehen spricht sie von Bildung vorwiegend dann, wenn damit die bewusste, direkte, zumeist theoretische Erziehungsarbeit in Erziehungsinstitutionen und -organisationen gemeint ist. So erwähnt sie bspw. in „Beruf und Erziehung", dass auch in den Arbeiterorganisationen die theoretische Erziehungsarbeit, zusätzlich zur praktischen Gemeinschaftserziehung, immer wichtiger geworden sei und diese Organisationen daher mittlerweile auch Bildungsaufgaben übernehmen. (Vgl. Siemsen, 1926d, S. 214.)
71 Siemsen (1919f), S. 144.
72 Vgl. Siemsen (1921c), S. 14.
73 Ebd.
74 Ebd., S. 6f.
75 Vgl. Siemsen (1919g), S. 169-171.

rer rationalen Ausrichtung gering schätzte und zugunsten einer einseitigen Orientierung an Irrationalität, Emotionalität und praktischer Tätigkeit vernachlässigte. Anna Siemsen dagegen weist, wie im Kontext ihres Menschenbildes gezeigt, eine solche Perhorreszierung von Vernunft und fortschrittlicher Rationalisierung zurück, plädiert ausdrücklich für Wissenschaftlichkeit und Bewusstseinsaufklärung und vertritt somit einen emanzipatorischen Bildungsbegriff, der Erkenntnis-, Urteils- und Kritikfähigkeit als Voraussetzung von Mündigkeit versteht. Die Erziehung von Vernunft und Wissenschaft zu lösen sei eine Unmöglichkeit. „Vielmehr besteht die Aufgabe darin, mit der Aufhellung des Bewußtseins und der planvollen Gestaltung unseres Handelns Ernst zu machen (…)."[76]

Letztendlich aber ist eine solche „wahre Menschenbildung" nicht im Rahmen eines von der beruflichen Bildung isolierten höheren Schulwesens zu verwirklichen, stellt doch gerade die Erziehung zur beruflichen Arbeit in Siemsens Augen das entscheidende Moment zur Vermittlung von Individuum und Gesellschaft dar.

d. Erziehung zur Arbeit als Vermittlung von Individuum und Gesellschaft

Wie bereits dargestellt, basiert die Gesellschaft seit Auflösung des Ständesystems auf dem Prinzip der freien Berufswahl. Individuell, je nach Anlage und Neigung ergriffen, sichere der Beruf, so Siemsen, die gesellschaftliche Existenz und Lebensbefriedigung des Einzelnen und bestimme zugleich seine Funktion und seine Stellung innerhalb der Gesellschaft.[77] Da die gesellschaftliche Eingliederung somit über den Beruf erfolge, bestehe die Anpassung des Menschen an die Gesellschaft, so Siemsen, „in erster Linie (in der) Bildung zur gesellschaftlichen Arbeit"[78], sei die Bildung des Menschen nicht von seiner späteren Lebensarbeit zu trennen und müsse der Beruf die Bildung bestimmen[79]. Jede Erziehung sei eine Erziehung zum Beruf.[80] Die Freiheit der Berufswahl und die Ermöglichung individueller gesellschaftlicher Aufstiege über die berufliche Leistung bedeuten eine prinzipielle Rechtsgleichheit aller Menschen und führten laut Siemsen daher von Beginn an zu der Forderung nach einer allgemeinen und somit demokratischen Erziehung, die jeden Einzelnen in die Lage versetze, je nach eigener Befähigung und gesellschaftlichen Bedürfnissen, sein Recht auf freie Be-

---

76 Siemsen (1948b), S. 94.
77 Vgl. Siemsen (Beruf und Erziehung, 1924) in: Uhlig (2008), S. 229 u. Siemsen (1948b), S. 72.
78 Siemsen (1948b), S. 66.
79 Vgl. Siemsen (1926d), S. 164.
80 Vgl. Siemsen (1924g), S. 228.

rufswahl einzulösen. Dieser Forderung aber stehe die Struktur der kapitalistischen Wirtschaft entgegen. In einer von faktischer Rechtsungleichheit und Gruppenwidersteit gekennzeichneten Gesellschaft seien weder die Bedürfnisse des einzelnen Menschen noch die tatsächlichen Bedürfnisse der Gesellschaft von Interesse.

„Die auf der privaten Herrschaft über die Produktionsmittel sich aufbauende, auf Profiterzeugung gerichtete kapitalistische Marktwirtschaft aber scheidet die Menschen nicht nach ihrer Anlage und Leistungsfähigkeit, sondern nach dem Besitz, differenziert danach die Erziehung, sieht bei der Ausbildung nur auf Spezialisierung im Interesse der Einzelbetriebe und ist nicht mehr im Stande, dem spezialisierten, mechanisierten, abhängigen Lohnarbeiter und -angestellten die Sicherheit, Geltung, Lebensbefriedigung zu schaffen, die er bei seiner Berufswahl und durch seine Arbeit anstreben muß."[81]

Entgegen der Idee von der „harmonischen menschlichen Persönlichkeit, die sich schöpferisch in ihrem Beruf auswirkt"[82], sei der Beruf zu einer reinen Erwerbsgelegenheit degradiert worden, der zumeist nicht nach Neigung oder Fähigkeit sondern zufällig ergriffen und infolge der immer weiter voranschreitenden Spezialisierung zunehmend funktional verengt werde[83]. Im Mittelpunkt des Interesses stehe nicht der Mensch bzw. eine „humane" Ausbildung, sondern die Wirtschaft, zu deren Gunsten der Einzelne spezialisiert und funktionalisiert werde. Von einer allgemeinen demokratischen Erziehung könne daher in der gegenwärtigen Gesellschaft keine Rede sein.

„Die gleiche, nur nach Befähigung und gesellschaftlichem Bedürfnis differenzierte Erziehung läßt sich auf der Grundlage ererbter Besitzunterschiede und daraus sich ergebender Monopolrechte nicht verwirklichen. (…) Diese Unvereinbarkeit von demokratischer Erziehungsidee und undemokratischer Erziehungswirklichkeit gibt unserer modernen Pädagogik etwas Unreales."[84]

Eine Erziehung, die sich unter diesen Umständen am Beruf orientiere, müsse entweder dem Utilitarismus huldigen oder mit der Wirklichkeit Blindekuh spielen – letzteres sei bei den berufserzieherischen Konzepten von Georg Kerschensteiner[85] und Eduard Spranger der Fall.[86] Die Zeichen der Zeit deuten nach Siem-

---

81 Siemsen (1948b), S. 72.
82 Siemsen (1926d), S. 218.
83 Vgl. Siemsen (Beruf und Erziehung, 1924) in: Uhlig (2008), S. 230f.
84 Siemsen (1948b), S. 78.
85 Georg Kerschensteiner rechnet Anna Siemsen es als Verdienst an, dass er den Beruf ins Zentrum der Bildung gerückt und damit zugleich die Trennung von allgemeiner und beruflicher Bildung überwunden habe. Doch auf Grund seiner bürgerlichen Perspektive, in der der Beruf noch immer als schöpferische Tätigkeit erscheint, habe er die Degradierung des Berufes zum Erwerbsberuf und die seinen Bildungsabsichten zuwider laufenden gesellschaftlichen und staatlichen Interessen nicht erkannt. Sein Versuch, vom individuellen Beruf auszugehen, habe daher scheitern müssen. (Vgl. Siemsen, 1926d, S. 200f.)

sens Ansicht jedoch weniger auf einen gesellschaftsfernen Individualismus als vielmehr auf eine deutliche Verstärkung der utilitaristischen Richtung hin, die die zeitgenössische Gesellschaft als statisch begreift und das Ziel der Erziehung dahingehend definiert, den Menschen auf feste Funktionen innerhalb dieses Systems vorzubereiten. Man glaube, das Richtige zu tun, wenn man das Kind auf einen spezifischen Beruf hin ausbilde und die Berufsspezialisierung bereits in die Schule vorverlege und missachtet dabei den steten Wandel und die Unbeständigkeit der Verhältnisse. „Was hilft im Fluß des Geschehens eine solche Erziehung?"[87] Eine auf die Spitze getriebene und rein empirisch orientierte Variante einer solchen funktionalistischen Sichtweise, die den Menschen selbst und seine Bedürfnisse außer Acht lasse, stellt für Anna Siemsen der Taylorismus dar, der nur noch an der Rentabilität der Arbeit interessiert sei[88] und „die restlose Unterwerfung des Menschen unter das Gesetz der größtmöglichen Produktionssteigerung"[89] bedeute. Angesichts der reinen Zweckorientierung und der völligen Negation menschlicher Bedürfnisse, menschlicher Vernunft und menschlichen Willens sei im Taylorismus schließlich das erreicht, „was den Bienenstaat zu einem bewunderungswürdigen Organismus und die einzelne Biene zu einem verkümmerten Bruchstück eines Tieres macht"[90].

Insofern spiegelt das widersprüchliche Verhältnis von freier Berufswahl und kapitalistischer Gesellschaft für Anna Siemsen das grundsätzliche Problem der Unvereinbarkeit von Individuum und Gesellschaft innerhalb einer kapitalistischen Wirtschaftsstruktur. Die Frage, wie sich die freie Entwicklung der menschlichen Persönlichkeit mit den Forderungen des Berufes in Einklang bringen lasse, sei eine moderne Form der prinzipiellen Frage nach der Vereinbarkeit von menschlicher Gesellschaft und menschlicher Freiheit.[91] In einer kapitalistischen Gesellschaft erscheinen Erwerbsberuf und Persönlichkeit als unvereinbare Gegensätze,[92] was sich, so Siemsen, auch darin zeige, dass man ständig bemüht sei, Berufliches und Privates, geschäftliches und menschliches Leben zu trennen.[93] „Wir schaffen uns in unserem Beruf (...) die Grundlagen für ein Dasein

---

86 Vgl. Siemsen (Die humanistische Bildung, 1924) in: Uhlig (2008), S. 358f. u. Siemsen (1926d), S. 19f.
87 Siemsen (1921c), S. 18.
88 Vgl. Siemsen (1924g), S. 231.
89 Siemsen (1921c), S. 17.
90 Ebd., S. 18.
91 Vgl. Siemsen (1926d), S. 18f.
92 Vgl. ebd., S. 20.
93 Vgl. ebd., S. 197.

außerhalb des Berufs, das in keinerlei Zusammenhang mit diesem als menschlich unwürdig empfundenen (...) Beruf steht (...)."[94]

Die Möglichkeiten der Erziehung, diese, letztlich auf faktische Rechtsungleichheiten zurückgehenden Verhältnisse zu verbessern, sind Siemsens Meinung nach mehr als begrenzt. „Die Tatsachen des gesellschaftlichen Lebens erziehen die junge Generation. Dagegen kommt keine Erziehungsideologie auf."[95] Schon die Spaltung des Schulwesens in allgemein bildende und berufliche Schulen zeigt, dass, wie Siemsen anschaulich formuliert, die Schule nicht vereinen kann, was das gesellschaftliche Leben trennt[96]. Gerade deshalb sei es wichtig, die Notwendigkeit einer Gesellschaftsreform anzuerkennen. Wenn Beruf und menschliche Persönlichkeit im Widerspruch zueinander stehen, müsse der Beruf umgewandelt werden. Bildung vom Beruf zu trennen, wie dies an humanistischen Gymnasien geschehe, sei dagegen unmöglich.[97] „Der Mensch entwickelt sich nur, kommt zum Bewußtsein und zur Anwendung seiner Fähigkeiten nur in eigener Arbeit."[98] Selbst Wissenschaft erwachse auf dem Boden praktischer Erfahrung.[99] Auch gesellschaftliches Bewusstsein kann laut Siemsen nur derjenige erlangen, der gesellschaftlich tätig ist, über seine Arbeit die gesellschaftlichen Prozesse und Strukturen kennen lernt und seinen eigenen Platz darin findet. In diesem Punkt unterscheidet Anna Siemsen sich von den meisten bürgerlichen aber auch vielen sozialistischen Arbeitsschulvertretern, deren Interesse vorwiegend darin bestand, neben dem Kopf auch die Hand zu aktivieren und damit die vorherige Lern- und Buchschule auszugleichen. Dies zeigt sich nicht zuletzt an der Orientierung auf einen größtenteils vormodernen, handwerklichen Arbeitsbegriff, der laut Uhlig auf bürgerlicher, nicht selten auch auf sozialistischer Seite dominierte.[100] Als Sozialistin, die der marxistischen Überzeugung nahe steht, dass alle gesellschaftliche Entwicklung von der ökonomischen Basis bestimmt werde, verfolgt Siemsen dagegen das Ziel, den Menschen über seine praktische Tätigkeit zur Erkenntnis gesellschaftlicher Zusammenhänge zu führen. Über Selbsttätigkeit solle er „zur Beherrschung seiner körperlichen und geistigen Fähigkeiten, (...) zur Vertrautheit mit der Natur, menschlicher Arbeit und menschlicher Gemeinschaft"[101] gebracht werden. Nicht allein in der Hereinnahme handwerklichen oder landwirtschaftlichen Unterrichts in die Schule, sondern in

---

94 Ebd.
95 Siemsen (1948b), S. 81.
96 Vgl. ebd., S. 134.
97 Vgl. Siemsen (1926d), S. 20, 164.
98 Ebd., S. 203.
99 Vgl. Siemsen (1924a), S. 150.
100 Vgl. Uhlig (2006), S. 121.
101 Siemsen (1921a), S. 17.

der Verknüpfung der Schule mit der gesellschaftlichen Produktion sah Anna Siemsen diese Möglichkeit gegeben, worauf im Zusammenhang ihrer schulorganisatorischen Vorstellungen näher einzugehen ist.

Eine Erziehung zur Arbeit bzw. zum Beruf ist laut Siemsen also unabdingbar, jedoch müsse einer solchen Erziehung ein neues Berufsverständnis zugrunde gelegt werden, das weder, wie bei Kerschensteiner, von der gesellschaftlichen Wirklichkeit abstrahiert noch im utilitaristischen Sinne die wirtschaftlichen Bedürfnisse über den Menschen stellt. Man müsse den jungen zu bildenden Menschen wieder zum Ausgangspunkt machen[102] und ihn zugleich auf die dynamischen gesellschaftlichen Verhältnisse, nicht auf spezifische Funktionen vorbereiten. Dies sei nur möglich durch eine allgemeine Grundausbildung *vor* anschließender beruflicher Spezialisierung.[103] Habe man den dynamischen Charakter der Gesellschaft erkannt, sei es nicht mehr Aufgabe der Erziehung, „soundso viele Lehrer, Kaufleute, Bäcker (... etc.) für den Markt bereitzustellen (...), sondern sie hat in jedem Kinde ein Kraftzentrum zu sehen, innerhalb des großen Kraftstromes, den wir menschliche Gesellschaft nennen. Sie hat diese Kraft zu lösen, sie bereit, beweglich, umstellbar zu erhalten für unbestimmte, unendliche, wechselnde Aufgaben (...)"[104]. Diese Grundlage späterer Fachbildung könne nicht etwa ein „bestimmt umschriebenes Wissen sein (...), sondern die allgemeine Übung, die den Schüler entläßt mit geübtem Körper, geübten Sinnen, der Gewöhnung an zusammenhängendes Beobachten und Schließen, der Fertigkeit, seine Beobachtung anzuwenden auf sein Arbeiten und der Fähigkeit, seine Erfahrungen und Beobachtungen, seine Schlüsse und seine Erlebnisse auszudrücken und andern zu übermitteln"[105]. Auch hier legt Anna Siemsen das Gewicht wieder auf eine Fähigkeits- statt einer Wissensorientierung. Ein so erzogener Mensch stehe nicht in der Gefahr, sich einer „bloßen Fachdressur"[106] zu unterwerfen und erhalte durch seine Flexibilität in sich selbst die Sicherheit, die ihm der Beruf nicht mehr geben könne.[107] Wichtig sei es darüber hinaus, nicht mehr vom Einzelberuf sondern von der Arbeitsgemeinschaft auszugehen.[108] In der Arbeiterschaft, zunehmend auch in weiteren Berufsgruppen, habe sich bereits die Erkenntnis durchgesetzt, dass die Lebenssicherheit, die der individuelle Beruf nicht mehr biete, nur in solidarischen Zusammenschlüssen zu finden sei. Ein solches Solidaritätsbewusstsein, d.h. eine Haltung, die sich nicht nur an der eige-

---

102 Vgl. Siemsen (1924a), S. 150.
103 Vgl. Siemsen (1921c), S. 14.
104 Ebd., S. 34.
105 Siemsen (1926d), S. 203.
106 Ebd., S. 204.
107 Vgl. ebd., S. 204f.
108 Vgl. ebd., S. 202.

nen Leistung orientiere, „sondern diese Leistung in ihrem Zusammenhang und in ihrer Bedeutung für die Gemeinschaft"[109] sehe und sich der eigenen Abhängigkeit von der Gemeinschaft bewusst sei, müsse Kindern von früh auf vermittelt werden.

> „Die Erfahrung, daß ich ohne des andern Hilfe kein Brot zu essen, keinen Rock anzuziehen, kein Dach über dem Kopf habe, führt über allen Zwiespalt immer wieder zur Einigung. Diese Erfahrung, wie hilflos sie vereinzelt sind, wie kräftig aber die kameradschaftliche Hilfe, muß unseren Kindern täglich neu gegeben werden."[110]

Auf Grund ihrer ideologiekritischen Sichtweise ist Anna Siemsen sich bewusst, dass die kapitalistische wirtschaftliche Ordnung nur wenig Gefallen daran finden kann, allen Menschen eine solche Bildung zu reflektiertem Handeln und Solidaritäts- und Verantwortungsbewusstsein zu gewähren.

> „Die Schwierigkeit entsteht dadurch, daß außer diesen Menschen in der heutigen Wirtschaft auch andere gebraucht werden, die nur als Ausführende, nur als mechanische Werkzeuge, nur als Material für die bewußt Arbeitenden gewünscht werden."[111]

Mit einer Bildung im o.g. Sinne würde die Gesellschaft sich daher lediglich „die schärfsten Kritiker und endlich die entschiedensten Gegner"[112] heranziehen. Hier zeigt sich erneut die Überzeugung Anna Siemsens, dass Erziehungs- und Gesellschaftsreform sich gegenseitig bedingen.

> „Erst dann, wenn es gelingt(,) die Bedürfnisse der Wirtschaft nach den Menschheitszielen zu richten, von einer kapitalistischen Erwerbs- zu einer sozialistischen Gemeinschaftsarbeit zu kommen, wird es möglich sein(,) eine Berufserziehung zu finden, die menschlich ist in dem Sinn, daß durch sie Einzelperson und Gesellschaft ihr Recht erhalten."[113]

Der Erziehung ist damit die Aufgabe gestellt, nicht zur gegenwärtigen oder gar einer vergangen, sondern zur werdenden, gemeinschaftlich organisierten Gesellschaft zu erziehen.

e. Erziehung zur werdenden Gesellschaft als Gemeinschaft

Fasst man die erziehungstheoretischen Überlegungen Anna Siemsens zusammen, zeigt sich, dass der Mensch als gesellschaftliches Wesen auf die Eingliederung in die Gesellschaft und auf die Erlangung von Gesellschaftstüchtigkeit angewiesen

---

109 Vgl. ebd., S. 219.
110 Siemsen (1921c), S. 40.
111 Siemsen (1926d), S. 209.
112 Ebd., S. 210.
113 Siemsen (1924g), S. 231.

ist. Als Funktion der Gesellschaft fällt der Erziehung nicht nur die Aufgabe zu, diese Eingliederung zu ermöglichen – sie ist zugleich selbst mehrfach gesellschaftlich bestimmt: zum einen, indem sie Ausdruck der bestehenden Gesellschafts- und somit auch der jeweiligen Macht- und Interessenverhältnisse ist und demnach niemals neutral oder autonom sein kann; des weiteren, indem sie als intentionale und direkte Erziehung den übrigen gesellschaftlichen Einflüssen gegenüber nur über begrenzte Wirksamkeit verfügt und daher nicht überschätzt werden darf; schließlich indem sie der Dynamik der gesellschaftlichen Verhältnisse, d.h. ihren Wandlungen und Umbrüchen ausgesetzt ist. Aus der Konstellation dieses Bedingungsgefüges leitet Anna Siemsen folgende Anforderungen an Erziehung ab:

- Erziehungsfragen dürfen nicht auf Erziehungsinstitutionen, erst recht nicht auf Fragen der Methodik reduziert werden sondern hängen mit gesamtgesellschaftlichen und daher auch mit wirtschaftlichen und politischen Verhältnissen zusammen;
- Erziehungsprozesse sollten, um wirkungsvoll zu sein, vorwiegend auf zwar bewusste, jedoch indirekte Weise erfolgen und sollten
- in Form einer allgemeinen Grundausbildung, die sich nicht an Wissen, sondern an Fähigkeiten, insbesondere an der Förderung von Urteils- und Kritikfähigkeit, orientiert, den Menschen auf die Anforderungen einer sich wandelnden Gesellschaft vorbereiten. Dabei müssen die an der Erziehung Beteiligten sich stets aufs Neue der Angemessenheit ihrer Ziele und Methoden vergewissern.

Den gedanklichen Rahmen dieser Einzelforderungen stellt die grundsätzliche These Anna Siemsens dar, dass das *Ziel* der Erziehung stets aus der Betrachtung der gesellschaftlichen Anforderungen, die *Methode* dagegen aus der Berücksichtigung der kindlichen Anlagen, Fähigkeiten und Entwicklungsmöglichkeiten gewonnen werden müsse. Nur so könnten beide Pole der Erziehung, Mensch und Gesellschaft, beachtet, nur auf diese Weise könnten individuelle Freiheit jedes Einzelnen und Verpflichtung gegenüber der Gesellschaft miteinander verbunden werden. Ideales Medium einer solchen Vermittlung sei die Erziehung zur gesellschaftlichen und solidarisch organisierten Arbeit.

Die zeitgenössischen gesellschaftlichen Verhältnisse aber stehen einer solchen Erziehung entgegen, da sie Individuum und Gesellschaft gegeneinander treiben: zwar besitze der Einzelne das Recht und die theoretische Möglichkeit zur freien Entfaltung seiner Persönlichkeit, doch könne er dieses Recht entweder gar nicht oder nur auf Kosten der Allgemeinheit einlösen. Ursache dieser faktischen Rechtsungleichheit sei die kapitalistische Wirtschaftsordnung, die nicht an einer gleichmäßigen Bedürfnisbefriedigung aller, sondern an Profiterzeugung und somit an Spezialisierung und funktionaler Verengung interessiert sei. Demokratische Erziehung erscheint unter solchen Voraussetzungen als nicht umsetzbar, obwohl die Idee einer allgemeinen und gerechten Erziehung erst mit der Entstehung der kapitalistischen Gesellschaft ermöglicht wurde. Solche Zusammenhänge zeigen laut Siemsen, „daß im Kapitalismus selber die Ansätze zum Sozialismus vorhanden sind"[114].

„Er setzt den Einzelnen frei und zeigt ihm unbegrenzte Arbeits- und Erfolgsmöglichkeiten, aber er führt nur eine geringe Zahl zum Erfolg und verdammt die Massen zu einem Leben der Abhängigkeit und Unsicherheit. Er schafft bis hierher unerhörte Reichtümer, aber er versagt in ihrer Verteilung und steigert Macht und Luxus auf der einen, Hilflosigkeit und Elend auf der andern Seite ins Unbegrenzte. Er entfesselt die Kritik, aber er erhält Ausbeutungsverhältnisse, welche einer kritischen Untersuchung nicht standhalten. Er ruft durch seine planlose Produktion, die nicht dem Bedarf, sondern dem Profit dient, die stetig wiederkehrenden Krisen hervor, welche den Gegensatz gegen ihn nicht zur Ruhe kommen lassen. Mit einem Worte: seine Grundlage ist der Klassenkampf, und so ist sein Wesen der dauernde Gegensatz, die Revolution in Permanenz."[115]

Der Sozialismus und die sozialistische Pädagogik, als Erben des Liberalismus und der klassischen bürgerlichen Pädagogik,[116] haben damit die Aufgabe, deren Widersprüche zu beseitigen und die bürgerlichen Ideen fortzuführen und auf die gegenwärtige Lage anzuwenden, d.h. „die freie menschliche schöpferische Einzelpersönlichkeit auf der neuen Grundlage der menschlichen Solidarität"[117] zu verwirklichen. Nur in einer solidarischen Gesellschaft[118], in der die einzelnen Gruppen kooperieren, sei einheitliche Erziehung möglich,[119] nur aus gemeinschaftlichen Verhältnissen könne die neue Erziehung sich entwickeln.[120] Zugleich aber ist die Erziehung selbst die Voraussetzung für die Umgestaltung der gesellschaftlichen Verhältnisse. „Eins hängt vom andern ab, eins ist Bedingung des andern."[121] Aufgabe der Erziehung ist es also, die Ansätze der neuen, solidarischen Gesellschaft „ins Bewußtsein zu heben, dadurch zu verstärken und so den Prozeß der Umgestaltung der Gesellschaft abzukürzen und zu ‚rationalisieren'. Eine sozialistische Erziehung innerhalb der kapitalistischen Gesellschaft ist nicht möglich (...), möglich aber und notwendig ist eine *Erziehung zum Sozia-*

---

114 Siemsen (1931g), S. 237.
115 Ebd.
116 Vgl. Siemsen (1948b), S. 161.
117 Siemsen (1926d), S. 222.
118 Zur Erklärung dessen, was genau Anna Siemsen unter einer solchen solidarischen Gesellschaft versteht, vgl. ihr Sozialismus-Verständnis in Kap. V des systematischen Teils vorliegender Arbeit.
119 Vgl. Siemsen (1948b), S. 42.
120 Vgl. Siemsen (1921c), S. 38.
121 Ebd.

lismus, ja diese Erziehung ist heute die vordringlichste und wichtigste aller Aufgaben"[122]. Ziel der Erziehung ist demnach nicht die Anpassung an die gegebenen gesellschaftlichen Verhältnisse; Ziel ist eine Erziehung „für die dynamische, die ewig werdende Gesellschaft"[123]. Gerade deshalb seien die großen Erzieher in ihrer eigenen Zeit so einsam und unverstanden gewesen, weil sie Wege in unerforschtes Land bahnten, umfassender sozial erlebten und in der Gegenwart Vergangenheit und Zukunft mitbegriffen.[124] Viel zu mächtig sei das Bestreben der Menschen, die gegenwärtigen Verhältnisse zu stützen, viel zu unausgeprägt das Bewusstsein, „Träger der kommenden Generation"[125] zu sein. Umso wichtiger ist es nach Siemsen, dass die Erzieher sich ihres Gesellschaftsbildes bewusst werden, dass sie ihre Gesellschafts- und Erziehungsauffassungen in Einklang bringen.[126] Nur wer die Gesellschaft als eine dynamische erkennt und akzeptiert, sich selbst und die zeitgenössischen Verhältnisse als Durchgangspunkt wertet,[127] kann die Heranwachsenden zur werdenden Gesellschaft erziehen und die Notwendigkeit einsehen, in den Kindern und Jugendlichen „den Geist der lebendigen und positiven Kritik allem Gewordenen gegenüber zu fördern"[128].

> „Das setzt voraus die weitgehende Ablehnung alles Zwanges, der notwendig verengend und verfälschend auf das Bewußtsein wirkt. Es setzt weiter voraus, daß jeder Erzieher wie jede Erziehungsgruppe (...) auf eine unbedingte Autorität verzichten und, bei allem Wissen von der eigenen weiteren Erfahrung, sich das weiseste aller Erziehungsworte zu eigen macht: ‚Er muß wachsen, ich aber muß abnehmen', das für jede Generation der Erwachsenen gegenüber der nachdrängenden Jugend gilt."[129]

Was genau dieses „Erziehungswort" für sie bedeutet, erklärt sie an anderer Stelle, indem sie schreibt: „Immer, sobald es geht, die Leitung abgeben und nur im Hintergrund beobachten und in Hilfestellung sein."[130] Grundregel der Erziehung müsse sein: „Im Notwendigen Einheit, in den Nebendingen Freiheit, in allem Liebe."[131]

Bei genauer Betrachtung stellt das Erziehungsverständnis Anna Siemsens eine Verbindung der beiden klassischen Vorstellungen vom Erzieher als „Bildhauer" einerseits und als „Gärtner/Unterstützer" andererseits dar. Wie ein Bildhauer soll

---

122 Siemsen (1931g), S. 237. (Herv. im Orig.)
123 Siemsen (1948b), S. 143.
124 Vgl. ebd.
125 Ebd., S. 156.
126 Ebd., S. 158.
127 Vgl. ebd., S. 99.
128 Ebd., S. 104.
129 Ebd.
130 Siemsen (1945b), S. 14.
131 Ebd., S. 16.

der Erzieher nach Siemsen ein Ziel verfolgen, das jedoch aus den Notwendigkeiten der Gegenwart abgeleitet und in die Zukunft gerichtet ist und daher das Einfügen der Heranwachsenden in feste, starre Formen von vornherein ausschließt. Ähnlich einem „Tier- und Pflanzenzüchter" soll der Erzieher die „Bedürfnisse (der Heranwachsenden, M.J.) studieren und die Bedingungen ihres Gedeihens schaffen und dann sie ruhig ihrem Wachstum überlassen, Schaden verhüten und einstweilen prüfen, wohin die Entwicklung geht, welche Änderungen in Umgebung und Lebensweise dadurch notwendig werden. Die erste Erziehertugend ist Zurückhaltung und Ehrfurcht, aus der jene entspringt". Wohl um Missverständnissen vorzubeugen fügt sie hinzu: „Das bedeutet nicht, man solle die Kinder sich selber überlassen. Man soll sie nur bald zu ihresgleichen bringen und in eine Umgebung, die dem Kinde Freiheit der Entfaltung, Anreiz zur eigenen Tätigkeit bietet."[132] Noch einmal macht sie deutlich: „Versteht mich: ich rede nicht dem das Wort, daß wir die Kinder wild wachsen lassen oder sie den Zufälligkeiten ihrer jetzt gar so chaotischen Umwelt überlassen."[133]

Damit betont Anna Siemsen nachdrücklich die Notwendigkeit, der Erziehung ein Ziel zu setzen und in diesem Ziel, der Erziehung zur werdenden solidarischen Gesellschaft, unterscheiden sich ihre erziehungsorganisatorischen und -methodischen Vorstellungen trotz zahlreicher Überschneidungen von bürgerlichen Reformkonzepten. Über methodische Fragen, so Siemsen, könne man sich einigen. „So ist heute kaum ein Streit darüber, daß das Kind durch eigene Anschauung und freie Tätigkeit seine Kräfte entwickeln müsse. Die Arbeitsschule hat wohl in allen Lagern ihre Anhänger."[134] Nur zwischen den Zielen gebe es keine Verständigung. Wie Anna Siemsen hier selbst andeutet, greift auch sie zur Umsetzung ihrer Erziehungsvorstellungen auf zahlreiche reformpädagogische Konzepte und Methoden zurück, entgeht jedoch durch ihren übergreifenden gesellschaftlichen Begründungszusammenhang der Gefahr, die viele bürgerlich-konservative Vertreter/innen nicht erkannten: pädagogische Methoden als Selbstzweck zu betrachten und damit der Unwirklichkeit und Lebensferne preiszugeben, den Zusammenhang von Bildung und Herrschaft zu verkennen oder gar vormodernen, idealistisch überhöhten Gemeinschafts- und Gesellschaftskonzepten zu huldigen, wie dies am Beispiel Peter Petersens gezeigt werden konnte. Anna Siemsen will die Kinder und Jugendlichen nicht vor der Gesellschaft „bewahren", sie in einer künstlichen Gemeinschaft erziehen. Vielmehr sollen die von ihr geforderten reformierten Schulstrukturen, Unterrichtsinhalte und -me-thoden dazu dienen, die zu Erziehenden auf die gegenwärtige, vor allem aber auf die kommende Gesell-

---

132 Siemsen (1921c), S. 51.
133 Ebd., S. 52.
134 Ebd., S. 8.

schaft vorzubereiten. Ob Einheitsschule, Arbeitsunterricht, künstlerische oder Gemeinschaftserziehung – nichts davon darf seinen Zweck in sich selbst tragen, sondern muss dazu dienen, alle Kinder und Jugendlichen zur Bewusstwerdung und höchstmöglichen Entwicklung ihrer Kräfte, zum selbst bestimmten Gebrauch ihrer Vernunft, zur Erkenntnis der gesellschaftlichen Prozesse und Widersprüche und letztlich zur aktiven Teilhabe an der Gesellschaft und zum Aufbau solidarischer Verhältnisse zu befähigen. Ziel ist ein aktiv handelndes, selbst bestimmtes Subjekt, das leitend in die gesellschaftlichen Prozesse eingreift, anstatt ihnen ausgeliefert zu sein. Um diesem Anspruch gerecht zu werden, bedarf das Schulwesen, so Siemsen, einer dringenden Reformierung in Richtung auf eine sowohl äußere als auch innere Demokratisierung.[135] Was genau Anna Siemsen darunter versteht, sollen die Ausführungen der folgenden Kapitel zeigen.

2. Zur organisatorischen und methodischen Umsetzung der Erziehungsvorstellungen Anna Siemsens

Als „getreues Spiegelbild des heutigen Lebens", dessen war Anna Siemsen sich bereits 1918 bewusst, liefere die Schule ein Abbild der inhumanen und antisolidarischen Struktur der kapitalistischen Wirtschafts- und Gesellschaftsordnung. So fördere sie eine oberflächliche und künstlich erzeugte Leistungsorientierung, stärke durch die Übernahme des Konkurrenz- und Wettbewerbsdenkens die antisozialen Neigungen der Kinder, spiegele in ihrer gegliederten Struktur die Klassenscheidung der Gesellschaft und konzentriere sich auf die Vermittlung unverstandenen „Wissens" und äußerer, auf Strafvermeidung gerichteter Disziplin.[136] Da Anna Siemsen mit Marx davon ausgeht, dass die Umwälzung des kulturellen Überbaus stets mit Verzögerung erfolge[137] und die Entwicklung der kulturellen Institutionen daher nur langsam vor sich gehe, macht sie sich keine Illusionen über die Mühseligkeit und die begrenzte Wirksamkeit schulischer Reformen. Dennoch betont sie deren dringende Notwendigkeit, bewahren die kulturellen Einrichtungen doch auf Grund ihrer verzögerten Entwicklung die Wirkungen vergangener Zustände und „wirken daher zum großen Teile der Entwicklung eines neuen Gesellschaftsbewußtseins geradezu entgegen"[138]. Nicht zuletzt die Erfahrung des Zweiten Weltkrieges habe gezeigt, dass eine Erneuerung des ge-

---

135 Vgl. Siemsen (1950d), S. 2.
136 Vgl. Siemsen (1918a), S. 176.
137 Vgl. Siemsen (1948b), S. 97.
138 Siemsen (1926d), S. 196.

samten Erziehungs- und Bildungswesens keine Verzögerung dulde.[139] Zwar betont Anna Siemsen in ihren Schriften, die sich mit Schulreformfragen beschäftigen, häufig, dass sie nur Anregungen geben möchte und die genaue Ausarbeitung der Reformen an anderer Stelle erfolgen müsse,[140] doch finden sich in ihrem Werk durchaus auch sehr konkrete Vorschläge zur äußeren und inneren demokratischen Umgestaltung von Schule und Lehrerausbildung. Zur äußeren Schulreform gehören nach Siemsen insbesondere die Überwindung der ausschließlich staatlich organisierten Schulträgerschaft sowie der Aufbau eines Einheitsschulwesens.

a. Äußere Schulreform – Der Staat als unzureichender Schul- und Erziehungsträger

Die Auflösung des Ständesystems und die dadurch bedingte zunehmende Individualisierung und Differenzierung der Gesellschaft hatten zur Folge, dass der Mensch aus seiner früheren festen Gruppengebundenheit gelöst wurde – Gruppenwechsel ist heute Normalität. Eine demokratische Erziehung zur Gesellschaftstüchtigkeit würde somit bedeuten, jeden Einzelnen im Rahmen einer allseitigen Ausbildung auf die verschiedenen Anforderungen der unterschiedlichen gesellschaftlichen Gruppen vorzubereiten. Wie im Zusammenhang des Gesellschaftsbildes Anna Siemsens beschrieben, ist jedoch angesichts des hohen Grades an Spezialisierung keine der gesellschaftlichen Gruppen mehr in der Lage, eine solche Erziehung zu gewährleisten. Deshalb, so Siemsen, stelle eine in Sondereinrichtungen stattfindende „Erziehung zwischen und über den Einzelgruppen"[141], m.a.W. eine Art „Metaerziehung", eine unbedingte Notwendigkeit dar, die nur von der Rahmengruppe des Staates übernommen werden könne. Seine Aufgabe sei es, zwischen den Bedürfnissen des Individuums und den Forderungen der gesellschaftlichen Gruppen zu vermitteln.[142] Dieser Aufgabe habe der Staat bisher allerdings nicht gerecht werden können, da er sich, entgegen seiner eigentlichen universalistischen und demokratischen Zielsetzung, als Machtorganisation der jeweils herrschenden Klassen erwiesen habe,[143] „als ein System rechtlich festgelegter Machtausübung"[144] zur Erstarrung neige und den erzieheri-

---

139 Vgl. Siemsen (1949a), S. 5.
140 Vgl. dazu z.B. Siemsen (1919c), S. 243.
141 Siemsen (1948b), S. 116.
142 Vgl. ebd., S. 131.
143 Vgl. ebd. S. 131f.
144 Ebd., S. 65.

schen Einfluss weiterer Gesellschaftsgruppen ausschließe[145]. In Konsequenz daraus habe das staatlich organisierte Erziehungswesen jeglichen Kontakt zur gesellschaftlichen Wirklichkeit verloren, könne der Jugend nur künstliche Abbilder gesellschaftlichen Lebens und gesellschaftlicher Arbeit bieten,[146] verfüge über keine gesellschaftlichen Kontrollmöglichkeiten und sei somit auf die Ausbildung von Lehrern als „reinen Staatsbeamten unter scharfer Kontrolle und Disziplin" und auf „ein System von festen Plänen, Inspektionen, Prüfungen und Berechtigungen"[147] angewiesen.

> „Was er damit erreichen kann, sind saubere, gleichmäßige, kontrollierbare Unterrichtsresultate (...). Ihr Ergebnis ist der kenntnisreiche, kritiklose, auf eine vorgeschriebene Überzeugung und ein vorgeschriebenes Normalwissen geschulte und jedem Befehl tadellos folgende Untertan, dem das Gefühl eigener Verantwortung und die Fähigkeit eigener Initiative ebenso abgeht, wie ihm Fleiß, Disziplin und Pflichtgefühl gegenüber einer höheren Vorschrift eignet."[148]

Hatte Anna Siemsen bereits 1918 die Ansicht geäußert, dass der Staat mit seinen Zwangsmaßnahmen nur Ordnung und Disziplin sicherstellen, jedoch keine Erziehung leisten könne und staatliche Schule und Bürokratie deshalb untrennbar miteinander verbunden seien,[149] wurde sie in dieser Meinung durch die enttäuschenden schulpolitischen Entwicklungen in der Weimarer Republik und die Erfahrungen des „Dritten Reiches" nur bestärkt. Auch wenn das stark negativ besetzte, häufig auf seinen „Polizei- und Beamtencharakter"[150] reduzierte Staatsbild Anna Siemsens auf heutige Verhältnisse nicht mehr in gleichem Maße zutrifft, ist es ihr doch als Verdienst anzurechnen, den Zusammenhang zwischen staatlicher Trägerschaft des Schulwesens und den bis heute immer wieder kritisierten schulischen Elementen der feststehenden Lehrpläne, des Berechtigungs- und Prüfungswesens und der Verbeamtung der Lehrerschaft ins Bewusstsein gehoben zu haben. Vielen Vertreter/innen der Reformpädagogik warf sie vor, diesen Zusammenhang nicht erkannt zu haben. So sei der Glaube, die erzieherische Schwäche des deutschen Schulsystems allein durch methodische Reformen überwinden zu können, „der ungemeine Fehler der neudeutschen Schulreform gewesen (...). Nicht die Methode, sondern die Wesensstruktur der Erziehungsträger ist verantwortlich für den Charakter der deutschen Erziehung und des

---

145 Vgl. u.a. ebd. S. 64 u. Siemsen (1921c), S. 30.
146 Vgl. Siemsen (1948b), S. 117.
147 Ebd., S. 118.
148 Ebd.
149 Vgl. Siemsen (1918a), S. 180f.
150 Siemsen (1948b), S. 64.

deutschen Unterrichts (...)"[151]. Als Rahmengruppe besitze der Staat „keine selbständige Haltung dem Leben gegenüber" und könne somit keine erzieherische Wirkung ausüben. „Der Staat als solcher kann nur Unterrichts-, keine Erziehungseinrichtungen schaffen"[152] und ist damit für Siemsen ein zwar nötiger, aber unzureichender Erziehungsträger.

Eine der wesentlichen Forderungen Anna Siemsens hinsichtlich einer äußeren Reform der Schule besteht deshalb darin, die staatliche Kontrolle des Schulwesens auf das Nötigste zu begrenzen und, ganz im Sinne ihrer Überzeugung von der Notwendigkeit, die gesellschaftlichen Tendenzen zur Universalität und Differenzierung und damit zum demokratischen Austausch der gesellschaftlichen Gruppen untereinander zu wahren, die gewonnenen Freiräume dazu zu nutzen, die Erziehungseinrichtungen mit möglichst vielen Trägern des wirtschaftlichen und gesellschaftlichen Lebens zu verbinden.[153] Durch die Angliederung von Ergänzungseinrichtungen wie Kinderkrippen und Kindergärten, Ferienheimen und Berufsberatungsstellen sowie auch den Organisationen der Jugend- und der Arbeiterbewegung sei es möglich, die Schule hinsichtlich ihres Erziehungsauftrages, den sie unmöglich allein erfüllen könne, zu entlasten und zu ergänzen.[154] Des Weiteren könne die Schule ihrer Aufgabe, die Kinder und Jugendlichen auf das gesellschaftliche Leben vorzubereiten, d.h. „Zentrum der gesellschaftlichen Entwicklung"[155] zu sein, nur gerecht werden, wenn sie ihre Isolation überwinde und sich den Einflüssen der Gesellschaft, insbesondere der Wirtschaft gegenüber öffne, diese aber gleichzeitig so kläre und ordne, dass die Heranwachsenden die gesellschaftliche Entwicklung verstehen und sich selbst als deren Träger zu begreifen lernen.[156]

> „Das sollte ja eigentlich die Aufgabe der Schule, dies auch die Aufgabe ihrer Beamten sein, als Clearingseinrichtung zu dienen, durch welche das Kind überhaupt erst einmal in die Lage gebracht wird, seiner Stellung in der Gesellschaft und seines Zusammenhangs mit allen gesellschaftlichen Vorgängen bewußt zu werden nach dem Maße seiner eigenen Fähigkeiten."[157]

---

151 Ebd., S. 118. Auch hier sei wieder auf Bernfelds Machiavell verwiesen, der gerne bereit ist, Lehrpläne, Unterrichtsmethoden etc. anderen zu überlassen, wenn nur die Organisation des Erziehungswesens in seiner Hand bleibe. (Vgl. Anm. 35 des vorl. Kapitels.)
152 Siemsen (1948b), S. 116.
153 Vgl. ebd., S. 117f.
154 Vgl. ebd., S. 128 u. Siemsen (1926d), S. 213f.
155 Siemsen (1948b)., S. 136.
156 Vgl. ebd.
157 Ebd., S. 126f.

Alle noch so schönen Beschäftigungen der Kinder seien wenig hilfreich, so lange die Schule von der wirklichen Arbeit des Wirtschaftslebens getrennt bleibe.[158] Deshalb sei es notwendig, die Schule mit dem wirtschaftlichen Produktionsprozess zu verbinden[159] und die Berufsorganisationen am Aufbau des Schulwesens zu beteiligen, „da diese als einzige Sachverständige über das Verhältnis zwischen Menschen und ihrer Arbeit zu urteilen berufen sind"[160]. Dies dürfe selbstverständlich nicht bedeuten, die Schule in die profitorientierte Privatwirtschaft einzugliedern, sondern entweder öffentliche Betriebe für die Arbeitserziehung zu gewinnen oder aber die Schulen als „selbständige Siedlungen auf genossenschaftlicher Grundlage einzurichten. Die Landerziehungsheime (...) sind heute wohl unsere besten Schulen. Aber sie sind privatkapitalistische Unternehmungen"[161] und könnten ihre Aufgabe nach Siemsens Meinung besser erfüllen, wenn die in ihnen verübte praktische Arbeit wirklicher Bedarfsdeckung diente[162]. Nur durch eine selbstständige und möglichst selbsterhaltende Ausübung gesellschaftlicher Arbeit ist es in Siemsens Augen möglich, den Heranwachsenden wirkliche Einblicke in gesellschaftliche (Produktions-)Prozesse zu gewähren, worauf im Zusammenhang ihrer Vorschläge hinsichtlich einer inneren Schulreform näher einzugehen sein wird. Auch hier zeigt sich wieder, wie eng die Frage nach der Trägerschaft des Schulwesens mit schulischen Arbeitsweisen und Unterrichtsmethoden verknüpft ist. Selbst die Beseitigung der in Siemsens Augen so unsäglichen Einrichtung des Prüfungs- und Berechtigungswesens, das eine reine Wissensabfrage darstelle und weder Lehrplanfreiheiten noch Arbeitsschulmethoden ermögliche, ist für sie nur denkbar, wenn die Heranwachsenden stattdessen die Möglichkeit erhalten, ihre Fähigkeiten und Leistungen praktisch zu erproben und unter Beweis zu stellen. Dazu sei es nötig, dass der Staat sich zurücknehme und seine Lehrpläne für alle Schulgattungen und Altersklassen auf die Angabe von Mindestanforderungen hinsichtlich des Erwerbs elementarer Kenntnisse und Fertigkeiten in wenigen obligatorischen Fächern beschränke.[163] Während die übliche Angabe von Höchstforderungen lediglich zu „Paukerei, Oberflächlichkeit, äußerem Drill"[164] und mangelhafter Arbeitsfreude führe, ließe ein Mindestschulplan sich im Rahmen von täglich 2-4 Arbeitsstunden erledigen und könne die übrige Zeit für freie Arbeiten im Rahmen von Kursen genutzt werden, die je nach

---

158 Vgl. Siemsen (1921c), S. 56.
159 Vgl. Siemsen (1926d), S. 160.
160 Ebd., S. 212.
161 Ebd., S. 57.
162 Vgl. Siemsen (1924c), S. 384.
163 Vgl. u.a. Siemsen (1918a), S. 182 u. Siemsen (1919c), S. 243.
164 Siemsen (1918a), S. 182.

Neigung und Begabung zu wählen und nicht behördlich zu kontrollieren seien.[165] Zwar werde dadurch „das, was man so allgemeine Bildung nennt"[166], d.h. das bisherige „Konversationslexikonwissen", deutlich zurückgehen, gleichzeitig aber erhielte man freiere Entfaltungsmöglichkeiten und mehr Arbeitsfreude. „Ich bin mir bewußt", so Siemsen, „daß mit dieser Reform unser ganzes System von Grund aus gewandelt wird. Zentralisation ist dabei unmöglich."[167] Vielmehr müsse der Staat sich als Übergangserscheinung begreifen und die Zusammenarbeit der gesellschaftlichen Einzelgruppen stärken, um sich selbst als Rahmengruppe weitgehend überflüssig zu machen.[168] Hierzu gehört nach Ansicht Siemsens, Schulverwaltungsfragen zu dezentralisieren und „eine freie Selbstverwaltung der Schulgemeinde von Eltern, Lehrern und Kindern in allen inneren, der politischen Gemeinde in allen äußeren Angelegenheiten"[169] zu ermöglichen. Letztlich lautet ihr Standpunkt: „die Erziehung und damit die Schule und die Verwaltung der Schule ist eine Angelegenheit der Gesellschaft und kann nur durch die Gesellschaft geregelt werden."[170]

b. Äußere Schulreform – Ein gestuftes Einheitsschulwesen

Nichts widerspricht Anna Siemsens Vorstellung von einer demokratischen und allseitigen Erziehung so sehr wie ein gegliedertes Schulwesen, dass die Kinder und Jugendlichen durch die Unterscheidung von höherer und niederer Bildung in „Gebildete" und „Ungebildete"[171] sowie durch die Abgrenzung von allgemeiner und beruflicher Bildung in „Nurtheoretiker" und „Nurpraktiker"[172] unterteile und somit ein „Unsystem gegeneinander abgeschlossener Schulen ersten, zweiten und dritten Grades"[173] darstelle. Statt einer solchen vertikalen Gliederung in nebeneinander existierende Schultypen fordert Anna Siemsen den „Aufbau eines einheitlichen Schulwesens mit Einbeziehung der gesamten Berufs- und Fachausbildung"[174], das auf einer horizontalen Gliederung nach Altersstufen basiere und vom Kindergarten über die Grundschule (bestehend aus Unter- und Oberstufe)

---

165 Vgl. ebd., S. 182f. u. Siemsen (1919c), S. 243.
166 Siemsen (1918a), S. 184.
167 Siemsen (1919c), S. 243.
168 Vgl. Siemsen (1948b), S. 118f.
169 Siemsen (1921c), S. 56.
170 Siemsen (1921d), S. 144.
171 Siemsen (1946a), S. 203.
172 Siemsen (1926d), S. 158.
173 Ebd., S. 157.
174 Ebd., S. 212.

bis zum Aufbau (ebenfalls bestehend aus Unter- und Oberstufe) reiche[175]. Nur ein Schulwesen, das allen Heranwachsenden, ungeachtet ihrer Herkunft, ihres Geschlechts und ihrer Konfession, die gleichen Bildungsmöglichkeiten sichert, kann Siemsens Ansicht nach dem demokratischen Anspruch gerecht werden, eine „höchstmögliche Ausbildung aller"[176] zu ermöglichen und zu gewährleisten, dass nicht nur den sozial Privilegierten sondern vielmehr allen, die tatsächlich begabt sind und sich in der Praxis als geeignet bewähren, der Aufstieg zu Hochschule und führender Berufsarbeit geöffnet werde[177]. Dies schließt nach Siemsen nicht einmal den Gedanken der „Heranbildung einer verantwortlichen Elite (aus), welche den immer wachsenden Verwaltungs-, Organisations- und technischen Aufgaben gewachsen ist"[178]. Diese aber müsse „aus den breitesten Volksschichten ausgewählt und herangebildet" werden. Dabei ist Siemsen sich bewusst, dass auch die Einrichtung eines Einheitsschulwesens *allein* noch nicht ausreiche, um eine wirkliche Gleichheit der Bildungschancen zu gewährleisten. Immer wieder weist sie darauf hin, dass zum einen die Bildungsinhalte stärker an die Lebenswirklichkeit insbesondere der Arbeiterklasse anknüpfen müssen und dass zum anderen, wie bereits erwähnt, soziale Hilfsmaßnahmen nötig seien, um das theoretische Recht auf Bildung auch tatsächlich einlösbar zu machen. Schon die Durchführung einer einzigen solchen Maßnahme könne von größerer Bedeutung sein „als die allerschönsten pädagogischen Theorien"[179].

Indem Anna Siemsen auf einer Tagung des Bundes Entschiedener Schulreformer von 1921 ein Schulwesen forderte, dass „nicht nach Begabungshöhe, sondern nach Begabungs*richtung*"[180] sondere und den unterschiedlichen Anlagen und Neigungen der Schüler/innen mit Hilfe eines im folgenden Kapitel näher zu betrachtenden differenzierenden Kurssystems gerecht zu werden suche, war es ihr sogar möglich, auch die Ausbildung der „krankhaft Unterveranlagten" mit einzubeziehen und sie „in vorwiegend oder ausschließlich praktischer Arbeit zu der für sie möglichen Entwicklung"[181] zu führen, was für damalige Verhältnisse bei weitem nicht selbstverständlich war. Grundsätzlich ist es das Anliegen Siemsens, jeder Schülerin und jedem Schüler eine zu frühe Spezialisierung oder Festlegung zu ersparen. Mit Paul Oestreich stimme sie darin überein, dass es so-

---

175 Vgl. Siemsen (1921a), S. 16. Die Orientierung an Altersstufen ist dabei nicht dogmatisch zu verstehen. Ausschlaggebend für die jeweiligen Übergänge sei letztendlich nicht das Alter sondern der Entwicklungsgrad der Schüler/innen. (Vgl. ebd., S. 16f.)
176 Siemsen (1950d), S. 1.
177 Vgl. Siemsen (1949a), S. 4 u. Siemsen (1946a), S. 204.
178 Siemsen (1950d), S. 2.
179 Vgl. Siemsen (1946a), S. 205.
180 Siemsen (1921a), S. 16. (Herv. im Orig.)
181 Ebd.

lange wie möglich Übergangsmöglichkeiten und keine „Sackgassen der Schulbildung"[182] geben dürfe, um jeder Begabung die höchstmögliche Ausbildung zu sichern. Im Gegensatz zu Oestreich war sie jedoch der Überzeugung, dass ein Einheitsschulwesen zwar den Idealfall, nicht aber die einzige Möglichkeit zur Erlangung dieses Zieles darstelle. Oestreichs Idee der elastischen Einheitsschule setze einen vollkommenen Gesellschaftszustand voraus, der aber in Wirklichkeit noch nicht erreicht sei.[183] So wies sie bereits 1921 darauf hin, dass die volle Verwirklichung eines solchen Systems eine Frage der Zukunft sei, die ersten Schritte in seine Richtung aber schon jetzt möglich seien, indem man u.a. die bestehenden Schulsysteme zusammen lege und nach Altersstufen trenne, Versuchsschulen einrichte und den Unterricht um praktische Arbeiten in Schulgärten, Werkstätten u.ä. erweitere,[184] da diese in ihren Augen ein wesentliches Element der inneren Umgestaltung von Schule darstellen.

c. Innere Schulreform – Selbsttätigkeit im Rahmen einer Arbeits- bzw. Produktionsschule

Mit großer Entschiedenheit fordert Anna Siemsen eine antiautoritäre, möglichst indirekte und allseitige, an der Förderung geistiger und körperlicher Fähigkeiten orientierte Erziehung, die sowohl eine freie Entwicklung der individuellen Anlagen und Neigungen als auch die Herausbildung von Gesellschaftstüchtigkeit und Gesellschaftsbewusstsein ermöglicht. Entsprechend vernichtend fällt ihr Urteil über die innere Gestaltung des deutschen Schulwesens aus. Insbesondere der auf reine Wissensorientierung abgestellte und geistig überfordernde Unterricht findet ihre erbarmungslose Kritik:

> „Man überschüttet uns von klein auf mit halben und unklaren Anschauungen, man stopft uns voll mit unverstandenen Begriffen."[185]
> „Wir leiden unbewußt noch immer unter Herbarts verkehrtem Ideal der gleichmachenden Bildung, unter der noch verkehrtern (sic!) materialistischen Ausbeutung, die ein enzyklopädisches Wissen als Ideal dieser Bildung ausrief. Wir leiden weiter an der Vorstellung, als sei alles im Leben notwendige Wissen für die Schule unentbehrlich. Darum stopfen wir in die Schule alles hinein, (...) bis die Kinder ersticken in lauter wunderschönen und nützlichen und wissenswerten Dingen."[186]
> „Jedes gesunde Kind hat den Trieb nach Tätigkeit und die lebendige Neugier, die aller Erkenntnis Vorbedingung ist. Was macht die Schule mit diesen hungrigen Geistern? Sie stopft

---

182 Siemsen (1946a), S. 206.
183 Vgl. ebd., S. 206.
184 Vgl. Siemsen (1921a), S. 18.
185 Siemsen (1921c), S. 6.
186 Siemsen (1919c), S. 241f.

sie voll zur Zeit und Unzeit – sechs Stunden Schule, Hausaufgaben in infinitum, bis die Köpfe müde und das Gemüt verdrießlich ist (sic!). Sie überfüttert sie (...) und wundert sich nachher, wenn die Opfer dieser geistigen Mastkur die Lust und Fähigkeit zu ernstlicher geistiger Verdauungsarbeit durchaus verloren haben."[187]

Deutliche Worte findet sie auch angesichts des Zwangs- und Konkurrenzcharakters und der Trostlosigkeit der Schule sowie ihrer ausschließlichen Ausrichtung auf Passivität: Wo die Kinder noch kurz zuvor in einer Spielgemeinschaft vereint gewesen seien, „errichten wir dann die tote Gleichheit des Klassenzimmers, machen aus der noch immer möglichen Arbeitsgemeinschaft ein Konkurrenzunternehmen mit Klassenplätzen, Zeugnissen und schweren Strafen gegen alles, was wie gegenseitige Hilfe aussieht. (...) Eine Arbeit, die nur aus Zensur- und Versetzungsangst oder -ehrgeiz erzwungen ist, bleibt tot"[188].

„Was geben wir dem werdenden, nach Bewegung, Farbe, Schönheit, Schöpfung verlangenden Menschlein? Vier graue Wände, eine Bank zum Stillsitzen und Aufgaben, Aufgaben, Aufgaben, bei denen das Allerschönste, was herauskommen kann, ein blaues Heft, mit schwarzen Buchstaben vollgemalt, ist, das niemand braucht (...)."[189]

Mit tatsächlichem menschlichen Leben und menschlicher Arbeit sei die Schule lediglich noch über ihre Bücher verbunden.[190] Ziel der Erziehung sollte es sein, das Kind in die wirkliche Welt hinüber zu leiten, „ihm die Aufgaben zu zeigen, die seiner warten, ihm zu helfen, daß es sich selber seinen Platz und seine Arbeit wählen lerne. Statt dessen verrammeln wir vor ihm die Welt (...) und dann stoßen wir es in die wirkliche Welt, ohne Rat und Hilfe, der Gunst und Ungunst des Zufalls ausgeliefert"[191]. Entsprechend unausgebildet seien die körperlichen und geistigen Fähigkeiten der jungen Menschen, die dieses Schulwesen letztendlich verlassen:

„Wenn unsere Durchschnittkinder aus der Schule kommen, so wissen sie weder ihre Hände noch ihre Augen zu gebrauchen. (...) Sie sind gewöhnt, Arbeit nach Vorschrift zu machen, ohne eine Ahnung davon, ob sie zweckvoll und nützlich sind (sic!). Und einen Monat später bedient derselbe Junge eine Maschine, deren Konstruktion er nicht kennt und deren Erzeugnisse ihm gleichgültig sind."[192]

Wer Jugendliche unterrichtet habe, kenne die Schwächen der heutigen Bildung:

„Mangelhafte Körperbeherrschung, unausgebildete Sinne, verkümmertes Ausdrucksbedürfnis und unentwickelte Ausdrucksfähigkeit bei einer Ueberlastung des Gedächtnisses mit fremden,

---

187 Siemsen (1919f), S. 142.
188 Siemsen (1921c), S. 43.
189 Ebd., S. 48.
190 Vgl. ebd., S. 14.
191 Ebd., S. 48.
192 Ebd., S. 14f.

äußerlich und daher lückenhaft und oberflächlich aufgenommenen Stoffen; unterdrückten (sic!) Selbsttätigkeit, Verwahrlosung des Willens bei äußerer Disziplin; als Folge: eine äußerste Unsicherheit der Umgebung und dem Leben gegenüber (...)."[193]

Was die Schule stattdessen leisten müsse, sei, die Kinder dazu zu befähigen, ihre Begabungen zu erkennen und ihren Platz in der Gesellschaft selbst zu finden.[194] „Wenn wir den Kindern einen gewandten Körper mitgeben, scharfsinnige Auffassung, klares Urteil und folgerichtiges Denken"[195], sei dieses mehr wert als die Vermittlung lückenhaften Wissens. Dazu ist nach Siemsen eine entschiedene Orientierung am Arbeitsschulprinzip, d.h. an Selbsttätigkeit und der Herausbildung von Fähigkeiten nötig, und zwar sowohl im geistigen als auch im körperlich-praktischen Sinne.

In geistiger Hinsicht kommt es Siemsen darauf an, die Schüler/innen zu eigenständiger Forschung und selbstständiger Meinungs- und Urteilsbildung zu befähigen, „Wissen" dagegen nur als Mittel zum Zweck zu betrachten. Ziel sei die „Bildung der geistigen Kräfte. Zu diesem Zwecke ist das Lernen nur das Mittel, das gar keine selbständige Bedeutung hat. Alles Wissen ist nur der Stoff, an dem man sich versucht"[196]. Selbst die Unterrichtsfächer besitzen nach Siemsen keinen Wert an sich, sondern dienen dazu, den Schüler/innen die Möglichkeit zur Herausbildung ihrer Fähigkeiten zu bieten.[197] Schon 1914 plädierte sie deshalb dafür, im Unterricht soweit wie möglich auf Sekundärliteratur zu verzichten und das Studium von Originalquellen zu bevorzugen.[198] Unhaltbar war für sie auch der Zustand, „daß unsre heutigen Lehrbücher fast ausnahmslos sich zum Tyrannen des Unterrichts machen, daß sie den Stoff unter bestimmten Gesichtspunkten und nach bestimmten Zwecken zurechtschneiden, daß sie das Urteil, die Weltanschauung, die Methode ihrer Verfasser dem unglückseligen Lehrer"[199] und damit auch den Schüler/innen aufzwingen. Diese sollten stattdessen dazu angehalten werden, sich selbst die nötigsten Notizen zu machen und auf Materialsammlungen zurück zu greifen, um daraus eigenständig Gesetze abzuleiten. Schulbücher müssten sich darauf beschränken, den Schüler/innen Fakten in Form von Tabellen und Quellenmaterial zu liefern, welche diese dann in Ei-

---

193 Siemsen (1924a), S. 147.
194 Vgl. Siemsen (1921c), S. 19.
195 Siemsen (1919c), S. 242.
196 Siemsen (1919f), S. 142.
197 So beschreibt sie in ihrem Schulentwurf von 1921 die Grundschulkurse, indem sie die Fähigkeiten hervorhebt, die in diesen Kursen erworben werden sollen, d.h. „Beobachten, Darstellen des Beobachteten, Urteilen, Vergleichen, Schließen und Abstrahieren". Die entsprechenden Unterrichtsfächer folgen in Klammern dahinter: „(Naturwissenschaften, Sprech-, Zeichen-, Schreibübungen, Raumlehre, Rechnen)" (Siemsen 1921a, S. 16).
198 Vgl. Siemsen (1914), S. 491.
199 Siemsen (1920d), S. 175.

genregie bearbeiten, anstatt ihnen durch seitenlange Erläuterungen fremde Ansichten und Urteile aufzuzwingen.[200] Aus dem gleichen Grund lehnt Anna Siemsen, wie im Rahmen ihrer Kritik an der katholischen Kirche bereits erwähnt, konfessionellen Religionsunterricht ab, da er der Entwicklung von eigenständiger Erkenntnis- und Urteilsfähigkeit zuwiderlaufe und die Schüler/innen stattdessen zur unkritischen Übernahme überlieferter und geoffenbarter „Wahrheiten" anleite.[201]

Insgesamt aber sollte das Schwergewicht der schulischen Arbeit nach Meinung Anna Siemsens bis zur Pubertät auf der körperlich-praktischen Ausbildung liegen.[202] „Sehr wesentlich (...) erschiene es mir überhaupt, wenn zwischen den Abschluß der mittlern Schule (bisherige Volksschulreife) und den Beginn der wissenschaftlichen Arbeit an der höhern Schule eine Zeit praktischer Arbeit geschoben werden könnte."[203] Das Kind besitze ein „Bedürfnis nach eigener Tätigkeit. Sich selber helfen, andern helfen, selbst etwas herstellen: das will das Kind"[204]. „Der Jugendliche hat den Drang nach Selbständigkeit, Selbstbehauptung, ein starkes Bedürfnis nach körperlicher Auswirkung, praktischer Arbeit, deren Wirkung man sofort spürt. (...) Abstraktem Denken, wissenschaftlicher Systematisierung ist der Jugendliche abgeneigt."[205] Nur durch schöpferische und gemeinschaftlich organisierte Arbeit kann der Heranwachsende laut Siemsen sich selbst entfalten und zugleich die Arbeits- und Produktionsweisen der Gesellschaft kennen lernen. Hinsichtlich der methodischen Gestaltung des Schulwesens plädiert sie daher für „die Durchführung des Arbeitsprinzips, der Selbsttätigkeit und Verantwortung und eines inneren Aufbaues der Schule als eines demokratischen und solidarischen Gemeinwesens"[206]. Wie sie sich die Umsetzung dieser Forderungen vorstellte, zeigt ihr Schulentwurf von 1921, dessen leitende Idee der auch vom Bund Entschiedener Schulreformer vertretene Produktionsschulgedanke darstellt.

„Aufgabe der Produktionsschule ist, die Kinder und Jugendlichen durch eigene, planvoll geregelte, nutzbringende Tätigkeit innerhalb einer Arbeits- und Lebensgemeinschaft zum Bewußtsein ihrer Kräfte zu bringen, sie in ein lebendig-wirkendes Verhältnis zur Umwelt zu setzen und schaffende Gemeinschaftsarbeit ihnen zum gewohnten Bedürfnis zu machen."[207]

---

200 Vgl. ebd., S. 175f.
201 Vgl. Siemsen (1921c), S. 23-28.
202 Vgl. Siemsen (1924c), S. 383.
203 Ebd.
204 Siemsen (1921c), S. 47.
205 Siemsen (1924a), S. 147f.
206 Siemsen (1926d), S. 212.
207 Siemsen (1921a), S. 15.

Deshalb, so Siemsen, müsse die Schule, z.B. in Form eines Schulgartens mit angegliederten Werkstätten, einen sich selbst erhaltenden abgeschlossenen Wirtschaftsbetrieb darstellen, der sich an den örtlichen Verhältnissen und Bedürfnissen orientiere.[208] Statt auf dem Klassensystem basiere eine solche Schule auf dem Kern-Kurs-System, wobei der Kern die für alle verpflichtende praktische Arbeit in Schulgarten, -haushalt und -werkstätten umfasse – die praktische Arbeit damit im Mittelpunkt stehe – und die geistigen, künstlerisch-musischen und kulturkundlichen Fähigkeiten im Rahmen je nach Befähigung und Neigung frei wählbarer Kurse zu erwerben seien.[209] Ziel der Grundschule, die auf dem nach der Fröbel-Montessori-Methode arbeitenden Kindergarten aufbaue und die Schüler/innen von leichteren Hilfsarbeiten und der Aneignung dazu nötiger Hilfsmittel wie „Lesen, Schreiben, Rechnen, Messen, Zeichnen usw." zu immer „größerer Selbständigkeit und Verantwortung" führe, sei es, „den Schüler durch das Mittel eigener körperlicher und geistiger Tätigkeit zur Beherrschung seiner körperlichen und geistigen Fähigkeiten, einfacher Arbeitsmethoden und technischer Ausdrucksmittel zu führen und ihn innerhalb seiner Umgebung zur Vertrautheit mit der Natur, menschlicher Arbeit und menschlicher Gemeinschaft zu bringen."[210] Der daran sich anschließende und in etwa das 14., 15. und 16. Lebensjahr umfassende Aufbau verbindet über ein Angebot praktischer, wissenschaftlicher und künstlerischer Kurse diejenigen Unterrichtsinhalte, die üblicherweise auf berufliche und allgemein bildende Schulen aufgeteilt und damit frühzeitiger Spezialisierung unterworfen werden. Da jede Schülerin und jeder Schüler einen der praktischen, sei es der landwirtschaftlichen, handwerklichen oder industriellen Kurse durchlaufe, werde sichergestellt, dass auch diejenigen, die sich später einem geistigen Beruf widmen, praktische Arbeit kennen gelernt haben.[211] Umgekehrt erhalten aber auch die späteren „Praktiker/innen" bis zum Ende ihrer Schulzeit eine ausreichende allgemeine Bildung. Während in der Unterstufe des Aufbaus noch vorwiegend praktisch gearbeitet werde, trete in der Oberstufe die theoretische Ausbildung in den Vordergrund. „Hier erst kann die endgültige Berufswahl eintreten, so daß bis dahin möglichst reiche Übergangsmöglichkeiten von einem Kursus in den andern bleiben müssen. Verbindung mehrerer Kurse ist möglich und erwünscht."[212] Den örtlichen Verhältnissen werde dadurch Rechnung getragen, dass es bspw. in dörflichen Gegenden nur prakti-

---

208 Vgl. ebd.
209 Vg. ebd., S. 15f.
210 Ebd., S. 17.
211 Vgl. ebd.
212 Ebd.

sche Aufbauschulen gebe, den Jugendlichen aber in Form von Schulheimen der Besuch auswärtiger Schulen mit differenzierterem Angebot ermöglicht werde.[213]

Dieses Schulsystem, dass allen Kindern und Jugendlichen eine allseitige Ausbildung ermöglicht, wird, darauf sei ebenfalls noch einmal hingewiesen, von Mädchen *und* Jungen besucht, was für damalige Verhältnisse durchaus revolutionär war, auch wenn Anna Siemsen sich in diesem wohlgemerkt 1921 verfassten Schulentwurf noch eher an traditionellen Rollenmustern orientiert, indem sie erklärt, dass „den Knaben schwerere Gartenarbeit, Arbeit in Feld und Werkstätte, den Mädchen leichtere Gartenarbeit, Arbeit im Haushalt und Kindergarten vorwiegend zufallen wird"[214].

Ein großes Hindernis hinsichtlich der Verwirklichung ihrer Schulreformideen sieht Anna Siemsen jedoch in der bisherigen Form der Lehrerausbildung gegeben, welche die angehenden Lehrer/innen nur unzureichend auf die anstehenden Aufgaben vorbereite.

d. Reform der Lehrerausbildung – vom Fachspezialisten und Methodiker zum gesellschaftsbewussten Erzieher

Keine Schule, so die Überzeugung Anna Siemsens, könne besser sein als ihre Lehrer/innen,[215] auch der wundervollste Reformplan stehe und falle mit den Lehrer/innen, die ihn begreifen und verwirklichen müssen[216]. Gerade deshalb ist es in Siemsens Augen fatal, dass die bisherige rein theoretisch organisierte und an der Ausbildung von Fachspezialisten orientierte Form der Lehrerausbildung die angehenden Lehrer/innen nicht in die Lage versetze, ihrem Erziehungsauftrag gerecht zu werden und eine Erziehung zur werdenden solidarischen Gesellschaft zu leisten.

„Erziehung zur Gesellschaft kann nur aus gesellschaftlichem Bewußtsein geschehen. Das heißt, die Erzieher müssen Kenntnis der Gesellschaft und gesellschaftliches Verantwortungsgefühl besitzen und ihre Aufgabe erkennen, junge Menschen zur Wirkung in der Gesellschaft willig und fähig zu machen. Solches Bewußtsein erwächst nicht aus Fachstudien und technischen Übungen. Daher gibt unsere heutige Lehrerbildung noch nicht einmal eine Vorstellung von der Aufgabe, die der Lehrer wartet. Sie erhalten eine Menge fachlicher Kenntnisse, die als Grundlage für eine spezialisierte Berufsausbildung für wünschenswert gehalten werden, dazu gewisse allgemeine Begriffe über die Funktionen des menschlichen Organismus und technische Vorschriften, wie ein derart beschaffenes Wesen zu behandeln und vor allem zu unterrichten sei. Alle diese Dinge sind für die eigentliche Erziehungsaufgabe nicht wesentlich oder

---

213 Vgl. ebd., S. 18.
214 Ebd., S. 16.
215 Vgl. Siemsen (1918a), S. 178f.
216 Vgl. Siemsen (1921b), S. 516.

geradezu gleichgültig. In der Schulpraxis wird daher das Ziel der individuellen Berufsschulung sehr unvollkommen, das wichtigere der gesellschaftlichen Erziehung überhaupt nicht erreicht und kann nicht erreicht werden."[217]

Entsprechend ihrer Auffassung, dass Erziehung stets beide Pole, das Kind bzw. das Individuum und die Gesellschaft zu berücksichtigen habe, können auch die Lehrer/innen ihrer Aufgabe nur gerecht werden, wenn sowohl „Bedürfnis und Veranlagung ihrer Schüler, (als auch, M.J.) Forderungen und Möglichkeiten der Gesellschaft die beiden Bestimmungspunkte ihrer Arbeit"[218] bilden. Ein wenig zynisch fügt sie hinzu:

> „Erkenntnis dieser beiden ist aber nicht etwa ein Geschenk des Heiligen Geistes und gehört auch nicht zu den angeborenen Gaben des vielberufenen Erziehers von Gottes Gnaden. Es ist vielmehr ein Ergebnis eines klar geführten Studiums. Und damit kehre ich zu der Forderung einer neuen Lehrerbildung zurück. Der Fachspezialist muss vom pädagogisch und soziologisch geschulten Lehrer verdrängt werden, der aus dieser Schulung Maßstäbe gewinnt, um seine Fachwissenschaft in die große Gesamtheit menschlicher Bildungsarbeit einzugliedern."[219]

Wer Schüler/innen zur Gesellschaftstüchtigkeit erziehen wolle, bedürfe daher einer wissenschaftlichen Ausbildung, die sich nicht auf die Vermittlung von Fachwissen und die Schulung in methodisch-psychologischen Fragen beschränke – was nicht heißt, dass Siemsen diese Aspekte der Ausbildung gering schätzte. So fordert sie in ihrem Referat über „Wesen und Aufgabe der Lehrerbildung" durchaus, dass jeder Lehrer neben pädagogischem Wissen – d.h. Wissen „vom Wesen und der Entwicklung von Unterricht und Erziehung, ihrer Geschichte, ihrer Träger, ihrer Organisationen und ihrer Methoden"[220] – auch psychologische, biologische, philosophische und ethische Kenntnisse,[221] sowie auch „speziellere Vertrautheit zum mindesten mit einem Wissensgebiet"[222] nachzuweisen habe. Doch angesichts ihres vernichtenden, allerdings nicht belegten Urteils, dass neunzig Prozent aller Akademiker/innen soziologische „Analphabeten"[223] seien, müsse „die Kenntnis gesellschaftlicher Vorgänge und Zusammenhänge in den Mittelpunkt"[224] wissenschaftlicher Ausbildung gerückt werden. Die Kenntnis der Gesellschaft, ihrer Entwicklungstendenzen und ihrer Forderungen an die Heranwachsenden, m.a.W. „Gesellschaftserkenntnis", sei die „Grundforderung, die an

---

217 Siemsen (1926d), S. 216f.
218 Siemsen (1924c), S. 386.
219 Ebd.
220 Siemsen (1950d), S. 3.
221 Vgl. ebd.
222 Ebd., S. 4.
223 Siemsen (1946a), S. 207.
224 Siemsen (1948b), S. 127.

jeden Lehrer zu stellen ist"[225]. So erklärt es sich, dass Anna Siemsen an dem in Hamburg durchgeführten Sonderausbildungskurs für Volksschullehrer/innen gerade auch diejenigen Vorträge und Diskussionen besonders schätzte, „in denen nicht nur rein pädagogische, sondern auch soziale, wirtschaftliche und politische Probleme erörtert wurden"[226]. Zur Vermittlung eines übergreifenden internationalen, zumindest europäischen Gesellschaftsbewusstseins entwarf Anna Siemsen konkrete Pläne zur Errichtung überstaatlicher, sog. Europäischer Akademien, in denen examinierte Lehrer/innen die Möglichkeit erhalten sollten, sich auf freiwilliger Basis in von internationalen Dozent/innen durchgeführten mehrmonatigen Kursen weiterzubilden. Die dort abzuhaltenden Vorlesungen und Arbeitsgemeinschaften sollten sich über „europäische Wirtschafts-, Sozial-, politische Geschichte, Literatur- und Kunstgeschichte sowie Geschichte der europäischen Pädagogik und des europäischen Schulwesens"[227] erstrecken. Ziel solcher Akademien sollte es sein, die Lehrer/innen ihre Tätigkeit im Rahmen gesamteuropäischer Arbeit verstehen zu lassen, sie in die Methode vergleichender Geschichts- und Gesellschaftsbetrachtung einzuführen, ihnen Einblicke in die Organisation und die Entwicklung der europäischen Gesellschaft und des europäischen Erziehungswesens zu gewähren und dabei die Einheit des gesellschaftlichen Geschehens hervorzuheben.[228]

In ihrem Bestreben, Lehrerausbildung nicht als eine möglichst frühzeitige fachwissenschaftliche Spezialisierung misszuverstehen, sondern den allgemeinen Erziehungsauftrag des Lehrerberufes hervorzuheben, plädiert Anna Siemsen auch dafür, die Lehrerausbildung nicht nur zu vereinheitlichen, sondern auch „Sozialerzieher und Fürsorger in den ersten Studiensemestern mit künftigen Lehrern gemeinsam auszubilden"[229], ihnen damit gleichsam eine pädagogisch-propädeutische Grundausbildung zu liefern[230]. Auch in ihrem bereits erwähnten Referat über „Wesen und Aufgabe der Lehrerbildung" fordert sie den Verzicht auf eine frühzeitige Sonderung der Ausbildung von Erzieher/innen und Lehrer/innen.

„Erst am Ende des grundlegenden Studiums mögen sich die Studierenden Spezialaufgaben zuwenden. Aber auch dann noch wird gegenseitige Kenntnisnahme und Mitteilung durchaus wünschenswert, ja notwendig bleiben. Der Grundschullehrer muß sowohl die Arbeit des Kindergartens wie die der Berufsberatung, der Berufsschulen wie der theoretischen Oberschulen

---

225 Siemsen (1950d), S. 3.
226 Siemsen (1948a), S. 490.
227 Siemsen (1947a), S. 733.
228 Vgl. Siemsen in einem „Memorandum betreffend Arbeitsplan einer Europäischen Akademie", in: AAJB, PB Siemsen, Anna 33.
229 Siemsen (1948a), S. 492.
230 Vgl. ebd., S. 487.

kennen. Daß diese ihrerseits die Arbeit der Grundschule theoretisch und auch praktisch kennenlernen müssen, bedarf kaum einer Begründung."[231]

Sehr positive Erfahrungen mit einer solchen allgemein-pädagogischen Grundausbildung hatte Anna Siemsen in ihren Schweizer Sonderkursen gemacht, deren propädeutischen Charakter sie als günstiges Moment[232] und „großen Wert"[233] erlebte. Auffallend, vor dem Hintergrund des grundlegenden Anspruches der Kurse jedoch verständlich ist die Breite des inhaltlichen Spektrums, das die Teilnehmer/innen neben der rein pädagogischen Arbeit zu absolvieren hatten, reichten die Pflichtfächer doch vom geschichtlichen, insbesondere sozial- und literaturgeschichtlichen, über den naturwissenschaftlichen bis hin zum musischen, künstlerischen und gymnastischen Bereich.[234]

Zusätzlich weist Anna Siemsen darauf hin, dass ein Examen keinen endgültigen Abschluss des Studiums bedeuten dürfe; vielmehr müsse in regelmäßigen Abständen Studienurlaub gewährt werden, „damit für jeden Lehrer eine dauernde Beziehung zur Welt der Bildung wie der wissenschaftlichen Forschung bestehen bleibe"[235].

Neben dem Bestreben, den wissenschaftlichen Teil der Lehrerausbildung in den ersten Semestern zu einer einheitlichen und propädeutischen Grundausbildung umzugestalten, war es die zweite wesentliche Forderung Anna Siemsens, diese theoretischen Elemente stets um praktische Anteile zu ergänzen und damit zugleich dem gesellschaftsfernen und abstrakten Charakter der Lehrerausbildung entgegenzuwirken. Seit die Lehrer/innen im 19. Jahrhundert zu Erziehungsbeamt/innen wurden, habe der Staat ihre Ausbildung geregelt, „welche nun von den verschiedenen Schulen über Fachschulen (Seminar und Hochschule) wieder in die Schule zurückführte und den Lehrer sein Lebelang in der Atmosphäre der Schule festhielt"[236]. Über Gehalt und Pension sichere der Staat den Lehrer/innen ihre Unabhängigkeit gegenüber wirtschaftlichen Schwankungen, löse sie somit „aus den Zusammenhängen des gesellschaftlichen Lebens"[237], versetze sie in eine „Sonderwelt, in welcher völlig andere Leistungen, Wertungen, Zielsetzungen gelten als in der gesellschaftlichen Wirklichkeit", erwarte aber gleichzeitig, dass

---

231 Siemsen (1950d), S. 3.
232 Vgl. Siemsen (1948a), S. 487
233 Ebd., S. 488.
234 Vgl. ebd., S. 486.
235 Siemsen (1950d), S. 4.
236 Siemsen (1948b), S. 124.
237 Ebd., S. 125.

diese in völliger gesellschaftlicher Isolation herangebildeten Erziehungsbeamt/innen die Heranwachsenden zur Gesellschaftstüchtigkeit erziehen[238].

„Schwimmen lernt man nicht auf dem Trockenen und auch nicht an der Leine, nicht einmal recht im abgeschlossenen Schwimmbassin. (...) Wir aber lassen unsere Lehrer auf dem Trokkenen der Theorien, an der Leine der festen Methoden – mögen die noch so gut erprobt sein –, im Bassin der Anstaltsarbeit und des Schullebens."[239]

Angesichts der Lebensferne des Schulwesens und seiner Erziehungsfunktionäre verwundert es Anna Siemsen auch nicht, dass beide in der Öffentlichkeit häufig einen eher mäßigen Ruf genießen.[240] Daher fordert sie nicht nur, Lehrer/innen künftig nicht mehr durch die Behörde einsetzen, sondern nach Schweizer Vorbild durch die Schulgemeinde wählen und durch der Schulgemeinde verpflichtete Schulpfleger kontrollieren zu lassen, um sie dadurch stärker mit der gesellschaftlichen Umwelt zu verbinden.[241] Darüber hinaus sei es wichtig, den Lehrer/innen über die selbstständige Ausübung gesellschaftlicher Tätigkeit einen Einblick in die gesellschaftliche Wirklichkeit zu vermitteln.

„Hand aufs Herz, wer sind die besten Lehrer und Erzieher heute wie jederzeit? Jene, die nicht nur in der Schule wurzeln, sondern im Leben selber und aus der Arbeit in der Gesellschaft selbst immer neue Kraft und Erkenntnis für die Erziehungsarbeit schöpfen."[242]

Nur ein Lehrer, der selber ganz im Leben stehe, könne auch zum Leben erziehen[243] und nur ein Lehrer, der praktische Arbeit selbst kennen gelernt habe, sei dazu in der Lage, den Gedanken der Arbeits- und Produktionsschule zu verwirklichen[244]. Daher müsse, so Siemsen, für jeden Lehrer „vom Kindergarten bis zur Universität"[245] praktische Tätigkeit in „Verwaltung, Handel, Gewerbe (oder) Landwirtschaft" zur Einstellungsvoraussetzung werden. Damit wird jedoch bereits deutlich, dass die rein universitäre und vorwiegend theoretische Lehrerausbildung diesem Anspruch nicht gerecht werden kann. Ziel der Hochschule sei „Wissen, nicht Leben, Berufs-, nicht Menschenbildung, begriffliche Abstraktion, nicht schöpferische Tat"[246]. Deshalb bedarf sie der Ergänzung durch eine praktische Ausbildungsstätte, wie Anna Siemsen sie im Rahmen ihrer Tätigkeit als Leiterin des Düsseldorfer Berufsschulwesens in Form von Arbeitsschulsemina-

---

238 Vgl. ebd.
239 Siemsen (1948a), S. 493.
240 Vgl. ebd, S. 492.
241 Vgl. Siemsen (1948b), S. 125-128.
242 Siemsen (1921c), S. 53.
243 Vgl. Siemsen (1948a), S. 492.
244 Vgl. Siemsen (1921b), S. 516.
245 Siemsen (1948b), S. 127.
246 Siemsen (1921b), S. 517.

ren zu etablieren suchte. Im Rahmen solcher Seminare würden die angehenden Lehrer/innen nicht nur in die Methode der Arbeitsschule eingeführt, sie würden darüber hinaus auch die nötige praktische, bspw. landwirtschaftliche oder handwerkliche Ausbildung erhalten.[247]

„Sie würden die gegebenen Stätten sein, auf denen der zukünftige Lehrer nach seinem Abgang von der höheren Schule und vor dem Übergang zur Hochschule eingeführt würde in die Erziehungsaufgaben, in die wirtschaftlichen Verhältnisse und in die praktische Arbeit."

Sie sei sich sicher, so Siemsen, dass ein so vorgebildeter Lehrer nicht dem wirklichkeitsfremden Intellektualismus der Universität verfallen werde.[248] Regelmäßiger Arbeitsurlaub müsse dafür Sorge tragen, dass die Lehrer/innen den Kontakt zur Arbeitswelt nicht verlieren.[249]

Ebenso wichtig wie die praktisch-handwerkliche Tätigkeit erscheinen Siemsen praktisch-pädagogische bzw. sozialpädagogische Erfahrungen in Heimen, Kinderhorten oder anderweitigen Fürsorgeeinrichtungen, da die angehenden Lehrer/innen nur hier einen „Eindruck von den sozialen Hintergründen unserer Schularbeit"[250] erhalten.

Eine weitere wichtige Maßnahme, die nach Siemsens Ansicht dazu beitragen könnte, das Schulwesen lebensnäher zu gestalten, liegt zum einen darin, das Lehrerkollegium durch Kollegen zu ergänzen, „die unmittelbar aus dem praktischen Leben kommen (...) mit einer Einstellung, welche die Schule nicht als Mittelpunkt der Gesellschaft sieht, sondern in der ihr zukommenden bescheidenen und zugleich bedeutsamen Stellung als Stätte, in der dem Kind der Eintritt in die Gesellschaft und in das Leben erleichtert werden soll"[251]. Zum anderen sei es notwendig, den Anteil der aus der Arbeiterklasse stammenden Lehrer/innen zu erhöhen. 90 Prozent der Schulkinder, stellt Siemsen 1948 fest, kommen aus den Kreisen der Arbeiterschaft. „Aber die Lehrer, die diese Kinder unterrichten und erziehen, stammen aus ganz andern Verhältnissen"[252], nämlich vorwiegend aus dem mittleren Bürgertum, was in Siemsens Augen ein großes Unglück darstellt.

„Nichts kann das Erlebnis des Arbeiterschicksals ersetzen. Je bewußter, je umfassender dies Erlebnis ist, desto besser wird ein Lehrer und Erzieher auf Arbeiterkinder einwirken können, desto eher dem Schulunterricht jene Lebensnähe geben, welche die Voraussetzung einer demokratischen Erziehung ist."[253]

---

247 Vgl. ebd., S. 517.
248 Vgl. ebd.
249 Vgl. Siemsen (1948a), S. 493.
250 Ebd., S. 490.
251 Ebd., S. 493.
252 Ebd., S. 494.
253 Ebd.

Interessant ist in diesem Zusammenhang die Erfahrung Anna Siemsens aus ihren Schweizer Sonderkursen, dass diejenigen Teilnehmer/innen, die keine hohe Schulbildung vorzuweisen hatten, dieses theoretische Defizit durch ihre „Lebenserfahrung und Erprobtheit"[254] ausgleichen konnten. Viel wesentlicher als ihre Wissenslücken sei ihr großer Vorteil gewesen, den sie auf Grund ihrer „inneren Reife und Lebens- wie Berufserfahrung"[255] sowie der dadurch bedingten Selbstständigkeit und der Fähigkeit zum Selbststudium besessen haben. Diese Fähigkeit und nicht etwa ein Höchstmaß an Wissen ist es, auf die es Siemsens Meinung nach ankommt.[256] Deshalb plädierte sie auch in ihren Sonderkursen für eine zurückhaltende Rolle der bzw. des Lehrenden[257], auf eine möglichst selbstständige Arbeitsweise der Teilnehmer/innen in Form von Referaten und Arbeitsgemeinschaften[258] und auf demokratische Methoden wie freie Diskussionen und Aussprachen und den Verzicht auf direkte Einwirkungen[259]. Somit hat schon in der Ausbildung der Lehrer/innen jener Grundsatz zu gelten, an dem diese ihre spätere Tätigkeit orientieren mögen:

> „Beschützen sollten wir und nicht regieren, wachsen lassen und nicht lenken, beobachten und nicht vorschnell unsere Weisheit aufdrängen."[260]

In ihrer 1921 veröffentlichten Schrift „Erziehung im Gemeinschaftsgeist" bringt Anna Siemsen ihre Reformvorschläge zur organisatorischen und methodischen Umgestaltung des Schulwesens und der Lehrerausbildung prägnant auf den Punkt:

> „Erst dann, wenn vom Kindergarten bis zur Hochschule eine allmählich sich erweiternde Gemeinschaft das Kind aufnimmt und vom Spiele zu immer ernsterer Arbeit führt, wenn überall an jeder Arbeitsstätte die Kinder und Jugendlichen nach dem Maße ihrer Kräfte teilnehmen an dem Werk und mithelfend zur Erkenntnis der Gesellschaft und ihrer Zustände und zur eigenen Gemeinschaft heranreifen; wenn nicht nur staatlich ausgesonderte und abgestempelte Lehrer, sondern jeder tätige und lebendige Mensch teil hat an dem Werk der Erziehung: dann erst werden wir unser Ziel erreicht haben."[261]

---

254 Ebd., S. 488.
255 Ebd., S. 491.
256 Vgl. ebd., S. 492.
257 Vgl. ebd., S. 490.
258 Vgl. ebd., S. 486.
259 Vgl. ebd., S. 487f.
260 Siemsen (1918a), S. 180.
261 Siemsen (1921c), S. 55.

VIII. Anna Siemsen als demokratisch-sozialistische Reformpädagogin – Resümee und Ausblick

Die vorliegende Arbeit verfolgte das Ziel, Anna Siemsen als eine bedeutende Vertreterin einer sozialkritischen, demokratisch-sozialistischen Pädagogik vorzustellen, die zur Umsetzung ihres Konzeptes einer demokratischen Erziehung zu individueller Freiheit und sozialer Verantwortung auf reformpädagogische Prinzipien zurückgriff, sich jedoch nicht auf methodische Fragen konzentrierte, sondern, im Gegensatz zum bürgerlichen reformpädagogischen Mainstream, gesellschaftliche Voraussetzungen und Ziele von Erziehungs- und Bildungsprozessen kritisch hinterfragte und analysierte.

Um die Herausbildung ihres demokratisch-sozialistischen Selbstverständnisses wie auch ihrer gesellschaftstheoretisch begründeten Pädagogik nachvollziehen zu können, wurde in einem *ersten Schritt* der Lebensweg Anna Siemsens nachgezeichnet. Hierbei wurde deutlich, dass ihre Erziehungsvorstellungen sich einerseits in der Auseinandersetzung mit den gesamtgesellschaftlichen Kontextbedingungen der verschiedenen Gesellschaftssysteme entwickelten. Andererseits aber waren es eben diese gesamtgesellschaftlichen Konstellationen, die eine praktische Umsetzung der pädagogischen Ideen Anna Siemsens verhinderten.

Bereits als junge Lehrerin musste sie feststellen, dass ihre nicht zuletzt auf ihre eigene Erziehung zurückzuführenden Vorstellungen einer Bildung zur Erkenntnis- und Urteilsfähigkeit auf Widerstände stieß, die nicht über Reformen des Schul- und Unterrichtswesens zu beseitigen, sondern in den konservativen gesamtgesellschaftlichen Zusammenhängen des Wilhelminischen Obrigkeitsstaates mit seiner hierarchisch strukturierten Klassengesellschaft und der größtenteils systemkonformen Erziehung zum nationalistisch, militaristisch gesinnten Untertan begründet waren.

Somit bereits für soziale Fragen sensibilisiert, machten die Erfahrungen des Ersten Weltkrieges, als dessen tiefere Ursache sie die kapitalistische Wirtschaftsordnung erkannte, Siemsen nicht nur zu einer gesellschaftskritischen, international gesinnten Pazifistin, sondern führten sie, nachdem mit der Etablierung der Weimarer Republik die entsprechenden Voraussetzungen gegeben waren, auch in die linkssozialistische, später sozialdemokratische Bildungspolitik auf kommunaler, Landes- und Reichstagsebene, sowie in das Engagement in sozialistischen Lehrer- und Kulturorganisationen, insbesondere in der Volkshochschul- und der Arbeiterjugendbewegung. Ihr mit Kurt Löwenstein gemeinsam erarbeitetes USPD-Schulprogramm, ihre Mitarbeit in der thüringischen Schulreform unter dem sozialdemokratischen Volksbildungsminister Max Greil und ihr Engagement in verschiedenen Lehrerverbänden, in der sozialistischen Kinderfreunde-Bewegung sowie in der sozialistischen Arbeiterbildung lieferten wertvolle Impulse für die Ausbildung ihrer pädagogischen Vorstellungen.

Grundlegend für eine derart breit gefächerte berufliche wie außerberufliche Laufbahn war Siemsens Einsicht, dass die Etablierung eines demokratischen Erziehungs- und Bildungswesens, worunter sie ein selbstverwaltetes, weltliches, koedukatives, unentgeltliches und horizontal gegliedertes Einheitsschulwesen verstand, nur vor dem Hintergrund einer gesamtgesellschaftlichen, d.h. politischen, sozialen wie kulturellen Demokratisierung möglich war. Zugleich sah sie im Aufbau eines demokratischen Erziehungswesens eine wesentliche Voraussetzung für die Schaffung einer solchen demokratischen Gesellschaft, schrieb sie doch dem deutschen, an unbedingtem Gehorsam, unkritischer Autoritätsgläubigkeit und einer militaristischen, antisozialen Gesinnung orientierten Schulwesen eine nicht unbeträchtliche Mitschuld an den antisolidarischen gesellschaftlichen Verhältnissen und dem Ausbruch des Ersten Weltkrieges zu.

Der Kompromisscharakter der Weimarer Republik jedoch, der sowohl im bildungspolitischen als auch im gesamtgesellschaftlichen Bereich alle Demokratisierungsbestrebungen auf halbem Weg zum Stehen kommen ließ und es den antirepublikanischen Kräften ermöglichte, ihre Positionen wieder zu stärken und progressive Schulreformversuche zu blockieren bzw. rückgängig zu machen, führte auch Anna Siemsen von einer beruflichen Enttäuschung in die nächste, bis der nationalsozialistische Terror sie schließlich zur Emigration in die Schweiz zwang. Nachdem die Errichtung der nationalsozialistischen Diktatur und der Ausbruch des Zweiten Weltkrieges ihr die Wichtigkeit der internationalen Zusammenarbeit noch einmal verstärkt vor Augen geführt hatten, engagierte sie sich im Exil, angeregt durch die antizentralistische, föderalistische Struktur der Schweiz, im Rahmen verschiedener Friedens- und Europaorganisationen für ein nach dem Prinzip des demokratischen Föderalismus zusammengeschlossenes Europa und wurde wiederum in sozialistischen Kultur- und Lehrerorganisationen, insbesondere auch dem „Verband deutscher Lehreremigranten" tätig. Hier war sie, wie bereits zu Zeiten der Weimarer Republik, erneut an der Ausarbeitung des Entwurfs eines sozialistischen Schul- und Erziehungsprogramms beteiligt, das für die Umgestaltung des Erziehungs- und Bildungswesens im vom Faschismus befreiten Deutschland konzipiert war. Die Hoffnung, ein solches Programm nach dem Kriegsende umsetzen zu können, blieb jedoch unerfüllt. Ebenso wie die meisten progressiv-politisch orientierten pädagogischen Emigrant/innen, die sich im Exil für den Kampf gegen den Nationalsozialismus engagiert hatten und nach dem Zweiten Weltkrieg in die Heimat zurückkehrten, um sich am Aufbau eines neuen, freiheitlicheren Deutschlands zu beteiligen, stieß auch

Anna Siemsen auf enorme Widerstände. Der Westen Deutschlands, in den Siemsen 1946 zurückkehrte, war vom Ausbleiben eines Neubeginns, dem Verzicht auf eine Aufarbeitung der NS-Vergangenheit, der Konzentration auf einen wirtschaftlichen Wiederaufbau und dem generellen Bestreben gekennzeichnet, an die alten Traditionen von vor 1933 anzuknüpfen. Für den bildungspolitischen Bereich bedeutete dies, dass man progressive schulreformerische Ansätze erneut zurückdrängte und am traditionellen dreigliedrigen Schulwesen festhielt. Im universitären Bereich wurde die Erziehungswissenschaft weiterhin von der Geisteswissenschaftlichen Pädagogik bestimmt; darüber hinaus kehrten schon bald die im Rahmen der Entnazifizierungsverfahren entlassenen Hochschullehrer in ihre alten Stellungen zurück, sodass für Emigrant/innen wie Anna Siemsen weder Platz noch Interesse vorhanden war. Nach einer zermürbenden Auseinandersetzung mit den Hamburger Behörden waren ein mühsam erkämpftes Ruhegehalt, sowie die Erlaubnis, Lehraufträge am Pädagogischen Institut der Hamburger Universität zu übernehmen, neben einer ausgedehnten Vortrags- und Schulungstätigkeit das Einzige, was ihr blieb.

Die aus der Aufarbeitung der bewegten Lebensgeschichte Anna Siemsens ersichtlich werdende Dialektik des Verhältnisses von Erziehung und Gesellschaft hat Siemsens 1948 veröffentlichte Hauptschrift „Die Gesellschaftlichen Grundlagen der Erziehung" (GGE), die gleichsam als Synthese ihrer pädagogischen Vorstellungen anzusehen ist, maßgeblich bestimmt. In einem *zweiten Schritt* erfolgte daher eine systematische Aufarbeitung dieses pädagogischen Werkes mit dem Ziel, es als Variante einer „Allgemeinen Pädagogik" vorzustellen, welche sich in ihrer theoretischen und methodischen Ausrichtung von den Standardwerken der zeitgenössischen Geisteswissenschaftlichen Pädagogik unterscheidet und der angesichts der Grundsätzlichkeit und Systematik ihrer Betrachtungen auch im Rahmen demokratisch-sozialistischer Pädagogik eine herausragende Bedeutung beizumessen ist.

Mit den GGE wurde eine kritisch-emanzipatorische und historisch-materialistische Variante Allgemeiner Pädagogik vorgestellt, die über die zeitgenössisch dominante, vorwiegend hermeneutisch orientierte Geisteswissenschaftliche Pädagogik hinaus geht und bereits zentrale Momente eines modernen Verständnisses von Erziehungswissenschaft als *verstehender Sozialwissenschaft* berücksichtigt, welche sich sowohl eines hermeneutisch-ideologiekritischen als auch eines empirisch-analytischen Wissenschaftsparadigmas bedient. Dies gelingt Anna Siemsen, indem sie Erziehung nicht abstrakt-ideengeschichtlich betrachtet, sondern unter Berücksichtigung empirischer, insbesondere soziologischer Erkenntnisse in den Zusammenhang gesamtgesellschaftlicher Prozesse stellt. Die Grundlage ihres Erziehungsverständnisses ist die These, dass Individuum und Gesellschaft sich in einem dialektischen Verhältnis befinden. Nur durch die Gesellschaft sei der Mensch zu dem geworden, was er ist, d.h. ein „bewusstes" und damit auf Rationalität, Mündigkeit und Emanzipation hin angelegtes Wesen; nur die Gesellschaft gebe ihm die Möglichkeit, diese Anlagen zu entfalten und durch den steten Austausch mit anderen Menschen weiterzuentwickeln; nur innerhalb der Gesellschaft sei somit auch Persönlichkeitsentwicklung möglich. Auf der anderen Seite werde die Gesellschaft, als Zusammenschluss derart veranlagter menschlicher Individuen, von eben diesen Anlagen bestimmt und zeige daher eine Tendenz zu Universalität, internationaler Ausdehnung und Integration und zugleich eine dynamische Tendenz zu zunehmender Differenzierung und Mannigfaltigkeit, sodass das menschliche Bewusstsein eine stete rationale Erweiterung erfahre. Ein solches gegenseitiges „Geben und Nehmen" von Mensch und Gesellschaft setze jedoch eine solidarische, gemeinschaftliche Organisation der gesellschaftlichen Verhältnisse voraus, damit jeder Einzelne das Recht und die tatsächliche Möglichkeit auf eine freie und ganzheitliche Persönlichkeitsentfaltung erhalte. Persönliche Freiheit und soziale Verantwortung bedingen sich wechselseitig.

Sowohl bei der anthropologischen Begründung ihres Menschenbildes als auch der soziologischen Betrachtung der Gesellschaft zeichnet sich das methodische Vorgehen Anna Siemsens dadurch aus, dass sie einerseits auf empirische Erkenntnisse zurückgreift, um das Wesen des Menschen und die Beschaffenheit der Gesellschaft möglichst objektiv zu beschreiben, zu analysieren und zu erklären. Andererseits verbleibt sie nicht auf einer formalen, rein deskriptiven Ebene, sondern sucht die sozialen Verhältnisse in ihrer historischen Entwicklung zu verstehen und zu interpretieren, um die Richtung und damit das Ziel der menschlichen Entwicklung und des gesellschaftlichen Prozesses ausmachen zu können. Nur wer ein Ziel verfolgt, ist laut Siemsen in der Lage, sich Gedanken über den Weg dorthin zu machen und die gegebenen Verhältnisse kritisch daraufhin zu überprüfen, ob sie die Erreichung des Zieles ermöglichen oder hemmen. Indem sie zu dem Ergebnis kommt, dass Individuum und Gesellschaft sich wechselseitig bedingen und das Ziel der Entwicklung somit in der Demokratisierung und Solidarisierung ihres Verhältnisses bestehen müsse, erhält sie zugleich die entscheidenden Kriterien, auf deren Basis sie die zeitgenössischen gesamtgesellschaftlichen Verhältnisse ideologiekritisch hinterfragt: Ökonomische und soziale Verhältnisse, politische Strukturen wie auch kulturelle und weltanschauliche Überzeugungen werden nicht als gegeben hingenommen sondern daraufhin untersucht und danach beurteilt, ob sie *Freiheit in der Gemeinschaft* ermöglichen, d.h. ob sie jedem Einzelnen die Möglichkeit einer freien Entwicklung in Richtung auf Emanzipation und Mündigkeit und die „Gleichheit des Rechtes und der

Würde in einer mannigfach differenzierten und gegliederten Vielheit"[1] gewähren. Nicht nur die kapitalistische Organisation der Wirtschaft, die soziale Benachteiligung der Frauen, der sowjetische Kommunismus, der italienische Faschismus und der deutsche Nationalsozialismus sowie die katholische Kirche werden von Anna Siemsen eindringlich kritisiert, weil sie die Erkenntniskraft des Menschen hemmen und die freie Entwicklung seiner Individualität unterdrücken, auch die Beurteilung des deutschen Erziehungs- und Bildungswesens, insbesondere des dreigliedrigen Schulsystems fällt vernichtend aus.

Die detaillierte Darlegung ihrer Sicht des Menschen als gesellschaftliches Wesen sowie die genaue Analyse der Gesellschaft und ihres dynamischen Entwicklungsprozesses in Richtung auf Universalität, Rationalität und Persönlichkeitsentfaltung ermöglicht es Anna Siemsen, nicht nur die *Methode*, sondern auch das *Wesen* der Erziehung, ihre *Voraussetzungen* und *Ziele* zu bestimmen. Erziehung ist für sie stets zweifach gesellschaftlich bestimmt: Zum einen besitzt sie die Funktion, dem Menschen eine umfassende Ausbildung seiner Persönlichkeit zu ermöglichen und ihn zugleich gesellschaftstüchtig zu machen, d.h. ihn in die Gesellschaft einzugliedern. Auf Grund der gesellschaftlichen Dynamik, die den Menschen stets mit neuen Herausforderungen konfrontiert, ist eine technokratische Erziehung zu reiner Funktionalität somit von vornherein ausgeschlossen. Vielmehr bedarf es einer Erziehung, die in Form einer grundlegenden und ganzheitlichen Fähigkeitsschulung insbesondere die Urteils- und Kritikfähigkeit des Menschen fördert und ihn somit auf die Anforderungen einer sich wandelnden Gesellschaft vorbereitet. Zum anderen ist die Erziehung selbst gesellschaftlich bestimmt, indem sie von den gegebenen gesellschaftlichen Strukturen und mit ihnen verbundenen Macht- und Interessensverhältnissen beeinflusst wird. Eben in diesen Verhältnissen der zeitgenössischen kapitalistischen Gesellschaft sieht Siemsen die entscheidenden Momente, die eine umfassende Persönlichkeitsbildung aller verhindern. Wo nicht die gleichmäßige Bedürfnisbefriedigung aller Menschen, sondern Profiterzeugung, Zweckorientierung und somit Funktionalisierung und Spezialisierung im Vordergrund stehen, sei eine demokratische Erziehung, die sowohl der optimalen Entwicklung des Einzelnen als auch den Anforderungen der Gesellschaft gerecht werde, nicht möglich. Die Spaltung des Schulwesens in höhere und niedere, in allgemeine und berufliche Bildung, die Orientierung der höheren Schulen an Individualismus und Persönlichkeitsbildung einerseits, die der niederen an Utilitarismus und Funktionalisierung andererseits zeige, dass Individuum und Gesellschaft auseinander fallen. Dies führe entweder zu einem gesellschaftsfernen Individualismus einer Minderheit auf Kosten der Allgemeinheit oder zur Unterdrückung und Aufopferung der Indivi-

---

[1] Siemsen (1948b), S. 161.

dualität zugunsten einer funktionalen und zweckorientierten Einpassung in die Gesellschaft, wobei Anna Siemsen zufolge die Tendenz eher in die letztere Richtung geht. Auch an den höheren Schulen und Universitäten tritt, damals wie heute, die Orientierung an einer umfassenden, ganzheitlichen Ausbildung, am Erwerb grundlegender Fähigkeiten wie Erkenntnis-, Urteils- und Kritikfähigkeit, an forschendem Lernen und geistiger wie körperlicher Selbsttätigkeit immer mehr zurück zugunsten einer Orientierung an möglichst effektiver Wissensvermittlung, frühzeitiger Spezialisierung und funktionaler Vermittlung berufsspezifischer Fertigkeiten und, so lässt sich aus heutiger Sicht ergänzen, an standardisierten Leistungs- und Outputmessungen. Indem Anna Siemsen die Ursachen dieser Entwicklungen gesamtgesellschaftlich verortet, wird deutlich, dass sie, sofern sie überhaupt erkannt werden, nicht durch methodische Reformen zu beheben sind. Es zeigt sich, wie wichtig Siemsens Ansatz ist, Erziehungs- und Bildungsprozesse stets auf die ihnen zugrunde liegenden anthropologischen und gesamtgesellschaftlichen Annahmen hin zu überprüfen. Nur wenn man weiß, welches Ziel man verfolgt und an welche Bedingungen die Erreichung dieses Ziels geknüpft ist, ist sinnvolles Handeln im Rahmen von Erziehungs- und Bildungsprozessen möglich, nur dann ist auch die Möglichkeit gegeben, vorhandene Erziehungs- und Bildungskonzepte kritisch zu beurteilen.

Schließlich bleibt die Frage zu klären, wie sich Anna Siemsen angesichts einer solchen sozialkritischen, demokratisch-sozialistischen reformpädagogischen Position innerhalb der heterogenen Reformpädagogischen Bewegung der Weimarer Zeit verorten lässt. Mit ihrer entscheidenen Einsicht, dass Erziehungs- und Gesellschaftsreform stets Hand in Hand gehen müssen, da beide sich gegenseitig bedingen, hob Siemsen sich von dem vorwiegend ideengeschichtlich orientierten und philosophisch-geisteswissenschaftlich begründeten Mainstream bürgerlicher Reformpädagogik[2] ab, deren Vertreter/innen sich schwerpunktmäßig auf die individuelle Entfaltung des Kindes und somit eine Pädagogik „vom Kinde aus" konzentrierten und diese über innere Schulreformen sowie methodische Reformen umzusetzen suchten, ohne sozial-politische Voraussetzungen und Implikationen von Erziehung zu berücksichtigen. Anna Siemsen, die entschiedene Kritik an der Überschätzung intentionaler Erziehung und der Annahme einer Autonomie der Pädagogik übte, ist somit vielmehr den Vertreter/innen einer sozialistisch orientierten Reformpädagogik zuzuordnen, die reformpädagogische Konzepte und Begrifflichkeiten aufnahmen, diese aber mit einer sozialkritischen Perspektive und einer emanzipatorischen Zielsetzung verbanden. Hieraus entwickelten sich zunehmend eigenständige theoretische Vorstellungen, bildungs-

---

2   Als Vertreter/innen bürgerlicher reformpädagogischer Konzepte seien beispielhaft genannt: Georg Kerschensteiner, Hermann Lietz, Maria Montessori, Berthold Otto und Peter Petersen.

politische Programme wie auch praktisch umgesetzte Reformmodelle, die im Unterschied zu den bürgerlichen Ansätzen einer Orientierung an Wissenschaft und Rationalität und der Berücksichtigung empirischer, insbesondere soziologischer Erkenntnisse eine wesentliche Bedeutung beimaßen.

Innerhalb der sozialistischen reformpädagogischen Richtung bleiben Anna Siemsens pädagogisch-politischen Vorstellungen von den Vertreter/innen kommunistischer reformpädagogischer Ansätze, wie Fritz Ausländer, Edwin Hörnle oder Clara Zetkin abzugrenzen, die sich an der Politik der KPD, am sowjetischen Kommunismus und am Prinzip des Klassenkampfes orientierten und die Möglichkeit einer Schulreform erst als gegeben ansahen, *nachdem* die politische Macht erobert sei. Im Gegensatz hierzu ist Siemsen eher der sozialdemokratischen reformpädagogischen Richtung zuzuordnen, die eine Sozialisierung und Demokratisierung der Gesellschaft wie der Erziehung auf parlamentarischem Wege erstrebte. Anna Siemsen deshalb als „sozialdemokratische Reformpädagogin" zu bezeichnen, würde ihren pädagogisch-politischen Ansichten jedoch nicht gerecht. Ihre Haltung gegenüber der reformistischen Politik der Sozialdemokratie, ihre Auffassung über das Verhältnis von Erziehungs- und Gesellschaftsreform sowie das Spektrum ihrer pädagogischen und politischen Wirkungsfelder lassen deutlich werden, inwiefern Siemsen sich von vielen anderen Vertreter/innen einer sozialdemokratisch orientierten Reformpädagogik unterschied:

Da Anna Siemsen Parteien nicht als Selbstzweck sondern als Mittel zum Zweck betrachtete und sich für Demokratie, selbstständige Urteilsbildung und kritische Reflexion einsetzte, lehnte sie jede Form des Zentralismus und der Orthodoxie und somit ebenfalls die durchaus auch in der SPD vorhandenen autoritären und gewaltsamen Strukturen ab, die sie u.a. letztlich auch zum Austritt und zum Eintritt in die SAP bewogen. Diese Zurückweisung jeder Form der Gewalt bedeutete jedoch nicht, dass sie nicht revolutionär gesinnt war, vielmehr lehnte sie die reformistische Haltung der SPD und deren Zusammenarbeit mit den bürgerlichen Kräften ab – auch dies ein Grund für ihren Eintritt in die SAP. Gesellschaftliche Strukturen können – so Siemsen – nicht langsam, durch einzelne sozialpolitische Reformen umgewandelt werden, weil die tatsächliche Macht, d.h. die Kontrolle der Wirtschaft, auf diesem Wege stets in den Händen der traditionellen Kräfte bleibt und die Durchsetzung des Neuen behindert. Die Kompromisspolitik der SPD verhinderte in ihren Augen daher ebenso eine grundsätzliche Reform des Erziehungs- und Bildungswesens, was sich nicht zuletzt im Rahmen des Weimarer Schulkompromisses zeigte. Angesichts dieser Haltung lässt Anna Siemsen sich eher jenen sozialistischen Reformpädagog/innen zuordnen, die den reformerischen Kurs der Sozialdemokratie entschieden ablehnten, wie zum einen die Mitglieder des Bundes Entschiedener Schulreformer, darunter insbesondere Paul Oestreich und Fritz Karen, oder zum anderen auch Kurt Löwenstein, der ebenso wie Anna Siemsen zunächst in die USPD eintrat und erst zur SPD wechselte, als die USPD sich spaltete und der linke Flügel sich den Kommunisten anschloss. Um diese Abgrenzung gegenüber dem reformistisch orientierten Mainstream der Sozialdemokratie auch begrifflich zu verdeutlichen, scheint es sinnvoll, Anna Siemsen eher als *demokratisch-sozialistische* denn als *sozialdemokratische* Reformpädagogin zu bezeichnen.

Einen weiteren Aspekt, der für eine angemessene Einordnung und Abgrenzung Anna Siemsens unerlässlich ist, stellt ihre Auffassung über das Verhältnis von Erziehungs- und Gesellschaftsreform dar. Die sozialistischen Reformpädagog/innen waren sich einig in der Überzeugung, dass Erziehung und Gesellschaft in einem dialektischen Verhältnis zueinander stehen. Unstimmigkeiten zeigten sich jedoch hinsichtlich der Auffassung darüber, in welchem Verhältnis die Erziehungsreform zur Gesellschaftsreform steht. Waren die kommunistischen Vertreter/innen der Meinung, dass eine Erziehungsreform erst *nach* einer Gesellschaftsreform erfolgen könne, gab es andererseits auch Reformpädagog/innen, die in umgekehrter Weise die Entwicklung der neuen Gesellschaft über die vorherige reformierte Erziehung neuer Menschen erstrebten. Hierzu gehörte u.a. auch Paul Oestreich, der sich als Begründer des Bundes Entschiedener Schulreformer sozialistischen Auffassungen gegenüber zwar als offen erwies, sich aber letztlich nicht von seinem aus dem konservativen Philologenverein übernommenen liberal-individualistischen und idealistisch-überhöhten Bildungs- und Erziehungsverständnis lösen konnte. So stand er nicht nur dem Anna Siemsen so wichtigen Instrumentarium des marxistischen Historischen Materialismus distanziert gegenüber; auch der praktischen Arbeit „im Kleinen", sei es die Beteiligung an konkreten Schulreformversuchen[3] oder die partei- und bildungspolitische Arbeit, stand er zunehmend ablehnend gegenüber. Für Anna Siemsen dagegen war insbesondere die praktische Umsetzung ihrer bildungspolitischen Ideen durch die Übernahme von Ämtern in Politik und Verwaltung gerade zu Beginn der Weimarer Zeit von enormer Wichtigkeit. Obwohl sie Oestreich darin zustimmte, dass das Ziel letztlich eine durchgreifende Umgestaltung der Erziehung und der Gesellschaft sein müsse und man sich nicht mit einzelnen Teil-Reformen zufrieden geben dürfe, war sie doch der Meinung, dass diese Umstrukturierung nur zu erreichen sei, wenn man sich in ganz konkreten einzelnen Schritten um ihre Umsetzung bemühte. In dieser Hinsicht stand sie also beispielsweise Fritz Karsen und Kurt Löwenstein wesentlich näher als Paul Oestreich.

---

3 Vgl. hierzu etwa Fritz Karsens Karl-Marx-Schule, eine Modellschule, die sowohl sozialistischen Intentionen als auch reformpädagogischen Prinzipien gerecht wurde.

Schließlich aber unterschied Siemsen sich durch das Spektrum ihrer pädagogischen und politischen Wirkungsfelder auch von Karsen und Löwenstein. Wie Karsen engagierte sie sich in sozialistischen Lehrerorganisationen und entwickelte sie Ideen für eine entschiedene Demokratisierung des Bildungs- und Erziehungswesens. Im Unterschied zu Karsen wollte sie jedoch stets lediglich Anregungen zu einer solchen Demokratisierung geben bzw. deren Umsetzung auf politischer Ebene mit ermöglichen, anstatt etwa selbst eine Reformschule zu gründen. Da sie die Meinung vertrat, dass Erziehungs- und Gesellschaftsreform stets Hand in Hand gehen müssen und alle Reformmaßnahmen letztlich nur bedingte Reichweite besitzen, wenn sie nicht durch entschiedene Umstrukturierungen auf gesellschaftlicher bzw. bildungspolitischer Ebene begleitet werden, hätte eine Konzentration auf einzelne Reformprojekte Anna Siemsen kaum genügt. Vielmehr wollte sie, wie beispielsweise Löwenstein, darüber hinaus zum einen in größeren Kulturorganisationen wie der sozialistischen Jugendbewegung tätig sein, zum anderen auch sozialistische Bildungspolitik aktiv mitgestalten. Was Anna Siemsen aber über die genannten Aspekte hinaus kennzeichnet und worin sie sich von den erwähnten eher praktisch-pädagogisch bzw. bildungspolitisch orientierten sozialistischen Reformpädagogen unterscheidet, ist ihre grundsätzliche theoretische Arbeit. Zwar haben sich viele Vertreter/innen der sozialistischen Reformpädagogik nicht zuletzt im Rahmen von Zeitschriftenbeiträgen intensiv am pädagogischen Diskurs der Weimarer Zeit beteiligt; kaum jemand aber hat die sozialistische Auffassung von der gesamtgesellschaftlichen Bestimmtheit der Erziehung so grundsätzlich reflektiert wie Anna Siemsen. Mit den „Gesellschaftlichen Grundlagen der Erziehung", *ihrer* Allgemeinen Pädagogik, lieferte Anna Siemsen ein kritisch-emanzipatorisch und historisch-materialistisch angelegtes „Gegenstück" zur Allgemeinen Pädagogik geisteswissenschaftlicher Provenienz, in vorliegender Arbeit beispielhaft skizziert anhand der „Allgemeinen Pädagogik" Wilhelm Flitners. Ebenso wie die Geisteswissenschaftlichen Pädagogen die Praxis bürgerlicher Reformpädagogik theoretisch zu fundieren und zu legitimieren suchten, lieferte Anna Siemsen mit ihren GGE das theoretische Fundament demokratisch-sozialistischer Reformpädagogik. Im Ansatz ähnliche Arbeiten waren höchstens im Umfeld der Vertreter/innen einer in der Weimarer Zeit aufkommenden pädagogischen Soziologie zu finden, zu denen vor allem Siegfried Kawerau gehörte. In der Grundsätzlichkeit und Schärfe ihrer Analyse gehen die GGE jedoch auch über Kaweraus Arbeiten hinaus.

Es bleibt daher festzuhalten, dass Anna Siemsen als eine demokratisch-sozialistische Reformpädagogin zu bezeichnen ist, die sich sowohl im praktisch-pädagogischen wie auch bildungspolitischen Bereich engagierte, sich darüber hinaus aber vor allem auch um die *theoretische* Begründung demokratisch-sozialistischer Reformpädagogik verdient gemacht hat.

Ihre Orientierung am demokratischen Sozialismus bedeutete sicherlich, dass Siemsen unter Gesellschaftsreform immer zugleich eine Reform in Richtung auf eine demokratisch-sozialistische Gesellschaft verstand, da ihrer Meinung nach nur in einer solchen Gesellschaft sowohl eine politische als auch eine soziale Demokratie bestehe und somit nur in ihr eine wahrhaft demokratische und sozial gerechte Erziehung möglich sei. Ob man diese Einschätzung teilt, ist eine Frage der eigenen politischen Überzeugung. Es ist jedoch als wichtiges Verdienst Anna Siemsens anzusehen, das dialektische Verhältnis von Erziehung und Gesellschaft in den GGE grundlegend und systematisch aufgearbeitet zu haben.

An dem Beispiel Anna Siemsens zeigt sich, dass die Betrachtung erziehungswissenschaftlicher und pädagogischer sowie nicht zuletzt auch bildungspolitischer Entwicklungen stets die entscheidenden Fragen nach dem zugrunde liegenden Menschenbild und den jeweils verfolgten politischen und wirtschaftlichen Interessen berücksichtigen sollte. Betrachtet man derzeitige bildungspolitische Entwicklungen unter einer solchen gesellschaftskritischen Perspektive, können sich z.B. im Hinblick auf Schulsystemfragen oder die Konzeption von Studienordnungen und Lehrplänen folgende exemplarische, lediglich als Anregung konzipierte Überlegungen ergeben:

- Kann ein gegliedertes Schulsystem, das die Kinder im Alter von etwa zehn Jahren verschiedenen Schultypen zuweist und dabei zwar offiziell Begabungs- und Leistungsstände berücksichtigt, tatsächlich aber, wie u.a. durch PISA bestätigt, soziale Ungleichheiten zementiert, jedem Einzelnen das gleiche Recht auf eine freie und umfassende Entwicklung seiner Persönlichkeit zusichern?
- Kann ein von der beruflichen Bildung und der praktischen Bewährung getrenntes Allgemeinschulwesen seine Absolvent/innen tatsächlich „gesellschaftstüchtig" machen?
- Lassen zentrale Prüfungen, modularisierte Studiengänge sowie standardisierte Lehrpläne und Leistungsmessungen ausreichend Raum und Zeit für individuelle und differenzielle Entwicklungen und vielfältige und eigenständige Prozesse forschenden Lernens? Begünstigen sie nicht vielmehr die Orientierung an effektiver Wissensvermittlung und Fertigkeitsaneignung statt an grundlegender Fähigkeitsschulung? Werden sie insofern den gegenwärtigen dynamischen Gesellschaftsverhältnissen überhaupt gerecht?
- Sind schulreformerische Konzepte, die Bildungsgerechtigkeit, individuelle Entwicklung und Solidaritätsbewusstsein intendieren, innerhalb der gegebenen Gesellschaftsverhältnisse letztlich überhaupt umsetzbar? Welche gesellschaftspolitischen und wirtschaftlichen Veränderungen wären nötig?

Quellen und Literatur

Archivalien

Archiv der Arbeiterjugendbewegung, Oer-Erkenschwick

- Bestand PB Siemsen, Anna

Archiv der sozialen Demokratie, Bonn

- Bestand SPD-LO Hamburg, Mappen 171, 418, 570
- Sammlung Personalia „Anna Siemsen"
- Bestand SPD-Parteivorstand, Büro Kurt Schumacher, 2/KSAA 000092

Bundesarchiv Berlin

- Bestand Reichssicherheitshauptamt R 58/5325, Bl. 50-57 (Mitgliederliste des Deutschen Komitees Pro Palästina)

Schweizerisches Sozialarchiv, Zürich

- Bestand Escherbund, Ar 201.14., darin: Ar 201.14.1; Ar 201.14.4
- Bestand Internationale Frauenliga für Frieden und Freiheit – Schweizer Zweig, Ar. 45, darin: Ar. 45.30.1, Mappen 1-2
- Bestand Landesverband der Schweiz. Kinderfreunde-Organisationen, Ar 46, darin: Ar 46.18.12, Verschiedenes 1933-1991
- Bestand Schweizerisches Arbeiter-Hilfswerk, Ar 20, darin: Ar 20.713; Ar 20.880.4 (O-Z)
- Bestand Siemsen, Anna, Ar 142
- Bestand Sozialdemokratische Partei der Schweiz, Ar. 1, darin: Ar. 1.110.27; Ar. 1.220.12

Staatsarchiv Hamburg

- Bestand Nr. 361 3, Sign. A 515 (= Personalakte Anna Siemsen-Vollenweider)
- Bestand Nr. 361 6, Sign. I 400; IV 3041

- Bestand Nr. 362 7/2 (Konferenzprotokolle des Instituts für Lehrerbildung in der Freiligrathstraße)

Stadtarchiv Düsseldorf

- Personalakte 0-1-5-1050.0000
- Akte 0-1-3-2779.0000 (Die Luisenschule. Specialia von 1916 – 1920)

Thüringisches Hauptstaatsarchiv, Weimar

- Personalakte aus dem Bereich des Volksbildungsministeriums Weimar Nr. 26674, Bde. 1-3 (Personalakte Anna Siemsen)
- Bestand „Volkshochschule Thüringen", VII Einzelne Orte, 84 VHS Reuß, Gera-Tinz 1919-1937; XXII Vorlesungsverzeichnisse, 282a Vorlesungsverzeichnisse 1923-1928
- Bestand „Thüringisches Ministerium für Volksbildung, Abt. C", C721 Bd.1 VHS Jena 1923-1945
- Bestand Land Thüringen, Ministerium für Volksbildung, 3408

Universitätsbibliothek Würzburg,

- Nachlass Paul Oestreich (ungeordnet)

Schriften Anna Siemsens:

1911

Nachklassische Dramen im deutschen Unterricht der Lyzeen und Studienanstalten, in: Frauenbildung 10(1911), S. 415-422.

1914

Das Deutsche in der wissenschaftlichen Übung des S-Jahres, in: Frauenbildung 13(1914), S. 488-492.

1915/1916

a) Franz Werfel: Die Troerinnen des Euripides, in: Zeit-Echo (1915/1916)3, S. 45f. (Veröffentl. unter dem Pseudonym Fr. Mark.)

b) Der deutsche Student im Felde. Walter Heymann, Kriegsgedichte und Feldpostbriefe, in: Zeit-Echo (1915/1916)4, S. 63f. (Veröffentl. unter dem Pseudonym Fr. Mark.)
c) Das Ziel. Aufrufe zu tätigem Geist, hg. v. Dr. Kurt Hiller, in: Zeit-Echo (1915/1916)11, S. 170-173. (Veröffentl. unter dem Pseudonym Fr. Mark.)

1917

a) Die Kriegsphilosophen, in: Die weißen Blätter 4(1917), S. 177-192. (Veröffentl. unter dem Pseudonym Fr. Mark.)
b) Der Gegner, in: Zeit-Echo 3(1917) 1. u. 2. Juniheft, S. 26f. (Veröffentl. unter dem Pseudonym Fr. Mark.)
c) Die Aufgaben der Erziehungswissenschaft, in: Die Tat 9(1917/ 18), S. 651ff.

1918

a) Staatsschule und Schulreform, in: Die Tat 10(1918), S. 174-184.
b) Pflichttreue oder Disziplin, in: Die Tat 10(1918), S. 472ff.

1919

a) Die Partei der Vernunft, in: Die Weißen Blätter 6(1919), S. 49-55.
b) Intellektuelle Entartung, in: Die Freiheit 2(1919)Nr. 101 v. 25.2.1919.
c) Reformgefahren, in: Die Neue Erziehung 1(1919)7 S. 241-244.
d) Was ist zu tun?, in: Der Föhn 1(1919)13, S. 1ff.
e) Zur Volkshochschule, in: Düsseldorfer Volkszeitung 30 (1919) Nr. 197 v. 8.9.1919.
f) Bildung? – Menschenbildung!, in: Der Sozialist 5(1919), S. 142-144.
g) Dilettantismus und Volkshochschule, in: Die Arbeitsgemeinschaft 1(1919), S. 167-172.
h) Die Volkshochschule, in: Düsseldorfer Volkszeitung 30 (1919) Nr. 127 v. 12.6.1919.
i) Die Volkshochschule III. Unser Ziel, in: Düsseldorfer Volkszeitung 30(1919) Nr. 139 v. 26.6.1919.
j) Kommunale Schulreform, in: Beilage der Düsseldorfer Volkszeitung 30(1919)Nr. 40 v. 17.2.1919.
k) Die Suggestion der Gewalt, in: Die Weißen Blätter 6(1919), S. 415-421.

1920

a) Die Einheitsschule in der Reichsverfassung, in: Der sozialistische Erzieher 1(1920), S. 604f.
b) Die gemeinsame Erziehung der Geschlechter, in: Die deutsche Schulreform. Ein Handbuch für die Reichsschulkonferenz, hg. v. Zentralinstitut für Erziehung und Unterricht in Berlin, Leipzig 1920, S. 195-201.
c) Lehrernöte, in: Die Neue Erziehung 2(1920)5, S. 97ff.
d) Schulbücherelend, in: Die Neue Erziehung 2(1920), S. 174-178.
e) Selbsttätige Erziehung, in: Der sozialistische Erzieher 1(1920), S. 234f.
f) Verfehlte Technik?, in: Der sozialistische Erzieher 1(1920), S. 629ff.
g) Ernst Hierl, Lehrer und Gemeinschaft. Eine Schule der Verantwortung, München 1919, in: Der sozialistische Erzieher 1(1920), S. 42f. (Rezension).
h) Wege zum Sozialismus, in: Der sozialistische Erzieher 1(1920), S. 310f. (Rezension).
i) Russischer Geist, in: Proletarier Jugend 1(1920)14, S. 22f.
j) Die Reichsschulkonferenz, in: Die Frau im Staat 2(1920)7/8, S. 10ff.
k) Und wie steht's um den Staat, in: Die Weißen Blätter 7(1920), S. 93ff.

1921

a) Möglichkeiten der Linienführung in Grundschule und Aufbau. Leitsätze, in: Oestreich (1921), S. 15-18.
b) Zur Lehrerausbildung, in: Der Sozialist 7(1921), S. 515ff.
c) Erziehung im Gemeinschaftsgeist, Stuttgart 1921.
d) Schulverwaltung, in: Der Sozialist 7(1921), S. 140-144.
e) Die wirtschaftlich-geistigen Zeitnotwendigkeiten und die Frauenbildung, in: Die neue Erziehung 3(1921)10, S. 306.
f) Stilproben, Bielefeld/Leipzig 1921.
g) Die Kunst des Erzählens, Bielefeld/Leipzig 1921.
h) Zur Frage der Frauenbildung, in: Sozialistische Monatshefte 27(1921), S. 538-541.

1922

a) Die Berufsschulen der Stadt Düsseldorf, in: Lux, Arthur (Hg.): Düsseldorf 1921/22, Düsseldorf 1922, S. 154ff.
b) Die Sozialdemokratie im Kampf um die wirtschaftliche und soziale Stellung der Frau, in: Sozialistische Monatshefte 28(1922), S. 808f.

c) Fortbildungs- und Fachschulen, in: Epstein, Max (Hg.): Das Buch der Erziehung, Karlsruhe 1922, S. 531-536.

1923

a) Erziehung zur Frau. (Leitsätze zum Vortragsabend: Die Schule zum Menschen), in: Die neue Erziehung 5(1923), S. 148f.
b) Berliner Schulverhältnisse, ein Beispiel deutscher Schulpolitiker, in: Sozialistische Monatshefte 29(1923), S. 288-293.

1924

a) Die Oberstufe als Berufsschule, in: Oestreich (1924), S. 147-151.
b) Die Zukunftsschule, in: Bayerische Lehrerinnenzeitung 15(1924)Nr. 4 v. 16.2.1924, S. 15f.
c) Humanismus und Gegenwartsschule, in: Sozialistische Monatshefte 30(1924), S. 381-386.
d) Neudeutsche Kleinstaaterei, in: Sozialistische Monatshefte 30(1924)10, S. 629-633.
e) Proletarische und bürgerliche Erziehung, in: Kulturwille 1(1924), S. 180.
f) Psychologische Voraussetzungen des Sozialismus, in: Jenssen, O. (Hg.): Der lebendige Marxismus. Festgabe zum 70 Geburtstag von Karl Kautsky, Jena 1924, S. 383-393.
g) Beruf und Erziehung, in: Sozialistische Monatshefte 30(1924), S. 227-232.
h) Die humanistische Bildung, in: Sozialistische Monatshefte 30(1924), S. 304-308.
i) Grundlagen des Aufbaus, in: Sozialistische Monatshefte 30(1924), S. 756-759.

1925

a) Literarische Streifzüge durch die Entwicklung der europäischen Gesellschaft, Jena 1925.
b) Sachlichkeit oder Demagogie? Zur Frage des Nelsonbundes, in: Jungsozialistische Blätter 4(1925), S. 335-338.
c) Eine Voraussetzung kunstgewerblichen Schaffens, in: Sozialistische Monatshefte 31(1925), S. 159-163.
d) Das Berufsproblem in der Literatur, in: Sozialistische Monatshefte 31(1925), S. 415-419.

e) Schulprobleme in England und bei uns, in: Sozialistische Monatshefte 31(1925), S. 693-697.

1926

a) Arbeiterschaft und Mädchenberufsschule, in: Die Genossin 3(1926), S. 298-301.
b) Schulaufbau oder Zerstörung?, in: Sozialistische Monatshefte 32(1926), S. 31-35.
c) Buch der Mädel, Jena 1926, 1927[3].
d) Beruf und Erziehung, Berlin 1926.

1927

a) Der Einzelne und die Gemeinschaft, in: Kulturwille 4(1927), 211f.
b) Eine internationale Frauenaufgabe, in: Sozialistische Monatshefte 33(1927), S. 373ff.
c) Ein unentbehrliches Buch, in: Sozialistische Erziehung 3(1927)11, S. 46f. (Rezension).
d) Pestalozzi-Bücher, in: Sozialistische Erziehung 3(1927)2, S. 8 (Rezension).
e) Pestalozzi zu unserer Kirche und Theologie, in: Sozialistische Erziehung 3(1927)3, S. 10.
f) Politische Kunst und Kunstpolitik, Berlin 1927.

1928

a) Die Frauenwahlen, in: Sozialistische Monatshefte 34(1928), S. 573-579.
b) Daheim in Europa. Unliterarische Streifzüge, Jena 1928.
c) Otto Neurath: Lebensgestaltung und Klassenkampf. Schriftenreihe Neue Menschen, Berlin 1928, in: Sozialistische Erziehung (1928)9, S. 36.
d) Zwei sozialistische Erziehungsbücher. Siegfried Bernfeld: Die Schulgemeinde im Klassenkampf. Otto Neurath: Lebensgestaltung und Klassenkampf, in: Leipziger Volkszeitung, Nr. 144 v. 22.6.1928.
e) Die Kundgebung im Volkshaus, in: Leipziger Volkszeitung, Nr. 106 v. 7.5.1928.
f) Dichtung als primitive Lebensäußerung, in: Sozialistische Monatshefte 34(1928), S. 217-221.
g) Erziehungsillusionen, in: Sozialistische Monatshefte 34(1928), S. 391-395.
h) Die sozialistische Weltanschauung, in: Arbeiterfunk: der neue Rundfunk/Arbeiter-Radio-Bund Deutschlands e.V. 3(1928), S. 387f; 404; 408.

i) Kämpfende Menschheit. Ein Geschenkbuch zur Jugendweihe, hg. v. Anna Siemsen, illustriert v. Max Schwimmer, Leipzig 1928.

1929

a) Die Berufslage der erwerbstätigen Frau, in: Sozialistische Monatshefte 35(1929), S. 581-587.
b) Die Frau in der Erziehung, in: Die Genossin 6(1929)12, S. 525f.
c) Zur Klassenlage der Frauen, in: Die Genossin 6(1929)6, S. 230ff..
d) Selbsterziehung der Jugend, Berlin 1929.
e) Anschauliche Lebenskunde, in: Sozialistische Erziehung (1929)12, o.S.
f) Extensive und intensive Bildung, in: Sozialistische Bildung 4(1929), S. 1-4.
g) Von Christus zu Marx, in: Urania 6(1929), S. 297-302.
h) Ein Berufsausbildungsgesetz, in: Sozialistische Monatshefte 35(1929), S. 801-806.
i) Der Strukturwandel in der Studentenschaft, in: Aufbau 2(1929)12, S. 366-371.
j) Menschen und Menschenkinder aus aller Welt, Jena 1929.

1930

a) Demokratie und Koalition, in: Der Klassenkampf 4(1930)1, S. 15-18.
b) Fragen der Frauenbildung, in: Kulturwille 7(1930), S. 147-149.
c) Frauenerwerbsarbeit und Mädchenbildung, in: Deutsche Lehrerinnenzeitung 47(1930)9, S. 97ff.
d) Zur Frage des Berechtigungswesens, in: Sozialistische Erziehung 6(1930), 17-20.
e) Religion, Kirche und Sozialismus, Berlin 1930.
f) Der neue Geist von Weimar, in: Gewerkschaftsarchiv 1(1930), S. 270ff.
g) Die Studentenschaft und die sozialistische Bewegung, in: Sozialistische Monatshefte 36(1930), S. 42-45.
h) Der Fall Tinz und seine politische Bedeutung, in: Sozialistische Monatshefte 36(1930), S. 335-338.
i) Staatsbürgerkunde und Politik, in: Aufbau 3(1930)8, S. 234-241.
j) Das Schulprogramm des Katholizismus, in: Aufbau 3(1930)10, S. 289-298.
k) Die Gewissensfreiheit der Lehrer in der deutschen Republik, in: Aufbau 3(1930)11, S. 341-346.
l) Kulturpolitik, in: Monistische Monatshefte 15(1930), S. 49-53.

1931

a) Erwerbslose Frauen, in: Sozialistische Arbeiter-Zeitung, Nr. 1 v. 1.11.1931.
b) Die sozialistische Erziehungsbewegung in katholischem Lichte, in: Sozialistische Erziehung 7(1931), S. 3-6.
c) Der einzelne und die Gemeinschaft, in: Hausbuch für Freidenker, Berlin 1931, S. 63-74.
d) Parteidisziplin und sozialistische Überzeugung, Berlin 1931.
e) Anna Siemsen kommt zur SAP, in: Das Kampfsignal, Nr. 8 v. 23.10.1931.
f) Staatsbürgerliche Erziehung, in: Sozialistische Monatshefte 37(1931), S. 117-123.
g) Zur Neutralität der Schule, in: Der Volkserzieher 13(1931), S. 235-238.

1932

a) Die Frau und der Sozialismus, in: Sozialistische Arbeiter-Zeitung, Nr. 32 v. 8.2.1932, S. 8.
b) Deutschland zwischen Gestern und Morgen, Jena 1932.
c) Auf dem Wege zum Sozialismus. Kritik der sozialdemokratischen Programme von Heidelberg und Erfurt, Berlin 1932.

1937

Spanisches Bilderbuch, Paris 1937.

1938

a) Marxismus oder Humanismus, in: Sozialistische Warte, 1938, S. 992-997, 1016-1020, 1036-1039, 1058-1062, 1088-1093, 1112-1117.
b) Die Schweiz und das tschechoslowakische Schicksal, hg. v. der Weltaktion für den Frieden (Reunion Universelle Pacifiste), Schweizer Zweig, H. 1, Genossenschaftsdruckerei Zürich 1938.
c) Schlagworte (I), in: Die Zukunft (1938)10, v. 16.12.1938, S. 6.
d) Spanien, in: Das Buch, Paris 1938, Nr. 2 (Juni), S. 13.
e) Autobiographische Angaben Anna Siemsens, in: Gumbel (1938), S. 282f.
f) Hitlers Außenpolitik. Authentisch nach ‚Mein Kampf', Schriftenreihe der Reunion Universelle Pacifiste (1938)2.
g) Großdeutschland oder Föderation, in: Die Zukunft 1(1938)2, S. 7.
h) Das Problem der Erziehung, in: Gumbel (1938), S. 29-45.

1939

a) Brief Anna Siemsens an Hans Siemsen, v. 24.4.1939, in: Siemsen, Hans (1984), S. 249-252.
b) Schlagworte (II), in: Die Zukunft (1939)1, v. 6.1.1939, S. 5.

1940

Mein Leben in Deutschland, unveröffentl. Manuskript, ca. 1940, AAJB, PB Siemsen, Anna 22

1941

Die Aufgaben unserer Gegenwart, in: Rote Revue (1941)20, S. 425-430.

1943

a) Wie lerne ich die Literatur kennen? Vom Erlebnis zur Erkenntnis, in: Bildungsarbeit 14(1943)1, S. 1-5.
b) Der Weg ins Freie, Zürich 1943.

1945

a) Vom Zionismus, in: Rote Revue 24(1945), S. 363ff.
b) Die Kinderfreunde-Bewegung. Heft 1 der Helferschule des „LASKO" Landesverband Schweizerischer Kinderfreunde-Organisationen, Zürich, o.J., vermutl. um 1945; ein Exempl. vorhanden in: Schweizerisches Sozialarchiv, Bestand Rote Falken Zürich 3/9, Ar 82.60.3.

1946

a) Zur Frage der Einheitsschule, in: Schola 1(1946)3/4, S. 203-208.
b) Frau und Sozialismus, hg. v. den sozialdemokratischen Frauengruppen der Schweiz, Arbon 1946.
c) Probleme der Arbeiterbildung, in: Bildungsarbeit 17(1946)6.
d) Sozialistische Erziehung/Erziehung zur Gemeinschaft, in: Heft 2 der Helferschule des „LASKO" Landesverband Schweizerischer Kinderfreunde-Organisationen, Zürich, o.J., vermutl. um 1945; ein Exempl. vorhanden in: Schweizerisches Sozialarchiv, Bestand Rote Falken Zürich 3/9, Ar 82.60.3.

1947

a) Europäische Akademien, in: Schola 2(1947), S. 732-738.
b) Jugendbücher, eine Aufgabe der neuen Erziehung, in: Schola 2(1947), S. 296-299.
c) Briefe aus der Schweiz, Hamburg 1947.
d) Einführung in den Sozialismus, Hamburg 1947.
f) Zehn Jahre Weltkrieg, Düsseldorf 1947.

1948

a) Pädagogische Sonderkurse und ihre grundsätzliche Bedeutung. Ein Beitrag zum Problem der Lehrerbildung, in: Schola 3(1948)8, S. 483-494.
b) Die gesellschaftlichen Grundlagen der Erziehung, Hamburg 1948.
c) Kunst und Politik, Hamburg 1948.
d) Brief Anna Siemsens an Hans Siemsen, v. 17.6.1948, in: Siemsen, Hans (1984), S. 317ff.
e) Aufgehende Saat, in: Menschheitspädagogik (1948), S. 40f.

1949

a) Die Schule in unserer Zeit. Zur Denkschrift der Universität Hamburg, in: Hamburger Leh-rerzeitung 2(1949)3, S. 1-5.
b) Bundesrepublik Westdeutschland, in: Rote Revue 28(1949)6, S. 234ff.

1950

a) Gesellschaftswandel und Geistesleben. Vortrag v. 15.12.1950 auf einer Konferenz über politische Schulungsarbeit im Haus Bittermark in Dortmund, AAJB, PB Siemsen, Anna 33.
b) Die europäische Lage und die Aufgaben der Lehrer. Vortrag und anschließende Diskussion etwa ein Jahr nach Gründung des Straßburger Europarates v. 1949, AAJB, PB Siemsen, Anna 33.
c) Neue Wege der Europäischen Politik. Vortrag anlässlich eines vom Deutschen Frauenring im Mai 1950 abgehaltenen Kurses für staatsbürgerliche Mitarbeit, in: Deutsche Bibliothek, Frankfurt/M., Deutsches Exilarchiv 1933-1945, Signatur EB 85/27 IV, 5.
d) Wesen und Aufgabe der Lehrerbildung, hg. v. der Bundesvertretung deutscher Lehrerstudenten, Hamburg 1950.

1951

Europa und unsere Verteidigung, in: Gewerkschaftliche Monatshefte 2(1951), S. 96-99.

1952

Was ist Gemeinschaft?, in: Junge Gemeinschaft 4(1952)7, S. 19 u. 29.

1954

Georg Ledebour, in: Georg Ledebour. Mensch und Kämpfer, zusammengestellt von Minna Ledebour, Zürich 1954, S. 7-31.

1956

a) Ein Leben für Europa. In Memoriam Joseph Bloch, Frankfurt/M. 1956.
b) Ihr seid gewarnt, Hamburg ca. 1956.

Sekundär- und weitere Literatur

Aron, Raymond: Die Deutsche Soziologie der Gegenwart. Eine systematische Einführung, übersetzt und bearb. v. Iring Fetscher, Stuttgart 1953.
Abosch, Heinz: Frauen in der Arbeiterbewegung. Zum Erkennen der Wahrheit befähigen: Anna Siemsen, in: Das Ötv-Magazin (1986)1 (Januar), S. 30ff.
Altmann, Peter (Hg.): Hauptsache Frieden. Kriegsende, Befreiung, Neubeginn 1945-1949: Vom antifaschistischen Konsens zum Grundgesetz, Frankfurt/M. 1985.
Amlacher, Cornelia: Anna Siemsen – eine Sozialistin zwischen den Stühlen, in: Horn, Gisela (Hg.): Entwurf und Wirklichkeit. Frauen in Jena 1900 bis 1933, Rudolstadt u.a. 2001, S. 267-284.
Amlung, Ulrich: Volksbildung für Demokratie und Sozialismus. Adolf Reichwein. (1898-1944), in: Hesselbarth, Mario u.a. (2006), S. 342-352.
Andresen, Sabine: Sozialistische Kindheitskonzepte. Politische Einflüsse auf die Erziehung, München/Basel 2006.
Anna Siemsen (1882-1951), in: Studienbibliothekinfo 6(1993)18, S. 10f.
Ausländer, Fritz: Zur Produktionsschultagung in Berlin, 30. Sept. bis 4. Okt. 23. Das Gesicht der „Entschiedenen Schulreformer", in: Sozialistischer Erzieher (1923), S. 75-79.

Ballauff, Theodor/Schaller, Klaus: Pädagogik. Eine Geschichte der Bildung und Erziehung, Bd. 3, Freiburg/München 1973.
Bast, Roland: Kulturkritik und Erziehung. Anspruch und Grenzen der Reformpädagogik, Dortmund 1996.
Bast, Roland: Reformpädagogik und Konservative Revolution, in: Keim/ Schwerdt (2012), Typoskript.
Baur, Nina: Verlaufsmusteranalyse. Methodologische Konsequenzen der Zeitlichkeit sozialen Handelns, Wiesbaden 2005.
Beck, Wolfgang/Krogoll, Johannes: Literaturwissenschaft im ‚Dritten Reich'. Das Literaturwissenschaftliche Seminar zwischen 1933 und 1945, in: Fischer u.a. (1991), S. 705-735.
Bergmann, Karl Hans: Die Bewegung „Freies Deutschland" in der Schweiz 1943-1945, München 1974.
Bernfeld, Siegfried: Sisyphos oder die Grenzen der Erziehung, Frankfurt/M. 1979³.
Bernhard, Armin/Eierdanz, Jürgen (Hg.): Der Bund Entschiedener Schulreformer. Eine verdrängte Tradition demokratischer Pädagogik und Bildungspolitik, Frankfurt/M. 1991.
Bernhard, Armin: Demokratische Reformpädagogik und die Vision von der neuen Erziehung, Frankfurt/M. 1999.
Bernhard, Armin: Sozialität, Erziehung und Gesellschaft. Individuum und Gemeinschaft im Paradigma der neuen Erziehung des Bundes Entschiedener Schulreformer, in: Neuhäuser, Heike/Rülcker, Tobias (Hg.): Demokratische Reformpädagogik, Frankfurt/M. 2000, S. 43-62.
Blankertz, Herwig: Die Geschichte der Pädagogik von der Aufklärung bis zur Gegenwart, Wetzlar 1982.
Bödeker, Hans Erich: Biographie schreiben, Göttingen 2003.
Böhm, Winfried: Kulturkritik und Pädagogik Paul Oestreichs, Bad Heilbronn/Obb. 1973.
Böhm, Winfried: Geschichte der Pädagogik, München 2004.
Böhm, Winfried: Wörterbuch der Pädagogik, Stuttgart 2005[16].
Bölling, Rainer: Volksschullehrer und Politik, Göttingen 1978.
Bollenbeck, Georg: Weltanschauungsbedarf und Weltanschauungsangebote um 1900. Zum Verhältnis von Reformoptimismus und Kulturpessimismus, in: Buchholz (2001), Bd.1, S. 203-207.
Bollinger, Stefan/Vilmar, Fritz (Hg.): Die DDR war anders. Eine kritische Würdigung ihrer sozialkulturellen Einrichtungen, Berlin 2002.
Borst, Eva: „Das einmal erworbene Bewusstsein bleibt unverlierbar" – Annäherungen an Anna Siemsens Erziehungstheorie, in: Eierdanz/Kremer (2000), S. 69-90.

Brandecker, Ferdinand: Kurt Löwenstein und die Grundlagen einer Sozialistischen Pädagogik, in: Herrmann, Ulrich (Hg.): „Neue Erziehung" – „Neue Menschen", Weinheim/Basel 1987, S. 221-235.
Breinbauer, Ines Maria: Einführung in die allgemeine Pädagogik, Wien 1996.
Buchholz, Kai u.a. (Hg.): Die Lebensreform. Entwürfe zur Neugestaltung von Leben und Kunst um 1900, 2 Bde, Darmstadt 2001.
Buchwald, Reinhard: Miterlebte Geschichte. Lebenserinnerungen 1884-1930, Köln 1992.
Carstens, Cornelia: Für Freiheit, Wahrheit und Glück. Die Pädagogin und Politikerin Anna Siemsen (1882-1951), in: Berlinische Monatsschrift (2001)2, S. 55-59.
Conze, Vanessa: Das Europa der Deutschen, München 2005.
De Lorent, Hans-Peter/Petersen, Rainer: Gespräch mit Anne Banaschewski, Katharina Jakob, Walter Jeziorsky und Ludolf Mevius. „Du glaubst nicht, was ein Wort oft wirken kann", in: Hochmuth/De Lorent (1985), S. 144-149.
Dertinger, Antje: „Wo ich nütze, ist mein Vaterland". Die Politikerin und Schriftstellerin Anna Siemsen, in: Das Parlament, v. 7.7.1984, S. 7.
Die deutsche Schulreform. Ein Handbuch für die Reichsschulkonferenz, hg. v. Zentralinstitut für Erziehung und Unterricht in Berlin, Leipzig 1920.
Dietrich, Theo: Politik und Erziehung. Tagung der G.E.R. in der Odenwaldschule, in: Berufserziehung 1(1949/50), S. 45ff.
Dokumentation zur Geschichte der Stadt Düsseldorf, 13 Bde, Düsseldorf 1981-1993, hg. v. Pädagogischen Institut der Landeshauptstadt Düsseldorf, hier: Bd.7 (1986): Düsseldorf 1850 bis 1914 : Das Zeitalter der Industrialisierung; Bd.13 (1993): Düsseldorf im ersten Weltkrieg 1914-1918.
Donat, Helmut/Holl, Karl (Hg.): Die Friedensbewegung. Organisierter Pazifismus in Deutschland, Österreich und in der Schweiz, Düsseldorf 1983.
Döpp, Robert: Jenaplan-Pädagogik im Nationalsozialismus, Münster 2003.
Drechsler, Hanno u.a. (Hg.): Gesellschaft und Staat. Lexikon der Politik, München 1995^9.
Eckhardt, Alfred: Der gegenwärtige Stand der neuen Lehrerbildung in den einzelnen Ländern Deutschlands und in den außerdeutschen Staaten, Weimar 1927.
Eierdanz, Jürgen/Kremer, Armin: Der Bund Entschiedener Schulreformer – Eine soziale Bewegung der Weimarer Republik?, in: Bernhard (1999), S. 28-66.
Eierdanz, Jürgen/Kremer, Armin (Hg.): „Weder erwartet noch gewollt" – Kritische Erziehungswissenschaft und Pädagogik in der Bundesrepublik Deutschland zur Zeit des Kalten Krieges, Hohengehren 2000.
Elbogen, Ismar/Sterling, Eleonore: Die Geschichte der Juden in Deutschland, Frankfurt/M. 1966.

Essig, Olga: Die Berufsschule als Glied der Produktionsschule, in: Die Neue Erziehung 3(1921), S. 243-251.

Essig, Olga: Berufs- und Gemeinschaftserziehung im Lebenswerk von Anna Siemsen, in: Schola 6(1951)8, S. 2-20.

Faulenbach, Bernd: Erwachsenenbildung und Weimarer Demokratie. Zur Ambivalenz einer Beziehung, in: Ciupke, Paul/Jelich, Franz-Josef (Hg.): Experimentiersozietas Dreißigacker. Historische Konturen und gegenwärtige Rezeption eines Erwachsenenbildungsprojektes der Weimarer Zeit, Essen 1997, S. 11-27.

Faulstich, Peter/Zeuner, Christine: Erwachsenenbildung und soziales Engagement. – Historisch-biographische Zugänge, hg. v. Deutschen Institut für Erwachsenenbildung. Bielefeld 2001.

Faulstich-Wieland, Hannelore/Faulstich, Peter: BA-Studium Erziehungswissenschaft. Ein Lehrbuch, Reinbek 2006.

Feidel-Mertz, Hildegard/Schnorbach, Hermann: Lehrer in der Emigration. Der Verband deutscher Lehreremigranten (1933-39) im Traditionszusammenhang der demokratischen Lehrerbewegung, Weinheim/Basel 1981. (1981a)

Feidel-Mertz, Hildegard/Schnorbach, Hermann: Verband Deutscher Lehreremigranten. Informationsblätter und Programme 1934-1939, Weinheim/Basel 1981. (1981b)

Feidel-Mertz, Hildegard (Hg.): Schulen im Exil. Die verdrängte Pädagogik nach 1933, Reinbek 1983.

Feidel-Mertz, Hildegard/Schnorbach, Hermann: Die pädagogisch-politische Emigration, in: Krohn u.a. (1998), S. 584-597.

Fetscher, Iring: Der Marxismus. Seine Geschichte in Dokumenten. Philosophie, Ideologie, Ökonomie, Soziologie, Politik, 1967.

Fiege, Hartwig: Geschichte der Hamburgischen Volksschule, Bad Heilbrunn u.a. 1970.

Fischer, Fritz: Krieg der Illusionen. Die deutsche Politik von 1911-1914, Düsseldorf 1970².

Fischer, Holger u.a. (Hg.): Hochschulalltag im ‚Dritten Reich'. Die Hamburger Universität 1933-1945, 3 Bde., Berlin/Hamburg 1991.

Fischer, Peter: Historische Soziologie als Kultursoziologie? – Zur Wiederkehr der „armen Stiefschwester" der Geschichtswissenschaft im neuen Gewand, in: hamburg review of social sciences 3(2008)2, S. 172-192.

Flitner, Wilhelm: Systematische Pädagogik. Versuch eines Grundrisses zur Allgemeinen Erziehungswissenschaft, Breslau 1933, in: Erlinghagen, Karl (Hg.): Wilhelm Flitner: Gesammelte Schriften, Bd. 2, Paderborn u.a. 1983, S. 5-122.

Flitner, Wilhelm: Allgemeine Pädagogik, Stuttgart 1950, in: Erlinghagen, Karl (Hg.): Wilhelm Flitner: Gesammelte Schriften, Bd. 2, Paderborn u.a. 1983, S. 123-297.

Friebertshäuser, Barbara/Prengel, Annedore (Hg.): Handbuch Qualitative Forschungsmethoden in der Erziehungswissenschaft, München 1997.

Fritsch, Theodor: Handbuch der Judenfrage, Leipzig 1944[49].

Froese, Leonhard (Hg.): Bildungspolitik und Bildungsreform. Amtliche Texte und Dokumente zur Bildungspolitik im Deutschland der Besatzungszonen, der Bundesrepubik Deutschland und der Deutschen Demokratischen Republik, München 1969.

Fromm, Erich: Das Menschenbild bei Marx. Mit den wichtigsten Teilen der Frühschriften von Karl Marx, Frankfurt/M. 1972[5].

Fuchs, Thorsten: Erziehungswissenschaft, in: Klein (2009a), S. 388-393.

Gehlen, Arnold: Der Mensch. Seine Natur und seine Stellung in der Welt, Frankfurt/M./Bonn 1962[7].

Geißler, Georg: Eingliederung der Lehrerbildung in die Universität. Das Hamburger Beispiel,
Weinheim/Basel 1973.

Gerhardt, Uta: Darwinismus und Soziologie – Zur Frühgeschichte eines langen Abschieds, in: Heidelberger Jahrbücher, Themenheft: Milieu und Vererbung, Bd. 45, Heidelberg 2001, S. 183-215.

Glaser, Edith/Schmid, Pia: Biographieforschung in der Historischen Pädagogik, in: Krüger/Marotzki (2006), S. 363-389.

Grappin, Pierre: Le Bund Neues Vaterland (1914-1916), Lyon/Paris 1952.

Greil, Max: Schulreaktion und Schulabbau in Thüringen, in: Sozialistische Erziehung (1929)9, S. 65ff.

Groh, Dieter/Brandt, Peter: „Vaterlandslose Gesellen". Sozialdemokratie und Nation 1860-1990, München 1992.

Gudjons, Herbert: Pädagogisches Grundwissen, Bad Heilbrunn 1999[6].

Günther, Karl-Heinz (Hg.): Geschichte der Erziehung, Berlin 1987[14].

Gumbel, Emil Julius: Vier Jahre Politischer Mord, Berlin-Fichtenau 1922.

Gumbel, Emil Julius (Hg.): Freie Wissenschaft. Ein Sammelbuch aus der deutschen Emigration, Straßbourg 1938.

Guttenberg, Gerda: Anna Siemsen: „Die konnte was!", in: Päd.extra, Mai 1987, S. 29-32.

H., M.: Teure Erinnerungen, in: Die Frau in Leben und Arbeit 23(1951), S. 7. (Ebd., ohne Autorenangabe: „Die Trauerfeier in Hamburg".)

Haffner, Sebastian: Die verratene Revolution, Bern u.a. 1969.

Hansen-Schaberg, Inge: Anna Siemsen (1882-1951) Leben und Werk einer sozialistischen Pädagogin, in: Horn, Giesela (Hg.): Die Töchter der Alma mater

Jenensis. 90 Jahre Frauenstudium an der Universität von Jena, Jena 1999, S. 113-136.

Heimann, Siegfried/Walter, Franz (Hg): Religiöse Sozialisten und Freidenker in der Weimarer Republik, Bonn 1993.

Helling, Fritz/Kluthe, Walter (Hg.): Dokumente zur demokratischen Schulreform in Deutschland 1945-1948, Schwelm o.J. (Schule und Nation).

Henkell, Karl: Anna Siemsen: Literarische Streifzüge durch die Entwicklung der europäischen Gesellschaft, in: Die Bücherwarte, Zeitschrift für sozialistische Buchkritik 1(1926), S. 307f. (Rezension).

Henseler, Joachim/Reyer, Jürgen (Hg.): Sozialpädagogik und Gemeinschaft. Historische Beiträge zur Rekonstruktion eines konstitutiven Verhältnisses, Hohengehren 2000.

Herrlitz, Hans-Georg u.a.: Deutsche Schulgeschichte von 1800 bis zur Gegenwart, Weinheim u.a. 1998².

Hesselbarth, Mario u.a. (Hg.): Gelebte Ideen. Sozialisten in Thüringen. Biographische Skizzen, Jena 2006.

Heydorn, Irmgard: Schulreformerinnen und sozialistische Erziehung, in: Bernhard/Eierdanz (1991), S. 12-20.

Hierl, Ernst: Anna Siemsen, Erziehung im Gemeinschaftsgeist, in: Sozialistischer Erzieher 3(1922), S. 89ff. (Rezension).

Hierl, Ernst: Paul Oestreichs Ende. Offener Brief, in: Sozialistischer Erzieher 6(1925)6/7/8, S. 80-87.

Hochmuth, Ursel/De Lorent, Hans-Peter (Hg.): Hamburg: Schule unterm Hakenkreuz, Hamburg 1985.

Hofmann, Robert: Geschichte der deutschen Parteien. Von der Kaiserzeit bis zur Gegenwart, München 1993.

Hoffmann, Dietrich/Neumann, Karl (Hg.): Erziehung und Erziehungswissenschaft in der BRD und der DDR, Bd. 1: Die Teilung der Pädagogik (1945-1965), Weinheim 1994.

Hopf, Caroline: Frauenbewegung und Pädagogik. Gertrud Bäumer zum Beispiel, Bad Heilbrunn 1997.

Hurrelmann, Kaus: Einführung in die Sozialisationstheorie, Weinheim u.a. 2002⁸.

Hurrelmann, Klaus: Lebensphase Jugend. Eine Einführung in die sozialwissenschaftliche Jugendforschung, Weinheim/München 2007⁹.

Jaensch, W.: Anna Siemsen. Selbsterziehung der Jugend, in: Pädagogisches Zentralblatt 10(1930), S. 535. (Rezension)

Janisch, Elly: Tagung der Lehrer an weltlichen Schulen Westdeutschlands vom 3. – 6. Januar 1925 in Düsseldorf, in: Sozialistischer Erzieher 6(1925)1, S. 18-21.

Juchacz, Marie: Sie lebten für eine bessere Welt. Lebensbilder führender Frauen des 19. und 20. Jahrhunderts, Berlin/Hannover 1955, darin zu Anna Siemsen: S. 138-142.
Kägi-Fuchsamann, Regina: Das gute Herz genügt nicht, Zürich 1968.
Käsler, Dirk (Hg.): Klassiker des soziologischen Denkens, 2 Bde: Von Comte bis Durkheim, München 1976 (Bd.1); Von Weber bis Mannheim, München 1978 (Bd.2).
Käsler, Dirk: Die frühe deutsche Soziologie 1909 bis 1934 und ihre Entstehungs-Milieus. Eine wissenschaftssoziologische Untersuchung, Opladen 1984.
Kawerau, Siegfried: Die Produktionsschule, in: Oestreich (1921), S. 5f.
Keim, Wolfgang: Die Geschichte friedenspädagogischer Diskussionen und Bemühungen, in: Calließ, Jörg/Lob, Reinhold E. (Hg.): Praxis der Umwelt- und Friedenserziehung, Bd. I: Grundlagen. Düsseldorf 1987, S. 557-595, spez. S. 575-578.
Keim, Wolfgang: Peter Petersens Rolle im Nationalsozialismus und die bundesdeutsche Erziehungswissenschaft. Kritische Anmerkungen zu Peter Kaßners Beitrag in diesem Heft, in: Die Deutsche Schule 81(1989), S. 133-145. (1989a)
Keim, Wolfgang: Reformpädagogik und Faschismus. Anmerkungen zu einem doppelten Verdrängungsprozess, in: Pädagogik 5(1989), S. 23-28. (1989b)
Keim, Wolfgang: Peter Petersen und sein Jena-Plan – wenig geeignet zur Demokratisierung von Schule und Erziehung, in: Pädagogik und Schulalltag 45(1990), S. 928-936.
Keim, Wolfgang: Die Jena-Plan Pädagogik: Ein problematisches Erbe, in: Die Grundschul-Zeitschrift 5(1991)47, S. 36-39.
Keim, Wolfgang: Erziehung unter der Nazi-Diktatur, Bd. 1, Darmstadt 1995.
Keim, Wolfgang: Erziehung unter der Nazi-Diktatur, Bd. 2, Darmstadt 1997.
Keim, Wolfgang: Die „europäische Katastrophe" vor Augen. Anna Siemsens „Spanisches Bilderbuch" und ihr Appell für Solidarität gegen Franco, in: Informationen. Studienkreis: Deutscher Widerstand Nr. 49, Mai 1999, S. 21-25.
Keim, Wolfgang: Völkische Gemeinschaft oder demokratisch-sozialistische Gesinnung/Ein Jahrhundert Reformpädagogik (II), in: Frankfurter Rundschau v. 06.01.2000. (2000a)
Keim, Wolfgang: „Nicht das Wegsehen, sondern das Hinblicken macht die Seele frei" – die Verdrängung des Faschismus durch die bundesdeutsche Pädagogenschaft in der Adenauer-Ära, in: Eierdanz/Kremer (2000), S. 19-46. (2000b)
Keim, Wolfgang: Bildung versus Ertüchtigung, in: Lehmann, Hartmut/Oexle, Otto Gerhard (Hg.): Nationalsozialismus in den Kulturwissenschaften, Bd. 2:

Leitbegriffe – Deutungsmuster – Paradigmenkämpfe. Erfahrungen und Transformationen im Exil, Göttingen 2004, S. 223-258.
Keim, Wolfgang: Erwachsenenbildung, in: Keim/Schwerdt (2012), Typoskript.
Keim, Wolfgang/Schwerdt, Ulrich (Hg.): Handbuch der Reformpädagogik, Frankfurt/M. u.a. 2012 (in Vorb.).
Kersting, Christa: Erziehungswissenschaft in Hamburg nach 1945. Zum Umgang der Disziplin mit Emigranten, in: Zeitschrift für Pädagogik 40(1994)5, S. 745-763.
Kersting, Christa: Pädagogik im Nachkriegsdeutschland. Wissenschaftspolitik und Disziplinentwicklung 1945-1955, Bad Heilbrunn 2008.
Keßler, Max: Erinnerungen an Adolf Reichwein und Tinz, in: Ciupke, Paul/Jelich, Franz-Josef (Hg.): Soziale Bewegung, Gemeinschaftsbildung und pädagogische Institutionalisierung. Erwachsenenbildungsprojekte in der Weimarer Republik, Essen 1996, S. 79f.
Ketscher, J.: Erziehung zur gesellschaftlichen Reife, in: Allgemeine deutsche Lehrerzeitung (1949)5, S. 49. (Rezension).
Klafki, Wolfgang (1971a): Erziehungswissenschaft als kritisch-konstruktive Theorie: Hermeneutik – Empirie – Ideologiekritik, in: ders.: Aspekte kritisch-konstruktiver Erziehungswissenschaft. Gesammelte Beiträge zur Theorie-Praxis-Diskussion, Weinheim/Basel 1976, S. 13-49.
Klafki, Wolfgang (1971b): Hermeneutische Verfahren in der Erziehungswissenschaft – ein exemplarisches Beispiel, in: Rittelmeyer, Christian/Parmentier, Michael (Hg.): Einführung in die pädagogische Hermeneutik, Darmstadt 2001, S. 125-148.
Klafki, Wolfgang (1976): Ideologiekritik und Erziehungswissenschaft – eine Problemskizze, in: ders.: Aspekte kritisch-konstruktiver Erziehungswissenschaft. Gesammelte Beiträge zur Theorie-Praxis-Diskussion, Weinheim/Basel 1976, S.50-55.
Klein, Christian (Hg.): Handbuch Biographie, Stuttgart u.a. 2009a.
Klein, Christian (2009b): Grundfragen biographischen Schreibens, in: Klein (2009a), S. 424-428.
Kleßmann, Christoph: Ein stolzes Schiff und krächzende Möwen. Die Geschichte der Bundesrepublik und ihre Kritiker, in: Geschichte und Gesellschaft 11(1985)4, S. 476-494.
Kleßmann, Christoph: Die doppelte Staatsgründung, Bonn 1991[5].
Klönne, Arno: Eine deutsche Bewegung, politisch zweideutig, in: Buchholz (2001), Bd. 1, S. 31f.
Kluge, Norbert: Einführung in die Systematische Pädagogik, Darmstadt 1983.
Kocka, Jürgen: Klassengesellschaft im Krieg. Deutsche Sozialgeschichte 1914-1918, Göttingen 1973.

Kolb, Eberhard: Die Weimarer Republik, München 1993³.
Koneffke, Gernot: Was bleibt? – Zur Tradition des Bundes Entschiedener Schulreformer, in: Bernhard (1991), S. 12-20.
Kosse, Wilhelm: Erziehung und Lebenssinn. Untersuchungen zur Erziehungsmetaphysik Peter Petersens, Oberursel 1967.
Köpke, Reinhold: Anna Siemsen – Pädagogin, Individualistin, Pazifistin, in: Pilz, Elke (Hg.): Das Ideal der Mitmenschlichkeit. Frauen und die sozialistische Idee, Würzburg 2005, S. 145-156.
Korte, Hermann: Einführung in die Geschichte der Soziologie, Opladen 2000⁶.
Krabbe, Wolfgang: Die Lebensreformbewegung, in: Buchholz (2001), Bd.1, S. 25-29.
Krohn, Claus-Dieter/Von zur Mühlen, Patrik (Hg.): Rückkehr und Aufbau nach 1945. Deutsche Remigranten im öffentlichen Leben Nachkriegsdeutschlands, Marburg 1997.
Krohn, Claus-Dieter u.a. (Hg.): Handbuch der deutschsprachigen Emigration 1933-1945, Darmstadt 1998.
Kron, Friedrich W.: Grundwissen Pädagogik, München/Basel 1996⁵.
Kruse, Volker: Geschichte der Soziologie, Konstanz 2008.
Krüger, Heinz-Hermann/Marotzki, Winfried (Hg.): Handbuch erziehungswissenschaftliche Biographieforschung, Wiesbaden 2006².
Krüger, Heinz-Herrmann: Entwicklungslinien, Forschungsfelder und Perspektiven der erziehungswissenschaftlichen Biographieforschung, in: Krüger/Marotzki (2006), S. 13-33.
Kühnl, Reinhard: Die Weimarer Republik. Errichtung, Machtstruktur und Zerstörung einer Demokratie. Ein Lehrstück, Heilbronn 1993.
Landeszentrale für politische Bildung Thüringen (Hg.): Thüringen. Blätter zur Landeskunde (2004)37.
Lange, Max Gustav: Die gesellschaftlichen Grundlagen der Erziehung. Kritische Bemerkungen zur „Erziehungssoziologie" Anna Siemsens, in: Pädagogik (Berlin, Ost) 4(1949), S. 63-71 (Rezension).
Leenders, Hélène: Reformpädagogik im Faschismus: Peter Petersen – Maria Montessori, in: Retter, Hein (Hg.): Reformpädagogik. Neue Zugänge – Befunde – Kontroversen, Bad Heilbrunn/ OBB. 2004, S. 154-167.
Lehberger, Reiner: Schule in Hamburg – Ein Führer durch Aufbau und Geschichte des Hamburger Schulwesens, Hamburg 2006.
Lehmann, Hans Georg: Rückkehr nach Deutschland? Motive, Hindernisse und Wege von Emigranten, in: Krohn/Von zur Mühlen (1997), S. 39-70.
Löwenstein, Kurt: Die Aufgaben der Kinderfreunde, 1929, in: Löwenstein (1976), S. 213-234.
Löwenstein, Kurt: Sozialismus und Erziehung, Berlin 1976.

Löwith, Karl: Weltgeschichte und Heilsgeschehen, Stuttgart u.a. 1953[5].
Mai, Gunther: Thüringen in der Weimarer Republik, in: Heiden, Detlev/Mai, Gunther (Hg.): Thüringen auf dem Weg ins „Dritte Reich", Erfurt 1996, S. 14-20.
Mallmann, Klaus-Michael: Deutschsprachige Emigranten im Spanischen Bürgerkrieg, in: Krohn u.a. (1998), S. 608-621.
Marotzki, Winfried: Forschungsmethoden und –methodologie der Erziehungswissenschaftlichen Biographieforschung, in: Krüger/Marotzki (2006), S. 111-135.
Marx, Karl/Engels, Friedrich: Historisch-Kritische Gesamtausgabe, Erste Abt., Bd. 5: Die Deutsche Ideologie, Glashütten im Taunus 1970.
Marx, Karl/Engels, Friedrich: Gesamtausgabe (MEGA), Zweite Abt., Bd. 2: Ökonomische Manuskripte und Schriften 1858-1861, Berlin 1980.
Matzerath, Horst (Red.): NS-Dokumentationszentrum Köln: Jüdisches Schicksal in Köln 1918-1945. Ausstellung des Historischen Archivs der Stadt Köln/NS-Dokumentationszentrum. 8. November 1988 bis 22. Januar 1989 im Kölnischen Stadtmuseum/Alte Wache Zeughausstraße 1-3, 5000 Köln 1, Köln 1988.
Menschheitspädagogik. Paul Oestreich zum Dank, Rudolstadt 1948.
Merkt, Hans (Hg.): Dokumente zur Schulreform in Bayern, München 1952, S. 54-59.
Mevissen, Claudia: Kampf um schulische Mitbestimmung, Frankfurt/M. 2001.
Mevius, Ludolf: Anna Siemsen. Eine sozialistische Berufspädagogin, in: Hochmuth/De Lorent (1985), S. 285-290.
Michael, Berthold/Schepp, Heinz-Hermann: Die Schule in Staat und Gesellschaft. Dokumente zur deutschen Schulgeschichte im 19. und 20. Jahrhundert, Göttingen/Zürich 1993.
Michael, Berthold/Schepp, Heinz-Hermann (Hg.): Politik und Schule von der Französischen Revolution bis zur Gegenwart. Eine Quellensammlung zum Verhältnis von Gesellschaft, Schule und Staat im 19. und 20. Jahrhundert, Bd. 2, Von der Weimarer Republik zur BRD/DDR, Frankfurt/M. 1974.
Miller, Susanne: Burgfrieden und Klassenkampf, Düsseldorf 1974.
Mitzenheim, Paul: Die Greilsche Schulreform in Thüringen, Jena 1965.
Mitzenheim, Paul: Zum Kampf der demokratischen Kräfte gegen die Faschisierung des Thüringer Schulwesens vor 1933. Texte – ausgewählt, eingeleitet und erläutert von Paul Mitzenheim, in: Jahrbuch für Erziehungs- und Schulgeschichte, Jg. 8, Berlin 1968, S. 175-198.
Mitzenheim, Paul: Anna Siemsen als ‚politische Pädagogin', in: Hoffmann, Dietrich (Hg.): Politische Erziehung in sich wandelnden Gesellschaften: Plädoyers für eine Veränderung der Politischen Bildung, Weinheim 1991.

Mitzenheim, Paul: Zu den Leistungen und zur Auflösung der Pädagogischen Fakultäten in der SBZ/DDR 1945/46-55, in: Hoffmann/Neumann (1994), S. 117-140.

Mitzenheim, Paul: Entschieden für eine neue Schule. Max Greil (1877-1939), in: Hesselbarth, Mario u.a. (Hg.): Gelebte Ideen. Sozialisten in Thüringen. Biographische Skizzen. Jena 2006.

Möller, Horst: Weimar. Die unvollendete Demokratie, München 1985.

Mommsen, Hans: Einleitung, in: Friedemann, Peter (Hg): Materialien zum politischen Richtungsstreit in der deutschen Sozialdemokratie, Bd. 1, Frankfurt/M. 1978.

Neuhäuser, Heike/Rülcker, Tobias (Hg.): Demokratische Reformpädagogik, Frankfurt/M. 2000.

Neuner, Ingrid: Der Bund entschiedener Schulreformer. 1919-1933. Programmatik und Realisation, Bad Heilbrunn 1980, darin zu Anna Siemsen: S. 175-197.

Neurath, Otto: Lebensgestaltung und Klassenkampf, Berlin 1928.

Oelkers, Jürgen: Die Herausbildung der Theorie demokratisch-sozialistischer Erziehung, in: Informationen zur erziehungs- und bildungshistorischen Forschung (1981)15/16, S. 113-163.

Oelkers, Jürgen: Reformpädagogik. Eine kritische Dogmengeschichte, Weinheim 1989.

Oelkers, Jürgen: Einführung in die Theorie der Erziehung, Weinheim 2001.

Oestreich, Paul: Begründung und Aufbau der Einheitsschule, in: Der Föhn (1919)15/16, S. 4-9.

Oestreich, Paul (Hg.): Schöpferische Erziehung (Entschiedene Schulreform II), Berlin-Fichtenau 1920.

Oestreich, Paul (Hg.): Zur Produktionsschule (Entschiedene Schulreform III), Berlin 1921.

Oestreich, Paul (Hg.): Die Produktionsschule als Nothaus und Neubau. Elastische Einheits-, Lebens-, Berufs- und Volkskultur-Schule, Berlin 1924.

Petersen, Peter: Allgemeine Erziehungswissenschaft, Berlin/Leipzig 1924.

Petersen, Peter: Die neueuropäische Erziehungsbewegung, Weimar 1926.

Petersen, Peter: Der Jena-Plan einer freien allgemeinen Volksschule, Langensalza 1927.

Petersen, Peter: Der Ursprung der Pädagogik, Berlin/Leipzig 1931.

Petersen, Peter: Bedeutung und Wert des Politisch-Soldatischen für den deutschen Lehrer und unsere Schule, in: Deutsches Bildungswesen 2(1934), S. 1-17.

Petersen, Peter: Die erziehungswissenschaftlichen Grundlagen des Jenaplanes im Lichte des Nationalsozialismus, in: Die Schule im nationalsozialistischen Staat 11(1935a)6, S. 1-5.

Petersen, Peter: Gemeinschaftspädagogik rings um eine öffentliche Schule! – Warum nun nicht auch in allen Schulen?, in: Die Deutsche Schule 39(1935b), S. 431-436.

Petersen, Peter: Der Jena-Plan einer freien allgemeinen Volksschule: kleiner Jena-Plan, Langensalza 1936 [7/8].

Petersen, Peter: Pädagogik der Gegenwart, Weinheim/Basel (Nachdruck von 1937[2]).

Pöppel, Walter: Der Weg ins Freie (Anna Siemsen). Buchbesprechung in der Zeitschrift der Sozialdemokratischen Frauenorganisation „Morgonbris" 1(1945) Stockholm. Rückübersetzung aus dem Schwedischen.

Prechtl, Peter/Burkard, Franz-Peter (Hg.): Metzler Philosophielexikon, 2. erw. Aufl., Stuttgart/Weimar 1999.

Protokolle der Parteitage der Unabhängigen Sozialdemokratischen Partei Deutschlands, Bd. 5, Glashütten 1976.

Quidde, Ludwig: Der deutsche Pazifismus während des Weltkrieges 1914-1918, hg. v. Karl Holl, Boppard am Rhein 1979.

Quitzow, Wilhelm: Intelligenz – Erbe oder Umwelt? Wissenschaftliche und politische Kontroversen seit der Jahrhundertwende, Stuttgart 1970.

Radde, Gerd: Fritz Karsen. Ein Berliner Schulreformer der Weimarer Zeit, Frankfurt/M. 1999, erw. Neuausg.

Ragaz, Leonhard: Von Christus zu Marx. Von Marx zu Christus, Hamburg 1972. (Reprint der 1. Auflage von 1929.)

Reble, Albert (Hg.): Geschichte der Pädagogik, Stuttgart 1971.

Reimers, Vettina Irina: Die neue Richtung der Erwachsenenbildung in Thüringen 1919-1933, Essen 2003.

Reinharz, Jehuda (Hg.): Dokumente zur Geschichte des deutschen Zionismus 1882-1933, Tübingen 1981.

Reinhold, Gerd: Soziologie-Lexikon, München 1997[3].

Reutter, Monika: „Vom egoistischen ‚Mein' zum solidarischen ‚Unser'". Pädagoginnen zwischen Frauenbewegung und sozialistischer Revolution – Therese Schlesinger, Anna Siemsen, Alice Rühle-Gerstel, in: Ruf, Katharine (Hg.): Bildung hat (k)ein Geschlecht. Über erzogene und erziehende Frauen, Frankfurt/M. 1998, S. 149-154.

Reyer, Jürgen: Kleine Geschichte der Sozialpädagogik: Individuum und Gemeinschaft in der Pädagogik der Moderne, Hohengehren 2002.

Riesenberger, Dieter: Geschichte der Friedensbewegung in Deutschland. Von den Anfängen bis 1933, Göttingen 1985.

Ritter, Gerhard A./Miller, Susanne (Hg.): Die deutsche Revolution 1918-1919 – Dokumente, Hamburg 1975².
Rogler, Rudolf: Anna Siemsen. Leben und literarisches Werk mit Anmerkungen zu ausgewählten Schriften, in: Interventionen: Vierteljahresschrift; Beiträge zur Geschichte und Gegenwart politischer Sozialisation und Partizipation (1995)5, S. 7-53.
Rohkrämer, Thomas: Lebensreform als Reaktion auf den technisch-zivilisatorischen Prozeß, in: Buchholz (2001), Bd. 1, S. 71ff.
Rosenberg, Arthur: Geschichte der Weimarer Republik, Frankfurt/M. 1961.
Roth, Heinrich: Pädagogische Anthropologie, 2 Bde., Bildsamkeit und Bestimmung, Hannover 1976⁴ (Bd.1); Entwicklung und Erziehung, Hannover 1976² (Bd. 2).
Rothe, Valentine: Anna Siemsen – „Wir sehen das Ziel", in: Kuhn, Annette u.a. (Hg.): 100 Jahre Frauenstudium: Frauen der Rheinischen Friedrich-Wilhelm-Universität Bonn, Dortmund 1996, S. 151-156.
Röhrs, Hermann: Die Reformpädagogik. Ursprung und Verlauf in Europa, Hannover 1980.
Rölke, Bettina: Volkshochschule aus dem Geist der Jugendbewegung. Die Leiter der Volkshochschule Jena und der Volkshochschule Thüringen in der Weimarer Republik, in: Ciupke, Paul/Jelich, Franz-Josef (Hg.): Soziale Bewegung, Gemeinschaftsbildung und pädagogische Institutionalisierung. Erwachsenenbildungsprojekte in der Weimarer Republik, Essen 1996, S. 63-77.
Rubiner, Ludwig: Europäische Gesellschaft, in: Zeit-Echo 3(1917) 1/2, S. 6-9.
Ruge, Wolfgang: Weimar. Republik auf Zeit, Köln 1983².
Rülcker, Tobias: Die Einschätzung gesellschaftlicher Modernisierungsprozesse in der Reformpädagogik und ihre Konsequenzen für die Erziehung, in: Rülcker/Oelkers (1998), S. 59-82.
Rülcker, Tobias/Oelkers, Jürgen (Hg.): Politische Reformpädagogik, Bern u.a. 1998.
Rülcker, Tobias: Demokratische Reformpädagogik: Eine Einführung, in: Neuhäuser/Rülcker (2000), S. 11-41.
Runge, Anita: Wissenschaftliche Biographik, in: Klein (2009a), S. 113-121.
Sänger, Christoph: Anna Siemsen – Bildung und Literatur, Frankfurt a.M. 2011.
Sass, Herbert: Anita Sellenschloh. „Du hast uns Mut gemacht", in: Hochmuth/De Lorent (1985), S. 280-284.
Saul, Klaus: Lehrerbildung in Demokratie und Diktatur. Zum Hamburger Reformmodell einer universitären Volksschullehrerausbildung, in: Fischer u.a. (1991), S. 367-408.

Scheibe, Wolfgang: Wilhelminische Ära und Weimarer Republik, in: Pöggeler, Franz (Hg.): Geschichte der Erwachsenenbildung (Handbuch der Erwachsenenbildung, Bd. 4), Stuttgart 1975, S. 62-77.

Scheibe, Wolfgang: Die Reformpädagogische Bewegung 1900-1932, Weinheim/Basel 1994[10] (erste Auflage 1964).

Scheile, Hermann: Geschichtliche Entwicklung und gegenwärtige Situation der Heimvolkshochschulen, in: Vogel, Norbert/Scheile, Hermann (Hg.): Lernort Heimvolkshochschule, Paderborn u.a. 1983, S. 191-198.

Scheler, Max: Die Stellung des Menschen im Kosmos, Bern/München 1975[8].

Scheuerl, Hans: Geschichte der Erziehung, Stuttgart 1985.

Scheuerl, Hans: Zur Geschichte des Seminars für Erziehungswissenschaft, in: Fischer u.a. (1991), S. 519-535.

Schiller, Dieter: Verlage, in: Krohn u.a. (1998), S. 1122-1144.

Schilmar, Boris: Der Europadiskurs im deutschen Exil 1933-1945, München 2004.

Schmid, Hedwig: Anna Siemsen. Ihr Leben und Weg, in: Die Frau in Leben und Arbeit 23(1951), S.6f.

Schmid, Hedwig: Begegnung mit Anna Siemsen, in: Bildungsarbeit 1951, S. 21f.

Schmidt, Brigitte: Frauen- und Berufserziehung – zum Problem der gemeinsamen Erziehung der Geschlechter bei Anna Siemsen und Olga Essig, in: Bernhard (1991), S. 117-133.

Schmitt, Hanno: Zur Realität der Schulreform in der Weimarer Republik, in: Rülcker/Oelkers (1998), S. 619-643.

Schmölders, Ralf: Zur Biographie einer sozialdemokratischen Pädagogin in der Weimarer Republik. Ein Beitrag zur Geschichte sozialdemokratischer Bildungspolitik 1918-1933, Bielefeld 1987, Diplomarbeit.

Schmölders, Ralf: Anna Siemsen (1882-1951). Zwischen den Stühlen: eine sozialdemokratische Pädagogin, in: Lösche, Peter (Hg.): Vor dem Vergessen bewahren: Lebenswege Weimarer Sozialdemokraten, Berlin 1988, S. 332-361.

Schmölders, Ralf: Sozialistische Erziehung und politische Jugendarbeit in der Weimarer Republik: Anna Siemsen, in: Klassiker der sozialistischen Erziehung, hg. v. Bundesvorstand der Sozialistischen Jugend Deutschlands – Die Falken, Bonn 1989, S. 111-127.

Schmölders, Ralf: Anna Siemsen – sozialistische Pädagogin in der Weimarer Republik, in: Bremer, Ilse (Hg.): Mütterlichkeit als Profession? Lebensläufe deutscher Pädagoginnen in der ersten Hälfte dieses Jahrhunderts, Bd. 1, Pfaffenweiler 1990, S. 110-124.

Schmölders, Ralf: Personalbibliographie Anna Siemsen (1882-1951), hg. v. Archiv der Arbeiterjugendbewegung, Oer-Erkenschwick 1992.

Scholz, Michael F.: Sowjetische Besatzungszone und DDR, in: Krohn u.a. (1998), S. 1180-1188.

Schoppmann, Claudia: Siemsen, Anna, in: Asendorf, Manfred/von Bockel, Rolf: Demokratische Wege: deutsche Lebensläufe aus fünf Jahrhunderten, Stuttgart/Weimar 1997, S. 594ff.

Schründer-Lenzen, Agi: Triangulation und idealtypisches Verstehen in der (Re-) Konstruktion subjektiver Theorien, in: Friebertshäuser/Prengel (1997), S. 107-117.

Schulz, Eberhart: Sozialist aus Leidenschaft. August Siemsen (1884-1958), in: Hesselbarth, Mario u.a. (2006), S. 408-413.

Schulze, Hagen: Weimar. Deutschland 1917-1933, Berlin 1994.

Schulze, Theodor: Biographieforschung in der Erziehungswissenschaft, in: Krüger/Marotzki (2006), S. 35-57.

Schwan, Torsten: Zum Scheitern Peter Petersens und des Jenaplans im NS- und im sich formierenden SED-Staat, in: Retter, Hein (Hg.): Reformpädagogik. Neue Zugänge – Befunde – Kontroversen, Bad Heilbrunn/OBB. 2004, S. 168ff.

Siemsen, August: Politik und Schule in Thüringen, in: Aufbau 3(1930)8, S. 241-246.

Siemsen, August: Anna Siemsen. Leben und Werk, Hamburg/Frankfurt 1951.

Siemsen, August: Anna Siemsen. Ein Politisch-Pädagogisches Porträt, unveröffentl. Manuskript ca. 1956-1958, Kopie im Besitz der Verfasserin, Original bei Rudolf Rogler, Berlin.

Siemsen, Hans: Schriften III. Briefe von und an Hans Siemsen, hg. v. Michael Förster, Essen 1984.

Siemsen, Pieter: Ich habe mich immer als Lateinamerikaner gefühlt, in: Zeitschrift der Informationsstelle Lateinamerika (1991)150, S. 52-55.

Siemsen, Pieter: Der Lebensanfänger. Erinnerungen eines anderen Deutschen – Stationen eines politischen Lebens: Weimarer Republik – Nazi-Deutschland – Argentinien – DDR – BRD, Berlin 2000.

Sontheimer, Kurt: Antidemokratisches Denken in der Weimarer Republik. Die politischen Ideen des deutschen Nationalismus zwischen 1918 und 1933, München 1968.

Stöhr, Wolfgang: Lehrer und Arbeiterbewegung. Entstehung und Politik der ersten Gewerkschaftsorganisation der Lehrer in Deutschland 1920-1923, 2 Bde, Marburg 1978.

Stölting, Erhard: Akademische Soziologie in der Weimarer Republik, Berlin 1986.

Stuchlik, Gerda: Kinder und Jugend nach dem Ende des Krieges, in: Altmann (1985), S. 177ff.

Sywottek, Arnold: Kontinuität im Neubeginn: Über die Anfänge der ‚Universität Hamburg', in: Fischer u.a. (1991), S. 1387-1416.

Sywottek, Arnold: Wege in die 50er Jahre, in: Axel Schildt/Arnold Sywottek (Hg.): Modernisierung im Wiederaufbau. Die westdeutsche Gesellschaft der 50er Jahre, Bonn 1998, S. 13-39.

Tews, Johannes: Sozialdemokratie und öffentliches Bildungswesen, Langensalza 1919^5.

Tenorth, Heinz-Elmar: Geschichte der Erziehung. Einführung in die Grundzüge ihrer neuzeitlichen Entwicklung, Weinheim/München 1988.

Thielking, Sigrid: Gute Europäerinnen: Anna Siemsen und Ruth Körner im Exil, in: Schriften des Essener Kollegs für Geschlechterforschung, hg. v. Doris Janshen/Michael Meuser 1(2001)3, S. 5-23, digitale Publikation.

Tormin, Walter: Die Geschichte der SPD in Hamburg 1945 bis 1950, Hamburg 1994.

Trommsdorff, Gisela: Kultur und Sozialisation, in: Hurrelmann, Klaus u.a. (Hg.): Handbuch Sozialisationsforschung, Weinheim und Basel 2008^7, S. 229-239.

Uhlig, Christa: Reformpädagogik: Rezeption und Kritik in der Arbeiterbewegung, Frankfurt/M. 2006.

Uhlig, Christa: Reformpädagogik und Schulreform. Diskurse in der sozialistischen Presse der Weimarer Republik, Frankfurt/M. 2008.

Uhlig, Christa: Reformpädagogik und Arbeiterbewegung, in: Keim/Schwerdt (2012), Typoskript.

Ullrich, Volker: Die nervöse Großmacht 1871-1918. Aufstieg und Untergang des deutschen Kaiserreichs, Frankfurt/M. 1999.

Von Wiese, Leopold: Geschichte der Soziologie, Berlin 1971^9.

Walk, Joseph: Das „Deutsche Komitee Pro Palästina" 1926-1933, in: Bulletin des Leo Baeck Instituts 15(1976)52, S. 162-193.

Weber, Herrmann: Die DDR 1945-1990, München 1993^2.

Weber, Max: Gesammelte politische Schriften, Tübingen 1958^2.

Wehler, Hans-Ulrich: Das Deutsche Kaiserreich 1871-1918, Göttingen 1973.

Wehler, Hans-Ulrich: Deutsche Gesellschaftsgeschichte, Bd. III: Von der „Deutschen Doppelrevolution" bis zum Beginn des Ersten Weltkrieges 1849-1914, München 1995.

Wehler, Hans-Ulrich: Deutsche Gesellschaftsgeschichte, Bd. IV: Vom Beginn des Ersten Weltkrieges bis zur Gründung der beiden deutschen Staaten 1914-1949, München 2003.

Weiß, Edgar: „Gemeinschaftserziehung" – Bemerkungen zu einer zentralen „reformpädagogischen" Kategorie, in: Archiv für Reformpädagogik, Kiel 1997, Bd. 2, S. 39-57.

Weiß, Edgar: Erziehung für eine „werdende Gesellschaft" als „Gemeinschaft" – Anna Siemsen und ihr Konzept sozialistischer Gesellschaftstheorie und Pädagogik, in: Dombrowsky, Wolf R./Endruweit, Günter (Hg.): Ein Soziologe und sein Umfeld. Lars Clausen zum 65. Geburtstag von Kieler Kollegen und Mitarbeitern, Kiel 2000, S. 260- 277.

Whang, J.H.: Die Entwicklung der pädagogischen Soziologie in Deutschland, Ratingen 1963.

Wichers, Hermann: Im Kampf gegen Hitler. Deutsche Sozialisten im Schweizer Exil 1933-1940, Zürich 1994.

Wichers, Hermann: Schweiz, in: Krohn u.a. (1998), S. 375-383.

Wickert, Christl: Unsere Erwählten. Sozialdemokratische Frauen im Deutschen Reichstag und im Preußischen Landtag 1919 bis 1923, Göttingen 1986.

Winkler, Heinrich August: Weimar 1918-1933. Die Geschichte der ersten deutschen Demokratie, München 1993.

Wulf, Christoph: Theorien und Konzepte der Erziehungswissenschaft, München 1978².

Wulf, Christoph: Einführung in die pädagogische Anthropologie, Weinheim/Basel 1994.

Wulf, Christoph: Einführung in die Anthropologie der Erziehung, Weinheim/Basel 2001.

Wulf, Christoph: Anthropologie. Geschichte. Kultur. Philosophie, Reinbek 2004.

Wunderer, Hartmann: Arbeitervereine und Arbeiterparteien. Kultur- und Massenorganisationen in der Arbeiterbewegung (1890-1933), Frankfurt/M./New York 1980.

Abkürzungsverzeichnis

AAJB:	Archiv der Arbeiterjugendbewegung in Oer-Erkenschwick
AdsD:	Archiv der sozialen Demokratie in Bonn
AfA:	Allgemeiner freie Angestelltenbund
AFLD:	Allgemeine Freie Lehrergewerkschaft
ASL:	Arbeitsgemeinschaft sozialdemokratischer Lehrer
BESch:	Bund Entschiedener Schulreformer
BFS:	Bund der Freien Schulgesellschaften
BNV:	Bund Neues Vaterland
BVP:	Bayerische Volkspartei
DDP:	Deutsche Demokratische Partei
DFG:	Deutsche Friedensgesellschaft

DLfM:	Deutsche Liga für Menschenrechte
DNVP:	Deutschnationale Volkspartei
DVP:	Deutsche Volkspartei
EU:	Europa Union
FLGD:	Freie Lehrergewerkschaft Deutschlands
GDV:	Gewerkschaft Deutscher Volkslehrer
G.E.R.:	German Educational Reconstruction Committee
GGE:	Anna Siemsens zentrale Schrift „Die Gesellschaftlichen Grundlagen der Erziehung"
IBSL:	Internationales Berufssekretariat der Lehrer
IFFF:	Internationale Frauenliga für Frieden und Freiheit
IGB:	Internationaler Gewerkschaftsbund
KPD:	Kommunistische Partei Deutschlands
LASKO:	Landesverband Schweizerischer Kinderfreunde-Organisationen
MSPD:	Mehrheitssozialdemokratische Partei Deutschlands
OHL:	Oberste Heeresleitung
PB Siemsen:	Personalbibliographie Anna Siemsen im AAJB
RUP:	Weltaktion für den Frieden
SAH:	Schweizerisches Arbeiterhilfswerk
SAJ:	Sozialistische Arbeiterjugend
SAP:	Sozialistische Arbeiterpartei
SBZ:	Sowjetische Besatzungszone
SDS:	Sozialistischer Deutscher Studentenbund
SED:	Sozialistische Einheitspartei Deutschlands
SJS:	Sozialistische Jugend der Schweiz
SPS:	Sozialdemokratische Partei der Schweiz
ThHStAW:	Thüringisches Hauptstaatsarchiv Weimar
UEF:	Union Europäischer Föderalisten
USPD:	Unabhängige Sozialdemokratische Partei Deutschlands
VSL:	Verband sozialistischer Lehrer und Lehrerinnen Deutschlands und Deutsch-Österreichs
ZVfD:	Zionistische Vereinigung für Deutschland

Anhang

Interview Rudolf Roglers mit Arnold Hencke, aufgezeichnet am 21.11.1985 in Hamburg

„Ich bin Arnold Hencke, am 2.9.1915 geboren, also 70 Jahre alt. Ich komme aus der sozialistischen Arbeiterjugend, war vorher auch Mitglied der Arbeitersportbewegung Fichte in Eimsbüttel, war Gruppenleiter in 2 Gruppen und aktiver Funktionär der Arbeiterjugend und mit 17 Jahren trat ich in die SPD ein. Ich wurde auch dort gleich eingespannt, weil wir ja seinerzeit eine sehr, ich möchte sagen, virulente Zeit hatten. Wir standen im Straßenkampf gewissermaßen mit den Kommunisten und den Nationalsozialisten und hatten selbstverständlich dauernd Berührungspunkte mit beiden und hatten uns unserer Haut zu erwehren weil es in Eimsbüttel immerhin starke Kontingente beider Gruppen gab. Ich wurde im Januar '35 verhaftet, weil ich illegal tätig war und kam ins KZ Fuhlsbüttel, für 6,5 Monate, wurde dann im November '35 zu 2,5 Jahren Gefängnis verurteilt, wegen Vorbereitung zum Hochverrat, kam nach Hahnhöfersand und nach meiner Entlassung kam ich wieder ins KZ, wurde dann auf Einwirkung meiner Mutter und verschiedener Freunde erstmal auf Probe entlassen und habe unter Verfolgungswahn gelitten. 1938 kam ein Freund zu mir und sagte, er sei in einer Turnerschaft tätig, ob ich nicht Lust hätte, auch da mitzumachen. Ich machte mit, fand dann gleich wieder einen Kreis junger Menschen, und wir wurden plötzlich so stark, dass wir Befürchtungen hatten, evtl. auffliegen zu können, denn dort wurde unsere illegale Arbeit fortgesetzt. Wir waren 7 politisch Verfolgte und haben dort die Arbeiterjugend wieder aufgebaut und auch für die Sportbewegung einiges schon in die Wege geleitet. Wir wurden zum Glück abgeschirmt durch einen deutsch-nationalen Vorstand und durch einen NS-Sportlehrer, der sich freute, dass er junge Menschen aktiv um sich hatte und auch einiges von seinem Wissen, von der Sportschule Köln, vermitteln konnte. Diese Zeit war durchaus nicht einfach, denn es gab sehr kritische Punkte, ich will nur einen Punkt nennen: Ich verfasste ein Gedicht und das wurde diesem Sportlehrer dann vorgetragen. Und dann wollte er mich hochgehen lassen. Das wäre natürlich der sichere Tod, die sichere Vernichtung gewesen." (...)

„Also ich weiß nur, dass Anna Siemsen den familiären Kontakt mit ihrer Schwester hier in Hamburg gehabt hat und als man erfuhr, in der Schulbehörde, bei den Gesprächen: ‚Wie kriegen wir die Schule wieder in den Griff, wie können wir die Schule wieder neu organisieren?', da traten dann die neuen Organisatoren der Schule an Anna Siemsen heran und baten sie, doch in Hamburg mitzumachen. Und da wurde in Hamburg im Dezember `45 dann die Lehrerbildung einmal in der Hohen Weide organisiert, mit Hans Lehberger an der Spitze, und in der Freiligrathstraße mit Anna Siemsen an der Spitze. Die Helfer waren, einmal war es der Doktor Herzer, der auch eben kein NSDAP-Mensch war und eine Frau Doktor Weber, die dann diese beiden Leiter also unterstützten. Es wurden dann in der Bevölkerung jene Kräfte mobil gemacht, durch Mund-zu-Mund-Absprache und auch durch die Presse, wer also sich für die Lehrerbildung, Lehrer*aus*bildung interessieren würde, müsste sich einer Prüfung unterziehen, und würde dann, weil er ja ein gestandener Mann ist oder eine gestandene Frau, mit einer Berufsausbildung, würde dann in den Schuldienst übernommen werden können. Ich meldete mich. Ich war damals Vorsitzender des Arbeiterjugendverbandes, den wir neu gegründet hatten, und ja auch illegal schon vorbereitet hatten, und sagte dann zu unserem Sekretär, ich sag: ‚Hans ...', das war Hans Leiwing, der später auch in der Bürgerschaft war, sagte: ‚Hans, einer von uns beiden muss Lehrer werden, damit wir das auch entsprechend in der Bewegung untermauern.' Und da sagte er: ‚Arnold, ich bin Organisator für den Verwaltungsdienst, dann mach du das mal.' Da habe ich mich gemeldet, hab mich einer Prüfung unterzogen, ich war also fertiger Maschinenbauer, hatte auch schon das 3-Semester-Technikum hinter mir, wurde immer wieder von der Schule verwiesen, weil ich ja meine Papiere vorlegen musste, weil ich ja politisch Verfolgter war und kam überall (...)". [Kassette gestoppt].

„Und alles was ich, auch an der Volkshochschule, alles was ich anfasste, es ging immer über 3, 4 Semester, dann war es vorbei, wenn ich dann Farbe bekannte, dann wurde gesagt: ‚Für Sie ist kein Platz hier.' Ja ich meldete mich, unterzog mich dieser Prüfung, wurde aufgenommen." Rogler: „Hat die Anna Siemsen gemacht?" „Nein, das war ein Gremium, z.B. Hans Lehberger war dabei und ein Kollege Karls [Name nicht deutlich zu verstehen], den ich später dann noch näher kennen lernte. Und Anna Siemsen war mehr in dem Bereich der Innenstadt und überhaupt in anderen Bereichen." Rogler: „War es eine mündliche oder schriftliche Prüfung?" „Es war beides, mündlich und schriftlich und da wurde dann nach allen Regeln der Kunst geprüft und da wir alle schon gestandene Leute waren und Lebenserfahrung hatten, war das für viele dann kein großes Problem, die Prüfung zu bestehen." Rogler: „Wissen Sie was Sie machen mussten? So eine klassische Prüfung, Diktat oder...?" „Alles das war mit einbegriffen, Diktat und Aufsätze usw. ja, ja, und dann eine entsprechende mündliche Prüfung, es wurde jedenfalls so, es wurde richtig gesiebt. Also ich hab nämlich einen guten Freund gehabt, [Name unverständlich], der war Leiter der Kinder-

freundebewegung, der sagte: ‚Ja Arnold, ich mach das mit.' Der fiel um, weil er meinte, er schaffte das nicht. Und ich habe gesagt: ‚Du bist der geborene Pädagoge, versuch das doch mitzumachen. Ich könnte dir auch helfen.' Aber er hat dann praktisch die Flinte ins Korn geworfen." (...)
„Also im Dezember fingen die Kurse an...." Rogler: „Das war jetzt '46?"
„Das war '46 ..., das war '45 Dezember, ja, nein, nein, '46 Dezember, ja, ja, und dann wurden wir im Dezember '47 nochmal geprüft und dann kam natürlich die entsprechende Auswahl. Und da wurde ich dann praktisch, also das war die erste Lehrerprüfung, wurde dann Lehrer auf Probe und kam im Januar '48 erst an die Schule Schwenckestraße 91-93 und dann an die Telemannstraße. An der Telemannstraße hatte ich vor '33 meine mittlere Reife gemacht." Rogler: „Jetzt haben wir das Jahr '47 übersprungen." „Ja ein Jahr wurden wir dann gewissermaßen freigestellt für diese ganze Arbeit. Praktisch war es so, dass wir dann auch einen Ovulus bekamen, ich hatte ja schon Familie, sodass also die Familie über die Runde kam bei der Geschichte. Betrag war 180 Mark oder sowas." (...)
Rogler: „Wissen Sie, wann Ihnen Anna Siemsen das erste Mal begegnet ist? (...)" „Ich hab Anna Siemsen '47 kennen gelernt. Und zwar war das eine Verbindung zwischen der Freiligrathstraße und der Hohen Weide, zwischen beiden Instituten war die Verbindung. Und Anna Siemsen hat uns dann Vorträge gehalten und wir konnten selbstverständlich dann auch diskutieren mit ihr und ich hab auch einige Fragen gestellt, aber die Fragen kann ich jetzt nicht mehr rekapitulieren. Ist einfach nicht möglich. Aber es war so, dass das Erscheinungsbild dieser Frau so war, also sie war im Grunde genommen sehr nüchtern und sehr streng gekleidet. Gescheiteltes Haar, kurze Haare, im Grunde genommen, grau, aber also diese Augen strahlten eine Güte aus, das war fantastisch. Güte, Vertrauen und Zuversicht und das versuchte uns gewissermaßen auch zu mobilisieren, auch irgendwie auf das einzugehen, was sie sagte, bzw. was sie anregte. Und man spürte, also der Funke sprang sofort über. Ich hatte sofort das Gefühl, also diese Frau, die hat nicht nur Weisheit, sondern die hat auch ein pädagogisches Gespür und ein politisches Gespür. Denn sie sagte auf eine Frage, ich kann die Frage nicht mehr formulieren, sagte sie dann: ‚Das ist eine ausgesprochen marxistische Formulierung, die Sie da eben gebraucht haben.' Also sie hat dann sicherlich bestimmte Dinge in die entsprechende Richtung auch bringen können, sodass der Betreffende genau wusste: ‚Aha, hier hast du auch im Sinne sagen wir einmal deiner politischen Arbeit richtig gelegen.' Und das fand ich ausgezeichnet. Und es war so, dass diese Frau einfach so auch Kraft ausstrahlte. Ich habe dann natürlich auch daran gedacht, welchen Weg sie gemacht hat, z.B. die Thüringer Geschichte da, mit den Nazis und Berufsverbot gewissermaßen. Und die Härte, die sie spüren musste von den Nazis. Die waren ja rücksichtslos in jeder Beziehung. Das habe ich ja selber im KZ gespürt (...).“ (...)

Rogler: „Aus der Tinzer Zeit habe ich mir beschreiben lassen, dass sie also referiert hat und anschließend entweder selbst Fragen gestellt hat oder Diskussionen gemacht hat. War das hier in der Ausbildung auch so? Sie hat also immer gern erst ein Referat gehalten oder sie hat ihre Gruppe kontinuierlich versammelt und jedem selbst ein Referat/eine Arbeit übertragen?" „Ja also das war so, ich war nun nicht in der Freiligrathstraße, da hätte ich ja mehr Kontakte mit ihr gehabt. Was mich faszinierte waren im Grunde genommen diese Vorträge bei uns in der Hohen Weide." Rogler: „Und welche Themen hat sie da referiert?" „Ja sie hat also, ich möchte bald sagen, über den pädagogisch-politischen Auftrag, den wir jetzt zu leisten hätten und zu leisten haben in der Neuzeit und das sei immer verbunden mit der Persönlichkeit des Lehrers, verbunden mit seinem Durchsehvermögen, verbunden aber auch mit seinem Idealismus. Ohne Idealismus ist ein Lehrerdasein eben nicht zu denken. D.h. also Stundendienertypen usw., die waren ja nicht gefragt, die gab's ja nicht und das ist ja nicht das, was vermittelt wurde, sondern hier war der gestandene Mann und der pädagogisch, sagen wir einmal, auch tätige Mensch…das wurde ja auch gewissermaßen auch ertastet durch die Arbeiten und die Gespräche ertastet, inwieweit man bereit war, mit Kindern umgehen zu können, mit Jugendlichen usw." (…)

„Die ruhige, gelassene Art, das was sie an Überbauformeln brachte, das war so, dass sie den ganzen Raum einband, das war ein Eingebundensein in jede Form, die sie also so sachlich und so voll Wärme und, ich möchte sagen, so tiefschürfend vermittelte, ohne dass es, sagen wir einmal ideologische Wirrnisse gab oder Verirrungen gab oder dass irgendwie eine Sache nicht klar genug formuliert war. Jede Formulierung war druckreif." Rogler: „Das ist das Erstaunliche. Wieviele Teilnehmer waren denn das etwa?" „Wir waren im Schnitt 300 etwa, also nehmen wir mal an 300 in der Hohen Weide, 300 in der Freiligrathstraße, da bekam dann die Lehrerbewegung praktisch so diese Aufmöbelungsspritze." Rogler: „Einen einmaligen Anstoß." „Ja, ja, durch diesen einmaligen Anstoß." Rogler: „Es ging ja nicht weiter." „Nein, nein." Rogler: „Wissen Sie warum?" „Naja, ich habe das nicht mehr ganz im Griff aber es ist so, dass Schwierigkeiten waren, entweder mit den Kräften, die, wie wir das ja auch in der Verwaltung hatten, die also gegensteuerten." Rogler: „Ja aber wie genau das lief, da wissen Sie nichts?" „Nein, ich weiß nur, dass bestimmte Kräfte dagegen waren, dass man das noch mal wiederholte. Und alles das was fortschrittlich oder meinetwegen auch in diesem Sinne noch zusätzlich gemacht werden konnte, das wurde irgendwie blockiert. Ich kann nun nicht sagen, wer die entscheidende Kraft war." (…)

„Ich weiß nur, dass bestimmte Kräfte, die auch keine Nazis waren, die aber vielleicht sich im Hintergrund gehalten haben, ich will nicht sagen, dass sie die Nazis toleriert haben, soweit will ich nicht gehen, aber eines weiß ich, dass ich selbst mit vielen Kräften konfrontiert worden bin und oft mit ihnen sprach und dann feststellte, dass im Gesichtsausdruck eine Härte war, die vielleicht hätte bedeuten können: ‚Dich lasse ich hochgehen. Das lasse ich mir nicht bieten.' Solche Situationen haben wir gehabt." (…)

„Da waren dann die Kräfte, die waren in irgendeiner Weise zwar aus dem Schuldienst entfernt worden, aber hatten dann hinterher wieder dieses Oberwasser bekommen oder das Gespür: „Jetzt sind wir die tragenden Kräfte in Hamburg." Und das war eben auch gegen Anna Siemsen gerichtet, weil sie meinten, erstmal, sie sei als, naja, für einige als Marxistin nicht tragbar. So will ich mal sagen. Ich will mal knallhart sagen." (…)

„Oder das bestimmte Formulierungen diesen Leuten nicht gefielen, oder dass sie ihnen Antworten gab, ich weiß es nicht, aber ich vermute, Antworten gab, die diesen Herren nicht gepasst haben. Und die haben sich zusammengerauft und hatten dann mehr oder weniger so ein Konsortium gebildet oder einen Klüngel gebildet und haben gesagt: ‚Wir bauen die Schulbewegung oder die Schule wieder auf in unserem Sinne und Anna Siemsen spannen wir aus.' So in der Form, sie war nämlich im Grunde genommen war sie von manchen Leuten, auch von manchen Fragen und manchen Antworten gar nicht so begeistert. Aber sie verstand es, und das war eben das pädagogische Gespür, auch in der Erwachsenenbildung, da hatte sie das Gefühl: Der kriegt die richtige Antwort, aber er soll nicht merken, und wird auch nicht merken, dass diese Frage, die er gestellt hat, im Grunde genommen, also einmal nicht zum Referat passt und dann irgendwie auch kontrovers war oder sie war auch sagen wir mal so, dass man provozierte damit. Auch provozierende Fragen hat sie wunderbar in den Griff bekommen. Und wenn es persönlich gegen sie ging, oder gegen irgendeine Formulierung, dann hat sie das auch durch eine andere, sehr nette Formulierung wieder, dass es also in mir gewissermaßen frohlockte. Dass ich so das Gefühl hatte, erstmal hat der so seine richtige Antwort bekommen, und wenn er das verstanden hatte, das waren ja im Grunde genommen alles Intelligenzer, waren ja viele, die hatten ein Studium schon hinter sich und haben dann irgendwie durch einen anderen Lebensweg eine andere Richtung auch beruflich genommen." (…)

Rogler: „Was hatte sie [d.h. Anna Siemsen] für Verbündete hier in Hamburg wissen Sie das?" „Sie war eigentlich isoliert. Der einzige, der evtl. für sie noch eine Stütze sein könnte, das war Herzer und unser Hans Lehberger…Hans Lehrberger, der Leiter unseres Instituts. Der hat sie ja auch geholt. Und Hans Lehberger war auch die Güte selbst." (…)

„Die Persönlichkeit, die Anna zu Schau trug, die überstrahlte alles. Muss ich glatt sagen." (…)

„Sie sagt, an der Basis muss es klappen. Das andere, das ist mitunter dann dies Gerange um Positionen." (…)

„Wir haben ja die Falken gegründet, nicht mehr Kinderfreunde für sich, sondern Falken und die sollten dann rübergehen zur Arbeiterjugend, zur sozialistischen Arbeiterjugend, und es sollte dann ein kontinuierlicher Übergang zu den Jungsozialisten gefunden werden. Alles das war organisiert worden und Anna Siemsen war häufig als Referentin eingeladen worden. Inwieweit sie in der Partei noch Referate gehalten hat, dass kann ich nicht sagen, denn ich war eigentlich dauernd unterwegs." (…)
Rogler: „Sie ist '51 gestorben." „Sie ist 1951 gestorben und vorher war es so, dass sie, glaube ich, auch noch familiäre Dinge zu regeln hatte, jedenfalls war das gar nicht so einfach." Rogler: „Sie ist gependelt zwischen Hamburg und Düsseldorf, in Düsseldorf war also ihre Schwägerin und ihr Bruder. Und für den Bruder musste sie völlig sorgen und die Schwägerin, die war auch auf ihre Hilfe mit angewiesen." „Vor allen Dingen, sie war ja auch schon betagt und wurde dann auch sehr stark gefordert, hatte zwar für alles noch Interesse, aber auch ihr mangelte die Zeit, überall dabei zu sein." (…)
[Gegen Ende des Interviews berichtet Hencke noch, dass er in der Illegalität auch Bücher von Anna Siemsen besessen habe, diese aber, als es zu riskant wurde, in Ölpapier eingepackt und vergraben habe.]

Interview Rudolf Roglers mit Margo Wolff, aufgezeichnet am 26.6.1987 in Berlin

Rogler: „Mich würde interessieren: Wo ist dir denn das erste Mal Anna Siemsen begegnet? Kannst du dich daran erinnern?" „Oh ja, sehr genau. Das war immer in der Schweiz und es war vor allem in Zürich. In Zürich lebte Anna an verschiedenen Stellen, immer mit Freunden zusammen aber sehr lange Zeit in einem alten und fast unter Denkmalschutz stehenden Haus Ober den Zäunen. Das ist in Zürich im Mittelpunkt der Stadt gelegen in einer der historischen Gassen der Altstadt. Und dort hatte sie ziemlich viel Raum zur Verfügung. Es war wohl eine ehemalige Lehrerin, bei der sie wohnte. Anna hat ja, bevor sie diese Ehe einging …, die von Seiten eines viel jüngeren Genossen … zu ihr kam, um sie zu schützen. Sie war dauernd mit Ausweisung bedroht. Und auch nach ihrer Heirat war sie noch von Ausweisung bedroht, weil man, vielleicht nicht ganz zu unrecht, angezweifelt hat, dass es eine normale Ehe ist. Es war ein Altersunterschied wohl von 40 oder 45 Jahren, d.h. sie war soviel älter. Und ich erinnere mich an eines der obstrusesten Geschehnisse der Immigrantengeschichte in der Schweiz. Sie war wohl … ähm … den sie geheiratet hat … nicht Vollmüller … aber …", Rogler: „Vollenweider", „Vollenweider geheißen, Walter, … übrigens

ein ganz großartiger, herzhafter Genosse, der war wohl bei den Transportarbeitern oder ... der Leiter einer der großen Gewerkschaften ....". Rogler: „Gewerkschaftssekretär." „Gewerkschaftssekretär. Und man hat sie veschiedentliche Male von Feinden, weil sie ja sehr aggressive Anti-Hitler-Reden und auch zum Teil Schweizer Politik angreifend gehalten hat, verpetzt ... und es ist 2 mal geschehen, dass die Polizei, die dazu gar nicht befugt war, morgens, so zwischen 3 und 4 oder 4 und 5 in einem Hotelzimmer, in dem sich die Vollenweiders befanden, weil der Walter sie öfter auf Vortragsreisen begleitet hat, mehr zu ihrem Schutz als aus Notwendigkeit, eingedrungen sind, um festzustellen, ob sie als Mann und Frau leben. Nun hatte die Anna genug Freunde, auch innerhalb der Polizei, Sozialdemokraten, Genossen die das irgendwie herausbekommen haben und sie rechtzeitig gewarnt haben. Und sie hat mir diese Geschichte nicht einmal sondern in verschiedenen Variationen erzählt, wie sie sich also ein besonderes Nachthemd oder so zugelegt hat und sie auch, was weiß ich, auf zärtliches Ehepaar gemacht haben. Und Vollenweider wäre, einer der wohl ... Urschweizer, wäre sehr ausfallend geworden und hat die dann [unverständlich] rausgeschmissen. Und hat dann eine offizielle Beschwerde bei der Polizei und Fremdenpolizei ... das ist nicht einmal geschehen, sondern zwei-, dreimal in verschiedenen Kantonen ... nicht in Zürich, wo er ja Gewerkschaftssekretär war, sondern wenn sie in Aargau oder so herausging und übrigens hat das natürlich sehr unliebsames Aufsehen, auch von solchen die keinesfalls Sozialdemokraten waren, haben sich diesen Beschwerden angeschlossen, weil sie gefunden haben, dass das unsittlich und anstößig wäre. Das muss man zur Ehre der Schweiz immerhin sagen. Aber es ist wiederholt geschehen. Und es war etwas, was Anna wohl am meisten während ihrer Schweizer Zeit erschüttert hat, weil sie fand, dass eine Demokratie, die sich derartig benimmt ..., denn immerhin die Professorin Anna Siemsen, die große Pädagogin, die viele Lehrer ausgebildet hat, daher stammt auch die Lehrergewerkschaft, ähm ... ob sie die Ehe aus Liebe oder wie immer, es ist eine geschlossene Ehe auf dem Standesamt, dass man sie, wie es gesagt hat, wie eine Hure behandelt hat. Das war ihr gegen jede Ehre." (…)
Rogler: „Wo hast du sie denn getroffen? Da in der Wohnung in Zürich?" „Oh nein, nicht in der Wohnung, sie hatte ja viele öffentliche Vorlesungen oder so. Ich ... äh ... sie hatte Arbeiten von mir, die ich ihr wahrscheinlich geschickt habe oder von früher her ... kamen jedenfalls unsere Bekanntschaft und Freundschaft ... rührt aus der Schweiz her und sogar zu einer Zeit, wo ich noch interniert war. Das nannte man ‚privat interniert'. Und die Anna hat sich ungeheuer darum bemüht und auch erreicht, sie war die Redakteurin dann der ‚Frau in Leben und Arbeit', und ich wurde ihre Mitredakteurin, also Mitarbeiterin, d.h. die ganze Redaktion, da das ja nur eine Wochen-, oder zum Teil Monatszeitschrift war, war das nicht so aber sie hat es durchgesetzt, sie hat sogar ein gewisses Ge-

halt durchgesetzt. ... Da gab es eine Genossin mit dem Namen Kissel, das war, Frau Kissel war die Leiterin der sozialdemokratischen Frauengruppe, sie lebte, wie ich glaube in Aalgau oder einem dieser ..., war eine glühende Verehrerin von Anna und hat alles getan, um ihr ihre Pläne und ihr Leben zu vereinfachen. Anna hat auch sehr viel zusammengearbeitet mit dem Schweizerischen Arbeiterhilfswerk und zwar natürlich mit Frau Regina Kegi, aber sie waren ein bisschen antagonistisch, waren beide sehr starke Persönlichkeiten und es ging nicht immer so sehr gut und freundlich, die Zusammenarbeit. Hingegen mit den Obrechts, besonders mit beiden Brüdern Obrecht, also Emil dem Verleger und Hans, dem Politiker, Hans war ihr naher Freund. Und mit Hans, der damals auch schon wohl den Europa-Verlag als eine Art Annexe Obrecht gegründet hat, hat sie ja viele ihrer Pläne verwirklichen können. Also d.h. es war doch die Zeit zwischen 1940 und 1945, mitten im Krieg." (...)

„Anna war auch eine große Freundin und Verehrerin beider Döblins. Des meinen wie Dr. Döblin." [Margo Wolff war mit einem der Döblin Brüder, Hugo, verheiratet.] (...)

Rogler: „Kannst du mir sagen...über ihre Arbeitsweise, wie das dann so entstanden ist, diese [d.h. ihre] Bücher?" (...) „Und also, ich meine, mit Schreibmaschine war das so, sie liebte vielmehr zu schreiben, handschriftlich zu schreiben." Rogler: „Ist auch so schwer zu lesen." „Ungeheuer, weil ihre Handschrift ist ja eigentlich immer nur der Anfang und das Ende und dazwischen muss man sich...ich habe ihr einige Male scherzhaft gesagt, oder auch geschrieben, das ist fast wie im Hebräischen. (...) Und weißt du, ob das für ihre Persönlichkeit ... ich weiß nicht, aber ich habe nie einen Menschen sonst getroffen, der eine so eigenartige Handschrift hat." (...)

Rogler: „Und wie hat sie denn das zusammengetragen? Hat sie sehr viel im Archiv gesessen? Hat sie alles aus ihrer eigenen Bibliothek...?" „Anna hatte ja einen ungeheuer großen Freundschaftskreis gehabt. (...) Anna war in ihrem Aussehen ja ungeheuer männlich, wie die frühen Frauenrechtlerinnen. Sie liebte Hemdblusen zu tragen, mit Schlips." Rogler: „Immer Kostüm." „Aber Schlipse auch. Sie trug nicht Hosen. Aber das war damals auch irgendwie noch nicht." Rogler: Sonst hätte sie das auch noch angezogen." „Mit Wonne. Hat sie immer gesagt. Sie liebte es keinesfalls, als ein Mannweib betrachtet zu werden. (...) Sondern sie fand, dass die weiblichen Attribute außerordentlich wichtig sind. Aber, das war vielleicht auch im Alter noch viel ausgeprägter: Ihre Erscheinung war ja, auch ihre Züge bekamen immer mehr und mehr eigentlich männlichen Charakter." (...)

[Als Rogler Wolff Bilder von Anna aus der Nachkriegszeit zeigt, stellt sie fest, dass Siemsen in den letzten Jahren unheimlich gealtert sei und führt es u.a. auf ihre Hamburger Enttäuschung zurück. Außerdem weist sie auf einem Bild auf einen gewissen leicht ironischen Zug in Anna Siemsens Gesichtsausdruck hin.] „Den hatte sie. Sie hatte einen Sarkasmus à la Frankreich. (...) Sie hatte überhaupt eine ungeheure Bewunderung für Frankreich immer gehabt. (...) Was den französischen Stil angeht, von dort her kam sie. Nicht vom englischen. (...) Und noch etwas. Anna war wie eine Patriarchin familiengebunden. (...) Das war ungeheuer stark. Fast als wenn sie die Mutter von Kindern wär. (...) Ja, sie hätte Kinder haben sollen. Sie hat ja immer gesagt, dass ihre Studenten ihre Kinder sind. Und ihre Lehrer und so. Und das war auch wirklich der Fall, denn es war ja um Anna Siemsen herum, man könnte das nur vergleichen, das kannst du notieren, dass ich das gesagt habe, mit dem ihr gar nicht so gemäßen Stefan George, um den es diesen Kultkreis gab. Aber es gab um Anna Siemsen einen Kultkreis. Zweifellos. Es waren natürlich alles Sozialisten oder Demokraten, wie du willst, sie hat durchaus adelige Bewunderer gehabt, aus dem Adel kommende, aber alles sehr ungewöhnliche Menschen." (...)

„Aber wie gesagt, ihre Stimme ging plötzlich aus dem schönen Alt in ein scharfes Stakkato über. Sie konnte sehr aggressiv und bissig werden. Sie war als Kämpferin nicht zu unterschätzen." (...)

„Ich sprach schon von den Döblins. Meiner, der Hugo, war ihr ja in der Schweiz nahe gekommen, während mit Alfred, das ging auf Berliner Zeit. Und auf die Verehrung seines Werkes." (...) „Weltanschaulich stand sie Alfred Döblin sehr nahe." (...)

„Also Anna war eine sehr starke Nachtarbeiterin. Immer. (...) Sie hat wenig geschlafen." Rogler: „Das ist übereinstimmend überall erzählt worden." „Eine Alterserscheinung, aber nicht nur, sondern, ich würde sagen, sie kam mit 3, 4 Stunden in ihren späten Jahren wohl aus, 3, 4 Stunden, vielleicht 5 Stunden und ganz früh liebte sie, besonders in den Bergen, da fing sie 4 Uhr 30 oder 5, wenn es so das Dämmern kam, hat sie auch oft darüber geschrieben, dass das eine starke Inspiration ist und hat dann höchstens noch mit einem Kaffee erstmal, nichts sonst, bis 8, 9 hintereinander gearbeitet. Und dann nur ganz kurz einmal gelegen, sie hat ja hintereinander arbeiten können mit ganz kurzen Nickerchen." (...)

„Anna liebte Besuche und Geselligkeit. Also ihre Menschen, aber auch solche, die in Schwierigkeiten waren. Denen stand sie bei. Für die hatte sie Zeit, die sie eigentlich für ihre Arbeit verwenden wollte. Sie war eine wunderbare Helferin von jungen Menschen." (...)

„Meine Freundschaft, die mich zu ihr führte, das war, da war ich noch im Lager, das ging über die Dölins. Über beide. Aber besonders über Alfred, dem sie nahe stand. Und nicht nur darüber, ich war in meiner Untergrund- ..., in meiner französischen Zeit, sehr stark liiert mit einem der berühmtesten und eindrucksvollsten Gewerkschaftsführer, der Weimarer Republik, der ein unabhängiger Sozialdemokrat war, Walter Oettinghaus und dem war sie sehr befreundet. Sie kam ja selber aus dem Ruhrpott. Also aus Westfalen oder so. Öttinghaus auch. Aber ich meine, ich kam aus derselben Gegend. Und Öttinghaus war...damals hatte die SPD eben noch viele Zeitungen und er war also Chefredakteur. Und er war einer der hinreißendsten Sprecher der Weimarer Republik." (...)

„Anna war die stärkste Liebende des jüdischen Volkes, die ich...als Nichtjüdin und die aus Pastorengeschlecht kam, die mir je begegnet ist. Sie hatte ein ganz ungewöhnliches Wissen nicht nur über das Judentum, nicht nur über die Geschichte des jüdischen Volkes, sondern auch über die Mentalität jüdischer Menschen." (...)

„Sie wollte vor allen Dingen immer nach Palästina und später nach Israel." (...)

„Die zionistische Bewegung hatte ihre Headquarters in Köln. Und weil es in Köln war und Anna war in Düsseldorf, waren schon mit leitenden Menschen sehr nahe Beziehungen, da wurde also ein prozionistisches Komitee gegründet, das bedeutete von Seiten christlicher Menschen, die der Bewegung des Zionismus nicht nur Freundschaft, sondern die Hoffnung auf die Zurückkehr nach Palästina ... Und der maßgeblichste ..., fast ein Kurator dieses Komitees, oder Ehrenvorsitzender, war Konrad Adenauer, in sehr aktiver Weise." (...) [Wolff vermutet, dass man vielleicht von dem Leiter des Herzel-Archivs in Jerusalem, Alex Bein, nähere Informationen zu Anna Siemsens Tätigkeit in dem Komitee finden könne.]

„Adenauer und gleich dahinter kam Anna Siemsen. Es waren viele Mitglieder, die Gelder dafür gaben. Aber Vorstand...da gehörte sie zum Vorstand." (...)

„Zu diesem frühen Komitee, das also Aufrufe gemacht hat, und Mitglieder geworben hat und vor allem natürlich Gelder geworben hat, das war damals fast etwas Exotisches." (...)

„Es ist überhaupt kein Zweifel, dass sie dort Vorstand war, das hat sie mir oft erzählt und auch erzählt, wie sie da mit Adenauer in Kontakt gekommen ist und auch immer bei der Gelegenheit gesagt ... über seinen reizenden Humor ... rheinischen Humor gesprochen. Wahrscheinlich bei diesen Sitzungen, da gab es manchmal ... was weiß ich ..., dass er also so souverän das zu handhaben wusste, also immer mit diesem rheinischen Humor." (...)

„Sie hat in der Schweiz, da gab es also eine christlich-jüdische Arbeitsgemeinschaft." (...) Rogler: <u>„Das ist jetzt das nächste, was ich wissen will. Schweizer Zeit, denn da ist die religiöse Bindung wieder sehr viel enger geworden."</u> „Außerordentlich." Rogler: <u>„Sie ist ausgetreten [d.h. aus der Kirche] im Ersten Weltkrieg mit allen Brüdern."</u> „In der Schweiz ist sie stark als Pastorintochter aufgetreten. Sehr stark. Hat auch viele Male darüber gesprochen von ihrem Vater und sogar ihren Vorvätern (...)." (...)

„Aber ihre Hinneigung zum Judentum kam auch aus diesem Pfarrhaus, das also keinesfalls antisemitisch, sondern prosemitisch war." Rogler: „Das glaube ich nicht". „Hat sie mir erzählt." Rogler: „Also das Pfarrhaus ihres Vaters gilt als äußerst deutsch-national, feindlich jeden nicht-deutschen Gedankens, sie hat den Vater die ersten Jahre bekämpft und hat auch lange mit sich gekämpft, ob sie aus der Kirche nicht schon viel früher austritt." „Oder kann es von der Mutter gekommen sein?" Rogler: Von der Mutter wahrscheinlich ja. Mutter eher." „Denn sie hat mir erzählt, dass das so genannte jüdische Erbe, das ja doch wohl jeder Pfarrer beherrschen muss, ja also Hebräisch ... ja also besonders früher war das doch ... und das also von daher schon ... und sie hatte auch immer eine große Neigung für Else Laska-Schüler, die ja in dieser Zeit die Prophetin ..., sie nannte sich Prinz Jussuf usw., aber schon also ein, wollen wir sagen, magisches Palästina erträumte." (...)

Rogler: „Weißt du auch etwas über ihre Beziehung zu Rubiner?" „Nein." (...)
„Also, dass überhaupt...also sagen wir mal frühere Lieben oder irgendetwas ... sie hat manchmal gesprochen davon, dass sie Enttäuschungen gehabt habe, aber ...." (...)

„Also, dass nun der August den Weg zum Osten gefunden hat und wohl auch die Familie, das war wohl der größte Schmerz, der Anna Siemsen begegnet ist, denn sie war eine erstaunlich leidenschaftliche Anti-Kommunistin geworden. Das ist wahr. Jedenfalls in der Schweiz. Hat sie mir immer wieder erzählt." Rogler: „Ja sie hat Abstand gehalten, ganz klar. Sie hat auch als neutrale unterschrieben, den gemeinsamen Aufruf der sozialistischen Parteien, damals in Paris. Also praktisch so wie die Mann-Brüder. (...)" (...)

STUDIEN ZUR BILDUNGSREFORM

Herausgeber: Wolfgang Keim

Band 1 Rudolf Hars: Die Bildungsreformpolitik der Christlich-Demokratischen Union in den Jahren 1945–1954. Ein Beitrag zum Problem des Konservatismus in der deutschen Bildungspolitik. 1981.

Band 2 Martin Fromm: Soziales Lernen in der Gesamtschule. Aspekte einer handlungsorientierten Konzeption. 1980.

Band 3 Wilfried Datler (Hrsg.): Verhaltensauffälligkeit und Schule. Konsequenzen von Schulversuchen für die Pädagogik der "Verhaltensgestörten". 1987.

Band 4 Gernot Alterhoff: Soziale Integration bei Gesamtschülern in Nordrhein-Westfalen. Längsschnittuntersuchung zu Veränderungen verschiedener Aspekte im Sozialverhalten. 1980.

Band 5 Dietrich Lemke: Lernzielorientierter Unterricht – revidiert. 1981.

Band 6 Wolf D. Bukow / Peter Palla: Subjektivität und freie Wissenschaft. Gegen die Resignation in der Lehrerausbildung. 1981.

Band 7 Caspar Kuhlmann: Frieden – kein Thema europäischer Schulgeschichtsbücher? 1982.

Band 8 Caspar Kuhlmann: Peace – A Topic in European History Text-Books? 1985.

Band 9 Karl-Heinz Füssl / Christian Kubina: Berliner Schule zwischen Restauration und Innovation. 1983.

Band 10 Herwart Kemper: Schultheorie als Schul- und Reformkritik. 1983.

Band 11 Alfred Ehrentreich: 50 Jahre erlebte Schulreform – Erfahrungen eines Berliner Pädagogen. Herausgegeben und mit einer Einführung von Wolfgang Keim. 1985.

Band 12 Barbara Gaebe: Lehrplan im Wandel. Veränderungen in den Auffassungen und Begründungen von Schulwissen. 1985.

Band 13 Klaus Himmelstein: Kreuz statt Führerbild. Zur Volksschulentwicklung in Nordrhein-Westfalen 1945–1950. 1986.

Band 14 Jörg Schlömerkemper/ Klaus Winkel: Lernen im Team-Kleingruppen-Modell (TKM). Biographische und empirische Untersuchungen zum Sozialen Lernen in der Integrierten Gesamtschule Göttingen-Geismar. 1987.

Band 15 Luzius Gessler: Bildungserfolg im Spiegel von Bildungsbiographien. Begegnungen mit Schülerinnen und Schülern der Hiberniaschule (Wanne-Eickel). 1988.

Band 16 Wolfgang Keim (Hrsg.): Pädagogen und Pädagogik im Nationalsozialismus – Ein unerledigtes Problem der Erziehungswissenschaft. 1988. 3. Auflage 1991.

Band 17 Klaus Himmelstein (Hrsg.): Otto Koch – Wider das deutsche Erziehungselend. 1992.

Band 18 Martha Friedenthal-Haase: Erwachsenenbildung im Prozeß der Akademisierung. Der staats- und sozialwissenschaftliche Beitrag zur Entstehung eines Fachgebiets an den Universitäten der Weimarer Republik – unter besonderer Berücksichtigung Kölns. 1991.

Band 19 Bruno Schonig: Krisenerfahrung und pädagogisches Engagement. Lebens- und berufsgeschichtliche Erfahrungen Berliner Lehrerinnen und Lehrer 1914–1961. 1994.

Band 20 Burkhard Poste: Schulreform in Sachsen 1918–1923. Eine vergessene Tradition deutscher Schulgeschichte. 1993.

Band 22 Inge Hansen-Schaberg: Minna Specht – Eine Sozialistin in der Landerziehungsheimbewegung (1918–1951). Untersuchung zur pädagogischen Biographie einer Reformpädagogin. 1992.

Band 23 Ulrich Schwerdt: Martin Luserke (1880–1968). Reformpädagogik im Spannungsfeld von pädagogischer Innovation und kulturkritischer Ideologie. 1993.

Band 24 Kurt Beutler: Geisteswissenschaftliche Pädagogik zwischen Politisierung und Militarisierung – Erich Weniger. 1995.

Band 25 Barbara Siemsen: Der andere Weniger. Eine Untersuchung zu Erich Wenigers kaum beachteten Schriften. 1995.

Band 26 Charlotte Heckmann: Begleiten und Vertrauen. Pädagogische Erfahrungen im Exil 1934–1946. Herausgegeben und kommentiert von Inge Hansen-Schaberg und Bruno Schonig. 1995.

Band 27 Jochen Riege: Die sechsjährige Grundschule. Geschichtliche Entwicklung und gegenwärtige Gestalt aus pädagogischer und politischer Perspektive. 1995.

Band 28 Anne Ratzki / Wolfgang Keim / Michael Mönkemeyer / Barbara Neißer / Gudrun Schulz-Wensky / Hermann Wübbels: Team-Kleingruppen-Modell Köln-Holweide. Theorie und Praxis. 1996.

Band 29 Jürgen Theis / Sabine Pohl: Die Anfänge der Gesamtschule in Nordrhein-Westfalen. 1997.

Band 30 Wolfgang Keim / Norbert H. Weber (Hrsg.): Reformpädagogik in Berlin – Tradition und Wiederentdeckung. Für Gerd Radde. 1998.

Band 31 Hans-Günther Bracht: Das höhere Schulwesen im Spannungsfeld von Demokratie und Nationalsozialismus. Ein Beitrag zur Kontinuitätsdebatte am Beispiel der preußischen Aufbauschule. 1998.

Band 32 Axel Jansa: Pädagogik – Politik – Ästhetik. Paradigmenwechsel um '68. 1999.

Band 33 Susanne Watzke-Otte: "Ich war ein einsatzbereites Glied in der Gemeinschaft...". Vorgehensweise und Wirkungsmechanismen nationalsozialistischer Erziehung am Beispiel des weiblichen Arbeitsdienstes. 1999.

Band 34 Edgar Weiß: Friedrich Paulsen und seine volksmonarchistisch-organizistische Pädagogik im zeitgenössischen Kontext. Studien zu einer kritischen Wirkungsgeschichte. 1999.

Band 35 Reinhard Bergner: Die Berthold-Otto-Schulen in Magdeburg. Ein vergessenes Kapitel reformpädagogischer Schulgeschichte von 1920 bis 1950. 1999.

Band 36 Armin Bernhard: Demokratische Reformpädagogik und die Vision von der neuen Erziehung. Sozialgeschichtliche und bildungstheoretische Analysen zur Entschiedenen Schulreform. 1999.

Band 37 Gerd Radde: Fritz Karsen. Ein Berliner Schulreformer der Weimarer Zeit. Erweiterte Neuausgabe. 1999.

Band 38 Johanna Pütz: In Beziehung zur Geschichte sein. Frauen und Männer der dritten Generation in ihrer Auseinandersetzung mit dem Nationalsozialismus. 1999.

Band 39 Mathias Homann: Von der Heckerschen Realschule zur Kepler-Oberschule. Berliner und Neuköllner Schulgeschichte von 1747 bis 1992. 2001.

Band 40 Dietmar Haubfleisch: Schulfarm Insel Scharfenberg. Mikroanalyse der reformpädagogischen Unterrichts- und Erziehungsrealität einer demokratischen Versuchsschule im Berlin der Weimarer Republik – Teil 1 und 2. 2001.

Band 41 Karl-Heinz Günther: Rückblick. Nach Tagebuchnotizen aus den Jahren 1938 bis 1990. Von Gert Geißler zur Drucklegung ausgewählt und bearbeitet. 2002.

Band 42 Wolfgang Keim (Hrsg.): Vom Erinnern zum Verstehen. Pädagogische Perspektiven deutsch-polnischer Verständigung. 2003.

Band 43 Burkhard Dietz (Hrsg.): Fritz Helling, Aufklärer und "politischer Pädagoge" im 20. Jahrhundert. Interdisziplinäre Beiträge zur intellektuellen Biographie, Wissenschaftsgeschichte und Pädagogik. 2003.

Band 44 Fritz Helling: Mein Leben als politischer Pädagoge. Herausgegeben, eingeleitet und kommentiert von Burkhard Dietz und Jost Biermann. 2007.

Band 45 Edwin Hübner: Anthropologische Medienerziehung. Grundlagen und Gesichtspunke. 2005.

Band 46 Christa Uhlig: Reformpädagogik: Rezeption und Kritik in der Arbeiterbewegung. Quellenauswahl aus den Zeitschriften *Die Neue Zeit* (1883–1918) und *Sozialistische Monatshefte* (1895/97–1918). 2006.

Band 47 Christa Uhlig (Hrsg.): Reformpädagogik und Schulreform. Diskurse in der sozialistischen Presse der Weimarer Republik. Quellenauswahl aus den Zeitschriften *Die Neue Zeit/Die Gesellschaft* und *Sozialistische Monatshefte* (1919–1933). 2008.

Band 48 Wolfgang Keim / Gerd Steffens (Hrsg.): Bildung und gesellschaftlicher Widerspruch. Hans-Jochen Gamm und die deutsche Pädagogik seit dem Zweiten Weltkrieg. 2006.

Band 49 Martin Dust: „Unser Ja zum neuen Deutschland". Katholische Erwachsenenbildung von der Weimarer Republik zur Nazi-Diktatur. 2007.

Band 50 Ulrich Griegoleit: Umgang mit Sterben und Tod in der Institution Krankenhaus. Zur Entwicklung einer abschiedskulturellen Haltung in der Pflegeausbildung. 2012.

Band 51 Manuela Jungbluth: Anna Siemsen – eine demokratisch-sozialistische Reformpädagogin. 2012.

www.peterlang.de